공동체적 교회 회복을 위한

공동체신학

A Theology of Koinonia
-the Restoration of Communal Spirit of the Church-

공동체신학

지은이 · 김현진

초판 1쇄 찍은날 · 1998년 10월 30일

초판 1쇄 펴낸날 · 1998년 11월 10일

펴낸이 · 김승태

편집장 · 김순덕

편집디자인 · 편집부

표지디자인 · 한영애

영업 · 김석주

등록번호 · 제2-1329호(1992. 3. 31)

주소 · 110-616 서울 광화문우체국 사서함 1661

T. (02)830-8566 F. (02)830-8567

E-mail:jeyoung@chollian.net

ISBN 89-85313-17-7

값 13,000원

한국신학총서 2

공동체적 교회 회복을 위한

공동체신학

김현진 지음

예영커뮤니케이션

Dedicated to R. A. Torrey III

한국 교회 공동체성 회복을 위한 공동기도문

주님! 한국 교회의 공동체성 회복을 위하여 기도합니다.

주께서 한국 교회를 세우사 많은 사람들이 복음을 믿어 하나님 나라를 이땅에 이루어 주심을 감사합니다. 그러나 한국 교회가 주님께서 참으로 원하는 교회가 되지 못하여 주의 영광을 가리운 것을 회개합니다. 우리의 죄를 용서하여 주시고 이 땅을 고쳐 주시옵소서.

당신께서는 피값으로 교회를 사시고 교회를 당신의 몸으로 삼으시고 한 몸으로 세우셨사온데 모든 교회가 예수를 깊이 사랑하여 말씀에 헌신하는 철저한 제자도를 확립하여 예수 생명이 흘러 넘치는 참된 교회로 회복되게 하소서.

그리하여 성령의 역사로 교회 내에서 영적·정신적인 교제만 아니라 물질도 나눌 수 있는 온전한 교제가 회복되고, 교회 밖으로는 각 교회 예산의 절반 이상을 지역사회의 구제와 선교를 위해 사용하여 이웃의 필요와 고통에 깊이 동참하는 교회가 되게 하소서.

나아가 이 땅의 모든 교회들이 교리와 사상, 보수와 진보, 교파와 지방색을 넘어서 말씀과 성령 안에서 일치하고, 화해하여 진정한 그리스도의 한몸된 교회가 되며 그리스도인들의 자원적인 나눔과 섬김으로 사회 문제를 교회 스스로가 해결하여 교회를 통하여 하나님의 살아계심을 믿어 이 땅 위에 하나님의 나라가 권능있게 확장되게 하소서.

우리 주 예수 그리스도의 이름으로 기도하옵나이다. 아멘.

추천사

오늘날 많은 사람들은 제자도에로의 부르심과 공동체로의 부르심, 복음 전도(선교)에의 부르심을 분리하는 경향이 있습니다. 그러나 이 세 가지는 분리될 수 없는 통합적이고 전인적인 우리의 소명인 것입니다.

특히 이 시대에 회복되어야 할 중요한 일은 예수의 공동체-코이노니아 로써의 참된 교회의 회복이라고 생각합니다. 흔히 요즈음을 교회의 홍수 시대라고 말합니다. 그러나 교회의 많고 적음이 문제가 아니라 교회다운 교회의 존재 여부가 참 중요하리라 생각합니다. 우리 모두는 "내 교회로 교회 되게 하라."는 주님의 명령을 들어야 합니다. 우리 주님은 자신의 피값으로 교회를 사서서 거룩한 당신의 몸을 삼으셨습니다. 그러나 예수 그리스도가 원하셨던 그리스도의 공동체는 교회가 제도화, 세속화되면서 공동체의 중요성과 생명력을 상실해 버렸습니다. 그 결과 교회의 거룩성(순결성)과 사랑을 잃어버리게 되었습니다. 코이노니아를 상실해 버린 교회는 하나님 나라의 모습을 실감 있게 세상에 보여 줄 수가 없습니다. 그렇기 때문에 현재의 제도적 교회는 예수 생명의 공동체적인 교회로 다시 태어나야 합니다. 한국 교회의 문제 중 하나는 '교회관과 목회관의 부재'입니다. 신학교에서부터 교회론과 목회론을 바르게 가르쳐야 합니다.

미래의 교회 목회자가 될 신학생들에게 참된 교회의 본질과 코이노니아 적인 삶과 성경적인 바른 목회관이 심어져야 합니다. 코이노니아는 삶의 진공관에서는 가르칠 수 없습니다. 그것은 삶입니다. 예수의 모범에 근거한 생활방식입니다. 신학의 실험장이 필요합니다. 우리가 배워야 할 진리는 명제적인 것이 아니라 관계론적이며 인격적인 것입니다. 이러한 시대적 요청 속에서 지난 10년간 신학생과 목회자를 위해 '공동체적인 교회 회복사역'을 감당해 왔던 김현진 목사님이 그동안의 연구를 통해 『공동체신학』을 펴내게 되어 매우 기쁘게 생각합니다. 본서는 코이노니아 신학을 체계적으로 정리하여 그 진수를 보여 주고 있습니다.

이 책의 저자는 머리로만 공동체를 배운 것이 아니라 수많은 실험과 뜨거운 열정으로 공동체를 경험했던 사람입니다. 이 책을 통해 한국 교회에 공동체성 회복의 물결이 차고 넘치길 바라며 기쁜 마음으로 이 책을 추천합니다.

1998년 5월
대천덕 신부(예수원 설립자)

8

추천사

　공동체란 성도가 그리스도를 한 몸으로 삼고 지체의 역할을 감당하므로
서 이루어지는 교회를 의미한다. 교회의 역사는 공동체의 역사이다. 그러
나 교회의 모습이 원래의 공동체 모습을 저버리고 개인주의적인 이질성을
띠게 되었던 역사적인 경험들이 있었다. 이러한 정황에서 수도원이라는 공
동체가 형성되어 초대교회의 공동체성과 영성의 회복을 시도하였다.

　그러나 수도원은 그것의 원래적인 목적을 이루는데 실패하였고, 기독교
는 여전히 암흑의 시대를 만들어 갔다. 이것이 중세의 한 모습이었다. 그
리고 16세기부터 현대에 이르기까지 개신교가 지나친 교리와 교파의 신
학, 그리고 교세 확장에 정력을 쏟았다. 문제는 초대교회의 예수 공동체적
인 교회 본질의 모습이 오늘날 우리 가운데 계속 실현되고 있는가 하는 것
이다.

　본서는 이러한 점에서 공동체에 대한 성경적인 당위성, 그리고 역사적인
현실성과 발전 과정들을 간파하여 이 시대에 교회의 모습을 새롭게 하기
위하여 심혈을 기우려 엮어 낸 기념비적 작품이다. 성령의 공동체적 사역
을 교회론, 성령론, 교회사, 사회적으로 정의하므로써 현대 교회에게 공동
체성 회복의 올바른 방향을 종합하여 조직신학적으로 제시한 한국 최초의
공동체 신학서이다. 또한 실제적인 적용을 위해 교회 공동체성의 실천 방
안을 구체적으로 서술하므로써 침체된 교회를 위하여 새로운 활력을 불어
넣고 있다.

　생명력 있는 교회는 언제나 코이노니아가 다이나믹하게 살아서 움직이
는 교회였다. 교회가 공동체의 의미를 상실했을 때 진정한 하나님의 나라

를 이 땅에 성취시킬 수 없다. 본서는 오랫동안 존재해 온 우리 한국 교회의 개교회주의를 극복할 수 있는 영적인 안목을 제공해 주고 있다. 교회 공동체성의 회복을 위해서 한국의 목회자들과 신학생 그리고 교회의 직분을 맡은 분은 물론, 평신도까지도 반드시 읽어야 할 필독서라고 생각한다.

1998년 5월
심창섭(총신대학교 신학대학원 교수, 역사신학)

추천사

"…거룩한 교회와, 성도가 서로 교통하는 것과…을 믿사옵니다."

이것은 우리가 매주일 예배 때마다 고백하는 사도신경의 한 구절이다. 이처럼 우리는 교회와 성도의 교통을 근본적으로 믿음의 내용으로 여기고 있다. 물론 이것은 교회나 성도의 교통을 신격화하는 것은 아니다. 우리는 교회와 성도의 교통을 통해 역사하시는 하나님을 믿는 것이다. 그러나 이 신앙고백이 보여 주듯이 성도의 교통은 신앙의 본질적인 부분이며, 결코 있어도 좋고 없어도 좋은 요소가 아니다.

사도 요한도 말씀이신 그리스도를 사람들에게 전하는 것은 하나님과 그 아들 예수 그리스도가 함께 하는 사귐(koinonia) 안에서 그들과 사귐이 있게 하려 함이라고 하였다(요일1:3).

그러나 오늘 우리의 현실은 어떠한가? 우리의 교회는 과연 성도의 교통이 약동하는 공동체인가? 많은 사람들에게 있어서 교회는 예배하는 성전, 혹은 교육, 선교하는 기관 정도로 인식되고 있다. 그런 생각은 틀린 것은 아니다. 그러나 매우 중요한 한 가지, 즉 성도의 교통으로 이루어지는 공동체에 대한 인식과 실천은 우리들에게 매우 부족한 실정이다. 또 교회에서 성도의 교통 혹은 교제(koinonia)에 대하여 말할 때에도 그것은 종종 예배 후에 이루어지는 가벼운 오락이나 운동을 가리키는 것처럼 생각하는 것 같다. 그런 활동이 나쁜 것은 아니지만, 그렇게만 이해하면 성도의 교통이 우리의 신앙의 본질적인 부분임을 모르는 것이 된다. 교회의 근본적 성격 중에 하나가 바로 성도의 교통이며 공동체성이다. 따라서 공동체 없는 신앙,

성도간의 사랑의 교통이 없는 신앙은 참된 기독교 신앙이라고 볼 수 있다.

이러한 문제에 대한 깊은 관심을 가지고 김현진 목사님이 『공동체신학』을 펴 내게 된 것은 정말 반가운 일이 아닐 수 없다. 이미 한국 교회에서도 참된 공동체를 일구어 보자는 교회와 공동체들이 많이 생겨나고 있지만 그러한 공동체에 대하여 신학적으로 정리하여 그 성경적 기초를 세우는 경우는 흔하지 않은 일이었다. 김현진 목사님은 오랫동안 이 문제에 관심을 가지고 "전국 신학교 공동체모임 연합회"를 이끌어 오면서, 수년 동안 신학적으로 깊이 연구 하였고, 또한 세계의 유수한 기독교 공동체와 공동체교회들을 실제로 탐방하면서 전문적인 연구를 해왔다. 이 책은 그 열정의 열매이다. 이 책이 이 땅에 참된 주님의 공동체를 이루어 가기를 원하는 모든 사람들에게 도움이 되기를 바란다.

1998년 5월
현요한(장로회 신학대학교 교수, 조직신학)

서문

세상에서 가장 아름다운 것은 예수 그리스도이시다. 머리되신 그리스도에 대한 지식은 넘쳐나 있지만 그의 몸을 이루는 일은 너무나 빈약한 실정이다. 아무리 아름다우신 주님이지만 몸이 없는 머리가 어찌 아름답겠는가?

『공동체신학』은 그리스도의 몸인 공동체의 아름다움을 그려낸 것이다. 생생히 살아 있는 건강한 몸은 아름답다. 본서는 그리스도의 몸이 온전히 살아 있을 때 그의 몸인 교회가 얼마나 생명력이 있고 희망이 있는가를 표현한 것이다. 당신의 건강한 몸을 위한 이 작업을 그분은 기뻐하시리라.

공동체신학은 '교회'를 위한 신학이다. 교회론은 이제 현대 신학의 매우 중요한 이슈가 되었다. 교회가 교회로서의 역할과 사명을 감당하지 못하고 있는 가운데 교회 정체성에 대한 보다 명확한 재고가 요청되고 있다. 본서는 세속주의, 물질주의, 물량주의, 성장 지상주의에 침투되어 위기 가운데 있는 우리 교회의 상황 속에서 미래 교회의 대안으로써 본질적인 교회를 공동체적인 면에서 추구한 결과이다.

본서는 필요에 의해 나온 책이다. 이 주제를 생각하게 된 것은 벌써 오래 전의 일이다. 목회자이신 아버님 밑에서 교회 생활을 하며 교회를 지켜보면서 진정한 교회됨에 대한 많은 의문과 생각이 있었다. 이 책을 쓰게 된 구체적 계기는 10여 년 전, 세계의 유수한 공동체 교회들을 탐방하면서 그들의 신실하고 아름다운 삶에 깊은 감명을 받은 적이 있었다.

그후 공동체적 교회 회복을 위한 사역을 하게 되면서 공동체 세미나와 강연 사역시 목회자, 신학생, 평신도들을 통해서 체계적인 공동체신학을 써 달라는 많은 요청이 있었다. 본서는 약 10여 년 동안 그러한 요청에 부응하여 그동안 강의하고 집필했던 내용들을 보충하고 신학적으로 정리한 것이다. 한 분야에 정통하려면 적어도 10년은 걸려야 된다고 하는데, 『공동체신학』은 시도한지 꼭 10년이 걸려서 나온 책이다. 본서는 책상에서 단순히 이론적인 작업으로만 쓰여진 것이 아니라 세계의 공동체 교회의 다양한 현장 실습과 검증을 통해서 이루어진 실제적 신학 작업의 결과이다.

본서는 공동체신학을 교회론, 교회사, 성령론, 희년, 기독교 교육, 실천신학 등 조직신학적인 관점에서 정리하였다.

제1부 공동체 교회론에서는 성경적인 교회상과 교회의 본질에 대해 다루었다. 교회의 본질을 나타내 주는 코이노니아의 신학적 의미를 바탕으로 교회를 교회 되게 하는 교회의 특성과 현대 교회 속에서 구현해야 할 교회의 실존적인 모습은 어떠해야 하는 지를 조명하였다.

제2부에서는 교회사에 나타났던 공동체들을 교회사적으로 조명했다. 초대 교회 공동체와 같은 교회들이 초대 교회 당시에만 있었던 것이 아니라 지금도 계속 된다는 초대 교회의 연속성과 그 생명력을 통한 교회 갱신의 의미를 교회사적 관점에서 다루었다.

제3부 공동체적 성령론에서는 성령 세례의 논쟁들과 성령의 역사가 개인의 성화나 능력을 받는 차원만 아니라 공동체를 이루는 성령의 코이노니아라는 관점에서 성령론을 조명하였다.

제4부 공동체 사회론은 희년과 공동체에서 성령의 공동체인 교회가 어떻게 대사회적인 기능을 감당할 수 있는지 그 구체적인 사역을 희년과 코이노니아의 관점에서 구체적으로 살펴보았다.

제5부 공동체적 기독교 교육론에서는 기존 교회 안에서의 공동체성 회복을 위해 어떻게 교육적인 커리큘럼으로 운영해야 하는지 그 구체적인 방안들을 제시하였다.

제6부 공동체 실천론에서는 지금까지 제시한 공동체신학이 구체적으로 어떻게 적용될 수 있으며 그 실천적 모습은 어떤 것인지 실천적 대안과 모델을 소개하였다.

제7부에서는 공동체 교회론, 공동체 운동의 교회사적 조명, 공동체적 성령론, 공동체 사회론, 공동체적 기독교 교육, 공동체의 실천론 등을 통합하여 '코이노니아의 신학'을 제시하였다.

본서를 공부하면서 본서가 제시하는 공동체에 대한 개념이 어떤 것인지를 분명히 하기를 원한다면 제2부 1장의 '공동체의 형태와 범위'를 먼저 읽고 시작하는 것이 도움이 될 것이다.

제5부 '공동체적 기독교 교육론'은 동역자 설은주 전도사님의 연구 결과이다. 감사드린다. 이로써 공동체신학의 영역을 거의 다 다루게 되었다.

공동체를 기독교의 한 흥미로운 분야가 아닌 교회의 본질로서 공동체를 조직신학적으로 정리한 것은 본서가 최초의 경우일 것이다. 하지만 본서는 아직 여러모로 부족한 책이다. 그러나 오로지 우리 교회가 성경적인 참된 교회로 회복되어야 한다는 일념으로 썼다. 공동체신학의 계속적인 발전을 위해서 선배 제위 여러분들의 많은 지도와 지적을 바란다.

졸저에 애정을 가지고 추천해 주신 예수원의 대천덕 신부님, 총신대원 심창섭 교수님, 장신대원의 현요한 교수님께 감사드린다. 본서가 나올 수 있도록 성원해 주신 공동체 교회 목사님들과 전국 신학교 공동체모임 연합회 지체들과 코이노니아 하우스 식구들에게 감사드린다. 부족한 아들의 목회와 사역을 위해서 새벽 강단에서 늘 기도해 주시는 부모님과 어려운 사역을 인내로 감당해 주고 늘 격려해 준 아내에게 특별히 고마운 마음을 전한다. 또한 본서의 출판을 기꺼이 허락해 주시고 오래 기다려주신 예영커뮤니케이션 대표 김승태 님께 감사드린다.

공동체에 대한 신학서를 내는 것이 시대의 요청이며 동시에 주님의 마음인 줄 알고 작업에 임했다. 새로운 2천 년대를 바라보면서 본서를 통해서 우리 교회가 주님이 기뻐하시는 공동체적인 교회로 회복하는 데에 보탬이 되기를 기대한다.

1998년 5월 성령 강림절
광명 코이노니아 하우스에서
김현진

차 례

제 1 장

공동체 교회론

공동체 교회론

현대 신학의 이슈는 교회론이다. 그것은 이 사회를 제도해 나아가야 할 교회가 교회로서의 제 역할과 사명을 감당하지 못하고 있으므로 교회 정체성에 대한 보다 명확한 재고가 요청되고 있기 때문이다. 구속사는 세속사의 중심이며 교회는 이 세상 속에서 하나님 나라를 확장해 나가는 통로이다. 그러므로 사회의 문제는 바로 교회의 문제이며, 하나님께서는 이 세상의 문제의 해결점으로 그리스도의 몸 된 교회를 주신 것이다. 그래서 사회와 동반자적으로 부패해 가고 있는 무기력한 현실 교회를 두고 '교회란 과연 무엇인가?'라는 질문을 다시 던지게 되는 것이다. 본장에서는 특별히 사회와 교회의 공동체성이 결여된 상황에서 교회의 공동체성을 회복하는 의미에서 공동체 교회론을 논하고자 한다.

교회론의 연구 방향

콜린 윌리엄스(Collin W. Williams)는 "이제까지 직접적인 신학적 관심이 교회론에 모아진 적은 아마도 거의 없었으며 오히려 그러한 무관심이 당연시되어 왔다."[1]라고 말했다. 존 맥쿼리(John Macquarrie)도 다음과 같이 말한다. "오늘날 교회에 관한 저술이 신학의 어떠한 단일한 주제에 관한 저술보다도 더 많을 것이다. 이러한 저술들은 대부분 실제적인 방향성을 가지고 있다. 오늘날 우리는 급속한 사회 변화와 교회의 관계, 세속 사회에

---

1) Collin W. Williams, *The Church, New Directions in Theology Today*, Vol. 4 (Philadelphia: Westminster, 1969), p.11.

서의 교회, 교회의 일치, 선교 등에 관하여 논하고 있다. 그러나 비록 이러한 다양한 분야에서 얻어진 어떤 통찰력이 가치 있는 것이라 하더라도, 그것들은 교회에 관한 신학적인 이해에 의해 안내되고 서로 관련지워져야 한다."[2]

현대 신학의 관심은 '교회란 무엇인가' 라는 교회의 본질보다는 '교회는 구체적으로 어떤 모습이어야 하는가' 라고 하는 교회의 기능에 대한 문제에 더 많이 집중되어 있다. 그 이유는 그 동안의 교회론이 교회의 실제적인 모습과 역동적인 사역과 동떨어진 나머지 형이상학적이고 관념적인 교회론에 치우쳐 왔기 때문이다. 이러한 변화에 대해서 콜린 윌리엄스는 "나는 이러한 방향성의 변화가 실제로 일어났으며 또한 틀림없이 환영받을 것을 믿어 의심치 않는다."[3]고 언급했다. 오늘날 교회론은 본질적인 면에서 교회를 생각하는 것보다 실존적인 면에서 교회를 다루는 실존주의 해석이 우세한 형편이다. 사실 하나님 나라를 능력 있게 확장해 가는 교회의 모습은 보여주지 않고, 교회란 무엇이며 그 본질은 어떠해야 한다는 이론만 반복하는 신학은 우리를 공허하게 만든다. 그러나 동시에 성경적인 교회의 본질에 대한 언급이 없이 교회를 단순히 역동적인 활동의 견지에서만 정의하려고 하는 것도 문제가 있다.

그래서 본서는 교회는 어떤 모습이여야 하는가에 대한 교회의 실존적이고 실제적인 모습을 염두에 두고 다룰 것이다. 동시에 성경이 말하는 교회의 본질을 바탕으로 하여 교회를 교회 되게 하고 구별짓는 교회의 특질을 분명히 할 것이다.

교회의 본질은 항상 역사적인 형태 속에서 발견되어야 하며 동시에 교회의 형태(모습)는 교회의 본질 아래에서 이해되고 해석되어야 한다. 즉 성경이 말하는 교회의 본질은 무엇이며 그 본질에 바탕을 둔 교회는 구체적으

---

2) John Macquarrie, *Principles of Christian Theology* (New York: Scribner, 1966), p. 346.

3) Williams, *The Church*, p. 20.

로 어떠한 모습으로 나타나야 하는가라는 기본적인 명제와 방향성을 가지
고 공동체로서의 교회론을 다루고자 한다.

I. 교회의 명칭

1. 카할과 에다

　구약에서 교회를 지칭하는 두 개의 중요한 히브리 용어는 '카할(קָהָל)' 과
'에다(עֵדָה)' 이다. '부르다' 를 의미하는 어근을 가진 '카할(קָהָל)' 은 어떤
집회의 소집 및 '모이는 행위' 와 관련된 용어이다. 즉 이것은 모임의 구성
원들을 가리킨다기보다는 오히려 모이는 행위의 발생을 가리키는 용어이
다(신 9:10, 10:4, 23:1-3). 그래서 카할은 '모임' 으로 번역한다. '지정된 장
소에서 모이다' 라는 어근에서 온 에다는 주로 사람들, 즉 '모인 사람들' 과
관계 있는 용어이다. 이 용어는 오경, 특히 반 이상이 민수기에서 나타나는
데, 특별히 회막(the tent of meeting) 앞에 모인 사람들과 관계가 있다. 그
러므로 에다는 종교적인 의식을 중심으로 모인 공동체를 가리킨다. 에다는
모인 사람들, 즉 '회중' 으로 번역한다.

　그러나 성경의 용례를 보면 카할은 모임, 에다는 회중으로 정확히 국한
되지는 않는다. 카할은 세속적인 일(왕상 12:3)이나 종교적인 일로 모이는
백성들의 정례 모임뿐만 아니라 모인 무리에 대해서도 사용되기도 했으며
(민 14:5), 에다는 종교적인 의식을 행하는 모임(ceremonial community)의
의미로도 사용되기도 했다.[4] 구약에서 이 두 용어는 종종 '케할 에다(עֲדַת

---

　4) Lothar Coenen, *Church*, in *The New International Dictionary of New Testament Theology*, ed. Colin Brown(Grand Rapids: Zondervan, 1975), Vol.1, p. 291.

칼(קַהֵל)'로 함께 쓰여 '회중 총회' 혹은 '회중의 모임'이라는 통합적인 용어를 통해 교회의 의미를 함께 나타내었다(출 12:6; 렘 26:17).

구약에서 회중 모임의 의미로 사용된 카할과 에다를 신약의 에클레시아와 직접 연결시킬 수는 없으나 구약 히브리어 성경의 헬라어 번역서인 70인역(the Septuagint)에서 카할은 주로 '에클레시아(ἐκκλησία)'로 번역되었으며 이 용어가 100회 사용되었다. 에다는 보통 '쉬나고게(συναγωγή)'로 번역되었으나 종종 카할을 쉬나고게로 번역하기도 했다.

2. 에클레시아

신약에서 교회를 지칭하는 용어는 70인역에서 빌려 온 에클레시아(ἐκκλησία)와 쉬나고게(συναγωγή)이다. 쉬나고게는 독점적으로 유대인의 종교적인 모임이나 또는 그들이 공적인 예배를 위해 모였던 건물('회당'으로 번역)들을 나타내는 데 사용되었다(행 13:43; 계 2:9). 그러나 일반적으로 신약의 교회를 나타내는 데 사용된 용어는 에클레시아이다. 고전 헬라어에서 에클레시아의 용례는 폴리스(polis)의 '시민들의 회집'을 가리키는 말이었다. '일반 대중으로부터 불러내다(εκκαλέω)'라는 헬라어의 의미를 바탕으로 하여 볼 때 신약적 교회의 의미로서 에클레시아는 '하나님의 부름을 받은 사람들의 모임'이다.

교회를 지칭하는 게르만 계통의 표현들; 영어 'church', 스코틀랜드어 'kirk', 독일어 'kirche', 스웨덴어 'kyrka', 슬라브어 'cerkov'는 '주님께 속한'이란 뜻의 퀴리아케(κυριαχη)에서 나온 말들이다. 따라서 게르만 계열에 있어서 교회는 '주님께 속한 공동체'의 의미를 가진다. 그러나 라틴어 계열에 속한 용어들, 즉 라틴어 'ecclesia', 스페인어 'iglesia', 프랑스어 'eglise', 이탈리아어 'chiesa' 그리고 웰쉬어 'eglwys'는 신약 성경의 '에클레시아(ekklesia, ἐκκλησία)'에서 나온 것이다.

에클레시아의 용례는 복음서에는 마태복음 16:18과 18:17에만 유일하게 사용되었다. 사도행전에는 23회, 바울은 그의 서신서에서 46회 사용하였다. 에클레시아는 신약 성경 전체를 통틀어 114회 사용되었다. 바울은 이 에클레시아라는 용어를 신약에서 개인적으로는 가장 많이 사용하였다. 바울 서신에서 에클레시아는 대개 네 가지의 의미로 사용되었다.

① 특정 지역 교회: '고린도에 있는 하나님의 교회에, 갈라디아에 있는 교회들에게, 데살로니가에 있는 교회들에게(고전 1:2; 고후 1:1; 갈 1:2; 살 1:1)' 와 같은 용례와 같이 에클레시아는 특정 지역에 있는 신자들을 지칭할 때 사용되었다(행 5:11, 11:26; 고전 11:28, 14:19 · 28 · 35 참조).

② 가정 교회: 집에서 모이는 가정 교회를 지칭할 때에도 에클레시아가 쓰였다(롬 16:23; 고전 16:19; 골 4:15; 몬 2).

③ 광범위한 지역 교회: 특정한 지역의 교회보다 훨씬 광범위한 교회를 가리킨다. '온 유대와 갈릴리와 사마리아의 교회(행 9:31)', '아시아의 교회들(고전 16:19)' 의 표현에서는 에클레시아가 복수형($\acute{\epsilon}\kappa\kappa\lambda\eta\sigma\iota\alpha\iota$)으로 사용되고 있다.

④ 보편적 우주 교회: 과거, 현재와 미래를 통틀어 통해 그리스도를 주로 고백하고 예배하는 전 세계 사람들 전체와, 가장 포괄적인 의미에서 하늘에서나 지상에서 그리스도와 영적으로 연합되었거나 연합될 신자들의 모임 전체를 의미한다(고전 10:32, 11:22, 2:28; 엡 4:11-16, 1:22, 3:10 · 21, 5:23-25 · 27 · 30; 골 1:18 · 24; 히 12:23).

개별적인 교회와 우주적인 교회는 어떻게 조화되는가? 특정한 장소에 있는 신자들의 개별적인 모임의 교회들이 단순히 전체 교회나 우주적 교회의 한 부분이나 구성원으로 간주되지 않는다. 교회는 개별적인 모임의 총합이 아니라, 오히려 지역 모임 하나 하나가 온전한 교회이다. 카를 슈미트(Karl Schmidt)는 "개별적인 그리스도인들의 모임들의 총합이 전체 공동체 혹은 교회를 이루는 것이 아니다. 비록 교회가 작은 것이라 해도, 그것은 전체 교회를 대표한다." 고 말한다.[5] 로타르 쿠넨(Lothar Coenen)도 "에클레시아는 여러 특정한 장소에서 모일 때 나타난다." 고 말한다(행 14:27). 그러나 동시에 그것은 항상 "전체성을 의미한다."고 말한다.[6] 바울은 고린도전서를 '고린도에 있는 하나님의 교회'에 쓴다고 했다(고전 1:2). 그는 한 장소 즉 고린도에 위치한 특정한 교회에 쓰고 있다. <u>교회는 전 세계에 오직 하나이다. 그러나 동시에 그것은 모든 개별적인 모임 안에도 온전하게 현존하고 있다.</u>

교회의 보편성은 예수님께서 "내가 나의 교회를 세우겠다(마 16:18)"고 하신 말씀에서 드러난다. 바울은 에베소서에서 교회의 보편성을 특별히 강조한다. "그리스도께서 교회의 머리 됨과 같음이니 그가 친히 몸의 구주시니라(엡 5:23). 교회는 그리스도께 복종하며(엡 5:24), 그는 교회를 자기 앞에 영광스럽게 세우실 것이다(5:27). 그는 교회를 사랑하사 교회를 위하여 자기 자신을 주셨다(5:25)." 이런 구절들은 교회의 보편성들을 지적해 주고 있다. 여기서 우리는 각 교파간의 화해를 통한 교회 일치의 분명한 근거를 가지게 된다. 그러므로 <u>교회의 보편성은 '그리스도의 죽음을 통하여 구원받아 하나님과 화목하게 되고 새 생명을 부여받은 사람들 전체(히 12:23)'를 말하는 것이다.</u>[7]

II. 교회의 기원

교회의 기원에 관해서는 두 가지 상반된 견해가 있다. 하나는 교회가 구약시대부터 있었다는 것이며, 다른 하나는 성령 강림 이후 교회가 시작되었다는 주장이다. <u>루</u>이스 벌코프(Louis Berkhof)는 족장 시대와 모세 시대

---

5) Karl L. Schmidt, ἐκκλησία, in Theological Dictionary of the Testament, ed. Gerhard kittel and Gerhard Friedrich, trans. Geoffery W. Bromiley, 10 Vols.(Grand Rapids: Eerdmans, 1964-1976), Vol. 3, p.506.

6) Lothar Coenen, Church, Vol. 1, p.303.

7) 밀라드 에릭슨, 이은수 역, 『교회론』(서울: CLC, 1992), p.32.

에 이미 교회가 있었다고 말한다.[8] 이에 대해 밀라드 에릭슨(Millard Erickson)은 교회가 오순절에서 시작된다고 말한다.[9]

구약에서부터 교회가 시작되었다는 주장은 창세기 4:26의 "그때에 사람들이 비로소 여호와의 이름을 불렀더라"에서 시작된다. 이 구절의 의미는 히브리 사람들이 야훼라고 부르는 그 하나님을 부르기 시작했다는 것으로 '부르다' 라는 표현에 '단순한 공적 예배'의 의미를 부과한다. 그리고 출애굽한 국민이었던 이스라엘 백성은 교회 국가(Church state)의 형태로서 여호와의 회중 '카할(קהל)' 이었다는 것이다. 사도행전에서 스데반 집사는 이를 두고 '광야 교회' 라고 불렀다(행 7:38). 또한 이스라엘이 국가 형태를 갖춘 후 성전 중심과 율법 중심의 구약 교회를 세웠다는 것이다.[10]

그러나 오순절 성령의 강림 이후를 교회의 출발점으로 삼고자 하는 입장은 예수께서 교회에 관해 오직 두 차례(마 16:18, 18:17)만 언급하셨고, 그중 첫번째 언급에서 "내가 내 교회를 세우리라"고 미래 시제로 말씀하셨다는 것을 지목한다. 또한 동일 저자인 누가복음과 사도행전의 경우, 교회를 지칭하는 에클레시아의 표현이 누가복음에는 전혀 나타나지 않는 반면에, 사도행전에는 23회나 나온다는 점을 들어 교회의 출발점을 오순절 이후로 본다.[11]

여기서 우리는 이 상반된 주장을 어떻게 소화해야 하는가? 비록 교회의 기원이 교회론의 중심 주제는 아니지만 이 문제를 분명히 정리할 필요가 있다. 교회의 기원이 구약이냐 신약이냐를 가리는 흑백 논리로 다루자면 상기한 것처럼 양편 모두 설명할 수 없는 걸림돌이 있다. 흑백 논리는 의미가 없다. 교회가 오순절 이후부터 시작되었다면 구약부터 시작되는 하나님

---

8) 루이스 벌코프, 고영민 역, 『조직신학』(서울: 기독교문사, 1978), 제6권, pp. 43-46.

9) 에릭슨, 『교회론』, p. 57.

10) 벌코프, p. 44.

11) 에릭슨, p. 57.

백성의 개념, 즉 하나님이 먼저 아브라함을 일방적으로 선택하셔서 그와 계약을 맺고 그를 통하여 이스라엘 민족을 하나님의 선택받은 백성으로 삼으시고(창 12:2, 15:18), 그 후 먼저 택하신 이스라엘 백성을 통하여 모든 민족을 하나님의 백성으로 삼으신 '하나님의 백성으로서의 교회 개념'에 상치되는 것이다. 즉 하나님의 백성의 출발점과 원리적 결별 현상이 나타나게 된다. 또한 사도행전에서 스데반이 언급한 '광야 교회(행 7:38)'의 개념과도 괴리된다.

예수님은 "내 교회를 세우리라"고 자신의 교회가 미래에 세워질 것을 말씀하셨는데 그러면 장차 세워질 예수님의 교회, 즉 성령 강림 이후에 시작될 신약 교회와 구약의 교회는 어떤 관계로 연결지워야 하는 것인가? 예수님은 전혀 새로운 것을 창조하기 위해서 오신 것이 아니라 율법과 선지자들을 완전하게 하기 위해서 오셨고 참되고 본래적인 카할(קָהָל)을 다시 세우기 위해 오신 것이다. 신·구약의 교회는 단절이 아니라 발전적 진행 과정이다.

그러나 동시에 오순절 성령 강림이 교회의 출발점이라는 주장도 강력하다. 이 입장은 앞서 지적한 것처럼 신약에서 예수님이 교회를 지칭하는 '에클레시아'에 관해 오직 두 차례만 언급하셨고, 그 중 첫번째 언급에서 "내가 내 교회를 세우리라"고 미래 시제로 말씀하셨다는 것을 주목한다. 또한 동일 저자인 누가복음과 사도행전의 경우, 교회를 지칭하는 에클레시아의 표현이 누가복음에는 전혀 나타나지 않는 반면에, 사도행전에는 23회나 나온다는 사실을 고려해 볼 때, 비록 신약의 교회가 구약의 교회와 연속선상에 서 있기는 하지만 분명히 무언가 구별되는 것이 있다는 점을 유의해야 한다.

그러면 오순절 이후가 교회의 출발점이라는 입장은 어떻게 받아들여야 하는가? 지금까지 에클레시아는 구약의 카할(קָהָל)에서 연유해 왔다는 사실을 살펴보았다. 교회는 삼위 일체 하나님과의 관계 때문에 존재한다. 성경적 교회상을 삼위일체 하나님과 관련지어 하나님의 백성, 그리스도의 몸,

성령의 전으로 정의할 때 구약의 하나님의 백성과 오순절 이전 그리스도의 몸이란 개념으로서의 교회상(敎會像)은 늘 에클레시아 개념의 범주 내에서만 존재해 왔다. 그러나 오순절 성령 강림 후의 신약 교회는 이전의 교회 언급과 분명히 구별되는 한 가지 특징을 가지고 있다. 그것은 신약교회가 '성령의 코이노니아로서 존재하는 에클레시아' 라는 것이다. 이전까지는 단순히 구약과 연속선상에서 존재하는 에클레시아였다면, 오순절 이후의 교회는 성령이 강림하심으로 성령님의 기본사역인 '코이노니아($\kappa o\iota\nu\omega\nu i\alpha$)' 를 통해서 새로운 획이 그어지는 '새로운 기원의 교회' 가 시작되는 것이다.

이 점이 구약의 교회와 다른 것이다. 구약과 오순절 성령 강림 전에는 교회가 '카할(에클레시아)' 의미로 나타났으나 '코이노니아' 란 용어와 개념으로 표현되지는 않았다. 그러나 성령 강림 후에는 교회의 개념이 '에클레시아' 에서 '코이노니아' 로 '발전' 하게 되었다. 에클레시아의 핵심은 '코이노니아' 이다. 본 교회론의 주안점은 이 코이노니아로서의 교회, 즉 코이노니아로 가능케 되는 새로운 공동체로서의 교회에 있다. 다음 장부터는 계속해서 코이노니아 즉 공동체로서의 교회에 입각한 교회론을 전개해 나가고자 한다.

이제 교회의 기원 문제에 대해서는 결론을 내리고 다음으로 넘어가도록 하자. 하나님의 교회의 기원은 구약에서 유래한다 할지라도 본격적인 교회의 출발점은 오순절 성령 강림 이후부터이다. 이 점이 바로 성령이 오신 이유이며 신약 교회(New Testament Church)의 의미인 것이다.

III. 성경적 교회상

성경에서 말하는 종래의 전통적인 교회상에 대한 표현은 수없이 많다. 그러나 여기서는 삼위일체론적인 관점에 근거하여 '하나님의 백성, 그리스도의 몸, 성령의 전'으로 교회상을 다루고 이와 함께 하나님 나라의 표징으로서의 교회를 다루고자 한다.

1. 하나님의 백성

신약 성경에서 교회를 나타내는 대표적 개념은 '하나님의 백성($\lambda\alpha\acute{o}s$ $\tau o\hat{v}$ $\theta\epsilon o\hat{v}$, 히 4:9, 11:25; 벧전 2:10)' 혹은 '하나님의 소유된 백성($\lambda\alpha\grave{o}s$ $\epsilon\acute{\iota}s$ $\pi\epsilon\rho\iota\pi o\acute{\iota}\eta\sigma\iota\nu$, 벧전 2:9)'이다. 하나님의 백성이 교회라는 개념은 하나님이 한 민족을 주도적으로 선택하는 행위에서 시작된다. 하나님은 먼저 아브라함을 일방적으로 선택하셔서 그와 계약을 맺고 그를 통하여 이스라엘 민족을 하나님의 선택받은 백성으로 삼으셨다(창 12:2, 15:18). 그 후 모세와 다음과 같이 계약을 맺으셨다. "그러므로 이스라엘 자손에게 말하기를 나는 여호와라 내가 애굽 사람의 무거운 짐 밑에서 너희를 빼어 내며 그 고역에서 너희를 건지며 편 팔과 큰 재앙으로 너희를 구속하여 너희로 내 백성을 삼고 나는 너희 하나님이 되리니 나는 애굽 사람의 무거운 짐 밑에서 너희를 빼어 낸 너희 하나님 여호와인 줄 너희가 알지라(출 6:6-7)" 시내산 계약으로 이스라엘은 하나님의 특별한 백성이 되었다. 하나님의 백성으로서의 교회관은 일차적으로 하나님이 친히 그의 백성과 맺은 관계에 기초를 두고 있다. 즉 하나님이 이스라엘 백성을 택하시고 자신의 백성으로 삼으셨다. 그러므로 교회는 하나님과 관계를 맺고 그 속에서 하나님의 임재를 누리는 하나님의 백성들의 모임이다.

그러나 이 시내산 계약을 위반한 이스라엘 백성에게 하나님은 그리스도를 통해 이룰 '새 계약'을 세워 예레미야 선지자에게 말씀하셨다. "나 여호와가 말하노라 그러나 그날 후에 내가 이스라엘 집에 세울 언약은 이러하니 곧 내가 나의 법을 그들의 속에 두며 그 마음에 기록하여 나는 그들의 하나님이 되고 그들은 내 백성이 될 것이라(렘 31:33)." 이러한 구약의 선지자들의 새 언약 선포 속에 나타난 하나님의 백성의 개념은 새 언약의 주체인 그리스도 안에서 이스라엘 백성을 초월하여 유대인뿐 아니라 이방인들도 하나님의 백성이 될 수 있다는 것이다(롬 9:24). 이 새 계약 안에서 아브라함 후손의 이스라엘 백성은 하나님의 계약 백성으로 통합되었다.[12]

그리스도에게 속한 사람은 아브라함의 자손이며 따라서 약속에 의한 상속자들이 되는 것이다(갈 3:29). 신약에서 베드로는 "오직 너희는 택하신 족속이요 왕 같은 제사장들이요 거룩한 나라요 그의 소유된 백성이니… 너희가 전에는 백성이 아니더니 이제는 하나님의 백성이요…(벧전 2:9-10)" 라고 말하고, 바울도 호세아서를 인용하여 하나님께서 유대인들만 아니라 이방인들도 자기 백성으로 부르신다고 밝히고 있다. "이 그릇은 우리니 곧 유대인 중에서뿐 아니라 이방인 중에서도 부르신 자니라 호세아 글에도 이르기를 내가 내 백성 아닌 자를 내 백성이라, 사랑치 아니한 자를 사랑한 자라 부르리라 너희는 내 백성이 아니라 한 그곳에서 저희가 살아 계신 하나님의 아들이라 부름을 얻으리라 함과 같으니라(롬 9:24-26)." 이처럼 신약 기자들은 교회를 구약의 이스라엘 백성과 연관을 가진 말로 지칭하고, 그리스도인들을 하나님이 선택한 이스라엘 백성의 연속과 확장으로 표현하였다. 그러므로 신약 교회에 대한 가장 기본적인 정의는 '그리스도 안에서 하나님의 백성(참조. 고전 1:2)' 이다.

하나님의 백성이라는 교회의 정의는 "그리스도 안에서 이스라엘 백성을 초월하여 유대인만 아니라 이방인들도 하나님의 동일한 백성이 될 수 있다는 것이다(롬 9:24-26)." 수직적으로는 과거에 하나님을 믿었던 이스라엘 백성과 지금까지의 역사 속에 존재해 왔던 다양한 교파의 그리스도인들 모두가 역사 안에서 일직선상으로 본향을 찾아가는 하나님의 한 백성의 범주에 들어간다. 또한 현재의 다양한 인종과 교파들도 하나님의 백성이라는 교회의 정의 아래 모두 포함된다.

하나님이 아브라함을 부를 때나(창 12:1-3) 예수님이 제자들을 부를 때

---

12) 팔머 로벗슨, 김의원 역, 『계약 신학과 그리스도』(서울: 기독교문서선교회. 1983), p. 291.

(막 1:16-20) 분명히 개인적으로 부르시지만 언약을 맺을 때는 항상 공동체를 향해서 맺으셨다(창 17:7; 행 1:8). 그러므로 하나님의 백성이란 교회의 개념은 여기서 공동체적인 개념임을 알 수 있다. 이러한 의미에서 로잔 언약의 제4항은 교회를 '하나님의 백성의 공동체' 라고 정의했다.[13]

어떤 근본주의적 교단은 자신들의 교회만이 정통이며 자신들의 신학적 입장과 다른 교파는 배교적이며 신학적으로 부패한 사람들이라고 간주하는 경향이 있다. 또한 개신교는 과거 16세기 동안 존재해 왔던 교회를 역사 안에서 분리시켜 버리는 경향이 있었다. 분리적인 교단이나 교파들은 점차적으로 분리하면서 역사 안에서 존재했던, 본향을 향해 나아가는 '한 하나님의 백성 개념' 에서 점점 멀어지게 되었다. 소위 정통 교단이라는 것은 오히려 모든 그리스도인들이 한 하나님의 백성이 된다는 성경적이며 정통적인 교회의 개념에 대립하는 결과를 초래하였다. 배타적이며 반역사적인 분리주의는 이스라엘 백성을 넘어 이방인까지 그리스도 안에서 하나님의 백성으로 받아 주는 하나님의 관용의 차원에서 볼 때 이는 분명 하나님의 백성으로서의 교회 개념에 정면으로 배치되는 일이다.[14]

'그리스도 안에서 하나님의 백성 됨' 이라는 교회관을 보다 진지하게 갖는다면 우리는 점차적으로 배타주의의 벽을 허물고 서로를 수용하는 '공동체적인 태도' 를 가질 수 있게 된다. 각 교파와 교단의 신앙 고백 표현이 상이하다 해도 모든 교회 안에 하나님의 백성이 있다는 사실을 인지한다면 문제가 최소화된다. 그런데 과연 이렇게 폭넓은 교회의 개념이 실천될 수 있는가 하는 의문이 제기된다. 금세기 프랑스의 떼제 공동체(Taize Community)는 교회 공동체가 '하나님의 한 백성' 이란 개념의 실천이 가능하다는 사실을 우리에게 보여 준다. 칼빈주의 형제들이 시작한 이 공동

---

13) 로잔 세계복음화 한국위원회, 조종남 편저, 『로잔 세계복음화 운동의 역사와 정신』(서울 : IVP, 1990), p, 58.

14) 로버트 웨버, 홍성국 역, 『복음주의란 무엇인가』(서울: 생명의 말씀사, 1983), p.53.

체는 타개신교 형제들과 또한 성공회, 그리스 정교회, 나아가서 가톨릭 형제들까지 포용하여 말씀과 성령 안에서 화해하고 일치함으로써 하나님의 한 백성으로서의 교회 공동체의 실천 가능성을 오늘날 실제로 보여 주고 있다.[15]

우리가 교회에 대하여 포용적으로 이해해 가면 갈수록 역사 속에 존재해 왔던 다양한 하나님의 백성들의 교회에 대하여 더 많은 관심을 가질 수 있게 된다. 그들의 이름이 개신교이든 그리스 정교회이든 혹은 복음적이든 진보적이든 간에 '교회는 하나님의 백성의 공동체'라는 사실을 우선 인식해야 할 것이다.[16]

2. 그리스도의 몸

교회가 무엇인가를 설명해 주는 두 번째 개념은 '그리스도의 몸($\sigma\hat{\omega}\mu\alpha$ $\chi\rho\iota\sigma\tauo\hat{\upsilon}$)'이다. '하나님의 백성으로서 교회'가 하나님의 선택으로부터 출발하여 현재를 거쳐 미래를 지향하는 교회의 시간적 차원을 나타낸다면, 이에 비하여 '그리스도의 몸'은 교회 안에 현존하는 그리스도와의 공간성을 나타낸다.[17] 또한 그리스도의 몸은 하나님의 백성의 기독론적 해석이다. 그리스도의 몸으로서의 개념은 교회의 머리 되신 그리스도와 그의 몸인 교회의 두 가지 의미로 파악된다.

교회를 그리스도의 몸에 비유한 것은 교회의 머리 되신 그리스도 중심의 본질성과 그리스도와 성도의 불가분의 연합성을 가르치는 것이다. '그리스도의 몸'으로서 교회 개념은 교회의 유기체적 특성을 잘 나타내 준다. 그리

---

15) 김현진, 「화해와 일치의 산 누룩」, 《빛과 소금》 (서울: 두란노서원. 1992). 5월호.

16) Hans Küng은 개인주의적 혹은 집합주의적 교회관을 넘어서 교회가 하나님의 백성의 공동체 전체라는 공동체적 교회관을 잘 나타내 주고 있다. Hans Küng, 이홍근 역, 『교회란 무엇인가』 (왜관: 분도출판사, 1978), p.117 참조.

17) 김균진, 『교회론』 (서울: 연세대학교 출판부, 1993), p.88.

스도의 몸의 개념이 강조하는 것은 그리스도 안에서의 연합이다. 성도는 영적으로 그리스도 안에서 생명력 있는 연합을 이룬다. 그리고 모든 그리스도인들은 그리스도의 몸에 붙어있는 지체로서 서로 유기적인 관계와 연결을 갖는 '공동체'이다.

교회는 그리스도의 몸이며 보이지 않는 신령한 몸이 늘 임재하고 주장하는 공동체이다. 교회는 인간의 집합으로 생긴 인간의 단체가 아니라, 그리스도가 자기 피로 값 주고 산 단체이다. 그리스도의 몸으로서의 교회는 성육신하고 십자가에 못박힌 그리스도의 몸이 신자들의 구원을 위한 사역으로써의 몸이라는 의미이다. 즉 교회는 십자가에 달리신 그리스도의 몸의 형상을 지닐 때에 그리스도의 교회이다. 그리스도의 몸은 교회의 머리 되신 그리스도의 주격과 교회의 피조성을 말해 주며, 몸이 머리에 붙어 있어야 하듯이 교회도 그리스도께 속할 때 교회가 연합할 수 있다는 것을 말해 준다.

그리스도의 몸으로서의 교회는 그리스도에 대한 신자들의 관계성에서 비롯된다. 그 관계성을 바울은 다음과 같이 말한다. '그리스도 안에'는 데살로니가전서 1:1에 나타난다. '그리스도와 함께' 이것은 그리스도와 더불어 그리스도인들의 고난과 죽음, 부활과 삶에 관해 말하는 구절 속에서 흔히 언급된다(롬 6:1-11). 로마서 전체를 통해서 바울은 신자들이 그리스도와 연합하여 그의 몸에 붙어 있다고 말하고 있다. 그리스도 몸 안에서 신자는 "죄에 대하여 죽었고(6:2)", "그의 죽으심과 합하여 세례 받았고(6:3)", "그와 함께 장사되었다(6:4)"고 하였다. 이제 그리스도인은 그의 몸에 붙어 있게 되었다(7:4). '그리스도와 연합한' 그리스도인들은 '그리스도의 지체'가 된다(고전 6:15). 이렇게 하여 그리스도와의 수직적인 관계성 속에서 신자들은 '그리스도의 몸에 참예(koinonia)' 하는 것이다.

하나님의 백성으로서 교회가 하나님과 하나님의 언약의 은혜를 입은 그의 백성간의 일방적인 관계라고 볼 때, 그리스도의 몸으로서 교회상은 그리스도와 신자들의 관계보다 오히려 교회를 구성하는 모든 신자들 상호간

의 관계를 전반적으로 더욱 강조하고 있다. 고린도전서 12:27은 "너희는 그
리스도의 몸이요 지체의 각 부분이라"고 말함으로써 '너희' 즉 그리스도인
들이 '그리스도의 몸' 임을 말해 준다. 바울은 고린도전서 12장에서 서로
지체로서 그리스도의 몸을 이룬 신자 개개인의 상호 연결성과 신자들의
'상호 의존 관계' 의 개념을 말해 준다. 그는 "비록 몸의 지체는 많으나 한
몸" 임을 강조한다. 모든 지체들은 다양한 은사를 부여 받았는데, 은사는 개
인의 만족을 위해 주어진 것이 아니라 몸 전체의 덕을 세우기 위해 주어진
것이다(14:4-5 · 12). 한 사람이 모든 은사를 다 소유하지 않는다. 어떤 은사
가 다른 은사보다 더 중요한 것이 아니며(12:14-25) 모두가 동일한 은사를
소유하지 않았다. 즉 각 지체는 다른 지체들을 필요로 하며 또한 각 지체는
다른 지체들의 필요가 된다.

신자들의 상호 관계적인 의미에서 그리스도의 몸은 또한 신자들이 '서로
격려하고 세워 주고 돕는 관계' 임을 말해 준다. 바울은 "오직 사랑 안에서
참된 것을 하여 범사에 그에게까지 자랄지라 그는 머리니 곧 그리스도라
그에게서 온몸이 각 마디를 통하여 도움을 입음으로 연락하고 상합하여 각
지체의 분량대로 역사하여 그 몸을 자라게 하며 사랑 안에서 스스로 세우
느니라"라고 말한다(엡 4:15-16). 그 몸의 지체들은 서로의 짐을 져야 하며
(갈 6:2), 또한 지체들 가운데 어떤 사람에게서 범죄한 사실이 발견되면 그
를 바로잡아 주어야 한다(갈 6:1). 경우에 따라서는 지체들 상호간의 교제
를 오염시키는 자들을 그 교제권에서 제외시켜야 할 때도 있다(롬 16:17;
고전 5:12-13).

한편 그리스도의 몸으로서 교회는 '통일된 하나의 몸' 을 의미한다. 고린
도 교회의 지체들은 사회적인 파벌이나 당파가 형성되었고 그들이 교회에
모일 때 그것이 역력하게 나타났다(고전 11:17-19). 이에 대해 바울은 모든
신자들은 '한 성령으로 세례받아 한 몸' 이 되었기 때문에 결코 그런 일이
일어나서는 안 된다고 말한다(고전 12:12-13). 바울은 에베소서에서 다음과
같이 말한다. "몸이 하나이요 성령이 하나이니 이와 같이 너희가 부르심의

한 소망 안에서 부르심을 입었느니라 주도 하나이요 믿음도 하나이요 세례
도 하나이요 하나님도 하나이시니 곧 만유의 아버지시라 만유 위에 계시고
만유를 통일하시고 만유 가운데 계시도다(엡 4:4-6)."

　하나님의 백성들은 그리스도 안에서 그의 몸을 이루고 있다. 문제는 이
그리스도의 몸이란 개념을 너무 영적이고 개념적으로 이해하려는 경향이
다. 교회가 그리스도의 몸이라는 개념은 두 가지의 실제적인 의미를 지닌
다. 그것은 성육신적인 의미와 하나 됨이다. 교회는 그리스도를 통하여 세
워졌고 그리스도에게서 나왔다. 교회의 성육신적 의미는 그리스도께서 자
신이 세운 교회에 계시고 이를 통하여 세상에 현존하신다는 것이다. 교회
가 그리스도의 몸이라는 것은 그리스도가 교회와 전적으로 하나이며 교회
는 그리스도의 존재 형태라는 말이다.[18] 그리스도는 하나님 보좌 우편에 계
시지만 또한 교회를 통하여 세상에 실제로 현존하고 계신다. 스테드먼(Ray
C. Stedman)은 다음과 같이 말한다. "교회의 거룩한 비밀은 하나님께서 거
하시는 장소라는 점이다. 그는 백성 가운데 살고 계신다. 그것은 비가시적
인 그리스도를 가시적으로 나타내라고 하는 교회를 향한 지고한 부르심이
다."[19]

　교회는 그리스도 안에서 그리스도를 통하여 세상 속에 그리스도의 현존
이 신비하게 알려지며 또한 경험된다. 그리스도의 성육신을 통하여 교회가
이루어진 것처럼 그리스도인들도 이전의 죄성과 옛사람에서 탈피하여, 새
로운 피조물, 새로운 가치관, 새로운 공동체로서 사회와 역사 속에서 변혁
의 주체로서 폭발적인 힘을 가지고 있다.

　희생과 헌신을 하여 세상의 고통과 함께 하는 성육신적인 교회는 어떻게
가능한가? 그것은 그리스도인들의 실제적이고 구체적으로 하나 된 삶에서
시작된다. 즉 비가시적인 그리스도가 친히 사시는 교회의 가시성은 그리스

---

18) 로버트 웨버, p. 62.

19) Ray C. Stedman, *Body Life* (Glandale, CA: Reagal Books, 1972), p.15.

도의 몸에 참예한 성도들의 하나된 삶, 즉 공동체적인 삶을 통하여 나타나 보여진다. 그리스도는 보이지 않지만 그리스도의 몸은 보이는 것이다. 우리가 그리스도의 희생으로 말미암아 그리스도의 몸에 '참예(koinonia)' 함을 받았기에 그리스도 안에서 실제적으로 한 몸이라는 것이다. 한 몸의 지체 됨은 그리스도의 몸에 결합되어 있기 때문이다. 그러므로 항상 '그리스도 안에서' 서로의 필요성을 알고 상호 존중, 상호 의존, 협력을 통하여 고통과 영광을 함께 나누는 실제적이며 유기체적 공동체를 유지해야 한다. 하나 되었다는 것은 단순히 개념적 · 정신적인 차원만 아니라 물질적인 면과 전생활적인 면에까지 한 몸 됨을 의미한다. 그래서 그 한 몸 됨은 눈으로 볼 수 있는 가시적인 한 몸의 차원으로까지 나타나는 것이다.

그리스도께서 우리를 그의 몸의 일부분이 되게 하심으로 우리를 그와 한 몸 되게 하신 것처럼 우리도 서로 한 몸이 되도록 노력해야 한다. 마비되고 병들어 뒤틀린 몸에게서 그리스도의 참된 현존은 불가능하다. 우리의 삶 속에서 실제적으로 한 몸 된 생활이 배어나지 않으면 세상을 변혁하는 성육신적인 능력은 나타나지 않는다. 세계의 유수한 기독교 공동체들을 방문해 보면 거기에는 보이지 않는 그리스도의 몸이 가시적으로 나타나 있음을 보게 된다. 특히 후터 형제회(Hutterian Brethren)와 같은 공동체는 그 회원들이 물질까지 완전히 나누는 형제애적인 공동 소유의 삶을 통하여 하나 된 그리스도의 몸을 거의 온전하게 이루고 있음을 볼 수 있다.

공동체는 보이지 않는 그리스도의 몸의 가시적인 형태이다. 역사적으로 이 그리스도의 몸이란 용어를 너무나 추상적으로 해석하여 그 말의 능력을 상실해 버렸다. 그리스도의 몸이란 그리스도인들이 공동체 혹은 공동체적인 삶을 살아감으로써 실제적인 그리스도의 한 몸이 됨을 가리킨다. 그리스도의 몸은 실존적이며 가시적으로 현존한다. 즉 그리스도의 몸이라는 것은 교회에서 그리스도가 보이지는 않지만 온전히 하나 된 그리스도인들의 몸을 통해서 그 몸이 나타나 보여져야 한다는 것이다.

3. 성령의 전

교회의 세 번째 개념은 '성령의 전(ναός τοῦ ἁγίου πνύματός)' 이다.
오순절에 성령이 강림하심으로 비로소 신약 교회가 탄생할 수 있었다. 성
령께서는 교회를 세우시고 계속 교회 안에 거주하고 계신다. "우리가 유대
인이나 헬라인이나 종이나 자유자나 다 한 성령으로 세례를 받아 한 몸이
되었고 또 다 한 성령을 마시게 하셨느니라(고전 12:13)." 성령께서는 신자
한 사람 한 사람 안에 개별적으로 내주하실 뿐 아니라 신자들의 모임 안에
공동으로 내주해 계신다. 바울은 하나님의 성령이 우리들 안에 계심으로
우리가 '하나님의 성전인 것(고전 3:16)' 과 동시에 우리 개인의 몸이 '성령
의 전(고전 6:19)' 이라고 말하고 있다. 바울은 신자들이 '주 안에서 성전'
이며, '성령 안에서 하나님의 거하실 처소' 라고 말한다(엡 2:21-22). 그러
므로 성령이 우리 안에 거하시므로 성령의 교통으로 우리는 교회 공동체가
되어가는 것이다.

성령께서는 교회에게 자신의 '능력' 을 부여하신다. 초대 교회는 처음부
터 스스로 성숙한 교제권에 들어가지 못했다. 오순절날 제자들을 비롯한
120문도가 성령의 능력을 받아 능력 있는 복음 증거와 기사와 표적을 행함
으로써(행 1:8, 2:41 · 43, 3:7-10, 4:31 · 33) 구원받는 사람들이 날마다 더
하게 되었다. 이처럼 교회는 성령의 능력으로 세워진다. 성령은 우리로 하
여금 성숙한 공동체를 이루도록 하기 이전에 먼저 각 개인이 성령의 세례
와 성령의 능력을 체험하게 함으로써 옛 사람이 변화되어 예수 그리스도와
하나님과 확고한 관계를 이루게 하신다. 예수 그리스도를 믿고 하나님을
아는 것은 성령의 능력으로 되는 것이다. 초대 교회는 성령의 능력 안에 있
는 교회였다.

성령께서는 능력과 함께 '코이노니아' 의 역사를 통해 교회를 이루어 가
신다. 고린도후서 13:13의 "주 예수 그리스도의 은혜와 하나님의 사랑과 성
령의 교통하심이 너희 무리와 함께 있을지어다." 라는 축도는 삼위 하나님

의 각 사역적 특성을 말하였다. 여기서 바울은 하나님의 사랑(agape), 예수
님의 은혜(charis)와 함께 성령의 기본 사역은 '코이노니아(κοινωνία,
koinonia)', 즉 교통 혹은 교제, 사귐임을 밝힌다. 성령의 교제케 하는 사역
은 첫째로는 성령께서 신자들로 하여금 그리스도와 하나님과 교제하게 하
는 것을 말한다. 인간의 죄로 하나님과 단절되었던 관계를 예수님의 구속
사역으로 그 관계를 회복시키셨다. 그런데 그 회복은 예수님 한 분이 전인
류를 상대로 하여 단번에 구속하신 일 대 다수의 사역이었다. 그 일 대 다수
의 관계를 예수님과 신자 개인간의 일 대 일의 관계가 될 수 있도록 성령님
이 친히 예수님과 신자 개인 사이에서 교제가 이루어지도록 해주신다. 이
것이 '성령의 교제' 케 하는 사역이다. 성령의 교제의 역사로 이루어진 그
리스도와의 교제를 통해서 하나님과의 관계도 다시 회복되는 것이다.

두 번째로 성령의 교통은 그리스도인들이 서로 하나가 될 수 있도록 상
호간에 교제를 가능케 해주는 것을 말한다. 성경은 초대 교회 성도들이 '서
로' 교제했다고 증언한다(행 2:42 · 44 · 45, 4:32 · 34-37). 성령께서는 그리
스도인들이 영적인 교제, 정신적인 교제, 물질적인 교제를 나누게 하여서
교회로 온전한 공동체가 되게 하신다. 이렇게 성령이 각 사람 마음에 오시
고 성령의 교통케 하는 사역으로 말미암아 하나님과 교제하고 타인과 서로
하나 되는 교제의 몸을 이루게 되었다.

성령은 교회를 '은사 공동체(charismatic community)'가 되게 하신다.
즉 교회는 은사 공동체이다. 은사 공동체로서 교회의 의미는 '다양성' 이
다. 교회는 근본적으로 조직체(organization)가 아니라 유기체(organism)
이다. 교회가 그리스도의 몸이라고 할 때 교회 조직은 마치 몸의 뼈대와 같
다. 몸을 지탱하기 위해서는 뼈대가 반드시 필요하지만 뼈대가 몸은 아닌
것이다. 몸이 몸으로서의 역할을 하기 위해서는 몸의 각 지체가 자기의 기
능을 제대로 발휘해 주어야 한다. 공동체로서의 교회는 지체들의 제 기능
이 잘 발휘되는 것을 말한다. 이 지체 기능을 잘 발휘할 수 있도록 해주는
것이 바로 '성령의 은사' 이다.

바울은 고린도전서에서 성령이 주시는 '다양한 은사'를 언급하고 있다. 즉 지혜의 말씀의 은사, 지식의 말씀의 은사, 믿음의 은사, 병 고치는 은사, 능력의 은사, 예언의 은사, 영 분별의 은사, 방언의 은사, 방언 통역의 은사 등이다(고전 12:4-11). 바울이 이 은사들을 언급한 것은 고린도교회의 미성숙함과 공동체성의 부족함을 지적하고 가르치기 위한 것이었다. 그것은 그 다음 구절들이 그리스도의 몸의 지체를 거론하고 있는 것을 보면 알 수 있다(고전 12:12-26).

즉 성령의 능력과 은사는 자신을 위하고 자랑하기 위한 것이 아니라, 지체를 섬기기 위한 것이다. 그래서 바울은 교회를 섬기는 지체로서 사도, 선지자, 교사, 능력, 병 고치는 은사, 서로 돕는 것, 다스리는 것, 각종 방언 말함 등의 은사들을 들고 있다(고전 12:28-29). 이 은사들은 능력, 병 고치는 은사와 같은 초자연적인 은사(고전 12:4-11)와 예언(선견)의 은사, 섬김의 은사, 가르치는 은사, 권위하는 은사, 구제의 은사, 다스리는 은사와 같은 자연적인 은사를 포함한다(롬 12:6-8). 바울은 이 모든 은사들이 한 몸의 지체로서의 역할을 하기 위해 필요한 은사들임을 역설하고 있다(롬 12:4-5). 은사 공동체는 교회에게 지체의 '다양성'의 유익을 끼쳐 주며, 은사적 다양성은 교회가 계급적 조직체가 아니라 지체적 유기체임을 대변해 준다. 이 일들은 모두 은사 공동체를 통하여 성령이 교회를 이루어 가려고 하는 사역인 것이다.

현대 신학자 한스 크라우스(Hans Kraus)는 은사 공동체로서 교회에 대하여 다음과 같이 말한다. "성직자들이 교회를 좌우하는 것이 아니라 성령의 능력 속에서 교회를 섬기는 성령을 받은 사람들(Pneumatiker)이 좌우한다. 그리스도 몸의 모든 지체는 성령의 은사들과 능력으로 산다. 각자는 그가 받은 은사들을 가지고 공동체 안에서 주님을 섬긴다. 그러므로 교회의 계급적인 지배 체제는 완전히 배제된다."[20]

---

20) H. Kraus, *Systematische Theologie*, p. 496. 김균진, 『교회론』, p.113에서 재인용.

성령은 교회를 '하나' 되게 하신다. 교제(koinonia)의 목표는 '하나 됨 (oneness)'이다. 성령의 역사는 다양성과 함께 일치의 역사이다. 바울은 "성령의 하나 되게 하신 것을 힘써 지키라(엡 4:3)"고 말한다. 교회는 성령 안에서 연합된다. 그리스도의 몸의 지체는 자동적으로 하나가 되는 것이 아니다. 성령께서 자신의 코이노니아 사역을 통해서 구체적으로 하나 되게 하신다. 일반 사람과 사람의 관계는 쌍방적인 관계이지만 그리스도인들 간 의 관계는 성령과 함께하므로 삼중적인 관계이다. 즉 그 관계 속에 성령께 서 이어 주시는 '평안의 매는 줄'이 있어서 삼중의 관계를 구축하여 견고 한 '하나 됨'을 친히 이루신다. 성령의 하나 되게 하시는 사역은 예수께서 십자가의 희생을 앞두고 장래에 그리스도의 몸이 "하나 되게 하소서(요 17:21)"라고 기도하신 대제사장적인 중보 기도의 응답이다. 성령의 하나 되 시게 하는 사역은 이미 그리스도 안에서 하나 되게 하신 것을 계속 유지하 는 사역이다(엡 3:4-5).

성령은 교회를 '거룩'하게 하신다. 옛 언약 아래서 하나님께서 성전에 거하셨기 때문에 성전이 거룩하고 신성한 장소였던 것과 같이, 새 언약 아 래에 서는 신자들이 성령의 전이므로 성령은 교회를 거룩하게 하신다(고전 6:19-20). 교제의 목표가 하나 됨이었다면 하나 됨의 지향점은 거룩함, 즉 성화(聖化)이다. 겟세마네 동산의 대제사장적인 중보기도에서 예수님은 제 자들의 하나됨을 위해서만 아니라 그들의 거룩함을 위해서도 기도하셨다 (요 17:17-19). 그것은 거룩하지 않은 하나됨은 소용이 없기 때문이다. 성령 은 성도들을 '거룩'하게 하시고 흠과 티가 없이 거룩하게 된 성도들을 통 하여 영광을 받으신다(살후 2:13-14).

성령은 교회를 그의 전으로 삼으셔서 교회에게 능력을 주시어 교회를 일 으키시고, 코이노니아의 영을 부여하셔서 지체들로 서로 교제하게 하셔서 한 몸을 이루게 하시고, 교회의 지체들에게 각양의 은사를 주셔서 은사의 다양성으로 그리스도의 몸을 유기체적으로 섬기게 하시고, 그 은사의 다양 성 가운데에서 또한 일치를 이루게 하신다. 그리고 성령은 교회를 성결의 영으로 거룩하게 하여 신랑 되신 그리스도를 맞이할 신부로 부족함이 없도록 준비하게 하신다. 성령의 전으로써 교회는 이렇듯 유기체적인 공동체로서의 성격으로 가득 차 있다.

성령은 교회의 영으로서 교회를 항상 새롭게 하신다. 교회는 창조자이신 성령(Spiritus Creator)의 피조물이다. 교회는 성령의 역사로 세워지며 계속 새로워진다. 성령은 교회를 세우실 뿐만 아니라 존재한 교회를 새롭게 하시는 영이다. 성령이 창조적인 영이란 의미는 새 것을 창조한다는 미래적 차원만 아니라 이미 존재하고 있는 교회를 새롭게 한다는 뜻이다. 교회 갱신과 교회 개혁(renewal of the Church, reform of the Church)의 주체는 성령이시다. 성경은 땅의 끝까지 때의 마지막 때까지 교회를 새롭게 재창조하는 사역을 계속하신다. 교회는 성령의 전이며 교회를 이끄시는 주권자는 성령이시다.

4. 하나님 나라의 표징

"때가 찼고 하나님 나라가 가까웠으니 회개하고 복음을 믿으라"(막 1:15)"

교회의 네 번째 개념은 '하나님 나라의 표징' 이다. 하나님 나라란 무엇인지 우선 그 일반적인 개념을 개략적으로 살펴보자. 하나님 나라는 '하나님의 통치(God' s sovereign, the reign of God)을 뜻한다. 하나님 나라는 그 임박성에 따라 미래적 하나님 나라와 현재적 하나님 나라로 구분된다. 미래적 하나님 나라는 우리가 장차 하늘 나라에 가서 누릴 하나님 나라이며 현재적 하나님 나라는 현재 이 땅에서 누릴 하나님 나라이다. 전자를 '종말론적으로 완전히 실현될 하나님의 통치' 라고 말하며 후자는 '천국의 현재적 개시' 라고 표현한다.[21] 하나님 나라는 예수 그리스도를 통하여 이

---

21) J. Wisse, A. Schweitzer, G. Dalman, R. Bultmann 등은 미래적 하나님 나라론을, C. H. Dodd, G. E. Ladd는 현재적 하나님 나라론을, W. Kummel, G. Beasley-Murray, N. Perrin, D. Allison, J. Jeremias 등은 미래적 하나님 나라론과 현재적 하나님 나라의 중간적 형태를 취한다.

땅에 이미 도래하였지만 아직 완성은 되지 않았다. 본장에서는 어떻게 하면 하나님 나라를 이 땅에 이룰 수 있을까 하는 현재적 하나님 나라의 관점에서 교회공동체를 다룰 것이다.

　다음은 교회가 하나님 나라와 어떠한 관계가 있는지 그 관계성을 살펴보자. 조지 래드(George Ladd)는 하나님 나라는 하나님의 통치이며, 교회는 그의 통치하에 있는 인간의 공동체라고 보았다. 래드는 교회와 하나님 나라의 관계를 다음과 같이 지적한다.[22]

　교회는 하나님 나라가 아니다.

　하나님 나라는 교회를 창조한다.

　교회는 하나님 나라를 증거한다.

　교회는 하나님 나라의 도구이다.

　교회는 하나님 나라의 대리 기관이다.

　즉, 교회는 하나님의 나라 자체는 아니지만 교회 속에 이미 하나님의 나라가 침투해 있고 교회는 하나님 나라를 증거하는 도구이며 대리 기관(agent)이라는 것이다. 하워드 스나이더(Howard Snyder)는 "교회는 하나님의 나라를 건설하기 위한 그의 사신이다. 교회는 하나님께서 그의 화해의 뜻을 이루시는 최상의 수단이다"라고 정의하였다.[23] 피터 쿠즈믹(Peter Kuzmic)은 "교회는 과거에 이루어진 하나님 나라의 결과이며, 현재 하나님 나라에 참여하고 있으며, 미래에 나타날 하나님 나라를 기다리는 공동체"라고 정의했다.[24]

하나님 나라에 대한 연구는 하나님 나라의 본질과 하나님 나라와 예수의 사역의 관련성, 그리고 하나님의 나라가 언제 이루어질 것인가에 대한 주제들을 주로 다루어 왔다. 이에 대해서는 Joel, B. Green(ed.), *Dictionary of Jesus and the Gospel*(Downers Grove, ILL: Intervarsity Press, 1992) pp.420-423을 보라.

　22) George E. Ladd, *Jesus and the Kingdom*(New York: Harper & Row, 1964), pp. 259-273.

　23) Howard Snyder, *Community of the King*(Downers grove, Illinois: InterVarsity Press, 1977), p.13.

　24) Peter Kuzmic, 명종남 역, 『교회와 하나님의 왕국』(서울: 새순출판사, 1986)

이상 하나님 나라와 교회의 상관성을 잠시 살펴보았다. 여기서 우리는 다음과 같이 보다 구체적인 질문을 할 수 있다. 첫째, 하나님 나라는 이 땅에 어떻게 나타나는가? 둘째, 교회를 통하여 나타나는 하나님의 나라는 어떠한 형태인가? 이 두 가지 질문을 생각해 보자.

미래에 완성될 하나님 나라인 천국은 요한계시록 21-22장에 자세히 묘사되어 있다. 그 나라는 하나님과 하나 되어 그와 함께 영원히 거하게 될 새 하늘과 새 땅(계 21:1-5), 눈물과 고통과 죄와 사망의 문제가 완전히 해결되어 모든 것이 새롭게 된 나라(계 21:4-5), 온갖 보석으로 만들어져 하나님의 영광이 휘황 찬란하게 빛나는 나라인 새 예루살렘(계 21:10-27), 생명수의 강이 흐르는 가운데 하나님 및 어린양의 보좌에서 하나님과 영원히 함께 왕 노릇(통치) 하는 나라(계 22:1-5)이다. 미래에 완성될 천국의 특징은 크게 세 가지로서 새로운 영토(새 하늘과 새 땅), 새로운 회복(죄와 사망의 문제 해결), 새로운 통치(하나님과 영원히 왕 노릇 함)이다.

아름답고 권능 있는 하나님 나라는 예수님이 온 세상을 회복하실 새 하늘과 새 땅에서만 이루어지는 것이 아니라, 이 땅 즉 지금 여기에서도 완전하지는 않지만 부분적으로 이루어진다. 예수님은 하나님 나라를 세우러 오셨다.

그러면 이 땅 위에서는 하나님 나라가 어떻게 나타나는가? 하나님의 나라는 회개하고 복음을 믿음으로써 이루어지고(마 3:2; 막 1:15) 물과 성령으로 거듭나서(요 3:1-5) 복음을 믿는 사람들 가운데 나타난다(눅 17:21). 하나님을 신령과 진정으로 찬양하고 예배하는 가운데 나타난다(시 22:3). 병을 고치고 귀신을 쫓아내는 기적 가운데서 하나님의 나라가 나타나고(눅 11:20) 또한 어린아이 같은 겸손함과 단순한 믿음(마 18:1-5), 헌신과 충성, 낮아지고, 주고, 버려지는 섬김의 삶(마 19:13-30), 가난한 자와 나누는 공의의 삶(막 10:21-23; 눅 18:22-24), 온전한 사랑의 실천 등을 통해서 나타난다.

무엇보다도 천국의 헌장인 산상수훈(마 5-7장)은 천국, 즉 하나님의 나라가 무엇을 통하여 나타나는가를 총괄적으로 말해 주고 있다. 산상수훈은 그리스도의 제자들이 지켜야 할 새 법으로서의 제자도이다. 그 제자도는 원수까지 사랑하는 '철저한 제자도(radical discipleship)'를 가리킨다. 이 제자도는 인간으로서는 지키기가 매우 힘든 명령이다. 그러나 이것은 이루어졌다. 오순절 성령이 강림하셨을 때 초대 교회는 성령의 능력으로 병든 자를 고치고 귀신의 역사를 물리치는 기적을 베풀어 하나님 나라를 나타내었고, 또한 물질까지 온전히 나누어 가난한 자가 없는 '사랑의 공동체'의 삶을 통하여 하나님 나라를 보여 주었다. 제자들은 자기들을 핍박하는 원수들에게 목숨까지 내놓는 순교의 자리까지 나아감으로써 예수님이 명하신 하나님 나라의 제자도를 실천하였다. 이 제자도는 개인적으로 지키고자 할 때는 거의 불가능한 윤리 같지만 서로 선행을 격려하고 힘을 합하여 한 몸 안에서 공동체로 지키고자 할 때는 산상수훈이란 실천 가능한 윤리이다. 그러한 의미에서 산상수훈은 개인 윤리가 아니라 공동체 윤리이다. 마태복음의 여덟 가지 복은 세상 사람들의 사회 가치와 대조되는 하나님 나라의 삶을 사는 하나님의 백성의 삶의 형태를 규정지어 주는 것이다. 하나님 나라는 철저한 제자도라는 새로운 가치관으로 형성된 '새로운 공동체'를 통하여 나타난다.

성령 강림 이전에는 주로 예수님 한 분의 사역을 통해 하나님의 나라가 이 땅에 도래하는 것을 보여 주었지만, 오순절 성령 강림 이후에는 '성령받은 사람들'의 사랑의 공동체를 통하여 하나님 나라가 보여졌다. 성령이 임함으로써 초대 교회가 성령의 능력으로 기적을 베풀고 모든 물질을 온전히 나누어 능력과 사랑으로 충만한 사랑의 공동체가 되었다는 것은 바로 하나님의 나라가 이 땅 위에 본격적으로 이루어지기 시작했다는 사실을 입증해 준다. 이기적인 인간이 성령을 받음으로써 물질까지 완전히 나눌 수 있는 지경까지 간 것은 인류 역사상 가장 위대한 정신사의 혁명이었다. 이것이 바로 이 땅 위에 하나님 나라가 구현된 실체의 증거이다. 교회가 하나님 나라의 통로라는 의미는 바로 그러한 능력과 사랑의 공동체인 교회를 통해서, 즉 교회가 초대 교회와 같은 능력과 사랑이 충만한 온전한 공동체로 회복될 때 하나님 나라가 기존 교회를 통해서 나타나 보여지는 것이다.

예수님은 이웃을 네 몸과 같이 사랑하는 것이 최고의 계명이라고 말씀하셨다(막 12:28-31). 사도 요한은 "만일 우리가 서로 사랑하면 하나님이 우리 안에 거하신다(요일 4:12)"고 말했다. 사랑의 나눔이 있는 곳에 하나님께서 함께 계시고, 거기에 하나님의 나라가 임하는 것이다. 그러므로 사랑의 공동체는 하나님 나라를 이 땅 위에 보여 주는 실재이다.

하나님 나라는 어떻게 임하는가? 하나님 나라는 공동체 삶을 통해서도 나타난다. 공동체는 하나님의 나라를 이곳에 임하게 하는 삶의 방식이다. 그런데 어떤 공동체여야 하는가? 산상수훈을 실천하고 물질까지 전적으로 포기하고 나눌 수 있는 '철저한' 공동체여야 한다. 한 부자 청년이 예수께 와서 어떻게 해야 영생을 얻겠느냐고 물었을 때 "재산을 팔아 가난한 자들에게 주고 나를 따르라(눅 18:22)"고 하신 예수님의 대답은 '철저한 제자도'가 어떠해야 하는가에 대하여 분명히 말해 주고 있다. 사도행전 2장의 초대 교회 공동체는 산상수훈을 실천하는 철저한 공동체의 모본이다.

현대 신학자 위르겐 몰트만(Jürgen Moltmann)은 재세례파 공동체인 후터 형제회(Hutterian Brethren)의 삶을 언급하면서 "산상수훈과 무조건적인 제자도, 제자도와 제자들의 공동체 생활, 형제 자매들의 공동체 생활과 하나님의 나라가 이 땅 위에 임하는 것, 이러한 것들은 서로 결코 분리될 수 없는 것이다."[25]라고 말했다. 미주와 구라파에 있는 후터 형제회를 방문해 보면 역시 몰트만이 언급한 바와 같이 그러한 공동체에서 하나님 나라의 실체를 접할 수 있다.[26] 후터 형제회는 초대 교회 공동체의 생활방식 대로 재산을 공유하며 신실한 형제애를 통하여 그리스도를 증거하는 공동체로

---

25) Eberhard Arnold, *Salz und Licht*(Brendow-Verlag, 1982), p. 8.

26) 후터 형제회의 삶에 대해서는 김현진, 「초대 교회로 살아가는 후터 형제회 공동체」, 《빛과 소금》(서울: 두란노서원, 1992), 9월호.

지금도 초대 교회 공동체가 가능하다는 것을 온전히 보여 주는 증거이다. 후터 형제회는 종교 개혁 이래 현재까지 5백여 년 동안 존속해 왔다.[27)]

금세기의 위대한 인도 선교사였던 스탠리 존스(E. Stanley Jones) 박사는 인도 남부에 에이미 카마이클(Amy Carmichael) 여사가 세운 도나버 공동체(Dohnaver Fellowship)에 대하여 "만일 이 지구상에 천국(the kingdom of God)이 있다면, 아마 그곳은 이곳 도나버 공동체일 것이다."라고 말했다.[28)] 도나버 공동체는 사회 봉사와 함께 선교를 하는 공동체로서 힌두교 사원에 창녀로 팔려 간 소녀들을 교화시키는 사역을 했었다. 원래 CEZMS(영국 성공회 제나나 선교회) 소속이던 이 선교 단체는 자라면서 초교파적인 성격을 띠고 모든 회원들이 '모든 물건을 서로 공동 소유(all things in common)' 하며 '믿음의 선교(faith mission)' 방식을 취하는 공동체로 발전하였다. 외국에서 온 요원들과 인도 요원들이 진정으로 '그리스도 안에서 모두 하나(all one in Christ)' 가 되었으며 계급이나 서열, 국적의 차이로 인한 차별이 없는 사랑과 포용의 분위기가 가득한 사랑의 공동체였다.[29)]

사도행전 2장에 나오는 초대 교회 공동체와 같은 사랑의 공동체 가운데 정녕 하나님의 나라의 삶이 구현된 실재를 접할 수 있다. 시편 기자는 '형제가 연합하여 동거하는 삶은 여호와께서 영생의 복을 명하는 삶' 이라고 노래했다(시 133:1-3). 그러한 사랑의 공동체 삶이 구현될 때 완전하지는 않지만 그곳에 하나님 나라의 아름다움이 이 땅에 선재(先在)하고 있음을 알 수 있다. 장차 다가올 천국에서 누릴 영광을 단편적으로나마 미리 이곳에서 맛보는 것이다. 우리는 주기도문에서 "나라가 임하옵시며(Thy kingdom come)"라고 기도한다. 어떻게 그의 나라 즉 하나님의 나라가 이

---

27) 후터 형제회의 자세한 역사와 사역을 알려면 Merrill Mow, *Torches Rekindled*(Ulster park, N.Y.: Plough Publishing House, 1989)를 보라.

28) Donald Bloesch, 김현진 역, 『세계의 예수 공동체』(서울: 무실, 1991), p. 74.

29) *ibid.*

땅 위에 임하는가? 철저한 제자도를 실천하는 공동체 생활은 하나님 나라가 임하는 통로이다. 공동체 생활은 이 땅 위에서 하나님 나라의 삶을 사는 삶의 방식(life style)이다. 이것이 교회 됨의 의미이다. 이러한 공동체들은 이 땅에서 하나님 나라의 아름다움과 그리스도의 한 몸 됨을 실제로 보여 주는 하나님 나라의 '가시적 실재(visible reality)'이며, 이 땅 위에 하나님 나라를 보여 주는 열린 창문이다.

여기서 우리는 특정한 공동체 생활, 즉 한 곳에 모여 재산을 공유하며 사는 그러한 공동체 생활 형태만을 하나님이 받으시고 하나님 나라의 영광이 임하는 통로라고 말하는 것은 결코 아니다. 하나님의 나라는 다양한 형태로 나타난다. 보편 교회의 형태와 삶 속에서도 그의 나라를 위한 희생과 헌신과 충성을 통해서 하나님의 나라의 실재를 체험하는 경우도 많다. 그러나 하나님 나라의 특징은 '철저성'이다. 보편 교회에서 이러한 하나님 나라의 실재가 나타나려면 제자도와 공동체성이 보다 '철저'하게 실천되어야 하며 보다 격상된 헌신이 있어야 한다. 공동체의 의미는 단순히 함께 모여 사는 집단이 아니라 철저한 제자도와 깊은 형제애적 삶의 외적인 표현이다. 그러므로 철저한 제자도는 물질까지 완전히 나누어 형제애적 사랑을 실천하고, 고통당하는 이웃의 필요에 동참하여 더불어 함께 사는 실제적인 공동체 생활을 통하여 보다 구체적인 실천된다.

하나님 나라는 교회를 통하여 이루어진다. 어떠한 교회를 통하여 그 나라가 구현되는가? 교회의 본질이 실천되는 교회를 통하여 이루어진다. 교회의 본질은 무엇인가? 우리가 살펴본 대로 교회의 본질은 그리스도인들의 참된 공동체 됨이었다. 개인주의는 하나님 나라를 얻을 수 없다. 참된 공동체가 이루어지는 곳에 하나님의 나라가 임한다. 온전한 공동체는 이 땅에 있는 하나님 나라의 실증이다. 그러므로 하나님 나라는 공동체성이 철저히 구현되는 교회 공동체를 통해 나타난다. 철저하지 않으면 처절하게 된다. 교회 안에 하나님 나라가 나타나야 한다. 그리스도가 그의 삶을 통해 보여 주신 하나님의 나라를 교회는 철저한 공동체의 실천을 통하여 그리스도의 몸으로 보여 주어야 하며, 미래에 누리게 될 하나님 나라를 지금 여기에서 미리 보여 주는 대안적 사회(alternative society)가 되어야 한다. 하나님 나라의 절정은 하늘 나라에서 이루어질 것이지만, 그 나라는 이미 이 세상 안에 있으니 곧 온전한 그리스도인의 공동체가 된 그러한 교회 안에 있는 것이다.

기독교 공동체를 통하여 하나님의 나라가 실제로 임하는 경우들은 우리로 하여금 하나님의 나라가 '영토(영역)' 냐 혹은 '통치' 냐 하는 문제를 다시 생각하게 해준다. 종래의 주장은 하나님의 나라는 영역이 아니라 '통치' 라는 주장이 지배적이었다. 우리는 앞서 미래에 새롭게 완성될 하나님 나라(천국)의 특징이 '새로운 영토, 새로운 회복, 새로운 통치' 임을 살펴보았다. 그러한 하나님의 나라가 예수님의 초림과 성령의 강림으로 이미 여기서 시작되었다면 미래의 세 가지 하나님 나라의 특징이 이 땅에서도 완벽하지는 않지만 부분적으로 나타나는 것이다. 그렇다면 통치만 아니라 그리스도 안에서 새롭게 된 피조물인 그리스도인의 삶의 장소적인 영역에도 하나님의 나라가 부분적으로 이루어 질 수 있는 것이다.

종래의 하나님 나라론은 하나님의 통치에 종점을 두었기에 하나님 나라의 영역적 의미보다 주권적 의미가 강하였다. 그러기에 하나님 나라의 통치는 구체성이 결여된 막연한 개념의 차원에 머물러 있었다. 통치는 영역을 떠나서 이루어질 수 없다. 통치는 그것이 이루어질 때 구체적인 영역을 통해서 나타난다. 종래의 하나님 나라론이 하나님의 통치라는 개념에 너무 치중했기에 통치의 영역인 공동체에는 관심이 없었다. 하나님 나라는 통치적 의미만 아니라 영역적인 의미에서도 균등하게 다루어져야 한다. 하나님 나라의 장소적인 개념이 약화된 것은 종래의 신학적 영향도 있었다. 조직신학자 루이스 벌코프는 그의 교회론에서 하나님 나라의 구현에 대하여 "하나님 나라의 현재적 실현은 영적이며 비가시적이다." 라고 언급했다.[30]

---

30) 루이스 벌코프, 『조직 신학』, p.40.

　그러나 우리가 전 세계에 있는 온전한 기독교 공동체들과 그러한 공동체성을 온전히 지닌 교회들을 접해볼 때 하나님의 나라는 하나님의 통치만이 아니라 특정한 장소에도 가시적으로 임재한다는 사실을 알 수 있다.[31] 하나님의 통치란 개념은 너무 광범위하고 개념적이어서 하나님의 통치를 받아들이면서도 이 땅 위에 있는 하나님 나라의 실재를 접해 보지 못했기 때문에 막연한 관념적인 하나님 나라가 되기 십상이다. 진실로 형제가 서로 사랑하는 곳에 하나님의 나라가 가시적으로도 임재한다. 그것이 기독교의 희망이다. 하나님 나라는 통치의 개념과 영역의 개념이 균등하게 받아들여져야 한다. 그러할 때 균형잡힌 하나님 나라론이 확립될 것이다. 막연한 통치 개념으로서의 실재가 없는 하나님 나라론은 재고되어야 한다. 이러한 의미에서 피터 쿠즈믹(Peter Kuzmic)은 "하나님 나라를 이루는 하나님의 백성의 공동체는 항상 이 땅 위에서 눈에 보이고 식별할 수 있는 것"이라고 말하였다.[32]

　현대 교회의 비극 중의 하나는 현재 임하는 하나님 나라를 접하지 못하는 데 있다. 그러한 경우에는 성경 해석이 대개 영해(靈解)되는 쪽으로 흐르거나 하나님 나라의 실재를 접해 보지 못했기에 관념적인 기독교로 정체되어 나중에는 체념적 상태에 고착되어 버린다. 교회의 삶 속에 하나님 나라가 보여져야 한다. 실체가 없는 관념적인 기독교는 체념적인 기독교로 전락한다. 교회 공동체 속에서 공동체성이 보다 실제적으로 가시적으로 철저하게 구현되어야 한다. 그러할 때 하나님 나라가 임하며 하나님의 나라가 지금 여기에 보이게 되는 것이다. 교회는 하나님 나라를 오늘 여기에 나타내는 하나님 나라의 공동체이다.

---

　31) 이러한 예로서 바실레아 슈링크, 한화영 역, 『20세기의 기적들(Realities)』(서울: 생명의 말씀사, 1982)과 Kurt Koch, *God Among the Zulus*(Durban: Kwa Sizabantu Mission, 1981)를 참고할 것.

　32) Peter Kuzmic, *ibid.*, p. 82

IV. 삼위일체와 공동체

공동체의 실제적인 출발은 오순절 성령이 오심으로써 성령의 코이노니아를 통하여 실제적인 공동체가 시작되었다. 그러나 공동체의 시초는 오순절 성령 강림 이전에 삼위일체에서 이미 찾아볼 수 있다.

삼위일체론은 처음부터 성부 하나님, 성자 하나님, 그리고 성령 하나님이 동일 본질이면서 삼위로 존재한다는 것을 말한다. 예수님은 하나님의 영원한 아들이시요, 인간이시요, 성부와 동일한 신성을 공유한다. 그리고 성령은 생명의 주요 창조자로서 성부와 성자와 함께 예배의 대상이 되는 진정한 하나님이라고 선언한다(니케아-콘스탄티노플 신조). 칼빈도 "하나님은 자신을 한 하나님으로 선포하시면서 동시에 우리의 보기에는 구별된 세 위로 자신을 드러내신다."고 고백하였다.[33]

고대 교회 신조들은 삼위일체 교리가 그 중심이었으며 교리의 수호는 기독교 신앙의 수호였다. 삼위일체 교리는 이단적 가르침으로부터 신앙의 본질을 지키는 무기였다. 그래서 고대 기독교는 이 삼위일체 교리를 규명하고 수호하는 데에 혼신의 힘을 기울였다. 그 결과 삼위일체 교리라는 귀중한 결실을 가져왔고 고대 교회에서는 그것이 가장 중요한 사역이었다. 삼위일체 교리의 형성은 당시의 시대적 상황과 필요에 의해서 나온 것이었고 신앙의 본질을 수호하는 최선의 바탕이었다.

이러한 배경을 가진 전통적인 삼위일체 교리는 교리의 수호 자체에만 초점을 맞추었기 때문에 현대 교회에 들어와서는 그 의미를 잃어 가고 있고 사변적 교리로 무시되고 있는 형편이다. 사실 삼위일체 교리 이해는 교리 자체의 수호와 그 교리를 어떻게 합리적으로 이해할 것인가에만 초점을 맞

---

33) 존 칼빈, 김종흡, 신복윤, 이종성, 한철하 공역, 『기독교 강요 I』(서울: 생명의 말씀사, 1986), p. 13, 21.

추어 왔기 때문에 삼위일체 교리는 우리의 신앙생활과 거리가 먼 사변적인 논리의 범주에만 머무르게 되었다.[34]

전통적인 삼위일체 교리는 삼위를 개별적으로 취급하였다. 즉 관계적인 측면이 결여되어 있었다. 그러나 삼위일체 교리를 삼위 하나님의 정태적(靜態的)인 존재 방식 이해에만 초점을 맞추지 않고 삼위 하나님의 동태적(動態的)인 존재 방식의 측면에서 조명해 보면 삼위일체 교리의 역동적인 면을 또한 찾아볼 수 있다. 즉, 삼위일체는 우리에게 참된 공동체의 모본을 제시해 주고 있다. 이러한 의미에서 삼위일체의 공동체적인 면모를 살펴보자.

역대의 교부와 신학자들은 삼위일체의 상호 '관계성'을 들추어내면서 삼위일체의 공동체성을 파악하고 있다. 아우구스티누스(Augustinus)는 관계 개념을 사용하여 삼위일체를 설명하였다. 아우구스티누스는 한 분 하나님의 존재 안에는 세 가지 관계성이 있는데 이 관계성은 곧 아버지와 아들과 성령과의 관계라고 말한다. 여기서 관계라는 것은 하나님이 인간이나 피조세계와 가지는 관계가 아니라 삼위 하나님간의 관계를 가리키는 것이다.[35]

칼 바르트(Karl Barth)는 삼위일체 하나님을 논하면서 "아버지와 아들과의 관계는 창조자와 피조자의 관계나 피조자들끼리의 관계에 국한되지 않고 모든 관계의 표본이다."[36]라고 말한다. 그 관계성은 삼위 중 어느 한 분도 개별적으로 존재할 수 없으며 세 분은 다같이 상호관계 안에서만 존재하며, 영원하신 한 분 하나님 안에서 공통으로 존재한다는 것을 말한다. 이것은 곧 성부, 성자, 성령이 상호 관계 속에서 하나가 되며 한 위격의 존재가

---

34) 오성춘, 「삼위일체 교리와 섬김의 공동체 비전」, 《장신논단》(장로회 신학대학교 출판부, 1994), 제10집, pp. 535-536.

35) 필립 샤프 편집, 김종흡 옮김, 『성 아우구스티누스의 삼위 일체론』(서울: 크리스챤 다이제스트, 1993). p.174, p.176.

36) Karl Barth, *Kirchliche Dogmatik* II, p.402.

다른 위격의 존재 안에 관계적으로 동참하면서 존재하는 것을 의미한다.

바르트는 하나님은 영원히 고독하게 자족적이고 자아 의존적으로 존재하는 분이 아니라 삼위일체론적 본성 안에서 상호 관계적인 공동체로 존재하신다고 믿는다. 즉, 성부, 성자, 성령 사이에 일어나는 관계 공동체의 상호 교제가 하나님과 인간의 코이노니아와 인간과 인간의 코이노니아의 근거와 모본을 제시하는 것이다. 하나님과 인간, 그리고 인간과 인간 사이의 모든 관계는 하나님 안에서 영원히 계속되는 관계적 공동체를 반영하는 것이며, 하나님은 예수 그리스도와 성령 안에서 인간들 속에 이러한 공동체를 창조하시려고 한다는 것이다.[37]

레오나르도 보프(Reonardo Boff)는 "태초에 교제(코이노니아)가 있었다"고 말한다. 그는 하나님은 처음부터 삼위로 있으면서 상호간에 '교제'가 있었다고 말한다. 즉, 아버지는 언제든지 아들과 성령 안에 있다. 아들은 아버지와 성령 안에 내재한다. 성령은 아버지와 아들을 결합하는 동시에 전적으로 그들과 통합한다. 하나님의 삶과 사랑의 힘이 그 세 위격을 하나로 묶어 주기 때문에 이 세 위격은 완전한 통합을 이룬다. 이 통합은 '상호통재(相互通在)'로써 삼위가 동등하게 영원히 전능하신 사랑의 위격이 된다. 이 세 위격은 너무나 철저하게 서로 공존하기 때문에 분리될 수 없다는 것이다. 보프는 삼위의 이러한 관계를 '영원한 교제'라고 지칭하면서 이러한 성삼위 하나님의 영원한 교제의 관계가 모든 인간의 교제와 공동체의 바탕이 된다고 말한다.[38]

삼위일체의 코이노니아

이러한 삼위 하나님의 긴밀한 관계성은 삼위 하나님 사이의 코이노니아

---

37) *ibid.*, p. 63.
38) Reonard Boff, *Trinity and Society*, pp. 19-20.

를 의미한다. 성령의 본격적인 코이노니아의 역사는 오순절 성령 강림 때
부터 시작되었지만 코이노니아는 이미 창세전 삼위 하나님에게서 존재하
고 있었던 것이다. 창세기 1장은 이미 삼위 하나님의 코이노니아와 그 공동
체성을 보여 주고 있다.

"하나님이 가라사대 우리의 형상을 따라 우리의 모양대로 우리가 사람을
만들고 그로 바다의 고기와 공중의 새와 육축과 온 땅과 땅에 기는 모든
것을 다스리게 하자 하시고…(창 1:26)"

창세기 11장에서도 역시 삼위 하나님이 협의체로서 사역하는 모습을 볼
수 있다.

"자, 우리가 내려가서 거기서 그들의 언어를 혼잡케하여 그들로 서로 알
아듣지 못하게 하자…(창11:7)"

창세기에 나타난 삼위 하나님은 한 하나님이 독단적으로 일을 처리하지
않고 서로 함께 의논하는 협의체로서의 공동체임을 말해 주고 있다. 이러
한 삼위 하나님 사이의 코이노니아는 뒤이어서 하나님과 사람의 코이노니
아로 발전된다. 예수님은 자신과 하나님이 하나 된 공동체이듯이 이를 따
라 인간들도 온전한 공동체가 되기를 기도하셨다.

"아버지께서 내 안에 내가 아버지 안에 있는 것같이 저희도 다 하나가 되
어 우리 안에 있게 하사 세상으로 아버지께서 나를 보내신 것을 믿게 하
옵소서(요17:21)"

성부는 권위자가 아니라 성자와 성령을 섬기기 위하여 존재한다. 부성
소유의 의미는 자신을 비우고 주기 위함이다. 성자이심은 그 위치를 성부
에게 드리기 위해서 존재하신다. 성부는 성자가 되려고 하지 않고 성자는
성령이 되려고 하지 않는다. 성령은 자신의 뜻대로 행하지 않고 성부와 성
자의 뜻을 드러낸다. 각각 그 역할을 조용히 감당하신다. 서로의 자리를 존

중하고 서로에게 봉사하신다.

삼위 하나님은 각각 자신만을 위하여 존재하는 것이 아니라 타자를 위해 섬기는 모습을 보여 준다. 성부는 성자와 성령을 위해, 성자는 성부와 성령을 위해, 성령은 성부와 성자를 섬기기 위해 존재하신다. 삼위 하나님은 서로 이러한 사귐과 섬김의 관계성 가운데 계시는 '관계적인 존재'이다.

삼위일체 하나님이 서로 교제하고 섬기는 것은 그것이 '기쁨'이 되기 되기 때문이다. 진정한 사귐에는 기쁨이 있다. 그러므로 삼위일체 하나님의 사귐과 섬김은 그 자체가 존재의 목적이며 가장 근본 되는 사역이다. 삼위일체로서의 하나님은 온전한 코이노니아의 모본이다.

삼위일체가 상호 사귐과 섬김의 공동체이듯 우리도 이를 따라 온전한 공동체이어야 하는 것이다. 구원 사역의 본질도 성삼위의 본질과 같다. 기독교의 섬김의 사역은 성삼위의 본성과같이 서로 사귐과 섬김의 모습 속에서 비롯되는 것이다.

이러한 삼위 하나님의 온전한 교제의 관계는 모든 관계는 표본을 제공하며, 인간의 공동체 속에 투영될 뿐 아니라 삼위 하나님의 역사로 그리스도인들의 공동체 속에 하나님의 삼위일체적인 공동체를 형성시켜 나간다. 우리에게 오신 성령님은 자신의 코이노니아 역사로 공동체로 살아가고 공동체를 섬기는 구체적인 방안을 우리에게 가르치시고 인도하신다. 그러므로 삼위일체 하나님을 믿는 모든 성도들과 교회는 하나님의 영광스러운 교제의 관계를 반영하는 공동체가 되어야 하는 것이다.

V. 교회의 본질과 코이노니아

1. 코이노니아와 교회

1) 성령의 코이노니아로서의 교회

우리는 앞에서 교회의 성경적인 정의를 하나님의 백성, 그리스도의 몸, 성령의 전, 하나님 나라의 표징으로 살펴보았다. 우리는 여태껏 이러한 교회의 성경적 정의들을 많이 접해 왔지만 문제는 그 정의들이 실제적으로 현재의 교회를 두고 볼 때 구체적으로 무엇을 의미하며 과연 교회가 어떠한 형태여야 하는가 하는 것이다. 그래서 교회의 본질을 코이노니아의 측면에서 재조명하여 교회가 어떠해야 하는가를 코이노니아의 교회론을 통해서 살펴보고자 한다.

16세기 종교 개혁가들이 부패한 로마 가톨릭 교회에 대항하여 내건 교회 개혁의 구호는 라틴어로 '콤뮤니오 상토룸(Communio Sanctorum)'이란 말이었다. 영어로 번역하면 'Communion of the Saints' 즉 '성도(聖徒)의 교통(交通)'이란 말이다. 신학적으로 교회의 본질을 언급할 때는 이 '성도의 교통'이란 용어를 쓴다. 이것은 초대 교회 교부들이 교회의 본질에 대하여 고백했던 용어이다. 종교 개혁가들이 교회의 본질을 회복하고자 했을 때 그들도 역시 "교회란 성도의 교통이다"라고 고백하였다.

그러면 '성도의 교통'이란 말은 무슨 뜻인가? '성도'는 그리스도를 주로 고백하는 사람들이며, '교통'은 '공동체'를 의미한다. 이 재래적인 용어의 의미는 '그리스도인들의 공동체'란 뜻이다. '교통'이란 말인 'Communion'은 헬라어 'koinonia'에서 나온 것이며 'koinonia'는 '공동체(community)'의 어원이다. '성도의 교통'이란 '그리스도인들이 하나 된 모임'인 것이다. 교회의 본질로서 성도의 교통은 그리스도를 주로 믿는 하나님의 백성인 성도들이 수직적으로는 하나님과 교제하고 수평적으로는 성도들이 서로 하나 되어 교제하는 모임을 말한다. 종교 개혁 신학이 교회 개혁의 구호로서 '성도의 교통'을 외친 것은 유형적인 조직체로서 배타적이었던 당시 로마 교회에 대항하여 비가시적인 성도들의 모임으로서의 교회상을 회복하려고 했던 의도에서였다. 16세기와 같이 오늘날에도 그 방향은 조금 다르지만 교회의 본질인 '성도의 교통'의 회복이 절실한 때이다.

2) 가시적이고 실제적인 코이노니아

그러면 성도의 교통이 실제로 의미하는 바는 무엇인가? 신약의 교회는 성령이 강림하심으로 시작되었다. 오순절 성령 강림절은 신약 교회의 생일이다. 성령이 강림하심으로 말미암아 하나님과 사람이 하나 되고 성령의 교제케 하는 역사로 '나'에서 '우리'로 바뀌어 사람과 사람이 하나 되는 전인격적인 교제가 가능한 공동의 몸이 되었다. 그것이 바로 신약의 교회이다. 신약에서 공동체를 지칭할 때 그것은 곧 교회를 가리킨다. 동시에 교회는 실제적인 공동체였다. 그래서 신약 교회를 교회 공동체라고 하며, 그 교회를 실제적인 공동체로 되게 하는 것은 성령의 코이노니아이다.

성령의 교제케 하는 사역은 첫째로는 성령께서 신자들로 하여금 그리스도와 하나님과 교제하게 하는 것을 말한다. 인간의 죄로 하나님과 단절되었던 관계를 예수님이 자신의 구속 사역으로 그 관계를 회복시키셨다. 그런데 그 회복은 예수님 한 분이 전인류를 상대로 하여 단번에 구속하시는 일 대 다수의 사역이었다. 그 일 대 다수의 관계를 예수님과 신자 개인간의 일 대 일의 관계가 될 수 있도록 성령님이 친히 예수님과 신자 개인 사이에 교제가 이루어지도록 해주신다. 이것이 바로 '성령의 코이노니아' 사역이다. 성령의 교제의 역사로 이루어진 그리스도와의 교제를 통해서 하나님과의 관계도 다시 회복되는 것이다.

두 번째로 성령의 교제는 그리스도인들이 서로 하나가 될 수 있도록 상호간에 교제를 가능하게 해주는 것을 말한다. 교회의 본질은 코이노니아이다. 그런데 이 교회의 공동체 됨은 단순히 관념적이거나 개념적인 것이 아니라 매우 실제적이며 전생활적인 것이다. 초대 교회 성도들은 성령 세례를 받자마자 속사람이 변하여 모두가 한마음과 한뜻이 되었으며, 자원해서 물질을 나눔으로 그들 중에 가난한 사람들이 하나도 없게 되었다(행 4:34). 이뿐 아니라 대사회적으로는 고통당하는 이웃과 더불어 함께 하는 삶을 살아가기 시작함으로써 온 백성들로부터 칭찬을 받게 되었다. 즉 초대 교회의 '성도의 교통'은 결코 개념적인 것이 아니라 생활 속에서 실제적으로 보여질 수 있는 '가시적인 공동체성'이었다는 것이다. 그래서 사도 요한은 이 온전한 코이노니아(사귐)를 통한 복음의 속성은 들을 수 있고 눈으로 볼 수 있고 손으로 만질 수 있는 것이라고 말하였다(요일 1:1).

다음 장에서는 이러한 코이노니아의 사전적 의미와 신학적 의미를 살펴봄으로써 코이노니아의 교회론적 의미를 되새겨 보도록 하자.

2. 코이노니아의 사전적 의미

신약에서 코이노니아와 관련된 어군에는 다음의 여덟 가지 용례가 있다. 이 중 처음 두 가지는 '보통의, 속된, 공동의'라는 기본적인 뜻의 어근이며, 그 다음 나머지는 '공동체적 교제'를 의미하는 용어들이다.

1) 기본 어군

• 코이노스(κοινός, koinos): 공동의, 모든 혹은 여러 사람과 더불어 나누어진, 불경스러운, 비속한, 부정케 된, 깨끗하지 못한, 거룩하지 않음의 뜻으로 쓰였다(막 7:2; 행 2:44, 4:32, 10:14 · 28, 11:8 · 9). 하나님께서 정결케 하신 것을 '속되다(common)'고 하지 말라(롬 14:14; 딛 1:4; 히 10:29; 유 1:3).

• 코이누(κοινόω, koinoo): 불경하게 만들다(혹은 간주하다), 속된, 비속한, 오염된, 깨끗하지 않은, 더럽혀진의 뜻으로 쓰였다(마 15:11 · 18 · 20; 막 7:15 · 18 · 20 · 23; 행 10:15, 11:9, 21:28; 히 9:13; 계 21:27).

2) 공동체적 교제의 의미를 나타내는 어군

• 코이노니아(κοινωνία, koinonia): 공동, 협력, 참여, 교제, 교통, (금전적) 기부, 자선, 통용, 상통, 분배, 사귐의 뜻으로 쓰였다(행 2:42; 롬 15:26; 고전 1:9, 10:16; 고후 6:14, 8:4, 9:13, 13:14; 갈 2:9; 빌 1:15, 2:1, 3:10; 빌 1:6; 히 13:16; 요일 1:3 · 6 · 7).

명사 형태인 코이노니아(교제)는 이중적인 관계, 즉 서로 주고받는 관계를 강조한다.

• 코이노노스(κοινωνός, koinonos): 나누는 자, 친구, 동료, 함께 하는 사람, 교제, 참여, 동업자의 뜻으로 쓰였다(마 23:30; 눅 5:10; 고전 10:18 · 20; 고후 1:7, 8:23; 몬 1:17; 히 10:33; 벧전 5:1; 벧후 1:4).

명사형인 코이노노스(코이노니아하는 자)는 사랑, 관계성, 사업 등을 뜻하는데 중심 주제는 친교로서 내적인 관계를 묘사할 때 주로 쓰인다. 고대 헬라어에서는 가장 가까운 사이로 결혼 관계를 뜻하는 친구 관계와 직계 가족의 관계를 지칭할 때 쓰였다. 이 관계는 또한 소유한 물질을 서로 나누는 관계를 나타낼 때 쓰였다.

• 코이노네오(κοινωνέω, koinoneo) : 다른 사람과 함께 나누다, 통용하다, 분배하다, 참여하다의 뜻으로 쓰였다(롬 12:13, 5:27; 갈 6:6; 빌 4:15; 딤전 5:22; 히 2:14; 벧전 4:13; 요이 1:11).

동사 형태인 코이노네오(코이노니아하다)는 대부분의 경우 "누가 가지고 있는 것을 누구와 함께 나누다"의 의미인데 때로는 "누가 가지고 있지 않은 어떤 것을 누구에게 나누어 주다"라는 의미도 있다. 따라서 이 동사의 주요 의미는 서로가 소유하고 있는 것을 나누는 행위를 뜻한다. 즉 자선이나 구제 등과 같이 상대방이 가지지 않은 것을 나누어 주는 행위보다는 더 자주 각자가 소유하고 있는 것을 서로 나눔으로써 교제와 공동체의 삶이 이루어지는 것을 의미한다.

• 코이노니코스 (κοινωνικός, koinonikos): 통용하는, 즉 (금전적으로) 기꺼이, 자원적으로 함께 나누는 등의 뜻으로 쓰였다(딤전 6:18).

형용사 형태인 코이노니코스(코이노니아하고자 하는)는 사교적인, 너그러운, 관대한, 나누는 등의 의미를 가진다. 신약에서 단 한 번 사용되었다.

3) 복합 어군

• 쉰 코이노네오($\rho\nu\gamma\kappa o\iota\nu\omega\nu\acute{\epsilon}\omega$, sungkoinoneo): 동료들과 함께 나누다, 함께 참여하다, 더불어 교제(통용)하다 등의 뜻으로 쓰였다(엡 5:11; 빌 4:14; 계 18:4).

• 쉰 코이노노스($\rho\nu\gamma\kappa o\iota\nu\omega\nu\acute{o}\varsigma$, sungkoinonos): 함께 참가하는 사람, 동료, 참여, 협동자의 뜻으로 쓰였다(고전 9:23; 엡 5:11; 빌 1:7; 계 1:9).

신약에 나오는 낱말의 빈도수를 보면 코이노니아는 20번, 코이노네오는 11번, 코이노노스는 10번, 코이노니코스는 1번 나타난다.[39] 이상을 종합해 보면 코이논 어군의 낱말은 대체로 물건, 사람, 신과 관계성을 묘사하는 데 쓰인다. 일반 헬라어에서는 이 중 물건에 대한 용례가 지배적이며 이것은 공동 소유 또는 공동 재산의 의미가 대부분이다.

3. 코이노니아의 신학적 의미

바울은 주후 50년경 고린도교회의 정체성을 확립하여 결속을 다지고 본질적인 신앙을 권면하는 과정에서 코이노니아의 신학을 전개하였다. 앞에서 살펴본 것처럼 신약에서 '코이노니아'는 모두 19회 나타나는데 그 중 13회가 바울 서신에서 사용되었고, 코이논($\kappa o\iota\nu\acute{\omega}\nu$) 어군은 모두 38회 나타나는데 그 중 22회가 바울 서신에서 사용되었다.

이처럼 바울은 분명한 신학적인 의도를 가지고 코이노니아를 사용했으며 코이노니아의 신학을 통하여 본질적인 교회공동체를 구축하고, 사랑의

---

39) B. M. Metzger, *Lexical Aids for Students of New Testament Greek*(Princeton: TBA, 1978) 참조.

공동체 형성으로 보다 능력있는 선교사역을 펼치고자 했다.

바울은 고린도후서 13:13에서 "주 예수 그리스도의 은혜와 하나님의 사랑과 성령의 교통(ἡ κοινωνία τοῦ ἁγίου πνεύματος, koinonia of the Holy Spirit)하심이 너희 무리와 함께 있을지어다"라는 구절에서 성삼위 하나님의 각 사역적 특성을 설명하였다. 여기서 바울은 하나님의 사랑(ἀγάπη, agape), 예수님의 은혜(χάρις, charis)와 함께 성령의 기본 사역이 '코이노니아(κοινωνία, koinonia)' 즉 교통 혹은 교제, 사귐임을 밝힌다.

그러므로 코이노니아의 신학적 의미는 성령의 사역을 관점으로 하여 정리되어야 한다. 코이노니아의 주체는 성령이시다. 성령의 교제케 하는 사역에는 크게 세 영역이 있다. 성령은 먼저 하나님과 우리를 교제케 해주시고, 그리스도 안에서 우리를 서로 교제하게 해주신다. 또 나아가서 그리스도인과 비그리스도인 사이의 관계에 있어서도 서로 교제하게 하신다.

코이노니아에는 수직적 코이노니아, 수평적 코이노니아, 대사회적인 코이노니아의 세 차원이 있다.

코이노니아의 삼차원

1) 수직적 코이노니아

수직적 코이노니아는 성령께서 신자들로 하여금 그리스도와 하나님과 교제하게 하는 것을 말한다. 인간의 죄로 하나님과 단절되었던 관계를 예수님의 구속 사역으로 그 관계를 회복시키셨다. 그런데 그 회복은 예수님 한 분이 전 인류를 상대로 하여 단번에 구속하시는 일 대 다수의 사역이었다. 그 일 대 다수의 관계를 예수님과 신자 개인간의 일 대 일의 관계가 될 수 있도록 하는 것은 성령님이 친히 예수님과 신자 개인 사이에 교제가 이루어지도록 해주시기 때문이다. 이것이 '성령의 교제'의 수직적 차원이다. 성령의 교제의 역사로 이루어진 그리스도와의 교제를 통해서 하나님과의 관계도 다시 회복되는 것이다.

사도행전에서 이 수직적 코이노니아는 성령의 세례(baptism of the Holy Spirit)를 통해서 이루어진다. 사도행전 2장은 성령께서 최초로 강림하신 사건을 보여 주고 있다(행 2:1-4). 구약에서 선지자들은 새 언약에 따라 성령을 받을 것이라고 예언했다(렘 31:31-34; 겔 37:15). 예레미야서와 에스겔서의 새 계약의 핵심은 새 영, 즉 성령을 우리에게 주시겠다는 것이다. 오순절 성령 세례(성령 충만)는 코이노니아의 사건이다. 성령이 우리 안에 오신 것은 자신의 백성과 '교제' 하기 위한 행위이다. 즉 성령이 우리 안에 오신 사건은 코이노니아의 사건이다. 하나님의 영인 성령께서 우리 안에 오심으로, 즉 '그가 내 안에, 내가 그 안에' 들어가서 '하나' 되어 우리는 육신의 굳은 마음을 제하고 예수 그리스도와 하나님을 진정으로 만나고 알게 되는 것이다.

예수님은 "내가 아버지께로서 너희에게 보낼 보혜사 곧 아버지께로서 나오시는 진리의 성령이 오실 때에 그가 나를 증거하실 것이요(요 15:26)"라고 말씀하시면서 성령이 우리로 하여금 그리스도를 알게 하신다고 확언하셨다. 우리는 성령을 통하지 않고는 그리스도를 알 수 없고 그를 믿을 수도 없다(성령으로 않고는 그리스도를 주시라 할 자가 없다. 롬 8:9 · 16). 동시에 그리스도를 통하지 않고서는 하나님께 나아갈 수 없다(요 14:6). 왜냐하면 성령은 '그리스도의 영' 이요 '하나님의 영' 이기 때문이다(롬 8:9). 하나님은 그의 하시는 모든 일에 있어서 성령을 통하여 일하신다. 그러므로 성령을 통하여 그리스도와 하나님과 교제하는 것은 성령의 수직적인 코이노니아의 사건이다.

신약 성경에 나오는 수직적 코이노니아의 예를 들어 보자. 하나님은 성령을 통하여 우리를 그리스도와 교제케 하신다. "너희를 불러 그의 아들 예수 그리스도 우리 주와 '교제(koinonia)' 케 하시는 하나님은 미쁘시다(고전 1:9)." 성령은 또한 우리로 하여금 신의 성품을 갖게 하신다. "이로써 그 보배롭고 지극히 큰 약속을 우리에게 주사 이 약속으로 말미암아 너희를 신의 성품에 '참여하는 자(koinosos)' 가 되게 하셨으니(벧후 1:4)" 성찬은 그리스도와의 수직적인 교제이다. 바울은 "우리의 축복하는 바 축복의 잔은 그리스도의 피에 '참예(koinonia)' 함이 아니며 우리가 떼는 떡은 그리스도의 몸에 참예함이 아니냐(고전 10:16-17)"라고 말하면서 그리스도의 피와 몸에 '참예' 함을 '코이노니아'로 표기했다. 그러므로 성찬은 그리스도의 몸에 참예하는 수직적 코이노니아의 사건이다. 우리가 그리스도의 한 몸이 될 수 있는 것은 성찬을 통해 각각 그리스도의 몸에 참예하므로써 가능한 일이다. 성찬은 그리스도의 몸에 참예하는 수직적 코이노니아 사건이다.

또한 코이노니아는 그리스도의 부활의 권능과 고난에 '참예($\kappa o \iota \nu \omega \nu \acute{\iota} \alpha$ $\pi \alpha \theta \eta \mu \acute{\alpha} \tau \omega \nu$, sharing of his sufferings)' 하는 일이다(빌 3:10). 즉 그리스도와 동일한 고난을 받는 일이다. 그리스도께서는 성육신 하심으로 우리와 같은 혈육을 입으셨다. 그리스도께서 우리를 사망과 마귀의 권세를 물리치고 우리를 구하시기 위해서 사람의 모양으로 우리의 혈과 육에 '속하셨다' ($\kappa o \iota \nu \omega \nu \acute{e} o$, koinoneo 히 2:14). 그리스도께서 우리의 혈과 육을 취하셔서 우리에게 오신 것은 바로 코이노니아의 사건이다. 그러므로 우리 또한 그리스도의 고난을 코이노니아해야 하며 그를 위해 고난당하는 것을 즐거워해야 한다. "오직 너희가 그리스도의 고난에 '참예하는($\kappa o \iota \nu \omega \nu \acute{e} o$, koinoneo)' 것으로 즐거워하라(벧전 4:13)" 이것은 그리스도와 동일한 고난을 코이노니아하는 것을 말한다.

그러므로 성령으로 거듭나는 중생(regeneration, 요 3:5), 성령의 세례 (baptism of the Holy Spirit, 마 3:11, 막 1:8, 눅 3:16, 행 1:5)를 받고 성찬 (Holy Communion, 마 26:26-29, 고전 11:23-29)에 참예하고, 성령이 은사를 받는 일(고전 12:4-11) 등은 모두 수직적 코이노니아 차원의 사건이다.

2) 수평적 코이노니아

두 번째로 성령의 교제는 그리스도인들이 서로 하나가 될 수 있도록 상호간에 교제를 가능케 해주는 수평적인 교제를 말한다. 우리를 하나님과 교제하게 하시는 성령은 성도들이 서로 교제하게 해주신다. 신약에서는

'나'가 '우리'로 바뀌었다. 신약에서 '서로', '더불어', '함께', '피차'와 같은 부사들이 빈번히 등장하는데 이것은 수평적인 코이노니아를 뒷받침해 주는 중요한 용어들이다. 성령의 세례를 받아 변화된 베드로의 설교를 통하여 3천 명의 유대인들이 회개하여 예수를 믿게 되는 역사가 일어났고, 사도들과 함께 이들은 최초의 신약 교회 교인이 되었다. 사도행전 2장의 마지막 부분인 42-47절은 초대 교회의 공동체적인 삶의 모습을 보여 준다. 여기서는 '코이노니아(42절 교제, 44절 통용으로 번역됨)'란 용어가 본격적으로 등장하면서 코이노니아의 수평적인 차원이 전개된다.

성도들 간의 수평적인 코이노니아에는 영적인 코이노니아, 정신적인 코이노니아 그리고 물질적인 코이노니아의 세 차원이 있다.

① 영적인 코이노니아

영적인 교제는 성도들 간에 하나님의 말씀을 전하고 말씀으로 교제하고 서로 중보 기도함으로써 영교(靈交)함을 말한다. 사도요한은 "우리가 보고 들은 바를 너희에게도 전함은 너희로 우리와 '사귐($\kappa o\iota\nu\omega\nu\acute{\iota}a$, koinonia)'이 있게 하려함이니(요일 1:3)"라고 말하면서 생명의 말씀을 전하고 나눔으로써 교제함을 말하고 있다.

영적 교제는 함께 그리스도의 '은혜에 참예한 자($\rho\upsilon\gamma\kappa o\iota\nu\omega\nu\acute{o}\varsigma$, sungkoinonos)' 가운데 일어나는 것으로서(빌 1:7) 그리스도의 한 은혜에 참여하고 지체간에 그리스도의 은혜의 복음으로 서로 교제하는 행위이다. 빌레몬 1:6은 '믿음의 교제($\kappa o\iota\nu\omega\nu\acute{\iota}a$ $\tau\hat{\eta}\varsigma$ $\pi\acute{\iota}\sigma\tau\epsilon\acute{\omega}\varsigma$, the fellowship of faith)'를 말하고 있다. 이것은 믿음에 기초한 성도간의 코이노니아이다. 동일한 믿음 가운데서 성도간의 지속적인 사귐이 필요하다. 바울은 빌립보 교회에 있는 성도들을 위해서 늘 중보기도 하였는데 이것은 그리스도 안에서 서로 '복음으로 교제($\kappa o\iota\nu\omega\nu\acute{\iota}a$)'했기 때문이라고 말한다(빌 1:4-5). 즉 복음 안에서 복음으로 교제하는 것이 영적 교제임을 알려 주고, 그러한 교제는 서로 중보기도로서 지속된다는 것을 말해 준다(골 4:3; 엡 6:19-20; 살

전 5:25; 살후 3:1 참조).[40] 로마서 15:27에서는 "신령한 것을 코이노니아하였으며($\pi\nu\upsilon\mu\alpha\tau\iota\kappa o\hat{\iota}\varsigma$ $\alpha\dot{\upsilon}\tau\hat{\omega}\nu$ $\dot{\epsilon}\kappa o\iota\nu\acute{\omega}\nu\eta\sigma\alpha\nu$, have shared in their spiritual things)"라고 했는데, 이것은 영적인 것을 함께 나누는 영적 코이노니아의 표현이다. 내가 가진 복음의 내용을 나누어 주는 행위는 영적인 코이노니아이다. 그러므로 신자간에 하나님의 말씀으로 지체들을 영적으로 세워주고 서로 중보기도하므로써 서로를 돕는 것이 영적 코이노니아의 행위이다.

② 정신적 코이노니아

정신적 코이노니아는 지체가 어려움에 처해 있을 때 서로 위로(comfort), 격려(encouragement), 긍휼히 여기는(tenderness) 태도로서 고통과 기쁨을 함께 나누어 지체를 세워 주는 정신적인 차원의 교제를 말한다(빌 2:1-2; 고전 12:26; 롬 12:15). 바울은 빌립보서 2:1에서 지체간의 권면, 위로, 긍휼, 자비와 함께 '성령의 교제($\kappa o\iota\nu\omega\nu\acute{\iota}\alpha$ $\pi\nu\epsilon\acute{\upsilon}\mu\alpha\tau o\varsigma$, the fellowship of the Holy Spirit)'를 언급하면서 우리에게 그러한 성령의 코이노니아가 있으면 우리는 같은 생각, 같은 사랑, 같은 마음을 갖게 된다는 것을 말해 준다(빌 2:2-5).

정신적 코이노니아는 특히 지체가 어려울 때 그 괴로움에 함께 참여하는 것이다. 빌립보 교인들은 바울이 고통스러울 때 그 괴로움에 함께 동참하여 이를 나누어 가짐으로써 다음과 같이 바울의 칭찬을 받았다. "너희가 내 괴로움에 '함께 참예하였으니($\rho\upsilon\gamma\kappa o\iota\nu\omega\nu\acute{\epsilon}o$)' 잘하였도다(빌 1:4).

정신적 코이노니아는 사역과 사상의 코이노니아를 뜻하기도 한다. 바울은 디도를 '나의 코이노노스, 동역자($\kappa o\iota\nu\omega\nu\acute{o}\varsigma$, koinonos, fellow worker)'

---

40) 바울은 로마서 1:11에서 로마 교회 성도들에게 '신령한 은사를 나누어 주고자' 했다. 이 역시 영적 코이노니아의 일환이다. 여기서 '나누어 주다'는 표현은 헬라어로 '메타조'($\mu\epsilon\tau\alpha\delta\hat{\omega}$)로서 이는 성경에서 코이노니아와 동의어로 쓰이는 '메텍세인($\mu\epsilon\tau\epsilon\chi\epsilon\iota\nu$)' 어군이다. 이 용어는 코이노니아의 동의어로 신약에서 15회나 사용되었다.

라고 말한다(고후 8:23; 빌 1:17). 이때 코이노노스는 '동무', '친구' 등의 뜻으로서 '공통점을 가진 자'를 의미한다. 즉 사역, 믿음, 사상 등에 있어서 서로 전적으로 신뢰하면서 함께 나눌 수 있는 공통점을 가진 자를 말한다.

그러므로 정신적인 코이노니아는 성도간에 지체의 고통에 동참하여 서로 위로하고 권면, 격려하므로써 어려움에 처한 지체를 일으켜 세워주는 행위이다. 성도간의 상대방에 대한 깊은 관심, 어렵고 외로울 때 함께 있어 주는 것, 그를 돌아보아 주는 것, 자신의 고민을 털어놓을 수 있는 관계, 자신을 위탁할 수 있는 깊은 신뢰의 관계 속에서의 사역 등은 교회 공동체 안에서 필요한 정신적 코이노니아의 실제적 내용들이다.

③ 물질적 코이노니아

물질적인 코이노니아는 지체가 경제적으로 어려움에 처했을 때 말로써만이 아니라 필요한 물질로 채워 줌으로써 한 몸의 삶을 실제적으로 실천하는 것을 말한다. "믿는 사람들이 모든 물건을 서로 통용하고 재산과 소유를 팔아 각 사람의 필요를 따라 나눠 줌으로써 핍절한 자가 하나도 없었다(행 2:44-45, 4:32-35)"라는 사실은 물질적인 교제의 행위를 여실히 보여주고 있는 부분이다. 원래 헬라어의 용례에 의하면 '코이노니아하는 자'의 뜻인 '코이노노스(κοινωνός)'는 사랑의 관계, 직계 가족, 사랑, 관계성, 사업 등을 뜻하는 것으로 내적으로 친밀한 관계를 묘사할 때 주로 쓰였다. '코이노노스'는 헬라어 용례에서 가장 가까운 사이로 결혼 관계를 뜻하는 친구 관계와 직계 가족의 관계를 지칭할 때 쓰였다. 이 관계는 또한 소유한 물질을 서로 나누는 관계를 나타낼 때 쓰였다. 코이노니아라는 용어는 기본적으로 '물질의 나눔'의 의미로 가장 많이 쓰였다. 물질을 공동 소유하고 필요에 따라 나누는 것은 '가족 관계'이기에 가능한 것이다. 그러므로 코이노니아는 '평생 책임지는 관계'를 말한다. 교회는 예수 안에서 실제적인 코이노니아를 실천하는 확대 가족이다. 진정한 코이노니아는 영적 · 정신적인 교제와 함께 물질까지도 함께 나누는 교제를 말한다. 즉 물질의 나

높은 영적 교제의 실체이다.

'코이노니아'는 사도행전 2:42에서 '교제'로 번역되었는데, 44절에서 '코이노니아'의 의미는 물질을 공동소유($\epsilon\iota\chi o\nu\ \kappa o\iota\nu\omega\nu\iota a$, have in common)하는 것임을 보여 준다. 고린도후서 9:13에서 코이노니아는 '후한 연보'로 번역되었다. 고린도 교인들은 가난한 자에게 물질을 나누어 주는(고후 9:9) 일에 열심이었다. 여기서 코이노니아란 물질의 공유라는 상태로 가는 동작으로서 가진 것을 내어놓는 행위이다.

히브리서 13:16에서 코이노니아는 '서로 나눠 주기'로 번역되었는데, 이는 선행과 병행되는 단어로서 그 선행이 무엇인지를 설명하는 구체적인 용어이다. 이 구절에서 선을 행함과 나눠 주는 것은 하나님이 기쁘게 받으시는 '제사'와 같은 행위라고 표현함으로써 물질적인 나눔은 영적 예배와 동등한 의미를 갖는다고 말해 준다.

복음서 기자 중 가난한 자에게 가장 관심을 기울였던 누가는 성령받은 신자들의 즉각적인 물질적 교제를 의도적으로 반복해서 강조하고 있다. 누가는 오순절 성령 강림 사건을 기록하면서 사도행전 2장의 첫 부분은 성령 강림으로 하나님과 사람 사이의 수직적 코이노니아를 묘사하고 있으며, 2장 마지막 부분은 성령받은 결과 초대 교회의 공동체 생활이 실천되고 있음을 말하면서 코이노니아의 수평적인 전개를 대조적으로 묘사하고 있다. 즉 사도행전 2장의 입력은 '성령의 능력'이었지만 출력은 물질까지 완전히 나누는 '성령의 공동체'였다.

로마서 15:26은 코이노니아를 행했다는 것을 '동정하였음($\kappa o\iota\nu\omega\nu\iota a\nu$, contribution)'이라고 번역한다. 이것은 '가난한 자들을 위하여' 이루어진 것이며, 27절을 볼 때 물질적인 것을 가리킨다. 가르침을 받는 자는 말씀을 가르치는 자와 모든 좋은 것을 코이노니아($\kappa o\iota\nu\omega\nu\epsilon\iota\tau\omega$, share) 해야 한다(갈 6:6). 영적인 것을 공급해 주는 가르치는 자에게 지체들은 물질적인 것으로 공급해 주어야 한다. 바울은 로마에 있는 성도들에게 "성도들의 쓸 것을 공급하라"고 하면서 성도의 결핍들을 서로 코이노니아($\kappa o\iota\nu\omega\nu o\nu\nu\tau\epsilon\varsigma$, contribute)하라고 권한다(롬 12:13). 성도들은 서로 결핍을 코이노니아해야 한다. 이는 서로 충분함을 누리기 위함이다. 빌립보 교회는 물질을 주고 받는 일을 코이노니아($\acute{\epsilon}$κοινώνησεν, shared with)하였다(빌 4:15). 이것은 그들이 바울을 생각함으로 행한 것이며(10절), 바울의 괴로움(고통, 고난, 어려운 상황)을 코이노니아(συγκοινωνήσαντές, share with)한 것이다(14절). 바울은 배부름이나 배고픔, 풍부와 궁핍에 모두 처할 수 있도록 단련되었으나 그를 물질적으로 후원(코이노니아)한 빌립보 교회를 칭찬하였다(빌 4:1-14). 바울은 마게도냐 교회가 극심한 가난 속에서도 자원하여 풍성한 연보를 하여 '성도를 섬기는 일에 참여(고후 8:4, τὴν κοινωνίαν τῆς διακονίας τῆς εἰς τοὺς ἁγίους, participation in the support of the saints)' 하였다고 칭찬하였다. 서로 멀리 떨어져 있는 교회들도 물질적인 나눔으로써 공동체성을 발휘하였다.

3) 대사회적인 코이노니아

코이노니아는 예수 믿는 자들끼리만 아름다운 나눔의 삶을 갖는 집단 이기주의적인 교제가 아니다. 온전한 코이노니아는 기독교인들의 울타리를 벗어나 지역 사회 속에 있는 고통당하는 이웃과 더불어 함께 삶을 같이하는 영역을 포함한다. 사도행전 2:47은 "초대 교회 공동체의 성도들이 온 백성에게 칭송을 받았다."고 하였는데 이것은 믿는 자와 믿지 않는 자들을 모두 포함하는 말이다. 바울은 디모데전서 6:18에서 "선한 일을 행하고 선한 사업에 부하고 '나눠 주기를 좋아하며 동정하는 자(κοινωνικός, 코이노니아하고자 하는 자들)'가 되게 하라."고 말한다. 따라서 코이노니아하고자 하는 것은 나눠 주기를 좋아하는 것을 의미한다. 바울은 디모데에게 명하기를 부자들에게 재물에 소망을 두지 말고 하나님께 두며 선행과 나눠 주기와 코이노니아를 좋아하도록 가르치라고 하였다(딤전 6:17-18). 이 나눠 줌은 교회내의 지체에게만 아니라 교회 밖 지역 사회의 가난한 이웃들에게도 실시하라는 의미이다.

바울은 로마서 15:27에서 이방인인 마게도냐와 아가야의 사람들이 유대인들의 영적인 것을 나눠 가졌으므로(코이노니아($\kappa o \iota \nu \omega \nu \iota a$)하였으므로), 이방인들이 육적인 것으로 유대인들에게 봉사하는 것이 마땅하다고 권한다. "이방인들이 유대인의 신령한 것을 '나눠 가졌으므로(코이노니아하였으므로)'"라는 표현에서 우리는 코이노니아가 예루살렘 교회 내에서만 이루어지는 것이 아니라 이방인들에게도 적용되었다는 사실을 알 수 있다. 초대 교회는 곤경에 처한 이방인들에게도 물질로 도왔고 영적인 것, 즉 복음으로 그들과 코이노니아하였다. 그러므로 대사회적 코이노니아는 교회 밖에 있는 가난한 이웃들과 더불어 함께 하여 그들을 물질로 돕고(구제) 그들의 고통에 동참하는 삶이며, 동시에 복음을 그들과 나눔으로써 그리스도를 증거하는 삶(선교)이다.

초대 교회 교부 저스틴(Justin)은 기독교를 변증하는 그의 글 「Apology」에서 코이노니아가 교회 내의 울타리를 넘어서 이방인들에게까지 대사회적으로도 행해졌다는 사실을 다음과 같이 말해 주고 있다.

"…전에는 돈과 재산을 무엇보다도 소중히 여겼지만, 이제는 가진 것을 공동의 일을 위하여 내어놓고 누구든지 아쉬운 사람과 나누어 가지는 우리들이다. 서로 미워하고 죽이고 하면서 우리의 동족이 아닌 사람들과는 생활 습관이 달라서 한 번도 공동 유대를 유지해 본 적이 없었지만, 그리스도께서 나타나신 후로 이제는 그들과(이방인) 함께 공동체로 사는 우리들이다." [41]

저스틴의 증언은 초대 교회의 코이노니아가 사도행전 2장에서만 잠시 이루어진 것이 아니라 속사도 교부 시대까지 이루어졌으며, 로마에서도 이방인들에게도 대사회적인 코이노니아를 광범위하게 실천했다는 사실을 말해 준다. 그것은 단순히 복음만 증거하는 것이 아니라 어려운 이방인들과 물질

---

41) Justin, *Apology* I 14. 로핑크, 정한교 역, 『예수는 어떤 공동체를 원했나』(왜관: 분도 출판사, 1985), p. 258에서 재인용.

까지 나누며 섬기는 코이노니아임을 말해 준다. 즉 헬라인이나 유대인이나 야만인이나 스구디아인이나 종이나 자유자나 차별이 없었다(골 3:11).

성령의 코이노니아의 삼차원의 의미를 도표와 그림으로 나타내면 다음과 같다.

성령의 코이노니아의 3차원

	코이노니아	차 원	실 제
성령의 역사	수직적 코이노니아	개인적 차원	성령의 세례와 능력
	수평적 코이노니아	교회적 차원	성령의 공동체
	대사회적 코이노니아	사회적 차원	구제, 선교

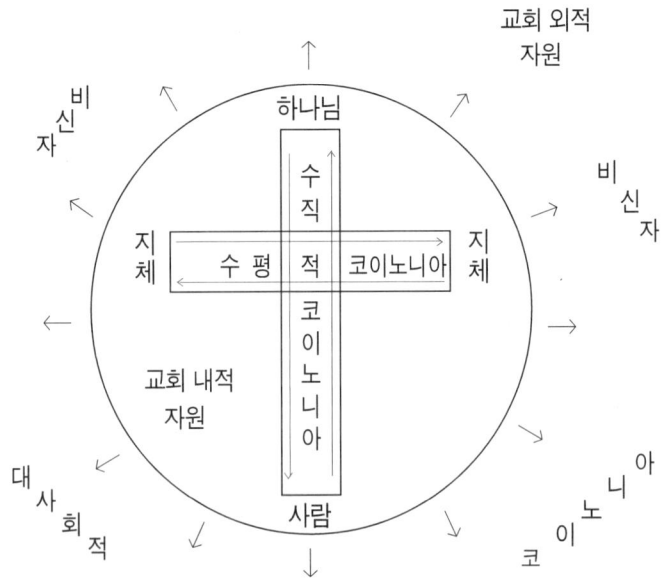

4. 사도행전 2장 분석

교회의 본질인 코이노니아를 파악하기 위해서 사도행전 2장에 나타나
있는 성령의 코이노니아의 실제를 살펴보자.

1) 2:1-4 : 하나님과 그의 백성과의 코이노니아

사도행전 2장은 성령께서 최초로 강림하신 사건을 보여 주고 있다. 이 성
령 강림은 구약에서 선지자들을 통해 새 언약으로 약속된 것이었다. 성령
을 주시겠다고 하는 새 언약은 구약 예레미야 31:31-34과 에스겔 37:15에서
약속되었다. 예레미야와 에스겔의 새 계약의 주요 부분은 다음과 같다.

"나 여호와가 말하노라 그러나 그날 후에 내가 이스라엘 집에 세울 언약
은 이러하니 곧 내가 나의 법을 그들의 속에 두며 그 마음에 기록하여 나
는 그들의 하나님이 되고 그들은 내 백성이 될 것이라(렘 31:33)"
"또 새 영을 너희 속에 두고 새 마음을 너희에게 주되 너희 육신에서 굳
은 마음을 제하고 부드러운 마음을 줄 것이며 또 내 신을 너희 속에 두어
너희로 내 율례를 행하게 하리니 너희가 내 규례를 지켜 행할지라 내가
너희 열조에게 준 땅에 너희가 거하여 내 백성이 되고 나는 너희 하나님
이 되리라(겔 36:26-28)"

이러한 구약의 약속에 의하여 오순절날 성령이 오셨다. 구약에서 성령은
제사장이나 선지자와 같이 하나님이 정하신 특별한 사람에게만 오셨다. 그
러나 새로운 약속에 따라 앞으로 신약에서 그리스도를 믿는 하나님의 백성
은 누구나 다 성령을 받게 되었다. 사도행전 2:1-4의 성령 오심은 바로 구약
의 언약이 성취되는 매우 중대한 구원사적인 사건이다. 이 성령 충만의 사
건은 바로 코이노니아의 사건이다. 구약에서 하나님께서는 이스라엘 백성
들에게 남편과 같이 되었어도 그들이 하나님을 배반했을 때에 하나님께서

는 그의 백성들과 새로운 계약을 스스로 세우시고 하나님께서 직접 자신의 영으로 우리 안에 오시겠다고 약속하셨다(렘 31:31-34). 그분이 우리 심령 안에 오셔서 그분의 법을 지킬 수 있도록 하신 것이다. 성령께서 우리 안에 오신 것은 바로 우리 즉 그의 백성과 '교제(koinonia)' 하기 위한 행위였다. 즉 성령이 우리 안에 오신 사건은 우리와 교제하기 위한 코이노니아의 사건이다. 하나님의 영인 성령이 우리 안에 오심으로 "그가 내 안에, 내가 그 안에" 들어가서 하나가 되는 것이다. 교제의 목적은 '하나 됨(oneness)' 이다. 이 성령이 우리 안에 일방적으로 개입하여 들어오신 사건은 '극적인 하나 됨(dramatic oneness)' 의 사건이다.

2) 2:5-14 : 언어의 코이노니아

하나님과 인간과의 수직적인 코이노니아로서 성령의 세례를 받은 120문도들은 방언을 말하기 시작했다. 성령 충만을 받고 바로 나가서 복음을 전하지 않고 왜 방언을 말했는가? 방언은 성령론에서 항상 논란이 되어 온 부분이다. 방언을 코이노니아의 관점에서 살펴보자. 그 당시 제3국에 있던 유대인들은 오순절을 지키기 위해서 예루살렘으로 왔다. 성령받은 제자들은 방언을 말했는데 약 15개국 방언으로 그리스도를 증거하였다(행 2:8-11). 약 15개국에서 온 유대인들은 "우리가 우리 각 사람의 난 곳 방언으로 듣게 되는 것이 어찜이뇨(2:8)" 라고 놀라워했다. 이 방언 사건은 창세기 11장에서 바벨탑 사건으로 '혼잡(confusion)' 된 언어가 비록 하나로 통일되지는 않았지만 방언을 말하게 됨으로써 '언어가 소통(communication)' 되게 된 것이다. 영어에서 의사 소통을 의미하는 'communication' 은 헬라어 koinonia의 의미이다. 왜 방언이 필요했었는가? 말이 통하지 않으면 마음도 통할 수 없으며 진정한 교제가 불가능하기 때문이다. 성령의 역사로 영적 사역만이 아니라 이렇게 초언어적인 '언어의 코이노니아' 도 이루어지는 것이다.

3) 2:15-36 : 예수를 코이노니아함

언어의 코이노니아 후에 베드로는 11제자를 대표하여 사도행전 2장 전체 중 가장 많은 부분(21-35절)을 차지하는 긴 설교를 하였다. 그의 설교의 내용은 36절에 잘 요약되어 있다.

"너희가 십자가에 못박은 이 예수를 하나님이 주와 그리스도가 되게 하셨느니라."

유대인들은 갈릴리 지방의 나사렛 예수를 도무지 이해할 수 없었다. 자신을 하나님의 아들이라고 하고 자칭 메시아라고 하는 예수를 용납할 수 없었다. 그들은 로마의 압제하에서 이스라엘을 해방시켜 주고 이스라엘을 전 세계의 통치자로 높여 줄 그러한 군주적인 메시아를 기다리고 있었던 것이었다. 갈릴리의 나사렛 지방은 이방과 접촉이 빈번했던 국경 변방 지역이었다. 나사렛 목수 아들 출신인 예수란 사나이가 자칭 그리스도(메시아)라느니, 하나님의 아들이라고 주장했을 때, 유대인들은 크게 실망하여 도무지 그를 이해하고 용납을 할 수 없었던 것이다.

그러한 유대인들에게 베드로는 "너희들이 그렇게 못박아 죽인 예수란 사나이가 바로 너희들이 기다리던 메시아였다"라고 확언하였다. 여기서 베드로는 "이 예수를 주와 그리스도가 되게 하셨느니라(36절)"고 하였는데 여기서 '주' 란 말은 헬라어로 '퀴리오스' (κύριος)이다. 이 말은 구약의 여호와 하나님을 가리키는 말로서 신약의 예수님이 하나님과 동등한 분으로 하나님의 왕권을 지닌 자란 말이다. 또한 '그리스도' 란 말은 구약의 유대인들이 그토록 예언하고 기다렸던 전 세계를 다스릴 구세주 '메시아' 를 의미하는 말이었다. 베드로의 설교 요점은 "예수가 바로 그리스도다" 는 것이다.

베드로가 이 점을 얼마나 명확하게 전달했던지 37절에서 그 말을 받은 사람들은 큰 죄의식과 충격을 받아 3천 명이 회개하게 된 것이다. 이처럼 성령을 받게 되면 성령의 '코이노니아' 하게 하는 역사로 말미암아 명쾌하게 '예수를 코이노니아' 할 수 있게 된다. 성령은 우리에게 예수를 코이노니아하신다. 무식한 베드로도 성령을 받음으로써 예수를 명확하고 권능 있게 '코이노니아' 할 수 있었던 것이다. 예수를 전하고 증거하는 것은 코이노니아 사역이다. 그러므로 복음 전도는 코이노니아의 사건이다.

4) 2:37-46: 성도간의 코이노니아

성령 세례받아 변화된 베드로의 설교를 통하여 3천 명의 유대인들이 회개하여 예수를 믿게 되는 역사가 일어났고, 사도들과 함께 이들은 최초의 신약 교회 교인이 되었다. 사도행전 2장의 마지막 부분인 42-47절은 초대 교회의 공동체적인 삶의 모습을 보여 준다. 여기서는 코이노니아(42절 교제, 44절 통용으로 번역됨)란 용어가 본격적으로 등장하면서 코이노니아의 수평적인 차원이 전개된다.

성도들간의 수평적인 코이노니아에는 영적인 교제, 정신적인 교제 그리고 물질적인 교제의 세 차원이 있다. 영적인 교제는 성도들간에 서로 중보 기도함으로써 영교(靈交)하는 것과 신령한 은사를 나누어 주는 것이다(요일 1:3; 빌 1:4). 정신적인 교제는 지체가 어려움에 처해 있을 때 서로 위로, 권면, 격려하는 태도로써 고통과 기쁨을 함께 나누어 지체를 세워 주는 정신적인 차원의 교제(빌 2:1-2; 고전 12:26; 롬 12:15) 그리고 지체가 경제적으로 어려움에 처했을 때 말로만이 아니라 필요한 물질을 채워 줌으로써 한 몸의 삶을 실제적으로 실천해 나가는 물질적인 교제가 있다.

"믿는 사람들이 모든 물건을 서로 통용하고, 재산과 소유를 팔아 각 사람의 필요를 따라 나눠 줌으로써 핍절한 자가 하나도 없었다(행 2:44-45, 4:32)"라는 사실은 물질적인 교제를 여실히 보여 주고 있는 부분이다. 원래 고대 헬라어의 용례에 의하면 '코이노니아'라는 용어는 기본적으로 시장에서 '물물 교환'할 때 쓰는 상업적인 용어였으며, 또한 친척이 아닌 '직계 가족의 관계'를 나타낼 때 사용되었다. 물질을 공동 소유하고 필요에 따라 나누는 것은 '가족(family)'이기에 가능한 것이다. 공동체는 가족이다. 교회란 이렇듯 그리스도의 한 피받아 한 몸된 '예수 새 가족(Jesus new family)'이다. 진정한 코이노니아는 영적·정신적인 교제만이 아니라 필요한 물질까지도 완전히 나누어야 하는 것이다.

복음서 기자 중 가난한 자에게 가장 관심을 기울였던 누가는 성령받은 신자들의 즉각적인 물질적 교제를 의도적으로 반복해서 강조하고 있다. 누가는 오순절 성령 강림 사건을 기록하면서 사도행전 2장의 첫 부분은 성령 강림으로 하나님과 사람 사이의 수직적 코이노니아를 묘사하고 있으며, 2장 마지막 부분은 성령받은 결과 초대 교회에서 공동체적 생활이 실천되고 있음을 말하면서 코이노니아의 수평적인 전개를 대조적으로 묘사하고 있다. 즉 사도행전 2장의 입력은 '성령의 능력'이었지만 출력은 '성령의 공동체'였다.

5) 2:47: 대사회적인 코이노니아

코이노니아는 예수 믿는 자들끼리만 아름답게 삶을 나누는 집단 이기주의적인 교제가 아니다. 온전한 코이노니아는 기독교인들의 울타리를 벗어나 지역 사회 속에 있는 고통당하는 이웃과 더불어 함께 삶을 같이하는 영역을 포함한다. 사도행전 2:47은 "초대 교회 공동체의 성도들이 온 백성에게 칭송을 받았다."고 하였는데 이것은 믿는 자와 믿지 않는 자들을 모두 포함하는 말이다. 코이노니아의 더욱 깊은 성경 신학적인 의미는 구약 희년의 신약적 구현이다. 구약의 희년은 50년마다 땅과 집과 몸에게 자유를 선포하여 토지 반환, 노예 해방, 부채 탕감이 되게 함으로써 토지 독점으로 인한 사회 구조적 모순에서 오는 영구적 부익부 빈익빈을 막으시는 하나님의 경제법이었다.

예수님은 누가복음 4:18-19에서 새로운 희년(주의 은혜의 해)을 선포하셨는데 그것은 성령을 받은 결과 코이노니아의 역사를 통한 교회 공동체의 자원적인 나눔과 섬김으로 지역 사회 내에 있는 가난한 사람들의 문제들을 다 담당해 나가는 것을 말한다. 이것이 바로 성령에 의하여 이루어지는 새로운 차원의 희년인 '자원의 희년'이다. 구약의 희년은 신약에서 코이노니

아로 대체된다. 즉 교회라는 공동체는 구약의 희년의 의미를 성령의 코이
노니아를 통하여 지역 사회 속에서 실천하는 기관이다.

초대 교회의 변증가 아리스티데스는 그의 저서 『변증(Apology)』에서
"고아와 과부를 돌보며 나그네가 있으면 집으로 영접하여 돌봐 준다. 가난
한 자가 죽게 되면 능력 한도 내에서 장례를 부담한다. 양식이 없어 굶주리
는 자가 있으면 그를 돕기 위해 그들은 이삼 일은 금식한다."고 증언하면서
초대 교회 공동체의 대사회적인 코이노니아가 실제로 광범위하게 행해졌
음을 말해 준다. 이러한 구제는 곧 선교의 발판이다. 대사회적인 코이노니
아는 구제와 이를 통한 대국적인 선교의 의미를 포괄한다.

공동체성이란 교회 내적으로는 성령의 역사로 영적 · 정신적인 교제만이
아니라 물질까지 완전히 나눌 수 있는 교제를 실천하여 실제적인 그리스도
의 한 몸이 되는 것이고, 교회 밖으로는 주위의 필요를 채우면서 고통당하
는 이웃과 더불어 함께 사는 것을 말한다. 이처럼 사도행전 2장은 코이노니
아의 사건으로 충만해 있다. 이 사실은 교회의 본질이 곧 코이노니아란 것
을 보여 주는 것이다.

VI. 성도의 교통과 성령 공동체로서의 교회

초대 교회 교부들은 교회의 본질을 한마디로 콤뮤니오 상토룸
(Communio Sanctorum, communion of the saints) 즉 '성도의 교통' 이라
고 정의하였으며, 개혁 교회도 교회의 본질을 '성도의 교통' 으로 보았다.[42]
이 '성도의 교통' 은 교회를 하나님의 백성, 그리스도의 몸, 성령의 전, 하나
님 나라의 표징이라고 정의한 네 가지의 교회 정의를 구체적으로 포괄해

---

42) L. Berkhof, *Systematic Theology* (Michigan: Eerdmans, 1983), pp. 562-564.

주는 실제적인 용어이기 때문이다.

　하나님의 백성, 그리스도의 몸, 성령의 전, 하나님 나라의 표징이라는 교회의 개념은 모두 '하나 됨(oneness)'에 귀결된다. 한 하나님의 백성, 그리스도의 하나 된 몸, 성령으로 하나 된 교제권, 그리스도인들이 진정으로 한 몸이 되었을 때 이 땅에 나타나 보이는 하나님 나라, 이렇게 볼 때 교회의 정의를 관통하는 것은 '하나 됨'이다. 이 하나 됨을 가능케 하는 것이 바로 성령의 역사이며, 성령의 기본적인 사역인 코이노니아를 통하여 하나 됨이 이루어진다.

　사도행전 2, 4장의 초대 교회는 이러한 성도의 교통의 예를 보여 준다. 초대 교회는 수직적으로는 성령이 충만하여 하나님과 깊은 교통을 가졌으며, 지체간에 물질까지 공동으로 소유하면서 재산을 팔아 가난한 자들에게 나누어 주는 온전한 성도의 교통을 체험하고 실천하였다. 초대 교회 성도들의 교제는 혈연을 뛰어넘어 그리스도 안에서 한 새로운 '가족'이 되었으며 인간의 개인주의적 속성인 소유욕을 초월하여 물질까지 100퍼센트 나눌 수 있는 완전한 공동체가 되었다. 이러한 초대 교회 공동체는 2천년 교회사를 통틀어 모든 시대의 교회의 출발점이자 모델이었다.

1. 성도의 교통의 개념

　우리는 이미 koinonia의 어원적 분석을 통하여 성도의 교통을 뒷받침하고 있는 성경적 배경을 살펴본 바 있다. 여기서 교회사적으로 '콤뮤니오 상토룸(Communio Sanctorum)' 개념 형성의 과정을 살펴보자.

　'Communio Sanctorum'이란 개념은 초대 교회 교부들이 교회의 본질을 나타낼 때 사용되었다. 그후 기독교 공인 후에 주후 4세기 말경 세르비아, 갈리아 지방에서 널리 유포되었고, 고대 로마 교회 공동체의 세례식 신앙고백에 첨가되었다. 이 개념은 크게 두 가지로 해석되었다. 첫째는 인격적으로 해석되어 '거룩한 사람(sancti)의 사귐'을 의미했고, 두 번째는 성례

전적으로 해석되어 '거룩한 사물들(sancta, 즉 성례전)의 사귐'을 뜻하기도
했다. 이 개념과 관계된 초기의 문헌에 의하면, 이 개념은 인격적 의미를 가
진다. 니케타스 폰 레메지아나(Niketas von Remesiana, 주후 약 4백년경)
는 다음과 같이 말했다: "세계의 태초부터 족장들과 예언자들과 순교자들
과 그리고 지금까지 살았거나 지금 살고 있으며 미래에 살 모든 의로운 자
들이 교회를 형성한다…"[43] 니케타스의 이 개념은 역사 안에서 모든 성도들
이 '우주적인 교회'를 구성한다는 관점으로 'Communio Sanctorum'을 정
의하였다. 중세의 로마 가톨릭 교회는 'Communio Sanctorum'을 '거룩한
사물들(sancta)' 즉 '성례전에 참여'하는 것에 우선적으로 비중을 두어 인
격적인 해석과 결합시켰다. 나아가 중세 로마 가톨릭은 'Communio
Sanctorum'을 죽은 성인들의 숭배 및 신비적 연합과 결합시키기도 했다.

그러나 종교 개혁은 'Communio Sanctorum' 개념을 인격적으로 해석하
였으며, 지금 이 땅 위에 살고 있는 성도들의 사귐으로 축소시켰다. 그들은
'Communio Sanctorum'을 'Congregatio Sanctorum(성도들의 모임),'
'Congregatio Fidelium(신자들의 모임)'으로 표현하기도 했다. 사실 현재
성도들의 사귐은 시간이 지남에 따라 당연히 과거와 미래의 그리스도인들
과의 사귐의 연속이 되는 것이다.[44] 그런데 죽은 성도와 우리가 교통하는
것이 하나님 나라를 확장하는 데 있어서 무슨 의미가 있는가? 과거의 성도
와 교통이 있을 수는 있지만 그러한 관념적이고 실체가 없는 교통의 정의
는 실천 신학적인 관점에서는 무의미하다. 그러므로 우리는 종교 개혁자들
의 관점을 따라 'Communio Sanctorum'은 현재 성도들의 사귐을 의미하
며, 동시에 성례전을 통하여 임재하는 그리스도와 사귐을 가지며 다른 지

---

43) J. N. D. Kelly, *Altchristliche Glaubensbekenntnis*, 3. Aufl. 1972, S. 382 ff. ; E. Schlink,
Okumenische Dogmatik, S. 589. 김균진, 『기독교 조직신학』 4권, 1992, p. 152에서 재인용.

44) 중세에는 현재 '성도의 교통'의 실제적인 의무, 즉 그리스도인들이 영적. 정신적. 물질적
교제의 의무를 감당해야 된다는 부담을 덜어 주고, 교회 내의 가진 자들의 입장 옹호를 위하여 성
도의 교통을 죽은 성인과의 교통으로 해석하므로써 타협적인 해석으로 오용되기도 했다.

체들과 한 그리스도의 몸에 참예(koinonia)하는 사귐을 의미하는 것으로 정의한다. 여기서 종교개혁자 루터와 칼빈의 '성도의 교통관'을 살펴보자.

2. 루터와 성도의 교통

루터의 교회론은 '믿음으로 말미암아 은혜로 의롭다 함을 얻은 사람들의 공동체'로 정의된다.[45] '성도의 모임', '성도의 교통'으로써의 교회 사상은 교황주의를 배격하고 제도적 교회로부터 구별되고자 하는 의미를 가지고 있다. 즉 성도의 교통으로써의 '복음적 설교', '세례'와 '성만찬'을 교회의 표지로 가지면서 그리스도 안에 있는 신앙과 그 신앙에서 생겨나는 영적 교제 안에 맺어지는 코이노니아를 의미하였다. 루터는 교회에 대해서 다음과 같이 말하였다.

"나는 한 거룩한 교회, 즉 성도의 교통(Communio Sanctorum)을 믿으며 또 죄의 용서를 믿는다… 성도는 성령에 의하여 모이고, 보전되며 또 통치되는 경건한 신자들이며, 그들은 하나님의 말씀과 성례전에 의하여 날로 번창하는 성도들이다…[46]

성도의 교통, 교제(Communio Sanctorum)로써 교회에 관련하여 루터는 '교회'라는 용어를 선호하지 않았으며 오히려 '사람들', '하나님의 사람들'을 지칭하는 '공동체(Gemeinde)', '회중(congregation)' 혹은 '회집(assembly)'을 사용하였다. 그는 우주적이며 보편적인 교회가 하나님께서 창조하시고 영감으로 만드신 하나의 교회이면서도, 동시에 각 교회가 가지

---

45) Eric Jay, *The Church*(Atlanta: John Knox Press, 1980), p. 162.

46) Martin Luther, "A Brief Explanation of the Ten Commandments, the Creed, and the Lord's Prayer", *Works of Martin Luther*, vol. II, pp. 372-374.

는 공동체로서 회중성의 중요성을 강조하였다. 또한 그의 만인 제사직론은 이신칭의 사상과 '성도들의 교통(Communio Sanctorum)' 과의 깊은 연관 속에서 나온 것이었다.[47] 루터의 의도는 '제도' 로서 교회를 '백성' 또는 '거룩한 백성' 으로서의 교회 차원으로 되돌리려고 하는 것이었다. 루터의 교회론은 철저하게 공동체성이 강조된 공동체로서의 교회이다.

3. 칼빈과 성도의 교통

루터는 '성도의 교통' 을 중심으로 일관되게 교회를 강조했으나 칼빈은 교회의 제도의 필요성과 함께 교회의 본질로서 '성도의 교통' 을 역설하였다. 우리의 연약성은 성숙한 신앙에 이르기까지 어머니와 같은 사랑에 의해 인도 받아야 할 필요가 있다. 그래서 "교회는 어머니와 같다." 고 하였다. 칼빈은 교회의 이러한 제도의 기본적인 필요성을 전제로 하면서 '성도의 교통' 을 교회의 근본적인 속성으로 삼았다.[48]

칼빈은 기독교 강요의 교회론에서 교회를 사도신경의 고백에 따라 '거룩한 공회' 와 '성도의 교통' 이라고 정의하였다. 그는 "교회가 거룩하고 보편적인 것은 그리스도를 머리로 하여 하나님의 택한 백성들이 서로 지체로서 연결되어(롬 12:5; 고전 10;27; 12:12, 27) 서로 한 몸이 되었고(엡 4:16) 모두가 그리스도 안에서 하나로 연합되어 있기 때문이다(엡 1:22-23)" 라고 말하면서 '거룩한 공회' 로서의 교회가 갖는 공동체성을 말하고 있다.[49]

성도의 교통에 관하여 칼빈은 "하나님의 모든 자녀들이 '형제적 일치' 를 유지하여 하나가 되어야 한다." 고 하였다. 그렇기 때문에 성도들은 무엇이

47) Wilhelm Pauck, *The Heritage of the Reformation*(The Free Press of Glencoe, 1961), pp. 31-31.

48) 존 칼빈, 『기독교 강요』 제 4권, (서울: 로고스 출판사, 1991), pp. 5-10.

49) *ibid.*, p. 6.

든지 서로 나눌 수 있는 '그리스도의 공동체'라 말하면서 '성도의 교통'은 구체적으로 "믿는 무리가 한 마음과 한 뜻이 모든 물건을 서로 통용한 초대 교회의 공동체(행 4:32)의 상태를 가리킨다."고 하였다. 또한 성도의 교통 은 한 몸, 한 소망, 한 성령으로 하나 된 공동체(엡 4: 4)이며, 성도들이 그 리스도 안에서 성령의 은사를 함께 나누며 섬기는 성도들의 공동체라고 말 하였다. 그러므로 교회의 지체된 성도는 믿음의 고백과 성령의 열매를 통 해 성도들 간에 서로 교통하는 자라고 하였다.[50] 칼빈은 이처럼 '성도의 교 통'이 교회의 본질임을 강조한다.

칼빈은 성례를 통해서 성도의 교통의 의미를 깊이 다루고 있다. 그는 성 도들은 성만찬을 통해서 그리스도와 한 몸을 이루어 성장하게 되며[51] 동시 에 모든 성도들이 한 몸이 됨을 말하고 있다(고전 10:16-17). 그러므로 성도 들은 자신을 내어 주어 그리스도의 몸의 지체인 형제들을 서로 돌아보아야 함을 강조한다.[52] 칼빈은 교회의 기초로써 하나님의 말씀을 강조하고, 교회 를 힘있게 세우는 것으로써 성도의 교통과 섬김을 중요하게 여긴다. 이러 한 '성도의 교통(Communio Sanctorum)'을 강조하는 칼빈의 교회는 공동 체적인 교회이다.[53]

4. 재세례파와 성도의 교통

재세례파는 교회의 역사상 성도의 교통을 공동체 삶을 통하여 가장 구체 적이고 철저하게 실천한 교파이다. 그들은 개인의 신앙을 공동체적 삶 안 에서 그 의미를 찾는다.[54] 프랭클린 릿텔(Franklin Littel)은 "재세례파의 본

---

50) *ibid.*, pp. 7-8.

51) *ibid.*, pp. 429-430.

52) *ibid.*, pp. 496-497.53) 나용화, 『개혁교회와 신학』(서울: 한국문서선교회, 1992), p. 135.

54) J. Denny Weaver, *Becoming Anabaptist*(Ontario: Herald Press, 1987), pp. 96ff.

질적 특징은 사도적 유형에 근거한 참된 교회(rechte kirche)의 회복에 있다"고 하였다.[55] 이 참된 교회의 기초인 교회의 본질은 '성도의 교통'이며 성도의 교통은 구체적인 공동생활 혹은 공동체적 삶을 통한 실제적인 '형제애'의 실천으로 나타나야 한다는 것이다.

재세례파 학자인 프리드만(Friedmann)은 "재세례파의 중심 사상은 형제를 돌아보아야 한다는 것"과 이 '형제애'가 개인적인 생활에서도 실제로 관련이 있다. "그리스도께서 우리를 위하여 목숨을 버리셨으므로 우리도 형제들을 위하여 목숨을 버리는 것이 마땅하다(요일 3:16)"는 말씀과 "보는 바 그 형제를 사랑치 아니하는 자가 보지 못하는 바 하나님을 사랑할 수 없다(요일 4:20)"는 성경의 가르침은 재세례파의 대강령이다. 중심 사상은 '믿음만'이 아니라 '형제애'이며, 하나님 나라에 이르는 길로써 그리스도의 제자들에게 명령되었던 것과 같이 서로를 정성 다해 돌아보는 것이다"[56] 라고 말했다.

이러한 형제애는 재세례파의 제자도에 있어서 필수적인 내용이다. 재세례파는 교회의 본질이 성도의 교통을 구체적으로 실천하는 '신자들의 공동체' 안에서 발견되어 질 수 있다고 보았다. 췌비츠(Zschäbitz)는 재세례파 신학의 중요한 요소가 '공동체'와 그들의 '더불어 함께 함'에 있다고 하였다.[57] 이 '더불어 함께 함'은 실제로 경제적 생활과 연계되어서 이기적이고 자본주의적인 동기를 배격하여 가진 것을 함께 나누어 검소하고 평등한 공동체적 삶을 함께 영위하는 것이다.[58]

55) Franklin H. Littel, *The Anabaptist View of the Church*(Boston: Stars King Press, 1958) pp. 151-152.

56) Robert Fridmann, "On Mennonite Historiography and on Individualism and Brotherhood", Mennonite Quarterly Review, X V III(April, 1944), p. 121.

57) Gerhard Zschäbitz, *Zur Mitteldeutschen Wiedertäuferbewegung nach dem Grossen Bauernkrieg*(Berlin: Rutten und Loening, 1958), p. 76.

58) Zschäbitz, p. 99.

현재 전세계에 퍼져 있는 제세례파는 지금도 서로 물질을 나누며 그리스
도의 형제애적인 사랑을 실제 그들의 삶 속에 실천하는 공동체적 삶과 공
동체적 교회를 실천하고 있다. 종교개혁자들의 '성도의 교통'이 비가시적
이고 개념적인 차원에 머무른다면 재세례파는 성도의 교통을 개념적인 차
원에서 다루지 않고 실제적인 신자들의 형제 사랑의 공동체 생활을 통해서
구체적으로 실천하였으며 이러한 공동체적 교회를 통하여 교회의 본질을
구현하려고 하였다.

5. 현대 신학에서의 성도의 교통

성도의 교통을 교회의 본질로 삼는 공동체로써의 교회론은 20세기에 들
어오면서 여러 신학자들에 의해서 제기되었다. 본회퍼(Dietrich Bonhoeffer)
는 '교제(koinonia)로써의 교회'를 강조하였다. 그의 저서 『성도의 교통
(Sanctorum Communio)』에서 그는 바울의 교회론을 따라 교회는 '회중과
모임(gathering, congregation)'이라고 정의하면서 코이노니아의 교회론을
말하였다.[59] 하나님과 교제는 오직 그리스도를 통해 존재하며, 그리스도는
오직 그의 교회 안에 현존하신다. 그리고 이 '교제(communion, koinonia)'
는 교회를 개인주의적으로 접근시키는 모든 시도를 차단하는 것이라고 하
였다. 이 교제는 단순한 사람들의 모임이 아니라, 성령에 의해서 생겨나고
하나님의 사랑이 만들어 내는 교제로 이해한다. 그래서 본회퍼는 '코이노
니아로써의 교회'는 첫번째 구조인 교회와 구성원 사이에 하나님이 세우신
'구조적인 함께 함(structural togetherness)'이라는 수직적 차원과 두 번째
구조인 멤버와 멤버들 사이에 서로 '돌봄'이라는 수평적 차원을 포괄한다
고 보았다.[60]

---

59) Dietrich Bonhoeffer, *Sanctorum Communio*(Munchen: Chr. Kaiser Verlag, 1960), pp. 98-99.
60) *ibid.*, pp. 126-130.

에밀 브루너(Emil Brunner)는 성도의 교통을 의미하는 코이노니아로써의 교회론을 제기하며 다음과 같이 말한다. "신약의 에클레시아, 즉 그리스도인들의 교제는 제도(institution)나 그 무엇이 아니다. 그리스도의 몸이란 예수 그리스도의 교제, 혹은 성령의 교제이며, 이 교제나 코이노니아는 공동적 참여, 함께 함(togetherness) 그리고 공동체의 삶을 의미한다…"[61] 브루너에게 있어서 가장 중요한 것은 그리스도 안에서, 성령 안에서, 함께 함과 함께 나눔을 통한 교제이며, 이는 '조직(organization)'이나, '제도(institution)'의 성격과는 무관한 것이라고 보았다. 브루너는 에클레시아는 철저한 '교제'를 의미하며, 이 교제는 전적으로 반조직적이고, 반제도적 성격을 지닌다는 전제에서 출발한다고 보았다. 브루너의 '그리스도의 교제(Koinonia Christou)' 사상은 개신교의 '개인주의(individualism)'와 가톨릭의 '전체주의(collectivism)' 경향을 초월한다.[62]

폴 미니어(Paul S. Minear)는 신약에 나타난 네 가지 교회상인 '하나님의 백성', '새로운 피조물', '그리스도의 몸' 그리고 '신앙적 교제' 중에서 '신앙적 교제(fellowship in faith)'로써의 교회 개념이 가장 중요한 위치에 있다고 강조한다. 이 교제는 믿음으로 의롭게 여김을 받은 성도들의 '상호성(mutuality)'과 '세워 주는 일(edification)'의 특징을 갖는다고 보았다. 그리고 성도의 상호 교제와 세우는 일의 관계성은 초대 교회의 특징으로 나타났다고 말한다.[63]

게르하르트 로핑크(Gerhard Lohfink)는 교회의 본질은 성도가 교통하는 공동체임을 역설하였다. 산상수훈을 실천하는 제자도 하나님의 백성의 표지이며 하나님의 백성은 개인주의를 극복하는 공동체적 삶을 통하여 세

---

61) Emil Brunner, *The Misunderstanding of the Church*. p. 10. 현대 신학자들의 교회론의 제 경향은 은준관, 『신학적 교회론』(연세대학교 출판부, 1995)을 보라.

62) *ibid*.

63) Paul S. Minear, *Images of the Church in the New Testament*(Philadelphia : Westerminster Press, 1960) pp. 136-172.

상의 빛과 소금으로서의 대조사회로 나타난다고 하였다. 이 공동체는 세상 사람들을 끌어들임으로써 선교적 사명을 감당한다고 하였다. 또한 코이노니아는 '더불어 함께 하는(togetherness)' 실제적 삶으로 나타나며 이 '더불어 함께 함'은 '서로 돌보는 일'과 '덕을 세우는 일'을 포함하는 구체적 공동체 삶의 성격을 가진다고 보았다.

초대 교회와 바울의 선교적 교회는 성도간의 교제, 돌봄, 그리고 세우는 일에 함께 하는 공동체였다고 말한다.[64]

이외에도 아놀드 라데마허(Arnold Rademacher), 이브스 콩가르(Yves Congar), 제롬 해머(Jerome Hamer) 같은 신학자들이 '공동체성'을 교회론의 중심 주제로 삼았다.

현대 신학자 에버리 덜레스(Avery Dulles)는 성도의 교통을 지향하는 코이노니아 교회론이 갖는 의미에 대해서 "코이노니아로서의 교회는 성령의 은사와 내적 은혜에 의해 맺어지는 성도의 연합을 추구하며 사도행전과 바울 서신에 나타난 성경적인 근거를 갖는다. … 이러한 교회관은 성령의 역사와 성도의 인격적 관계를 강조함으로써 신약 교회의 처음 열정을 회복하려는 강점이 있다. 또한 오늘날처럼 관계가 단절되고 소외의식이 극한 상황에 이른 시점에서 '공동체'를 회복할 수 있는 가능성을 주며, 교회 자체가 회중성을 상실하고 형식화된 현대 교회의 대안이 되고 있다."고 평가하였다.[65]

21세기를 앞두고 세계의 교회들도 교회가 세속사를 주도하고 급변하는 세계 변화에 대처하기 위해서는 역시 교회의 본질로 돌아가야 하며 그 본질인 '성도의 교통'을 회복해야 한다는 필요성에 공감하고 있다. 현대 교회는 이 성도의 교통을 '코이노니아'로 표현한다. 1991년 호주 캔버라

---

64) Gerhard Lohfink, *Jesus and Community*(Philadelphia: Fortress Press, Philadelphia, 1984), p. 99. 정한교 역, 『예수는 어떤 공동체를 원했나』(왜관: 분도 출판사, 1985).

65) Avery Dulles, *Models of the Church*(New York: Doublsday & Company, Inc., 1974), pp. 62-63.

(Canberra)에서 열린 세계교회협의회(W. C. C.) 총회는 '코이노니아로서의 교회'의 시대적인 사명을 이렇게 전하고 있다.

"성경에 따르면 하나님의 목적은 예수 그리스도의 주권 아래 피조물을 불러모으는 일이다. 그래서 그리스도 안에서 성령의 능력으로 모든 것이 하나님과 하나되는 코이노니아 관계에 들어가는 것이다(엡 1:1). 교회는 하나님과 그리고 서로와의 관계에서 이러한 코이노니아를 미리 맛보는 곳이다. 주 예수 그리스도의 은혜와 하나님의 사랑과 성령의 코이노니아가 교회로 하여금 전체 피조물을 위해 약속되고 제공된 하나님 통치의 조짐으로 그리고 하나님과 화해하는 일을 섬기도록 촉구한다. 교회의 목적은 성령의 능력 안에서 그 백성을 그리스도와 하나되게 해서 기도와 실천 행위로 이 코이노니아를 드러내고, 하나님 나라의 영광 안에서 하나님과 인류와 전체 창조 세계와의 코이노니아의 완성을 가리키는데 있다."[65]

1993년 8월 스페인의 샌디에이고(Santiago)에서 세계교회협의회의 신앙과 직제 제5차 세계대회에서도 모임의 주제를 '신앙과 생활과 증거로부터 코이노니아를 지향하여'로 정하여 현대 교회가 나아가야 할 방향을 제시하였다. 이처럼 현대 교회는 초대 교회가 주창했던 바 교회의 본질인 코이노니아 즉, 성도의 교통을 이 시대에 다시 구현해야 한다는 요청을 전세계적으로 천명하고 있다.

6. 성도의 교통의 가시성과 비가시성

본서의 관심은 교회의 본질인 성도의 교통을 구체적으로 기성 교회에서 어떻게 온전하게 회복하고 구현할 수 있을까 하는 점에 초점을 맞추고 있

---

66) 박근원 외, 『교회와 코이노니아』(서울: 대한기독교서회, 1993), pp. 5-6.

는바 성도의 교통의 현재적인 관점과 그 실천성을 견지한다. 그러한 실천적 관점에서 성도의 교통의 가시성과 비가시성을 고찰해 보자.

성도의 교통은 가시적인 성도의 교통과 비가시적인 성도의 교통으로 나눌 수 있다. 그리스도 안에서 혈연을 초월하여 물질까지 나눌 수 있는 실제적인 한 몸이 됨으로써 나타나는 성도의 교통의 가시성과, 한 지역 교회 공동체만 아니라 전 세계 교회 신자들의 보이지 않는 한 몸으로 범세계적이고 전역사에 걸친 우주적인 성도의 지체 관계를 가리키는 비가시성이 있다.

초대 교회는 성도의 교통, 즉 코이노니아의 가시성(可視性)을 강조했다. 전인적인 코이노니아의 실천으로 온전한 공동체의 삶을 구현했다(행 2:23-47). 즉 교회의 '유기체적인 가시성(有機體的 可視性)'을 보여 주었다. "보라 저들이 서로 얼마나 사랑하는 지를"이라는 표현은 당시 초대 교회의 유기체성을 잘 보여 주는 유행어였다.

중세 교회는 조직체로서의 가시성을 지나치게 강조한다. "로마 교회 밖에는 구원이 없다"고 한 키프리아누스(Cyprianus)의 주장을 극대화하여 제도적인 교회를 유일한 구원의 방주로 보았다. 이로써 초대 교회 공동체의 유기체적인 가시성은 중세에 와서는 로마 교회에 의해 '조직체적인 가시성(組織體的 可視性)'으로 고착되어 버렸고 교회의 진정한 유기체성을 상실하였다.

종교 개혁 시기의 개혁 교회들은 로마 가톨릭 교회와 맞서 외형적 조직체적인 교회관에 교회의 본질을 두지 않았다. 그리스도를 믿고 그 안에서 성화되어 전 세계 신자들이 그를 머리로 하여 연합하는 보이지 않는 몸, 즉 비가시적인 교회에 그 본질을 두었다. 종교 개혁 교회는 우주적인 교회의 지체로서 '비가시적인 유기체성(非可視的 有機體性)'을 강조하였다.

그러나 개신 교회는 수평적인 연합을 강조하는 가운데 오히려 한 몸 된 교회로서의 가시성을 상실해 버리는 결과를 초래하였다. 즉 개신 교회는 오히려 교회의 통일성을 유지하는 데 실패하는 큰 과오를 범하고 말았다. 이 점은 가시적 조직체로써 계급화된 로마 가톨릭 교회를 배격하고자 했던 종교 개혁자들의 교회관이 낳은 역기능이었다. 비가시적 유기체로써의 교회관이 '공동체성'을 오히려 약화시키는 결과가 되었다.

현대 교회는 성도의 교통의 가시성과 유기체성 모두를 상실한 가운데 있다고 볼 수 있다. 현대 교회는 다시금 초대 교회 공동체의 '가시적인 유기체성(可視的 有機體性)'이 절실히 요청되고 있다.

여기서 '가시성'이란 용어가 의미하는 것은 조직체로써 보이는 교회를 말하는 것이 아니라 그리스인들의 공동체인 교회가 실제로 하나 되어 그 사랑의 실체가 삶의 현장에서 실제로 나타나 보이는 교회의 공동체성을 의미한다. 초대 교회 당시 로마 제국에서 기독교인들에 대하여 사용하던 유행어가 있었다. 그것은 "보라 저들이 얼마나 서로 사랑하는가"였다. 그리스도의 한 몸된 공동체의 헌신적인 사랑이 눈으로 보여진 것이었다. 그래서 사도 요한이 "태초부터 있는 생명의 말씀에 관하여는 우리가 들은 바요 눈으로 본 바요 주목하고 우리 손으로 만진 바라(요일 1:1)"고 말했던 것이다. 생활 속에서 그대로 실천하여 보이는 복음을 지칭하는 것이다.

교회론에 대하여 접근할 때에 교회론이 너무 초월적이고 개념적이라는 것이 문제이다. 예를 들어 '전 세계 교회 신자들의 보이지 않는 범세계적이고 전역사를 통한 우주적인 교회'라고 했을 때, 이러한 비가시적인 교회의 실제를 과연 어디서 어떻게 파악할 수 있는가? 또한 그리스도 안에서 한 하나님의 백성 됨을 또 어떻게 파악할 수 있을까? 그것은 구체적인 한 지역 교회에서 서로간의 헌신과 사랑을 통한 교제가 '가시적 실제(visible reality)'로 나타날 때 그 비가시적인 교회의 개념이 비로소 파악되는 것이다. 즉, '성도의 교통'의 문제는 그것이 개념적으로만 존재한다는 것이다. 그러나 성도의 교통은 반드시 실제적으로 실천되어서 나타나야 한다.

그러므로 우리는 로마 교회의 '가시적인 조직체'와 이에 대한 반동으로 나타난 종교 개혁 교회의 '비가시적인 유기체성' 모두를 지양하고, 초대 교회가 그랬고 초대 교회 교부들이 천명했던 'Communio Sanctorum', 즉 '성도(聖徒)의 교통(交通)'이 지향했던 '가시화된 유기체성(可視的 有機體

性)'을 온전한 성령의 공동체를 통하여 오늘 현대 교회 속에 다시 회복해야
하는 것이다.

맺음말

성령의 역사로 이루어진 실제적인 공동체가 교회이다. 하나님의 백성,
그리스도의 몸이라는 교회의 개념은 추상적이지만, 성령의 코이노니아를
통하여 수직적 교제, 수평적 교제, 대사회적 교제를 통하여 이루어지는 '성
령(聖靈)의 공동체(共同體)'로 표현되는 교회의 정의는 매우 구체적이고
가시적이고 실제적인 교회상을 보여 준다.

지금까지 우리는 교회가 무엇인가 또한 교회는 무엇을 해야 하는가, 즉
교회의 본질과 교회의 기능에 대한 질문에 대답해 왔다. 교회의 본질은 코
이노니아이며, 코이노니아의 삼차원을 온전히 이루는 것이 교회의 실제적
기능임을 알았다.[67]

우리는 교회를 하나님의 백성, 그리스도의 몸, 성령의 전, 즉 삼위일체적
관점에서 정의했고 이러한 관점으로 볼 때 교회의 의미가 점점 구체화되고
실제화되는 것을 볼 수 있었다. 삼위일체론적인 교회의 의미는 '성령의 공
동체'라는 정의에 귀결된다. 교회의 본질은 성도의 교통이며, 그 목적은 성
령의 공동체를 이루는 것이다. 그러한 성령의 공동체로서 교회의 본질이
교회 안에 철저히 이루어질 때 하나님의 나라가 지금 여기에 임하는 것이
다. 하나님의 나라(basileia)는 교회(ekklesia)를 통하여 나타나며, 교회의

---

67) 삼차원의 코이노니아를 실천하는 온전한 공동체로서 교회의 구체적인 모습은 6장의 공동
체 실천론에서 현재 전 세계에 있는 바람직한 기독교 공동체와 교회 공동체 교회의 예를 들어서 자
세히 소개하였다.

본질은 온전한 코이노니아(koinonia)이다(Basileia-Ekklesia-Koinonia). 결국 하나님 나라는 온전한 코이노니아를 통하여 나타난다.

교회는 하나님 나라를 위한 것이다. 삼위일체의 공동체에서 시작되어 점점 구체화되는 성도의 공동체로서 교회의 의미는 하나님의 나라라는 주제 안에 귀결된다. 교회는 성령의 코이노니아를 통하여 이루어지는 성령의 공동체이다. 삼차원의 코이노니아를 온전히 실천하는 교회가 본질적인 교회 공동체가 된다. 그러한 철저한 공동체성이 구현되는 교회를 통하여 하나님의 나라가 오늘 여기에 임하게 될 것이다.

제 2 장

공동체 운동의 교회사적 조명

서론

우리는 제1장에서 공동체 교회론을 고찰해 보았다. 교회의 공동체성을 회복하는 의미에서 교회사에 나타난 공동체 운동을 살펴보는 것은 의미 있는 일일 것이다. 본장의 목적은 초대 교회 공동체의 연속성과 2천 년 교회사에 나타난 공동체 운동들을 고찰해 봄으로써 이 시대에 던져 주는 공동체 운동의 의미를 재발견하고자 하는 것이다.

본서는 교회의 본질이 공동체임을 앞장의 공동체 교회론에서 이미 살펴보았다. 그러한 신학적인 바탕 위에서 2천 년 교회사에 나타난 공동체 운동들을 시대적으로 나열하여 그 운동들의 시대적 배경과 정당성 그리고 그 의미들을 살펴볼 것이다. 또한 현대에 나타난 기독교 공동체 운동과 공동체 교회 운동들을 소개하면서 초대 교회부터 현대까지 나타난 공동체 운동의 내용을 고찰해 볼 것이다. 본서에서는 교회사에 나타난 공동체 운동을 다루지만 이를 통하여 교회사 자체를 재구성하는 시도는 지양하고, 공동체 운동이 교회 갱신에 준 영향을 중심으로 공동체 운동의 의미를 다루려고 한다.

Ⅰ. 공동체의 형태와 범위

우리는 제1장에서 교회론을 다루면서 교회의 본질이 공동체임을 살펴보았다. 공동체는 교회의 본질, 코이노니아의 구현, 철저한 제자도의 실천 방식이다.

공동체라는 말을 쓸 때는 그 공동체가 어떤 공동체인지 또 어디서부터 어디까지를 공동체라고 해야 하는가 하는 문제에 대한 명확한 구분이 필요

하다. 공동체의 원형인 예루살렘의 초대 교회 공동체의 형태를 시발점으로
하여 공동체의 형태를 살펴보자.

1. 공동체 운동의 지향성

교회의 본질인 공동체적 삶을 지향한다고 할 때 그 공동체는 세 가지의
속성을 가진다. 첫째, 철저성이다. 공동체라는 것은 복음의 본질을 구현하
고 형제애적 교제를 실천하는 데 있어서 철저하다는 것이다. 교회사에 나
타난 공동체 운동 단체들과 수도 공동체들은 모두 예수님의 모범에 근거한
생활로서 그가 행하신 바와 그가 가르치신 바를 그대로 따르겠다는 철저한
순종과 헌신의 삶을 살았다. 이러한 삶을 위해서 그들에게는 ‘격상된 헌
신’이 요구되었다. 이 철저성은 수도 공동체에서는 금욕적이고 영성적 훈
련의 엄격함으로, 갱신 단체들에서는 산상수훈의 삶을 그대로 실천하는 삶
으로 나타난다. 그리스도 안에서 한 몸이라는 공동체는 실제적인 한 가족
이다. 그리스도인의 공동체는 혈연적인 관계를 깨뜨리지 않으면서도 그리
스도 안에서 이를 초월하여 새로운 가족을 형성한다(엡 2:13-15).

교제의 철저성은 ‘확대 가족’, ‘유무 상통’으로 나타난다. 내면적인 차원
의 영적·정신적인 교제는 외면적으로는 물질을 100퍼센트까지 나누는 유무
상통의 차원까지 내려간다는 것은 공동체적 교제의 ‘철저화(radicalism)’[1]를
가리키는 것이다(요일 3:16-17). 이 유무 상통은 곧 ‘가족 정신’의 철저한
시행이다. 공동체를 지향하는 대부분의 단체들은 재산을 20퍼센트에서
100퍼센트까지 공유한다. 공동체의 나눔은 종국적으로 완전한 나눔을 의미
한다.[2]

---

[1] ‘radicalism’이란 용어가 흔히 ‘급진주의’라는 의미로 번역 사용되는 경향이 있다. 그러나 성
경과 공동체 운동에서 이 용어는 성경의 말씀을 그대로 실천하는 데 있어서 ‘철저함’을 의미한다.

[2] Michael Harper, *A New Way of Living*(Plainfild, N.J.: Logos, 1973), p. 8.

둘째, 가시성이다. 공동체라는 것은 막연히 그리스도 안에서 하나라는 관념적인 것이 아니라 전생활을 통하여 영적 · 정신적 · 물질적 교제가 구체적으로 구현되는 실제적인 공동체적 삶이다. 그러므로 공동체성의 실천은 개념적인 차원에 그치지 않고 실제적이고 가시적으로 실행되어야 하는 것이다. 이 형제애적 교제의 가시성은 물질의 나눔과 함께 가까운 공간에서 공동 생활로 함께 사는 삶, 형제 사랑의 실천 등을 포함하여 그리스도인의 모든 생활에 미치는 것이다. 공동체의 가시성이란 것은 복음이 실제로 보여질 수 있도록 구현되는 복음의 '가시적인 실재(visible reality)'를 가리킨다(요일 1:1). Max Delespesse는 그의 책 『교회 공동체(The Church Community)』에서 "그리스도의 공동체는 영적인 것만 실재인 양 생각하는 '영적인 공동체'이기만 한 것이 아니다. 교회는 모든 것을 포괄하는 공동체"라고 말한다.[3]

셋째, 갱신 지향성이다. 교회사에 나타난 대부분의 공동체들은 교회가 세속화될 때마다 교회의 본질을 회복하고자 했던 교회 갱신 단체들이었다. 교회의 본질이 공동체이기에 교회의 개혁과 갱신은 자연히 공동체성 회복을 지향하고, 또한 그러한 갱신을 지향하는 운동 자체는 당연히 공동체를 형성하여 사역하였다. 다음에 살펴볼 공동체 운동의 역사를 통해서 이들은 대개 갱신 운동을 지향했다는 것을 알 수 있다. 교회사에서 올바른 복음을 추구하고자 했던 영성 운동의 영성사(靈性史)는 곧 공동체사(共同體史)였다. 영성은 하나님과 사람의 올바른 관계에서 나오는 것이기에 공동체적 영성이 그 바탕이 될 수밖에 없는 것이다.[4]

---

3) Max Delespesse, *The Church Community* (Nort Dame: Ave Maria, 1973), p. 8

4) 예를 들어 역대 최고의 고전인 『그리스도를 본받아』는 토머스 아 켐피스(Thomas á Kempis)의 개인 저작이 아니라 14세기 네덜란드의 '공동 생활 형제단(The Common Life of Brethren)'의 영성의 편집이었다.

2. 공동체의 형태와 범위

온전한 코이노니아의 실천과 하나 됨의 효과적인 실현을 위하여 공동체는 지리적으로나 공간적으로 보다 가까이 혹은 한 공간에 모여 살려고 하는 공동 생활이라는 형태를 가지게 된다. 공동체라는 것은 우선 외형적으로 가까운 공간에서 함께 사는 '공동 생활(communal life)', 서너 가족 이상이 한 가족으로 사는 '확대 가족(extended family household)', 가족 정신에 따르는 '재산 공유(all things in common)', 많은 소유와 번잡한 생활로 어려움을 당하지 않고 물질의 나눔과 형제애적 관계 속에서 하나님 나라의 임재를 생활 속에서 실제로 누리는 '단순한 생활(simple life)' 등의 형태를 갖추고 있다.

기독교의 공동체는 수도 공동체, 생활 공동체, 공동체 교회의 크게 세 가지로 나눌 수 있다. 수도 공동체는 모두 집단 공동 생활의 형태를 띠고 있다. 생활 공동체는 평범한 가정들로 이루어진 공동체인데, 한 곳에 모여 살아가는 집단 생활 공동체 형태와 도시 내에서 각 가정별로 따로 살지만 보다 긴밀한 유대와 헌신을 통해 공동체를 형성해 살아가는 도시 공동체 형태가 있다.[5]

'공동체 교회'란 용어가 최근 사용되고 있는데 이것은 교회가 본질상 이미 공동체이지만 관념상의 공동체로서의 교회가 아니라 온전한 코이노니아의 구현과 교회 내에 구체적인 공동 생활 그룹이나 지역 사회의 고통당하는 이웃과 더불어 함께 하는 공동체적 사역을 통하여 철저한 제자도가 실천되고 공동체성이 분명히 구현되는 교회를 말한다. '공동체 교회(community church)'라는 용어는 기성 교회가 공동체성을 너무 상실한 나머지 공동체성을 강조하는 의미에서 생긴 최근의 용어이다. 그러나 지역

---

5) 김현진, 「공동체는 교회와 복음의 본질」, 《빛과 소금》(서울: 두란노서원, 1991), 12월호, p. 197.

교회 중에서는 교회 내에 부분적인 공동 생활 그룹이나 공동체성을 실천하기 위한 어떤 특별한 사역을 갖고 있지는 않지만 진정한 공동체로서의 교회를 구현하고 있는 경우들도 많다.[6]

수도 공동체나 생활 공동체의 경우는 공동체란 것이 가시적으로 분명히 드러나기 때문에 문제가 되지 않는다. 그러나 지역 교회의 경우 일반 교회와 공동체 교회간의 구별이 분명하지 않기 때문에 어디서부터 어디까지를 본서가 지칭하는 '공동체'의 범주 안에 넣을 수 있는가 하는 모호한 점이 있다. 그 구분점은 앞에서 살펴본 것과 같이 지역 교회 내에서도 공동체성 실천의 철저성, 가시성, 갱신 지향성과 함께 '격상된 헌신'이 분명히 구현될 때에 공동체의 범주에 넣을 수 있는 것이다. 그러므로 17세기의 경건주의 운동에 나타난 '교회 속의 작은 교회(ecclesiolae)' 추구가 바로 지역 교회 속에서 공동체를 추구하는 형태와 같은 경우로 볼 수 있는 것이다. 교회사 속에서 기독교의 본질을 추구한 공동체 운동은 종교개혁 이전까지는 주로 제도권 교회 밖에서 일어났으며, 경건주의 운동 이후부터는 주로 제도권 교회 내에서 일어났다.

공동체의 모델은 초대 교회의 예루살렘 공동체이다. 예루살렘 공동체는 예수님의 제자들이 포함된 120문도와 그들의 전도로 회개한 만여 명의 공동체 회원들이 있었다. 그들은 재산을 유무 상통하는 재산 공동체(community of goods)를 실시하였다(행 2:44-45, 4:32-35). 그들은 한 집에 모여 사는 형태가 아니라 각자 자신들의 집에 살면서 성령의 역사로 자연스럽게 물질과 영육간의 교제를 나눈 형식이었다. 즉 예루살렘 도시 전체에 걸쳐 형성된 도시 공동체 형태였다. 이러한 초대 교회의 예루살렘 공동체의 삶은 이후 모든 그리스도인 공동체의 모델이 되었다.

---

6) 사회학적으로 공동체 개념에는 적게는 39개에서부터 많게는 94개에 이르기까지 다양하다. 이에 대해서는 신용하 편, 『공동체 이론』(서울: 문학과 지성사, 1987), pp. 18-49를 보라. 본서에서는 성경적인 교회 공동체를 공동체의 기본 개념으로 삼는다.

그러므로 공동체란 교회의 본질이며 산상수훈의 철저한 제자도를 구현하는 삶의 실천 방식이다. 철저한 제자도는 성령 강림 후 이루어진 교회 공동체를 통하여 이루어지는 것이다. 또한 공동체는 관념적인 것이 아니라 물질까지 나누어 함께 사는 실제적이고 가시적인 삶의 형태이다. 다음에 전개되는 교회사에 나타났던 공동체 운동들은 본질적인 교회를 회복하려고 의도했으며 본질적인 기독교를 철저히 실천하기 위한 방식으로서 물질까지 함께 나누는 공동체 생활 형태를 추구하였다.

II. 초대 교회 공동체의 연속성

성령 강림으로 형성된 초대 교회 공동체는 신약 최초의 공동체였고 모든 공동체의 전형이었다. 이러한 온전한 코이노니아를 통한 초대 교회의 아름다운 공동체됨에도 불구하고 늘 제기되는 의문은 과연 초대 교회의 공동체 생활 형태가 계속 지속될 수 있었는가 하는 것이다. 즉 초대 교회 공동체는 성령이 최초로 강림하심으로 가능한 일시적인 공동체였으므로 잠시 후 성경에서 곧 사라졌으며 그것이 소비적인 공동체였으므로 발전된 현대교회의 본보기가 될 수 없다는 신학적인 반론이 있다.[7]

성경을 잘 살펴보면 사도행전 2장과 4장 이후에도 초대 교회 공동체의 역사가 여러 방면으로 계속된다는 것을 알 수 있다. 성령이 강림하심으로 초대 교회는 모든 것을 공동으로 소유하고 각 사람의 필요를 따라 나누어 그중에 가난한 사람이 없게 되는 획기적인 공동체가 형성되었다(행 2: 37-47). 예루살렘 교회는 성령강림 후 개인의 소유 형태는 여전하였지만 소유에 대한 의미와 태도가 변화되었다. 성도들은 재산을 자기가 소유하되 자

---

7) 이상근, 신약성서주해, 『사도행전』(서울: 대한 예수교 장로회총회 교육부, 1981), p. 61.

기만을 위해서 사용하지 않고 공동으로 사용하는 '공동 소유(common ownership)'의 형태로 바뀌었다(행 2:42-47). 그것은 소유를 자발적으로 이웃과 나누고자 하는 태도의 변화였다. 이것은 최초의 강력한 성령의 충만을 받은 초대 교회 신자들의 돌발적이고 일시적인 행위가 아니라 그후 계속 실행된 것이었다. 사도행전 4장 32-35에서는 이러한 공동소유의 실천이 더욱 강하게 나타난다. 이 공동소유의 실례는 예루살렘 교회에서만 실천된 것이 아니라 신약의 여러 교회에서도 계속 실행되어졌다는 것을 알 수 있다.

바울은 로마에 있는 교회 성도들에게 "성도들의 쓸 것을 공급하고 손 대접하기를 힘써라(로 12:13)"고 말한다. 여기서 '공급하다'는 '코이노니아(koinonia)'이다. 이것을 직역하면 "성도들의 필요를 채우기 위해서 코이노니아 즉 공동소유를 실행하라"는 말이다. 즉 필요하다면 내 것도 그들과 나누어 쓸 수 있다는 의미이다. 여기서 공동소유의 연속성을 볼 수 있다. 이것을 통해서 예루살렘 교회에서 일어났던 공동소유의 형태가 로마 교회에서도 일어났던 것을 보여 준다.

이러한 공동소유적 삶의 확장은 마게도니아 교회에서도 나타난다. 마게도니아 교회 성도들은 어려움에 처한 예루살렘 교회의 성도들을 돕기위해 그들의 극심한 가난 속에서도 힘에 지나도록 연보하여 지체들을 섬기는 일에 참여(koinonia)한 경우에서 나타난다(고후8:1-14). 연보는 "유여한 것으로 부족한 것을 보충하여 평균케 한다(고후8:14)"는 것이다. 이 연보란 바로 '코이노니아'의 정신이었다. 연보는 단순히 예배시의 헌금이 아니라 초대 교회 공동체 삶에서 '물질적인 교제'를 실천하는 구체적 방식이었다. 즉 초대 교회 공동체에서 유무상통하던 습관은 교회의 박해와 여러 지역으로 교회가 확장됨에 따라 한 곳에서 '공유(共有)'하던 것이 서로 떨어져 있는 지역교회간의 형제애적 '공용(共用)'의 형태로 나타난 것이었다.[8]

또한 바울은 데살로니가 교회 성도들에게 "누구든지 일하기 싫어하거든 먹지도 말게 하라(살후 3:10)"고 하였다. 당시 교회들은 어려운 지체에게 자발적으로 나누고자 하는 태도가 있었다. 그래서 데살로니가 교회에도 이러한 교회 공동체의 나눔의 혜택을 받으려고 하는 사람들이 많았다. 그러나 문제는 일하기는 싫어하면서 교회의 공동소유에서 오는 나눔의 혜택을 거저 받으려고 하는 사람이 있었다는 사실이다. 신약 교회는 일하기 싫어하는 자도 먹여야 하는 문제가 있었다. 이것은 물질을 공동으로 나누어 사용하고자 하는 자발적인 공동체의 시행이 있었다는 사실을 보여 주는 증거이다.

사도 요한은 "누가 이 세상 재물을 가지고 형제의 궁핍함을 보고도 도와줄 마음을 막으면 하나님의 사랑이 어찌 그 속에 거할까 보냐(요일 3:17)" 라고 말하므로써 그리스도인들이 궁핍한 사람들과 물질을 함께 나누는 것을 당연하게 여겼다. 이는 물질을 성도간에 공용으로 사용한다는 것이 당시 소아시아의 교회에 보편적으로 행해졌음을 말해 주는 것이다.

마틴 헹겔(Martin Hengel)은 그의 저서 『초대 교회의 소유와 부』에서 "사유재산이 불화의 원인이라는 생각은 초대 교회 교부들의 일관된 사상이었다. 개인의 소유를 가지고자 하는 투쟁은 하나님 앞에서 모두가 동등한 은사를 가졌다는 선한 세상의 질서를 파괴하는 것이다."라고 말하면서 공동소유의 형태가 교부 시대에도 계속 되었음을 지적했다.[9] 이처럼 서신서를 통해서 초대 교회의 공동소유가 초대 교회의 공동체 삶이 일시적인 현상이 아니라 예루살렘 공동체 이후에도 다양한 형태로 계속 실천 되어왔음을 알 수 있다.

바울의 서신서에는 초대 교회의 예루살렘 공동체 삶이 그 후에도 작은 가정교회 공동체의 형태로 계속 나타나는 것을 볼 수 있다. 초기 예루살렘 공동체는 유대인들의 심한 박해로 인해 당시 예루살렘 공동체의 회원들은 각 지방으로 흩어지게 되었다. 초대 교회의 예루살렘 공동체는 두세 가정

---

8) 공용의 다른 예들은 다음 구절에서 찾아볼 수 있다. 행 11:27-30, 12:25 ; 롬 15:25-32 ; 고전 16:1-4 ; 갈 2:10.

9) Martin Hengel, *Property and Riches in the Early Church* (Philadelphia: Fortress, 1974), p. 1.

이 작은 한 단위가 되어 서로 자연스럽게 전인적인 코이노니아를 실천하면서 전체적으로는 예루살렘 공동체를 형성하였고 성전과 집에서 예배를 드렸다(행2:42-47). 그러나 하나님의 선교적 섭리에 의해 그리스도인들에 대한 박해가 시작되자 그 당시 그러한 공동체적 삶을 살고 있던 일만 명의 그리스도인들이 공동체적 삶의 양식을 가지고 세계 각 곳으로 흩어지게 되었다(행6:1-3). 성도들은 흩어진 장소에서 몇몇 가정들이 뭉쳐 작은 공동체들을 형성하여 가정교회의 역할을 해 나갔으며 코이노니아의 삶을 통하여 이웃을 섬기는 빛과 소금의 삶으로 영향력있는 선교사역을 해 나갔었다. 이 작은 단위의 공동체들은 후에 바울의 선교 거점이 되었다. 바울이 선교 거점으로 사용하던 브리스길라와 아굴라의 '집에 있는 교회(고전 16:19)'란 바로 이러한 평신도들의 작은 공동체의 한 예이다.

바울의 신앙 변증서인 로마서(16:5)에서도 바울은 로마의 '집에서 모이는 교회'를 언급하고 있고 이외에 골로새서(4:15)와 빌레몬서(2절)에서는 라오디게아 지방에 있는 가정교회와 골로새 지방에 있는 가정교회 형태의 작은 공동체들을 언급하고 있다. 바울의 서신서는 그러한 작은 공동체들이 로마 제국 전역에 두루 퍼지고 있음을 말해 준다.

초대 교회의 복음이 로마의 압제 속에서도 세계로 퍼질 수 있었던 것은 성령의 능력의 역사와 그리스도인들의 공동체를 통하여 삶으로 보여 주는 복음이 그 요인이었다. 그들의 공동체 삶은 공동소유만 아니라 지체 의식과 형제애, 그리고 서로 간의 자발적인 섬김이 있었다. 사도바울 시대 이후에 들어서서 교부 저스틴(Justin Martyr)은 그의 저술 '변증'(Apology)에서 당시 그리스도인들에게 "보라, 저들이 서로 얼마나 사랑하는가"라는 유행어가 붙여졌다고 전해 준다. 이것은 초대 교회의 공동체적 삶을 경험한 그리스도인들이 로마 제국하의 각 지역에서도 공동체적 삶을 계속 유지했었다는 사실을 보여 준다.[10]

저스틴은 또한 당시 성도들의 공동체 삶의 모습을 다음과 같이 증언하였다.

"무엇보다도 부와 소유의 획득을 최고의 가치로 여기던 우리들이 이제는 그 모든 것을 다 내어서 필요로 하는 사람들을 돕기 위해 공동소유하고 있다. 서로 미워하고 죽이고 하면서 우리의 동족이 아닌 사람들과는 생활습관이 달라서 한 번도 공동유대를 이루어본 적이 없었지만, 그리스도 께서 나타나신 후로 이제 우리는 공동체를 이루어 함께 산다." [11]

초대 교회의 공동체적 면모를 보여 주는 형제 관계는 소아시아의 여러 교회들에게 계속 살아 있었다. 바울의 경우 '성도들' 이란 서로 돌아보는 형제 애를 가진 '공동체' 의 동의어였다(롬 1:7; 16:15; 고전 1:2; 빌 1:1; 4:22). 저스틴은 이러한 '성도들' 의 삶을 다음과 같이 묘사하였다.

"부유한 자들은 원하기만 한다면 무엇이든지 헌납을 하고, 그렇게 모인 것이 성찬식 집행자에게 전달되어 고아와 과부들, 병이나 그밖의 이유로 빈궁한 처지에 있는 사람들, 옥에 갇힌 사람들, 그리고 공동체에 속하여 있는 포로된 사람들이나 나그네들을 찾아가서 도와준다." [12]

이러한 코이노니아는 지역교회 내에서만 국한된 것이 아니라 어려운 처지에 있는 다른 지방의 교회들을 도움으로써 지체된 형제애를 실천하였다. 170년경 고린도 교회의 디오니시우스(Dionicius) 감독이 로마 교회에게 쓴 편지에서 다음과 같이 말하였다.

"처음부터 여러분들은 모든 형제들을 여러 가지로 돕고 모든 도시에 있는 교회들에게 많은 원조를 보내 주었다. 예로부터 여러분이 보내 온 선

---

10) Justin Martyr, "Apolpgy" , The Ante-Necene Fathers(Grand Rapid: Eerdmans,1971), 제15장
11) ibid.
12) ibid.

물들을 통하여 여러분은 로마인으로서 전래의 로마 교회의 관습을 고수하여 궁핍한 사람들의 가난을 덜어주고 광산에서 참혹하고 사는 형제들을 도와주고, 이것을 더욱 확장시키고 있다." [13]

260년경 알렉산드리아에서 흑사병이 창궐했을 때, 알렉산드리아 교회 감독은 그곳의 교회 성도들의 공동체적 섬김의 삶에 대해 다음과 같이 증언하였다.

"우리의 형제들은 대부분이 넘치는 사랑으로 자기 자신을 돌보지 않고 서로 의지하여 두려움이 없이 병자들을 데려와 세심하게 보살피고 그리스도 안에서 시중을 들었으므로, 병자들과 똑같이 지극히 기쁜 마음으로 죽어 갔다. 다른 사람들이 앓는 병에 전염되면서, 다른 사람의 병에 자기도 걸리면서, 자발적으로 그들의 고통에 동참하면서… 이렇게 해서 우리 형제들은 가장 튼튼한 사람들까지도 세상을 떠나버렸다. 그들은 성도들의 몸을 품에 앉아 눈을 감겨 주고 입을 닫아 주며 어깨에 메고 가서 진심으로 얼싸안고 몸을 씻기며 옷을 입힌 다음 장례를 치렀기에, 그들도 얼마 안가서 똑 같은 시중을 받게 되었다. 그것은 이때에 살아남은 사람들이 또 언제나 먼저 간 사람들을 대신하여 기꺼이 나섰기 때문이었다." [14]

또 당시 기독교를 변증했던 아리스티데스(Aristides)도 당시 성도들의 공동체적 섬김의 삶에 대해서 다음과 같이 증언하였다.

"그들은 서로 사랑한다. 과부들에게서 그냥 돌아서는 일이 없다. 고아들

---

13) Eusebius, *The Ecclesiastical Historry*, tran. by Christian, F. Cruse(Grand Rapids, Michigan, Baker Book: 1984)XXIII. p. 160.

14)*ibid.*, VII p. 293.

을 혹독하게 다루는 사람들로부터 구해 내며, 외인들을 보면 집으로 영접하여 형제처럼 대우한다. 왜냐하면 성령으로 난 형제들이라고 부르기 때문이다. 또한 가난한 자가 죽게 되면 그들은 스스로의 능력 한도 내에서 그의 장례를 부담한다. 그리고 만약에 그들의 메시아 때문에 그들 중의 한 사람이 옥에 갇히거나 어려움을 당하게 되면 그들 모두가 그의 필요를 채워 주고 할 수 있으면 그를 풀려나게 해준다. 그리고 그들 중에 가난하고 궁핍한 사람과 양식이 없는 자가 있으면 그들은 그를 돕기 위해 이틀이나 삼일을 금식한다." [15]

교부 오리겐(Origenus)은 이러한 생명력 있는 공동체들이 소아시아 전역으로 널리 퍼져서 세속 사회 속에서 복음을 권능있게 증거하고 있음을 증언하였다.

"하나님께서…곳곳에 이러한 공동체들을 일으키시어 미신과 무례와 불의에 젖은 인간들의 공동체들에 대항하게 하셨다. 그리스도께서 스승과 교육자가 되어 이루어진 하나님의 공동체들은 그들의 세속적인 공동체들에 비하여 '세상 안에서 하늘의 등불'처럼 그들 속에서 낯선 사람들로서 살고 있다…" [16]

초기 기독교인들의 삶을 보여 주는 작자 미상의 『디오그네투스에게 보낸 편지, Letter to Diognetus』는 초기 기독교인들이 어떤 특정지역에 분리해서 게토(ghetto)화하여 사는 것이 아니라 이방 나라의 사회 속에서 보편적인 모습으로 살면서도 공동체적 삶을 살아갔고 그들의 공동체적 삶의 내용

---

15) *Aristides*, Apologia 15.

16) Origenus, *Contra celsum* III 29. P. Koetschau, *Des Origenus Acht Bucher gegen Celsus*(BKV) Munchen 1926-1927.

이 산상수훈적인 삶과 철저한 제자도를 실천한 삶인 것을 다음과 같이 힘찬 어조로 당당히 증언하고 있다.

"기독교인들은 다른 사람들과 국적이나 언어나 그리고 지키고 있는 습관을 통해서는 구별되지 않는다. 특별한 언어를 사용하지도 않으며, 기상천외한 생활태도를 가진 것도 아니다. 본국인들과 하등의 다를 바가 없으며 우리들에게 훌륭하면서도 솔직한 삶의 방법을 보여 준다. 그들은 자신이 속한 국가에 살지만 단순히 나그네처럼 지낸다. 시민으로서 다른 사람들처럼 모든 면에 참여하면서도 마치 외국인처럼 모든 것을 참고 견딘다. 모든 외국 땅도 이방인의 땅처럼 지낸다. 그들은 공동식사는 하나. 공동으로 잠자리를 같이하지는 않는다. 그들은 육체를 가지고 있으나, 육체의 정욕을 따라서 살지 않는다. 그들은 이 땅에서 삶을 영위하는 하늘의 시민들이다. 그들은 법률의 금지사항을 준수하지만 동시에 생활로써 이 율법들을 능가한다. 그들은 모든 사람을 사랑하면서도 모든 사람들로부터 박해를 받는다. 그들은 알려지지도 않은 채 정죄를 받아서 죽음을 당하지만 생명을 다시 얻는다. 그들은 가난하지만 많은 사람을 부요케 한다. 그들은 모든 것이 부족하지만 모든 것이 넘친다. 그들은 경멸을 당하지만 바로 그 경멸 가운데서 영광을 받는다. 그들은 항상 험담을 들으면서도 옳다고 인정받는다. 그들은 책망을 받으면서도 축복한다. 그들은 모욕을 받으면서도 그 모욕을 영광으로 생각한다. 그들은 선행을 행하면서도 악행자로 처벌받는다. 처벌을 당하면서도 생명을 곧 얻을 것처럼 즐거워한다." [17]

극진한 형제애와 지체의식, 그리고 물질까지 자원해서 나누는 초대 교회

---

17)Justo L. Gonzalez, 이형기 역, 『기독교 사상사 (1)』(서울: 대한예수교장로회 총회출판국, 1988), pp. 146-148.

의 공동체 삶은 예루살렘 공동체에서만 아니라 교부 시대에도 소아시아의 여러 교회에 계속해서 실행되고 있었다. 예루살렘 공동체의 공동체 삶은 성령 강림으로 인한 일시적인 현상이 아니라 콘스탄틴 황제에 의해서 지하교회가 공인되기 전까지 계속 되었다는 사실을 알 수 있다.

현대에 와서도 예루살렘 공동체처럼 100퍼센트 유무상통을 하면서 많은 인원이 함께 공동생활을 하는 기독교 공동체들이 많이 있다. 세계적으로 널리 퍼져있는 후터형제회와 메노나이트 공동체들, 미국의 베다니 공동체 등은 사도행전의 초대 교회의 예루살렘 공동체를 성경적 근거로 해서 이룩된 예이다. 즉 초기 예루살렘의 대규모의 공동체는 박해로 해체되어 다른 형태로 계속 발전했다. 만약 우리들도 철저하게 실천하고자 한다면 성령의 동일한 역사로 예루살렘 공동체와 같은 공동체를 이루는 것은 실제로 가능한 것이다. 그렇다고 해서 모든 교회가 반드시 예루살렘 공동체와 똑같은 교회의 형태를 가져야 한다는 말은 아니다. 코이노니아의 본질은 다양한 형태로 나타날 수 있다.[18] 그러므로 교회사의 공동체 운동을 논할 때 반드시 예루살렘 공동체와 같이 재산을 공유하고 한 장소에서 공동체 생활을 하는 모델과 함께 교회의 본질적인 공동체성이 다양한 형태로 구현되는 경우를 모두 포괄해서 취급해야 한다.

아돌프 하르낙(Adolf Harnack)은 그의 저서 『초기 3세기 동안의 기독교의 선교와 확장』이라는 책에서 "초기 기독교의 확장을 가져온 것은 유대교로부터 전수받은 선교열과 하나님 나라의 임박한 도래에 대한 소망 때문이라고 암시하지만, 사실 초기 기독교가 살아남을 수 있었던 것은 그들의 공동체 삶의 도덕성 때문이었다."라고 말했다. 초대 교회의 공동체의 모습은 어떤 완벽한 제도나 조직의 위력 때문에 성장한 것이 아니었다. 성장의 원

---

18) *ibid.*, pp. 194-195. 현대에 나타난 유무상통 공동체의 예는 김현진, 『세계의 기독교 공동체 탐방』(서울: 전신공연 편집부, 1992)을 참고해 볼 것.

인은 고아, 과부, 나그네, 노예, 가난한 자 등과는 관계없이 '형제 의식' 속에서 형성된 공동체 의식이 그들을 결속시켰고 또한 그러한 삶들이 사랑의 공동체로 표출되었다.[19]

이렇듯 콘스탄틴의 기독교 공인 이전의 3세기 동안에 초기 기독교는 '실제적인 공동체로서의 교회의 형태'를 갖고 있었던 것이다. 이러한 초대 교회의 공동체적인 삶의 양식은 콘스탄티누스 황제의 기독교 공인으로 지하교회가 지상교회로 바뀌면서 교회 내에서 세속적인 기득권을 가진 세력의 득세로 이러한 나눔의 공동체적인 삶이 질시를 받게 되었다. 기독교가 공인되고 난 후부터 성도들의 신앙적 정절이 약화되면서 교회에서 공동체적인 삶의 모습은 차츰 뒷전으로 밀려나 슬그머니 자취를 감추게 되었다. 그후로는 공동체적 삶을 사는 기독교인들이 그렇게 살지 않는 기독교인들보다 오히려 더 이상하게 취급받는 결과를 낳았다.

III. 고대사에 나타난 공동체 운동

1. 기독교의 세속화에 대한 저항

기독교회는 거의 3세기 동안 로마제국의 압박과 박해에 항거하였다. 그러나 교회의 지위와 특권이 점점 향상되면서 교회 예배가 허용되자, 교회는 로마제국에 순응하라는 압박에 더 이상 항거하지 않았다. 기독교는 점점 타협하게 되었고, 사회의 가치들을 자신들의 것으로 받아들였다. 예수님께서 시작하신 천국의 복음과 가치에 따라 그들의 삶과 사명을 철저하게 실천하는 것 대신에, 교회는 점점 주변 사회의 가치들을 수용하게 되었다.

---

19) 심창섭, 「공동체운동의 교회사적 조명」(신학지남, 226호) p.90.

그러나 교회는 세상 속에서 살아남으려고 또 세상과 적절하게 조화되려고 시도했지만 오히려 그 둘을 다 잃고 말았다. 교회의 이러한 세속화에 항거해서 교회의 갱신을 추구하는 단체들이 생겨나게 되었다.

교회는 신약에서 시작된 지 불과 3세기 만에 박해받던 교회에서 박해하는 교회가 된 것이다. 교회의 삶에 있어서 이러한 주목할 만한 변화는 콘스탄틴주의라고 불리는데, 그것은 로마 황제가 기독교를 허용했고 특권을 부여했기 때문이다. 그 결과가 대부분의 기독교인들에 의해 받아들여졌고 콘스탄틴주의는 서구 기독교인에게는 일반적인 사실로 인정되었다. 그러나 교회의 역사를 통해서 볼 때, 지각 있는 소수의 그리스도인들은 콘스탄틴주의를 교회의 타락을 가져오는 앞잡이로 간주하였다. 시간이 흐르면서 교회의 양심은 하나님의 영으로 감동된 무리의 그리스도인들에 의해 도전을 받았다. 여기서는 이들을 모두 언급하지 않고 대표적인 부류만 언급하려고 한다. 그들은 복음서와 신약에 나타난 메시아 공동체를 통하여, 예수님 안에 계시된 하나님의 백성을 향한 하나님의 의도를 분명하고 정확하게 알고 있었다. 이들은 교회로 하여금 진정으로 회개하도록 하고, 또 재림하실 예수님과 1세기의 메시아 공동체 안에 교회의 뿌리를 둘 것을 촉구하였다.[20]

권력과 결탁한 가톨릭 교회에 반(反)하여 하나님의 말씀에 충실하고자 했던 교회들은 그 당시 교회들을 지배하였던 교회 권력에 의해 '분파(sects)' 혹은 '이단'이라는 이름으로 불리었다. 그들은 많은 교회가 세상적인 권력과 야합하던 시대 가운데서도 그때까지 끊이지 않고 이어져 온 성경적 교회의 원형을 지켜 가고 있었다. 이러한 본질적 교회들에 대한 박해가 시작되었는데 그 박해는 로마 제국에 의한 것이 아니라 기독교화된 국가 권력기관과 결탁한 가톨릭 교회에 의한 것이었다.

---

20) 존 드라이브, 차길선 역 『하나님의 공동체를 이루는 사람들』(서울: 무실, 1993), pp. 83-84.

1) 몬타누스주의자들(Montanists)

사도 요한이 밧모섬에서 묵시적 환상을 본 지 60~70년이 채 안 되어 기독교 역사상 '최초의 교회 갱신 운동'이 프리기아 지방에서 일어났다. 성령의 역사를 강조한 '새로운 예언 운동(후에는 몬타니즘이라고 불림)'은 쇄신의 흐름이 교회사에서 처음으로 폭넓게 확산된 것이었으며, 교회의 제도화 경향에 대한 최초의 심각한 도전이기도 했다. 이 '새로운 예언' 운동은 주교-장로-집사로 구성된 교회 지도체제의 경직화에 대한 반발이자, 교회 안에 '직책'이라는 개념이 고정화되어 가는 현상에 대한 반발이었다.[21]

이 운동의 시대적 배경은 기독교의 박해와 시련의 분위기 속에서 태동되었다. 175년경 새 칙령에 의해 아시아 전역에 걸쳐 기독교인들에 대한 체포와 처형이 허가되었다. 이러한 박해의 억압적인 상황은 '새로운 예언' 운동이 일어날 수 있는 분위기를 조성하였다. 170년경 프리기아 지방에 몬타누스(Montanus)와 두 여자 예언자인 막시밀라(Maximilla)와 프리스킬라(Priscilla)가 나타나 성령으로부터 새로운 계시와 거룩한 도성의 임박한 도래에 관한 지식을 받아들일 것을 주장했다. 성령의 역사와 은사에 초점을 맞추어 불붙어 오른 이 운동은 스스로를 '새로운 예언'이라고 불렀다.[22]

이 새로운 운동은 급속히 성장하여, 프리기아를 거쳐 트라스(Thrace)와 고울(Gaul) 지방에까지 확산되었다. 주후 2백 년경에는 로마나 카르타고 같은 로마의 주요 도시에 있는 교회들에게도 엄청난 영향을 미치게 되었다. 북아프리카에서는 '새로운 예언' 운동이 유명한 기독교 변증가인 터툴리안(Tertullian, 주후 165~220)과 연결된다. 그가 주후 206년경 이 새로운 운동을 옹호하고 나섰기 때문이다. 이 운동이 성령에 초점을 맞추고 있으며, 성결과 규율을 강조하기 때문에 "터툴리안은 예수께서 약속하신 성령

---

21) 하워드 스나이더, 명성훈 역, 『교회사를 통하여 본 성령의 표적』(서울: 나단, 1990), p. 19

22) F. L. Cross, E.A. Livingstone 공편, *The Oxford Dictionary of the Christian Church* 제 2판 (London: Oxford University Press, 1974), p. 934.

平

이 드러낼 새롭고도 더 큰 일이란 바로 세속 사회 속의 교회와 그리스도인들에게 좀더 엄격한 규범을 제시하는 것이라고 믿었다."[23]

교회사가 프렌드(W.H.C. Frend)는 "주후 207년 이후, 터툴리안은 성경과 마찬가지로 권위를 지닌 것으로 '새로운 예언' 운동을 언급하기 시작했다. 북아프리카 교회가 순수성을 유지하는 가운데 하나의 공동체로서 존속할 수 있었던 것은 터툴리안 덕분이다."라고 말했다.[24] 터툴리안은 "단지 세 사람뿐이며 그들 모두 평신도라 할지라도 그것 역시 교회이다."라고 말했다.[25]

'새로운 예언' 운동이 배척을 받은 이유 가운데 하나는 그것이 예언과 황홀경에 빠져드는 은사를 강조했기 때문이었다. 분명히 몬타니즘에서는 신비경에 빠져드는 은사와 환상이 나타나곤 했다. 그러나 당시 몬타니즘을 반대하는 입장에 있던 아스테리우스 우르바누스(Asterius Urbanus)라는 주교는 그들의 '신비경 속에서 하는 예언의 부적합성'에 대하여 언급했다.[26] '새로운 예언' 운동에 대한 반대의 물결이 점차 고조되어 주후 230년에는 이코니움(Iconium) 총회가 몬타니즘의 신봉자들에 대해 세례를 부인하는 결정을 내리게 된다. 이는 사실상 그 운동을 출교(黜敎)시킨 것이나 다름없는 조치였다. 하지만 몬타니즘은 공식적인 교회 내부에 팽배하기 시작한 형식주의와 세속성에 대한 반발로써, 주로 비밀 지하 운동으로 지속되었다. 교회사가 프렌드는 "몬타니즘의 출현은 그 당시 결코 놀라운 일이 아니었다. 정통을 주장하는 성직자들만 당황할 뿐이었다."고 말했다.[27]

요한계시록에 나오는 두아디라(Thyatira) 교회는 거의 한 세기 동안이나 완전히 몬타니즘을 따르고 있었고, 몬타니즘이 3백년 이상이나 존속된 지

23) David Wright, "The Montanists", *Lion Handbook of Christian Belief* (Hertfordshire, England: Lion, 1982), p. 428.

24) W. H. C. Frend, *The Rise of Christiany* (Philadelphia: Fortress, 1984), pp. 349-350.

25) E. H. 브로우드벤트, 『순례하는 교회』(서울: 전도출판사, 1990), p. 36.

26) Alexander Robert, James Donaldson 공편, *The Ante-Necene Fathers*(Grand Rapids: Eerdmans, 1976), 7:335.

27) Frend, *Christiany*, p. 255.

역들도 있다.[28)]

데이비드 라이트(David Wright)는 몬타니즘 운동이 "열광적이기는 했으나 결코 이단적인 것은 아니었다. 교회는 그들을 제외시킴으로써 많은 것을 잃었다. 비록 과격성을 띠기는 했으나, 몬타니즘의 신봉자들은 성령께서 처음과 마찬가지로 교회 안에서 역사하고 계시며 '마지막 날'에 대한 더 큰 계시가 그들에게 약속되었다는 확신을 지니고 있었다. 몬타니즘의 신봉자들은 아마도 진지하고도 거룩하며 겸손하고도 절제하는 생활을 하는 사람들이었을 것이다"고 평했다.[29)]

몬타니즘 운동이 거부된 것은 신학적으로 비정통이었기 때문이 아니라 그리스도인들이 공개적으로 추적당하는 상황 속에서 몬타니즘 운동은 순교에 큰 의미를 두었기 때문이었다. 당시의 기존 교회는 순교 행위가 교회의 삶에 파괴적인 영향을 미치는 것으로 여기고 있었다.[30)] 존 웨슬리(John Wesley)는 몬타누스야말로 "당시 지상에서 가장 위대한 사람들 가운데 하나"라고 선언하면서 "몬타누스는 예언자의 성격을 띠고, 교회 안에 하나의 독립된 종파를 이루어 부패한 것들을 쇄신하고 부족한 것들을 일구어 나가기 위해 역사 속에 등장했다."[31)]고 말했다.

'새로운 예언' 운동은 교회 갱신 운동이었다. 몬타니즘 운동은 교회가 세속화되면서 지도자들이 영적 능력보다도 신학적인 지식을 더 중요시하는 데 실망한 많은 신자들이 내주하시는 성령의 충만한 능력을 경험하고자 초대 교회로 돌아가고자 하였던 것이었다. 몬타니즘은 주님의 재림에 대한 강한 희망과 지적 신앙에 대응한 정적 신앙을 강조하는 '성령 운동의 공동

---

28) Henry Chadwick, *The Early Church*(Middlesex, England: Penguin Books, 1976), p. 52.

29) David Wright, "The Montanists", ed. Tim Dowley, *Eerdmans Handbook to the History of Christiany* (Grand Rapids: Eerdmans, 1977), p. 74.

30) Fredrick C. Klawiter, "A Study of Montanism," *Church History 49* (1980년 9월), p. 257.

31) John Wesley, "The Real Character of Montanus", Thomas Jackson 편, *The Works of John Wesley*(London: John Mason, 1831), 11: p. 47.

체'였다. 교회의 제도화에 반대한 터툴리안과 이레니우스는 "이러한 성령 운동을 멈추게 해서는 안 된다."[32]고 하였다.

몬타니즘 운동은 임박한 종말론을 지나치게 강조하고 영적 계시에 대한 과장된 주장으로 신비주의로 정죄된 부정적인 면이 있다. 이 운동의 기조는 교회 갱신과 원래 신앙이 갖고 있었던 능력에 대한 회복의 열망과 교회의 삶이 좀더 나아지기를 바라는 간절한 소망 때문이었다. 오늘날에도 교회가 최초의 순수성과 능력을 상실해 가고 있으며 어떻게 해서든 초대 교회의 생명력을 회복하여야 한다는 인식이 점차 고조되고 있다. 이 운동은 교회의 계급적이며 제도적인 상태에 반발한 평신도들의 운동이었으며 가난한 민중들의 운동이었다. 이 운동은 초대 교회의 예루살렘 공동체의 본을 받아 잘 조직된 '신자들의 공동체'를 형성하여 살았다. 이들은 다른 형태의 지도체제를 갖춘 그들 나름대로의 교회를 조직하였다.[33] 몬타니즘은 교회 갱신을 추구한 '성령 운동의 공동체'였다.

2) 수도주의(Monasticism)

수도주의도 교회가 세속화 조짐을 보이자 신앙의 본질을 유지하기 위한 움직임이었다. 신약 성경의 모범에서 이탈한 신앙과 세속적인 요소가 교회에 침투하였고, 교회는 죄에 대해서 관용하는 태도를 보이기 시작했다. 이러한 기독교의 세속화에 반발하여, 세속화되고 타락한 교회 상황 안에서 세속화된 신자들과 교제할 수 없고 그러한 삶의 환경 속에서는 하나님과 동행할 수 없다고 여긴 많은 이들은 수도 생활에서 그 출구를 찾고자 했다. 큰 도시의 교회들이 수천 명의 세례 지원자들에게 에워싸여 있을 때에 한 편에서는 고독 속에서 복을 찾고자 하였다. 일상적인 삶의 미혹과 유혹으로부터 벗어나기 위해 수도주의 운동이 일어났는데, 그 형태는 초기에 사

---

32) 드라이브, 『하나님의 공동체』, p.85.
33) Wright, "The Montanists", *The Lion Handbook of Christian Belief*, p. 427.

회로부터 구별된 삶과 금욕적인 삶의 방식을 추구한 은둔주의 형태였으나 나중에는 복음적인 철저한 삶과 합리적인 규율을 시행하고자 했던 공동체의 형태로 나아갔다.

수도주의는 교회 안팎에서 모두 그 근원을 찾아볼 수 있다. 교회 안에서는 결혼하지 않은 이들은 주님을 보다 자유롭게 섬길 수 있다는 바울의 말씀에서 그 근거를 찾았다. 이러한 독신주의의 충동은 주의 임박한 재림에 관한 기대로 더욱 강화되기도 하였다.[34] 수도주의의 계속적 발전을 위한 무대를 제공한 것은 사막, 그 중에서도 특히 이집트의 사막이었다. '수도사(monk)'라는 단어는 헬라어로 '고독(solitary)'을 의미하는 모나코스(monachos)에서 유래하였다. 혼자 거주하는 수도사를 의미하게 된 '은자(anchorite)'는 원래 '도망자(fugitive)' 혹은 '피신한 사람(withdrawn)' 등의 의미였다.

① 초기의 은둔 수도자들

폴(Paul of Thebes, ?~340)은 최초의 은자 수도사(은수사)였다. 2세기 중반 아직 청년이던 폴은 박해를 피해 사막으로 갔는데 그는 이곳에서 위조 지폐업자들이 거주하다 버리고 간 은신처를 발견하였다. 그는 그 굴에서 거의 대추만을 먹으며 평생을 기도하는 생활을 했다. 제롬에 의하면 폴은 거의 백년 동안을 이렇게 살았으며 그가 113세 때에 나이 많은 수도사 안토니가 방문하였다.[35]

안토니(Antonius, 250~356)는 나일 강변의 작은 촌락에서 비교적 부유한 가정에서 태어났다. 부모가 죽었을 때 안토니는 아직도 젊었으며 그는 유산만을 가지고도 평생을 먹고 살 수 있었다. 따라서 하는 일 없이 소일하였는데 교회에서 복음서 강해를 듣고 그의 인생을 완전히 바꾸게 되었다.

---

34) 후스토 곤잘레스 저, 서영일 역, 『초대 교회사』(서울: 은성, 1988), p. 219.

35) 이기문, 『기독교 대백과사전』(기독교문사, 1980), 8: p. 535.

그가 들었던 이야기는 젊은 부자 청년의 일화로써 비교적 부유했던 안토니에게는 참으로 충격적인 내용이었다. "네가 온전하고자 할진대 가서 네 소유를 팔아 가난한 자들을 주라 그리하면 하늘에서 보화가 네게 있으리라(마 19:21)" 안토니는 이 명령에 따라 재산을 처분하여 가난한 자들에게 나누어 주었다. 단지 그의 여동생을 위해 약간만을 남겨 두었을 뿐이다. 그러나 그는 후에 내일 일을 걱정하지 말라는 마태복음 6:34의 말씀을 듣게 되었다. 이에 따라 그는 자기 여동생을 위해 예비해 두었던 약간의 재산까지도 처분해 버리고 그녀를 교회에다 맡긴 후 사막을 향해 떠났다.[36]

안토니는 수도 생활시 유혹을 받을 때면 엄격하게 스스로를 채찍질하였고 어떤 때는 한꺼번에 수일씩 금식하였으며 해가 진 후 한 끼만을 먹고 지내기도 하였다. 그는 사람들에 의해 버려진 무덤에서 생활하였다. 성자이며 기적을 행하는 이로 유명해지면서 각종 병자들과 호기심에 찬 방문객들이 그치지 않았다. 안토니는 정기적으로 제자들을 방문하여 수도 생활의 요령과 하나님의 사랑 그리고 명상으로 얻어지는 지혜 등에 관해 강의하기도 하였다. 안토니는 아리우스 논쟁에 관련하여 그들을 공박해 달라는 아타나시우스의 끈질긴 요청에 의해 알렉산드리아를 방문하여 아타나시우스를 지원하였고 그곳 사람들에 의해 '하나님의 사람'으로 추종을 받았다.[37]

당시 이집트에만도 2만여 명의 여성들과 1만 명의 남자들이 은둔 생활을 하고 있었다. 은자의 생활을 찾아 도시를 떠난 이들의 숫자는 수없이 많았다. 이들의 생활은 극도로 소박한 것이었다. 이들 중 일부는 정원을 가꾸기도 하였으나 대부분은 바구니와 멍석을 짜서 이것들을 빵과 기름과 교환하였다. 그 이유는 재료가 될 갈대가 풍부하기도 하였거니와 손으로 이것들을 짜면서 기도하고 시편을 낭송하고 혹은 성경 일부를 암송할 수 있었기 때문이다. 이들의 식량은 대부분 빵이었고, 가끔 채소, 과일, 기름을 섞기도

---

36) 곤잘레스, 『초대 교회사』, p. 223.

37) 이기문, 『기독교 대백과사전』,12: p. 1290.

하였다. 이들의 재산은 최소한의 의복과 깔고 잘 거적뿐 이었다.[38]

이들 중 대부분은 교만의 근원이 될 수도 있는 서적의 소유를 배격하였다. 이들은 기억에만 의존하여 성경 전체, 특히 시편과 신약을 서로 가르쳤다. 또한 이들은 가장 존경받던 은자들로부터 비롯된 지혜의 말씀과 권덕이 되는 일화들을 나누기도 하였다. 이러한 사막 생활은 거대한 도시에 살면서 특권과 권력을 누리던 감독들로 구성된 교회의 계급 조직과는 맞지 않았다. 많은 수도사들은 신부나 감독에 임명되는 것을 가장 큰 악운으로 생각했다.

② 파코미우스와 공동 수도 생활

사막에서 은둔하는 자들의 숫자가 증가하고, 또한 이들 가운데 대부분은 보다 경험 있는 스승들에게서 배우고자 하였으므로 새로운 형태의 수도 생활이 나타나게 되었다. 점차 홀로 거주하는 수도 생활의 모습은 공동 생활의 형태로 변화하게 되었다. 이러한 공동체에서 생활하는 자들도 역시 스스로를 고독하다는 의미의 '수도사들(monks)' 이라 불렀다. 그러나 이는 더 이상 혼자 생활하는 것이 아니라 세속으로부터 분리된 생활을 의미하게 되었다. 이러한 형태의 수도 운동은 흔히 '수도원적(cenobitic)' 이라 불리는데 이는 '공동 생활' 을 의미하는 두 개의 헬라어 단어(koinos와 bios)에서 온 것이다. 이 단어들에서 '공동 수도자' 를 뜻하는 영어 'cenobite' 가 유래하였다. 파코미우스가 세운 수도공동체는 '파코미우스의 코이노니아(koinonia)' 로 불려졌다. 공동 생활의 형태 역시 상황의 압력에 의하여 여러 곳에서 동시에 나타났다. 초기 수도사들의 완전 고독한 생활은 당시 사막을 찾았던 대부분의 신자들에게는 맞지 않았으므로 공동 생활적 수도 운동이 나타나게 된 것이다. 비록 그 창시자는 아니라 할지라도 파코미우스는 그 형태를 결정적으로 완성시킨 인물이다.[39]

38) 곤잘레스, 『초대 교회사』, pp. 225-226
39) ibid., p. 228.

파코미우스(Pachomius, 286~346)는 남부 이집트의 조그마한 촌락에서 태어났다. 그의 부모는 모두 이교도들이었으므로 집을 떠나 군대에 들어가기 전까지는 기독교에 관해 거의 몰랐다. 군대에서 기독교 신자들의 모습에 감명을 받아 그는 교회를 찾아가 기독교 교훈을 받고 세례를 요청하였다. 수년 후 그는 사막을 찾아 어떤 늙은 은자를 스승으로 삼았다. 파코미우스는 7년 동안 이 은자와 함께 생활하였다. 그는 자기의 동생 존과 합류, 두 형제는 함께 기도와 명상에 전념하였다. 그는 동생의 도움으로 여러 사람들이 함께 살기에 충분한 울타리를 짓고 새로운 공동체의 구성원들을 모으기 시작하였다. 파코미우스는 이들에게 자기가 기도와 명상을 통해 배운 것과 아울러 서로를 돕는 공동 생활을 가르치고자 하였다.[40]

처음부터 그는 누구든지 자기의 공동체에 가입하고자 하는 인물은 전 재산을 완전히 포기하고 상사에게 절대 복종할 것을 서약받았다. 그뿐 아니라 구성원들은 모두 육체 노동을 해야 했으며 그 어떤 사역도 거부할 수 없었다. 기본 규칙은 상호 봉사로써, 비록 명령하는 위치에 있는 자라도, 절대 복종의 서약에도 불구하고 하급자들을 섬긴다는 것이었다. 이러한 기반 위에 창설한 파코미우스의 공동체는 급격히 성장하였다. 그의 생존시에 이미 수백 명의 수도사들이 속한 9개의 공동체들이 생겨났다. 한편 파코미우스의 여동생 마리아(Maria)도 여성들을 위해 이와 비슷한 공동체를 창설하였다.[41]

이들 수도원들은 입구가 하나밖에 없고 그 속에는 몇 개의 건물들이 있었다. 이 가운데 교회, 창고, 식당, 회의실 등은 전체 구성원들이 공동 사용하였다. 나머지는 기숙사로 수도사의 임무에 따라 배치되었다. 이에 따라 필요한 자들에게 식사를 제공하거나 혹은 수도원에 가입하기를 원하는 자들을 훈련시키는 사찰들을 위한 건물이 있었으며, 또한 각 건물별로 빵 굽는 이들, 목수들, 농부들이 배치되었다. 각 건물에는 공동으로 사용하는 방과

---

40) *ibid.*, p. 229.
41) *ibid.*, p. 230.

두 명의 수도사들이 함께 사용하는 침실이 있었다.[42]

파코미우스 수도사들의 일상 생활은 노동과 예배로 구성되었는데, 파코미우스는 가장 힘든 일을 직접 수행함으로써 다른 이들의 모범이 되었다. 경건 생활의 이상으로는 "쉬지 말고 기도하라"는 바울의 명령을 채택하였다. 이에 따라 빵을 굽는 이들이나 농부들을 막론하고 작업 중에도 시편을 노래하고 성경 구절을 암송하였으며, 소리를 내어 혹은 침묵으로 계속 기도하였다. 하루에 두 번씩은 공동 기도 시간이 있었다. 아침에는 전체 수도사들이 함께 모여 기도하고, 찬송하고, 성경 봉독을 경청하였다. 저녁에는 보다 작은 소그룹으로 자기들의 숙소에서 공동으로 사용하는 방에 모여 비슷한 예배를 드렸다.[43]

파코미우스 공동체들의 경제 생활은 서로 그 모습이 달랐다. 비록 모든 재산을 공유하고 모두가 가난하게 살았으나 파코미우스는 일부 은자들처럼 극단적 빈곤을 강요하지는 않았다. 빵, 채소, 과일 그리고 생선을 먹었는데 고기는 일체 금지하였다. 수도사들이 생산한 작물들은 가까운 시장에서 매매하였다. 이는 단지 식량과 기타 일용품을 구입하기 위해서가 아니라 이곳을 방문하는 극빈자들과 나그네들을 돌보기 위해서였다. 각 소수도원마다 행정 감독자와 그 부관이 있어서 정기적으로 파코미우스가 살던 중앙 수도원의 행정 책임자에게 보고하였다. 모든 수도사들은 절대적으로 상사에게 복종해야 했으므로 계급제도는 명백하게 정의되어 있었다. 각 숙사에는 사감이 있었으며, 이 사감은 다시 각 수도원의 지도자와 부지도자에게 복종하였다. 또한 이들 수도원들의 지도자들 위에는 파코미우스와 '원장들(abbots)', 혹은 '대원장(archimandrits)'이라 불리던 파코미우스나 그의 후계자들이 위치하였다.[44]

파코미우스는 남부 이집트에 은자 수도처가 아니라 강력한 수도 공동체

---

42) *ibid*.

43) *ibid*.,

44) *ibid*. p. 230-231.

를 형성하였고, 극단적 금욕 훈련이 아니라 합리적 공동 생활의 수도 공동
체를 형성함으로써 동서방에 수도 공동체를 퍼뜨리는 공헌을 하였다. 당시
수도주의의 문제점은 이원론적 신비주의의 분위기와 제도적인 교회 갱신
에 소극적이었다는 점이다. 그러나 이러한 수도 운동은 초대 교회 이후 유
약해진 교회 내에 새로운 헌신과 열정의 모습을 불어넣어 주었다.

③ 수도 운동의 확장

4세기경 이집트는 수도 운동이 가장 활발했던 지역이었다. 여러 지역에
서 헌신적이고 경건한 인물들이 이집트를 찾았다. 일부는 거기에 계속 잔
류하였으며, 나머지는 사막에서 배운 이상과 생활을 가지고 고국으로 돌아
갔다. 이러한 수도 운동의 이상을 확장시키는 데 가장 큰 공헌을 했던 것은
수도 운동의 모습 속에서 교회에 공헌할 수 있는 장점과 가치를 발견하였
던 일단의 감독들과 신학자들이었다. 그리하여 비록 초기 이집트 수도 운
동은 교회의 계급 제도와는 별개로 교회 밖에서 복음의 본질을 찾고자 하
는 운동이었으나, 이러한 수도 운동은 기성 교회 내에 있던 지도적인 성직
자들에게 영향을 주어 교회를 갱신시키는 상당한 역할을 하게 되었다.

2. 기존 교회 내에서의 수도 공동체의 확산

1) 아타나시우스

아타나시우스(Athanacius)는 『성 안토니의 생애(The Life of Saint
Anthony)』를 저술하는 외에도 자주 사막의 수도사들을 방문하였으며, 한
때 황실의 박해를 받게 되자 이를 피해 그들 가운데 거주하였다. 비록 스스
로는 수도사가 아닌 감독이었으나 그는 수도 운동의 이상에 따른 규율과
헌신과 희생을 자기 생활의 규범으로 삼았다. 그는 서방으로 유배당했을
때에 이집트 사막에서 발생하고 있는 현상을 라틴어 사용권 교회에 알려
주었다.[45]

2) 제롬

제롬(Jerom, 347~420)은 『은자 폴의 생애(Life of Paul the Hermit)』를 집필하는 외에도 파코미우스의 『규율집(Rules)』을 라틴어로 번역하였고, 스스로 수도사가 되었다. 물론 그는 예외적으로 깊은 학식을 소유한 인물이었다. 제롬은 당시 기독교인들로부터 큰 존경을 받고 많은 영향을 미치고 있었으므로 그의 작품들과 모범은 서방 교회에 중대한 영향을 미쳤으며, 이에 따라 서방 교회는 수도주의의 정신에 보다 흥미를 갖게 되었다. 제롬과 아타나시우스는 폴과 안토니에 관한 전기를 남겼다.[46]

3) 대바실

대바실(Basil the Great)로 알려진 가이사랴의 바실(Basil of Caesarea, 330~370)은 그가 관여하였던 격렬한 신학적 논쟁들 가운데서도 가난한 자들을 돌보고 스스로의 경건을 훈련하였던 수도원들을 창설하였다. 그는 수도사들의 여러 가지 질문들에 응답하기 위한 논문들을 작성하였는데, 이들은 원래 수도원을 위한 규율로 저술된 것은 아니었지만 결국 그러한 용도로 이용되고 사용되었다.[47]

4) 아우구티누스

힙포의 위대한 감독 아우구티누스(St. Augutinus, 354~430)는 아타나시우스의 『성 안토니의 생애』를 읽은 것이 회심하는 동기가 되었다. 그리하여 그는 교회에서 보다 적극적인 역할을 담당할 때까지 수도사로서 살았다. 그는 감독이 된 후에도 동역자들을 조직하여 준수도원적 공동체(semimonastic community)를 구성함으로써 그 후 『어거스틴의 규율집(Augustinian

---

45) *ibid.*, p. 233.
46) *ibid.*, pp. 233-234.
47) *ibid.*, p. 234.

canons)』이라 불린 규칙들을 이루게 되는 영감을 제공하였다.[48]

5) 마틴

투르의 마틴(Martin of Tours, 335~?)은 수도원적 이상을 일반화시키는 데 가장 뛰어난 모범을 제공하였다. 설피티우스 세베루스(Sulpitius Severus)가 저술한 『성 마틴의 생애(Life of Saint Martin)』는 수세기에 걸쳐 서유럽에서 가장 널리 읽혀진 책이었으며, 서방 교회 수도원의 모습을 결정짓는 가장 중요한 영향력들 가운데 하나였다. 마틴은 A.D. 335년경 현재의 헝가리인 판노니아(Pannonia) 지방에서 탄생하였다. 그의 아버지는 이교도로서 군인이었으며 마틴은 어릴 때 제국의 여러 곳을 전전하면서 살았다. 북부 이탈리아의 파비아(Pavia) 시가 가장 큰 영향을 미친 거주지였다.

그는 아직 어린 시절 부모님의 뜻을 거역하고 기독교로 개종할 것을 결심하였다. 그리하여 그의 이름이 카테쿠맨들(세례 입문자) 속에 들어가게 되었다. 마틴은 당시 성자로 알려졌던 포이티에르(Poitiers)의 감독 힐라리(Hilary)를 방문하고 가까운 친구가 되었다. 마틴은 여러 가지 임무를 띠고 제국의 방방곡곡을 돌아다니다가 결국 포이티에르 근처 투르(Tours)시 외곽에 자리잡게 되었다. 그는 이곳에서 수도사의 생활에 전념하였고 그의 이름은 성인으로서 널리 알려지게 되었다.

마틴이 한 번은 아미엔시로 들어가면서 그 입구에 선 헐벗고 병든 거지를 만났다. 돈이 없었던 마틴은 자기의 외투를 벗어 반으로 잘라 그 한쪽을 거지에게 주었다. 마틴은 그 후 꿈 속에서 바로 그 군용 외투 반쪽을 걸친 예수님을 만나게 되었고 예수님은 그 때 그에게 "가장 작은 자들에게 베푼 것이 곧 나에게 베푼 것이다."라고 말씀하셨다고 한다. 그 후 이 사건은 너무나 유명해져서 마틴의 나머지 외투 자락이 한 조그만 교회에 걸려 있게 되었다. 라틴어로 천 혹은 외투 자락을 가리키는 단어는 '카펠라(capella)'

---

48) *ibid.*

인데, 이 카펠라라는 단어에서 '작은 교회'를 의미하는 '채플(chapel)'이라는 단어가 유래하였다. 이것은 참된 교회와 진정한 영성이란 어떠해야하는 가를 잘 보여 주는 실례이다.

늘 더럽고 누추한 의복에 초라한 생활을 하였던 마틴은 나중에 투르의감독으로 선출되었다. 감독이 된 후에도 그는 자기의 생활태도를 바꾸지않고 성당 옆에 조그마한 독방을 짓고 그의 자유 시간을 수도 생활에 헌신하였다. 마틴이 사망하자 많은 이들은 그가 성자였다고 확신하였다. 그의명성과 모범으로 인하여 많은 이들은 진정한 감독이라면 바로 그와 같아야한다고 확신하였다.[49]

애초에 감독들의 세속성과 사치에 대한 저항으로 발생하였던 수도주의운동은 결국 성직제도가 추구해야 하는 이상이 되었다. 수도 운동 자체의성격이 변화하게 되었다. 진정한 감독은 가능한 한 수도주의적 이상에 가까워야 한다고 생각되었다. 제도권 교회의 감독들과 신학자들이 도시에서도 수도적인 생활을 함으로써 균형잡힌 신앙을 추구할 수 있게 해주었다. "은둔자는 돌아오기 위해 사막으로 간다"는 말처럼 처음에 이 운동에 뛰어들었던 인물들은 자기 자신의 구원을 찾기 위해 사막으로 피신했지만 세월이 흐름에 따라 수도주의 운동은 교회의 갱신, 구제와 선교를 담당하는 도구가 되었다.

이처럼 초기의 수도 공동체 운동은 당시에 일기 시작했던 기독교의 세속화 조짐에 대항하여 교회 밖에서 쇄신의 역사를 일으켰고, 결국 기성 교회지도자들에게 영향을 주어 교회 갱신의 일익을 감당하게 되었다.

---

49) *ibid.*, pp. 234-235.

IV. 중세사에 나타난 공동체 운동

1. 베네딕트 수도원(Benedictine Monasticism)

서방 수도원주의는 동방처럼 고독한 은둔 생활을 그다지 이상적인 것으로 여기지 않았다. 베네딕트는 A.D. 480년경 누루시아라는 조그마한 이탈리아 촌락에서 태어났다. 그는 오스트로고트 족의 지배 아래서 성장하였으며 20세 가량 되었을 때에 은자(隱者)가 되기로 결심하고 동굴 속에서 살기 시작하였다. 그리하여 그는 육체의 유혹을 극복하기 위한 극단적 금욕 생활을 시작하였다. 얼마 후 그의 명성이 높아지기 시작했으며, 이에 따라 이집트에서의 존경받는 수도사들의 경우처럼 주위에 제자들이 모여들기 시작하였다. 그리하여 그의 수도 생활을 위한 장소가 좁아지게 되자 베네딕트는 그를 중심으로 한 작은 공동체를 몬테 카시노(Monte Cassino)로 이전하였다. 베네딕트와 그의 추종자들은 이교도들이 숭앙하던 나무들을 잘라버리고 이교도들의 제단을 뒤엎은 후 바로 이곳에 수도원의 기초를 닦기 시작하였다. 그 후 얼마 안 되어 그의 자매 스콜라스티카(Scholastica)도 그 근처에 여인들을 위해 비슷한 공동체를 설립하였다.[50]

베네딕트의 위대성은 무엇보다도 그가 공동체를 위해 작성하였던 『규율집(Rules)』에 있다. 이 문서는 비록 단순하고 소박하지만 그 후 수세기에 걸쳐 서방 교회 수도원 운동의 기본적 모습을 결정하게 된다. 베네딕트의 『규율집』은 극단적 금욕주의 대신에, 비록 엄격하기는 하지만 정도에 지나치지 않는 질서와 규범을 통한 지혜로운 수도 생활을 추구하고 있다. 그리하여 사막에 살던 많은 수도사들이 단지 빵, 소금 그리고 물만을 취했는데 반해 베네딕트는 자기의 수도사들이 하루에 두 끼씩 올바른 식사를 하도록

---

50) 후스토 곤잘레스, 서영일 역, 『중세 교회사』(서울: 은성, 1988), pp. 25-26.

했으며 이러한 식단에는 두 가지 이상의 조리된 음식물을 공급하였다. 또한 계절에 따라 싱싱한 과일들과 채소들도 공급하였다. 또한 수도사들은 매일 적당한 양의 포도주를 공급받았다. 뿐만 아니라 수도사들은 침대와 요와 베개를 소유하게 되었다. 물론 이러한 물건들은 경제적으로 여유가 있을 때에만 공급되었으며 물자가 부족할 때에는 손에 닿는 것만을 가지고 생활해야 했다.[51]

베네딕트는 수도 생활에 있어서 두 가지 요소를 가장 중요시하였다. 그것은 영구 거주(permanence)와 순종(obedience)이었다. 전자는 곧 수도사들이 자기들 마음대로 수도원을 옮길 수 없는 것을 의미하였다. 각 수도사들은 다른 곳으로 이전 명령을 받지 않는 한 처음 가입한 수도원에서 종신해야 했다. 이러한 베네딕트파 수도사들의 영속적 거주는 사회의 혼란기에도 수도원 제도를 안정시키는 데 큰 역할을 담당하였다. 베네딕트의 『규율집』은 또한 모든 수도사들에게 육체 노동을 요구한다. 질병이라든가 혹은 특별한 재능 등의 예외적 경우들을 제외하고는 모든 이들이 순번제로 모든 노동에 참여해야 한다. 베네딕트는 수도 생활의 핵심을 기도라고 생각하였다. 매일 개인들의 기도를 위한 시간들이 배정되었다. 수도사들은 낮에 일곱 번 그리고 밤중에 한 번, 모두 여덟 번씩 모여 예배를 드렸다.[52]

수도원들은 또한 학문의 중심지가 되어, 수도사가 되는 훈련을 받기 위해 이곳에 맡겨진 많은 어린이들을 가르치게 되었다. 수도원들은 또한 병원들이나 약국 혹은 여로(旅路)에 지친 나그네들을 위한 여관의 기능도 담당하였다. 수도원들은 또한 경제적으로도 큰 영향을 미쳤다. 왜냐하면 많은 수도원들은 수도사들의 노동에 의해 경작된 토지들 위에 설립되었기 때문이다. 이리하여 유럽의 농경지 면적이 급격히 증가하게 되었다. 베네딕트 수도회의 규율과 거기서 비롯된 많은 것들은, 들판에서 손으로 일하는

---

51) *ibid.*, pp. 26-27.

52) *ibid.*, pp. 27-29.

것을 포함한 노동에 대해 신성한 가치를 부여하는 데 도움을 주었다. 이것
은 사회 속에 팽배했던 확신 즉 수공업(手工業)은 천하다고 여기는 귀족들
의 확신과 놀랄 만한 대조를 이루었다. 그러한 확신은 또한 당시의 중상류
층을 이루었던 기사들과, 수도원 출신이 아닌 성직자들의 태도이기도 했
다. 부유한 계층에서는 육체 노동을 천한 것이라 멸시하였던 사회 속에서
수도원은 가장 뛰어난 지성과 영적 작업이 고단한 육체 노동과 종합될 수
있음을 보여 주었다.[53] 교황청의 지원 아래 베네딕트의 규율은 서방 교회
전체에 전파되었다.

2. 수도원 개혁 운동

그레고리 1세 이후 수도원이 교황에 의해 제도 교회 내로 편입되면서 수
도원의 부패가 시작되었다. 제도 교회가 수도원에게 토지를 하사함으로써
노동은 불필요하게 되어 기도 생활만 하게 되었다. 수도원은 청빈과 가혹
한 자기 부정에서 시작했으나 많은 교인들이 성인들을 숭모하여 헌금하게
되었고, 부와 권력을 축적한 수도원은 극기와 단련을 게을리하여 세속적
타락의 길로 치닫게 되었다.

10세기에 들어서 수도원은 자체 개혁이 필요했다. 교황청과 감독자들이
개인적 출세와 영달의 도구로 화하였던 것처럼, 거대한 사원들도 같은 운명
을 면치 못하였다. 어떤 자들은 돈을 지불하고 혹은 전임자를 살해하고 수
도원장직을 차지하였으며, 그 후에는 사원의 수입을 사유화하였다. 베네딕
트의 '규율' 은 제대로 지켜지지 않았으며, 진정한 수도 생활을 마음 속으로
부터 추구하였던 이들은 무언가 급격한 변화를 간절히 바라게 되었다.[54]

아퀴테인의 공작 윌리엄 3세(Duke William Ⅲ of Aquitaine)는 소규모의

53) *ibid.*

54) 곤잘레스, 『중세 교회사』, p. 92.

수도원을 창설하였다. 윌리엄은 수도원 개혁을 위한 인물로 베르노(Berno)를 수도원장으로 초빙하였다. 베르노의 요청에 따라 윌리엄은 자기가 가장 아끼던 사냥터 끌루니(Cluny)를 수도원 부지로 제공하였다. 베르노는 926년까지 끌루니를 지도하였다. 그의 사망 후 일련의 유능하고 이상을 지닌 원장들이 계속 나타남으로써 끌루니는 위대한 개혁 운동의 중심지가 되었다. 이례적인 능력과 헌신을 구비하였던 6명의 원장들이 거의 2백년 동안을 통치하였다. 이들의 지도 아래 수도원 개혁의 물결은 널리 퍼져 갔다.[55]

처음에 끌루니 수도사들이 추구하였던 바는 단지 베네딕트의 '규율'을 온전히 따르는 것에 불과하였다. 그러나 곧 그들의 시계(視界)가 확장되었고 끌루니 수도원장들은 베르노의 모범을 따라 다른 수도원들에 대한 개혁을 시도하였다. 이에 따라 '제2 끌루니(the Second Cluny)'들로 구성된 조직망이 나타나게 되었다. 그런데 세월의 흐름에 따라 각종 의식들이 점차 더 복잡해졌으므로, 끌루니인들은 자기들의 모든 시간을 경건에만 바치게 되고, 그 결과 베네딕트가 그토록 중요시하였던 육체 노동을 등한시하게 되었다. 이러한 모습은 수도사들의 본분은 하나님께 기도하고 찬양을 드리는 것이며, 논밭에서의 노동으로 손발에 흙이 묻지 않으면 이를 좀더 순수하게 진행할 수 있다는 이론으로 정당화되었다.[56]

그 전성기에 있어서 끌루니인들의 개혁 의지는 진지했었다. 이들은 수백 개의 수도원 개혁이 어느 정도 진척되자, 이번에는 전체 교회의 개혁에 눈을 돌렸다. 당시는 교황제 역사에 있어서 가장 어두운 암흑기였다. 교황들은 타의에 의해 단기간 내에 교체되었으며, 교황들과 감독들은 다른 영주들과 마찬가지로 갖가지 음모와 권력 투쟁에 연관되어 있었다. 이러한 상황 속에서 끌루니 수도원식의 수도주의적 이상은 개혁의 희망을 가져다 주었다. 끌루니 수도원에 속하지 않았던 많은 인사들도 수도주의적 모범에

55) *ibid.*, p. 93.
56) *ibid.*, pp. 94-95.

따른 교회의 전반적 개혁이라는 목표 아래 연합하였다. 끌루니가 일체의
세속 권력으로부터 독립하였기에 그 위대한 과업을 수행할 수 있었으므로,
이들 교회 개혁가들은 교회 지도자들이 국왕들이나 귀족들을 비롯한 일체
의 세속 권력으로부터 독립하기를 원하였다.[57]

그러나 빈곤의 문제에 있어서는, 끌루니파 수도원 운동과 이로부터 영감
을 받아 시작되었던 일반적 개혁 운동 모두가 애매한 태도를 취하였다. 장
래 영혼의 구원을 보장받고자 하였던 신자들이 막대한 선물과 유산을 계속
제공함으로써 수도원의 재산은 끊임없이 증가하였다. 재산이 너무나 많이
불어났기 때문에 이에 속한 모든 수도사들과 수녀들이 일체의 육체 노동을
하지 않은 채 모든 시간을 오로지 경건회(the Divine Office)에 바칠 수 있
을 정도였다. 실질적으로 재산은 교회 개혁의 방해물이었다. 왜냐하면 이
로 인해 성직 매매가 자행되었으며, 감독들과 수도원장들은 세속 영주의
권리를 지니고 있었기 때문에 항상 정치적 음모에 관여하게 되었던 것이
다. 결국 축적된 거대한 재산이 끌루니 개혁 운동이 실패하는 가장 결정적
이유들 가운데 하나가 되었다. 보다 빈곤을 강조하는 새로운 개혁 운동들
이 끌루니 수도원을 대체하게 되었다. 마찬가지로 11세기 교회 개혁이 실
패했던 가장 큰 이유 가운데 하나도 교회의 재산이었다. 이 때문에 교회는
유력한 자들의 음모에 대적하여 가난하고 압박받는 자들의 편에 설 수 없
었던 것이다.[58]

유약해진 끌루니의 모습에 불만을 품은 인사들은 또 다른 운동들을 일으
켰다. 수도원 개혁 운동의 그 다음 주자는 11세기 말 몰레스메의 로버트
(Robert of Molesme)가 창설한 시토(Citeaux) 수도원이라 할 수 있겠다. 이
러한 시스터시안 운동을 대표하는 위대한 인물은 끌레르보의 버나드
(Bernard of Clairvaux)였다. 시토회에 거주하는 수도사들의 숫자가 너무

57) *ibid.*, p. 96.
58) *ibid.*, pp. 96-97.

많아지자, 그는 끌레르보에 새로운 공동체를 설립하였고, 이 공동체 역시 급성장하여 곧 개혁의 중심지가 되었다.[59]

3. 탁발 수도회

탁발 수도회는 'friar'로 불리는데 이는 라틴어 'frater'에서 나온 형제 (brother)라는 뜻이다. 그래서 탁발 수도회를 '작은 형제회'라고도 한다. 또한 이들은 절대적 청빈을 지키기 위하여 음식마저 빌어먹기 때문에 탁발 수도사(mendicant)라고 한다. 'friar'는 mendicant의 일원으로, 일정한 집 (수도원)에서 수련하는 사람과 달리 정주하지 않고 몇 년마다 자리를 옮기면서 설교하고 전도하는 수도사였다.

1) 프란체스코 수도회

1182년 이탈리아 아씨시에서 태어난 프란체스코(Francisco)는 부유한 상인계급 출신이었다. 그는 고등교육을 받았고 아버지의 옷감 장사를 도우며 성장했고 허영과 교만으로 가득찼었다. 그는 기사의 영광을 추구하여 1202년 뻬루지아 전투에 참가하였으나 실패하고 1204년 아뿔리아 전투에 참가하러 가던 중에 그리스도의 음성을 듣고 회개하면서, 옛 생활을 벗어버리고 아씨시 근교에 있는 나환자 병원에서 봉사하게 된다. 1205년 말 기도하던 중에 "가서 나의 교회를 고쳐라."는 주님의 음성을 들은 프란체스코는 이 영적 체험을 통하여 가난의 생활을 실천하였고 자신의 전 재산을 가난한 이들에게 나누어 주었다.

그는 가난과 설교를 연결할 수 있는 가능성을 발견하였다. 자기가 처할 곳이 아무도 찾지 않는 조용한 고독의 장소가 아니라, 사람들이 많이 사는 시중(市中)으로 들어가 이들을 교훈하고 가난한 자와 병자들을 도와야 한

---

59) *ibid.*, pp. 97-98.

다는 것을 깨달았던 것이다. 이제 그의 자발적인 빈곤은 단지 스스로를 위
한 극기의 방법뿐만이 아니라 주위 상황에 의해 어쩔 수 없이 가난하게 된
자들과의 동일성을 통한 연결을 이룩하는 수단이 되었다.[60]

당시 교회와 국가가 지나치게 동일시되어 교황과 주교들이 종교 지도자
라기보다는 권력의 핵으로 자리잡고 있을 때, 프란체스코는 하나님을 만남
으로써 교회를 재건하고 복음 자체가 지니는 진리의 증인이 되고자했다. 그
는 자발적으로 가난해짐으로써 그리스도의 가난의 이상을 닮으려고 했으
며, 재산과 부요, 물질 소유를 하나님과의 일치의 장애물로 보았다. 인격이
재산보다 중요하고 사람들이 물건보다 중요하며 그리스도인들이 검소하게
살아야 할 것을 강조하였다. 그는 자신의 형제회를 '작은 형제들' 이라 불렀
다. 이 '작음' 이란 말은 가난하고 무력하며 침묵을 지켜야 하는 소수 그룹
을 말하며, 권력과 특권과 지위에 대한 추구를 단절한다는 의미이다. 가난
하고 무력하며 무방비 상태에 있는 가난한 자들에게 하나님의 나라가 그들
의 것이기에 복되다고 그리스도께서 말씀하신 것처럼 되고자 했다.

프란체스코는 청빈한 생활을 하기 위한 공동체를 형성하였다. 그는 공동
체 형제들에게 "모든 것을 팔아 가난한 사람에게 주게 할 것이다."라는 기
준을 정했고[61] 프란체스코의 첫제자인 베르나르도는 있던 모든 재산을 다
팔아 가난한 사람과 과부, 고아, 병원, 기존 수도원에 모두 주었다. 그리고
나서 공동체 생활을 시작하였다. 프란체스코는 당시 교황 인노센트 3세로
부터 그의 새로운 수도회(Friars Minor), 즉 '작은 형제들의 수도회' 설립을
허락받았다. 이들 작은 형제회는 공동체 생활을 하면서도 노동과 사랑으로
가난한 사람들과 병자들을 돌보았다. 가난하고 작은 자로 구성된 형제적
공동체의 기본 성격은 다음과 같다.[62]

60) *ibid.*, pp.133-134.

61) Lazaro Iriarte, *The Franciscan Calling*, trans. by sister Carole Marie Kelly(Chicago: Franciscan Herold press, 1970), p. 133.

62) *ibid.*, pp. 134-176.

① 그리스도를 형제적 공동체의 중심으로 삼았다. 프란체스코는 그리스도 안에서 모든 사람들이 형제인 것을 발견했기 때문이다.

② 말씀을 형제적 공동체의 생명으로 삼았다. 형제적 공동체는 '영'과 '생명' 이신 하나님의 말씀으로 양육된다.

③ 기도는 형제적 공동체의 양식이었다. 기도는 형제적 공동체의 첫째 요소이다. 초창기 때부터 형제들은 함께 모여서 공동 기도를 드렸다.

④ 복음적 사랑은 형제적 공동체의 기초였다. 가난은 형제들의 마음을 일치하게 했고 사랑의 일치는 궁핍의 어려움을 이기게 했다. 그리고 포옹, 애정의 표시, 웃음 등으로 표현된 형제간의 평화스럽고 친절한 분위기였다.

⑤ 서로를 받아들였다. 이들은 형제들의 성격, 나이, 학력, 취미가 각기 달랐음에도 불구하고 각 형제들의 장점만 보는 방법으로 서로 받아들이고 기쁘게 생활할 수 있었다.

⑥ 평등을 기초로 하였다. 당시 사회 상황으로는 평등한 공동체를 세우기가 어려웠다. 이에 반해서 작은 형제들의 공동체는 평등한 세상이 되길 바랐다. 프란체스코의 간절한 소원은 성령께서 살도록 모은 형제들 간에 일치의 유대를 보존하는 것이었다. 그는 신분이 높은 형제와 낮은 형제가 한데 어울리는 것을 바랐고 지혜 있는 형제와 단순한 형제가 사랑으로 결합되길 바랐다.

⑦ 형제들 상호간에 개방하고 나누었다. 공동체 형제들은 신뢰심을 가지고 필요한 것을 서로간에 드러내어 나누었다. 가난으로 인해 형제들이 만나게 되는 어려움을 깊은 형제애로 보충해야 하고 채워야 했다.

⑧ 희생적인 사랑을 실천하였다. 프란체스코는 형제적 공동체를 한 가족같이 보고 그 가족 안에서 형제들간의 사랑이 일반 사람들보다 더욱 강하고 헌신적이기를 원하였다. 자식을 위한 어머니의 사랑보다 더 크기를 바랐다.

이러한 공동체 생활 모습은 초대 교회 공동체와 다를 바 없는 것이었다. 단지 차이가 있다면 프란체스코의 작은 형제회는 자신들이 가난하기 위한 것이었으므로 공동 재산을 소유하지 않았다는 점이다. 프란체스코는 자기의 수도회가 번영하게 될 때에 직면해야 할 여러 유혹들을 너무나도 잘 깨닫고 있었기 때문에 제자들이 일체의 재산을 소유하는 것을 금하였다. 그리고 교황이나 혹은 그 누구에게라도 자기들의 기존 규칙을 보다 완화시켜 줄 것을 요청하는 것도 금지하는 지시를 내렸었다.[63]

프란체스코의 '탁발 수도회'는 이전의 수도사와 달리 수도원의 울타리 안에서 전도하는 것이 아니라 시대의 요청에 따라 따라 "세상으로 나아가는 것'이라고 깨달았다. 그래서 프란체스코는 1208년부터 걸식 생활의 양식으로 대중 설교를 시작하였으며 자신이 사는 지역 근방에서부터 전도 여행을 시작하였다. 그 결과로 제자들이 모여들자 둘씩 짝지어 마치 예수님과 그 제자들처럼 전도 여행을 하였다. 그후 1217년에는 이탈리아 이외의 유럽 지역과 해외 선교를 결정하고 선교 활동을 하였다. 1219년에는 이집트에 선교 여행을 가서 술탄에게 복음을 전하고 성지순례를 하면서 성지에 형제회를 조직하였다.[64]

프란체스코 수도회는 명성에만 치중하고 재산 문제로 부패했던 당시의 수도원과는 달리 절대적 청빈을 이루기 위해서 탁발의 형태를 가졌고 민중 속에 뛰어들어 직접 설교와 전도, 구제, 봉사 활동에 힘썼다. 무소유, 공동체 생활, 선교의 특징을 지닌 프란체스코 수도회는 기독교 본연의 빛을 잃어버린 당시의 교회와 사회 속에서 철저한 제자도를 일반 생활 속에서 구축하여 기독교의 본질을 나타내 준 12세기의 '제자 공동체'였다.

---

63) 곤잘레스, pp. 134-135.

64) Lazaro Iriarte, pp. 210-211

2) 도미니크 수도회

당시 또 하나의 주요한 탁발 수도회인 도미니크 수도회는 성 도미니크 구르만(Saint Dominic Guzman)에 의해 1216년에 창립되었다. 그는 당시 남부 프랑스에서 번창하던 알비파를 보고 큰 충격을 받았다. 도미니크는 알비파가 큰 영향력을 미칠 수 있었던 이유 중에 하나가 그들은 금욕적인 생활을 했던 반면에, 당시 정통 고위 성직자들과 사제들은 편안한 생활을 했기 때문이라는 사실을 알았다. 그는 정통 신앙의 설교와 교훈을 시작하는 동시에 검소하고 엄격한 수도 생활과, 이단에 대항한 최선의 이론들을 사용할 수 있도록 열성있는 학문의 탐구를 첨가시켰다. 이들은 또한 가난과 탁발의 규칙을 채용하였는데, 공식 명칭이 설교자들의 수도회(Order of Preachers)였던 도미니크회 수도사들은 처음부터 학문의 탐구를 특히 강조하였다.

도미니크회 수도사들은 이단들에 대항하기 위하여 뛰어난 학문을 갖출 필요가 있었으므로 수도사들을 매우 지적으로 훈련시켰다. 이 때문에 그들 중에서 뛰어난 신학자들이 배출되기 시작하였다. 도미니크회는 처음부터 가난한 삶을 통해 사회에 영향력을 미치고 그러한 삶으로써 이단들에 대항하려고 했다. 이들은 프란체스코 수도회와 마찬가지로 대중에게 직접 나아가 설교와 전도를 했으며 교육의 기능도 담당하였다. 도미니크 수도회는 프란체스코 수도회와 마찬가지로 탁발 생활과 그들의 전문적인 학문탐구로 당시 사회를 계도했던 갱신 공동체였다.

3) 탁발 수도회의 의미

윌리엄 락스테인은 탁발 수도회가 "13세기 아니 중세 전체에 걸쳐 가장 유익한 사회 운동이었다."[65]고 하였다. 12세기 당시 부패한 수도원과 교회에 프란체스코회(Franciscans), 도미니크회(Dominicans)와 같은 수도회는

---

65) William R. Cannon, *History of Christianty in the Middle Age*(N.Y.:Abingdon Press, 1960), pp. 238-239.

빛을 던져 주었다. 당시에는 십자군의 정신이 팽배했고 이단들이 횡행했기 때문에 만일 이 탁발 수도회들이 나타나지 않았다면 종교적인 열정은 다시 일어나지 않고 서방 교회들은 종교적으로 재결합되지 못했을 것이다. 탁발 수도회 지도자들의 인격은 어떤 제도의 규칙보다 더 강력했다. 그들은 그들의 새로운 방식의 쇄신적 삶 위에 수도원주의를 갱신하였다. 탁발 수도 단들은 모두 가난, 자선, 복종 및 공동 생활이라는 수도 생활 이념에다 그들의 교제권 밖에 있는 사람들에 대한 '전도'를 결합시켰다.[66] 탁발 수도회는 서로 협조하고 융합된 활동을 보여 크게 세력을 뻗쳤고 민중의 대환영을 받았다.

수도원의 활동은 모두가 다 평신도 운동이요 서민적이었지만, 13세기에 이르러서는 더욱 새로운 차원의 운동이 전개된다. 즉 도시의 발전과 프롤레타리아의 발생은 교회 내부에서도 새로운 전환이 필요하게 되었고 언제나 교리의 개혁이 일어났던 것처럼, 이번에도 새 수도원의 발생이 그 일을 담당하게 되었다. 따라서 이것을 본래의 모습인 비정치적이고 피지배자편인 '프롤레타리아'의 교회를 만들려는 운동이 일어나게 된다. 이래서 탁발 수도원은 세상을 떠나 사는 수도 생활보다 세속을 뚫고 들어가서 민중 교회와 전도 활동을 하는 데 사역의 중점을 두었다.[67] 탁발 수도사들은 자신들만의 구원을 생각하지 않았다. 그들은 그들의 모든 것을 버리고 수도원 제도의 정신과 훈련을 시장터로 가지고 갔다. 기존 수도원이 속세로부터 물러나 기도와 명상에 잠겨 있을 때, 그들은 도시의 발흥과 함께 현대적 용어로 말하자면 도시 선교(urban missions) 사역을 감당하였다. 그들은 이 세상을 구원하기 위하여 적극적으로 용기있게 이 세상 속으로 뛰어들었다.[68] 탁발 수도회의 특징은 교구 제도도 하지 못하는 도시 빈민 사역을 하였으며, 평

66) 김창의, 『중세 수도원 제도사』(서울: 경인문화사, 1970), p. 379.

67) Herbert B. Wortkman, the Evolution of the Monastic Ideal(Boston: Deacon Press, 1962) p. 271.

68) William R. Cannon, p. 231.

신도 설교와 평신도 선교 사역을 했다는 점이다.[69]

탁발 수도회는 교회와 국가의 질서를 혼란케 하는 이단을 배척하고, 종교활동은 물론 도덕을 앙양시키며 연구의 기운을 크게 일으켰다. 다른 수도원은 거대한 재산으로 사치와 교만으로 흘렀으나, 그들의 청빈이 이런 폐해를 막고 모든 분야에서 눈부신 활약을 계속하였다.[70] 그들의 생활은 평온과 투쟁, 신앙과 사랑, 관심과 활동이 교묘하게 조화된 것이었다. 그들은 교단에 서서 시대 사조를 지배했고 공민 교육 및 종교적 지도를 통하여 민중의 지도자가 되었다. 한편으로는 중국, 인도, 아프리카 등 이교도들의 선교에도 종사하였다.[71] 13세기와 그 다음 세기들에 와서 탁발 수도사들의 일은 사회적인 일, 목회, 교육적인 일 그리고 선교 사업들이었다. 그들은 계속하여 나병자들을 돌보았는데, 이것은 그들 교단 안에서 의학 연구를 조장하는 것이 되었다. 중세기에 자주 있던 유랑병들을 취급하는 데 있어서 그들은 병자와 죽어가는 사람들을 위하여 봉사하여 큰 명예를 얻었다.[72]

13세기에 이르러 서부 유럽은 거의 독립적인 농업 경제로부터 탈피하기 시작했는데, 이 경제는 로마 제국의 쇠퇴 및 그 지역의 특징이었던 도시 문명의 소멸 결과로 생긴 것이었다. 탁발 수도사들은 도시와 동네에 살고 있는 대중의 종교 생활을 깊게 해주었다. 그들은 사람들이 집결해 있는 곳을 찾았으며, 거기에서 그들에게 복음을 전하려고 노력했다. 탁발 수도회는 급속히 성장해 가는 도시 인구들 사이에서 힘차게 성장했다.[73]

탁발 수도회는 수도원이 부패했을 때 수도원과 교회, 사회의 갱신에 빛을 던져 준 요람이었다. 아우구스트 프란츠는 탁발 수도회의 발생을 "그 시

---

69) Magaret Deansly, *A History of the Medieval Church*, 이장식 역, 『기독교사 중세편』(서울: 기독교서회, 1980), p. 245.

70) 욧 맑스, 김바오로 역, 『가톨릭 교회사』(서울: 경향잡지사, 1959), p. 291.

71) M. Deansly, p. 245.

72) 욧 맑스, 『가톨릭 교회사』, p. 291.

73) Kenneth S. Latourett, 윤두혁 역, 『기독교사(상)』(서울: 생명의말씀사, 1979), p. 640.

대의 특별한 필요와 어려움에 대한 하나님의 대답"[74]이라고 말한다. 탁발 수도회는 수도원이 수도원의 재산 증식으로 타락하고 영적 지도력을 발휘할 수 없었을 때 그들의 무소유 방식으로 당시 기성 수도원의 재산 사유화에 대응하였다. 이는 "네가 온전하고자 할진대 가서 네 소유를 팔아 가난한 자들을 주고 나를 좇으라(마 19:21)"는 예수님의 가르침을 그대로 따르는 방식이었다. 즉 예수를 따랐던 열두 제자처럼 제자 공동체를 이루고 무소유를 통해 철저한 제자도를 실천하고, 고통당하는 이웃의 현장에서 더불어 함께 하면서 복음의 본질을 지키며 살았던 것이다. 탁발 수도회는 초대 교회 공동체 정신을 구현한 13세기의 '제자 공동체'였다.

4. 수도원 공동체의 의의

중세의 수도원은 제도권 교회의 넓은 범위에 속하면서도 교회에 활력을 주는 '헌신 구조'를 제공하였다. 랄프 윈터(Ralph Winter)는 그의 책 『교회의 이중 구조』에서 교회를 모달리티(modality) 구조와 소달리티(sodality) 구조로 이루어져 있다고 보았다. 그에 의하면 모달리티 구조는 남녀노소 전체가 보통의 생물학적 가족들로서 다 모이는 보편 교회의 '교구 구조'이고, 소달리티 구조는 바울의 선교단처럼 제2의 선택과 결단을 통하여 보다 긴밀한 조직체로 운영되는 '헌신 구조'를 말한다.[75]

중세 교회가 '주교 관구 구조'와 '수도원 구조'의 두 구조로 구성된 것으로 볼 때 수도원은 중세 1천 년 동안 항상 교구 구조를 설립하고 재건하는 역할을 해왔다. 서로마 제국이 멸망할 때 교구 구조도 동시에 무너졌지만 수도원 구조는 훨씬 더 오래 지속되었다. 중세 시대에는 수도원 구조가

74) 아우구스트 프란츠, 최석우 역, 『교회사』, 서강대 신학연구소 신학총서 제22권(대구: 분도출판사, 1928), p. 238.

75) 랄프 윈터, 『교회의 이중 구조』(서울: IVP, 1993), p. 17.

교구 구조보다 기독교 운동의 영속성에 훨씬 더 중요한 역할을 했다. 중세 교회의 주교들의 목록은 여러 가지 면에서 불확실하고 기독교의 본질적 운동에 초점도 제공하지 못했지만, 수도원이라는 헌신 구조는 여러 지도자들에 의해 계속적으로 재창조되면서 교황 제도에까지 영향을 준 영감과 쇄신의 근원이었고, 때로 주교 구조가 흔들릴 때는 이를 지켜 준 버팀목이 되었다.[76]

교회사가 라토렛은 "A.D. 5백 년부터 950년 사이에 서부 유럽에서 겪었던 기독교 퇴보 상태는 이처럼 새로운 수도원 운동을 통해서 회복되고 촉진된 것이다."라고 말했다.[77] 본 훼퍼는 "수도 생활은 기독교의 세속화와 은혜의 무력화에 대한 모진 항의이기도 하다."라고 말했다.[78] 수도 공동체는 기존 교회를 떠나지 않고 그 안에서 헌신 구조의 형태로써 교회를 새롭게 하는 역할을 해온 것이다.

물론 수도원의 역기능도 만만치 않다. 수도원의 영성은 "영은 선하고 물질은 악하다."는 플라톤의 이원론적인 금욕주의로 채색된 신비주의에 오염되었다. 토마스 아퀴나스조차도 "사람이 수도적인 삶에 들어감으로써 인간의 모든 죄를 사함 받는다."[79]고 강력히 주장했을 정도였다. 수도원의 문제는 수도적인 생활이 보편적인 기독교인의 생활보다 더 훌륭한 것으로 여겨질 수 있다는 이원론적 금욕주의와 수도적인 영성이 값없이 은혜로 의롭다 함을 받는 복음적인 메시지와 어긋나는 공로의 교리와 공적 신앙(功績信仰)의 형태에 기반을 두고 있다는 것이었다. 이러한 공적 신앙은 종교 개혁가들의 눈에는 인간의 자만과 억지의 축적물로 보였고 바로 그것이 수도원을 세속화시킨 핵심이었다.[80] 어거스틴은 "수도원에서 수도를 쌓은 사람 이

---

76) *ibid.*, pp. 17-18.

77) K. S. Latourett, 『기독교사(상)』, p. 621.

78) D. 본 훼퍼, 허혁 역, 『나를 따르라』(서울: 대한기독교서회, 1989).

79) Thomas Aquinas, *Summa Theologia*, II-IIae, Q. 189, art. 3, p. 2008.

80) Donald Bloesch, 김현진 역, 『세계의 예수 공동체』(서울: 무실, 1991), p. 53.

상으로 훌륭한 사람을 만났던 일은 없다."고 언명함과 동시에 "수도원에서 타락한 사람 이상으로 악한 인간을 만난 일도 없다."고 말했다.[81]

그러나 이러한 역기능적인 면에도 불구하고 수도 공동체는 중세 1천 년 동안 위태했던 교회를 이끌면서 교회를 갱신시키는 중추 역할을 해왔다. 랄프 윈터는 "기독교 신앙의 영속성과 질(質)이라는 점에서 수도원의 헌신 구조를 떠나서는 천 년이라는 중세 시대가 실제로 존재할 수 없었다."[82]고 하였다. 수도원 구조가 공동체적인 구조가 된 것은 파코미우스와 베네딕트 의 공헌이 컸다. 수도원은 공동 생활을 통하여 코이노니아(koinonia) 즉 '성도의 교통'을 체득하는 온전한 공동체의 전형을 제시해 주며, 수도원의 공동체적 삶이 2천 년 교회사에서 공동체 운동에 끼친 영향은 실로 막대한 것이다. 수도원과 수도회가 한 면에서는 상당한 부패의 길을 걸었지만 다 른 한 부분은 엄연히 영성적 공동체로서 초대 교회 공동체의 본질적인 정 신과 삶을 보존하고 계승, 유지하였고, 철저한 제자도로써 교회를 새롭게 하는 갱신의 역할을 감당해 왔다. 이 점이 수도원의 공헌이었다.

5. 프랑스 왈도파(Waldensians)

성공한 상인이자 자본가였던 피터 왈도(Peter Waldo)라는 사람이 리용 (Lyons)에 살고 있었다. 그는 자신이 베푼 잔치에 온 손님들 중 하나가 갑 작스럽게 죽는 것을 목도하고는 구원의 필요성에 대해 눈뜨게 되었다. 그 는 성경에 대해 많은 관심을 가지게 되었고, 그래서 성경의 일부분을 로망 어(Romance dialect)로 번역하도록 사람을 고용하기도 하였다(1160). 그 후 그는 자신의 모든 것을 팔아 성지순례를 떠난 성 알렉시우스(St.

---

81) Augustine, 'On the Work of Monks' XXVⅲ. 36(MPL 40. 575f.:tr. NPNF Ⅲ. 517), 존 칼빈, 『기독교 강요』 제4권(서울: 로고스출판사, 1991), p. 316.

82) 윈터, 『교회의 이중 구조』, p. 20.

Alexius)의 이야기에 감동을 받았다. 그리고 한 신학자에 의해 왈도는 주님의 말씀인 마태복음 19:21에 관심을 돌리게 되었다. "네가 완전하고자 할진대 가서 네 소유를 팔아 가난한 자들을 주라 그리하면 하늘에서 보화가 네게 있으리라 그리고 와서 나를 좇으라" 그리하여 그는 1173년 그의 소유 재산의 일부를 아내에게 넘겨 주고, 그 나머지는 처분하여 가난한 자들에게 나누어 주었다.[83]

왈도파란 명칭은 피터 왈도의 이름에서 나온 것이다. 왈도파는 가톨릭 교회나 그리스정교회 교회들의 흔적을 전혀 지니지 않았다. 그것과는 전혀 다른 근원으로 성경의 가르침이나 '초대 교회'의 의식에서 나온 오랜 전통의 면면한 계승을 보여 준다. 왈도파의 존재는 사도 시대와 밀접한 전통을 교회 내에 유지시켜 온 사람들과 지배적인 제도권 교회들이 발전시킨 전승과는 멀리 떨어져 있었던 믿음의 사람들이 늘 존재해 왔다는 사실을 증명해 준다.[84]

그들은 성경 말씀과 별개로 어떤 특별한 신앙고백이나 규율을 갖지 않았고, 또 아무리 특출하다 하더라도 하나님의 권위에 배제되는 어떠한 인간의 권위도 갖지 않았다. 그럼에도 불구하고 그들은 수세기를 통해 모든 나라에서 동일한 신앙을 고백했고 동일한 의식들을 행했다. 그들은 복음서에 나타난 그리스도의 말씀 자체를 가장 중요한 계시로 여겼다. 그리스도를 따르고 그분의 말씀을 지키며 그분의 모범을 실천하는 것이 그들의 주요 주제였으며 또한 목적이었다. 가장 자주 묵상된 성경의 부분은 산상수훈이었는데, 이는 그 부분을 하나님의 자녀들을 위한 삶의 기본 지침들로 여겼기 때문이다.[85]

왈도파에는 '사도들'이라고 불리는 자들이 있었는데 그들은 복음 전도

---

83) E. H. 브로우드벤트, 『순례하는 교회』, p. 130.

84) ibid., p. 137.

85) 존 드라이브, 『하나님의 공동체』, p. 87.

사역에 있어 중요한 역할을 감당했다. 장로들과 감독들은 가정과 교회에 머물러 있었던 데 비해 '사도들' 은 계속적으로 교회를 방문하고 순회하였다. '완전한 자들' 이라 불리는 자들과 그리스도를 따르는 다른 사람들 사이에 구별이 있었는데, 이는 복음서에서 어떤 이들은 그들이 소유한 모든 것을 팔아 그리스도를 따르도록 부름을 받았고, 어떤 제자들은 그분이 처음 그들을 발견한 그 주변환경 가운데서 그분을 섬기도록 부름을 받았다는 사실에 기초한다.[86]

왈도파의 사도들은 재산이나 소유물, 집이나 가족들을 갖고 있지 않았다. 비록 그것들을 소유하고 있었다 하더라도 그들은 기꺼이 그것들을 포기했다. 그들의 삶은 자기 부정과 고난, 위험의 삶이었다. 그들은 돈도 없고 두 벌 옷도 없이 매우 간소한 여행을 하였다. 그들에게 필요한 것은 그들이 말씀을 전파하는 자들 중에 있는 신자들에 의해 공급되었다. 그들은 항상 나이 든 사람과 젊은 사람 둘씩 다녔으며, 젊은이는 그의 늙은 동료를 시중 들었다. 그들의 방문은 상당한 호응을 얻었으며 사람들은 존경과 애정의 표시로 그들을 극진히 대우하였다. 시대적인 위기 상황으로 인해 그들은 대개 상인들처럼 여행하였고, 또 젊은 사람들은 칼이나 바늘 등과 같은 가벼운 상품들을 팔기 위해 가지고 다니기도 하였다. 그들은 결코 어떠한 것도 요구하지 않았다. 오히려 그들이 만나는 사람들의 몸을 보살피기 위해 많은 이들이 의학 공부도 했다. 그래서 가끔 그들에게는 '하나님의 친구들' 이라는 칭호가 붙여지기도 했다. 그렇기 때문에 그러한 일을 맡을 사람들을 추천할 때는 각별한 주의가 요구되었다. 왜냐하면 헌신한 한 사람은 이런 사역에 헌신되지 않은 1백 명의 사람들보다 더 가치가 있다고 느껴졌기 때문이다. 사도들은 가난을 선택했으나 한편으로 가난한 지체들을 돕는 것이 각 교회의 주요 임무였다. 때때로 개인 집이 불충분하여 간소한 집회 장소가 마련될 때면 그 안에는 가난하거나 노쇠한 지체들이 살고 보호받을

---

86) 브로우드벤트, 『순례하는 교회』, p. 139.

수 있는 공간이 부설되기도 하였다. 규칙적인 성경 읽기와 매일같이 반복되는 규칙적인 가정 예배 그리고 자주 열리는 집회는 그들의 영적 생활을 유지시켜 주는 가장 효과 있는 수단이 되었다.[87]

1212년 스트라스부르크에서 도미니크 수도회에 의해 왈도파 사람들 5백 명이 체포되어 80명이 화형을 당하였다. 이 때문에 왈도파는 북이탈리아의 산골짜기로 피신하여 거주하였으나 1380년 교황 클레멘트 7세(Clement 7)가 몇몇 지역에서 이단들을 다루기 위해 한 수도사를 종교 재판관으로 파송하면서 비로소 깨어지고 말았다. 그 후 13년 동안 230여 명의 사람들이 화형을 당하였고, 그들의 재산은 종교 재판관들과 그 나라 지도자들에게 분배되었다. 1400년 겨울, 박해의 영역은 더욱 확대되었고, 많은 가족들은 더 높은 산지로 피신하였다. 거기에서 어린아이들과 대부분의 여자들 그리고 많은 남자들이 추위와 기아로 죽음을 당했다. 1486년 이노센트 8세는 크레모나(Cremona)의 한 부감독에게 이단들을 멸절시키도록 교서를 내려서 18,000여 명이 왈도파의 골짜기로 침입했다. 그들은 자신들의 자연 산지를 이용하여 그 침략자들을 물리쳤으나 그 전쟁은 1백 년 이상이나 계속되었다.[88]

왈도파의 공헌은 단지 수도사들에게만이 아니라 모든 그리스도인들에게 청빈과 순종(제자도)에 대한 복음적인 권고를 주었다는 점이다. 그들은 신약을 따라 그들의 삶의 형태를 만들면서, 삶의 형태를 단순하고 직접적으로 이해하였다. 그들은 특히 산상수훈과 복음서를 제자도에 대한 모본으로 삼아 철저한 제자도를 실천하였고, 물질을 함께 나누는 공동체로 살았다. 즉 왈도파는 12세기에 초대 교회 복음의 본질을 중세의 부패한 가톨릭 사회 내에서 바로 세우고자 한 공동체 운동이었다.

피터 왈도는 1217년 보헤미아에서 죽었으나 그의 삶과 왈도파 운동은 계

---

87) *ibid.*

88) *ibid.*, p. 140.

속되었으며 알프스 산맥의 산촌에서 은둔하였다. 그는 성 프랜시스와 같은 시기에 활약했고 프랜시스와 마찬가지로 순회 설교활동으로 평신도들에게 산상수훈과 철저한 제자도의 복음적인 삶을 전파하였다. 그러나 다른 점은 프란체스코 수도회가 교회의 울타리 안에서 교회를 갱신하려고 한 제도권 갱신 운동이었던 데 반해, 왈도파의 운동은 가톨릭 교회의 울타리를 벗어나 성경의 가르침을 그대로 실천하려고 했던 비제도권 평신도 갱신 공동체였다는 것이다. 왈도파 운동은 후에 존 후스의 개혁 운동에 영향을 주었고, 종교 개혁을 맞아서 개신교도가 되었다. 왈도파는 현재까지 그대로 존속되어 이탈리아의 개신교 교단을 형성하였고, 그들의 일부 헌신된 그룹은 이탈리아 북부에서 아가페 공동체(Agape Community)를 구성하여 존재하고 있다.[89]

6. 네덜란드 공동 생활 형제단(Brethren of the Common Life)

14세기 네덜란드의 공동 생활 형제단과 그들의 데보티오 모데르나 (Devotio Moderna) 운동은 네덜란드의 Deventer에서 출생한 흐루테 (Gerard Groote, 1340~1384)의 회심에서부터 시작되었다. 이 운동의 중심지는 Deventer였으며 흐루테는 자기의 집을 '공동 생활 자매단 (Sisters of the Common Life)'의 숙소로 제공하였다. 흐루테 자신도 자기의 제자 12 인을 택하여 장차 수행할 사업을 준비하던 중 1384년 흑사병으로 사망했다. 그러나 그가 제자들에게 준 감화력은 대단한 것이어서 그를 사모하고 추구하던 제자들은 그의 유언에 따라 '공동 생활 형제단(Brethren of the Common Life)'을 조직하기에 이르렀다. 그가 이와 같은 운동을 전하게 된

---

89) 왈도파를 그대로 계승한 아가페 공동체에 대해서는 Donald Bloesch, 『세계의 예수 공동체』, pp. 142-143과 동저자의 Centres of Christian Renewal(Philadelphia: United Church Press, 1964), PP. 69-82를 보라.

동기는 어디까지나 신앙적인 것이었고 그의 심령의 깊은 회심에서 우러나온 영적 결과였다.[90]

형식과 무지와 빈곤 속에서 방황하던 그 당시의 교회와 특히 수도원은 절망적인 상태에 있었다. 흐루테는 교회와 수도원 개혁의 필연성을 절감하고 우선 수도사들의 무력하고도 타락한 생활에 대하여 경종을 울렸고, 일반 평신도에게까지도 보다 더 열정적이고 신실한 신앙생활의 필요성을 강조하였다. 데보티오 모데르나(Devotio Moderna)는 '오늘의 이 시대에 대한 헌신'을 의미하는 것이었다. 하나님에 대한 오늘의 헌신을 생활의 신조로 삼은 형제단은 흐루테와 그의 제자들과 데벤테(Deventer)와 쯔볼레(Zwolle)의 젊은 목사들과 수도사들 그리고 학생들이 각기 적합한 형제단에 가입하여 단체 생활을 시작하게 되었다.[91]

형제단의 생활 목표는 초대 교회 공동체를 지향하는 것이었다. 기성 교회의 목사들과 수도사들도 형제단에 가입하여 같이 생활할 수가 있었는 데 그들은 주로 기독교 고전 문헌을 복사하여 그것을 판 수입으로 생활비를 지탱하였고 동지들의 적극적인 헌금이 그들 생활에 도움이 되기도 하였다. 공동 생활 회원들의 일상 생활은 3시에서 4시 사이에 기상하는것으로 시작하여 아침식사 시간까지 자유롭게 기도와 독서하는 것을 규칙으로 삼았\고, 식사 시간에는 일체 침묵하는 것이 통례로 되어 있었다. 저녁 때까지는 각기 맡은 일에 전념하였다. 병자를 방문하는 일, 전도하는 일, 어린 소년들을 가르치는 일이었으나 무엇보다 중요한 과업으로 여긴 것은 고전을 복사하는 일이었다. 저녁식사 후 8시까지는 각기 자유로운 시간을 가질 수가 있었고, 8시 이후부터는 형제들을 방문하였던 손님들도 돌아가야만 했다. 8시 30분이면 취침 시간으로 그날의 일과는 모두 끝나게 된다.

---

90) Albert Hyma, *Brethren of the Commom Life*(Grand Rapids: Eerdmans Publishing Company, 1950), pp. 49-53.

91) *ibid.*, pp. 124-138.

주일이 되면 형제들은 숙소마다 집회를 열고 성경을 낭독한 후 성경 구절을 해석하는 것을 예배의 중심으로 삼았다. 성경 구절의 해석에 있어서는 형제들 중 어느 누구든지 자유로운 의견을 제출할 수가 있고, 논의의 대상이 되는 문제가 제기되었을 때에는 흉금을 털어놓고 몇 시간이고 진지한 토론을 전개시켰다. 이와 같은 분위기 속에서 학문 연구의 기풍과 정신이 싹텄다.[92]

하이마(Hyma) 교수는 형제단원들을 가리켜 '실천적 신비주의자들(practical mystics)' 이라고 부른다. 즉 그들은 정적 상태에서 하나님과 직통으로 연합하는 노력보다는 예수님의 말씀대로 이웃 사랑하기를 자신들의 몸과 같이 하였고, 낮에는 힘써 노동함으로써 그 대가로 얻는 수입으로 불쌍한 사람들을 구제하고자 했기 때문이었다. 한 걸음 더 나아가서는 타락한 교회를 개혁시키는 일이 그들의 궁극적 목표였으며 그것을 이루기 위한 가장 타당한 방법은 자라나는 청소년들을 교육시키는 일과 그들을 하나님께로 인도하는 것이라고 믿고 실천했다.[93]

공동 생활 형제단은 교육에 많은 관심을 가졌다. 그 당시 낡은 사상으로 고질화된 성인들과, 타락하여 교인들의 영혼에 대해서는 조금도 관심조차 없는 목사나 수도사들을 재교육시킨다는 것은 매우 어려운 일이었다. 그러므로 교회를 개혁시키는 효과적인 방법은 일선에서 활약하고 있는 수도사들을 대신할 수 있는 사람으로, 세속에 오염되지 않은 젊은 청소년들을 교육시키는 길밖에는 없다고 보았던 것이다. 인쇄술의 발명과 고전의 다량 보급으로 말미암아 형제단원들은 고전을 복사하는 처지에서 고전을 깊이 연구하고 가르치는 지위로 바뀌게 되었다.[94]

1455년경부터 형제단원 중 어떤 진보적인 형제가 이탈리아 인문주의 사

92) ibid.
93) ibid., pp. 87-95.
94) ibid.

상과 그 교육원리에 접촉하기 시작하면서 데보티오 모데르나(Devotio Moderna) 운동은 당대의 지도적인 인문주의자들의 교훈을 직접적으로 흡수하였고 이들은 후대에 불리게 될 '성서 인문주의(biblical humanists)'의 전신이 되었다. 흐루테의 추종자들 중에서 다른 한 갈래의 집단을 형성하고 있는 그룹은 'The Augustinian Canons Regular of the Congregation of Windesheim'이라고 부르는 단체로서, 어거스틴파 수도원의 정신과 규칙을 생활의 규범으로 삼아 준수도원적인 성격을 띠고 활약하는 그룹이었다. 그들은 1386년 쯔볼레(Zwolle)시 동남 3마일 지점에 있는 빈데샤임(Windesheim)에 자리를 잡았다. 15세기를 통하여 이 지역에 산재하고 있었던 수도원은 거의 흐루테의 제자들의 영향을 받아 The Congregation of Windesheim에 가입하였고, 약 3백년이 넘는 수도원이 직접, 간접으로 데보티오 모데르나 운동의 영향하에 있었다. 빈데샤임 수도원의 대부분의 형제들은 루이스브렉(Ruysbroeck)와 에크하르트(Eckhart) 그리고 수소(Suso)와 타울러(Tauler)의 신비적 경향을 가졌으며 이들을 대표하는 이가 곧 토마스 아 켐피스(Thomas á Kempis)였다.[95]

에라스무스(Erasmus)도 주로 데보티오 모데르나의 정신과 휴머니즘의 사상적 영향을 받으면서 성장하였다. 공동 생활 형제단의 데보티오 모데르나 운동은 시대의 변천에 따라 기독교 인문주의(christian humanism) 운동으로 확대되어 루터가 종교 개혁 운동을 일으킬 수 있는 터전을 마련해 주었다.

루터는 청소년기에 공동 생활 형제단이 독일 마그데부르크(Magdeburg)에서 운영하던 학교에서 중학교 과정을 공부하였다. 그때 루터가 공동 생활 형제단의 영향을 실제적으로 받았을 것이라고 보는 학자들도 있다.[96] 또

---

95) ibid., pp. 127-144.

96) 이 주장에 대해서는 William Landon, The Devotio Moderna in Germany(Reseach Studies of the State College of Washington, Vol. XXI, part III, 1593), pp. 302-309와 A. Hyma, The Christian Renaissance, "A History of Devotio Moderna"(Arcon Books, 1965), p. 610을 참조하라.

한 데보티오 모데르나 운동은 종교 개혁의 근저가 된 북구 인문주의 운동
의 기원이 되었다.[97]

그들에게는 기성 교회와 같이 어떤 강력한 권력의 뒷받침이나 조직체 같
은 배경도 없고 체계적인 교리도 없었다. 공동 생활 형제단의 형제들은 그
들의 활동 원리를 거의 성경과 초대 교회 공동체의 교우들의 저서에서 끄
집어 내었다. 오직 초기 기독교의 순수한 신앙과 생활로 돌아가려는 종교
적인 정열과 진지한 학구적인 정신으로만 충만되어 있었다. 데보티오 모데
르나 운동은 14세기의 초대 교회 공동체의 회복을 보여 주는 운동이었다.

7. 스페인 알럼브라도스(Alembrados)

적대자들에게 '빛을 받은 사람들'이라고 불린 이들의 운동은, 1천 5백
년경 에스파니아에서 일어난 활동적인 평신도 그리스도인들의 운동이다.
이 운동의 복음적 경건은 성경에 바탕을 둔 것으로, 특히 복음서와 서신서
에서 발견한 것이다. 이 운동의 특징은 제자도, 예배 그리고 서로의 덕을 세
우기 위한 성경의 가르침을 얻기 위해 모인 남녀들로 구성되었다는 점이
다. 산상수훈은 그리스도인의 삶의 방법에 대한 본질적 가르침으로 간주되
었다. 그들은 그들 시대에 주어진 여러 가지 문제들, 즉 왕적 권위에 대한
맹세, 복음전파의 방법으로 무력을 사용하는 것, 정통주의, 성직주의, 성찬
중시주의 그리고 '업적에 의한 구원' 등에 대한 강요를 배격하는 극단적인
성경적 입장을 취했다.[98]

후대의 역사가들에 의해 가톨릭 복음주의라 불린 이 운동은, 에스파니아
의 주요 두 도시에서 형성된 공동체들을 파괴한 종교 재판에 의해 파멸되
었다. 지도자들과 참여했던 사람들 모두가 투옥되어 화형에 처해졌다. 일

97) 홍치모, 『종교 개혁사』(서울: 성광문화사, 1977), p. 27.
98) 존 드라이버, 『하나님의 공동체』, pp. 90-91.

찍이 에스파니아를 떠난 사람들만 살아남았다. 이 운동은 이탈리아에서 당
시의 몇몇 주요 인물의 관심을 끌면서 얼마 동안 지속되었다. 이 운동의 대
표자는 후안 드 발데스(Juan de Valdes)였다. 그와 이 운동은 믿음으로만
구원을 얻는다는 교리를 제시했고, 초기 기독교의 공동체를 이루어 살았
다. 바로 그 성격 때문에 이 운동은 진정한 의(義)의 가치를 꽃피울 수 있었
다. 16세기 유럽의 다른 교회 개혁 운동과 함께 알럼브라도스들은 가톨릭
과 개신교로부터 무자비한 박해를 받았다.[99]

8. 체코 형제단(the Czech Brethren)

15세기에 보헤미아는 국가의 정신을 회복하기 위한 종교적 전쟁과 사회
적 투쟁을 겪었다. 결국 지독한 전쟁의 폐허 속에서 피터 첼치스키(Peter
Cheltschizki)의 영적 지도하에 '체코 형제들의 일치(the Unity of the
Czech Brethren)'라 불리는 갱신 운동이 일어나게 되었다. 이 운동은 신약
으로 되돌아가자는 극단적 입장을 취했는데, 예수님의 삶과 가르침을 통하
여 이해되는 예수님의 인격이 이 운동을 해석하는 열쇠가 된다.[100]

　예수님께서 요약하신 '사랑의 법'과 산상수훈은 그들에게 특히 중요하
였다. 비록 국가는 폭력을 사용했지만 교회는 사랑을 설득의 도구로 사용
해야 한다. 첼치즈키는 교회의 예배에 권력의 행사권을 허락한 국가교회주
의가 교회를 타락하게 했다고 확신했다. 그렇기 때문에 그는 교회와 국가
의 분명한 분리를 주장하였다. 중세 사회에 대한 그들의 비판은 대담하였
다. 피터 첼치즈키는 1433년 교황이 바젤에서 발표한 선언문—초대 교회
는 장막처럼 볼품없고 가난했지만 로마 교회는 아름답고 영광스러운 성전
으로 발전했다는—에 대하여 이를 준열하게 비판했다 그는 『신앙의 그물

---

99) *ibid.*
100) *ibid.*, p. 90.

(The Net of Faith)』이라는 그의 책에서 다음과 같이 교회관을 피력했다.

> "사도 시대의 교회는 그 도시나 마을 지역의 이름에 따라 불려졌다. 그들
> 은 동일한 믿음을 가진 교회요 신자들이었다. 이 교회들은 사도들에 의
> 해 불신자들로부터 분리되었다. 나는 신자들 모두가 물리적이고 지역적
> 인 의미에서 도시의 행정 구역에 따라 인위적으로 나누어졌다고 생각하
> 지 않는다. 그 대신 그들은 한 믿음 안에서 연합되었고, 영적인 일들과
> 하나님의 말씀 가운데 서로 교제를 나누는 지역 모임을 형성하였다. 신
> 앙과 영적인 일들 안에서의 그러한 연합 관계에 어울리게 그들은 '신자
> 들의 교회' 라고 불리웠다." [101]

그들은 중세 사회에 깊이 스며든 사회적 · 경제적 불평등과 국가 교회에
의해 보호받는 특권은 하나님의 백성에 대한 성경의 비전과는 정반대의 것
이라고 주장했다. 이 운동의 특징은 신약의 말씀에 근거를 둔 사회 경제적
인 공동 생활이었다. [102]

V. 종교 개혁 시대에 나타난 공동체 운동

1. 스위스와 독일의 재세례파(Anabaptists)

재세례파 공동체는 전 세계의 교회사를 통틀어 가톨릭의 수도원 공동체

---

101) Peter Cheltschizki, *Das Netz des Glaubens*, translated from Old Czech into German by
Dr. Karl Vogel.(Einhorn Verlag in Dachau bei Munchen). 브로우드벤트, 『순례하는 교회』, p.
173에서 재인용.

102) 드라이버, p. 90.

를 제외하고는 가장 강력한 공동체 운동이었다. 종교 개혁 당시부터 약 5백 년 이상 지속된 생활 공동체로서 초대 교회 공동체의 연속성에 대하여 교회 역사상 큰 빛을 던져 준 경우이다. 가톨릭 수도원에 견줄 수 있는 개신교 영성의 보고이며 현재의 북미 메노나이트 교단, 후터 형제회 등으로 재세례파 공동체는 5백여 년이 지난 지금도 지속되고 있다. 16세기 당시의 재세례파 운동의 동인(動因)과 그 당시 역사적인 상황 그리고 현대까지의 계승과 동시에 재세례파 운동의 의미를 살펴보고자 한다.

16세기에 루터와 칼빈, 츠빙글리에 의해서 주도적으로 종교 개혁이 진행되고 있었을 때 이와 함께 개신교 안에서 또 한 갈래의 종교 개혁의 흐름이 추진되고 있었다. 보다 철저한 종교 개혁을 이루고자 했던 이 개혁 세력은 교회사에서 '재세례파'라고 불린다. '참된 교회를 회복'의 목적을 가졌던 이들은 제도화된 교회가 바로 기독교의 적이라는 사상을 가지고 있었다.[103] 4세기 때 콘스탄티누스 황제의 기독교 공인은 기독교가 제도화 · 세속화되게 했던 요인이었으며 그 후 천 년에 걸친 제도화된 교회의 행보는 16세기에 가서는 급기야 종교 개혁을 불러일으키게 된 것이었다.

1) 역사적 배경

16세기 종교 개혁 당시 츠빙글리는 제도를 통하여 개혁하기로 결심하여 시 의회에 위배되지 않도록 중도적 시각을 가졌다. 뮌처와 같은 격렬한 혁명주의자들은 제도의 급격한 전복과, 못 가진 자들로 이루어진 올바른 사회질서 확립을 외쳤다. 루터와 같은 보수주의자들은 현상태(Status quo)를 변호하였고 심한 압제를 거부한 농민들에 대한 잔인한 억압을 옹호하였다. 당시는 혁명적인 소요의 시대였지만 혁명은 중도에서 실패하였고 농민 봉기는 효과적으로 분쇄되었다. 가톨릭 교회는 교회 관료정치의 중앙집권화로 인해 어려움을 겪었고 신성로마제국은 이미 무너지기 시작하던 쇠퇴

---

103) Franklin Littel, *The Origins of Protestantism*(New York: Macmillan, 1964), p. 63.

기에 있었다.

츠빙글리는 처음에는 유아 세례에 반대했지만, 그는 곧 그러한 입장이 교회 제도를 유지하는 데 조화될 수 없다는 것을 깨달았다. 1523년 10월 제 2차 취리히 공개 토론회가 끝날 무렵에 츠빙글리는 어떤 개혁도 시장의 승인 없이는 이루어질 수 없다고 주장했다. 이것은 츠빙글리의 많은 급진개혁 동료들을 크게 실망시켰으며 곧 그의 개혁에 분열을 가져왔다.[104]

1524년 말에 몇 명의 그룹이 취리히 시내의 어느 집에서 성경 연구와 토론회로 모였다. 곧 그들은 그들의 아기들에게 유아 세례가 베풀어져서는 안 된다고 결의하였다. 시 의회가 유아 세례를 거부하는 자는 모두 추방될 것이라는 발표를 한 3일 후인 1525년 1월 21일 저녁에 최초의 성인 세례가 실시되었다. 기도와 토의가 있은 후 전에 사제였던 게오르그 블라우록 (George Blaurock)은 세례받기를 원한다고 선언하였다. 그가 세례받은 후 그는 그 방에서 다른 사람들에게 세례를 주었다. 이것이 최초의 재세례파 집회의 시작이었다.[105]

이들은 가톨릭 교회의 세례, 즉 그리스도를 믿음으로 구주로 영접하는 신앙이 없이 단지 가톨릭 교회의 형식적인 세례를 받음으로 신자가 되고 천국의 백성으로 보장받는다고 하는 당시 교회의 관행을 반대하였다. 그래서 이러한 믿음을 고백하는 형제들이 모여 구주를 믿는 확실한 신앙 위에서 진정한 의미의 세례를 다시 받았다. 이러한 의미에서 그들은 유아 세례를 반대했으며, 다시 세례받는 모임이라는 뜻으로 당시 종교 개혁의 주류 세력에 의해 '재세례파(Anabaptist)'라는 경멸적인 이름으로 불리게 되었다. 다시 세례를 받는다는 것은 이들의 사역에 있어서 교리의 일부에 지나지 않을 뿐 재세례파라는 이름은 이들의 본질을 오해하게 하는 오명이었던 것이다.

104) William R, Estep, *The Anabaptist Story*(Nashiville, Tenn: Broadman Press, 1963), P. 90.
105) *ibid.*, p. 120.

당시 재세례파는 종교 개혁의 보편적인 내용에 대해서는 동의하였으나 개혁 주도 세력이 편의상 기성 정치권과 결탁하여 종교 개혁을 효과적으로 수행하려는 의도에 대해서는 매우 비판적이었다. 이들은 맨 처음 스위스 형제단(Swiss Brethren)이란 이름으로 출발하였는데, 초기에 그들과 일부 뜻을 같이 했던 츠빙글리가 시 의회의 정치적인 힘을 빌려서 종교 개혁을 시도하려는 의도에 반대하였으며, 독일에서 정치권의 힘을 개혁에 활용하려고 했던 루터의 의도에 대해서도 반대했다. 이들은 정치적 편의를 위해서 타협하기보다는 성경 말씀 그대로를 철저히 실천해 나감으로써 종교 개혁을 이루어 나가야 한다고 생각했으며, 믿는 그대로 행동에 옮겼다.

이 헌신된 모임은 그들이 가는 곳마다 그들의 새 비전을 선포하면서 설교하였다. 이 운동은 남부 독일, 북부 독일, 네덜란드 그리고 오스트리아와 모라비아 지방으로 급속도로 퍼져 나갔다. 당대는 그들의 메시지가 받아들여지기에 알맞은 때였다. 그들이 전한 것은 열광적인 반응을 불러일으켰으나 그들은 곧 박해를 받았다. 왜냐하면 츠빙글리는 재세례파가 자신의 종교 개혁에 위협이 된다는 사실을 깨닫고는 재세례파에 대해 엄격한 조치를 실시해야 한다고 강력히 주장했기 때문이다. 이러한 이유에서 재세례파 연구가인 폴 피케이(Paul Peachey)는 다음과 같이 말하였다.

"종교 개혁자들은 재세례파와 싸웠다. 그것은 그들이 재세례파를 직접적인 혁명 위협 세력으로 여겼거나 그들의 입장을 오해한 것 때문이 아니라, 종교 개혁자들이 서 있는 '전체주의적'인 사회질서 문제와 또 그것을 고수하려고 했기 때문이다. 결국 그들은 자신들의 전체주의적 사회질서 한가운데서 자생적이고 자발적으로 발생한 배타적인 사회 단체를 용인할 수 없었던 것이다."[106]

---

106) Paul Peachey, "Social Background and Social Philsophy of the Swiss Anabaptists, 1525-1540," *Mennonite Quarterly Review*, ⅩⅩⅤⅢ(April, 1954), p. 120.

1526년 11월 9일에 취리히 시 의회는 재세례를 베풀거나 재세례파 집회
에 참석하기만 해도 사형에 처할 수 있는 법을 통과시켰다. 그 후 곧 펠릭스
만츠(Felix Mantz)는 그의 가족들과 친구들이 강가에 서서 계속 변치 말도
록 격려하는 가운데 취리히 강에 빠져 죽음을 당했다. 그는 프로테스탄트
(Protestants)의 손에 죽은 '최초의 프로테스탄트 순교자'가 되었다. 박해는
점점 더 심해졌다. 스와비아(남부 독일)에서는 4백여 명의 경찰이 재세례파
를 찾아내는 데 고용되었으며 재판 없이 처형하도록 지시받았다. 경찰들은
나중에 1천 명으로 강화되었다.[107]

2) 재세례파의 동인(動因)

이 운동은 에라스무스의 인문주의 전통에 길들여진 지식인들에게서 시작
되었다. 그리고 그들은 츠빙글리의 종교 개혁 시도와 밀접한 관계를 맺고
사역했다. 이들에게 가장 중요한 것은 성경 연구의 인문주의적 강조점이었
다. 그 중 가장 분명한 내용은 그들이 기독교의 전통을 진지하게 다루어 본
결과 가톨릭 교회와 종교 개혁마저도 성경적 신앙의 기준(the standards of
biblical faith)에 합치되지 않는다는 사실이었다. 그들은 반기독교적 입장
은 아니었으나 오히려 제도화된 교회가 반기독교적이라고 그들은 생각했
다. 그들은 기독교의 진리는 지킬 수 있는 것이라고 확신했으며, 정치적 편
의를 위해서 타협하기보다 말씀 그대로 살아야 한다고 확신하였다. 그들은
성경 연구를 통하여 얻은 결론을 믿었으며, 또한 믿는 그대로 행동으로 옮
겼다. 그들은 개혁을 일으키려고 했던 사람들이었으나 그들의 제안은 거부
당했다. 그들은 가능하면 언제나 공개 토론회를 열었다. 그러나 그들은 곧
그러한 체계로서는 의미 있는 변화가 불가능하다는 것을 알게 되었다. 얼
마 안 되어 그들은 제도권 밖에서 활동하는 분파적 형태로 가지 않을 수 없
게 되었다.[108]

---

107) *ibid.*, p. 146.

재세례파의 주요 관심사가 무엇이었는가에 대한 토의가 여러 번 있었는데, 프랭클린 릿텔(Littel)은 초대 교회의 생활방식을 따르는 '참된 교회(true Church)'를 다시 설립하려는 시도로 보았다.[109] 즉 신약이 원래 의도하는 기독교가 이 운동의 핵심이라는 것이다. 메노나이트 역사가인 헤롤드 벤더(Herold S. Bender)는 재세례파 운동의 중심 흐름을 '제자도와 그리스도께의 헌신'으로 보았다.[110] 그것으로 말미암아 형제애와 사랑의 윤리와 무저항의 교회가 나온 것이라고 한다. 벤더의 견해가 보다 정확하다고 보는데 그 이유는 원초적인 기독교(primitive christianity)를 회복하려는 시도는 사실 제자도의 확립의 결과로 보아야 하기 때문이다. 정통 주류는 성경의 내용이 모호하다고 하는 반면에, 재세례파는 기독교 신앙의 내용과 기독교 공동체에 대한 요청에 관해서는 성경이 명백하다고 가르쳤다. 그들은 성경적 비전을 생활 속에서 실행할 가치가 있는 것이라고 믿었고 계속하여 그러한 삶을 살았다.

3) 재세례파의 가치체계

재세례파가 16세기의 지배적인 가치를 거부할 수밖에 없었던 것은 그리스도께 대한 철저한 복종과 하나님의 나라에 대한 그들의 비전 때문이었다. 앞에서 언급했듯이 그들은 마치 하나님의 나라가 여기에 이미 도래한 것처럼 살려고 하는 태도를 가졌다. 이 점은 그들의 가치체계의 심장부에 자리잡고 있었다. 재세례파는 기독교인의 삶에 대하여 사고하는 행위보다 삶을 그대로 사는 것에 더 깊은 관심을 가졌다. 릿텔은 다음과 같이 말했다.

---

108) Arthur Gish, *The New Left and Christian Radicalism*(Grand Rapids : Eerdmans, 1970), p. 54.

109) Littel, pp. 151-152.

110) Harold S. Bender, "The Anabaptist Vision" *Recovery of the Anabaptist Vision*, ed. Guy S. Hershberger(Scottdale, Pa: Herald Press, 1957), p. 42.

"현대 기독교와 역사상 나타난 여러 그룹들과 비교해 볼 때 재세례파는
실제로 그들이 말한 것을 실행하였다. 현대 교회의 특징을 뚜렷하게 표
시해 주는 말 많음과 실천의 분리는 자칫하면 우리를 재세례파 운동 쪽
으로 접근하게 할 수 있다. 즉 재세례파는 그들이 말한 것을 그대로 실행
하였으며, 역사적으로 실제적인 집단 생활을 하면서 가르침을 구체화하
는 직접적인 시도와 동떨어진 가르침은 중요하게 여기지 않았다." [111]

그들은 은혜와 구원을 이론적인 가르침으로 보지 않고 개인의 체험으로
알게 되는 어떤 것으로 보았다. 초기 재세례파 지도자 중의 한 사람이었던
필그림 마펙(Pilgrim Marpeck)이 말한 바와 같이 그들은 신학적 사고에는
별로 관심이 없었다.

"우리는 성령과 하나님의 사랑이 우리 심령에 오심으로 이루어진 신앙과
부여받은 일과 행동으로 순종하는 데 있어서 적극적이고 강력하고 행동
적인 신앙을 진정한 기독교 신앙으로 인정한다." [112]

재세례파는 성실, 비타협, 검소한 생활과 함께 도덕적 순결을 강조하였
다. 기독교인의 삶에 있어서 성실은 매우 중요했다. 그들은 마음에서 우러
나오지 않는 종교 예식은 강력히 반대했다. 1536년 이후 북부 독일과 네덜
란드에서 재세례파 지도자였던 메노 시몬즈(Menno Simons)는 이 점에 대
하여 다음과 같이 말한다.

"그러므로 개종한 사람은 참회의 생활과 새로운 생활을 보내게 된다. 왜
냐하면 그들은 그리스도 안에서 새롭게 되었고 새 마음과 새 영을 받았

---

111) Littel, p. 46.
112) Gish, p. 59에서 재인용.

기 때문이다… 그리고 그들은 더이상 이 땅의 첫째 아담의 부패된 옛 본
성에 따라 살지 않고, 하늘에 계신 새 아담의 바른 새 본성을 따라 사는
것이다. 그들은 증오, 복수 따위는 모른다. 그들은 탐욕, 오만, 음란, 과
시를 미워하고 반대한다… 그들은 온 힘을 다하여 의를 구한다. … 곧 그
들은 참포도나무의 열매맺는 가지가 된다." [113]

프란츠 아그리콜라(Franz Agricola)라는 로마 가톨릭 신학자는 1582년에
다음과 같이 썼다.

"지금까지의 이단 종파 중에 재세례파보다 더 온건하고 경건하게 생활하
는 단체가 없었다. 그들의 공중 생활에 대해서는 나무랄 데가 없다. 거짓
말, 기만, 객담, 불화, 거친 말, 탐식, 음주, 자기 과시 등은 전혀 찾아볼
수 없고 하나님의 성령을 받은 자들이 지닐 수 있다고 생각되는 겸손, 인
내, 고결, 청결, 정직, 절제, 강직함 등의 덕이 있었다." [114]

단순한 생활(simple life) 역시 강조되었다. 그들은 자신의 것을 남에게
자랑하는 것을 금했으며, 높은 경제 수준으로 사는 것을 반대했다. 이것은
신약이 부를 비판했으며 어떤 사람이 남보다 더 많이 가질 때 상대적 부가
공동체를 깨뜨리기 때문이었다. [115]

초기 재세례파들은 어떤 교회든지 거부하였으며, 제도화된 교회의 전체
주의를 거부하였다. 재세례파의 비전은 결코 개인적으로는 살아날 수 없으
며, 집단이라는 배경을 가질 때 가능했다. 재세례파 학자인 프리드만
(Friedmann)은 이 점을 가장 중요하게 보았다.

---

113) Gish, p. 60에서 재인용.

114) Harold S. Bender, "the Anabaptist Vision", p. 45.

115) Donald Sommer, "Peter Ridemann and Menno Simons on Economics," *Mennonite
Quarterly Review*, ⅩⅩⅤⅢ(July, 1954), pp. 210-211. Gish, p. 61에서 재인용.

"종교 개혁 시대에 실제로 다이너마이트였던 재세례파의 중심 사상은 형제를 돌보지 않고서는 구원을 받을 수 없다는 것과 이 '형제'가 개인적인 생활에서도 실제로 관계가 있다는 것이다. 이러한 사람들간의 상호 의존은 삶과 구원에 새로운 의미를 부여해 준다. 중심 사상은 문제가 되는 '믿음'만이 아니라 '형제애'이며, 하나님 나라에 이르는 길로써 그리스도의 제자들에게 명령되었던 것과 같이 서로를 정성을 다해 돌보는 것이다."[116]

제자도는 그의 형제를 포괄한다. 이처럼 재세례파는 교회의 본질이 '신자들의 공동체' 안에서 발견될 수 있다고 보았다. 췌비츠(Zschäbitz)는 재세례파 이념의 중요한 요소를 제도적인 교회의 밖에 있는 '공동체'와 그들의 '더불어 함께 함'에서 본다고 하였다.[117] 피케이(Peachey)는 재세례파의 이념을 '역사상 유례 없는 기독교인의 자유와 훈련의 통합'이라고 보았다.[118] 그들의 공동체 관념은 그들의 경제적 생활과 연계되었다. 이 문제는 부와 자본주의에 대한 거부와 그들의 검소한 생활을 거론하면서 앞에서 언급했었다. 췌비츠는 그들이 이기적이고 자본주의적인 동기를 배격한다고 기술했다.[119] 재세례파 공동체의 각 사람은 평등하며 가진 것을 함께 나누게 되어 있었다. 스피텔마이어(Spittelmaier)의 '성경의 일곱 가지 교칙(Seven Decrees of Scripture)'은 그들의 경제관을 잘 설명해 준다.

---

116) Robert Friedmann, "On Mennonite Historiography and on Individualism and Brotherhood," *Mennonite Quarterly Review.* XVIII(April, 1944), p. 121. Gish, pp. 63~64에서 재인용.

117) Gerhard Zschäbitz, *Zur Mitteldeutschen Wiedertäuferbewegung nach dem Grossen Bauernkrieg* (Berlin: Rutten und Loening, 1958), p. 76. Gish, p. 64에서 재인용

118) Paul Peachey, "The Modern Recovery of the Anabaptist Vision," *Recovery of the Anabaptist Vision*, p. 332.

119) Zschabitz, pp. 99-105. Gish, p. 66에서 재인용

"그리스도와 함께 여기서 가난하지 않으면 아무도 하나님 나라를 유업으로 받을 수 없다. 왜냐하면 기독교인은 자기의 소유가 하나도 없고 그의 머리 둘 곳도 없기 때문이다. 진정한 기독교인은 한쪽 발 디딜 땅도 가져서는 안 된다. 이것은 그가 직업도 갖지 않고 일도 하지 않고 숲 속에 들어가서 누워 있어야 한다는 뜻이 아니라, 다만 그가 그러한 물건을 자기가 쓰기 위한 것이라 생각하여 '이 집은 내 것이고 이 밭도 내 것이며 이 돈도 내 것이다' 라고 말하도록 유혹되지 않고, 오히려 우리의 것이고 기도할 때처럼 우리 아버지의 것이라고 하기 위함이다. 기독교인은 아무것도 자신의 소유로 갖지 말고 형제가 궁핍하여 곤란을 겪지 않도록 모든 것을 형제와 공동으로 소유(all things in common)해야 한다. 즉 나는 내 집이 풍성하기 위하여 일하지 않고, 오히려 내 형제가 충분히 가질 수 있도록 하기 위하여 일을 한다. 이는 기독교인은 자신보다 그의 형제를 더 보살피기 때문이다(고전 13장)." [120]

재세례파 중 후터파는 실제로 사유재산을 가지지 않고 '재산 공동체(community of goods)' 를 형성해 살았다. 대부분의 다른 그룹들은 가난한 자와 나누어 가져야 한다는 분명한 원리하에서 각자 나름대로 공동체의 형태를 구성하였다. 그러나 그들은 기독교인은 아무도 자신의 재산을 자기의 것으로 여겨서는 안 되며, 그의 형제가 궁핍할 때 마치 자신의 일인 것처럼 응해야 한다는 점에는 모두 일치하였다.

16세기의 재세례파를 요약하면 그들의 목표는 '참된 교회의 회복(restoration of the true Church)' 에 있었으며, 그러한 참된 교회는 '철저한 제자도(radical discipleship)' 의 구현 없이는 불가능하다고 보았다. 이 철저한 제자도의 핵심은 예수님이 제자들에게 새 이스라엘 백성으로 지켜야

---

120) George H. Williams, *The Radical Reformation*(Philadelphia: Westerminster Press, 1962) p. 173.

할 새 계명으로 주신 '산상수훈'에 있으며 이 산상수훈을 구체적으로 이루는 삶의 방식이 바로 '초대 교회의 공동체적인 삶'이라고 보았다. 그들은 사도행전 2장과 4장의 초대 교회가 유무 상통하는 완전한 공동체였다는 사실에 유의하여 초대 교회 공동체의 생활방식으로 그리스도인의 삶을 사는 것을 전제로 하였다. 그러므로 현재 전 세계에 퍼져 있는 재세례파는 거의 대부분이 공동체 생활을 하고 있다.

당시 재세례파의 철저한 공동체적인 삶, 즉 서로 물질을 나누며 그리스도의 형제애적인 사랑을 실제로 그들의 삶 속에서 실천하는 삶은 기성 교회에 큰 충격을 주었으며 많은 호응을 얻었으며 추종자들을 낳았다. 동시에 이들은 기성 교회로부터 교회의 질서를 흐트러뜨린다는 이유로 박해를 받아 16세기 종교 개혁 시대에는 수많은 재세례파 교인들이 순교를 당하기도 했다. 이 순교는 그 동안 가톨릭으로부터 핍박받아 순교당하던 개신교가 만들어 낸 최초의 순교였다.[121] 그 후 이들은 박해를 피해 신앙의 자유를 얻기 위해 청교도처럼 대다수가 미국과 캐나다 쪽으로 이주하여 초대 교회 공동체의 삶을 그대로 계승하여 살고 있으며, 현재 유럽과 러시아 지역에도 일부가 있다.

4) 재세례파 평가

종교 개혁 당시 개혁에는 주요한 세 갈래의 흐름이 있었다. 첫번째 유형은 루터파로서 그 특징은 그리스도 안에 계시된 하나님의 자비로 인한 감사의 확신이었다. 루터파의 사회관은 비관적이었다. 비록 악행을 억제할 수는 있지만 하나님의 나라가 지상에 세워질 수는 없으며 그리스도인은 세상 밖으로 도피하지 말고 질서의 유지를 위해 일익을 담당해야 한다고 보았다. 두 번째 유형인 칼빈과 츠빙글리의 개혁 교회는 하나님의 선민을 통해 지상에 하나님의 나라를 건립하는 문제에 대해 좀더 긍정적이었다. 세

---

121) Estep, *The Anabaptist Story*, p. 146.

번째 유형은 재세례파로서 이들은 처음 교파를 형성할 때에 교회는 오직 진정한 신자들로 구성되어야 하며 따라서 한 지역의 전인구를 포함할 수 없다고 주장하였다. 그 결과 교회는 국가와 결탁해서는 안 되며 전 세계의 기독교화란 기대할 수 없는 일이라고 보았다. 따라서 교회는 세상으로부터 나와서 자체의 순수성을 유지해야 하며 원래의 모범을 보전해야 한다고 하였다. 참된 교회의 구성원으로 선택된 하나님의 선민에 대한 판별 방법에 대해서는 츠빙글리는 '믿음'으로 안다고 하였고, 재세례파는 '생활'로 알 수 있다고 하였다. 루터는 절대적으로 알 길은 없다고 하였고, 칼빈은 신앙의 고백, 올바른 생활, 성례전의 참여가 그 기준이라고 하였다. 재세례파는 '삶'을 강조하여, 복음의 가르침에 부합하는 삶이 발견되지 않는 곳에는 교회가 있을 수 없다고 주장하였다.[122]

재세례파의 교회관은 콘스탄티누스 황제 이전 시대의 교회를 참되고 순수한 교회로 보고 그러한 교회를 회복하고자 하였다. 릿텔은 "재세례파의 본질적 특징은 사도적 유형에 근거하여 참된 교회(rechte kirche)로 모이고 가르침을 받았던 급진적 개혁"[123]이라고 말했다. 재세례파는 초기 사도들의 교회가 순수성을 잃었으며 더 이상 진정한 의미의 교회가 존재하지 않는다는 의미에서 '교회의 타락'을 주장했다. 재세례파는 기독교의 타락이 콘스탄티누스 황제 때부터 시작되었다고 보았다. 콘스탄티누스의 기독교 공인이 기독교적 삶의 양식과 교훈에 타락을 가져왔다는 것이다. 이들은 콘스탄티누스 이후의 교회와 국가간의 타협 혹은 결합을 교회 타락의 가장 중요한 징표로 보았다.

재세례파가 볼 때 루터와 츠빙글리, 칼빈이 비록 교회와 국가간의 분리를 주장한다 할지라도 그것은 개념상의 분리였지 실제적이며 철저한 분리

---

122) 롤란드 베인튼, 홍치모 역, 『16세기 종교 개혁』(서울: 크리스찬 다이제스트, 1994), p. 110.

123) Franklin. H. Littel, *The Anabaptist View of the Church* (Boston: Stars King Press, 1958), pp. 151-152.

를 하지 못했기 때문에 여전히 중세적이며 로마 가톨릭과의 연속성을 가지
고 있다고 보았다. 그래서 그들의 개혁 운동은 보다 급진적일 수밖에 없었
다. 국가가 교회에 관여하여 종교적 자유를 통제하게 되었을 때 거듭난 사
람들의 교제권으로서의 교회의 특성은 심각하게 변해 버렸고, 교회와 국가
의 통합으로 국가 교회(state church)에 대한 복종을 강요하기 위해 무력을
사용하게 되면서 교회는 타락하게 되었다고 보았던 것이다. 재세례파는 또
한 기독교의 이름으로 수행된 전쟁을 타락한 교회의 표징으로 보았다.[124]

재세례파는 국가의 권리를 부인한 것은 아니었다. 국가는 행악자로부터
무죄하고 약한 자들을 보호하고 질서를 보존하기 위한 경찰 국가의 기능을
갖고 있다고 보았다. 그러나 동시에 정부가 신앙적인 문제에 대해서는 어
떤 권한도 없다고 주장했다.[125] 더 나아가 교회는 국가와 분리되어야 한다고
주장했다. 왜냐하면 국가는 그 지역사회의 모든 사람과 관련을 맺고 있음
에 비해 교회는 오직 성도들로 구성되어 있기 때문이었다. 국가는 범죄함
으로 인해 제정되었지만 교회는 구원받은 사람을 위해 창조된 것이다.

진정한 그리스도인은 국가와의 결탁을 단호하게 끊을 뿐 아니라 그와 아
무런 관련을 맺지 말아야 하는 것은 세상은 세상일 따름이며 결코 온전히
기독교화될 수 없다고 보았기 때문이다. 이같은 주장 속에는 중세 사회의
전구조를 해체시킬 소지가 내포되어 있다. 이 점이 당시 종교 개혁의 주류
로부터 공격받은 주요 원인이었다. 최초의 재세례파는 치안은 교란시키지
않았으나 그들의 사상은 그 당시의 교회와 국가, 사회의 전구조를 뒤엎는
것이었다. 루터와 츠빙글리는 그 정도까지는 나아가지 않았다.[126]

그같은 입장의 결과로써 그들은 정부와 멀리하게 되었고, 산상수훈의 윤

124) R.E. Webber, *The Secular Saint,* the Role of the Christian in the secular world(Grand Rapids: Zondervan, 1981), p. 87.

125) Gustav Bossert, Jr., "Michael Sattlers Trial and Martyrdom in 1527." *Mennonite Quartely Review,* XXV(July, 1951), p. 209.

126) 베인튼, *ibid.,* p. 95.

리를 문자 그대로 받아들이고 이를 모든 그리스도인들의 의무로 삼음으로써 일반 사회와 분리하는 경향을 갖게 되었다. 재세례파 운동은 제자도를 철저히 지킨다는 점에서는 모범적이었으나 이 세상의 현실에 있어서는 이상주의적인 이념으로 비쳤다. 그들의 주장은 중세 사회의 기본 이념을 해체시키고, 당시 기존 종교 개혁자들의 개혁 사업에 새로운 걸림돌이 되었다. 그래서 그들은 처음 발생 때부터 평판이 좋지 못했으며 가톨릭과 복음주의 진영 모두에게서 이단으로 취급받았다. 특히 토마스 뮌처(Thomas Müntzer)와 그의 혁명파(Revolutionaries)에 의한 농민 반란, 그리고 독일 뮌스터(Münster)의 폭력 혁명은 늘 재세례파의 대적자들에게 공격당하는 좋은 구실이 되었다.

독일 뮌스터 시에서 종말 사상을 가진 재세례파가 1543년 폭력 혁명을 일으켜 무력으로 '새 예루살렘'을 건설하려고 했었다. 이들은 뮌스터 시를 완전 함락시켜 가톨릭과 루터파를 축출하였고 시 정부를 접수하여 스스로 통치하였다. 신약 성경뿐만 아니라 구약 성경도 회복시키려 했던 사람들이 지도권을 장악하여 구약 족장들의 부도덕한 행위를 재현하기도 했다. 결국 그들은 가톨릭과 루터파 연합군에게 다시 점령당하고 모두 처형되었다.

이 추한 에피소드로 인해 재세례파의 주가는 여지없이 폭락하였다. 처음 10년 동안 무서운 박해 아래에서도 대항하지 않았음에도 불구하고 일단의 광신도들의 행위에 따라 재세례파 전체가 극단적인 광신도 패거리로 매도당했다. 칼빈은 기독교 강요와 여러 저서에서 재세례파에 대하여 비판과 공격을 가하면서 재세례파의 이러한 행동을 가리켜 '재세례파의 오물'이라고 하였다.[127] 종교 개혁사의 권위자 베인튼 교수는 "19세기까지 종교 개혁사가들이 재세례파에 관해 서술할 때에는 이 광신도들의 탈선 행위들을 계속 나열하는 것으로 그쳤다"[128]고 서술했다.

---

127) 홍치모, 『북구 르네상스와 종교 개혁』(서울: 성광문화사, 1984). p. 237에서 재인용.

128) 베인튼, *ibid.*, p. 102.

그러나 끊임없는 감시와 일부 극단적인 사태에도 불구하고 재세례파는 소멸되지 않았고 그것들이 전체 운동의 성격을 변질시키지도 못했다. 메노파(Mennonite)의 창시자인 메노 시몬스와 후터파(Hutterite)의 창시자인 야콥 후터는 뮌스터 시에서 자행되었던 일부 다처, 유혈 혁명, 재림 시기 결정 등의 별난 행동을 일체 거부하였으며, 재세례파는 세상과 구별되어 단순, 건실, 청빈, 온유, 견인 등 신약 성경의 미덕을 따른다는 원칙을 부활시켰다. 메노는 참된 그리스도인들은 "육체와 그 정욕을 십자가에 못박고 하나님의 말씀의 검으로 마음과 입술과 몸 전체에서 일체의 불순한 생각, 추한 언행을 도려 내어야 한다. 모든 사람에게 사랑을 베풀어야 하며, 비록 신자들은 자기 재물을 빼앗긴다 해도 이에 대항하려 해서는 안 된다."고 하였다.[129]

아더 기쉬(Arther Gish)는 급진 종교 개혁 세력인 재세례파(Anabaptists), 혁명파(Revolutionaries), 심령파(Spiritualizers), 반삼위일체론파(Anti-Trinitarians) 등의 네 그룹은 분명히 구분된다고 말한다. 재세례파라는 용어는 스위스 형제단, 남부 독일 재세례파, 네덜란드 메노나이트, 후터파 등을 포함하는데, 토마스 뮌처와 그의 혁명파는 재세례파에 포함되지 않는다고 말한다.[130] 재세례학과 학자 하워드 요더(J. Howard Yoder)는 제도권의 역사가들에 의해서 재세례파의 이름이 계속 더럽혀져 왔던 뮌스터의 폭력 혁명 사건은 진정한 재세례파의 활동이 아니었다고 말한다.[131] 릿텔은 "재세례파 운동에 있어서 뮌스터 시 반란은 단지 2차적 의의만을 담고 있는 데 불과하므로 이 반란을 운동의 본류로 취급할 것이 아니라 하나의 삽입 형식(parenthetical fashion)으로 다루어야 한다."고 했다.[132]

---

129) ibid.

130) Gish, ibid., p. 50.

131) John Howard Yoder, *Peace Without Eschatology?* (Schttdale, Pa.: Mennonite Publishing House, 1954), p. 15.

132) Franklin H. Littel, *The Anabaptist View of the Church.* P. 28.

약 50년 전까지만 하더라도 구미의 일반 역사가들은 물론 교회사가들까지도 종교 개혁의 일익을 담당했던 재세례파 운동에 대하여 거의 관심을 갖지 않았다. 대부분의 교회사가들은 종교 개혁사를 서술할 때에 전대의 전통적인 교회사가들이 불충분한 사료와 연구로 해석한 선입관념에 사로잡혀서 재세례파 운동에 대한 자신들의 곡해를 시정하려고 하지 않았다. 프리드만 교수는 "루터가 개혁 운동 당시 재세례파에 대해서 주의깊은 연구나 고려도 없이 무조건 광신자(schwarmer)라고 부른 것이 그만 서구 교회사 서술에 있어서 재세례파에 대한 공식적인 대명사가 되어 버렸다."[133] 고 말한다.

릿텔(F. H. Littel) 교수는 "칼빈은 재세례파에 대하여 비난하기를 '개인주의자들, 중세 신비주의의 후손들'이라고 하면서, 신학적 이론만을 가지고 재세례파를 공격한 것이 아니라 감정이 앞서 그들의 참된 모습과 실태를 미처 파악하지 못한 채 이단으로 단정하고 정죄하였다."고 말했다.[134] 릿텔은 20세기 초엽까지의 재세례파 연구현황에 대한 설명에서 "James P. Whitney의 저서인 『History of the Reformation』이 처음 발행되기는 1907년이었는데 6백 항이 넘는 그의 저서에서 재세례파에 관해 서술한 것은 불과 3항에 지나지 않았으며 그의 저서가 1940년 영국과 미국에서 동시에 재판되었을 때도 전혀 수정을 가하지 않았다."라고 부언했다.[135]

20세기에 들면서 1940년대 전후로 재세례파의 신학적 성격에 대해 학문적인 연구활동과 저작이 활발해졌다. 재세례파 내에서는 존 하워드 요더(John Howard Yoder), 존 홀쉬(John Horsch), 헤롤드 벤더(Harold S. Bender), 로버트 프리드만(Robert Friedmann), 노만 크라우스(Norman Kraus), 아더 기쉬(Arthur Gish), 외부에서는 예일대학의 롤란드 베인튼

---

133) Robert Friedmann, "Conception of the Anabaptists" (Church History, 1940, IX), p. 342.

134) F. H. Littel, *The Anabaptist View of the Church*, p. 147.

135) 홍치모, 『북구 르네상스와 종교 개혁』, pp. 229-230에서 재인용.

(Roland H. Bainton), 탬플대학의 프랭클린 릿텔(Franklin Littel), 하버드 대학의 조지 윌리엄스(George Williams) 등 쟁쟁한 학자들이 재세례파 연구에 노력을 기울여 재세례파가 16세기의 칼빈, 루터, 츠빙글리의 종교 개혁과 함께 제3의 종교 개혁의 일원으로서 역할을 감당했다는 균형잡힌 평가를 받도록 하는 데 상당한 기여를 하였다.

재세례파 연구의 원로 헤롤드 벤더 교수는 재세례파를 세 가지로 규정하였다. 첫째, 재세례파 교회는 위임받은 제자들의 형제 관계로 구성된 단체이며, 둘째, 기독교의 본질을 이와 같이 구성된 신분 관계의 단체에서만 찾아볼 수 있다는 것과, 셋째, 새로운 사랑의 윤리가 작용하는 곳이 재세례파의 교회라고 하였다.[136] 이것은 재세례파가 순수한 아가페적 공동체라는 것과 신자 개개인이 예수의 참제자가 된다는 의미에서 공동체의 순수성과 완전성을 강조하는 것이다. 윌리엄스 교수는 "재세례파는 교회를 개혁(reformation)하는 데에 헌신했다고 하기보다는 교회를 회복(restitution)하는 데 생명을 건 자들이었고, 모두 종말론적인 분위기 속에서 부패한 교회를 초대 기독교로 복귀(restoration)시키는 데에 여념이 없는 사람들이었다."고 평했다.[137]

재세례파는 유럽 대부분의 지역에서 안주할 곳을 거의 찾을 수 없어 그들은 변경 지역에 거주하면서 부르주아 문명, 산업주의, 제국주의, 민족주의와 거리를 둠으로써 자신들을 보존하였다. 재세례파는 미국의 서부 개척지대에서는 유럽에서보다 더욱 자신들의 양식을 잘 보존하였다. 지난 4세기 동안 그들은 일체의 세속적 타락으로부터 떠나 독자적인 공동체 생활을 유지하는 데 놀랄 만한 성공을 이루었다.

재세례파는 국가와 연관, 국가 교회의 개념을 거부하는 가운데 국가 체

---

136) H. S. Bender, *The Founder of the Swiss Brethren*(Goshen Indiana: The Mennonite Historical Society, 1950), p. 120.

137) Williams, *The Radical Reformation*, p. 857.

제를 거부하고 신앙의 자유를 주장하는 가운데 분리적인 경향을 띠기도 하였다. 교회는 국가로부터 독립하면서도 공존해야 하는 것이다. 폐쇄적이고 배타적인 공동체가 된다면 결코 교회 본연의 선교 사명을 감당하는 데 한계가 있을 수 있다. 비록 칼빈이 초기의 재세례파와 그들의 지나친 신앙 형태를 잘 이해하지 못한 측면이 있었으나, 재세례파가 세상에 대한 비관적인 태도를 지양하고 역사 속에서 하나님 나라를 확장해 나가기 위해서 사회 영역 내에서 활동하도록 요청하는 칼빈의 주장에도 귀를 기울여야 할 것이다. 그리하여 종교 개혁의 주류는 풍부한 신학적 유산을 남겼고, 재세례파는 성경 말씀을 공동체 생활을 통하여 그대로 철저하게 실천하는 '생활'로써 신앙을 입증해 보여 주었다. 그러한 재세례파의 역할은 정통 주류와 갱신 공동체 모두가 균형잡힌 기독교를 이루도록 하는 데 기여했다는 점에서 더 큰 의의를 찾을 수 있는 것이다.

5) 오늘의 재세례파

재세례파에는 크게 메노나이트(Mennonite)와 후터라이트(Hutterite)라는 두 그룹의 공동체가 있다. 메노나이트 공동체는 16세기 당시 개신교로 개종한 가톨릭 신부였던 네덜란드의 메노 시몬즈(Menno Simeons)로부터 시작된 네덜란드의 재세례파인데, 메노의 이름을 따서 메노나이트라고 부르며 이들은 현재 북미 개신교 내에서 정식으로 메노나이트 교단을 형성하고 있으며, 선교활동과 특히 활발한 사회봉사활동을 통하여 북미 사회에서 매우 영향력 있고 발전하는 교단으로 자리잡고 있다. 후터라이트 공동체는 16세기 독일의 야콥 후터(Jakob Hutter)를 지도자로 하는 재세례파인데 역시 그의 이름을 딴 것이다. 메노나이트는 대개 일반 사회 내에서 공동체 사역을 하는 스타일인 데 비해 후터라이트는 모두 전원 지역에 위치해 있으며 초대 교회 공동체처럼 유무 상통하는 완벽한 공동체적 환경을 갖추어 살고 있다. 후터 형제회는 초대 교회 공동체의 역사적 계승의 의미를 지니고 있다.

재세례파는 초대 교회 공동체를 그대로 정확하게 재현하여 지금도 이 땅
위에 공동체로 존재하고 있다.[138] 재세례파 공동체의 가장 큰 신학적인 의미
는 사도행전에 나오는 초대 교회 공동체와 같이 유무 상통하며 완전한 공
동체를 현재 우리에게 그대로 재현해서 보여 주고 있다는 것이며, 우리가
실천하려고만 한다면 초대 교회 공동체와 같은 생활을 지금도 그대로 이룰
수 있다는 것을 입증해 주는 모델이라는 것이다.[139] 현대의 후터라이트 지도
자 중의 한 사람 메릴 모우(Merrill Mow)는 "우리의 원천은 예수님의 가르
침대로 바로 사도행전 2장에 나오는 초대 교회 공동체를 그대로 실천하여
사는 삶이다."[140]고 말한다.

재세례파는 신학적인 논쟁보다 제자로서 삶을 사는 방식에 더 관심이 있
으며, 이미 주어진 성경의 기본적인 가르침을 실천해 나감으로써 성경 진
리를 더욱 깊이 깨달아 아는 '실천함으로써 체득하는 진리'를 견지한다.
재세례파는 바로 초대 교회 공동체를 우리에게 완전히 그대로 구현해 줌으
로써 초대 교회 공동체를 교회 갱신의 원초적인 모델로 제시하며 이것을
기점으로 삼아 교회 갱신에 대한 희망과 자신감을 우리에게 불어넣어 주고
있다. 재세례파 공동체는 바로 성경 말씀이 시대를 초월하는 불변의 진리
라는 사실을 우리에게 확인시켜 주는 역사적 증거이다.

가톨릭의 수도원 공동체를 제외하고 종교 개혁 이래로 기독교 역사상 4
백여 년 동안 가장 오래 지속된 공동체는 재세례파 공동체이다. 벤자민 자
블록키(Benjamin Zablocky)라는 신학자는 "이러한 생활방식은 사실 모든

---

138) 재세례파는 현재 북미를 비롯하여 유럽, 남미, 아프리카, 아시아 등 세계 전역에 걸쳐서 퍼
져 있으며 신자 수는 약 613,500명이다. Merle and Phyllis good, *20 Most Asked Questions about
the Amish and Menonites*(Lancaster, Pa: Good Books, 1979). pp. 78-81. 참조

139) 재세례파의 사도행전과 같은 공동체 생활에 대한 현재의 예로서는 김현진, 「초대 교회로
살아가는 후터 형제단 공동체」, 《빛과 소금》 (서울: 두란노서원) 1992. 9월호를 보라.

140) 현재의 재세례파의 일원인 후터 형제회에 대해서는 Merrill Mow, *Torches Rekindled*
(Ulster park, NY,: Plough Publishing House, 1989)를 보라.

사람들에게 가능한 것이다." [141]라고 한다. 재세례파 공동체는 이 땅에서 하나님 나라의 아름다움과 그리스도의 한 몸 됨을 실제로 보여 주는 '가시적 실제' (visible reality)이다. 이들의 삶은 로마 가톨릭 신학자들에게도 깊은 감명을 주었다.

마이클 노박(Michael Novak) 같은 현대의 저명한 가톨릭 신학자는 재세례파 공동체는 "역사상 성 프랜시스의 수도적 영성에 견줄 수 있는 개신교 공동체" [142]라고 말하면서 "그러한 삶은 자유롭고도 자발적인 헌신의 삶이며, '좀더 완전한 사람들' 의 공동체를 형성하게 해준다. 규율이 잘 잡혀 있는 그러한 삶은 하나님의 뜻에 온전하게 의지하려는 경건한 믿음을 고취시킨다. 그것은 마치 십자가의 원리에 따라 세상을 버리고 사는 순교자의 삶과 같이 고결한 삶이다." 라고 평하였다.

톰 사인(Tom Sine)은 "사회의 세속적 가치와 타협한 미국 교회에게 갱신의 경종을 울려 주고 한 가족 된 교회의 공동체성을 일깨워 주는 놀라운 모델" [143]이라고 말한다. 또한 하버드 대학교 신학부 교수였던 조지 윌리엄스(George Williams)는 재세례파의 개혁은 정통 주류의 종교 개혁과 함께 제3의 종교 개혁으로 보다 '철저한 종교 개혁(Radical Reformation)' 이었다고 하면서 21세기 교회의 희망은 재세례파와 같이 성경대로 사는 '철저한 제자도를 구축하는 공동체적 교회에 있다.' 고 한다. [144]

칼빈은 16세기 당시 재세례파가 개신교의 개혁의 전열을 흐트러뜨리고 지나친 재산 공유를 주장하는 과격한 개혁을 한다는 데 대해 강도 높은 비판을 한 바 있었다. 사실 재세례파는 그 당시 성경대로 실천하는 철저한 개

---

141) Benjamin Zablocki, *The joyful Community* (Baltimore: Penguin, 1871), p. 33.

142) Michael Novak, "The Meaning of 'Church' in Anabaptism and Roman Catholicism: Past and Present," C. B. Robinson ed, *Voluntary Associations; A Study of Groups in Free Societies* (Richmond, Va. : John Konx, 1966), p. 91, 96.

143) Meill Mow, *Torches Rekindled*, p. 330.

144) Williams, *The Radical Reformation*.

혁을 구현하려다가 너무 과격한 양상을 띠었고, 사실 당시 개혁의 질서를 흐트러뜨리기도 했었다. 당시의 재세례파는 급진 개혁의 처음 상태였기에 일부 과격하고 지나친 면과 많은 시행 착오가 있었다. 그러나 재세례파 공동체는 현재까지 약 4백 년간 이어지면서 계속 발전해 왔으며 북미에서 메노나이트는 정식 복음주의 교단에 포함될 만큼 폭넓은 지지를 얻고 있다. 그러므로 재세례파 공동체를 논함에 있어서 그들 초기의 조악한 모습과 당시 개혁 주류의 비판에만 의존하지 말고 현재의 개선되고 발전된 모습과 연계하여 균형잡힌 평가를 해야 할 것이다.

칼빈은 제네바 시를 수도원화 즉 제네바를 거대한 '신성 공동체'로 만들려고 시도하였다. 그러나 제네바 공동체는 그의 퇴장과 함께 곧 사라져 버렸다. 반면에 칼빈이 비판하였던 재세례파 공동체는 4백여 년이 넘은 지금에도 여전히 계속되고 있고 교회 공동체의 모습을 우리에게 재현해 주고 있다는 점에서 그 영향력과 존재 의미를 가질 수 있는 것이다.

2. 개신교 내에서 공동체 삶의 회복

1) 종교 개혁시의 공동체관

종교 개혁가들은 그 당시 수도 공동체에 대해서 반감을 가지고 있었다. 루터와 칼빈은 둘 다 수도원이 당시 로마 가톨릭 교회 안에 존속해 있었기 때문에 수도원 제도를 반대한다고 밝혔다. 즉 수도적 생활이 보편적인 기독교인의 삶의 형태보다 더욱 훌륭한 것처럼 여겨질 수 있다는 것과 이신득의(以信得義) 신앙과 반대되는 공적 신앙(功績信仰)의 형태를 띠고 있었기 때문이었다. 또한 수도 공동체에서 성례가 말씀보다 더 중요하게 여겨지고 기독교인의 자유가 수도원의 규약과 규칙에 몰수당하는 것에 반대했다. 루터는 중세 가톨릭 수도 생활의 진정한 목적이 세속의 가치 기준과 타협되어 있다는 것과 이원론적 신비주의에 오염되어 있다는 것을 알았다. 그래서 칼빈은 제네바 시 전체를 수도원화하려고 하였고, 츠빙글리는 취리

히 시에서 실제로 신정 정치를 폈었다.[145]

종교 개혁가들이 당대의 수도원에 대해 혐오감을 가졌음에도 불구하고 그들은 신앙 공동체의 생활원리는 비난하지 않았다. 아우구스티누스는 공동체를 교회 내의 누룩으로 보았는데, 사실 칼빈은 아우구스티누스가 주창한 수도원 형태에 호의를 가지고 있었다. 루터는 상당한 수준의 훈련을 요하는 에르푸르트의 아우구스티누스 은자 수도원의 수도사였다. 그는 교회사에 있어서 수도원의 가치를 다음과 같이 인정했다.

"나는 수도원의 의식을 비난하려고 말하는 것은 분명히 아니다. 왜냐하면 그것은 신앙인 최초의 훈련이었기 때문이다. 수도원에 들어오는 자는 윗사람에게 복종하는 것을 배우며, 자신을 위해 일하지 않고 모든 면에서 사람을 섬기는 법을 배운다. 사실 기독교인의 자유를 훈련하고 완성케 하는 학교로서 공헌한 것은 수도원이었다."[146]

루터는 1538년(그가 55세 때)에 "나는 시골 수도원과 특히 고귀한 사람과 가난한 성직자들을 돌보도록 제정된 수도원을 좋아한다. 그러한 수도원으로부터 교회와 나라를 위하여 알맞은 인물이 선택되어진다"[147]라고 밝히면서 수도 공동체를 통하여 훈련되는 생활원리를 역설했다. 1566년 스위스 개혁 교회의 신앙고백을 담은 제2차 헬베티아 신앙고백서(the Second Helvetic Confession)에서는 독신의 생활 훈련적인 면을 다음과 같이 높이 평가하였다.

---

145) 블뢰쉬, 『세계의 예수 공동체』, pp. 51-52.

146) Martin Luthur, *Luther's Works*. Vol. XIV. Ed. Jaroslav Pelikan (St. Louis: Concordia, 1958), p. 301.

147) Martin Luthur, *Luther's Works.: Table Talk*, Vol. 54. Ed. and trans. Theodore G. Tappert (Philadelphia: Fortress, 1967), p. 312.

"하늘로부터 독신의 은사를 받은 자들, 그러므로 온 마음으로 온 영혼으
로 순결하고 자제심이 있고 정욕으로 불타지 않는 그러한 자들, 그들이
하나님의 은사를 부여받았다고 느끼는 한, 그들로 하여금 그 부르심에
따라 주님을 섬기도록 할 것이다. 그들이 남보다 자신들의 처지를 높이
지 않도록 하여, 주님을 순박하고 겸손히 계속 섬기도록 할 것이다(고전
7:7). 그러한 자들은 개인적인 가정 생활로 마음이 산란한 자들보다 하나
님의 일에 정성을 쏟기가 훨씬 쉬운 법이다." [148]

일반적으로 종교 개혁 시대의 교회들은 수도원 제도에 반대의 입장을 나
타냈다. 그러나 많은 교회 지도자들과 학자들은 수도원을 목회자와 교회
교역자들을 양육시키는 목적을 가진 공동체로 보았다. 그러한 공동체는 교
회 봉사에 헌신할 자들을 훈련시키는 '종신 헌신자들을 위한 장소'가 되었
다. 예를 들어 1536년의 개신교의 비텐베르크 신앙 고백서(the Wittenberg
Articles)는 다음과 같이 수도 생활을 규정하였다.

"만약 어떤 규칙하에서 삶을 살 수 있는 어떤 사람들이 수도원에서 일생
을 보내고 싶어한다고 할 때, 그들의 신조와 예배가 순수하고, 그들이 수
도 생활의 이행을 별문제 없는 것으로 여기는 한 우리는 그들을 비난할
수 없다. 우리는 온전한 영성을 가진 수많은 진실한 기독교인들이 모범
적인 수도원 생활을 했다고 확신한다. 우리는 그러한 수도원이 학식 있
고 헌신된 사람들에 의해 유지되고, 거기서 교회의 보다 큰 유익을 위하
여 기독교 교리가 연구되기를 원한다. 그러면 이러한 수도원들은 젊은이
들이 교리로써만 교육받을 뿐 아니라 규율 있는 헌신된 생활의 훈련을
받을 수 있는 장소도 될 수 있을 것이다." [149]

---

148) Arthur C. Cochrane, ed. *Reformed Confessions of the 16th Century* (Philadelphia:
Westrminster, 1966). The Second Helvetic Confession, Ch. XXIX, p. 298.

종교 개혁은 가톨릭을 따라갈 수 없었던 일방적인 입장 때문에 중세 가톨릭이 가졌던 장점들도 함께 포기할 수밖에 없었다. 수도원 공동체가 지녔던 미덕들 즉 순종, 헌신, 섬김 그리고 훈련되는 삶의 모습을 상실하게 되었다. 타락한 중세 교회와 사회 속에서 기독교는 수도 공동체를 통하여 어느 정도까지는 초대 교회적인 경건한 공동체 생활의 일면을 보유하고 있었다. 그러나 훈련과 행위로써가 아니라 오직 믿음으로 구원받는다고 하는 이신칭의(以信稱義)의 교리에 대한 지나친 강조는 그 다음에 따라야 할 '성화의 삶'을 훈련시키는 공동체적 삶을 막는 결과를 초래하였다.

2) 17세기의 개신교 공동체들

수도원 생활이 종교 개혁가들에 의해 비난을 받기는 했지만 개신교 역사에도 공동체를 세우려는 많은 시도가 있었다. 독일 북서부 린텔른 근처의 묄렌벡(Mollenbeck) 수도원은 개신교 내에서 나타난 최초의 공동체들 중 하나였다. 그것은 원래 아우구스티누스 수도원 수사들의 모임이었으나 1558년에 원장인 헤르만 베니히(Hermann Wenig) 신부의 주도하에 종교 개혁의 방향으로 변모를 시도하였다. 이 수도원의 신조와 규약의 이행은 루터의 복음적인 신학에 의해 바꾸어졌다. 예배 의식에 있어서 성인들을 숭배하는 의식의 분위기도 사라지고 미사가 희생제라는 생각도 버리게 되었다. 이 수도원은 실제로 복음적인 공동체로서 번성해 갔고 수련자의 수도 눈에 띄게 증가했다. 당시 어떤 가톨릭 학자는 이에 대해서 "그 수도원이 개혁되기 전에는 몇 년 동안 수사들이 거의 없었고 그 지역에 단지 미미한 영향을 주었는 데 반해, 개혁이 된 후에는 전과 대조적으로 매우 강한 영향력을 행사하게 되었다. 그리고 수도원 원장은 항상 여러 종파에서 온 방문자들에게 둘러싸여 그들의 상담 요청에 응하느라 바빴다."라고 기록하였

---

149) George Mentz, ed. *Die Wittenberger Artikel Von 1536*(Leipzig: Deichert' sche Veragsbuchhandlung, 1905), p. 74. 블뢰쉬, p. 57에서 재인용.

다.[150] 그러나 그 수도원은 30년 전쟁에 의해 생겨난 극심한 반대를 감당할 수 없어서 결국 17세기 후반에 사라지고 말았다.

루터 교단 내에서 유지되어 온 두 개의 가톨릭 수도원이 있었다. 로쿰 (Loccum)에 있는 수도원은 원래 1163년에 설립된 시토회(Cistercian) 수도 원이었다. 그러나 1593년 루터 신학의 조명을 받아 개혁되었다. 서원은 더 이상 요구되지 않았으나 독신은 의무로 남아 있었다. 점차로 매일 드리는 기도회의 횟수가 루터파의 예배 양식에 따라 일곱 번에서 세 번으로 줄었 다. 그 공동체는 여전히 자신들을 시토 수도회라 칭했고 성 베네딕트의 규 칙을 계속 준수했다. 1792년 목회자를 위한 신학교가 세워졌으나, 19세기 후반까지 그 수도원은 독립된 단체로 남아 있었다.

전에 수녀들을 위한 아우구스티누스 수도원이었던 헬름슈타트(Helms-tedt)의 마리엔베르크(Marienberg) 수도원에서는 1569년에 반대가 있었음 에도 불구하고 루터의 교리를 받아들이게 되었다. 이 수도원은 점차로 독 신 여성을 위한 복음적 공동체로 변모되었다. 그 지역 교회 목사 중 한 분이 정규 예배를 관장하기 위해 수도원의 사제로 임명되었다. 19세기에 노이엔 데텔사우(Neuendettelsau)의 여집사들과 부분적인 관계를 맺으면서 그 수 도원은 경건과 국내 선교 운동에 대한 관심을 갖게 되었다. 이와 같은 시기 에 공동체 주변 지역을 위한 병원, 여학교, 공공 학교가 수도원 내에 설립되 었다. 여섯 명의 자매가 아직까지 마리엔베르크에 남아 있으며 경건 훈련 과 함께 매일 예배를 드린다.[151]

17세기 개신교의 경건주의 주류로부터 다양한 공동체 운동이 수도원적 인 성격으로 종종 나타났었다. 가톨릭에서 칼빈주의로 개종한 장 라바디 (Jean Labadie)는 네덜란드와 미국에서 독신 남녀를 위한 공동체들을 설립

---

150) Francois Biot, *The Rise of Protestant Monasticism*, Trans. W. J. Kerrigan (Baltimore: Helicon, 1963), p. 66

151) 블뢰쉬, 『세계의 예수 공동체』, pp. 66-67.

하였다.

독일 루르(Ruhr) 지방에 있는 벤니겐의 장 제누비(Gennuvit)도 1699년에 수도적인 생활을 회복하려는 시도를 했다. 같은 시기에 요한 켈피우스 (Johann Kelpius)는 미국 펜실베이니아 주에 있는 필라델피아 페어몬트 공원의 현재 위치 가까이에 비사이콘(Wissahickon)이란 은자의 집(Hermitage)을 세웠다. 이러한 공동체들의 경건은 복음적이라기보다는 신비적이고, 세상의 모든 일에서 떠나 묵상과 명상의 침묵으로 들어가는 것을 강조한다. 이러한 시도는 스페너와 프랑케의 성경적 경건주의보다 급진적 경건주의 (radical pitism)로 연계될 수 있다.[152]

17세기 영국에서는 니콜라스 페라(Nicholas Ferrar)의 가족과 친척으로 구성된 리틀 기딩 공동체(the community of Little Gidding)가 생겨났다. 그들은 모두 30여 명이었다. 영국 성공회에 남아서 사역하기를 원했던 이 공동체는 자신들을 로마 가톨릭과 청교도들의 중간적 입장이라고 여겼다. 그들은 스스로 모두 그리스도의 복음에 따라 엄격한 방식으로 살아가기로 서약했다. 니콜라스의 생각은 본질적으로 청교도적이었다. 리틀 기딩 공동체는 기도와 안식의 집으로서만 아니라 인근 지역을 위한 학교, 병원, 약국 등의 역할도 담당하였다.[153]

VI. 근세사에 나타난 공동체 운동

1. 경건주의 내의 공동체 운동

경건주의는 당시 신학자들의 교리주의와 철학자들의 이성주의에 대한

---

152) *ibid.*, p. 69.
153) *ibid.*, pp. 69-70.

반동으로 17~19세기의 두 세기에 걸쳐 세속화된 기독교의 상태에서 기독교의 본질과 참된 교회를 회복하려 했던 운동이었다. 경건주의 운동은 스페너-프랑케-진젠도르프-모라비안 교도-웨슬리의 라인을 그리면서 계속 이어졌다. 흔히 경건주의 운동을 교회 갱신적인 차원으로만 보는 경향이 있지만, 이 운동이 심화 발전되면서 경건주의 운동에는 초대 교회의 본질과 그러한 공동체적인 삶을 회복하려는 움직임이 나타난다.

1) 야곱 스페너의 '경건한 모임(Collegia Pietatis)'

스페너(Philipp Jakob Spener, 1635~1705)는 경건주의 운동의 아버지로 불린다. 그는 북부 알사스 지방에서 태어났으며, 스트라스부르크 대학에서 엄격한 루터교 교육을 받고 졸업한 후 루터교 목사 안수를 받았고 프랑크푸르트와 드레스덴에서 목회를 하였다. 그는 제네바에서 지낼 때 왈도파의 역사와 초기 개혁 교회의 역사를 연구하였다. 또한 그는 당시 인기 절정이던 카리스마파 개혁 교회 설교자 장 라바디(Jean de Labadie, 1610~1674)의 설교를 들으러 가곤 했다. 라바디는 가톨릭에서 칼빈주의로 개종한 목사였으며, 교회의 회복을 위한 길은 초대 교회 공동체를 회복하는 길뿐이라고 생각하여 진정한 교회를 세우고자 했던 인물이었다.

그는 후에 네덜란드에서 독신 남녀를 위한 개신교 공동체를 설립하였다. 스페너는 라바디의 집회를 통해 원시주의(primitivism)와 그의 목회 사역에 대한 열정 그리고 각종 소그룹 및 세포 조직의 활용방법에 대하여 배웠다.[154]

그의 경건주의는 『진정한 기독교(True Christianity)』를 쓴 요한 아른트(Johann Arndt)에게서 크게 영향을 받은 것이었다. 스페너는 오늘날의 용

---

154) August Tholuck, "Philipp Jacob Spener", F.A. Muhlenberg 역, *Evengelical Quarterly Review* 14:53(1862): 69. 하워드 스나이더, 명성훈 역, 『성령의 표적』(서울: 나단, 1994) p. 93에서 재인용.

어로 말하자면 평신도 사역, 제자 훈련, 장로의 역할, 소그룹 모임 등과 같
은 매우 현실적인 문제에 관심을 쏟으면서 교회 갱신에 고심하였다. 그는
교회가 당시의 정치적 세력에 의해 움직여지고 있음에 대해 크게 좌절하여
"만약에 바람직한 개혁이 이루어진다면, 그것은 성직자와 평신도 공동의
노력에 의한 것이어야 한다"는 신념을 갖게 되었다. 즉 '만인 사제직
(priesthood of believers)'을 다시 강조하였는데, 이것은 당시 성직자와 정
치 지도자들에게 명백한 도전이었다. 그는 신자들이 서로 교제하고 교화될
수 있는 소규모 모임을 제창해 냈다.[155]

스페너의 사상에서는 특히 그리스도인들의 믿음과, 체험의 공동체적인
성격에 대한 그의 관점이 중요하다. 스페너는 당시 교회에 대하여 다음과
같이 말하였다.

> "비록 우리의 복음적 루터 교회(Evangelical Lutheran Church)가 온전한
> 교회이고 순수한 가르침을 펴고 있기는 해도, 불행히도 이 교회는 우리가
> 슬픔에 가득찬 눈으로 그 모습을 바라볼 수밖에 없는 그런 상태에 있다."[156]

그럼에도 불구하고 스페너는 "하나님께서 이 지상에 있는 당신의 교회에
이보다 더 나은 상태를 약속하셨다."[157]고 확신하고 있었으며, 바로 이로부
터 교회 갱신의 핵심적인 원동력이 흘러나왔다.

스페너는 교회를 '특정 방식으로 서로 결합된 사람들의 모임 또는 집회'
로 봄으로써 교회의 제도적인 측면보다는 공동체, 백성, 몸으로서의 본질
적인 성격을 강조하였다. 그는 신자들이 "하나의 교회 또는 하나님의 공동

---

155) F. Ernest Stoeffler, *The Rise of Evangelical Pietism* (Leiden: E. J. Brill), P. 236.

156) Philipp Jacob Spener, *Pia Desideria*, Trans. by Theodore G. Tappert (Philadelphia: Fortress, 1977), p. 67.

157) *ibid.*, p. 76.

체(Gemeine)가 된다."고 말하였다. 스페너의 교회론은 유기체적인 이미지
들로 가득차 있다. 그는 또한 진정한 신자들은 "다른 사람들로 하여금 만연
되어 있는 부패에 물들지 않도록 지켜주는 소금이다."라고 하였다.[158]

이같은 그의 태도를 어떤 이들은 초대 교회를 흉내내려는 '우스꽝스러운
짓'이라고 비난하기도 했다. 그러나 그는 콘스탄티누스 이전의 교회사 시
기를 '교회가 아직 세속의 때가 묻지 않았던 그리스도교 세계의 찬란한 시
대'로 보았다.[159] 루터에 의해 시작된 개혁을 생활과 도덕 그리고 교회의 공
동체적 체험 면에서 완성하기 위해 노력하는 개혁이라고 생각하였다. 스페
너의 핵심적인 주제들인 거듭남, 만인 사제직, '작은 교회(ecclesiolae)' 또
는 '경건한 모임(Collegia Pietatis)'은 그의 교회론의 특징이었다.

스페너는 "교회 모임에 고대적인 형태와 사도적인 형태를 재도입할 것"
을 제안하면서 고린도전서 14:26-40을 그 성경적 전거로 제시하였다.[160] 스
퇴플러(F. Ernest Stoeffler)는 "'경건한 모임'은 교회가 초기 기독교 공동
체의 모습을 드러내기 위해 다시금 도입해야 했던 방편이었다."고 평했
다.[161] 스페너는 그것을 통해서 목회자들과 헌신적인 평신도들이 교리의 개
혁에 삶의 개혁을 더하도록 동참시켰던 것이었다. 교회론적으로 스페너는
교제(koinonia)와 연합된 삶 그리고 제자 훈련에 대해 강조했던 것이다.

스페너의 교회 개혁의 핵심적인 돌파구는 '경건한 모임'이었다. 이것은
교회 내에서 진정으로 복음적 삶에 헌신한 자들의 작은 모임으로서, 비록
재산을 공유하는 공동체는 아니지만 보다 헌신된 모임으로 공동체의 성격

---

158) Spener, "Of The Christian Church", *Philipp Jacob Spener : Pietist Patriarch*, Trans. by
K. Tames Stein (Chicago: Covenant, 1986), pp. 2-10.

159) Allen C. Deeter, "A Historical and Thelogical Introduction to Philipp Jacob Spener's
Pia Desideria: A Study in Early German Pietism" (Princeton University Ph.D. Dissertation, 1963),
P. 12. 스나이더, 『성령의 표적』, p. 112에서 재인용.

160) Spener, *Pia Desideria*, p. 89.

161) Stoeffler, *Evangelical Pietism*, pp. 238-239.

을 가지고 있다는 점에서 초대 교회 공동체의 성격에 접맥되어 있었음을 알 수 있다.

2) 프랑케의 교육 공동체

경건주의 운동은 프랑케(August Hermann Francke, 1663~1727)에 와서 제2단계로 접어든다. 프랑케는 그의 스승 스페너의 경건주의 이론을 실제 생활현장에서 구체화하는 일에 힘썼다. 그는 1695년에 가난한 이들을 위한 학교를 열렀고, 1696년 고아원의 설립으로 양자가 서로 지원하는 일련의 통합 조직으로 발전시켰다. 또한 귀족 자제들을 위한 초등학교, 대학 수험 준비를 하는 학생들을 위한 라틴어 학교 그리고 일반 시민의 자녀들을 위한 독일어 학교, 가난한 과부들을 위한 보금자리와 서점, 화학 실험실, 도서관, 자연 과학 박물관, 세탁소, 농장, 제과점, 양조장, 병원 등을 설립했다. 새 고아원 건물 안에 '칸슈타인 성경 학원(Canstein Bible House)'을 설립, 무려 3백만 부에 달하는 성경을 보급했다. 대부분은 자발적인 기부금과 프랑케를 비롯한 동역자들의 믿음에 의존하여 운영되었다. 프랑케는 주로 신학 대학생들을 학교의 임직원으로 채용하여, 그들 스스로 재정적인 도움이 되게 할 뿐더러 실제적인 체험을 할 수 있는 기회를 제공하곤 했다. "1727년 임종을 맞을 때까지, 프랑케는 그의 각종 기관에 거의 4천 명에 이르는 직원을 채용, 유지해 나갔다." [162]

이들 기관의 사역에는 두 가지 의미가 있다. 첫째, 이 사역들은 모두 매우 의도적인 개혁 비전의 일부였다. 프랑케는 교회뿐만 아니라 '교육체제의 철저한 개혁'을 통해서 독일 사회를 변화시키고, 나아가 전 세계에 영향을 미치려고 했다. 그는 모든 교육은 경건한 삶에 깊이를 더해 준다는 스페너식 사고와 매우 실제적인 경향을 띤 교육 개혁가였다. 그는 그의 학교들

---

162) Theore G. Tappert, "Orthodoxism, Pietism, and Rationalism", Harold C. Lettsed., *Christian Social Responsibility*(Philadelpia: Muhlenberg, 1957), 2:47. p. 73.

을 통해 경건주의적 영향력을 사회 각계 각층에 스며들게 하려고 했다. 프랑케는 학교를 이 세상에서 하나님의 영광과 그분의 임재를 위해 헌신하는 곳으로 만들려고 했다. 할레 고아원과 학교에서의 생활은 사실상 교육적 · 선교적 목적을 위해 존재하는 '공동체 생활'이었다. 할레의 학교들이 매우 성공적으로 운영된 결과, 그의 교육 방법이나 사상은 실제로 매우 폭넓게 확산되어 나아갔다.[163]

프랑케는 개신교 선교의 부흥에 관련된 두드러진 인물들 가운데 한 사람이 되었다. 목회자, 교육자, 제도 혁신가, 행정가, 정치 평론가, 개혁가로서의 역할을 통해 프랑케는 독일 사회에 중대한 영향을 미치는 많은 실질적인 방향에 경건주의적인 열정의 에너지를 쏟아부었다. 스퇴플러는 "프랑케는 각종 자선기관의 창안가이자 설립자이며 평생의 지도자였다. 그리스도 교회의 장구한 역사 가운데 이같은 인물은 거의 찾아보기 힘들 것이다."고 말했다.[164] 프랑케는 할레에 3천여 명을 수용하는 대규모 고아원을 설립했으며, 그의 진료소는 표준화된 의약품을 대규모로 생산하는 독일 최초의 기관이었다. 또한 성경과 종교서적 출판사도 세워 독일어, 그리스어 그리고 여러 슬라브어로 책을 출판하면서 출판사업은 독일내 굴지의 사업체가 되었다. 프랑케는 중 · 동부 유럽의 모든 핵심 지점에 그의 대리점을 설치하였다.

프랑케는 할레에서 경건주의를 제도화시켰다. 경건주의 영향 아래 설립된 할레 대학교의 성장은 경건주의의 제도적 · 신학적 원동력이 되었으며 프랑케가 설립 지도한 조직의 연쇄망은 그 운동을 사회적으로 강화시켰을 뿐 아니라, 독일을 비롯한 세계 여러 나라에 지속적인 영향을 줄 수 있는 토대가 되었다.[165]

---

163) 스나이더, 『성령의 표적』, P. 106.

164) Stoeffler, p. 31.

165) 스나이더, p. 108.

프랑케는 체험적 신앙, 양육, 훈련, 규율, 생활규칙과 이웃과 곤궁한 사람들에 대한 선행을 강조하였다. 그는 이러한 철저한 생활훈련을 통해 교회의 삶을 쇄신하는 일이 바로 교회 갱신의 실제라고 여겼다. 프랑케의 주된 관심사는 신자들이 그리스도인으로서 사는 훈련된 삶이었다. 프랑케는 교육 개혁자로서의 성격을 짙게 띠었다. 생활의 모든 면에서 엄격한 규율을 요구했다. 빈틈없는 교육체계가 프랑케가 인간의 삶을 형성시키고 돌봐주는 방법이었다.[166]

경건주의 갱신 운동은 교회에서 학교로, 교회론에서 교육학으로 이동하였다. 프랑케는 '경건한 모임'이 아니라 '대학생들로 구성된 성경 공부 모임'을 통해서 개혁을 추진하였다. 스페너가 갱신은 '교회 개혁'을 통해서 온다고 보았던 반면에, 프랑케는 '교육적 개혁'을 통해서 온다고 보았다. 그러나 스페너와 프랑케는 영적인 체험과 거듭남 그리고 단지 교리만이 아닌 삶의 원천으로써 성경의 중요성을 강조하였고, 교회와 그리스도인으로서의 삶에 대하여 교회를 제도적으로 보기보다는 유기체적으로 이해를 했다는 점과 개혁의 가능성을 낙관했다는 점에서 서로 비슷했다.[167]

• 경건주의 평가

경건주의의 '작은 교회' 또는 '모임', '경건한 모임'은 감리교 조직에서 '신도반 모임(class meeting)'처럼 탁월하고 중심적인 구조가 되지 못했다. 교회라는 보다 큰 몸(body)에는 널리 전파되기 어려운 '급진적 그리스도교'로 참석자들을 이끌어 갔다. 경건주의는 가능하면 보통 사람들의 영적인 수준과 부합하고 그들과 같은 언어를 사용하는 사람들이 단순한 메시지를 가지고 그들에게 접근하는 일에 늘 관심을 갖고 있었다. 경건주의는 평

166) Manfred W. Kohl, "Wiedergeburt as the Central Theme in Pietism", *The Covenant Quarterly* 32: 4 (1974, 11), pp. 21-22.

167) 스나이더, p. 128.

등을 강조하여 성직자와 평신도간의 차별을 완화하고 다른 계층간의 차별도 주인과 노예, 지배자와 피지배자, 부유한 자와 가난한 자의 긴밀한 친교 속에서 훨씬 덜 대립되도록 하였다.[168]

이같은 일들은 경건주의자들의 '은밀한 집회'를 통하여 나올 때가 많았다. 비록 지역에 따라 다소 다른 형태를 취하기는 했지만, '모임'들의 공통적인 특징에는 다음과 같은 것들이 있었다.

① 개인 집에서 편안히 만날 수 있을 만큼 비교적 적은 수의 사람들로 구성되어 있었다.

② 상호 교화를 목적으로, 성경 공부와 기도와 영적 토론이라는 세 가지 요소가 결합되었다.

③ 정상적인 예배 의식에 비하여 훨씬 덜 형식적인 분위기였고, 체험적인 신앙을 강조했다.

④ 어느 정도는 여러 사회 계층이 뒤섞여 있었다.

⑤ '만인 사제직'의 신학적 · 실제적 의미가 이해되고 있었다.

⑥ 평신도들이 주도적인 역할을 담당했다.[169]

'작은 교회'들의 조직망은 성직자들 이상으로 그리스도인들의 사역을 실제적이고도 실천적인 차원으로 확대시키는 근간이 되었고, 독일과 스칸디나비아, 신대륙의 루터 교인들 사이에 널리 퍼져 나간 '작은 교회'들의 무수한 조직망은 경건주의의 큰 영향력을 발휘했다.[170]

결국 경건주의 운동은 교회 안에서 헌신적인 그리스도인들의 집단을 형성하거나, 교회 밖에서 새로운 운동을 일으키는 결과는 가져왔지만 결코 교회 전체의 쇄신을 이룩하지는 못했다. 그것은 각 개인 내면의 삶을 바로 세움으로 교회의 생활을 갱신한다는 방침이 전체 교회에 대한 책임감을 약

---

168) *ibid*, pp. 132-134.

169) *ibid*.

170) *ibid.*, p.135.

화시키는 원인이 되었고, 정통주의와 제도주의의 높은 저항도 경건주의 갱신 운동을 좌절시키는 요인이 되었다.[171] 이 점은 기존 교회 제도 안에서 교회를 갱신한다는 것이 얼마나 어려운가를 잘 보여 주는 것이다.

스페너는 교회 내의 '작은 교회' 모임을 통해 헌신된 공동체의 이상으로 나아갔고, 프랑케는 '학교'라는 엄격한 생활훈련의 교육기관을 통해 헌신된 공동체의 실제적인 구현을 추구하였다. 둘 다 모두 제도 교회와 일반 사회 속에서 '철저한 제자도'를 구축하려고 안간힘을 썼던 것이다. 경건주의가 교회를 완전히 개혁하지도, 프랑케의 높은 이상에 도달하지도 못했지만, 경건주의는 교회 내에서 장기적인 의미의 갱신을 일으켰다. 스페너와 프랑케의 교회 갱신을 위한 노력들은 그리스도인으로서의 개인적인 체험이 아닌 공동체로서의 교회에 대한 신학을 전제로 하여 나온 것이었다. 나아가 스페너와 프랑케의 경건주의는 진젠도르프와 모라비안 공동체, 웨슬리의 공동체 운동을 낳았다는 점에서 크게 기여했다.

3) 진젠도르프와 헤른후트 공동체(Herrnhut Community)

경건주의는 스페너를 대부로 삼았던 니콜라우스 루드비히 진젠도르프(Nikolaus Ludwig von Zinzendorf, 1700~1760)에게 영향을 미쳤다. 그는 어릴 때부터 깊은 신앙심을 가지고 있었다. 열렬한 경건주의자였던 그의 부모는 그를 할레대학교에 보내어 프랑케 밑에서 공부하도록 했다. 그는 여러 나라를 여행하고 법률을 공부한 뒤 결혼하여 드레스덴 궁정에서 공직으로 봉사하였다. 드레스덴에서 진젠도르프는 그의 일생을 변화시켰던 모라비아 교도들을 만나게 된다. 이들은 원래 박해를 피해 고향 모라비아를 떠난 후스파였는데 진젠도르프는 이들에게 자신의 사유지를 제공하여 정착하도록 하였다. 모라비아 교도들이 1722년 진젠도르프의 동료인 요한 안

---

171) W. A. Wisser't Hooft, *The Renewal of the Church* (London: SCM Press, 1956), pp. 83-84.

드레아스 로테(Johann Andreas Rothe, 1688~1758)와 크리스천 데이비드
(Christian David, 1690~1751)의 인도로 베르텔스도르프에 있는 진젠도르
프의 영지로 들어와 살면서, 진젠도르프의 교회 갱신에 대한 비전과 모라
비아 교회의 발흥과 '쇄신'이 일어나게 되었다.[172]

그들은 모라비안들의 정착지를 '주님이 지켜보시는 곳'이라는 뜻의 '헤
른후트(Herrnhut)'라고 불렀다. 크리스천 데이비드는 몇 차례 더 모라비아
로 가서 여러 가족들을 이끌어 왔고, 어떤 이들은 스스로 찾아오기도 했다.
그들은 2년이 채 안 되어 150여 명의 대식구로 불어났다. 1727년경 이 공동
체에는 2백여 명의 모라비아 이주자들 외에도 그들에게 합류하기를 원했던
여러 부류의 사람들이 살고 있었다. 이것이 바로 헤른후트 공동체의 시작
이었는데, 이곳은 곧 진젠도르프의 주도하에 널리 확산된 갱신 운동의 중
심지가 되었다. 헤른후트가 신약이 제시하고 있는 교회의 이상을 추구할
자유가 있는 곳이며 신앙의 피난처라는 소문이 퍼져 나가서 모라비아와 보
헤미아로부터 온 피난민들, 루터파, 개혁파, 재세례파, 분리주의자, 심지어
로마 가톨릭 교회를 배경으로 하는 사람들까지 헤른후트로 몰려들었다.[173]

1725년 진젠도르프는 헤른후트 공동체 회의를 소집하여 공동체의 규약
과 규칙을 정하여 헤른후트 공동체가 지방 루터 교회에 대해 충성한다는
것과 공동 생활을 하기로 결정하였다. 헤른후트 공동체는 1727년 '성찬식'
에서 오순절날과 같은 성령 체험을 하게 되면서 영적 각성과 발전의 계기
를 가졌다. 진젠도르프는 그날을 '회중들 위에 성령이 부어진 날' 또는 '회
중들의 오순절날'로 묘사했으며, 쉬팡엔베르그는 "그때 우리는 하나의 사랑
으로 성령 세례를 받았다."고 했고, 크리스천 데이비드는 "가톨릭, 루터파,
개혁파, 분리주의자 등 수많은 종파를 배경으로 한 우리가 모두 하나로 녹아
붙을 수 있었던 것은 진정 하나님께서 일으키신 기적이었다."고 말했다.[174]

---

172) 후스토 곤잘레스, 『종교 개혁사』 (서울: 은성, 1988), p. 325.

173) 스나이더, pp. 154-157.

1727년과 그 이후 10년 동안 헤른후트에서 전개된 사건들은 '은사적인 갱신(charismatic renewal)'이라 불릴 수 있는 것이었다. 1731년에는 다양한 성령의 역사—특히 기적적인 치유—가 일어나기 시작했다.

이 시기의 헤른후트 공동체에서 특히 중요한 것은 공동체 안에 있었던 '속회(band)' 등 소규모 모임들이었다. 또 다른 혁신으로는 철야 기도가 있었다. 집단적인 기도든 개인과 개인으로 연결되어 나가는 기도든 하루도 빠짐없이 24시간 동안 기도가 이어져 내려갔다. 이 기도는 백년 이상이나 계속되었다. 이것이 세계 선교를 위한 그 유명한 '백년 기도 모임'이다. '속회〔나중에는 '작은 공동체(Kleine Gesellschaft)'라 불리게 됨.〕'는 1727년 7월 헤른후트에서 처음으로 조직되었다. 이 모임은 보통 2~3명으로 구성된 소규모 모임으로, 성별 또는 기혼 여부에 의해 나누어져 일주일에 1~2회, 보통 저녁때 모이곤 했다. 이러한 모임들이 헤른후트의 혁신이었고, 전형적인 경건주의 모임인 '경건한 모임'보다 비교적 작으면서 열성적인 모임이었지만, 실제로는 옛 모라비아 전통을 쇄신한 것이었다.[175]

속회체제는 곧 헤른후트 공동체 전체에 적용되었고, 모라비아 교도들이 가는 곳 어디에서든 결성되었다. 이 형태는 몇몇 이웃 마을로도 확산되어 나갔으며, 예나대학교와 튀빙겐대학교 교수들 및 학생들 사이에서도 조직되었다. 1732년 헤른후트 공동체가 5백여 명으로 늘어났을 무렵, 전체 속회의 수는 80개에 이르렀다. 이 숫자는 공동체의 성원 거의 대다수가 속회원이었음을 나타낸다. 존 웨슬리(John Wesley)가 1738년에 헤른후트를 방문했을 때 "그곳에 90여 개의 속회가 있으며 각 속회는 적어도 일주일에 2~3회씩 만나서 자기의 잘못을 서로 고백하고 치유를 위해 서로 기도해 준다

174) A. J. Lewis, *Zinzendorf the Ecumenical Pioneer*(Philadelphia: Westminster, 1962), p. 59.

175) Martin Schmidt, *John Wesley: A Theological Biography* Vol. trans. by Norman Goldhawk (New York: Abingdon, 1972; German edition, 1966), 2:267. 스나이더, 『성령의 표적』, p. 163에서 재인용.

는 것"을 알게 되었고, 이 속회 구조는 그의 감리교 혁명에 그대로 활용되었다.[176]

1728~1736년의 기간 중 이 공동체는 점차 연령, 성별, 기혼 여부에 따라 '조(組, choir)'를 편성해 나갔다. 그러자 속회는 보다 큰 모임인 '조'의 하부 조직이 되었다. 이같은 '조'들은 대부분 자기들의 내적인 조직을 지니고 있었으며(어린이들로 구성된 '조'만은 예외로 하고) 다음과 같은 열 가지 종류가 있었다.

① 기혼자 '조' ② 홀아비 '조' ③ 과부 '조' ④ 독신자 '조' ⑤ 독신녀 '조' ⑥ 청소년(남자) '조' ⑦ 청소년(여자) '조' ⑧ 어린 소년 '조' ⑨ 어린 소녀 '조' ⑩ 유아 '조'

헤른후트의 운영 방식은 공동체 전체가 찬송과 기도를 위해 겨울에는 새벽 5시, 여름에는 새벽 4시에 모였다. 그리고 찬양과 예배와 가르침을 위한 일반적인 모임은 보통 일주일에 세 번씩 열리곤 했으며, 어린이들과 노약자들을 위한 특별 모임이 있었다. 베르텔스도르프에서의 예배 의식과 오후 3시의 방문객 예배를 포함하여, 주일에는 여러 차례의 예배가 새벽 5시부터 밤 9시까지 열리곤 했다.[177]

헤른후트 공동체는 여러 가지 사업을 벌였다. 독신 형제들의 양털실 제조업은 매우 번창하였고, 독신 자매들이 짠 천과 섬세한 자수품들은 유럽 왕실에까지 알려지게 되었다. 헤른후트 공동체의 더닝거(Durninger) 회사는 국제적인 명성을 얻었고, 농장과 제과점은 모범적으로 운영되었으며, 모든 이익금은 공동기금인 '어린 양의 금고"(Treasury of the Lamb)'에 넣어졌다. 농장 일이든 선교활동이든 헤른후트에서 행하여지는 모든 일은 '어린 양'을 섬기는 일로 간주되었다. 진젠도르프는 이렇게 말했다. "형제

---

176) Nehemiah Curnock 편, *the Journal of the Rev. John Wesley* 제8권 (London: Epworrth, 1909-1916 ; 1938 재판), 2:30. 스나이더, 『성령의 표적』, p. 164에서 재인용.

177) 스나이더, pp. 164-165.

들이 자기 자신의 이익을 구하지 아니하고 교회 전체의 유익을 위해서 어느 곳에서든 참된 공동체 정신으로 일하는 것이 매우 중요하다. 수백 명의 형제들이 가난과 고통 중에 있고, 세계 곳곳에서 땀을 흘리고 있는 이때에 우리 자신의 안위만을 도모하는 것은 예수님의 십자가를 모독하는 행위이다."[178]

혜른후트 공동체는 공동 생활의 물질적 · 사회적 · 경제적 측면을 다 감당하였다. 그 공동체는 육체적인 욕구를 위한 시간과 돈은 가능한 한 최소한으로 요구하도록 조직되었고, 능률적인 경제활동에서 오는 경제적 이익은 부차적으로 고려되었다. 그들의 신앙 생활과 물리적 환경은 능률적인 공동체 조직을 필요로 했다. '조' 체제는 이같은 목적에 효율적이어서 음식과 의복을 충분히 공급할 수 있었고, 많은 사람들이 함께 살 수 있는 커다란 집이 숙소 문제를 해결해 주었다. 혜른후트와 베들레헴을 비롯한 여러 정착촌의 모라비아인들은 공동체 생활 안에서 생산과 소비 양면에서 괄목할 만한 경제 규모를 갖추고 경제적 · 사회적 · 종교적 기능을 집중 결합시켰다. 이같은 문제는 재산 전체를 공유함으로써 해결되었다.[179]

이러한 일사불란한 혜른후트 공동체의 조직과 그곳으로부터 일어난 운동은 스페너식 경건주의나 심지어 할레의 제도적인 경건주의보다 훨씬 더 급진적인 성격을 띠고 있었다. 혜른후트 공동체는 삶의 개인적 · 경제적 · 사회적 · 종교적 차원들이 하나의 공통된 체계로 통합된, 하나의 '그리스도인의 가족으로서 완전한 공동체'였다. 진젠도르프는 공동체를 결성하고 유지시켜 나가는 데 천재적인 자질을 지니고 있었다. 그는 "나는 교제(koinonia) 없는 기독교는 상상조차 할 수 없다."고 말했다.[180]

진젠도르프는 혜른후트 공동체를 통하여 모라비아 선교 사역을 확장하

---

178) Lewis, *Zinzendorf*, p. 76.

179) 스나이더, pp. 196-201.

180) *The Moravian Magazine* 제1권, London, 1854: 337. Lewis, *Zinzendorf*, p. 67.

는 일에 힘썼다. 모라비아 공동체는 '선교 공동체'였다. 1732년 레오나르
드 도버(Leonard Dober)가 서인도 제도의 덴마크령에 있는 노예들에게 파
송되었고, 1733년 1월에는 크리스천 데이비드(Christian David)와 다른 두
명의 형제가 그린랜드 선교사로 파송되었다. 이즈음 그 형제단은 대륙의
여러 지역과 광범위한 접촉을 하고 있었다. 1734년에는 아우구스트 쉬팡엔
베르그(August Spangenberg)를 포함한 여러 형제들이 공동체를 설립하고
인디언들을 회심시키기 위해 조지아에 파송되었다. 1735년 여러 가족을 포
함한 비교적 큰 모라비아 집단이 영국을 경유하여 조지아로 가고 있었는
데, 바로 이때 미국으로 가고 있던 존 웨슬리와 찰스 웨슬리 형제를 만나 그
들의 회심에 큰 영향을 주었다.[181]

1760년까지 모라비아인들은 226명의 선교사들을 외국에 파송하였다. 그
해에 형제단은 그린랜드, 자메이카, 덴마크령 서인도 제도, 앤티가, 수리남,
바베이도스 그리고 북미 인디언들 사이에 총 13개 지부를 통해 3,057명이
세례를 받고 6,125명이 모라비아인들의 보살핌을 받고 있다고 보도했다.
이는 '모라비아 이산민 신도회(Moravian Diaspora Societies)'와 영국, 북
미, 유럽 대륙에 있는 모라비아 정착촌들이 포함되어 있지 않은 숫자였다.
1천 8백 년, 형제단에는 161명의 선교사가 활동하고 있었고, 2만 4천여 명
의 사람들이 그들의 선교활동에 관련되어 있었다.[182] 모라비아인들의 선교
활동에 있어서 그 초기의 개척활동의 범위와 규모는 특히 주목할 만했다.
하지만 모라비아 교회 자체는 결코 큰 교파로 성장하지 못했다. 그 이유는
자체 성장보다는 교회 전체의 유익을 추구한 그들의 목표 때문이었다. 모

---

181) 스나이더, p. 170.

182) David Allen Schattschneider, "'Soul for the Lamb': A Theology for the Christian Mission
According to Count Nicholaus Ludwig von Zinzendorf and Bishop Augustus Gottlieb
Spangenberg"(Chicago Divinity School Ph. D. Dossertatopm, 1975), pp. 50-52. 스나이더, p.
208에서 재인용. 1973년 현재 전세계 모라비아 교회의 수는 710개 이고(니카라과에만 108개), 교
인 수는 총 413,932명이다.

라비아인들의 음악은 존 웨슬리에게 큰 영향을 미쳤다. 음악은 운동으로써 모라비아니즘의 원동력에 기여한 것이었다.

진젠도르프가 이끌어 간 모라비아니즘은 독일 이외의 지역에도 상당한 영향을 주었다. 헤른후트는 대륙과 영국, 베들레헴과 나사렛 그리고 신세계의 펜실베이니아 같은 곳에 세워진 여러 모라비아 공동체들의 모델이 되었다. 이러한 정착촌들은 광범위한 설교와 선교활동의 전초 기지가 되었다. 그 당시의 모라비아 교도들은, 오늘날 세계에서 가장 큰 선교 단체의 하나인 '예수 전도단(YWAM : Youth With A Mission)' 같은 조직과 많이 유사했다.[183]

• 공동체로서의 교회

진젠도르프는 교회를 '성령 안에 있는 하나님의 회중' 이자 '상처받은 양들의 작은 무리' 로 보았다. 즉 제도적인 측면보다는 살아 있는 '유기체적 본질' 을 강조하였다. 진젠도르프는 "그리스도 교회라는 말이 '모든 진정한 신도들과 성도들의 모임' 이라는 말보다 더 적절한 뜻을 내포할 수는 없다" 고 하였다.[184] 진젠도르프의 교회론 가운데 가장 특색 있고 주목할 만한 특징은 교회가 세밀하게 짜여진 공동체(작은 무리)라는 강조와 보편적 교회에 대한 강조를 결합시킨 방식이었다. 이 점에 있어서 그의 교회론은 재세례파(Anabaptist) 또는 급진적 개신교(radical Protestant)의 전통과 유사점을 나타내고 있다.[185]

모라비아 공동체의 '속회' 와 '조' 체제는 '작은 교회' 유형이 각기 다른 차원으로 확산된 것이었다. 진젠도르프에게는 모라비아 형제단 자체가 보

---

183) 스나이더, pp. 171-172. 모라비안 선교 공동체의 사역은 1970년대의 예수 운동(Jesus Movement), O. M. 선교회(Operation Mobilization), 예수 전도단(Youth With A Mission) 등과 유사하다.

184) Lewis, *Zinzendorf*, pp. 138-139.

185) 스나이더, pp. 173-174.

편적인 교회 안의 하나의 '작은 교회'였다. 한편 각 모라비아 정착촌은 성별과 나이에 따라 구별된 '조'들로 이루어진 회중으로, 나름대로 하나의 '작은 교회' 체제를 형성하고 있었다. 진젠도르프의 교회론은 매우 기독론적(상처받은 양들의 작은 무리)일 뿐만 아니라 매우 성령론적(성령의 공동체)이었는데, 이 두 가지 측면 모두가 '공동체로서의 교회' 개념을 강조하였다. 교회를 공동체로 생각한 점에서 진젠도르프는 스페너의 유기체적 교회상(像)을 바탕으로 하면서도 그것을 더욱 발전시켜 나갔다. 스페너와 마찬가지로 진젠도르프는 신앙 고백을 그리스도인의 성장에 필수적인 것으로 보았으며, 거기에는 교회의 공동 생활이 매우 중요한 위치를 차지한다고 보았다. 소규모 모임들은 바로 이같은 목적에 잘 부합되었다. 진젠도르프는 복음 전도와 증거를 위해서는 농도 짙은 '공동체 체험'이 반드시 필요하다고 보았다.[186]

진젠도르프의 공동체로서의 교회관의 특징은 다음과 같다.

① 스페너와 프랑케보다는 진젠도르프가 공동체를 더 강조하였다.

② 진젠도르프에게는 그리스도교적인 믿음이 중생보다는 친밀한 공동체 안에서 이루어지는 사회적인 믿음의 체험을 중심으로 하고 있었다.

③ 훨씬 더 강렬한 공동체 개념 안에서, 진젠도르프는 가난한 사람들에게 복음을 전하고 그들을 결속시키는 일에 스페너나 프랑케보다 훨씬 더 역점을 두었다.

④ 진젠도르프의 교회론은 로마 가톨릭에게까지 개방적인 입장을 취하고 있었다는 점에서 스페너나 프랑케의 교회론보다 훨씬 더 초교파적인 성격을 띠고 있었다.

⑤ 진젠도르프의 교회론은 '작은 교회' 유형을 바탕으로 한다.

⑥ 헤른후트 공동체는 기본적으로 선교 단체이며, 그의 교회는 기본적으로 '선교 공동체'였다.

---

186) *ibid.*, pp. 182-183.

⑦ 진젠도르프는 기독교인의 공동체에 대하여 매우 높은 이상을 지니고
있었고, 그 이상을 자기의 능력이 닿는 데까지 최대한으로 추구하였다. 그
가 비록 모든 그리스도인의 전반적인 재산 공유를 옹호하지는 않았지만,
모라비아인들 사이에서는 종종 높은 수준의 경제적 분배가 이루어졌고, 진
젠도르프는 이 운동을 위해 자기의 개인 재산 전부를 투자했다.[187]

4) 웨슬리의 헌신된 공동체 : 감리교
성공회 안에서 교회 갱신 운동을 일으켰던 존 웨슬리(John Wesley, 1703
~1791)는 대륙의 경건주의 운동과 영국의 '신도회 운동(religious society
movement)'에 직접적인 영향을 받았다. 웨슬리는 미국 조지아로 선교 여
행을 가던 중 선상에서 모라비안들을 만나 그들에게 큰 감화를 받고 조지
아에서 머무는 2년 동안 모라비아 교도들과 밀접한 관계를 맺었다. 헌신된
모라비안들의 삶에 영향을 받은 웨슬리는 교회에 새로운 활력을 불어넣고
성공회 교구에 전형적인 기독교 공동체를 건설하려는 의욕을 가지게 되었
다.[188] 그의 시도는 단순히 '초대 교회의 정신과 형식'을 되찾으려는 의욕으
로부터 나온 것이었다. 웨슬리는 자신이 모라비아 교도들에게서 최소한 몇
가지 형태의 초기 기독교가 지니고 있던 진정한 특징들을 발견하였다고 생
각하였고 그들의 방식 일부를 실제로 적용해 보았다.[189]
웨슬리는 런던에 돌아와 런던에서 사역하던 모라비아 선교사인 피터 뵐
러(Peter Boehler)를 만나서 모라비안의 신앙과 속회 조직법을 배웠다. 그
리고 웨슬리는 피터 뵐러와 함께 런던에서 '페터레인 신도회'를 열었다.
이것은 웨슬리와 모라비안을 이어 주는 중요 연결점으로써, 하나의 '작은
교회(ecclesiola)'가 '정규 교회(ecclesia)'로 발전해 나가는 온상이 되었

187) ibid., pp. 191-193.
188) Frank Baker, John Wesley and the Church of England (Nashville: Abingdon, 1970), p. 52.
189) ibid., p. 44.

다.[190] 1738년 올더스게이트(Aldersgate) 가에서 열린 모임에서 회심의 확신을 경험한 후에 그는 영국 성공회 안에 '초대 기독교'를 복원하겠다는 꿈을 갖게 되었다. 이를 위해 웨슬리는 모라비아 교도와 독일의 경건주의자들로부터 더 많은 것들을 배우기로 결심하고 1738년 독일로 가서 진젠도르프를 만났고 헤른후트 공동체의 생활을 경험하였다. 또한 할레를 방문하여 프랑케를 만났고 모라비아 교도들을 만나 많은 것을 배우게 된다.[191]

런던 교계의 배척을 받은 웨슬리는 1739년 브리스틀에서 1만여 명의 광부들에게 최초의 야외 설교를 행했으며, 생명력을 잃은 신도회를 개혁하기 위해 모라비아 교도들에게서 배운 속회 조직을 활용하였다. 그는 자신의 동조자들을 조직화하여 수많은 신도회와 속회를 조직하였고 중심 사무소를 세웠다. 그리하여 웨슬리는 몇 달 안에 수세기 동안 감리교의 특징을 이루게 된 기본 구조를 확정하게 된다. 그 기본 구조는 신도회(societies), 신도반(class), 속회(band)와 웨슬리 순회 설교단 등이었다. 신도회가 신도반과 속회로 나누어진 것은 소규모 세포 조직을 통해 보다 긴밀한 공동체를 만들기 위함이었다.[192]

'신도반 모임'은 다양한 이웃들 사이에서 모임을 갖는 사실상의 가정 교회였다. 신도반 지도자들은 목사와 제자 훈련 요원들이었다. 주 1회 한 시간 정도의 모임을 가지며 약 12~15명의 신도반 구성원들의 영적인 상태를 돌보고 친교하며 기도하는 시간을 갖는다. 신도반은 매우 엄격한 규율을 가지고 생활에 적용하였다. 웨슬리는 신도반의 그리스도인들의 모임에서 "생명력 있는 교제(koinonia)를 누린다."고 하면서 그 당시 신도반의 공동체적인 교제 분위기를 다음과 같이 회고하였다.

---

190) William G. Addison, *The Renewed Church of the United Brethren* 1722-1930(London: SPCK, 1932), p. 82.

191) John Wesley, *The Journal of the Rev. John Wesley*, Nehemia Curnock 편, 제8권 (London: Epworth, 1909-1916 ; 1938 재판), 1 : 476. 스나이더, pp. 243-244에서 재인용.

192) C. E. Vulliamy, *John Wesley* (New York: Scribner, 1932), p. 90.

"이제는 많은 사람들이 전에는 생각할 수 없었던 기독교의 교제(koi-nonia)를 누리게 되었고, 다른 사람의 짐을 서로 져 주면서 자연스럽게 서로 돌보아 줄 수 있게 되었다. 그리고 날마다 더욱 긴밀한 사귐을 나누는 가운데 서로간에 더욱 깊은 애정을 갖게 되었으며, 사랑으로 진리를 말하는 가운데 모든 면에서 교회의 머리이신 그리스도에게까지 성장해 나가기 시작했다." [193]

'속회'는 헤른후트 공동체의 조(choir)처럼 나이, 성별, 결혼 여부 등에 의해 신도반이 더 작게 나누어진 것이다. 속회는 일주일에 한 번 모이는 모임으로 "너희 죄를 서로 고하며 병 낫기를 위하여 서로 기도하라 의인의 간구는 역사하는 힘이 많으니라"는 야고보서 5:16의 말씀을 순종하기 위해 결성되었다. 속회는 신도회와 달리 규율이 엄격하지 않았으며, 규모는 보통 5~10명 정도의 인원이었다. 속회는 개종한 사람들의 영적 성장에 매우 유용한 수단이 되었다. [194]

웨슬리는 경건한 생활에 뚜렷한 진전이 있는 헌신한 사람들을 위해 '선별된 신도회(Selected Society)'를 만들었다. 이 신도회는 세 가지 규칙 중에서 다음과 같은 '공동 소유의 규칙'을 마련하였다. "우리가 모든 것을 공유할 때까지 회원들은 공동의 자산을 마련하기 위해 한 번씩 성심껏 자기 소유를 기증한다." 여기서 '모든 것을 공유할 때까지'란 말은 웨슬리가 하나님 나라에서의 삶을 함께 이룩하려는 사람들 사이에 물질적으로도 진정한 공동체를 만들려는 이상을 펼쳤음을 보여 준다. [195]

웨슬리가 재산을 공유하는 공동체를 이상적인 형태로 여겼다는 것은

---

193) John Wesley, *The Works of John Wesley* (London: Mason, 1829-1831), 3d ed. Edited by Thomas Jacson. 13: 55.

194) 스나이더, pp. 276-278.

195) 1747년의 의사록. *John Bennet' s Copy of the Minutes of Conference* (Publication of the Wesley Historical Society, London: Charles H. Kelly, 1896), p. 14. 스나이더, p. 279에서 재인용.

'The Mystery of Iniquity' 라는 그의 설교에도 잘 나타나 있다. 웨슬리는 사도행전에 나타난 초대 교회 교인들은 '모든 것을 공유하였다'고 지적하면서 그들이 그렇게 할 수 있었던 이유는 "그들이 누린 사랑의 체험의 결과로 자연스럽고도 필연적으로 생겨난 것이었다."고 하였다. 초대 교회의 물질 공유를 보여 주는 사도행전 2:42에 대하여 웨슬리는 그의 주석에서, 신약에 나오는 '교제(koinonia)'라는 말을 '재산까지도 공유하는 실제적인 공동체'로 이해하였다. "그들의 예배는 ① 말씀을 듣고 ② 모든 것을 공유하고 ③ 성찬을 받고 ④ 기도하는 네 가지 요소로 이루어져 있었다."[196] 이것이 바로 웨슬리가 재현하려고 했던 예배 양식이었다.

웨슬리는 어린이들을 가르칠 수 있는 무료 학교, 과부들을 위한 구빈원과 수도원의 해체 이후 런던 최초의 무료 진료소를 여는 등 초기부터 사회 구제 사역에 깊은 열성을 가졌다. 1738~1940년 사이에 닦아 놓은 기초 위에서 50년간 꾸준히 감리교 사역을 한 결과 1791년 그가 사망할 때 영국의 감리교인은 7만 2천여 명 이었고, 미국의 감리교인은 5만 7천여 명에 달하였다. 웨슬리는 모라비아 교도들에게서 기독교 공동체 삶의 모델을 배웠지만, 그는 모라비아 교도들이 사실상 분리적인 교회가 되었다고 여겼기에 오히려 기성 교회 내에서 작은 교회로 갱신하는 조직인 할레의 경건주의 운동 모델을 채택하였다. 웨슬리의 영성은 요한 아른트와 야곱 스페너, 아우구스트 프랑케의 영성과 맥을 같이하였다. 그러나 그는 성공회의 신앙과 구조 안에서 갱신된 기독교 공동체를 건설하려는 시도에 있어서는 루터파 경건주의자들보다 훨씬 더 급진적이었으며, 실제적인 기독교 공동체의 삶이라는 차원에서는 루터파 경건주의자들보다는 헤른후트의 모라비아 교도들에게서 더 큰 영향을 받았다.[197]

196) Wesley, *Works*, 6:240. "*The General Spread of the Gospel*"
197) 스나이더, pp. 252-253.

• 웨슬리의 교회관

웨슬리의 교회론은 주로 성공회를 통해 전수된 가톨릭 전통과 모라비아 형제단을 통해 전수된 '신자들의 교회(Believer's Church)' 전통을 바탕으로 한 것이었다. 그는 교회란 '하나님을 섬기기 위해 하나가 된 사람들의 집단'이라고 말하면서, 그리스도의 이름으로 모인 두세 사람 또는 기독교 가정도 교회라 부를 수 있다고 보았다. 또한 교회의 형태에 관해서는 진정한 교회는 본질적으로 '기독교 공동체'로 함께 모이는 데 있다는 것이다.[198]

웨슬리는 당시의 영국 성공회와 그 외 기독교 전반이 대체로 타락한 상태에 있다고 보았다. 영국 성공회 및 기타 회중들 사이에 널리 퍼져 있던 소규모 집단들을 영적인 차원에서 진정한 교회로 여겼던 웨슬리는 감리교의 신도회들이 영국 교회 내부에서 눈에 보이는 진정한 교회라고 생각했었다.[199]

웨슬리는 콘스탄티누스 황제 이전, 즉 기독교가 세속화되기 전인 초기 3세기 전까지는 교회 회중을 관장하고 성례전을 베푸는 주교와 복음을 전하는 복음 전도자의 임무가 각각 달랐다고 생각하여 평신도 중에서도 성령의 기름 부으심이 있는 자를 설교자로 세워 감리교 사역을 추진하였다. 그는 이 사역자의 직분에 대해 다음과 같이 말하였다.

"콘스탄티누스 시대에 이르러 교회가 타락하면서 상황은 크게 바뀌었다. 급료 전체를 독점하기 위해서 한 성직자가 회중들에 대한 모든 책임을 떠맡는 것이 곧 일반적인 관행이 되어 사제, 선지자, 목회자, 복음 전도자의 역할이 한 사람에 의해 수행되기 시작했다. 그리고 이같은 현상은 점차 기독교 전체로 확산되어 나갔다. 이 땅 위에 사는 그 누구도 주교나 감독, 그 밖에 어떤 기독교 사역자를 세울 수 없는 법이다. 이 일을 위해

198) Wesley, *Works*, 6:371.
199) 스나이더, p. 257.

서는 반드시 성령의 특별한 역사가 있어야 한다."[200]

웨슬리의 '순회 평신도 설교단'들은 신도회-신도반-속회 체제를 성립시키는 구심적 역할을 하였다. "순회 설교자들은 그들의 일상 생활 속에서 우연히 얻게 되는 것을 제외하고는 수입이 전혀 없이 생활하고, 새벽 4시에 일어나서 5시에 설교하고, 책과 팜플렛을 사람들에게 나누어 주고 엄격한 규칙에 따라 살다가 두려움 없이 죽어야 한다고 배웠다." 이들은 일부 자발적인 독신과 청빈, 순종의 삶을 살아간 헌신된 준(準)수도회와 같았다. 웨슬리는 이 순회 설교단을 자신의 통제하에 두었으며 이들을 제자들로 훈련시켜서 그들로 하여금 전체 교회를 갱신하려고 하였다.[201]

웨슬리는 자신이 추진하는 개혁을 신약의 '초대 교회의 모습으로 복귀'하려는 노력이라고 보았다.[202] 그러나 그는 감리교가 별개의 교파로 분리되어 나가기보다는 영국 성공회 '내부에서' 전개되는 하나의 운동으로 남아 있기를 원했다.[203] 즉 그는 제도적 교회와 갱신 공동체가 모두 타당하다는 견해를 가지고 제도 속에서 개혁을 이루어 내려고 했던 것이다. 웨슬리의 감리교 운동은 자유 교회의 형태를 추구했으나 성만찬의 역할은 중시했다. 올더스게이트에서 뜨거운 체험을 한 후로 그의 성례전은 늘 성령의 능력이 넘쳐 흘렀고, 특히 성만찬은 더욱 깊은 의미를 갖게 되었다. 웨슬리는 스페너보다 '성령의 은사'를 더 강조하였다. 이렇게 제도와 성령의 은사를 결합한 것은 웨슬리가 기존 제도 속에서 개혁을 이룩하고자 했던 또 하나의 예이다.[204]

---

200) Wesley, *Works*, 7:75-276

201) Abel Stevens, *The History of the Religious Movement of Eighteenth Century* 제3권 (New York: Carton and American Porter, 1858), 2: 461. 스나이더, pp. 281-282에서 재인용.

202) Wesley, *Works*, 7: 277.

203) 스나이더, p. 265.

204) *ibid.*, p. 267.

루터교의 전통보다는 성공회의 전통을 가진 웨슬리의 교회론은 스페너, 프랑케, 진젠도르프의 교회론과 사뭇 다를 수밖에 없었지만 차이보다 오히려 유사한 점이 더 많았다. 웨슬리는 교회의 본질을 제도보다는 서로간에 직접적인 관계를 맺고 있는 사람들에게서 찾아야 한다고 강조했다. 그는 교회를 '사랑으로 움직여 나가는 신앙'이 그 원동력이고 '성령에 의해 하나가 된 공동체'로 보았다. 비록 그가 사용한 용어가 스페너의 것과 다르지만, 여전히 제도적 차원의 타당성을 강조하면서도 유기적 은사적 교회 개념을 가지고 있었다는 점에서는 비슷했다.[205]

교회 모델을 적용하려는 시도를 명시적으로 행하지는 않았지만 그는 감리교를 교회 내에 하나의 '작은 교회'로 보고 있었다. 데이비드 왓슨 (David Watson)의 말처럼 "교회에 관한 웨슬리의 개념은 수많은 변화를 거쳤지만, 그 저변에 깔려 있는 기본 원리는 항상 '교회 안의 교회'였다." 웨슬리의 교회관은 두 가지로, 첫번째 교회관은 기본적으로 유지되어야 할 옛 제도로 본 반면, 두 번째 교회관은 세상에 대하여 사명을 지닌 소수의 헌신된 집단으로 보았다.[206]

감리교가 공동체를 추구한 것은 모라비아 교도들의 정착촌처럼 집단 생활 공동체는 아니었지만 대부분의 경건주의자들의 '경건한 모임'보다는 훨씬 더 짜임새 있는 조직이었다. 즉 감리교의 공동체 형태는 경건주의 운동의 '모임'과 모라비아 교도들의 생활 공동체의 중간 형태에 해당된다고 볼 수 있다.

존 웨슬리가 스페너-프랑케-진젠도르프-모라비안으로 이어지는 경건주의 운동과 공동체적 삶의 영향을 직간접적으로 강력하게 받았다는 사실이 초기 감리교 운동 연구를 통해 드러난다. 웨슬리는 경건주의로부터 제도

---

205) *ibid.*, p. 270

206) David Lowes Watson, *"The Origin and Significance of the Early Methodist Class Meeting"* (Duke University Ph.D. Dissertation, 1978), p. 175.

교회 내에서 헌신한 신자들의 모임인 '작은 교회'를 통하여 교회를 갱신하
는 법을 배웠으며, 헤른후트 공동체의 모라비아 교도들로부터 깊은 회심과
그리스도인들의 헌신된 공동체의 삶에 대한 강한 영향을 받았다.

혼히 감리교 사역을 제도 교회의 운동으로 보아 온 경향이 있었지만, 사
실 감리교 운동은 결국 초대 교회 복음의 본질을 제도권 교회 내에서 회복
하고 유지하려는 '18세기 제도 교회 내의 공동체 운동'이었다. 진젠도르프
의 헤른후트 공동체를 제외한 나머지 스페너, 프랑케, 웨슬리의 경건주의
운동이 공동 생활의 공동체 형태는 가지고 있지 않았지만, 교회의 본질로
서 'Communio Sanctorum'은 '공동체성'을 추구하는 형태로 나타났던 것
을 확연히 알 수 있다. 특히 감리교 운동은 그 동안의 종교 개혁 이후 공동
체 운동이 분파나 작은 규모로 일어났는 데 비해 성공회라는 제도 교회 내
에서 일어난 매우 범위가 큰 공동체 회복 운동이라는 점에서 귀중한 의의
가 있다고 볼 수 있는 것이다.

2. 18~19 세기에 나타난 공동체 운동

공동체 생활은 18세기에 이르러 개신교에서 더욱 현저하게 나타난다. 필
거휘트(Pilgerhutte) 공동체는 독일 개혁 교회의 신비주의자이며 유명한 찬
송가 작시자인 게르하르트 테르슈테겐(Gerhard Tersteegen)의 영향으로
설립되었다. 그 구성원들은 모두 미혼으로 함께 모여 기도와 묵상을 하였
으며 노동은 침묵으로 하였다. 이 공동체로부터 복음주의적 수도 생활의
고전이라고 볼 수 있는 규칙이 나오게 되었다.[207]

또 언급할 만한 공동체는 펜실베이니아 리딩과 랭카스터 사이에 있는 에
프라타(Ephrata) 수도원으로, 미국으로 이주해 온 독일 경건주의자 요한 콘
라드 바이살(Johann Conrad Beissal)에 의해 설립되었다. 라바디 공동체와

---

207) 블뢰쉬, 『세계의 예수 공동체』, p. 70.

켈피우스 공동체의 사람들처럼 이 공동체의 회원들은 천년 왕국을 믿는 사람들이며 모두 독신이었다. 공동 생활 부락은 (미혼의) 형제단, 신령한 자매회 그리고 공동체에 참여하면서 계속 생활하기로 서약한 결혼한 부부들 세 그룹으로 나뉘어져 있다. 수도원 구성원들은 스스로 농사를 짓고 과일 재배와 신발 제조, 재단, 옷감 짜기 등 손으로 할 수 있는 일을 하며 자급자족하였다. 또한 서적 출판과 함께 제재소, 방앗간도 운영하였다. 그들은 병역과 공적으로 맹세하는 것을 거부하며 대개 사회 · 정치적인 것에 관여하기를 꺼렸다. 에프라타는 음악으로 유명했다. 그 음악의 가락은 아주 경쾌하고 신비스러웠다. 여러 개의 성악 학교가 세워졌다. 그들은 카푸친스(Capuchins)와 유사한 생활습관을 채택하여 제7일 침례교(the Seventh Day Baptists)와 함께 연합하여 사역하여 전성기에는 회원이 3백여 명에 달했는데, 이 공동체는 1905년까지 지속되었다.[208]

영국 웨일스 지방의 하월 해리스(Howell Harris)에 있는 트레벡카 공동체(Trevecka Community)는 그 지방에서 일어났었던 복음적인 각성 운동의 결과였다. 이 공동체는 비록 독신이나 청빈과 같은 서원은 없었지만 일종의 개신교 수도원과 같은 역할을 했다. 이러한 시도는 약 120여 명의 회원을 확보하였는데 그들의 경건 생활은 일상적인 삶 속에서 노동을 하면서 이루어진 것이었다. 이 공동체는 영국 교회의 울타리를 벗어나지 않았으며, 공동체 식구들은 성찬식에 참여하기 위해서 탈가드에 있는 교구 교회에 다녔다.[209]

처치 아미(Church Army)는 영국 성공회 내에 있는 공동체 형태의 복음주의 수도회이다. 1882년에 설립된 이 공동체는 확고하게 복음주의적이며 '자매(sisters)'라고 불리는 독신 여성과 '캡틴(captain)'이라 칭하는 미혼 및 기혼 남성으로 구성되어 있다. 기혼 여성들도 처치 아미에서 한 부분을

---

208) *ibid.*, pp. 70-71.
209) *ibid.*, p. 72.

감당하고 있지만, '자매'의 부류에는 들지 못한다. 이 공동체는 복음 전파와 사회 봉사 사이의 균형을 유지하려고 노력한다. 캡틴과 자매들은 독신 상태로 3년 동안 사역하겠다는 약속을 하며 그 후에는 결혼하거나 공동체를 떠날 수도 있다. 교구에서 사역하는 이들은 집사나 여집사의 역할보다도 목사보(補)의 역할을 한다. 그들의 사역은 보통 매우 실제적이지만 항상 그들의 중심 사역은 복음 전파이다. 이 단체의 사역 대표인 수석 총무 이외에는 어떤 간부도 안수받지 않는다. 처치 아미의 회원들은 빌리 그래함 전도대회와 케직 사경회시 그들을 도와 활발하게 사역하기도 했다. 1912년에 처치 아미는 도시민들을 그리스도께로 인도하기 위해 덴마크 교회 내에서 사역을 시작했다. 또한 오스트레일리아, 뉴질랜드, 캐나다, 미국 등지로 그들의 사역이 확장되었다.[210]

'구세군(Salvation Army)'은 복음 전파와 사회 봉사를 병행하려고 하는 일종의 운동이다. 처치 아미와는 달리 기성 교회 밖에서 사역을 하지만 그것이 그들의 원래 의도는 아니다. 구세군은 복음주의적인 교회 형태를 가지면서 공동체의 환경을 유지하고 있다. 스칸디나비아 지역의 구세군 회원들은 대개 지역 교회의 교인이 되어서 전심으로 헌신하고자 하는 독신 여성을 위해서 특별한 지위를 마련해 두고 있다. 기혼 여성도 교회 내에서는 그들의 남편과 함께 협력 사역자로 인정된다.[211]

영국의 성공회, 감리교, 장로교에서는 여집사직은 공동체에 헌신하는 것보다는 대체로 교회 봉사자로 임명하는 방식을 수용하였다. 그러나 런던의 성 안드레 여집사 공동체(the deaconess community of St. Andrew)는 영국 교회의 젊은 여성들에게 공동체 생활을 하면서 여집사로 섬길 수 있도록 기회를 준다. 핀란드의 루터 교회도 젊은 여성들이 공동체 본원에서 생활할 수 있도록 하면서 대부분의 젊은 여집사들을 교구에서 사역하게 한다.

---

210) *ibid.*, pp. 75-76.
211) *ibid.*

남자 집사 공동체도 조직되어 있지만 그들 대부분은 가정을 갖는다. 내지 선교회(the Inner Mission)의 설립자인 요한 하인리히 비허른(Johann Heinrich Wichern)은 남자 집사들의 정신적 지주였다. 프리드리히 폰 보델 슈빙그(Friedrich von Bodelschwingh) 목사는 독일 빌레펠트에 있는 베델 남녀 집사 공동체를 세우는 데 상당한 역할을 했다. 베델 공동체의 형제들은 독신과 청빈을 제외한 순종만을 서약한다.[212]

19세기에는 성공회와, 성공회만큼은 아니지만 루터교와 미국의 독일 개혁 교회에서도 전반적인 교회 부흥이 일어났다. 영국 교회 내에서 전(全)교회적인 이상과 예배 의식에 역점을 두는 신앙 공동체들이 일어났다. 영국 성공회 고교회파(Anglo-Catholic)의 경향을 가진 공동체는 켈함에 있는 거룩한 선교회(the Society of Sacred Mission), 옥스포드에 있는 성 요한 복음전도회(the Society of St. John the Evangelist), 머필드에 있는 부활의 공동체(the Community of the Resurrection) 그리고 완타지에 있는 동정 성녀 마리아 공동체(the Community of St. Mary the Virgin) 등이다.

이러한 공동체들의 목표는 대체로 예배와 기도로써 하나님을 공경하는 것인데, 젊은이들을 훈련시켜 선교 사역을 감당하는 일에도 관여해 왔다. 성 요한 복음전도회의 코울리(Cowley) 신부는 그들의 사명을 "하나님께서 그의 자비하심 가운데 우리를 부르신 그 거룩함을 좇으며, 그러한 가운데 하나님께서 허락하시는 한 다른 이들도 함께 그 거룩함에 참여하도록 하는데 도움을 주기 위한 것" 이라고 했다. 또한 이러한 공동체의 영성은 대부분의 경우 성경적이고 복음적이라기보다 신비적이고 관념적이다. 이들은 종교 개혁을 교회의 본질을 회복하는 차원으로 보기보다는 교회의 보편적인 전통에서 이탈한 것으로 본다. 또한 이들은 내세 지향적인 영성에서 찾아보기 힘든 선교와 사회봉사의 사역도 비중을 두고 실행한다. 그러나 그들의 의식주의와 엄격주의 가운데서도 신약의 복음은 여전히 그대로 간직되

---

212) *ibid.*, pp. 77-78.

어 있다.[213]

19세기 덴마크의 쇠렌 키에르케고르(Soren Kierkegaard)는 세속적인 가치를 압도하는 하나님 나라의 표시와 증거로 수도적 생활의 회복을 갈망하였는데, 그것은 개신교가 계속 세속화되었기 때문이었다. 그는 그러한 갈망이 "루터를 단념케 했던 것으로부터 수도원으로 돌아가는 것"이라고 선언했다. 그러나 그는 이것이 가톨릭 교회로 복귀하는 것이 아니라, 초대 교회 공동체와 같은 보편적이면서 동시에 복음적일 수 있는 새로운 종류의 공동체 생활이 개신교 내에 필요하다고 주장하였다.[214] 진보적 루터교 신학자 아돌프 하르낙(Adolf Harnack)도 그 당시 개신교 교회에서 수도원 수준의 철저한 훈련과 삶이 사라진 것에 대해 한탄하면서 가톨릭 수도원에 견줄 수 있는 개신교 내의 헌신된 공동체적 삶의 필요성을 역설했다.[215] 그래서 종교 개혁 이래로 계속 개신교 내에서 성결한 생활을 추구했던 공동체들이 다시 일어나게 되었던 것이다.

3. 선교 공동체들

19세기에 들어와서는 선교 단체들이 공동 생활체를 운영하면서 선교 사역을 하거나 공동체적인 성격으로 사역을 하는 경우가 많이 늘어났다. 선교회 본부가 신앙 공동체의 기능을 하게 된 경우는 도나버 공동체(Dohnaver Fellowship)인데, 이 공동체는 영국 교회 제나나 선교회(the Church of England Zenana Missionary Society)와 케직 선교위원회(the Keswick Mission Committee)의 후원으로 인도로 파송되었던 애미 카마이클(Amy Carmichael)에 의해서 설립되었다. 각 나라와 교파에서 온 열성적인 기독

---

213) *ibid.*, pp. 78-79.

214) Soren Kierkegaard, *The Journal of Soren Kierkegaard*. Ed. and trans. Alexander Drew(London: Oxford U.P., 1951), P 502. 블뢰쉬, pp. 58-59에서 재인용.

215) 아돌프 하르낙, 윤성범 역, 『기독교의 본질』(서울: 삼성미술문화재단, 1975), pp. 286-287

교인들이 그녀의 선교와 사회봉사 사역에 동참하였다. 그들의 사회봉사는 주로 사원에 창녀로 팔려 간 소녀들을 교화시키는 것이었다.

공동체가 점점 초교파적인 성격이 강해지자 그들은 CEZMS(영국 성공회 제나나 선교회)와의 연대를 벗어나서 모든 회원들이 '모든 물건을 서로 공동 소유(all things in common)' 하는 믿음의 선교 방식(faith mission)을 취하게 되었다. 외국에서 온 요원과 인도인 요원들이 진정으로 '그리스도 안에서 모두 하나(all one in Christ)' 가 되었으며, 계급이나 서열, 국적 등 배경의 차이로 인한 차별이 없었다. 회원들은 대부분 독신 여성들이었으나, 부부들도 여럿 있었다. 사랑과 포용의 분위기가 공동체 안에 가득 찼었다. 이를 두고 감리교 선교사 스탠리 존스(E. Stanley Jones) 박사는 "만약 이 지구상에 천국(the kingdom of God)이 있다면, 아마 그곳은 이곳 도나버 공동체일 것이다." 라고 말했다.[216]

전문적이지는 않지만 주로 내지 선교 즉 서구 기독교 국가의 복음화에 헌신했던 공동체의 예는 스위스 바젤에 있는 성 크리쇼나 순례선교회(St. Chrischona Pilgrim Mission)이다. 이 모임은 지금도 활발하게 사역하고 있다. 이 공동체는 원래 훈련시킬 목적을 가지고 있었다. 그 후 많은 크리쇼나 형제들이 외국 선교사로 나갔다. 1909년에 자매들을 위한 성경 학교가 세워지고, 1925년에는 자매회(deaconess) 공동 생활 집이 설립되었다. 이 디아코니아회에 입회하기를 원하는 자매는 자신이 구원받았다는 사실과 자매회 사역에 부르심이 있다는 이 두 가지 사실을 분명히 해야 한다. 독신과 청빈의 서약은 없으나, 여집사 사역에 부르심을 받은 자매들은 독신으로 사역할 것이라고 받아들여진다. 성경 학교 출신으로서 선교사로 나가는 일부 자매들은 '선교 자매들(Mission Sisters)'이라고 불린다. 성 크리쇼나 사역에는 자유 교회뿐 아니라 루터교와 개혁과 교회 출신도 많이 참여한다.[217]

---

216) 블뢰쉬, pp. 73-74.

217) *ibid.*, pp. 74-75.

이외에 스위스의 바젤 선교회(the Basel Mission), 라이프치히 복음주의 루터교 선교회(the Leipzig Evangelical Lutheran Mission), 중국 내지 선교회(the China Inland Mission, 현재 O. M. F.), 웨슬리 감리교 선교회(the Wesleyan Methodist Mission Society), 수단 내지 선교회(the Sudan Interior Mission) 등의 선교회들도 공동체적인 성격을 띠고 있다.

4. 개신교 자매회(Diaconess communities)

개신교 내에서도 가톨릭 수녀들처럼 독신 여성들의 공동체가 필요하게 되었다. 개신교 내에서 자매회를 전통적으로 '디아코네스 공동체(Diaconess community)'라고 부른다. 직역하면 '여집사 공동체'이지만 '개신교 자매회'로 통칭한다. 이것은 개신교 내에서 독신 여성이 공동체 생활을 영위하면서 교회와 사회를 위해 봉사하는 헌신된 자매단을 말한다. 특히 이들은 고아, 병자, 빈민들을 돌보는 봉사 사역을 주로 담당한다. 천주교의 수녀회에 대응되는 개신교의 자매회이다.

디아코네스 공동체는 독일의 플리드너(Flidner) 목사의 사역으로부터 시작되었다. 1826년 카이저스베르트의 은행이 파산하면서 빈곤해진 지역에서 교회를 맡은 그는 구제 프로그램을 세워 가난한 주민과 병든 자들을 돌봐 주기 시작했다. 그는 카이저스베르트의 가장 큰 집을 구입하여 병든 자들을 돌봐 주는 디아코니아 협회(Diaconess Institute)를 설립하였다. 개신교 내의 독신 자매들이 공동 생활하면서 대사회적인 구제 사역에 봉사하게 하는 그의 사상은 네덜란드, 스위스, 프랑스, 알렉산드리아, 부쿠레시티, 콘스탄티노플, 서머나 등 여러 곳으로 확산되어 나갔다. 간호사들은 주로 카이저스베르트에서 훈련을 받는데 영국의 유명한 나이팅게일도 바로 디아코네스 협회에서 매우 유익한 훈련을 받았다. 디아코니아 공동체들이 유럽 전역에 27개나 생겨나게 되면서 1861년 독일 카이저스베르트에서 제1차 디아코니아 연합 총회가 열렸고, 그 후 131년이 지난 1992년 총회에는 17

개국 105개의 자매회들이 참석하였다.[218)

개신교 자매회 운동은 루터교와 개혁 교회, 성공회, 감리교, 침례교와 다른 자유 교회에까지 퍼져 나갔다. 한국에서는 '목포의 디아코니아 자매회'가 1982년 독일 카이저스베르트 총회에 99번째로 가입하였고, 1983년 세계 디아코니아 총회에 67번째로 가입하여 국제적으로도 세계 각지의 개신교 자매회들과 유대 관계를 맺고 연대 사역에 힘쓰고 있다. 여집사 공동체 운동은 사회에 적극적으로 봉사하는 일을 통해서 오히려 교회를 교회 되게 하는 갱신의 사역과 너무 한쪽으로 치우친 개신교의 영성을 균형잡게 해주는 역할도 감당하고 있다.[219)

VII. 현대의 공동체 운동

1. 세계의 기독교 공동체 운동

2차대전 후 나타난 세계의 대표적인 기독교 공동체는 교파와 교회간의 화해와 일치를 추구하는 프랑스 '떼제 공동체(Taize Community)'가 있다. 떼제 공동체는 스위스 개혁 교회에서 출발한 공동체로서, 오늘날 가톨릭까지 포용하는 초교파 기독교 공동체이다. 이들은 중세 수도원의 이상을 현대에 구현했으며, 말씀과 성령 안에서 놀라운 일치 사역을 감당하고 있다. 강력한 영적 각성을 통한 선교 사역을 감당하는 개신교 여성 독신 공동체인 독일의 '기독교 마리아 자매회(the Evangelical Sisterhood of Mary)'는 개신교 내에서도 자매회가 필요한 역할을 할 수 있다는 것과 균형잡힌 영

---

218) William Nigel Kerr, *Historical Evangelism Involvement in the city*, p. 5.

219) 김현진, 「한국 디아코니아 자매회」《복음과 상황》 1994년 4월호, p. 73.

성을 추구할 수 있다는 것을 보여 준다. 성령의 능력과 자비량 선교를 통한 선교 공동체인 미국의 '베다니 공동체(Bethany Fellowship)' 는 초대 교회 공동체처럼 100퍼센트 유무 상통하는 공동체가 가능하다는 것을 증명해 주고 있으며, 동시에 공동체가 선교에 얼마나 강력한 역사를 일으킬 수 있는가 하는 선교 공동체의 전형을 보여 준다.

고독과 소외 의식이 만연한 대도시 속에서 이웃의 고통에 동참하고자 하는 사랑의 공동체인 시카고 '레바 플레이스 교회(Reba Place Church)' 는 보수주의와 오순절주의 그리고 진보주의 성향의 구성원들이 모여 성령 안에서 하나 되어 총체적인 복음의 삶을 살아감으로써 교회와 사회를 변화시키는 사역을 보여 준다. 레바 플레이스 공동체는 기존 교회 형태를 띠면서 교회 내에 부분적인 작은 공동체를 운영하고 있다. 미국 워싱턴의 '구세주의 교회(Church of the Savior)' 도 기존 교회 형태를 가지고 지역 사회 속에서 다양한 구제와 봉사 사역을 감당함으로써 교회가 공동체성을 발휘하여 희년의 의미를 구현하는 공동체로서의 사역을 보여 주고 있다.

미국 남부 흑인들과 더불어 함께 하는 '코이노니아 동역회(Koinonia Partners)' 는 흑백인 함께 하는 초인종적 공동체로서, 인종간의 갈등 속에 있는 지구촌에 희망의 표징이 되고 있다. 하나님의 살아 계심과 성경 진리의 온전성을 증거하는 '라브리 공동체(L' abri Fellowship)' 는 보수적인 복음주의 형태가 공동체적인 환경을 통해서 온전한 복음을 증거할 수 있는지 그 잠재적인 힘을 보여 준다.[220]

16세기 재세례파에서 나온 메노나이트 공동체는 현재 북미 내 복음주의 교단으로 자리잡으면서 세계 전역에 퍼져 있으며, 역시 재세례파의 일원인 후터 형제회도 12개의 지부를 가지고 활발히 사역하고 있다. 이러한 현대의 대표적인 기독교 공동체들의 사역은 초대 교회 공동체의 연속성과 공동

---

220) 현재 세계의 다양한 기독교 공동체의 시도에 대해서는 김현진, 『세계의 기독교 공동체 탐방』(서울: 전신공연, 1991)을 보라.

체 운동의 교회사적 의미를 되새겨 주고 있다. 이러한 재세례파 공동체는 16세기 이래 4백여 년 동안 계속 이어져 와서 현대 교회와 현대 사회에 대안을 제시해 주며, 대조 사회로서의 공동체의 역량을 과시하고 있다.

또한 남미에서는 '기초 공동체(basic community)' 운동이 활발히 전개되고 있다. 주로 가톨릭 교회 내에서 일어나는 기초 공동체 운동은 남미의 가난한 계층의 사람들을 중심으로 광범위하게 구성되어 있다. 기초 공동체란 가난한 바닥 출신의 풀뿌리 공동체라는 의미이다. 같은 지역에 있는 약 1백여 명 내외로 구성된 가난한 계층의 신자들이 한 울타리 내에 살지는 않지만 기도 모임과 공동협의, 나눔과 참여, 서로의 필요를 채우며, 고아와 과부, 병자들을 돌보는 사역 등을 통하여 형제애적 공동체 생활을 실천하고 있다. 현재 브라질의 경우 약 5만여 개의 기초 공동체에 1천 2백만 명의 사람들이 참여하고 있다. 교회 내의 작은 교회의 역할을 하는 기초 공동체는 이러한 공동체적 삶을 통해서 교회에 생명력을 불어넣어 주고 있다. 기초 공동체는 초대 교회가 행한 것처럼 복음의 말씀을 따르고 실천하는 가난한 민중들의 자발적인 형제 공동체 운동이다.

이외에도 예수 백성(Jesus People), 하나님 말씀의 공동체(the Word of God community), 리 애비(Lee Abbey), 포스트 그린 공동체(Post Green Community), 아이오나 공동체(Iona Community), 공동 생활 형제단(the Brethren of Common Life), 아가페 공동체(the Agape Community), 후콜라레(Focalari), 예수원(Jesus Abbey) 등 수많은 기독교 공동체들이 나타나 20세기는 바야흐로 공동체의 부흥 시대를 맞고 있다.

2. 한국의 기독교 공동체 운동

한국의 기독교 공동체로는 예수원(대천덕 신부), 두레마을(김진홍 목사), 동광원(김준호 선생), 은성수도원(엄두섭 목사), 풀무원(원경선 선생) 등이 있다. 이외에도 기존 교회 형태를 가지고 공동체를 지향하는 공동체 교회들로는 제천의 송학감리교회(엄태성 목사), 포천의 사랑방교회(정태일 목사), 다일교회(최일도 목사) 등이 있다. 이외에도 많은 개척 교회들이 공동체 교회를 시도하고 있다.[221]

선교 단체들도 공동체 생활을 통하여 효과적인 사역을 해 나가고 있으며, 대부분의 선교 단체들이 새로운 캠퍼스 전략으로 공동체 조성을 준비하고 있다. 1990년 신학교와 교회의 공동체성 회복을 위한 전국신학교 공동체모임 연합회(전신공연)가 결성되어 신학생과 목회자를 위한 공동체훈련 사역을 통하여 한국 교회의 공동체성 회복을 위한 사역을 감당해 왔으며 최근 공동체 코이노니아 하우스(Koinonia House)를 건립하여 보다 실제적인 공동체 사역을 펼쳐 나가고 있다.[222]

3. 현대의 기독교 공동체 운동의 의미

교회사에 나타난 이러한 기독교 공동체들은 교회의 본질이 어떠해야 하는가를 보여 주며 '참된 교회의 회복'을 목표로 하는 '철저한 제자도의 삶'을 보여 주었다. 결국 기독교 공동체 운동은 어떤 특정한 생활양식이 아니라 교회와 복음의 본질을 추구하는 데 그 의도가 있다. 비록 모든 개혁 운동이 다 공동체를 시도한 것은 아니지만, 교회사를 통해서 볼 때 교회의 본질을 추구했던 시도는 대개 공동체를 통해서 진행되었다.[223]

도날드 블뢰쉬(Donald Bloesch) 박사는 현대에 나타난 기독교 공동체의 존재 의의에 대해서 "첫째, 기독교 공동체는 기존 교회에게 교회의 본질이 무엇인지를 보여 주고 교회가 어떠해야 하는가를 깨우쳐 주며 둘째로, 기

---

221) 김현진, 「공동체는 교회와 복음의 본질」《빛과 소금》(서울: 두란노서원, 1992년) 12월호, pp. 196-197.

222) ibid.

223) ibid., p. 196.

독교 공동체는 갈라진 교회와 교파 사이에서 화해와 일치의 사역을 감당하는 역할을 하고 있으며 셋째로, 기독교 공동체는 이 땅위에 있는 하나님 나라의 표징"이라고 말하였다.[224]

기존 교회와 기독교 공동체의 관계에 있어서 기독교 공동체들이 매우 바람직하고 권능 있는 사역을 감당한다고 해서 기존 교회를 무시해서는 안된다. 동시에 기성 교회는 기독교 공동체들이 소위 정통 교회의 제도권에 속하지 않았다는 이유로 그들을 분파(sects)라고 무시해서도 안 되며, 활기차고 생명력 있는 기독교 공동체들이 제도권 교회를 죽었다고 비난해서도 안 된다. 교회사를 통하여 성령께서는 양쪽을 다 사용하시어 교회의 균형을 잡아 온 것이다. 그러므로 기독교 공동체와 기성 교회는 서로 합력하여 하나님 나라를 힘차게 구축해야 하는 것이다. 기존 교회와 선교 단체가 협력하는 것과 같은 것이다.[225]

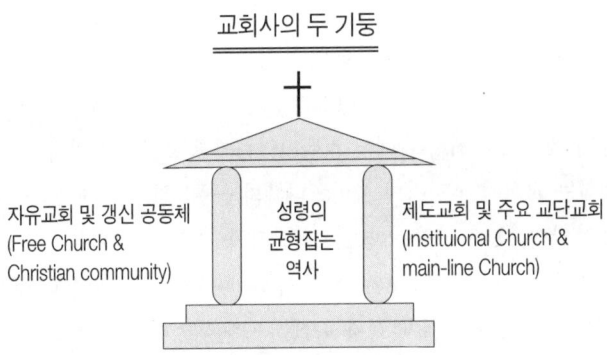

교회사의 두 기둥

자유교회 및 갱신 공동체
(Free Church &
Christian community)

성령의
균형잡는
역사

제도교회 및 주요 교단교회
(Instituional Church &
main-line Church)

교회가 이미 공동체이지만 기독교 공동체는 그 공동체성이 단순히 개념적인 차원에서만 그치지 않고 '철저한 제자도(radical discipleship)'를 통해 공동체성이 삶 속에서 '가시적인 실재(visible reality)'로 분명히 구현되

---

224) 블뢰쉬, 『세계의 예수 공동체』, pp. 179-189.

225) *ibid.*

는 차원을 지향한다. 세계의 기독교 공동체들은 대부분 공통적으로 유무
상통, 가족 정신, 단순한 생활, 신유 등의 특징을 가지며 예배 갱신, 영성의
회복, 교회의 일치, 구제, 세계 선교 등의 사역을 활발하게 감당하고 있다.
현대 교회가 회복해야 할 복음의 요소들은 철저한 제자도, 오순절 성령의
능력, 바른 영성의 회복, 공동체적인 삶, 화해와 일치, 지역 사회 구제, 세계
선교 등이다. 이러한 기독교 공동체들의 고유한 사역들을 다 모아 보면 기
독교 공동체들이 '복음의 온전성'을 총체적으로 보여 주고 있다는 것을 알
수 있다. [226)

VIII. 맺음말

　지금까지 2천 년 교회사에 나타났던 각종 다양한 기독교 공동체들의 사
역들을 통하여 교회의 본질인 '성도의 교통(Communio Sanctorum)'이 어
떤 내용과 형태로 교회사 안에서 진행되었는지를 고찰해 보았다.
　공동체는 교회의 본질이며 코이노니아의 구현, 철저한 제자도의 실천방
식으로 보았다. 초내 교회는 영적·정신적인 교제뿐만 아니라 물질까지도
나누어 실제적으로 그리스도와 한 몸이 된 완전한 공동체였다. 성도의 교
통이 관념적이 아니라 실제 생활 속에서 구현되었다. 사도행전의 초대 교
회 공동체는 2천 년 교회사를 통하여 모든 교회 공동체의 출발점이자 참된
교회를 향한 갱신의 모델이었다. 참된 교회는 '철저한 제자도(radical
discipleship)'의 구현 없이는 불가능하다. 철저한 제자도의 핵심은 예수님
이 제자들에게 새 이스라엘 백성으로서 지켜야 할 새 계명으로 주신 '산상
수훈'에 있으며, 이 산상수훈을 구체적으로 이루는 삶의 방식이 '초대 교

---

226) 김현진, 『공동체는 교회와 복음의 본질』, p. 198.

회의 공동체 삶' 이다.

공동체는 산상수훈의 실천방식이다. 산상수훈은 그리스도의 제자들이 지켜야 할 제자도의 핵심이다. 산상수훈은 초대 교회가 행해야 할 일이었다. 초대 교회는 공동체적 삶을 통하여 산상수훈을 그대로 실천하였다. 공동체 운동의 지향점은 성경 말씀 이행의 철저성, 복음의 가시적 실제, 교회 갱신성이다. 공동체 운동은 구체적으로 초대 교회 공동체처럼 유무 상통하고 한 공간에 함께 사는 공동 생활을 통하여 성도의 교통을 실천하는 형태와, 공동 생활은 하지 않지만 공동체성을 확보하여 공동체적인 삶을 살아가는 형태가 있다. 공동체성이란 성령의 역사로 교회 내적으로 영적 · 정신적 교제만 아니라 물질도 함께 나누어 온전한 교제를 실천하고, 교회 밖으로는 고통당하는 이웃과 더불어 함께 사는 삶을 말한다. 그러므로 교회사에 나타난 공동체 운동은 유무 상통하는 공동 생활의 공동체와 공동체성을 구현하는 두 가지 형태를 모두 포괄한다.

초대 교회의 예루살렘 공동체는 당시만 가능했던 교회 공동체의 형태가 아니라 지금도 가능하다는 사실이다. 반드시 그 형태를 고집할 필요는 없지만, 그러한 형태로 살려고 한다면 지금도 유무 상통하는 초기 예루살렘 공동체의 형태는 가능하다. 그것은 서두에서 이미 살펴본 것처럼 초대 교회부터 현대까지 그러한 유형이 나타난 예들을 보아서도 알 수 있다.

초기의 기독교, 적어도 4세기 초까지만 해도 교회는 초대 교회의 온전한 공동체의 전형을 유지하고 있었으나 콘스탄티누스 황제의 기독교 공인 이후 기독교는 세속화의 길로 치달았다. 이러한 기독교의 세속화에 저항하여 성도의 교통을 통한 기독교의 본질을 회복하고자 하는 시도가 매세기마다 이어졌고 현대까지 나타났다. 몬타니즘은 교회가 성직자의 계급과 지적 신앙 중심으로 치우칠 때 교회를 갱신하기 위한 성령 운동의 공동체였고, 수도주의도 역시 교회가 세속화 조짐을 보이자 신앙의 본질을 유지하기 위한 움직임이었다. 도나티즘(Donatists)도 로마의 세속적인 기독교에 반발한 북아프리카의 복음적인 갱신 공동체 운동이었다. 신앙의 본질을 되찾기 위한 갱신의 흐름은 기존 교회 밖에서 먼저 일어났지만, 나중에는 교회 내에서도 일어났다. 4~5세기에는 교회 밖에서 일어난 수도주의가 교회의 교부들과 감독들에 의해 채택되어 교회의 갱신과 구제와 선교에 이바지하였다.

이후 5세기의 베네딕트의 수도원, 10세기의 수도원 갱신 운동, 13세기의 프란체스코 수도회, 도미니크 수도회와 같은 탁발 수도회 운동은 제도 교회 내에서 일어난 갱신 공동체들이었다. 역시 13세기에 일어난 프랑스의 왈도파는 제도 교회 밖에서 일어난 평신도 공동체 운동이었다. 14세기의 네덜란드의 공동 생활 형제단, 15세기의 스페인 알럼브라더스와 체코 형제단, 16세기 종교 개혁 시대에 보다 철저한 개혁을 천명했던 스위스와 독일의 재세례파는 기성 교회 밖에서 평신도 중심으로 일어난 '신자들의 교회 (Believer's Church)'를 이룬 갱신 공동체 운동이었다. 그 후 17세기에 들어서 교회 밖에 다양한 개신교 공동체들이 출현하였고 특히 그 당시 야콥 스페너, 헤르만 프랑케, 니콜라스 진첸도르프 백작 그리고 존 웨슬리의 감리교 운동으로 이어지는 경건주의는 제도 교회 내에서 교회를 갱신하고자 했던 공동체 운동이었다. 18세기 이후로는 개신교 내에 더욱 다양한 공동체들이 기존 교회 내외적으로 다수 나타났으며, 특히 이 시대에는 공동체 운동이 선교와 결합한 선교 공동체의 양상으로 나타났다. 또한 개신교 내에서도 천주교 수녀회와 같은 개신교 자매회가 출현하여 개신교의 영성을 균형잡아 주었다. 20세기에 이르러서 특히 제2차 세계대전 이후로는 공동체의 부흥 시기라고 할 만큼 다양한 공동체들이 수없이 생겨나서 교회 갱신에 영향을 주고 있다. 한국에서도 기성 교회 내외적으로 기독교 공동체들과 공동체 교회들이 많이 나타나고 있다.

이러한 기독교의 본질을 추구하던 단체들은 거의 공동 생활의 공동체로 살았거나 지역 사회와 교회 속에서 공동체성을 확보한 형태를 가졌었다. 그러나 교회사에서 이 갱신 그룹들은 분파 혹은 이단이라는 오명으로 불리면서 정당한 취급을 받지 못했다. 그러나 이러한 갱신 공동체들은 매세기마다 나타나서, 세속화되었던 기성 교회를 쇄신케 하는 역할을 감당해 왔다. 하나님은 이러한 갱신 공동체들을 통해서 교회의 균형을 잡아 오셨다. 갱신 공동체들이 극단으로 간 경우도 있었으나 그러한 경우에는 오히려 기존 제도 교회의 건강한 신학적 유산이 이들을 바로잡아 주는 역할을 하였다. 이들 갱신 공동체들은 기존 제도 교회(Institutional Church)에 대응하여 '신자들의 교회' 혹은 '자유 교회(Believer' s Church or Free Church)'의 개념으로 불리며 교회사의 양대 기둥으로 비유된다. 이러한 의미에서 교회사는 본질적인 교회의 대립의 역사이다. 지금까지는 교회사에서 소위 정통 신학에 의한 정통 교단의 시각을 중심으로 하여 교회사가 기술되어 왔으나, 이제는 교회사 속에 나타났던 갱신 공동체들의 역할을 재조명해야 할 것이다.

　지금까지의 고찰을 통하여 얻은 결론은 다음과 같다.
　1) 교회의 본질은 '성도의 교통' 이며, 그것은 초대 교회에서 실제적인 공동체로 구현되었다.
　2) 초대 교회 공동체는 지금도 가능하다.
　3) 초대 교회 공동체는 당대만 있었던 것이 아니라 매세기마다 교회의 갱신을 위해 일어난 운동이었다.
　4) 공동체 운동은 근본적으로 '공동체로서의 교회의 본질' 을 회복하고자 추구하였다.
　5) 기독교 공동체들은 그들의 격상된 헌신과 성화된 삶을 통하여, 세속화되었던 교회의 갱신에 영향을 미쳤다.
　6) 모든 교회 갱신 운동들이 공동체 생활을 한 것은 아니었지만 대부분의 갱신 운동들은 공동체 생활 내지는 공동체적 삶을 추구하였다.
　7) 기독교 공동체들은 산상수훈을 골자로 하는 철저한 제자도의 삶을 실천하기 위한 '헌신된 구조' 였다.
　8) 대부분의 공동체들은 깊은 영성을 지니고 있었다. 공동체사는 곧 영성사였다. 영성은 홀로 이루어지는 것이 아니라 관계 속에서 이루어지는

것이다. 수도원 공동체를 포함하여 기독교 공동체들은 기독교를 쇄신케 하는 기독교의 본질적이고 깊은 영성의 보고였다.

9) 공동체 운동은 제도권 밖에서만 일어난 갱신 운동의 형태가 아니라 제도권 교회 내에서도 일어났었다. 그 예로는 교부와 감독들의 교회 내에서의 수도적 생활과 수도원 개혁 운동, 루터교 내에서 스페너와 프랑케가 벌였던 교회 내의 작은 교회 운동, 성공회 내에서 일으킨 존 웨슬리의 감리교 혁명, 19세기의 기존 교단 내에서 활발히 일어났던 선교 공동체 운동 그리고 20세기의 공동체 교회 운동 등이 그렇다.

10) 교회사에 나타난 역사적인 갱신 운동들의 공동체들은 지금도 일부 계속 유지되고 있다. 그 중 제도권 내에서 일어났던 공동체 운동은 현재 거의 소멸되었지만, 제도권 밖에서 일어났던 기독교 공동체들은 현재도 그대로 남아 활발히 사역하고 있다. 개신교 내에서 현재도 남아 있는 예로는 북이탈리아의 왈도파, 네덜란드의 공동 생활 형제단, 독일과 미국의 재세례파(메노나이트, 후터라이트) 등이다. 이런 결과들을 볼 때 제도 교회 밖에서 일어나는 운동은 교회의 본질적인 생명력을 유지하고 지속하는 점에 있어서는 제도 교회보다 훨씬 유리한 형태를 취하고 있음을 볼 수 있다. 그러므로 제도의 갱신을 위해서는 교회 내에서 매우 강력하고 헌신된 강력한 공동체 그룹의 형성과 철저한 제사도를 훈련하는 삶의 과정이 필요하다.

11) 기성 교회와 교회의 본질을 추구한 기독교 공동체들은 서로 합력하여 하나님 나라를 구축해야 한다. 성령은 양쪽을 모두 사용하여 교회의 균형을 잡아 왔다.

결국 기독교 공동체 운동의 주요 관심은 '참된 교회'에 대한 갈망이었다. 즉 교회를 위한 운동이었다. 사회와 함께 세속화되어 가고 있는 현대 교회에게 '교회의 공동체성 회복'이 절실히 요청된다. 한국 교회 내에서도 교회 공동체성 회복 운동이 일어나서 이 시대와 사회를 변화시키는 역할을 감당할 수 있어야 할 것이다.

제 3 장

공동체 성령론

공동체 성령론

금세기 이전까지의 신학의 조류는 신론과 기독론 중심의 신학이었다. 그러나 앞으로 신학은 성령론을 중심으로 발전해 나가게 된다. 그것은 성령론이 신약 교회론의 기초이기 때문이다. 그러므로 현대의 중요한 신학적 방향은 성령론(pneumatology)에 입각한 교회론(ecclesiology)의 정립이다.

지금까지의 성령론은 주로 성령의 역사가 개인의 성화나 능력을 받는 차원의 개인적인 성령론에 치중한 나머지 성령론의 교회론적인 차원으로 발전하지 못했다. 본 성령론은 공동체를 이루는 성령의 코이노니아라는 관점에서 공동체적 성령론을 조명해 보고자 한다. 본 장에서는 먼저 그동안 성령론의 주요 쟁점을 다루고 그 다음, 성령의 역사의 공동체적인 면을 고찰해 볼 것이다. 이에 앞서 그 동안 한국 성령 운동은 어떠했는지 그 역사를 통하여 나타난 한국 교회 성령 운동의 흐름을 먼저 살펴보도록 하자.

I. 한국 성령 운동의 역사

1. 한국 성령 운동의 초기(1900~1910)

1) 시대적인 배경

1907년을 정점으로 한 대부흥 운동은 1895년을 고비로 해서 노골화된 일제의 조선 지배 야욕에 의해 조선 말의 비운의 역사가 그 시대의 배경을 이루고 있었다. 1895년 일제는 민비를 살해하고 1905년 을사보호조약을 맺어 한국은 독립 국가로서 그 모든 지위를 박탈당하였다. 각처에서 일어난

의병 운동은 쇠퇴한 국운을 막기에 역부족이었고 이같은 상황 속에서 깊은 좌절과 절망감에 빠져 있던 한민족은 이를 벗어나기 위해 많은 사람들이 교회를 찾게 되었다.

1905년 당시의 상황을 불(Bull)은 다음과 같이 표현했다.

"한국은 지금 바야흐로 위태한 시대를 향해 가고 있는 인상이다. 일본과 러시아의 싸움 그리고 전국에 걸친 일본인들의 종횡무진으로 한국의 심정은 갈피를 못 잡고 있으며, 이로 인해 전율과 공포 속에서 시달리고 있다. 이러한 불안감 때문에 이들은 갈망의 눈을 여기저기 돌리면서 도움과 보호의 손길을 찾고 있었다. 복음은 이와 같은 상황에서 어떤 정치적인 힘을 베푸는 것이 아니다. 그러나 한국은 무엇이든지 그 고립에 힘이 될 것이라면 다 받아들일 마음의 자세가 되어 있었으며, 긍지와 위신 그리고 보람을 약속하는 복음에 인도될 가장 절박한 순간에 놓여 있었다."

① 성령 운동의 첫번째 물결

이러한 시대적 배경하에서 첫번째 성령의 물결은 1903년 8월 원산에서 시작되었다. 1890년에 한국에서 선교 활동을 시작한 의료 선교사 하디(R. A. Hardie, 1865~1949)는 몇 년 동안의 자기의 선교 사업이 실패한 원인이 자신의 지식 중심적 신앙 전달 형태에 있음을 자인했다. 1903년 그는 원산에서 7명의 선교사들과 일주일간 성경 연구와 기도 연구를 가졌다. 그는 그 모임에서 메시지를 준비하던 중 구하는 자에게 성령을 주신다는 구절(눅 11:13)에 은혜를 받아 성령 세례를 간구하게 되었다. 그 후 하디 선교사는 성령이 충만한 가운데 자신의 잘못과 실패를 자기 집의 요리사에게 고백하고 그 다음에는 선교사들 앞에서, 그 다음에는 주일 예배시 한국 교인들을 찾아서 죄를 고백했다. 하디 박사의 이런 변화는 극적이었고, 모든 사람들에게 분명히 보였다. 왓슨(Watson)은 그 당시의 집회를 "죄의 회개는 그 모임들의 뚜렷한 특징으로 계속되었다"라고 평가하였다.[1]

1904년 1월 원산에서 다시 개최된 교파별 연합기도회에서 캐나다 장로회 선교사 럽(Rubb)이 성령을 체험하는 역사가 있었고, 이때 전계은, 정춘수와 같은 한국인이 또한 큰 은혜를 입어 원산 지역 부흥 운동을 주도하기도 했다. 이 첫번째 오순절의 물결의 결과로 교회의 신자들의 삶과 신앙은 전에 보지 못했던 신실성과 순결성을 갖게 되었고, 3년 동안 신자의 수가 3배로 증가했다.[2]

② 성령 운동의 두 번째 물결

제2의 부흥 물결은 2년간 한국을 휩쓸었고 평양에서는 7백 명의 신자들이 성경 학교에 등록하였으며, 이 집회 중에 성령의 역사가 나타나 많은 사람이 통회 자복했고 큰 은혜를 받았다. 뿐만 아니라 미 북장로교 선교사 이길함(1861~1916) 목사를 선두로 한국인 제직들을 위한 특별 집회가 열렸는데 이때에 있었던 성경 공부는 요한1서를 중심으로 한 공부였다.

북장로교회 소속의 선교사 블레어(W. N. Blair)는 당시의 상황을 이렇게 말하고 있다.

"8월에 있던 모임에서 전에 없었던 큰 능력이 하나님의 영의 세계로부터 우리들에게 가장 알맞게 쏟아졌다. 우리는 온 교회가 거룩하게 됨을 느꼈다."

또한 목포에서도 1906년 초에 성령의 역사가 일어나 교회마다 교인들로 가득 찼었다고 한다. 그렇지만 보다 본격적인 성령 운동은 1907년의 평양 집회 때 일어난다. 그 결과 질과 양 면에서 교회가 성장하였다. J. L. 게르딘(J. L. Gerdine)은 "한국에 있는 교회들이 수적으로 지난해보다 크게 증가하였다. 약 3만 명의 새 신자들이 이 기간에 생겼다."라고 보고하였다.[3]

---

1) 한국기독교사연구회 편, 『한국 기독교의 역사』(서울: 기독교문사, 1989), p. 268.

2) *ibid.*, p. 269.

3) *Korean Mission Field*(Seoul: Evangelical Mission of Korea, 1905-1911), V, 11: 228.

③ 성령 운동의 세 번째 물결

평양에서 1907년 감리교와 장로교의 선교사들은 1월 2일~15일까지 갖게
되는 연례 성경 학교에 성령의 능력이 특별히 나타나기를 기도하였다. 이
성경 학교와 관계된 저녁 집회가 1월 6일 저녁에 평양 장대현교회에서 있
었는데 1천 5백 명 이상이 모였다. 1907년 1월14일 토요일에 블레어 목사
가 고린도전서 12:27을 읽고 '우리는 다 그리스도의 몸이요 그의 지체들'
이라고 하는 설교를 한 후 그곳에 모인 신자들이 죄가 무엇인가를 깨닫게
되었다. 이어서 월요일 7시에 다시 시작되었는데 분위기가 달랐다. 선교사
들과 한국인들은 모두 '오순절날과 같이' 보였다.[4] 그래함 리(Graham
Lee)가 그 모임을 인도했는데 간단한 설교와 몇 명의 간증이 있었다. 그래
함 리가 그때 새벽까지 기도회를 갖는데 기도하기를 원하는 사람은 남으라
고 광고하였다. 그래함 리는 그때의 모임을 다음과 같이 말하였다.

"우리가 그 교회에 도착했을 때 나는 무엇인가 오고 있음을 느꼈다. 간단
한 설교를 한 후 모든 회중이 함께 우리는 통성 기도를 했고, 이 통성 기
도는 이 모임의 특징의 하나였다. 기도 후에 그들이 참회하는 가운데 하
나님의 영이 즉각적으로 회중에게 내려왔다. 수많은 사람들이 죄를 회개
하며 목놓아 울었고 마룻바닥에 뒹굴며 완전한 확신의 몸부림으로 마룻
바닥을 주먹으로 쳤다."[5]

블레어는 이 모임에 대해 "온 회중이 함께 크게 소리내어 기도하였다. 그
효과는 설명할 수 없으나 혼란이 아니라 큰 소리요, 성령의 조화였다."고

---

4) William Newton Blair and Bruce Hunt, *The Korean Pentecost and the Suffering which
Followed* (Edinburgh: The Banner of Trust, 1977), p. 69.

5) Graham Lee, "How the Spirit Came to Pyeng Yang", Distributed by J. Edwin Orr for
Research, 1983, pp. 2-3.

하면서 "마치 오순절날같이 그들은 모두 한곳에 모여 한마음으로 기도하였다. 홀연히 하늘로부터 급하고 강한 바람 같은 소리가 있어 저희 앉은 온 집에 가득하였다."라고 말했다.[6]

그 당시 길선주 목사의 남다른 영력으로 인도된 장대현교회의 부흥사경회는 집회 첫날부터 성령의 역사가 강하게 나타났다. 1천 5백 명이 모인 첫날의 정경을 그 자리에 참석했던 정익로 장로는 다음과 같이 술회했다.

"그날 밤 길선주 목사의 얼굴은 위엄과 능력이 가득 찬 얼굴이었고 순결과 성결로 불붙은 얼굴이었다. 그는 길 목사가 아니었고 예수님이었다. 그는 눈이 소경이어서 나를 보지 못하였을 터이나 나는 그의 앞에서 도피할 수 없었다. 하나님이 나를 불러 놓은 것으로만 생각되었다. 전에 경험해 보지 못한 죄에 대한 굉장한 두려움이 나를 엄습하였다. 어떻게 하면 죄를 떨어 버릴 수 있고 도피할 수 있을까 나는 몹시 번민하였다. 어떤 사람은 마음이 너무 괴로워 예배당 밖으로 뛰쳐나갔다. 그러나 전보다 더 극심한 근심에 쌓인 얼굴과 죽음에 떠는 영을 가지고 예배당으로 되돌아와서 '오! 하나님, 나는 어떻게 했으면 좋겠습니까?' 라고 울부짖었다."[7]

평양 부흥회 전 기간을 시종 일관 지켜보았던 블레어 선교사는 훗날 당시 부흥회의 정황을 가리켜 "그때의 일은 형용할 수 없는 사건이었다."라고 회고하면서 그날의 기도 소리는 마치 "큰 폭포 소리처럼 들렸으며, 바다의 파도 소리가 하나님의 보좌에 부딪혀 울려퍼지는 듯하였다."며 감격하였다. 이날 죄를 자복하며 통회하는 참석 교인들의 열기는 곧 초대 교회의

---

6) Blair and Hunt, p. 71.

7) S. A. Moffett, *An Educational Ministry in Korea*, 1907. 2. 14. 김양선, 『한국 기독교사 연구』 (서울: 기독교문사, 1971), p. 86.

마가의 다락방에서 있었던 성령의 불길 바로 그것이었다.[8]

1910년 6월 영국 에딘버러에서 개최되었던 국제선교협의회(World Missionary Conference)에서는 한국에서 일어난 1907년의 대부흥 운동을 가리켜 '순수한 오순절의 경험'을 하였으며 이를 통하여 영적 역사를 형성한 교회가 되었다고 보고한 바 있다.[9] 부흥사경회 기간에 있었던 회개의 역사는 개인의 죄를 고백하는 데에 그치지 않고 도덕적으로 이웃에게 피해를 입힌 행위에 대한 깊은 뉘우침과 용서를 비는 실천적 회개 운동도 함께 일어났다.[10]

이 세 번째의 한국 오순절의 물결은 한국 교회의 질과 양의 성장에 전환점을 가져오게 되었다. 평양에서는 1907년 7명의 평양신학교 출신이 안수를 받았고, 한국 초대 선교사 이기풍 목사가 제주도에 파송되었다. 1908년에는 최관홀 목사를 러시아의 동쪽 지역에 파송했고, 한석진 목사를 일본 동경에 파송하였다. 또 약 10명의 목사들이 만주에 있었다. 이와 같이 은혜로운 한국 오순절 사건 이후 한국 교회에서 전도는 모든 신자의 필수적이고도 실제적인 것이 되었다. 하젤 T. 왓슨은 1901년에서 1910년까지의 10년 성장 비율이 북감리교회는 1,010퍼센트, 남장로교는 5,548퍼센트 그리고 남감리교는 6,185퍼센트나 되었다고 보고하였다.[11]

1907년 이후 한국 교회는 자립 교회가 되기 시작하였다. 교회 건축을 위해 남자들은 시계를, 여자들은 보석을 헌물하였고, 다른 사람들은 땅문서를 내놓았다.[12] 그들은 더 드리지 못해 안타까워했고, 그들의 교회를 빚 없

---

8) W. N. Blair, *The Korean Pentecost and other Experience on the Mission Field*, New York, 1908, p. 71.

9) *World Missionary Conference, Report of Commission* I, Edinburgh, 1910, pp. 77-80; 민경배, 『개정판 한국 기독교사』, pp. 262-263.

10) 곽안전, 『한국 교회사』, p. 128; 『한국기독교회의 역사』, p. 271에서 재인용.

11) Hazel T. Watson, *Revival and Church Growth in Korea*, Unpublished M.A. Thesis (Pasadenana, CA: Fuller Theological Seminary, 1969), p. 106.

이 건축하였다. 한국 초기의 오순절 운동은 교회의 질과 양의 성장을 가져왔을 뿐 아니라 신자를 넘어서 불신자의 세계에까지 영향을 주어 사회변화를 가져왔다. 또한 선교사를 파송하기 시작했고 자립 교회로 성장해 갔다.

1907년 성령의 세 번째 물결로 일어난 대부흥 운동이 끼친 긍정적인 영향은 다음과 같다.

첫째로, 이 부흥 운동을 통해 기독교의 순수한 신앙과 정신이 한국 기독교에 뿌리를 내리게 되었다. 즉 성령 임재에 대한 확신과 죄에 대한 고백 그리고 장래에 있을 심판과 하나님의 공의와 사랑에 대해 한국 교회가 체험적인 이해를 하게 되었다.

둘째로, 한국인 신자와 선교사간의 이해 증진에 크게 기여했다. 과거 선교사들은 자신들과 한국인을 구별하여 월등한 우월 의식을 가지고 있던 것이 사실이다. 그러나 이 운동을 계기로 선교사와 한국인 신자 모두가 허물 많은 죄인임을 함께 자복함으로써 그간 선교사와 한국인 신자 사이에 깔려 있던 위화의 앙금이 한층 정화되었다. 따라서 상호간에 이해와 신뢰가 깊어지게 되었다.

셋째로, 한국 교회의 도덕성 향상에 크게 기여했다. 부흥사경회를 통해 개개인의 내면 깊이 숨겨져 있던 죄에 대한 고백은 결국 신앙심을 보다 정결하게 해주는 결과를 낳았다. 이 운동을 통해서 초기 한국 교회와 교인들의 사회적··도덕적 취약점이 크게 불식되었고, 그 후 한국 교회의 경건성을 구현하는 기틀이 되었다.

넷째로, 성경 공부와 기도의 열심이 대부흥 운동을 계기로 더욱 고양되었다. 이것은 세계 기독교사에서 유례를 찾기 힘든 한국 교회의 특징의 하나가 되었다. 바로 이러한 성경 중심의 신앙이 대부흥 운동의 동인이 되었

---

12) Jonathan Goforth, *When the Spirit's Fire Swept Korea*(Grand Rapids, MI: Zondervan Publishing House, 1918), pp. 25-26.

으며, 또한 그 후 복음주의적인 한국 교회의 정형을 이룬 중요한 요인으로
작용하였다.

다섯째로, 전도 사업에 박차를 가하게 되었다. 그 당시 집회는 낮에는 성
경 공부를 가르치고 이것이 끝나면 교인들은 축호 전도에 힘썼는데, 저녁
집회는 일반인을 상대로 한 전도 집회였다. 1907년을 계기로 교회는 전도
사업에 대한 기구 설치와 아울러 각지에서 전도사를 파송하는 일을 하였
다.[13]

1907년을 중심으로 한 성령 운동에 대해서 진보적 입장은 다음과 같이
부정적인 면을 든다.

첫째로, 한국 교회의 비정치화 내지 몰역사성의 문제이다. 한신대 주재
용 교수는 이 운동이 한국 교회를 비정치적인 피안적 교회로 틀을 잡게 했
다는 것이다.[14] 기독교가 수용된 이래 한국 교회와 교인은 물론 선교사들까
지도 1890년대 말까지는 정치적·사회적 문제에 깊은 관심을 보였으며 때
로는 정치 일선에 직접 참여하기도 하였다. 그러나 1905년 을사 조약 체결
을 전후한 시기부터 상황이 크게 달라졌다. 즉 한국 교인들은 '십자군병을
일으켜 일본을 축출해야 한다'는 입장인 데 반하여, 선교사들은 이를 절대
용납하지 않으려는 태도였다.

이러한 선교사들의 강경한 태도에는 자신들의 신학적 배경뿐만 아니라
친일적 입장을 고수하고 있던 본국 정부로부터의 압력과 일제의 눈치를 볼
수밖에 없는 상황 등의 복합된 요인에서 비롯되었다. 이들이 표면적으로
내세운 명분은 아직도 열악한 상태에 있는 한국 교회와 교인을 보호하기
위함이라는 것이었다.[15] 선교사들이 1907년 대부흥 운동을 지도하고 결실
하게 한 원리와 목표는 한국 교회의 '비정치화'였다.[16]

---

13) 『한국 기독교의 역사』, pp. 273-274.

14) 주재용, 「한국 교회 부흥 운동의 사적 비판」, 《기독교 사상》(1978), 9월호, p. 70.

15) 한국기독교사연구회, p. 276.

16) 민경배, 『한국 기독교사』(서울: 대한기독교출판사, 1980), p. 259.

선교사들은 1895년에서 1907년까지 교인이 급증한 이유에 대해서도 불순한 동기가 있음을 걱정했고, 한국 교회가 정치 기관화될 위험성을 우려한 나머지 정교 분리의 신앙을 강조하여, 한국 교회의 정치 참여를 막고 피안의 위로를 갈구하게 한국 교회를 지도했다. 그들은 한국 교회가 일본인을 미워하는 마음을 회개하도록 힘썼으며 국가의 비극에 상심한 사람들이 주님과의 개인적인 관계로 마음을 돌이키도록 하였다.[17]

즉, 1907년 부흥회에서는 성령의 은사, 죄의 회개, 열심 있는 기도는 있었으나, 한국 교회는 정치 · 경제 · 사회 · 문화의 문제를 변혁시킬 메시지를 외치지 않았다. 현대 선교 신학적 용어로 표현하면, 개인 구원만이 강조되었고 사회 구원의 문제는 무시되었던 것이다. 그들에게는 정치 신학적 면이 없었다. 1907년 대부흥을 주도했던 길선주 목사의 메시지에서도 말세론, 주의 재림 징조, 칠년 대환란, 천년 왕국 등이 강조되었을 뿐 사회 개혁적 메시지는 없었다는 것이다.[18] 그로 인해 민족의 역사적 비운을 극복하기 위해 기독교에 들어왔던 수많은 민중들이 교회를 떠나기 시작했다.

요컨대 그 당시의 성령 운동의 부정적인 면은 1907년 대부흥 운동이 1907년을 전후한 시기의 시대적인 한국 민족의 아픔과 분노를 성령 운동이라는 종교적 카타르시스를 통해 희석시킨 몰역사적 성격을 지닌 성령 운동이었다는 것이다.[19]

2) 평가

이러한 부정적인 평가가 있지만 1907의 성령 운동은 교세의 대부흥기였으며 그것은 오순절 성령의 역사로 가능한 것이었다. 앞에서 언급한 것처럼 1910년 6월 영국 에딘버러에서 개최된 국제선교협의회에서는 1907년

---

17) 주재용, p. 72.

18) ibid.

19) 한국기독교사연구회, p. 276.

한국의 대부흥 운동을 가리켜 '순수한 오순절의 경험' 이었다고 보고되었
다. 20세기는 성령 운동의 시대이다. 이 한국의 부흥 운동은 당시 전세계를
휩쓸던 1900년대의 세계적인 부흥 운동 중의 하나였다. 1907년 한국의 부
흥 운동은 1901년의 미국 캔사스 토페카의 부흥 운동, 1906년의 미국 아주
사 가(Azusa Street)의 부흥 운동, 1904년 영국 웨일스의 부흥 운동(The
Welsh Revival)과 함께 20세기에 성령의 늦은 비로 내리는 '역사적인 성령
의 부흥 운동' 이었다.

부흥 신학자 에드윈 오르(J. Edwin Orr)는 한국의 성령 운동에 대해서 다
음과 같이 언급했다.

"1904년 웨일스의 부흥 운동(The Welsh Revival)이 전해지자 세계 도처
에 있는 교회들의 주목을 끌게 되었다. 또한 개인적인 부흥과 영적 각성
(awakening) 운동이 한국에서도 일어났다. 1900년대에 한국에서 일어난
각성 운동은 자생적이었으며 선교사들에 의해 유도되고, 그리고 세계적
인 부흥 운동(revival)의 주요 부분이었다. 1903~1908년까지의 한국의 부
흥 운동(Korean revival)은 한국 교회 성장에 최대의 영향을 미쳤다." [20]

1907년의 한국의 부흥 운동은 역사적인 오순절의 성령 운동으로 한국 교
회사에 위대한 전환점을 가져다 주었고, 한국 교회 성장에 큰 영향을 미쳤
다. 동시에 이 운동을 통한 성령의 역사는 '고난받는 한국 교회' 에 인내하
는 능력을 가져다 주었고, 오순절 교회는 물론 비오순절 교회도 오늘날까
지 계속 성장하는 결과를 가져왔다. 1900년 초의 성령 운동은 성경을 깊이
연구하며 범교단적으로 연합하여 기도하는 기도 운동 가운데 초대 교회 오
순절과 같은 역사가 일어났던 것이었다. 이 부흥의 역사는 한국 교회의 질

20) J. Edwin Orr, *The Re-Study of Revival and Revivalism*(n. p.: 1981), P. 22. 그리고
Awakening in Eastern Asia (Minneapolis: Bethany fellowship, Inc., 1975), pp. 26-32를 보라.

적 · 양적 성장은 물론이거니와, 불신자의 세계에까지 영향을 주어서 '사회 변화'를 가져 왔다.

이 부흥 운동의 결과 한국 교회는 2년 전의 교세에 비해서 무려 267.84퍼 센트의 경이적인 양적 성장을 가져왔으며, 1906~1910년 사이에 7만 9천2 백21명의 새 신자가 나왔다고 집계되었다.[21] 진보적인 입장의 송길섭도 "한 국 교회는 처음으로 성령의 역사를 실제 생활에서 체험하여 확인하면서 성 령이 개인의 생활과 교회의 발전과 부흥에 있어서 기본이 되며 가장 중요 한 역할을 한다는 것을 터득한 최초의 기회였다"며 성령 운동의 필요성을 인정하였다.[22] 여기서 우리는 오순절 교단을 위시하여 보수측이나 진보측 모두가 신앙 운동의 부흥은 성령의 역사를 통한 내면적인 자기 성찰과 고 백의 여과를 통해서 이루어진다는 사실을 확인할 수 있다.

2. 수난기하의 성령 운동(1910~1960)

1) 제1 고난의 시대(1910~1918)

1909년의 대부흥회를 전후한 성령 운동으로 인해 한국 교회는 쇠약해지 는 국운과 달리 계속 성장 발전하게 되었다. 1910년 8월 29일에 조선은 한 일합방의 비운을 맞게 되었다. 한일합방 후 성령 운동은 일제의 민족적 단 합의 억압과 종교적 자유 침해로 인해 교회간의 연합 운동보다는 특정 인 물이 주도하는 개인적 성령 운동에 의해 그 명맥이 유지되었다.

그 당시 성령 운동을 통하여 구국애를 발휘했던 인물로는 영적 운동의 거성 길선주 목사, 이적의 부흥사 김익두 목사, 사랑의 신비가 이용도 목사 외에 최봉석 목사, 이성봉 목사 등을 들 수 있다. 이 당시를 대표하는 사건

---

21) 한국기독교사연구회, p. 275.

22) 송길섭, 「한국 교회의 성령 이해」, 『신학사상』(서울: 한국신학연구소, 1980), 겨울호, p. 700.

은 105인 사건이다. 일제는 통치의 장애물이 되는 기독교인들을 제거하기 위해 105인 사건을 조작했다. 일제의 압박과 핍박, 빈곤과 시련으로 십자가의 길에 선 한국 교회는 고난을 받아 디아스포라의 교회가 되었다.[23]

이러한 압제하에서 성령은 당시 고난받는 한국 교회를 위해 길선주 목사를 세우고 그를 통해 크게 역사하셨다. 그의 전성기는 초기의 약 10년(1910~1920)으로 그는 요한계시록을 가지고 절망에 처한 백성들에게 희망을 주는 복음을 외쳤다. 당시 길선주 목사의 성령 운동에 대해 김광수는 다음과 같이 말했다.

"그의 전도 운동은 성경을 중심으로 진리를 전파하는 데 있었으며, 특별히 그리스도의 재림을 증언하는 데 총력을 기울였다."[24]

길 목사의 종말론적이고 내세 지향적인 부흥 운동이 당대에 큰 흡인력과 영향력을 가지게 된 것은 그의 요한계시록 강해 설교가 일제의 지배하에 있던 대중들에게 큰 희망과 위로를 주었기 때문이었다. 그의 초기 부흥회에는 기사와 이적이 나타났고, 그가 설교할 때는 회개 · 신유와 성령의 역사를 체험하는 사람이 많았다. 길선주 목사의 성령 운동은 새벽 기도회를 창시하여 회개의 운동을 전개하였고, 말씀 읽기를 강조했으며, 한국 교회에 부흥사경회를 확립하여 한국 교회에 대부흥의 역사를 일으키는 데 큰 역할을 담당하였다.

2) 제2 고난의 시대(1919~1929)

이 기간에 있었던 중요한 민족적 사건은 3 · 1 운동이었다. 이 운동은 한국 전체의 운동으로 천도교나 불교와 같은 여러 종교 단체가 선도하여 주도한 것이 사실이지만, 그 핵심과 원동력은 기독교를 경로로 하고 있었다. 그러나 3 · 1 운동이 실패로 돌아가자 많은 교회의 지도자들이 죽거나 감옥

---

23) 민경배, p. 263.

24) 김광수, 『한국 기독교 인물사』 (서울: 한국 교회사 인물원, 1974), p. 145.

에 투옥되었다.

이러한 고난 가운데서도 오순절 성령의 역사는 김익두 목사를 통해서 두드러지게 나타났다. 1920년대 초기 그는 신유의 사도로서 그때에 큰 역사를 일으켰다. 그 당시 김익두 목사의 부흥 운동은 '이적(異蹟) 부흥회' 라는 이름으로 널리 알려져 있었다. 그의 부흥회에서 신유의 은사가 강하게 나타나자 그 당시 기독신보는 김익두 목사의 기적을 대서 특필하여 예수 당시에 있었던 기적이 2천 년 후에 나타났다는 기사를 보도하여 세계를 떠들썩하게 하였다. 이에 장로교 황해노회는 김익두 목사의 기적 사실들을 근거로 해서 1923년 장로회 총회에서 '금일에는 기적 행하는 권능이 정지되었느니라' 고 규정한 장로교 헌법 3장 1항을 '기적이 있다' 로 수정할 것을 건의했다.[25] 사도 시대 이후로는 기적과 초자연적인 은사들이 사라졌다는 찰스 하지(Charles Hodge)와 워필드(B. B. Warfield) 신학의 영향을 받은 장로교 헌법은 사도 시대 이후의 기적은 '없다' 라고 규정했기 때문이었다.[26]

총회가 비록 기적을 부인했지만 1920년대 이후의 한국 교회의 부흥 운동은 '신유' 와 '기적' 이 행해지고 강조되었던 성령 운동이었다. 이러한 현상은 김익두 목사 개인에게만 한정된 현상이 아니라 당시의 부흥회들 가운데에서 흔히 있었던 현상이었다.

3) 제3 고난의 시대(1930~1944)

한국 교회의 수난은 일본의 신사 참배 강요에서 그 절정에 이르렀다. 일

---

25) 한국 교회 사학회, 『朝鮮예수敎長老會史記』下卷, 1969, p. 39.

26) B. B. Warfield, *Counterfeit Miracles*(London: 1972), 21. 워필드는 치유와 기적과 같은 은사들은 사도들의 사역 이후 사라졌다고 주장한다. 그것은 그러한 초자연적인 은사들이 사도만이 가질 수 있었던 고유한 표지였기 때문이라는 것이다. 그동안 한국교회에서 사도행전 시대의 사도들이 행하던 기적과 치유가 실제로 행하여지고 있음에도 불구하고 그러한 초자연적인 은사들을 부정하는 경향은 워필드의 신학사상을 이어받은 한국 신학자들의 신학관이 한국 보수 신학이 기조가 되었기 때문이다.

제의 극렬한 신사참배의 핍박으로 한국 교회는 문화적이고 정치적인 복음
이 아닌 개인적인 면에서 복음을 해석하게 되었다. 1930년을 전후하여 일
제의 탄압이 점차 강화됨에 따라 교회의 대사회활동은 희박해지고 더욱이
이 세상의 것을 저주하는 방향으로 빗나가게 되었다. 그러나 일제의 탄압
으로 신앙이 내면화되기는 했으나 이들의 신앙을 결코 과소 평가할 수는
없는 것이다.

이 시기에 성령의 역사를 불러일으킨 대표적 인물은 이용도 목사였다.
그는 '기도의 사람'으로 매우 깊은 영성을 지닌 신비적 신앙의 소유자였
다. 동시에 그는 능력 있는 설교자요 부흥사였다. 이용도 목사가 인도하는
예배는 항상 성령이 충만하여 통성 기도 시간이 되면 여러 곳에서 방언이
터져 나와 그 당시의 사람들을 놀라게 하였고 예언과 대언하는 사람도 간
혹 있었다. 이용도 목사를 연구한 변종호 목사는 "이용도 목사는 오순절 교
단 운동의 선구자요, 개척자로서 그 오순절 교단 운동이 받을 비방을 도맡
아 받았고, 그 교단 운동이 당할 고난과 풍파를 혼자서 뒤집어쓰고 애쓰며
싸우다가 올라간 선진이었다."라고 말했다.[27]

4) 제4 고난의 시대(1945~1960)

일제 치하의 성령 운동이 개인적인 성령 운동이었다면 해방 이후의 성령
운동은 보다 자유로운 분위기 속에서 조직적인 성령 운동으로 발전하였다.
그러나 해방 후 얼마 동안은 교회의 거듭된 분열로 인해 교회 연합적인 성
령 운동이 일어나지 못하고 개인 중심의 성령 운동이 집단적인 성격을 띠
고 발전하는 양상이었다. 그러나 한국 백성들은 해방 이후 곧 6 · 25의 비운
을 겪게 되었고 민족적 비극은 시련의 와중에 있던 백성들에게 갈급한 영
적 필요를 불러일으켰다.

이 시기에 영향을 끼친 성령 운동의 인물로는 성결교의 이성봉 목사를

27) 변종호, 『한국의 오순절 신앙 운동사』(서울: 신생관, 1972), p. 85

들 수 있다. 이성봉 목사의 경우 그가 목회할 때 병자가 고침받고 귀신들린
자들이 놓임을 받는 등 기사와 이적이 많이 일어나 구원받는 자가 많았다.
그 후 전국적인 부흥사로 활동할 때 그의 집회에는 성령의 강한 능력이 나
타나 축사와 신유의 역사들이 많이 나타났다. 그는 성결교회의 4중 복음(중
생, 성결, 신유, 재림)을 토대로 성령을 의지하여 체험하는 신앙을 자신의
사명으로 삼았으며, 기도 생활을 통한 성령 체험과 신유의 체험 운동을 전
개하였다. 그는 30여 년간 활동한 가장 수명이 긴 부흥사로, 교단을 초월하
여 후세들에게 깊은 존경의 대상이 되고 있다.

5) 최근의 성령 운동(1960~   )
일제 36년의 지배와 6·25는 한국 교회에 분열을 가져온 민족적 수난의
시기였으며, 이러한 와중에서 무수한 신흥 종파와 이단들이 한국 교회를
위협하기 시작했다. 이에 대해 한국 교회는 서서히 교회 분열에 대한 회의
와 함께 각 교파간의 대화와 연합 사역을 통하여 민족 복음화라는 공동 목
표를 추구해 나가기 시작했다.
1960년대 후반부터 1970년대의 성령의 역사는 초교파적 연합 사역을 통
한 대규모 전도집회의 형태로 나타났다. 1971년에는 '민족 복음화 대회',
1973년 3월에는 '빌리 그래함 전도 대회'와, 같은 해 9월에 '세계 오순절
대회'가 한국에서 열리게 되었고, 1974년에는 '엑스폴로 74 대회', 1977년
에는 '77 민족 복음화 대회', 1980년에는 '80 세계 복음화 대성회' 등 민족
복음화 운동이 범교회적으로 계속해서 일어났다. 이처럼 1970년대에 들어
서 성령 운동은 대형 집회를 통한 대중 전도의 형태로 나타났다.
1960년대 이후 한국 교회의 성령 운동을 언급할 때 빼놓을 수 없는 것은
성령 운동에 주력하는 오순절 교단인 하나님의 성회와 이 교단의 순복음중
앙교회의 조용기 목사이다. 1928년 럼지(Mary Rumsey) 선교사가 오순절
의 복음을 전파한 후 1933년에 최초의 한국 오순절 교회가 설립되었으며,
1950년대에는 제1회 한국 오순절 교회 성회가 있었고, 1953년에는 한국 하

나님의 성회가 창립되었다. 1962년 순복음 부흥 회관을 계기로 하여 순복음중앙교회의 역사가 시작되었으며, 순복음중앙교회가 한국 하나님의 성회의 발전과 한국 성령 운동의 견인차 구실을 했다는 것은 부인할 수 없는 사실이다. 순복음중앙교회는 1961년 150명으로 시작되었는데 1964년에는 교인수가 3천8백57명이었고, 1974년에는 1만 9천8백65명, 1984년에는 37만 2천8백96명으로 성장하여 세계 최대의 교회가 되었다. 현재의 교인 수는 약 80만을 상회한다. 이러한 성장을 배경으로 1973년에는 세계 오순절 대회가 한국 서울에서 개최되어 한국 교회의 성령의 역사를 전세계에 널리 알리는 계기가 되었다.[28]

순복음중앙교회의 부흥에 힘입어 하나님의 성회는 계속 성장하여 1970년에는 교회 수가 107교회에 교인 수가 4만 2천 명이 되었고, 1981년에는 407교회에 30만 8천6백15명의 교세를 이루었으며, 1980년대에 들어서서 하나님의 성회는 장로교, 감리교, 성결교 다음가는 교회로 급성장하였다.[29]

II. 성령 세례 논쟁

성령론의 논쟁의 핵심은 항상 중생과 성령 세례의 관계성 문제였다. 성령세례를 공동체 성령론의 우선적 이슈로 거론하는 것은 성령세례가 바로 성령의 코이노니아 사역 중에서 첫째되는 수직적 코이노니아의 역사이기 때문이다. 이 문제에 대한 신학 논쟁은 매우 오랜 역사를 가지고 있다. 이 문제에 접근하는 방식은 먼저 성령 세례에 대한 오순절, 개혁파, 진보적 입장을 차례대로 모두 열거한 뒤 각 주장의 장단점을 정리하여 성령 세례 논

---

28) 이재범, 『성령 운동의 역사』(서울: 보이스사, 1985), p. 210

29) ibid.

쟁에 대한 객관적 입장과 발전적 시각에서 그 해결책을 제시하고자 한다.

1. 중생과 성령 세례

중생과 성령 세례에 있어서의 논쟁은 중생할 때 성령의 내주하심이 곧
성령 세례라는 주장과, 중생과 성령 세례는 별도의 역사로써 중생 이후 성
령 세례를 따로 받아야 한다는 주장의 대립이다.

1) 오순절 운동의 입장

중생과 성령 세례는 별개의 것으로 중생 후 성령 세례받는 것을 그리스
도인의 바른 과정으로 주장한다. 오순절 교회의 대표적 신학자 랄프 릭스
(Ralph M. Riggs)는 그의 저서 『The Holy Spirit Himself』 제7장의 'The
Baptism in the Holy Spirit Distinguished from Conversion' 이라는 글에서
"성령으로 구원받는 것과 성령으로 세례받는 것은 다르다."라고 분명히 주
장한다.[30] 역시 미국의 오순절주의 신학자 돈 베이샴(Don Basham)은 성령
세례를 강조하면서 '이는 중생에 따라 오는 두 번째 은혜의 역사' 라는 표
현을 썼다.[31] 조용기 목사는 "성령은 죄인을 중생시켜 새로운 창조적 역사
를 이루실 뿐 아니라 한 걸음 더 나아가서 중생한 성도들에게 아버지의 약
속하신 성령 세례의 축복으로 우리에게 찾아오신다."고 하면서 중생과 성
령 세례를 명확히 구분한다.[32] 해롤드 헌터(Harold Hunter)는 "오순절 운동
의 성령 세례를 중생, 양자 그리고 칭의에 수반하는 성령의 역사와 구별된
성령의 역사로써 이해해야 한다."고 평가했다.

---

30) Ralph M. Riggs, The Holy Spirit Himself(Springfield: Gospel Publishing Co., 1968), p. 61.

31) Don Basham, A Handbook on the Holy Spirit Baptism(Reading, Berkshire: Gateway Outreach, 1969), p. 4.

32) 조용기, 『성령론』(서울: 신망애사, 1973), pp. 136-137.

2) 전통적 개혁파 신학의 입장

전통적 개혁파 신학은 중생시 성령의 내주가 곧 성령 세례라는 입장이다. 이 견해의 대표적 신학자들로는 영국의 복음주의 신학자 존 스토트(John R. W. Stott), 미국 달라스 신학교 교수인 존 월부어드(John F. Walvoord)와 메릴 엉거(Marrill Unger), 영국의 신학자 도널드 브리지(Danald Bridge)와 캠벨 모건(Campbell Morgan), 영국의 신학자 제임스 던(James D. G. Dunn), 독일의 신학자 프레드릭 브루너(Fraderick D. Brunner)와 한국에서는 장로교의 박형용, 박윤선, 서철원 교수 등이다. 존 스토트는 사도행전 2, 8, 19장의 예를 들어 성령의 세례 혹은 은사는 신자들의 최초의 체험이라고 하면서 "물 세례는 성령의 세례를 상징하는 것으로 그리스도와의 관계에 들어가는 최초의 의식이며 모든 신자들에게 보편된 것이다. 따라서 그것의 실체인 성령 세례도 최초의 보편적 은혜일 것이다. 성령의 세례를 받는다는 것은 보편적으로 누구든지 구원 계약의 은혜에 참예하는 것을 가리킨다."[33]고 했다.

스토트의 이같은 주장은 다른 개혁파 신학자들에게 큰 영향을 주었다. 달라스 신학교의 메릴 엉거 교수는 "성령으로 세례받는다는 것은 중생을 의미하므로, 받으려고 기도하거나 기다릴 필요도 없고, 믿음을 통하여 은혜로 주시는 하나님의 구원의 선물의 한 부분이다."[34]고 했다. 달라스 신학교의 월부어드 교수도 다음과 같이 주장한다. "모든 성도는 구원받는 순간에 성령의 세례를 받는다. 성령 세례의 역사가 없이는 누구도 구원을 받을 수 없다. 성령의 세례를 받으라는 권고는 성경 어디에서도 발견할 수 없다."[35] 영국의 성령론 학자 도널드 브리지는 "개인이 그리스도의 몸에 신비

---

33) John R. W. Stott, *The Baptism and Fullness of the Holy Spirit* (Green & Co, 1964), p. 19.

34) Merrill Unger, *The Blessing work of the Holy Spirit*(Chicago: Scripture press, 1953), p. 59.

35) John F. Walvoord, *The Holy Spirit*, 이동원 역, (서울: 생명의말씀사, 1982), pp. 187-188.

적으로 연합되는 참성도로 변화될 때 그의 성품이 성화되며 봉사를 위한 능력이 주어지는데 이것이 중생이요, 성령의 세례를 받는 것이다. 성령의 세례는 두 번째 경험이 아니며, 오히려 참 그리스도인이 되는 데에 선행되는 경험이다."[36]라고 주장한다. 영국의 주경 신학자 캠벨 모건도 "사람이 그리스도의 교회에 들어오는 찰나에 그들은 성령으로 세례를 받게 된다."[37]고 했다. 장로교 전통을 가진 제임스 던과 브루너는 중생 후 성령 세례가 온다는 오순절 운동의 중심 교리를 반대한다.[38]

한국의 경우 장로교(합동)의 박형용 박사는 "성령 세례는 물 세례의 상징이며, 그리스도와의 관계에 들어가는 최초의 의식이며, 모든 신자들에게 보편화된 것이다. 회심은 중생의 결과이며, 중생할 때에 이미 성령의 세례가 있는 것으로 추정해야 한다."[39]고 말했다. 총신대학원 서철원 교수도 "신약에서 그리스도인이 되는 것은 회개하고 예수 믿어 성령받음으로 시작된다. 이 예수를 믿을 때 받는 성령 세례가 신약이 가르치는 성령 세례이지, 중생 후 별도의 과정으로 받는 것이 아니다."[40]고 하였다.

이상 살펴본 것처럼 종래의 개혁 신학의 주장은 중생=성령 세례의 도식이다.

3) 비오순절 교단에서 일어나는 성령 운동

전통적인 개혁 신학의 배경을 가지고 있지만 오순절 운동의 성령 세례론

36) Donald Bridge, *Spiritural gifts and Church*(Downers Grove: IVP, 1973), p. 115.

37) Campbell Morgan, *The Spirit of God* (New York: Fleming H. Rivell Co.), p. 74.

38) J. D. G. Dunn, *Baptism in the Holy Spirit: A Reexamination of the New Testament Teaching on the Gift of the Spirit in Relation to Pentecostalism Today*(London: SCM, 1990)과 프레드릭 브루너, 김명용 역, 『성령 신학』(서울: 나눔사, 1993) 참조.39) 박형용, 『박형용 박사 저작 전집 V: 敎義神學』(서울: 한국기독교교육연구원, 1983), p. 257.

40) 서철원, 「성령 세례와 구원」, 『제1회 총학회 학술심포지엄』(총신대학원 총학회편: 1990), p. 4.

을 지지하는 신학자군이 금세기 후반에 상당히 많이 나타난다. 존 스토트
와 함께 영국 복음주의 운동의 대표적 인물인 로이드 존스(D. M. Lloyd
Jones)는 그의 동료 스토트의 의견에 반박하면서 정반대로 중생과 성령 세
례를 구분하여 다음과 같이 말한다. "성령 세례가 중생할 때 모든 사람에게
발생한다고 말하는 사람들은 신약 성경을 부인하는 것뿐만 아니라 또한 분
명히 성령을 소멸하는 것이 된다. 중생은 무의식적이며 비체험적인 것이
다. 그러나 성령 세례는 근본적으로 체험적이다. 왜냐하면 성령 세례는 우
선적으로 능력 세례이기 때문이다."[41] 즉 성령 세례는 전혀 그리스도를 모
르는 비신자에게 임하는 것이 아니고 일단 그리스도인이 된 자에게 주어진
다는 것이다.

장로교의 배경을 가진 성령론의 권위자 토레이(R. A. Torrey) 박사는 중
생과 함께 성령 세례를 구분하여 받을 필요가 있다고 한다. "성령 세례는
잠정적으로 믿는 모든자의 소유이지만 믿는 각자는 모두 그 성령 세례가
경험상 자기의 것이 되게 하여야 한다. 우리가 이미 살펴본 대로 참된 모든
신자에게는 성령이 계신다. 그러나 믿는 모든 자가 성령의 세례를 받는 것
은 아니다."[42] 토레이 박사는 오순절주의자는 아니나 성령으로 세례받음은
중생한 자에게 봉사의 능력을 주는 것이라고 강력히 주장한다.

토레이 박사는 무디(D. L. Moody) 선생으로부터 무디 성경 학교(Moody
Bible Institute) 교수들에게 성령 세례에 대해서 설교하도록 요청을 많이
받았었다. 그것은 무디 자신이 중생했을 때와 성령 세례를 받았을 때의 사
역의 효과와 그 차이를 너무도 잘 알고 있었기 때문이었다.[43] 경건 서적의

---

41) D. M. Lloyd Jones, *Joy Unspeakable* (The Baptism with the Holy Spirit), 정원태 역, (서
울: 기독교문서선교회, 1990), p. 135.

42) R. A. Torrey, *The Person & Work of the Holy Spirit*, 이성강 역, (서울: 기독교문서 선교
회, 1984), pp. 161-162.

43) R. A. Torrey, 이인한 역, 『하나님은 왜 무디를 쓰셨는가』(서울: 은혜출판사, 1978), pp. 25-
26.

저자로 널리 알려진 영국의 개혁주의 신학자 앤드류 머리(Andrew Murray)
는 "사도들에게 주신 성령의 세례는 주께서 첫번째 주신 중생과는 매우 다
른 것이었으니, 그들의 영광이 주님의 능력의 임재를 확실히 느끼게 해주는
것이었다."[44]라고 하였다. 복음주의 신학자 브루스(F. F. Bruce) 박사는 그
의 저서 『사도행전 주석』에서 사마리아 교인들이 성령받기 전에 이미 중생,
회심하였음을 명백히 못박았으며 성령을 달라고 구하거나 기도해서는 안
된다는 메릴 엉거, 도널드 브리지, 프레드릭 브루너의 의견에 반박하였다.[45]

영국 성공회 신부로서 교회 갱신 운동에 앞장서고 있는 유명한 신학자
마이클 하퍼(Michael Harper)는 그의 저서에서 "사도행전에 신자들이 물
세례 받고 난 뒤 성령 세례를 받을 수 있도록 사도들이 안수했다는 사실을
주목할 때 우리는 중생할 때 자동적으로 성령 세례를 받는다는 성령론을
지지할 수 없다."[46]고 하였다. 미국 감리교의 슈메이커(Samuel Soemaker)
교수,[47] 개혁주의 신학 입장에 있는 스튜어트(James A. Stewart)[48], 뉴욕 장
로교의 목사 심프슨 박사(A. B. Simpson)도 역시 중생과 성령 세례를 구분
하여 성령 세례의 필요성을 강조하였다.[49]

풀러 신학교 교수로서 전통적인 복음주의 배경을 가지고 비오순절계 교
회들과 함께 성령의 역사를 통한 교회 성장 운동에 주력하고 있는 피터 와
그너(Peter Wagner)는 존 윔버(John Wimber)와 함께 '제3의 물결' 운동을
펴나가고 있는데, 이들은 성령 세례라는 용어의 사용에 대해서는 견해가

44) Andrew Murray, *The Spirit of Christ*(Wales: James and Nibet & Co., 1899), pp. 323-325.

45) F. F. Bruce, *Commentary on Acts*(Grand Rapids Michigan: Eerdmans, 1954), p. 38.

46) Michael Harper, *Power for the Body of Christ*(London: The Fountain Trust, 1969), p. 26.

47) Samuel Shoemaker, *With the Holy Spirit and with Fire*(Waco Taxas: Word Book, 1960), pp. 10-11.

48) James A. Stewart, *The Heaven's Throne Gift*(Philadelphia: Revival Literature, 1949), pp. 70-71 참조.

49) A. B. Simpson, *Power on High*(N.Y. : Christian Alliance Publishing Co., 1924), pp. 240-241.

다르지만 중생 이후 일어나는 성령 충만, 성령 체험과 함께 방언, 치유 능
력, 기적 등의 각종 은사의 필요성을 강조하면서 오순절 교단 이외의 기성
복음주의 교회들에서 성령 운동이 일어날 수 있도록 돕는 사역에 힘쓰고
있다.[50] 존 스토트와 함께 세계적인 복음주의 사역자였던 데이비드 왓슨
(David Watson)도 성령의 역사를 체험하면서 스토트의 견해를 따르던 종
전의 입장을 철회하였다.[51] 하워드 스나이더(Howard Snyder)는 교회를 갱
신시키는 원동력 중의 하나로 성령의 은사와 능력을 적극적으로 활용해야
한다는 입장을 표명한다.[52]

한국에서는 R. A. 토레이 박사의 손자인 예수원의 대천덕(R. A. Torrey
III) 신부(성공회)가 중생 이후 성령 세례를 분명하게 주장하면서 성령 운동
을 펼치고 있으며,[53] 장로교측에서는 총신대학원의 차영배 교수, 장신대학
원의 오성춘 교수, 현요한 교수, 한국기독교장로회측의 이중표 목사, 감리
교측에서는 김홍도 목사와 전가화 목사 등이 중생 후 성령 세례의 필요성
을 분명히 주장하고 있다.

---

50) 제3의 물결 운동(The Third Wave)은 1980년대부터 오순절 계열이 아닌 일반 복음주의 진
영에서 일어난 성령 운동으로, 성령으로 인한 '능력 사역(Power Ministry)'에 대해서 매우 적극적
이다. 이들은 성령 세례라는 용어보다 성령 충만이란 용어를 사용하며, 성령 충만은 중생 뒤에도
계속적으로 일어나는 현상으로 본다. C. Peter Wagner, "Third Wave", edited by Stanley. Burgess
and Gary B. Mcgee, *Dictionary of Pentecostal and Charismatic Movements*(Grand Rapids:
Zondervan, 1988), pp. 843-844. 피터 와그너, 권달천 역, 『성령의 은사와 교회의 성장』 (서울: 생
명의 말씀사, 1982) 및 존 윔버, 이재범 역, 『능력 전도』(서울: 나단출판사, 1990)를 보라.

51) 존 윔버 외, 변진석 역, 『제3의 물결을 타고』(서울: 무실, 1991) pp. 81-94를 보라. 그는 원
래 존 스토트와 같은 성령관을 가지고 함께 복음주의 사역을 같이했으나, 제3의 물결을 통해 질병
의 치유를 체험하고 난 뒤 종전의 입장을 바꾸었다.

52) 하워드 스나이더, 명성훈 역, 『성령의 표적』(서울: 나단, 1993), p. 28과 『그리스도의 공동
체』(서울: 생명의말씀사, 1987), pp. 96-101를 보라.

53) 대천덕, 『산골짜기에서 외치는 소리』(서울: 한국양서, 1985)를 보라.

III. 성령 세례 논쟁 정리

1. 구원의 과정

대부분의 신학자들이 중생 후 성령 세례냐, 물 세례 후냐, 거의 동시적이냐, 첫번째 복(first blessing)이냐 두 번째 복(second blessing)이냐에 관심을 집중시켜 쓸데없는 논쟁이 일어났었다. 심지어는 이 시차 여하에 따라 개혁 신학이냐, 오순절파냐가 판가름될 정도로 큰 시비거리가 되었다.

장로교(합동)의 차영배 교수는 장로교의 개혁파 신학의 배경을 가지고 있으면서 중생=성령 세례의 도식을 주장하는 총신대학원의 서철원 교수의 주장을 배격하면서 이 문제를 '구원의 서정(序程)' 차원에서 폭넓게 해결해 내고 있다.[54] 차영배 교수는 "이 문제는 중생에 대한 정의가 확립되기 전에는 아무 의미가 없다."고 한다. 중생은 좁은 의미의 중생과 넓은 의미의 중생 두 가지로 볼 수 있다. 왜냐하면 중생의 용어로는 '아나겐나오'(anagennaw, 거듭나다)만이 아니고 보다 넓은 의미의 용어인 '팔링게네시아' (paliggenesia, 중생)란 용어도 쓰이기 때문이다. 처음 예수를 믿음으로 거듭나는 경우(요 1:12, 13, 3:3-15; 벧전 1:3, 23-25; 약 1:17, 18; 마 16:16, 17, 11:27; 엡 1:17)는 좁은 의미의 중생을 말한다. 중생은 이것으로 끝나지 않고 몸의 구속 곧 몸의 부활에 이르러서야 완성에 이른다. 마태복음 19:28의 '세상이 새롭게 되어'는 '중생의 때' 곧 몸의 부활이 있을 때, 곧 인자가 영광의 보좌에 앉아 이스라엘 열두 지파를 심판하실 때 일어나는 중생이다.[55]

---

54) 차영배, 「성령 세례 논평」, 『제1회 총학회 학술심포지엄 자료집』(총신신학대학원, 1990), p. 19.

55) *ibid.*, pp. 17-18.

넓은 의미의 중생은 성도가 처음 거듭난 후 성화와 영화의 상태를 거쳐 천국에서 구원이 완성되는 전과정을 말한다. 이러한 구원의 과정을 '구원의 서정(序程)' 이라는 용어로 표현한다. 이 구원의 서정은 칭의(稱義, justification), 성화(聖化, sanctification), 영화(榮化, glorification)의 세 단계로 구분할 수 있는데, 네덜란드의 개혁주의 신학자 바빙크(H. Bavinck)는 칭의의 단계를 '은혜의 상태(Status Gratiae)'로, 성화와 영화의 단계를 합쳐서 '영광의 상태(Status Glorificationis)'로 정리하였다.[56]

차영배 교수는 좁은 의미의 중생을 가리키는 칭의를 은혜의 상태의 시작으로 보고, 이 은혜의 상태에서 영광의 상태(성화와 영화)로 들어가는 것은 바로 성령 세례로써 시작된다는 것이다. 두 번째 상태, 곧 성화와 영화의 상태에서는 성령 세례를 통하여 신비적 연합, 충만, 권능의 임함, 큰 회개, 양자의 부르짖음, 담대한 복음 증거, 성령의 인치심, 부활의 보증 등이 동시에 일어나면서 죽을 때까지 지속되다가 결국 소천 후 부활로써 끝을 맺고 이후 천년 왕국 또는 신천 신지(新天新地)가 열려 궁극적인 영생에 이른다.[57]

넓은 의미의 중생은 곧 은혜의 상태와 영광의 상태를 통한 구원의 궁극적 완성 즉 영생을 이루는 전과정을 말한다. 그러므로 좁은 의미의 중생과 넓은 의미의 중생이라는 단계는 곧 '구원의 서정' 이라는 규준(規準)을 설정하게 하며, 이를 바탕으로 하여 중생과 성령 세례의 관계를 비춰 보면 문제는 간단히 해결되는 것이다. 다시 말해서 좁은 의미의 중생은 최초의 거듭난 사건을 의미하고(칭의의 단계), 넓은 의미의 중생은 좁은 의미의 중생+성령 세례라는 도식이다. 거듭남이란 신분의 변화의 단계에서 신앙의 성장을 가져다 주는 존재의 성숙의 단계는 성령 세례로 가능하다는 것이다. 여기서 협의의 중생(은혜의 상태)과 성령 세례로 발전하는 광의의 중생의 상태(영광의 상태)는 서로 '구분' 된다.

---

56) 차영배, 『성령론』(서울: 경향문화사, 1989), pp. 363-370 참조.

57) 차영배, 「성령 세례 논평」, p. 18.

성령 세례의 필요성을 주장하는 이들이 '제2의 복(the second blessing)' 이란 용어로 운운할 때는 자칫 좁은 의미의 중생과 성령 세례가 분리되어 일어나는 것으로 오해될 소지가 있다. 이는 모두 한 성령의 역사이다. 즉 성령이 거듭나게 하시며 또한 그 거듭난 영혼에게 성령이 권능으로 임해 성령으로 세례를 주신다. 그러므로 성령 세례는 칭의의 단계에서 성화에 이르는 관문이다. 즉 성령께서 거듭나게 하시며, 또한 그 거듭난 영혼에게 성령이 권능으로 임해서 성령의 세례를 주신다. 이는 신자의 영적 성장을 위해 한 성령께서 역사하시는 발전적인 전개의 과정이다. 중생이 성령 세례라는 주장은 바로 구원의 서정이라는 시각을 갖지 못한 상태에서 사도행전 2장의 오순절 성령 강림 사건을 단순히 이스라엘 백성의 출애굽 사건과 같이 되풀이될 수 없는 전무 후무한 '구원 역사적' 사건으로만 보게 되는 것이다. 오순절 성령 강림 사건은 유일무이한 '구원사적 역사'로 이해할 것이 아니라 '구원의 과정'의 역사로 보아야 하는 것이다.[58]

지금까지 논의한 협의의 중생과 광의의 중생을 도표로 나타내면 다음과 같다.

구원의 전체 과정 도표

구원의 전과정 :	협의와 광의의 중생			
구원의 과정	은혜의 상태	영광의 상태		
	칭 의	성 화 / 영 화		
	거듭남→ 성령이 구원을 주시는 역사)	→성령의 세례 (성령이 권능을 주시는 역사)	→성령의 열매 맺는 삶	→천국에서 몸의 부활
중생의 범위	└좁의미의 중생┘ └넓은 의미의 중생 ──(완전한 구원) ──────────┘			

---

58) 차영배, 『성령론』, pp. 54-55.

'구원의 서정'이란 원칙하에서 중생과 성령 세례의 문제는 바로 구원의 시차 문제로 압축된다. 먼저 사도들을 포함한 120문도의 경우는 확실히 중생 후에 성령 세례를 받았다(행 1:5, 2:1-4). 그러나 그리스도의 주권에 따라서 고넬료 가정에서는 복음이 전파됨과 동시에 이것을 믿었고 거의 동시에 성령이 부어져 그들은 성령 세례를 받았다(행 10:1-19). 바울도 역시 거의 동시에 중생과 성령 세례를 받았다. 사마리아인들의 경우는 빌립을 통하여 먼저 예수를 믿고 난 다음 베드로를 통하여 성령을 받은 것이다(행 8:4-25).

그러므로 결론적으로 중생과 성령 세례는 동일한 구원의 사건은 아니지만 동시에 일어날 수도 있고 시차를 두고 일어날 수도 있는 것이다. 대개의 경우 중생 후 얼마 동안의 기간이 있은 후 성령 세례를 받는 것으로 보면 성경 해석에 무리가 따르지 않는다는 것이 확실하다. 이것은 두 번째 복을 고집하는 오순절 계통이나 이것을 극구 부인하는 일부 개혁 신학자들에게 똑같이 적용된다.[59]

중생 곧 성령 세례를 주장한 신학자들은 신자의 인격적 성숙과 내적 성화를 강조하여 이 중생을 넓은 의미의 중생으로 보았기 때문이며, 중생 후 성령 세례를 주장한 오순절 계열은 성령의 능력의 역사를 강조하여 이 중생을 좁은 의미로 보았기 때문이다.

지금까지의 성령 세례 논쟁을 잠시 중간 정리하면 다음과 같다.

주장 1 : 중생 = 성령 세례(성령 세례란 거듭날 때 일어나는 역사이다)
 - 대부분의 개혁 신학자들
주장 2 : 중생 ≠ 성령 세례(거듭난 후 따로 성령 세례를 체험한다)
 - 오순절 교단의 신학자들

성령론에 관해서는 여러 가지 논쟁이 있지만 중생과 성령 세례의 문제에

---

59) 차영배, 「성령 세례 논평」, pp. 19-20.

관해서 양쪽 주장의 해결점을 성경의 예를 들어 구원의 시점 곧 시차 개념
과 협의의 중생과 광의의 중생 개념으로 정리할 수 있다.

2. 성령 세례 논쟁의 해결점

1) 구원의 시차

중생과 성령 세례는 따로 일어날 수도 있고 동시에 일어날 수도 있다. 초
신자의 경우는 중생과 성령 세례가 동시에 일어나는 경우가 많고, 이미 그
리스도를 영접하여 믿은 지가 오래된 경우는 경우는 대개 중생 후 얼마의
기간을 거친 후 성령 세례를 받는 것이 보편적인 현상이다.

- 중생 후 성령 세례를 받은 경우 : 예수님의 12제자와 120문도(행 2:1-4),
사마리아의 성도들(행 8:4-25)
- 중생과 거의 동시에 성령 세례를 받은 경우:바울의 개종(행 9:1-19),
고넬료의 가정(행 10:1-19)

• 중생이란 개념과 용어 사용의 차이점

오순절 신학 : 성령 세례받기 전의 거듭남을 중생이란 용어와 개념으로
사용한다. 성령의 외적인 권능과 능력을 체험하는 데에 강조점을 둔다.

개혁파 신학 : 중생이란 용어를 거듭남으로 시작하는 구원의 전영역적
개념으로 사용한다. 내적인 성화와 인격적 성숙에 강조점을 둔다.

2) 협의의 중생과 광의의 중생

성령 세례는 좁은 의미의 중생(칭의의 단계)에서 넓은 의미의 중생(성화
와 영화의 단계)으로 들어가는 통로이며, 성령 세례는 신자에게 성령의 외
적 권능을 베풀고 동시에 신자의 내적·인격적 성화를 모두 가능케 하는
역사이다. 즉 성령 세례는 성화의 출발점이다. 그러므로 성령 세례를 물 세

례와 같이 신자가 거듭나는 최초의 의식 정도로 보는 보편적인 개혁주의의
입장은 성령의 역사 전체를 포괄할 수 없는 편협한 주장이다.

차 교수는 오순절과 개혁주의 입장을 구원의 시차와 중생의 개념 정리로
양쪽의 난점을 잘 해결한 것이다. 대천덕 신부도 같은 입장인데, 그는 성령
의 '외적 역사와 내적 역사' 라는 매우 창의적인 관점에서 양자의 문제를
잘 극복하였다.

3) 성령의 내적 역사와 외적 역사

개혁 신학과 오순절 신학의 중생과 성령 세례에 대한 이전의 속사정은
다음과 같이 보다 구체적으로 풀이할 수 있다. 개혁 신학의 보수적 입장은
이렇게 대변될 수 있다. 즉 거듭날 때 성령의 역사가 함께 이루어지면서 신
자의 성화가 시작된다. 방언과 예언 같은 성령의 은사는 이미 사도 시대에
종결되었으며 혹시 현재에도 그러한 은사의 역사가 일어난다거나 사역에
필요하다 하더라도 그러한 체험적인 능력의 역사가 오히려 교회 내에서 영
적 질서를 문란하게 하고 덕이 되지 못하는 등 많은 문제를 야기시킨다는
것이다. 그러므로 이들은 성령의 은사와 능력이 필요하긴 하지만 신자의
성화와 인격적 성숙이 궁극적으로 더 중요하며 신자가 인격적으로 성숙되
어 성화된 삶을 살아간다면 성령의 은사와 체험적인 역사가 없더라도 하등
문제될 것이 없다는 입장이다.

그러나 오순절 성령 운동은 중생 이후 성령의 권능을 덧입고 능력을 체
험하기 위하여 성령이 권능을 주시는 역사 곧 성령 세례를 꼭 받아야 봉사
와 복음 증거의 사명을 감당할 수 있다면서 성령의 권능을 힘입는 차원에
서 성령 세례를 강조한다.

그러면 이러한 질문을 할 수 있다. 성령 세례를 통한 성령의 역사의 강조
점이 '인격적 성숙' 에 있는가 혹은 '능력' 에 있는가? 우리는 앞에서 성령
세례가 신자가 성화되기 위해서 거쳐야 할 관문임을 확인해 보았는데 과연
신자가 성령 세례를 거치지 않고 거듭남에서부터 바로 성화의 단계 즉 열

매맺는 삶으로 나아갈 수 있는가 하는 의문도 있는 것이다. 대천덕 신부는 이러한 문제를 '성령의 내적 역사'와 '성령의 외적 역사'라는 연구를 통하여 다음과 같이 명쾌히 정리한다.[60]

그는 중생(좁은 의미의)과 성령 세례를 일단 구분하며, 성령 충만과 성령 세례라는 용어의 문제에 있어서, 처음 받는 성령 충만 즉 성령 충만의 첫경험을 성령 세례라고 정의하며, 성령 세례는 처음에 단 한번이지만 성령 충만은 계속된다고 한다.[61]

그런데 이 성령 충만이란 용어가 개역 성경에는 성령 충만이라는 한 가지 용어로 번역되어 있지만 헬라어 원어 성경에는 '성령의 충만'이란 표현이 '$\pi\lambda\acute{\eta}\theta\eta\varsigma$ $\pi\nu\epsilon\acute{\upsilon}\mu\acute{\alpha}\tau o\varsigma$ $\acute{\alpha}\gamma\iota o\upsilon$' 혹은 '$\pi\lambda\acute{\eta}\rho\eta\varsigma$ $\pi\nu\epsilon\acute{\upsilon}\mu\alpha\tau o\varsigma$ $\acute{\alpha}\gamma\iota o\upsilon$' 두 가지로 나온다. 즉 '충만한'이란 형용사가 '플레테스($\pi\lambda\eta\theta\eta\varsigma$)'와 '플레레스($\pi\lambda\eta\rho\eta\varsigma$)'의 두 가지 용어로 표현되어 있다. 예를 들면 사도행전 4:8의 "이에 베드로가 성령이 충만하여 가로되 백성의 관원과 장로들아"의 경우 충만은 '플레테스'이며, 사도행전 6:3의 "형제들아 너희 가운데 성령과 지혜가 충만하여 칭찬받는 사람 일곱을 택하라"에서 충만은 '플레레스'로 표기되어 있다.

전자의 경우 유대 제사장들이 베드로를 붙잡아 복음 증거 사역을 저지하려고 했을 때 베드로는 그 순간 성령이 충만하여 예수 그리스도를 담대히 그리고 놀랍게 증거하였다. 이때 베드로가 받은 충만은 순간적이고 일시적인 성령의 충만한 역사였다. 그러나 사도행전 6:3의 성령과 지혜의 '충만'은 다르다. 스데반 집사가 뭇 사람의 칭찬을 받을 수 있었던 지혜와 인격은 순간적으로 생기는 것이 아니라 오랜 시일의 연단과 순종을 통해서 이루어진 것이었다.[62]

60) 대천덕, 『산골짜기에서 외치는 소리』, pp. 274-275.

61) 대천덕, 『산골짜기에서 외치는 소리』, p. 22와 동저자의 「성령 세례 고찰」, 《성령: 신학 연구 논문집 1》 (서울: 영산출판사, 1981), p. 83.

62) ibid., pp. 20-21. 혹은 앞의 책 「성령 세례 고찰」, pp. 80-82 참조.

위의 두 구절에서 베드로의 성령 충만은 인격적인 것이 아니라 일시적인 능력이다. 스데반의 성령 충만함은 장기적이고 인격적인 성질의 것이다. 그러므로 '플레테스'로 표기된 성령의 충만은 외적이고 일시적인 성령의 능력을 나타내는 역사이며, '플레레스'로 표기되는 성령의 충만은 내적이고 장기적인 인격을 형성하는 성령의 역사를 칭한다. 대천덕 신부는 양자를 한글로 구분하기 위해서 플레테스를 '충만'으로 플레레스는 '충분'으로 표기할 필요가 있다고 제안한다.[63]

다음은 신약 성경에 나오는 '충만함'과 '충분함'의 헬라어 용례이다.

$\pi\lambda\acute{\eta}\theta\eta s$(플레테스)	$\pi\lambda\acute{\eta}\rho\eta s$(플레레스)
- 외적 · 순간적 충만	- 내적 · 장기적 충족(충분)
- X-mas tree와 그 장식물	- 살아 있는 나무
- 성령의 능력과 관계	- 성령의 열매와 관계
- 구원과 무관할 수 있음	- 궁극적인 구원과 관계 있음
마 27:48	마 1:22, 13:48
눅 1:15 · 41 · 57 · 67; 4:28, 5:7 · 26, 6:11	눅 1:20, 2:40, 3:5, 4:1 · 21
요 6:12, 15:25	요 1:14, 12:3, 16:6 · 24
행 2:4, 3:10, 4:8 · 31, 9:17, 13:9 · 45	행 2:2, 5:3 · 28, 6:3 · 5 · 8, 7:55, 11:24, 13:52
롬 15:24	롬 1:29, 15:14; 고후 7:4; 딤후1:4
	엡 3:19, 5:18; 빌 1:11; 골 1:9

① 성령의 외적 역사

플레테스로 표기되는 성령 충만은 대개 순간적이며 그것은 외적인 역사이다. '성령의 부으심을 받았다', '성령이 임했다', '성령의 권능으로 옷 입었다'라는 말들은 사람들이 외적인 성령 세례를 받았다는 표현이다. 외

---

63) *ibid.*

적 성령 충만은 '일시적인 충만'이다. 예를 들어 자동차 배터리를 일정 기간 사용하여 그 힘이 다 소모되면 다시 충전해야 한다. 배터리는 항상 힘이 있는 것이 아니다. 충전받았을 때에만 힘이 나오는 것이다. 외적 성령의 충만도 충전받는 것과 같다. 사도들도 아주 중요하거나 위급한 상황을 맞이해서 그 당시 성령의 충만을 받았을 때 능력이 나왔던 것이다. 하나님의 말씀을 담대히 전하기 위해서 예언할 때, 능력을 행할 때 즉각적으로 외적인 성령의 충만함을 힘입어야 했으며 다음에 또다시 재충전을 받았다. 성령의 은사, 능력, 기적 등은 외적인 역사이다.[64]

② 성령의 내적 역사

플레레스로 표기되는 성령의 충만은 내적이며 장기적인 역사로서 신자를 중생시키고 성령의 열매맺는 삶을 살도록 해준다. 예를 들어 크리스마스 트리의 장식물은 성탄절에만 장식하고 후에는 떼어 낸다. 외적 역사는 이와 같다. 그러나 사과나무의 경우 나무 안에 진액이 항상 '충분히' 있어야 나무가 죽지 않고 살 수 있고 열매도 맺을 수 있는 것이다. 성령의 내적 역사는 이와 같은 것으로 성령께서 한 사람에게 내부의 중심에서부터 예수를 믿게 하여 거듭나게 하며 계속 그리스도의 인격으로 성숙하게 하여 성령의 열매를 풍성히 맺는 삶을 살게 하는 것이다. 성령의 내적 역사는 신자의 생명과 관계 있으므로 신자가 성숙하기 위해서는 영성 생활을 통하여 늘 성령의 내적인 충만(충분)함을 유지해야 한다.[65]

보수 개혁 신학자들이 성령 세례받는 것을 중생으로 여긴 것은 중생의 개념을 천국에서 몸의 부활까지 이르는 궁극적 구원 즉 광의의 중생으로 보았으며, 문제 많은 성령의 능력보다 인격적인 성화의 삶을 이루는 성령의 내적 역사에 보다 큰 비중을 두었기 때문이다.

---

64) *ibid.*

65) *ibid.*

이 성령의 내적 · 외적 역사의 구분은 많은 신학적인 난제들을 해결해 준
다. 요한복음 20:22에서 예수님이 부활하신 후 제자들에게 "성령을 받으
라"고 하셨는데 실제로 성령은 그 후 오순절날 오셨는데 어떻게 해서 예수
님께서 성령을 받으라고 하실 수 있는가? 네덜란드의 유명한 개혁 신학자
아브라함 카이퍼(Abraham Kuyper)는 이 부분을 두고 '도무지 풀 수 없는
성경의 난제'라고 하였다. 예수님의 승천 전에 제자들이 받은 것은 성령의
내적 역사였다. 개역 성경의 "숨을 내쉬며 가라사대 성령을 받으라"는 원
어대로 표현하면 "숨을 불어넣어 주시면서 성령을 받으라(ἐνεφύσησε καὶ
λέγει αὐτοῖς λάβετε πνεῦμα ἅγιον ; He breathed into(them), and said
to them, Receive the Holy Spirit)"이다. 사실 제자들은 이때 '내적 성령'
을 받은 것이다. 그 후로부터 제자들은 하나가 되었고 한마음과 한뜻으로
모일 수 있었다(행 1: 13-14). 그러나 그들에게는 아직 능력이 없었다. 그것
은 아직 외적 성령을 받지 못했기 때문이었다. 50일 후 오순절날 그들은 외
적 성령의 능력을 받고 나서야 비로소 담대히 복음을 증거할 수 있었다.[66]

거듭난 신자는 대개 외적인 성령 충만을 받아 성령의 능력을 체험할 수
있게 된다. 그러나 극히 예외적인 경우이지만 이 일시적인 성령의 능력을
행한다는 것이 구원 사건과 관계없을 수 있는 경우도 있다. 예를 들어 마태
복음 7:21-23에 많은 이들이 주께 나와 주의 이름으로 선지자 노릇 하며, 귀
신을 쫓아내며 많은 권능을 행하였다고 말했을 때 하나님은 "나는 너희를
도무지 알지 못한다(ὅτι οὐδέποτε ἔγνων ὑμᾶς; I never knew you)"라
고 말씀하시는 것을 볼 수 있다. 이 말은 처음부터 너희를 몰랐다는 과거 시
상의 뜻으로써 원래 구원에 관계없었던 자들이라는 것이다.

구약의 선지자들은 다 외적 성령을 받았다. 발람은 메소포타미아의 유명
한 점술가였지만 하나님은 그를 성령으로 충만케 해서 정확한 예언을 하게
하셨다(민 22장). 그러나 그는 뇌물을 탐했던 선지자였으며 후에 악한 꾀를

___
66) *ibid.*, p. 238.

내어 이스라엘 자손으로 하여금 범죄케 하는 거짓 선지자였다(민 31:16). 발람은 하나님의 선택된 백성이 아니었으나 일시적인 성령의 충만을 받아 하나님의 쓰임을 받았다. 그러나 그는 처음부터 구원과 관계없는 사람이었 다. 이처럼 성령의 권능을 받지만 구원에 관계없이 일회용 종이컵처럼 사용되다가 버림받는 경우가 있을 수 있다는 것이다. 그러므로 이 외적 성령의 역사는 효과적인 사역을 위한 능력이지만 반드시 구원과 관계 있는 것은 아니다. 성령의 내적 역사는 궁극적인 구원과 관계 있고, 외적 역사는 사역을 위한 능력과 관계 있다.

성령 세례 논쟁의 해결점이 제시된 이 시점에서 우리는 성령 세례의 정의를 내릴 필요가 있다. 우선 성경에 나오는 성령 세례에 대한 성경 구절은 다음과 같다.

세례 요한의 증거 - 마 3:11; 막 1:8; 눅 3:16; 요 1:33

예수 그리스도의 증거 - 행 1:4-5

베드로의 증거 - 행 11:16-17

예루살렘 교회의 증거 - 행 11:18

사도 바울의 증거 - 행 19: 2-7, 고전 12:13

브리스길라와 아굴라의 증거 - 행 18:24-26

성령 세례의 정의는 첫째, 중생과 관련하여 정의를 내려야 하고, 둘째, 성령 충만이란 용어와 관련지어 정의를 내려야 한다. 성경에서 성령 세례와 관련된 구절들을 보면 성령 세례가 '능력'과 관계 있음을 알 수 있다(행 1:5 · 8, 2:1-4 · 17, 10:45, 18:2-6; 눅 24:29). 중생과 관련하여 토레이 박사(R. A. Torrey)는 그의 저서 『성령의 세례』에서 "성령 세례란 이미 믿은 자에게 부어지는 하나님의 영으로서 그 영은 믿는 자의 모든 기능을 주장할 뿐만 아니라, 그에게 특별한 은사를 주어 그로 하여금 하나님으로부터 맡은바 그의 직분을 감당하게 하는 힘을 주는 능력의 원천이다."라고 했는데 즉 "중생한 자에게 특별한 '봉사의 능력'을 주시는 것"이라고 정의하였다.[67] 토레이 박사의 손자 대천덕 신부도 "성령 세례는 하나님의 권능을 옷 입는 것으로써 하나님의 사역을 증명하며 나아가서는 하나님의 권능을 행할 수 있는 것이다."라고 정의했다.[68] 즉 성령 세례의 특징은 '능력'이다. 로이드 존스는 "성령 세례는 어디까지나 능력 세례이며 지상에서 가장 영광스러운 체험이다."라고 하였다.[69]

두 번째, '성령 충만'과 관련하여 성령 세례의 정의를 내려 보자. 대천덕 신부는 "성령 세례는 성령의 충만함과 같을 수도 있고 그렇지 않을 수도 있다. 성령 세례는 일시적 성령 충만의 체험이지 계속적인 성령의 충만함이 아니다."라고 했으며,[70] 토레이 박사는 "성령 세례를 받는다는 말은 성경에서 언제나 첫경험에만 사용하고 있다. 그 다음의 성령 충만은 '성령의 새로운 충만'이라고 부른다."라고 말했다.[71] 대천덕 신부의 성령의 내적 · 외적 충만 도식에 따르면 최초의 외적 성령 충만의 체험이 성령 세례이다. 차영배 교수는 "첫 충만이 곧 성령의 세례이다."라고 말한다. 성령 충만의 첫경험 즉 '처음 받는 성령 충만'을 성령 세례라고 부르며 그 다음부터 받는 성령의 충만은 '성령의 재충만'으로 정의하면 된다.

또 다른 측면에 있어서 베네트(Dennis Bennett) 성공회 신부는 "성령 세례받는다는 말은 성령을 소유한다는 뜻이 아니라, 우리의 삶을 성령께서 전적으로 주관하시도록, 또한 우리를 통해 이 세상에서 성령께서 역사하시도록 자신을 내어 드리는 것을 의미한다"[72]고 하면서 순종의 관점에서 성령

---

67) R. A. Torrey, *What the Bible Teaches*(London: F. Revell, 1898), pp. 271-273과 동저자의 『성령의 세례』, 김희보 · 한제호 공역 (대구: 기독교부흥협회, 1951), p. 30을 보라.

68) 대천덕, "성령 세례 고찰", p. 84.

69) D. M. Lloyd Jones, 『성령 세례』, p. 131, pp. 135-136.

70) 대천덕, 『산골짜기에서 외치는 소리』, p. 22.

71) R. A. Torrey, 『성령의 세례』, pp. 86-87.

72) Dennis Bennett, *Nine O' Clock in the Morning*. John Wimber, 이재범 역, 『능력 전도』(서울: 나단출판사, 1991), p. 202에서 인용.

세례를 정의했다.

그러므로 성령 세례의 정의를 다음과 같이 내릴 수 있다. 성령 세례란 거듭남에 따르는 최초의 능력 체험의 역사로써 성령께서 신자들이 그에게 순복하고 특별한 봉사를 할 수 있도록 오시는 것이다.

성령 세례는 어떻게 받는가?

첫째, 죄를 회개해야 한다. "베드로가 가로되 너희가 회개하여 각각 예수 그리스도의 이름으로 세례를 받고 죄 사함을 얻으라 그리하면 성령을 선물로 받으리니(행 2:38)"

둘째, 성령 세례를 구해야 한다.

"너희가 악할지라도 좋은 것을 자식에게 줄 줄 알거든 하물며 너희 천부께서 구하는 자에게 성령을 주시지 않겠느냐 하시니라(눅 11:13)"

셋째, 성경의 약속에 의지하여 성령 세례를 구했으면 믿음으로 받으면 된다.

"이는 그리스도 예수 안에서 아브라함의 복이 이방인에게 미치게 하고 또 우리로 하여금 믿음으로 말미암아 성령의 약속을 받게 하려 함이니라(갈 3:14)"

이미 성령 세례를 받은 신자는 계속적으로 성령의 재충만(refilling)을 구하면 된다.

이제 성령 세례 논쟁의 막을 내려야 할 때이다. 전통적 개혁신학은 성령의 열매(내적 역사)를, 오순절 신학은 성령의 능력(외적 역사)을 강조한 것이다. 서로가 이러한 성령의 내적 · 외적 역사라는 다양한 성령의 사역을 몰랐기 때문에 양측이 서로 자신들의 잣대로 상대를 비판하는 결과를 빚게 된 것이다. 개혁신학은 성령의 내적 역사만을 고집한 까닭에 성령의 풍성한 능력의 역사를 접하지 못해 구원론은 강한 반면에 성령론은 약하며, 상대적으로 오순절측은 성령의 외적 능력을 통한 역사와 사역에는 강세를 보이고 있지만 신자들의 신앙 인격과 생활 면에 있어서 적지 않은 문제를 드러낸 것도 사실이다.

중생과 성령 세례는 분리되지는 않으나 구분되는 역사이다. 중생은 성령이 구원을 주시는 내적 역사이고, 성령 세례는 성령이 능력을 주시는 외적 역사이다. 동시에 성령 세례는 거듭남으로 시작되는 칭의의 단계에서 인격적인 성화의 단계로 들어가는 관문이다. 그러므로 성령 세례는 능력과 성화의 역사를 동반한다. 성경에 성령 충만이라고 한 표현에는 내적 역사와 외적 역사가 혼합되어 구분되지 않으므로 성령론 연구에 많은 혼란을 가져왔다. 하나님은 신자가 내적 성령의 충분을 받아 성령의 열매를 맺기 원하시며, 덧붙여 하나님의 선물인 성령의 은사를 받아 외적인 능력을 행하여 하나님의 사역을 효과적으로 감당하기를 원하신다.

"오직 성령의 충만을 받으라(엡 5:18)"

IV. 성령과 코이노니아

1. 성령의 중심 사역 : 코이노니아

우리는 앞장의 공동체 교회론에서 성령의 기본 역사가 '코이노니아 (κοινωνια; koinonia)' 임을 어원적으로 그리고 교회론적 의미의 핵심어임을 살펴보았다. 앞장에서 '성령 세례' 의 문제를 심도있게 다룬 것은 성령 세례가 하나님이 인간을 만나주시는 첫번째 '코이노니아' 의 사건이기 때문이다. 모든 교제는 성령 세례를 동반하는 하나님과의 수직적 코이노니아를 통해서 시작된다. 본장에서는 성령 세례 논쟁에 이어 코이노니아의 성령론적 의미를 살펴보고자 한다.

성경에서 가장 중요한 세 단어는 성자의 은혜(charis)와 성부의 사랑

(agape)과 성령의 교통(koinonia)이다(고후 13:13). 그리스도는 하나님의 사랑을 자신의 대속적 은혜로 우리에게 주시고, 성령은 그 은혜를 각 사람들에게 직접 전달해 주심으로 하나님과 교제하게 하신다.

한국 교회에서 성령의 사역을 거론할 때 중생과 성령, 성령 세례, 성령의 은사, 성령의 충만, 성령의 감화 감동에 대해서는 계속 논의하면서 성령의 '교통' 하게 하시는 역사에 대해서는 일체 언급과 연구가 없었던 것은 한국 교회의 성령에 대한 이해가 균형이 제대로 잡히지 않았다는 것을 말해 준다. 한국 교회의 성령 운동의 근원적인 문제는 성령의 역사를 한쪽으로만 이해했다는 점이다. 한쪽은 은사를, 다른 쪽은 열매를, 또 다른 쪽은 봉사를 강조해 왔다. 성령의 코이노니아는 매우 포괄적인 역사이다. 성령의 역사를 균형 있게 이해하기 위해서는 코이노니아의 관점에서 성령의 역사를 논해야 한다.

신약에서의 코이노니아는 크게 네 가지 용어로 쓰였다.

첫째, '교제' 의 명사형인 '코이노니아($\kappa o \iota \nu \omega \nu \iota a$, koinonia)' : 공동, 협력, 참여, 교제, 교통, (금전적) 기부, 자선, 통용, 상통, 분배, 사귐의 뜻(행 2:42; 롬 15:26; 고전 1:9, 10:16; 고후 6:14, 8:4, 9:13, 13:14; 갈 2:9; 빌 1:6 · 15, 2:1, 3:10; 히 13:16; 요일 1:3, 1:6 · 7).

둘째, '코이노니아하다' 의 의미인 '코이노네오($\kappa o \iota \nu \omega \nu \epsilon o$, koinoneo)' : 다른 사람과 함께 나누다, 통용하다, 분배하다, 참여하다의 뜻(롬 12:13, 15:27; 갈 6:6; 빌 4:15; 딤전 5:22; 히 2:14; 벧전 4:13; 요이 1:11).

셋째, '코이노니아하는 자' 의 의미인 '코이노노스($\kappa o \iota \nu \omega \nu o s$, koinonos)' : 나누는 자, 친구, 동료, 함께 하는 사람, 교제, 참여, 동업자의 뜻(마 23:30; 눅 5:10; 고전 10:18 · 20; 고후 1:7, 8:23; 몬 1:17; 히 10:33; 벧전 5:1; 벧후 1:4).

넷째, '코이노니아하고자 하는' 의 의미인 '코이노니코스($\kappa o \iota \nu \omega \nu \iota \kappa o s$, koinonikos)' : 통용하는, 즉 (금전적으로) 기꺼이, 자원하여 함께 나누는 등의 뜻(딤전 6:18).

1) 코이노니아의 종적(縱的) 의미

코이노니아의 정의는 먼저 수직적으로 아버지와 그 아들 예수와의 교제 (사귐)이다(요일 1:2-3). 그리스도의 죽으심과 합하여 세례 받은 자들은(막 16:16; 롬 6:3-4) 그의 죽으심과 부활과 고난에 참예(koinonia)하는 것이다.

주의 세례와 성찬 역시 종적 코이노니아이다. 세례에서 결신자들은 부활 의 생명에 참예하는 자가 되기 위하여 그리스도와 함께 장사 지낸 바 된다 (롬 6:3; 골 2:12). 세례는 그리스도와의 결합을 효과적으로 나타내 주는 표 시인 것이다. 우리가 축복하는 바 축복의 잔은 그리스도의 피에 참예함이 며 우리가 떼는 떡은 그리스도의 몸에 참예함이다(고전 10:16-17; 11:23 · 29). 따라서 성찬은 바로 그리스도의 몸과 피 안에서 그리고 그 몸과 피로 써 행하는 교제를 말한다. 성찬은 그리스도와의 영적인 교통(koinonia)이 다. 오순절 후에 구체적으로 나타나는 종적 코이노니아는 전장에서 자세히 다루었던 성령의 세례, 성령의 충만이다. 오순절 계열에서는 주로 성령의 능력 차원에서 성령 세례와 충만을 다루었지만 이는 성령의 코이노니아의 종적 사건 중의 하나이다.

2) 코이노니아의 횡적(橫的) 의미

코이노니아의 횡적인 면은 성도들이 서로 하나 되어 나누고 섬김으로써 그리스도의 한몸을 이루는 것이다. 이처럼 코이노니아는 수직적으로는 성 삼위 하나님과의 사귐, 수평적으로는 성도간의 사귐(교통)의 차원을 포함한 다. 오순절 성령 강림절은 신약 교회의 생일이다. 오순절에 성령이 오심으 로 '나'에서 '우리'로 바뀌었고, 성령의 교통하시는 사역으로 하나님과 사 람, 사람과 사람 사이에 전인적인 교제가 온전히 가능해진 한몸이 되었다.

코이노니아의 횡적 의미는 종적 의미만큼이나 중요하다. 사도행전에서 코이노니아는 사도행전 2:42에 처음 등장한다. 오순절날, 구약의 선지자들과 예수님이 약속한 성령의 강림이 코이노니아의 역사를 가능하게 하였다. 성령의 강림 이전에는 진정한 코이노니아가 이루어질 수 없었다. 성령 행전인 사도행전 2장 초두에 최초의 성령 강림으로 성령의 역사인 방언, 예언, 권능 있는 증거, 대회심, 표적과 기사 등의 역사가 나타났는데, 이러한 과정을 거쳐 성령의 역사가 지향하는 목적은 2장 마지막 부분에 나타나는 코이노니아였다(행 2:42-47). 성령의 능력의 결과는 코이노니아이다.

사도행전 2:42에서 떡을 떼며 행하는 코이노니아(교제)는 일종의 성찬과 애찬의 행위로써 종적으로는 주님의 몸에 참예함(코이노니아)으로 그리스도와 하나 되는 의미와, 동시에 지체들과 함께 음식을 나눔으로써 생활 속에서 이루어 가는 성도들간의 횡적 교통을 함의하고 있다. 즉 코이노니아는 성령받은 결과 나타나는 성도들의 생활을 단적으로 나타내 주는 핵심 단어이다.

원래 코이노니아란 헬라어는 그리스인들이 상품을 매매할 때 쓰던 말인데 성경에 차입된 것이다. 코이노니아의 수평적인 차원은 성도간에 복음 안에서 서로를 위해 기도하는 영적 교제(빌 1:4; 요일 1:3), 한마음과 한뜻으로 서로 권면, 위로하는 정신적인 교제(고전 12:20 · 6; 빌 2:1-2), 그리고 필요한 물질은 서로 함께 나누는 물질적인 교제(행 2:44-45; 4:32-35)이다. 이때 '서로', '함께', '더불어', '피차'와 같은 부사가 항상 수반되는데, 이는 성령 안에서 성도간의 수평적인 교제를 보다 분명히 드러내 주는 표현들이다.

개역 성경에는 코이노니아가 '참예, 연보, 상통, 통용, 사귐, 교통, 교제, 나누어 줌, 동업' 등 17가지로 표현되어 있다. 코이노니아로부터 합성된 단어들은 상당히 많은 경우 그리스도인들간의 실제적인 사회 · 경제적 관계를 의미하며, 실제적인 희생이 포함된 나눔을 나타낸다. 오순절날 성령이 부은 바 된 첫번째 결과로 서로 교제하며($\kappa o\iota\nu\omega\nu\iota\alpha$, koinonia), 모든 물건을 공동으로 소유했다(행 2:42 · 44).

로마서 12:13은 "성도들의 쓸 것을 공급하며($\kappa o\iota\nu\omega\nu o\hat{\upsilon}\tau\epsilon\varsigma$, koinonutes),

손 대접하기를 힘쓰라"고 촉구한다. 디모데전서 6:18에서는 부자들에게 "아낌 없이 구제하라($\kappa o\iota\nu\omega\nu\iota\kappa o\acute{u}\varsigma$, koinoikuos)"고 명령한다. 히브리서 13:16은 "오직 선을 행함과 서로 나눠 주기($\kappa o\iota\nu\omega\nu\iota\alpha\varsigma$, koinonias)를 잊지 말라"고 하며, 바울은 로마서 15:26에서 유대의 그리스도인들을 돕기 위해 헬라 교회들에서 모은 연보를 구제금($\kappa o\iota\nu\omega\nu\iota\alpha\nu$ $\tau\iota\nu\grave{\alpha}$, koinonian tina)이라고 불렀으며, 고린도후서 9:13에서는 "저희와 모든 사람을 섬기는 너희의 모든 후한 연보($\kappa o\iota\nu\omega\nu\iota\alpha\varsigma$, koinonias)를 인하여 하나님께 영광을 돌린다"고 하였다. 바울은 그들이 연보를 실행하는 것은 복음에 순종하는 증거라고 말함으로써 구체적인 경제적 교제야말로 기독교 신앙 고백의 본질임을 암시한다.[73] 진정한 교제는 영적 · 정신적인 교제뿐만 아니라 물질적인 교제까지 포함하는 것이다.

3) 코이노니아의 대사회적(對社會的) 의미

토지 문제는 사회 구조악의 바탕인데, 영국의 구약 윤리학자인 크리스토퍼 라이트(Christoper J. H. Wright)는 구약의 희년을 통한 땅 문제가 신약에서는 코이노니아로 해결된다는 신학적인 통찰을 다음과 같이 제공한다.

"신약적 의미에서 코이노니아를 실행하는 것은 그리스도인들에게 있어서, 구약의 이스라엘인들이 땅을 소유하는 것과 유사한 것이다. 희년법의 핵심인 토지 무르기와 코이노니아의 공통점은 무엇보다도 공유하는 체험이다. 이 점은 신구약 윤리에 널리 스며 있는 매우 실제적인 상호 책임을 의미하며 가난한 자와 궁핍한 자에 대해 똑같이 관심을 가지며(요일 3:17), 하나님의 백성간에 경제적으로(고후 8:13 · 15), 또 사회적으로 (약 2:1 · 7) 평등을 이룰 것을 똑같이 요구한다."[74]

---

73) C. J. H. Wright, 정옥배 역, 『현대인을 위한 구약 윤리』, (서울: IVP, 1989), p.119.
74) ibid., p. 120.

구약 희년법과 초대 교회 생활의 공통점은 바로 '더불어 함께 사는 코이노니아'에 있다. 레위기 25:35는 "네 동족이 빈한하게 되어 빈손으로 네 곁에 있거든 너는 그를 도와… 너와 함께 생활하게 하되"라고 명한다. 구약의 희년법은 토지와 집을 이웃과 더불어 공평히 사용하여 하나님의 의와 안식을 누리라는 의미이다. 이것은 바로 가난한 형제들과 나누는 신약의 코이노니아의 태도이다.

구약의 희년법은 왕들의 직권 남용과 정부의 부패로 잘 지켜지지 않다가 폐지되었으나, 신약에서 희년의 원리인 코이노니아를 계속 실행할 수 있는 것은 '성령의 힘'이 있었기 때문이었다.

예수님은 자신의 일생의 첫 메시지(눅 4:17-19)에서 "성령으로 가난한 자에게 복음을 전하고, 주의 은혜의 해를 전파하러 왔다"고 자신의 사역의 목적을 밝혔다. '주의 은혜의 해(the favorable year of the Lord)'의 성경 신학적 해석은 구약의 율법적 희년을 성령받은 신약의 사도들이 성령의 코이노니아를 행함으로써 희년의 원리를 생활 속에서 스스로 지키는 '자원적인 희년'을 말한다.[75]

구약의 희년(jubilee)과 초대 교회 공동체의 나눔(koinonia)의 차이점은 성령의 역사이다. 구약 희년법(레위기 25장)은 성령의 역사가 없는 율법적 희년이다. 구약에서 새로운 언약의 갱신은 성령의 역사를 통하여 이루어질 것이라고 예언되어 있으며(렘 31:31 · 34; 겔 37:15; 사 61:1,9), 신약에서는 예수님의 첫설교에서 분명히 설명되었다(눅 4:17-19). 구약의 희년 제도는 매 50년마다 땅을 원주인에게 무상으로 반환해 주는 '토지 무르기(레 25:13)' 제도이다. 이 제도는 경제적으로 영구적인 부익부 빈익빈를 막으시는 하나님의 경제법이며, 더불어 함께 살도록 자유를 선포함으로써 개인주의적 요소로 인한 사회구조의 모순을 깨끗이 청산하여 건전한 사회 구조를 유지하게 해주는 하나님의 긍휼과 공의에 찬 운영 방식이었다.

---

75) 대천덕, 『우리와 하나님』(삼척: 도서출판 예수원, 1988), pp. 320-322.

　신약의 초대 교회는 이러한 희년의 사회적 의의를 자원적인 나눔(코이노니아)으로 재현하였다. 유대인들은 오순절 성령을 받자마자 스스로 자신들의 소유와 땅을 팔아서 필요에 따라 나누었고, 그 중에는 가난한 사람이 하나도 없게 되었다(행 2:44-45, 4:32-35). 초대 교회도 희년의 원리를 성경의 코이노니아를 통하여 스스로 해결해 나간 것이다.

　초대 교회는 성령이 충만하여 회개의 역사, 회심, 말씀 전파만 한 것이 아니라 교회 내적으로 서로 나누어 평등하게 가지고, 사회적으로 가난한 자들의 생활에 실제적인 도움과 영향력을 보여 주는 복음의 결정체였다.

　이처럼 성령의 코이노니아의 역사는 하나님과 깊이 합일되는 교통 외에도 성도간의 영적 · 정신적 · 물질적인 횡적 교제와 아울러 고통당하는 이웃과 더불어 함께 하는 대사회적 교제도 포괄하고 있는 것이다. 성령의 가장 기본적이며 중심이 되는 사역은 '코이노니아'이다.

　지금까지의 성령의 코이노니아로 조명한 성령의 역사를 도표로 나타내면 다음과 같다.

성령의 코이노니아의 3차원

	코이노니아	차　원	실　제
성령의 역사	수직적　코이노니아	개인의 변화	중생, 성령의 세례와 능력
	수평적　코이노니아	교회의 성숙	성령의 공동체
	대사회적 코이노니아	사회의 변혁	자원의 희년, 구제, 선교

V. 성령 운동과 민중 운동

1. 민중 운동과 성령

지금까지는 오순절주의 계열과 복음주의 계열을 중심으로 한 성령론을 다루었는데 이제 진보적인 입장의 성령관을 살펴보자. 민중 신학자 안병무 박사는 "오늘날 한국 교회의 성령 운동은 사람들을 예수를 따르는 제자로 만드는 것이 아니라, 오히려 그 반대로 개인의 이기심을 자극하며 거기에 사로잡혀 안주하게 만들고 있다. 종래의 성령 운동은 개인적이고 이기적인 능력 체험은 추구하면서, 가난한 자를 구조적으로 억압하는 역사 현실은 외면하는 그러한 성령 운동이다. 역사 현장을 떠난 성령의 역사는 결코 성경적이지 못하다."[76]라고 말하면서 "자신들을 짓누르고 있는 공의롭지 못한 체제 구조와 투쟁하는 것, 즉 누가복음 4:17-18에서 예수가 말한 것처럼 정치 · 경제적 구조에서 가난하고 억눌린 자들의 해방을 위해 싸우는 것이 참된 성령 운동의 의미이다."[77]라고 말한다. 민중 신학자 서광선도 "오순절 성령론은 주관적 · 신비적 체험을 일방적으로 강조하고 있다." 면서 오순절 성령론을 비난하고 "현대의 오순절 운동은 개인적이고 탈사회화하는 경향을 띠고 있으며, 물질적 세속 사회와 결탁되어 있다."고 말한다.[78]

사실 우리는 이들의 외침에 귀를 기울여야 한다. 오순절 계열이든지, 복음주의 계열이든지 실제로 가난한 자에 대한 봉사의 사역이 상대적으로 미약한 것이 현실이다. 비록 민중 신학과 해방 신학 계열의 신학적 관점이 극단적으로 치우친 부분이 있지만 진보 교단은 대체로 사회봉사적인 면에 있

---

76) 안병무, 『민중 신학 이야기』(서울: 한국신학연구소, 1988), pp. 226-227.

77) ibid.

78) 서광선, 「민중과 성령」, 『민중과 한국 신학』, p. 306.

어서는 복음주의 계열보다는 이론적인 면이나 실천적인 면에서 고통당하는 이웃과 함께 하는 활동이 두드러진 것은 사실이다. 즉 이들은 누가복음 4:17-18의 예수님이 말씀하신 메시지에서 가난한 자를 경제·사회적으로 가난한 자로 간주하고 그 사역에 치중한다.

이러한 면은 교회 밖의 고통당하는 이웃과 더불어 함께 하는 코이노니아의 대사회적 차원에 해당하는 내용이다. 가난한 자들에게 가장 관심을 기울였던 누가는 사도행전 2장에서 성령이 최초로 강림했을 때 성령받은 그리스도인들이 서로 물질을 나눔으로써(koinonia) '핍절한 자(가난한 자)가 하나도 없었다'는 점을 면밀하게 강조하고 있다(행 2:42-47, 4:32-37). 또한 그리스도인들은 그들의 공동체 밖에 있는 비그리스도인들에게도 광범위한 구제 사역을 행하였음이 기록을 통해서 전해진다. 오순절 계열이나, 복음주의 계열은 이러한 부분에 더 관심을 가져서 균형잡힌 성령의 사역을 감당해야 할 필요가 있다.

그러나 민중 신학과 해방 신학의 문제는 너무 극단에 치우친 정치 신학적 성령관과 성경 해석이다. 안병무 박사는 이렇게 말한다. "성령은 인격적인 신이 아니라 하나님의 기운(氣)으로서 교회와 같은 일정한 곳에 국한된 것이 아니고 세계와 역사 전체에 작용하는 힘으로, 인간을 모든 기존의 것에서 자유하게 하는 하나님의 기운이다."[79]라고 정의한다. 즉 이들의 성령관이 범신론적인 성령관임을 말하고 있다. 또한 "예수를 따르던 힘없는 민중들이 '프뉴마(기운)'로 현재화하여 그들 가운데서 활동하는 예수에 힘입어 세계를 혁명하기 위한 기점이 성령 강림이다. 그러므로 성령이 따로 있는 것이 아니고 민중 운동이 곧 성령 운동이다."[80]라고 밝힌다. 그러므로 그들에게는 민중 사건이 곧 성령이고 민중 운동이 성령 운동이다. 이처럼 정치 신학은 성령을 인간의 역사적 사건 속에서 인간을 참되게 해방시켜 주

---

79) 안병무, p. 221.

80) *ibid.*

는 '능력'으로 파악하고 구속적인 차원의 해방을 정치적 해방으로 천명하는 해방 신학의 근거로 삼는다.[81]

누가복음 4:17-18에서 "주의 성령이 내게 임하셨으니 이는 가난한 자에게 복음을 전하게 하시려고 내게 기름을 부으시고" 할 때 '가난한 자'는 헬라어 원어로는 '프토코스($\pi\tau\omega\chi\acute{o}\varsigma$)'로써 사회 경제적으로 '가난한 민중'을 가리킨다. 여기서 주의 '성령'의 임함은 민중을 해방하는 힘으로써의 '기운'이 아니라 하나님의 인격적인 신의 충만이다. 이 말씀은 예수님이 공생애를 시작하면서 천명하신 자신의 사역에 대한 사명 선언서이다. 그는 사역을 시작하기 전에 40일 동안 금식 기도하신 후 '성령의 능력'을 받아 돌아와서 공생애 사역을 시작하셨다(눅 4: 1-14).

'가난한 자에게 복음'은 민중 신학과 해방 신학의 대강령이며 부동의 목표이다. 그들이 '가난한 자들'을 영적으로만 가난한 자가 아니라 실제 사회·경제적으로 가난한 민중이라고 본 해석은 옳았으나 성령은 잘 몰랐다. 즉 민중 파악은 잘되었으나 성령 파악이 잘못된 것이다. 본문에서 예수님의 '복음'은 가난한 자로부터 시작되는 것이 아니라 '성령'으로 시작된다. 누가복음 4:17-18에서 주제어(key word)는 '가난한 자'가 아니라 '성령'이다. 주님의 사명 선언서의 문맥은 민중이 가난하기 때문에 복음을 전하는 것이 아니라, '주의 성령이 임하였기 때문에' 복음을 전하는 것이다. 즉 하나님의 성령이 예수님에게 임하셔서 자신으로 하여금 가난한 자들, 포로된 자들, 눈먼 자들, 억눌린 자들에게 복음을 전할 수 있도록 '기름 부어' 능력을 주셨기 때문에 이를 감당할 수 있다는 뜻이다. 기름 붓는다는 것은 성령의 능력을 주신다는 의미이다.

성령 세례를 받아서 성령님이 우리 안에 들어오시면 이기적인 본성을 가진 우리의 속사람이 성령의 능력으로 변화되어 '자원해서' 우리의 물질을 가난하고 고통당하는 이웃들과 나눌 수 있는 사람이 된다. 이것이 바로 누

---

81) 한국기장청년회 전국연합회 성서연구위원회 편, 『해방 공동체』(서울: 1990), p. 53.

가복음 4:18의 '주의 은혜의 해' 즉 '희년'이다. 이 구절에서 주제어는 '성령'이며, 주제어가 지향하는 목적어는 '주의 은혜의 해(희년)'이다. 즉 성령을 받아 스스로 실천하는 희년이 주의 은혜의 해이다. 그렇게 되면 자연히 가난하고 억눌린 이웃들의 문제는 성령받아 변화된 그리스도인들의 '자원적인 나눔과 섬김'으로 해결되는 것이다. 이 성령의 힘으로 실천하는 희년이 곧 성경적인 사회 변혁의 아젠다(agenda)이다. 오순절날 성령 세례받은 초대 교회의 그리스도인들은 변하여 자원해서 나눔으로써(koinonia) 가난한 이웃의 문제와 사회 문제를 스스로 해결하였던 것이다(행 2:42-47, 4:32-37).[82] 코이노니아는 경제, 사회와 인권에 대한 신약적인 선언이다. 성령 운동은 이미 그 안에 '코이노니아'를 통하여 민중 운동과 사회 운동의 내용을 포함하고 있다.

민중·해방 신학의 문제는 그들이 가난한 자들 편에 선다는 것이 문제가 아니라 성령을 바로 알지 못하고 성령을 바르게 받지 못했다는 것이다. 성령의 세례를 받아 성령이 주시는 힘으로 가난한 자를 돕는 것이지, 인간 자신의 힘과 정의감으로 돕는 것이 아니다. 성령을 가난한 민중을 돕는 기운(氣) 정도의 차원으로 끌어내린 민중 신학의 잘못된 성령관은 결국 가난한 민중 때문에 성령을 희생 시키는 우를 범하고 말았다. 성령(聖靈)은 기(氣)와 같은 물질이나 능력 자체가 아니라 인격이신 '성령님', '성령 하나님'이시다.

그러므로 민중 신학의 과제는 인간의 힘으로 가난한 자의 문제를 해결하려고 할 것이 아니라 성령의 권능으로 해야 하는 것이며, 기(氣)의 충만을 받을 것이 아니라 역사를 주관하시고 살아 계신 '하나님의 성령'의 충만함을 받고 또한 올바른 성령관을 회복하는 데에 있다. 민중 신학, 해방 신학자들이 성령 세례를 받으면 가장 바람직하다. 이미 그들은 고통당하는 이웃

---

82) 희년과 코이노니아의 상관성은 다음 장에서 자세히 다루었다. "희년과 공동체"에서 '자원적 희년' 부분을 참고할 것.

과 함께 해야 한다는 이념과 실제에 있어서 이미 수준 높은 훈련이 되어 있으므로 그들이 오순절 성령의 세례와 충만을 받는다면 더할 나위 없이 바람직한 결과를 가져올 것이다.

2. 성령 운동과 민중

지금까지 '민중 운동과 가난한 자'의 문제를 살펴보았는데, 이번에는 누가복음 4:17-18을 통하여 '성령 운동과 가난한 자'의 문제를 생각해 보자. "주의 성령이 내게 임하셨으니 이는 가난한 자에게 복음을 전하게 하시려고 내게 기름을 부으시고…"

20세기에 들어서 최대의 성장을 보인 교파는 오순절 교파이다. 피터 와그너(C. Peter Wagner) 박사는 오순절주의자들이 전체 개신교도의 수에서 차지하는 비율이 1969년 이래로 증가 일로에 있으며, 2천 년에 이르러서는 남아메리카에서만 6천5백만 내지 7천5백만 명에 이를 것으로 믿고 있다. 1914년에 약 1만 명이었던 오순절 교파의 신자는 1986년 통계로는 전세계적으로 1억 6천만 명에 이르고 있다.[83] 또 세계에서 제일 큰 교회는 약 80만 성도를 가진 서울의 여의도 순복음교회이다. 교회 성장 학자인 엘머 타운즈(Elmer Townes) 박사에 의하면 "세계에서 가장 큰 10개의 교회들 중에 네 교회가 오순절 교단에 속한 교회이다."[84]라고 하였다.

그러나 이러한 발전에도 불구하고 오순절 성령 운동은 그 동안 많은 오해와 공격과 비난의 대상이 되어 왔다. 오순절 운동의 근원을 살펴보면 그 이유 중의 하나가 사회적인 지위의 문제이다. 20세기 초반 미국에서 일어났던 강력한 성령의 역사는 1906년 로스앤젤레스의 아주사 가(Azusa

---

83) John Wimber, 이재범 역, 『능력 전도』(서울: 도서출판 나단, 1988), p. 171.

   C. P. Wagner, 이재범 역, 『성령의 능력과 교회의 성장』(서울: 임마누엘, 1987), p. 9.

84) John Wimber, *Ibid.*

street)의 부흥 집회였다. 이 부흥 집회는 정규 교육을 제대로 받지 못한 경건주의 배경의 흑인 목사 세이모어(William J. Seymour)가 주로 가난한 흑인들을 대상으로 한 것이었다.

존 윔버(John Wimber)는 오순절주의자들의 배경에 대해서 다음과 같이 말한다. "나는 지난 40년 동안 오순절 교회에 속한 치유 부흥사들과 복음 전도자들을 연구한 결과, 그들 가운데 많은 경우가 가난에 찌든 환경에서 가정의 파탄이나 극심한 빈곤에 시달려 왔으며, 정규 교육을 받은 사람이 극히 드물었다는 사실을 알았다. 이러한 점에서 볼 때 오순절주의자들에 대한 공격의 배후에는 인종 차별주의나 사회적인 속물 근성이 작용한 것이다.[85] 오순절 주의자들은 오순절 성령 세례와 은사에 관한 교리와 그들의 사회적 · 인종적 배경 때문에 공격을 받았던 것이다. 특히 대학교와 신학교의 교수들은 오순절 운동의 배경을 정신적인 불안정, 광란, 빈곤, 성적(性的)인 충동과 억압, 무지 그리고 사회 하층 계급의 행동 양식"[86]이라고 비난한다.

여기서 우리는 예수님께서 성령을 받았을 때 왜 가난한 자들에게 제일 먼저 복음을 전하겠다고 하셨는지 그 선언의 의미를 되새겨 보아야 한다. 가장 주된 이유는 가난한 자들은 재산도 학식도 없기 때문에 복음이 아니면 아무런 희망이 없기 때문이다. 다시 한 번 "주의 성령이 내게 임하셨으니 이는 가난한 자에게 복음을 전하게 하시려고 내게 기름을 부으시고…(눅 4:17-18)"의 의미를 새겨 보자. 원래 본문의 내용은 예수님의 사역을 지칭하고 있지만 두 가지의 메시지를 담고 있다. 첫째, 이것은 '온전한 복음(whole gospel)'의 요청이다. 즉 예수님이 전하신 복음은 영적이기만 한 복음도 아니고 사회 정의적인 복음만도 아니라는 것이다. 이 복음은 영육

85) John Wimber, p. 172.

86) Vinson Synan, *In the Latter Days* (Ann Arbor, MI: Servant Books, 1984), p. 74. John Wimber, *ibid.* p. 174에서 재인용.

의 문제를 포괄하는 '총체적인 복음'이란 의미이다. 두 번째로 이 구절이 의미하는 바는 성령과 가난한 자의 관계이다. 성령은 우선적으로 '가난한 자의 성령'이란 말이다. 즉 '가난한 자가 받을 성령'이라는 의미이다. 가난한 자는 성령의 우선적 사역 대상이다.

앞에서 살펴본 것처럼 오순절 성령 운동의 주역들과 대상은 대개 무식하고 가난한 자들이다. 성령께서 가난한 자들에게 우선적으로 역사하시는 것은 바로 그들의 사회적 상태 때문이다. 생활에 여유가 있고 학식이 있는 사람들은 신학교나 대학교에서 말씀을 체계적으로 배울 수 있는 기회가 많고 또한 스스로 복음을 공부해 나갈 수 있다. 그러나 가난하고 무식한 사람들은 성경을 체계적으로 공부하거나 배울 여유와 학문적 바탕이 없으므로 성령께서 직접 그들에게 임재하셔서 체험으로 배우게 하시고 진리의 성령으로 깨닫게 하시지 않으면 복음을 제대로 접할 수 없기 때문이다.

가난한 자들이 성령을 보다 빨리 체험하고 가난한 흑인층들과 라틴 아메리카 지역에 성령의 역사가 폭발적으로 일어나는 것도 바로 이러한 이유 때문이다.[87] 그들은 성령을 받아야만 살 수 있다.

성령께서는 학식이 있는 사람들에게는 주로 지적(知的)인 통로를 통하여 역사하시지만, 가난하고 배우지 못한 사람들에게 정적(情的)인 통로로 역사 하신다. 가난한 사람들은 복음을 머리로 받지 않고 가슴으로 그대로 받는다. 그러므로 그들의 신앙은 정적일 수밖에 없다. 성령께서는 사람들의 형편과 처지를 아시고 그들의 형편에 맞게 역사하시는 것이다. 그러므로 그들의 신앙이 정적(情的)이라고 해서 저급하다고 비난해서는 안 된다. 경제적으로 여유가 있고 학식이 있는 사람들은 생활을 즐기고 스트레스를 풀 수 있는 방법과 출구들이 많다. 그러나 가난한 기독교인들은 큰 소리로 찬

---

87) 세계 성령 운동 지도자 대회였던 영국 Brighton Conference ' 91에서 아프리카 출신의 강사는 유럽이나 북미인들보다 아프리카인들에게 성령의 역사가 보다 강력하게 일어나는 이유는 그들이 성령을 의지할 수밖에 없는 가난한 심령을 갖고 있기 때문이라고 하였다.

양하고 방언으로 기도하고 울부짖으면서 그들의 억눌린 마음을 하나님 앞에 나와서 터놓지 않으면 스트레스를 풀 수 있는 통로가 달리 없다. 우리는 한나의 기도를 기억한다. 원통하고 괴로워서 여호와 앞에 자신의 심정을 털어놓고 있는 한나를 엘리 제사장은 술주정뱅이라고 비난하였다(삼상 1:10-16). 여호와는 한나와 같이 가난한 자들의 울부짖는 기도를 들으시고 그들을 진토에서 일으켜 귀족들과 함께 앉게 하시고 영광의 위를 차지하게 하셔서 교만한 자들을 부끄럽게 하시는 하나님이시다(삼상 2:3 · 8). 성령님은 진정 가련한 민중을 향하신다.

그러므로 우리는 그들의 예배 형태나 사회적 지위와 같은 외형적인 문제를 가지고 그들을 비난해서는 안 된다. 보수 복음주의자들은 오순절주의자들이 '무지하고 광적이며 정서적으로 불안정' 하여 그릇된 신앙을 가졌다 해서 비난과 공격을 일삼아 왔는데,[88] 이러한 행위는 가난한 자들을 세심히 배려하시는 성령님의 의도를 모르고 세속적인 시각으로 성령의 역사를 훼방하는 처사인 것이다.

'가난한 자에게 복음' 의 또 다른 측면의 메시지는 성령은 어떠한 사람에게 역사하시며 우리가 어떻게 성령의 충만함을 받을 수 있는지를 암시해 주는 것이다. 하나님의 말씀은 우리의 지식에 호소하지만 하나님의 성령은 우리의 가슴에 호소하신다. 그러기에 공평하신 하나님이시다. 학식 있는 사람들은 주로 말씀 가운데 역사하시는 진리의 성령의 역사를 받는다면, 가난하고 배우지 못한 사람들은 체험적인 성령의 능력의 역사를 받는다. 말씀은 머리로 받지만 성령은 가슴으로 받는다. 그러므로 성령 세례는 머리로 받는 것이 아니라 가슴으로 받는 것이다. 현대의 복음주의 운동의 지도자 로이드 존스(M. Lloyd Jones) 박사는 다음과 같이 말했다.

"…현대의 복음주의는 가짜 지성주의 영역에 지나치게 빠져든 나머지 성

---

88) Vinson Synan, p. 79.

령의 역사의 통로인 '가슴(hear)'의 역할을 너무 무시하고 있다. 미국의 조나단 에드워즈(Jonathan Edward)는 명석한 지성인이었고 뛰어난 철학자였지만 그는 '가슴'에 궁극적인 강조점을 두었다. 이 가슴이란 감정적 요소가 특별히 강조되는 전인(全人)을 의미한다. …오늘날 '성령의 권능의 나타남(고전 2:4)'이 없으면 모든 신학과 설교는 무위로 돌아가고 만다. 사도 바울은 "너희에게 전하여 준 바 교훈의 본을 마음으로 순종하라(롬 6:17)"고 하였다. … "오늘날 기독교는 뜨거운 가슴이 필요하다." [89]

그러므로 성령의 세례와 충만함을 받으려면 간절히 받고자 하는 마음이 필요하다. 이것이 성령의 충만함을 받을 수 있는 조건이다(역대하 16:9).

부자와 학식이 많은 사람이 성령의 세례를 빨리 받지 못하는 이유는 그들은 생활에 부족함이 없고 다식(多識)함이 정적(情的)인 신앙을 천하다고 여겨 억누르고 있기 때문이다. 인격이나 교양, 지식이 좀 부족할지라도 겸손하고 간절히 사모하는 자들에게 성령 세례가 임한다. '가난한 자에게 복음'의 의미는 자신의 처지를 있는 그대로 내어놓고 성령을 받지 못하면 살 길이 없다고 하면서 사모하고 헐떡이는 그러한 가난한 마음, '가난한 자의 심령'이 있어야 성령을 받을 수 있다는 의미이다.

피터 와그너는 라틴 아메리카 교회의 발전의 원인은 그 밭이 옥토였기 때문이라고 한다. 그에 의하면 옥토란 '노동 계층 곧 프롤레타리아' [90]라고 한다. 노동 계층은 신약 시대처럼 지금도 부유한 계층보다는 복음에 훨씬 더 수용적이다. 남미의 노동 계층과 가난한 자들은 성경의 복음을 순수하게 그대로 수용하여 폭발적인 성령의 세례를 받았다. 오순절 교파의 교인

---

89) Christopher Catherwood, ed., *Martin Lloyd Jones: Chosen by God*(Crowborough, East Sussex: Highland Bookes, 1986), pp. 95-108.

90) C. P. Wagner, p. 74.

들은 다른 교파의 교인들에 비해 훨씬 더 사회적으로 낮은 계층이 많다. 기존 교파에서는 이 점을 비판하여 그들의 성령 운동을 사회적 억압에서 표출된 병적 현상으로 취급하려 하였다.

그러나 기독교는 가난한 자의 종교이다. 예수께서는 가난한 자를 멸시하지 않으셨다. 오히려 예수님은 부자와 많이 배운 서기관과 바리새인들에게 준엄한 책망을 내리셨다. 민중 신학을 주장하면서 민중이 되기를 거부하는 민중 신학자, 편협한 교리와 신학을 고집하여 가난한 자가 누릴 성령 세례의 기름 부음을 신학이라는 허울로 가로막는 신학자들, 바로 이들이 교만한 부자이며 제2의 바리새인과 서기관들이다. 기독교의 복음은 가난한 자, 배우지 못한 자, 그 모두가 쉽게 이해하고 체험하고 따를 수 있도록 되어 있는 것이다. 단지 교만한 학자, 거만한 부자들이 그것을 어렵게 해 놓았던 것이다.[91]

하나님께서는 공평하게 역사하신다. 보수적인 복음주의 중산층들에게는 말씀으로, 가난한 민중들에게는 성령의 능력으로 역사하신다. 복음주의는 말씀이 있으므로 성령 세례를 받지 않아도 된다고 해서는 안 된다. 말씀과 성령의 능력 양쪽 다 갖추어야 한다. 보수적인 복음주의자들은 오순절주의 자들이 가난하고 사회적 신분이 낮기 때문에 그들에게 임하는 성령의 역사도 저급한 것이라고 무시한다. 가난하다고 그들의 성령의 역사를 무시하는 것은 세속적인 기독교의 발상이다. 그것은 가난한 자들을 긍휼히 여기셔서 그들에게 임하시는 성령님을 무시하는 행위이다. 가난한 자의 받을 성령 세례를 반대하는 신학은 마치 사렙다 과부의 마지막 먹을 떡 반죽에 모래를 뿌리는 행위와 같다.

오순절 성령 운동이 공격받는 마지막 이유는 사탄의 역사이다. 사탄이 제일 싫어하는 운동이 성령 운동이다. 그것은 성령 운동이 바로 악령을 대적하는 능력 운동이며, 사탄이 가장 무서워하는 기도 운동이기 때문이다.

---

91) 김동수, 『성령 운동의 제 3물결』(서울: 예찬사, 1991), pp. 137-138.

또한 성령 운동은 성령의 코이노니아의 역사로 말미암아 성도들이 서로 일치하고 화해하여 그리스도의 몸인 교회를 하나로 온전히 회복하는 공동체 운동으로 나아가게 하기 때문이다. 사탄은 하나님과 인간 사이, 인간과 인간 사이를 이간시키고 관계를 방해하는 대적자이다. 그러므로 성령 운동은 근본적으로 사탄과의 영적 전쟁이다.

그러기에 사탄은 사회적 지위, 인종 차별주의, 아카데미즘, 기존의 지성주의적 신학 체계 등 온갖 교묘한 궤술(詭術)과 술수를 동원하여 성령의 역사를 저지하기 위해 성령의 역사를 오해시키고 잠식시키려고 한다. 사탄은 민중 운동에게는 성령을 바로 이해하지 못하도록 성령관을 왜곡시키며, 성령 운동에게는 성령 세례와 성령의 능력의 진리를 기성 기독교가 받아들이지 못하도록 오순절 성령의 진리를 오도시킨다. 어쨌든 악령은 성령의 역사를 방해하려고 모든 차원에서 역사하는 것이다.

성령께서는 자신의 백성들을 위하여 공평하게 역사하신다. 하루 빨리 오순절 성령 운동이 무식한 행위라는 편견에서 벗어나서 성령님의 역사를 환영하고 흑인이나 백인, 자유자나 부자, 가난한 자 모두 한 성령 안에서 하나가 되어 성령의 풍성한 권능을 덧입고 '성령의 공동체'를 통하여 나타나는 하나님 나라를 힘차게 구축해 나가야 할 것이다(고전 12:13).

성령님은 낮은 데로 임하여 가난한 자를 찾으신다. 성령 운동과 민중 운동은 성령의 코이노니아를 통하여 서로 만난다. 참된 성령 운동이 곧 참된 민중 운동이다.

VI. 공동체 성령론

오순절 성령 운동은 성령 충만받는 것에는 열심이지만 가난한 자를 섬기는 것에는 약한 편이다. 이것은 진정한 성령 충만이 아니다. 오순절에 성령

받았을 때 초대 교회의 그리스도인들은 물질을 다 나눔으로써 가난한 자가 없었다. 이것이 온전한 성령 충만이다. 그래서 예수님은 "주의 성령이 내게 임하셨으니 이는 가난한 자에게 복음을 전하게 하시려고…"라고 하셨다. 진정한 성령 충만은 물질을 나누어 가난한 자와 함께 하는 삶의 차원까지 내려가는 것이다. 오순절 성령 운동은 성령의 능력을, 복음주의 운동은 성령으로 말미암은 내적 성화를, 민중 운동은 가난한 민중과 함께 하는 성령의 대사회적인 봉사의 측면을 강조해 왔다. 모두 중요한 요소이지만 먼저 하나님과 교통하는 종적인 코이노니아의 바탕 위에서 성령의 대사회적 코이노니아로 나가야 하는 것이다. 내용이 문제가 아니라 순서가 문제이다.

성령은 오순절 교단의 전유물이 아니다. 모든 교회의 것이다. 오순절측은 가난한 자와 함께 하는 사역에 더욱 힘쓰고, 복음주의는 성령의 능력의 역사를 강화하고, 민중 신학에게는 올바른 성령관과 강력한 오순절 성령세례의 체험이 요구된다. 성령의 코이노니아의 삼차원의 관점으로 성령의 역사를 대하여야 한다. 개인의 변화, 교회의 성숙, 사회의 변혁을 꾀하는 삼차원의 코이노니아를 총체적으로 체험해야 한다

성령의 코이노니아의 관점에서 볼 때, 오순절 교단과 개혁파 교단의 성령론 논쟁은 주로 중생, 성령 세례, 은사, 성령 충만으로 표현되는 코이노니아의 종적 범주에 지나칠 정도로 집착했다. 즉 성령의 역사를 개인의 회심, 능력 체험, 감화 감동, 성화와 같은 문제를 주로 다룬 '개인적인 성령론'이었다는 것이다. 성령의 역사의 결과는 온전한 코이노니아로 나타나야 한다. 성령 세례 논쟁은 사실 매우 초보적인(물론 중요한 문제이지만) 성령의 역사의 한 단계인 것이다. 성령 충만을 통한 개인의 내적인 영적 확신은 코이노니아가 지향하는 나눔과 섬김을 통한 온전한 교회 공동체의 형성과 사회 구원의 차원으로 뻗어 나와서 '총체적인 복음(whole gospel)'의 열매를 맺어 나가야 하는 것이다. 성령 세례의 논쟁을 떠나서 오순절 교단과 개혁주의 교단을 양극으로 하는 보수 교단의 성령 운동 문제는, 성령의 역사에 대한 전체적인 시각이 결여되어 있다는 점과 특히 공동체성을 지향하는 코

이노니아의 횡적인 역사와 성령의 코이노니아의 대사회적인 역사에 대해
서는 거의 접근을 못했다는 점이다.

보수 교단과 진보 교단의 대립도, 전인적이며 총체적인 구원을 창출하는
'성령의 코이노니아'의 역사 안에서 종식될 수 있는 것이다. 그동안 보수
교단은 코이노니아의 수직적 차원 즉 개인 구원에 치중해 왔으며, 진보 교
단은 대사회적 차원 즉 사회 구원에 역점을 두어 왔다. 성령의 코이노니아
는 양쪽을 연결해 줄 수 있는 연결고리이며, 보수와 진보 교단 사이에 화해
와 일치를 이루어 내는 역사이다. 한국 교회 성령 운동의 과제는 성령의 코
이노니아를 바로 이해하고 실행하는 데에 있다. 오늘날 성령론과 교회론은
현대 신학의 이슈이다. 균형잡힌 성령론의 정립은 곧 교회론의 초석이며,
올바른 성령 운동은 교회로 하여금 교회가 되게 하는 '교회의 회복 사역'
이 되는 것이다. 그러므로 이제 개인적인 성령론은 공동체적 성령론의 차
원으로 발전해 나아가야 한다. 성령은 공동체의 영이다. '공동체적인 성령
론'은 올바른 성령운동의 방향이다.[92]

성령의 기본 역사를 코이노니아로 보았던 바, 코이노니아의 바른 이해는
현대 교회론이 나아가야 할 길을 제시해 준다. 오순절 성령 강림절은 신약
교회의 생일이다. 오순절 성령은 성령의 교제하게 하는 역사로 하나님과
사람, 사람과 사람 사이에 전인적인 교제가 비로소 가능하게 되었다. 교회
는 그리스도를 머리로 하여 하나 되게 하는 성령의 코이노니아로 이루어진
그리스도의 한 몸이다(고전 12:17, 엡 4:1-4). 역사적으로 개혁 교회는 가톨
릭 교회의 외향적 · 조직체적인 교회관에 교회의 본질을 두지 않고 단순히

---

92) 이러한 성령의 공동체적 차원에 관하여는 Dietrich Bonhoeffer, *Sanctorum Communio,
Eine dogmatische Untersuchung zur Soziologie der Kirche*, hrsg. von Joachim von Soosten,
(Munchen: chr. Kaiser, 1986), s. 26-27, 31ff 및 Karl Barth, church Dogmatic 1/2 pp. 210ff, IV/1
pp.688f 그리고 Yohan Hyun, *The Holy Spirit and the Problem of the Cor Curvunm in Se in
Dietrich Bonhoeffer's Eary Theology*, Unpublished Ph. D. Dissertation, Prinston Theological
Seminaary, 1992.를 참조하라.

'성도의 교통', '성도의 교제' 즉 그리스도를 믿고 그를 머리로 하여 연합되는 '유기체적인 공동체'에 교회의 본질을 두었다. 그래서 전통적인 종교개혁 신앙은 교회의 본질을 '콤뮤니오 상토룸(Communio Sanctorum)' 즉 '성도의 교통'이라고 정의하였다. 성도들이 구체적으로 한몸으로 존재하며 성도들간의 교통을 구체적으로 가능하게 해주는 것이 '성령의 코이노니아'이다(빌 4:3). 그러므로 교회는 바로 '성령의 공동체'인 것이다. 가시적이고 조직체적인 교회에 반발하는 유기체적인 교회의 특성은 '공동체로서의 교회'이다.

한국 사회의 극도로 혼란한 문제는 결국 교회의 문제이다. 현재 한국 교회의 가장 큰 문제점은 '교회의 공동체성의 결여'이다. 한국 교회의 대형화와 물량주의 정책이 교회의 구조적인 모순을 유발시켰으며, 그 결과 이 시대에 공동체로서의 교회의 본질이 계속 유실되었던 것이다. 그러므로 이제 교회 개혁과 사회변혁을 통한 2천 년대의 성령 운동의 목표는 '공동체적 교회의 회복'이다. 공동체성의 내용은 교회 내적으로는 성령의 역사로 영적 · 정신적인 교제뿐 아니라 물질까지도 나눌 수 있는 전인적인 교제를 실천하여 실제적인 한몸이 되는 것이며, 외적으로는 이웃의 필요와 고통에 구체적으로 동참하는 것이다.

공동체성 회복만 강조하고 성령 세례와 은사, 능력이 무시되어서는 안 된다. 강력한 성령의 능력이 공동체 지향적이 될 때, 그것은 매우 아름다운 열매로 나타난다. 성령의 외적 은사는 지체를 섬기기 위해서 주어지는 것이며, 성령의 열매는 모두 관계 속에서 맺어지는 것이다.

성령 충만한 능력의 역사와 사회봉사 사역이 조화된 모델은 없을까? 미국 시카고의 레바 플레이스 교회(Reba Place Church)는 바로 그러한 모델이다.[93] 작은 생활 공동체로 시작한 이 교회는 원래 인도주의와 인권, 사회정의 운동에 참여하던 소위 진보적 이념을 가진 사람들의 교회였다. 1971

---

93) 김현진, 「온 몸으로 복음 증거하는 공동체」, 《빛과 소금》(서울: 두란노서원, 1991), 3월호

년 그들은 온 교인이 오순절 성령 세례를 받고 난 뒤 보다 성숙한 공동체로 발전하게 되었다. 미국의 공동체 교회의 모델인 이 교회의 버질 보트(Virgil Vogt) 목사는 말하기를, "성령 세례와 공동체의 관계는 매우 중요하며 상호 밀접한 관계가 있다. 성령 세례받으면 자연히 공동체를 형성하게 된다. 성령 세례를 받았으나 공동체로 살지 않으면 뭔가 부족함을 느껴 공동체 삶을 추구하게 되고, 공동체로 살지만 성령 세례를 받지 않으면 역시 부족함을 느껴 자연스럽게 성령 세례를 구하게 된다."라고 말한다.[94]

성숙한 신앙 공동체가 되기 위해서는 성령 세례가 꼭 필요하다. 이 교회의 특징은 그리스도를 생활로써 증거하는 삶(witness by life)이다. 교인은 약 3백 명 정도이며, 이 가운데 약 80명의 지체들은 한 집에 두세 가족이 함께 사는 확대가족 형태의 공동체 생활을 한다. 이들은 동네의 맞벌이 부부의 자녀를 위한 탁아소, 시카고 시내에 행려자 숙소, 무주택자를 위한 사역인 레바 플레이스 아파트 사역, 중남미 난민을 돕는 사역, 캄보디아 난민을 위한 사역 등 이웃의 고통에 동참하여 필요를 채워 주는 공동체성을 추구하는 교회의 모델이다. 1957년에 시작된 레바 플레이스 공동체 교회의 성장 과정에서 결정적으로 중요한 사건은 1971년 전회원이 성령 세례를 체험한 것이었다. 그때 교인들은 거의 다 성령 세례를 체험했으며 교인의 약 60퍼센트는 방언을 말하였다. 그러나 그들의 성령 충만한 삶은 공동체 교회와 지역사회의 고통당하는 이웃과 나누고 그들을 섬기는 열매로 나타난다. 이 교회의 의미는 삼차원의 코이노니아가 균형 있게 실천되고 있다는 데에 있다. 레바 플레이스 교회는 오순절 성령 운동의 요소와 복음주의 운동 그리고 가난한 이웃과 실제로 더불어 함께 사는 민중 운동적인 요소를 다 갖추고 있다. 로널드 사이더(Ronald Sider)와 로버트 웨버(Robert Webber) 교수는 레바 플레이스 공동체 교회는 개인주의와 세속주의가 만연한 현대

94) 버질 보트, 「성령 세례와 공동체」(서울: 제2회 전신공연 공동체 세미나 강의, 1990), 강의 테이프 # 2.

95) Dave and Neta Jackson, *Glimpses of Glory*(Elgin, Illinois: Brethren Press, 1987), pp. 7-10.

교회에게 온전한 복음을 구현하는 공동체로서의 교회 회복에 대한 성경적 비전을 보여 준 실제적 모델이라고 평한 바 있다.[95]

한국 교회의 바람직한 성령 운동을 위한 제언

1. 보수적 개혁 교회와 여타 교회는 순복음중앙교회를 위시한 오순절 교단의 사역에 대한 의심의 눈초리와 비방과 비판적인 태도를 거두고, 성령 운동의 풍성한 능력과 성장의 역사를 솔직히 인정하고 받아들여야 한다.

2. 오순절 성령 운동은 비역사적이며 개인주의적이고 기복적인 요소와 같은 부정적인 요소를 탈피하여 가난한 이웃과 고통을 나누는 역사 현장의 참여를 강화하고 동시에 전통적 개혁 신앙의 풍부한 유산을 활용하여 성령의 풍성한 역사를 신학화하는 사업에 박차를 가해야 한다.

3. 진보적 신학 계열에 있는 교회는 성령과 교통하는 성령 세례를 받고 성령 은사의 풍성함을 체험하여 성경적인 성령관과 성령론을 확립해야 한다. 성령론을 연구하고 비판하는 신학자는 반드시 먼저 성경에 기초한 원리에 따라 성령 세례를 분명히 체험을 한 뒤 성령론을 강의하고, 타교단의 성령론을 비판 연구해야 한다.

4. 이를 위해 오순절 교단과 개혁주의 교단 그리고 진보적 입장의 교단을 주축으로 하여 여타 교단과 함께 신학자들과 목회자들로 구성된 협의회를 구성하여 성령 운동의 긍정적인 면을 함께 연구하며 신학화하는 작업을 공동으로 추진해야 한다. 거기서 나온 결론이 한국 교회의 성숙과 성장을 위해 적극 활용되도록 해야 한다.

5. 성령 운동이 은사적 운동에만 제한되지 말고 폭넓은 성령의 코이노니

아 사역을 통한 공동체 운동으로 나아가야 하며, 이를 통해 사회변혁을 꾀하는 하나님 나라 운동의 성격을 지녀야 한다.

6. 은사 운동은 그 특성을 잃지 않으면서 나가되 현재 실추된 개신교의 영성(spirituality)을 회복하여 가톨릭의 수도원적 영성에 견줄 수 있는 수준 높은 영성을 창출할 수 있는 방향으로 나아가야 한다.

7. 성령 운동은 독자적인 기관 확장이 아니라 그리스도의 몸 된 교회를 섬기고 교회의 공동체성을 회복하는 운동이 되어야 하고, 갈라진 각 교파들이 말씀과 성령 안에서 화해와 일치를 이루는 중보의 역할을 감당해야 한다.

맺음말

오순절 성령의 능력의 역사는 초대 교회에서 종결된 것이 아니라 지금도 계속 일어나고 있다. 한국 교회의 오순절 성령 운동이 다소 부정적인 폐단은 있었으나 선교 1백 주년 역사상 한국 교회의 폭발적인 성장과 선교의 사역에 견인차 역할을 한 것을 부인할 수는 없다.

성령 운동은 운동 그 자체를 위한 것이 아니라 교회를 세워 주는 새 힘이 될 뿐 아니라 그리스도의 몸을 온전히 회복하게 하는 운동이며, 그것은 이 땅 위에 하나님 나라를 구축하는 운동이 되어야 한다. 하나님 나라를 이루는 바람직한 성령 운동은 성령의 능력으로 공동체를 회복하는 운동으로 나아가야 하며 그 원리는 '코이노니아' 이다.

'성령의 공동체(community of the Spirit)'를 지향하는 성령 운동은 '성령 운동'과 '사회 운동(민중 운동)'을 하나로 묶어 주어 총체적 복음

(whole gospel)의 실현을 가능하게 해줄 수 있다. 그러므로 성령의 운동은 성령의 온전한 코이노니아를 통한 '성령의 공동체 운동' 이다.

　성령의 공동체 운동은 교회 공동체를 위해서만 아니라 사회의 구조적 모순과 병폐를 자원적인 나눔과 섬김으로 해결해 나가는 전인적인 구속 사역이 되어야 한다. 새로운 성령 운동, 곧 공동체로서의 교회 회복 운동이 한국 교회에 속히 일어나야겠다.

제 4 장

공동체 사회론

- 희년과 공동체 -

복음은 기독교와 복음 안에만 머물러 있는 것이 아니다. 복음에는 사회를 변혁시키는 메시지와 능력이 있다. 구약의 희년법은 이러한 복음의 사회성에 대해 시사하는 바가 매우 크다.

구약의 희년법은 땅과 집, 사람 모두를 회복시켜 사회의 구조적 모순을 제거하고 일대의 영성 변혁을 일으켜 피차 더불어 함께 사는 공동체 사회를 이루었던 하나님의 아름다운 법이었다. 오늘날 이 희년법은 엄청난 사회 · 경제적인 구조 모순하에 사는 현대의 그리스도인들에게는 특별히 염원되는 법이다.

이 희년법은 과연 구약 시대에 폐기된 것인가? 율법을 완성하기 위해서 오신 그리스도의 구속적인 차원에서 이 희년법이 어떻게 신약으로 이어지고 발전되는가를 살펴보고, 현대 사회에서 이 희년법을 구체적으로 어떻게 적용할 수 있을 것인지를 고찰해 봄으로써 희년 사역의 공동체적인 면모를 밝혀 내고자 한다.

Ⅰ. 땅의 신학적 의미

1. 땅은 구약 역사의 지배적인 주제

언약은 하나님과 그 백성들간의 관계를 묘사하는 말인데 이스라엘의 영적 대들보는 선택, 구속, 율법, 땅으로 형성되어 있다.[1] '땅'이란 단어는 구약에서 네 번째로 가장 많이 나오는 명사이다(2,504회). 통계적으로 땅은 계약보다 더 지배적인 주제이다.[2] "내가 아브라함과 이삭과 야곱에게 주기

---

1) C. J. H. Wright, 정옥배 역, 『현대인을 위한 구약 윤리』(서울: IVP, 1989), p.77.

2) E. A. Martens, 김의원 역, 『하나님의 계획』(서울: 아가페문화사, 1989), p. 141.

로 맹세한 땅으로 너희를 인도하고 그 땅을 너희에게 주어 기업으로 삼게
하리라(출 6:8)"고 한 것은 하나님의 계획의 네 번째 요소이다.[3]

1) 땅은 구속의 이야기

언약의 결과는 이스라엘 자손에게 '약속의 땅(promised land)' 을 주시
겠다는 것이다. 아브라함은 "하늘의 하나님 여호와께서… 내게 맹세하여
이르시기를 이 땅을 네 씨에게 주리라 하셨으니(창 24:7)" 라고 언급했다.
하나님의 땅에 살고 있는 이스라엘 가족에 속하는 것은 곧 언약 관계 안에
안전하게 포함되는 것이다. 그것은 하나님과의 삶이 이루어지는 장소이며
그 언약 관계가 요구하는 특정한 생활방식을 영위하는 장소였다. 땅을 소
유하는 것은 모든 하나님의 백성이 받는 유업을 공유하는 것이었다. 즉 땅
은 안정과 포함, 복, 공유 그리고 실제적 책임을 뜻했다.[4]

2) 땅의 소유권

아브라함은 하나님을 '천지의 주재' 라고 말하였다(창 14:22). 이 창조 신
앙은 땅 소유권을 뒷받침해 준다. 하나님은 창조주로서 모든 피조물의 주
님이시며 최종적인 소유자라는 것이다.

즉, 땅은 하나님의 것이며 그 땅을 인간에게 맡기셨다. 이 청지기직은 창
조 신앙의 관점에서 핵심 단어이다. 하나님은 땅을 소유하고 계시지만 그
것을 인간에게 지키도록 맡기셨으며, 그분은 인간이 그 과업을 수행하도록
무장시키셨고, 인간은 맡은 자로서의 책임이 있다.[5] 땅은 모든 인류에게 주
어진 것이고 그 자원을 모두가 공유하여 사용하게 되어 있다.

땅은 인류 전체에게 위탁된 것이기에 사유화나 개인 소유권을 정당화하

---

3) ibid., p. 141.

4) Wright, p. 55.

5) ibid., p. 82.

기 위해 사용될 수 없다. 궁극적으로 하나님이 땅을 소유하고 계시며 우리는 단지 그것을 보관하고 있을 뿐이다. 그리고 하나님은 그것을 더욱 필요로 하는 다른 사람을 위해서 내가 그분 자신 앞에서 책임을 지도록 하셨을 따름이다.

소유권은 절대적 재량권을 부여하는 것이 아니라, 오히려 관리하고 분배할 책임을 부여한다. 모든 사람이 사용할 권한은 특정한 어떤 사람이 사용할 권한보다 우선한다.[6) '기업(유산, heritage)' 의 개념은 땅이 하나님의 재산이란 뜻이다. 땅의 주인이 그 땅을 후손에게 물려 준다는 전제하에 하나님으로부터 그 사용권이 주어진 것이다.

땅을 유업으로 받은 것(신 4:21)은 하나님과 이스라엘간에 부자 관계가 형성됐다는 것을 의미한다. 어떤 가족의 경제적 생존 능력을 위협하거나 그들을 그들의 몫으로 확실하게 보유하고 있는 토지로부터 몰아내는 것은 무엇보다도 그 가족이 언약 백성이라는 확실한 보증에 대한 위협이었다.

어떤 가족이 땅을 잃는 것은 경제적 재난 이상의 것이었다. 그것은 하나님과 그의 관계 자체에 타격을 준다. 사실 땅은 경제 정의의 원천이다. 나봇의 포도원 사건으로 아합왕이 희년법을 폐기하고 바알법을 따름으로써 서민의 가족 토지 보유권이라는 전통적인 이스라엘의 아름다운 제도가 흔들리고 수많은 평민이 땅을 빼앗기고 빚으로 노예가 되었다. 이러한 가운데 선지자들은 경제적 착취에 대하여 하나님의 공의를 요구했던 것이다.

그런데 그것은 단순히 경제적인 문제뿐 아니라 동시에 철저히 영적인 문제였다. 땅이 지속적으로 하나님의 소유하에 있다는 개념은 광범위한 책임을 갖는데 그것은 하나님께 대한 책임, 가족에 대한 책임 그리고 이웃에 대한 책임이다. 이렇듯 땅을 통한 경제적 영역은 하나님과 구속받은 백성인 이스라엘과의 관계에 있어서 하나님이 요구하시는 수준에 얼마나 일치하는가를 평가하는 수단인 영적 온도계와 같다.[7)

---

6) *ibid.*, p. 83.

성경의 구속 이야기는 하나님이 아브라함과 그 후손에게 땅을 주시겠다는 것으로 시작된다.[8] 모세 오경의 위대한 역사로부터 여호수아와 사사기를 거쳐 다윗 왕국에서 땅의 경계를 설정하는 것에 이르기까지 전체에 걸친 주제는 땅에 대한 약속과 소유라는 것이다.

레위기 후반부의 '거룩한 법전'이라고 불리는 곳에서 땅은 초점의 대상이 된다. 왜냐하면 많은 율법들이 땅을 정복한 후에 그 땅 안에서의 생활이라는 관점에서 꾸며져 있기 때문이다.[9]

신명기에서 그 땅 자체는 백성들이 순종하느냐 안하느냐에 따라 하나님의 복 또는 저주의 무대와 그 대행자가 된다(28-30장). 모세는 약속의 땅에 들어가지 못하였고, 신명기에서 하나님의 백성 이야기는 시작 때처럼 아브라함에게 땅을 주시겠다는 약속으로 끝난다(신 34:4).[10]

여호수아서는 그 땅의 침입과 정복, 땅 분배의 줄거리를 가지고 있으며 드디어 젖과 꿀이 흐르는 땅에 진입함으로써 약속의 일차 관문을 통과한 것이다. 사사기의 실패와 다윗의 회복을 거쳐 솔로몬 이후 그 나라 안에서 압제와 불의가 지속적으로 행해짐으로 인해 8세기에 선지자들이 새롭게 활발한 활동을 편다. 선지자들의 메시지에서 가장 충격적인 요소는 그 땅으로부터 추방될 것이라는 위협과 예고이다.[11]

구약 예언서와 소선지서의 내용은 결국 하나님의 의를 반영하는 땅에 불법을 행함으로 자초되는 심판과 그 후 하나님이 회복하시는 과정을 통하여 구속의 줄거리를 보여 준다. 이처럼 땅은 구약의 지배적인 주제이다.[12] 땅은 모든 차원에서 근본적으로 신학적 실재(theological entity)이다.[13] 이스

---

7) *ibid.*, p. 72.

8) *ibid.*, p. 55.

9) *ibid.*, p. 56.

10) *ibid.*, p. 57.

11) *ibid.*, p. 59.

12) *ibid.*, p. 60.

라엘의 이야기는 구속의 이야기이며, 이스라엘의 사회 형태가 구속의 목적과 양식 중 일부이다. 땅은 하나님께서 역사를 통하여 자기를 계시하시는 방법 중 하나이다. 땅은 열방들의 교육 과정에 사용되는 시각 교재인 것이다.[14]

2. 율법과 의로운 삶

하나님은 의로 이스라엘을 설립하셨고, 그 나라와 언약을 맺으셨다. 그렇다면 율법은 하나님의 은혜와 의로운 행동들에 대한 이스라엘의 반응을 규정하고 구성하는 계약 조항들인 것이다. 그 율법을 지키는 것은 이스라엘이 구속시에 받은 선물인 의를 유지하는 것이었다. 이스라엘이 율법을 준수함으로 '정의를 시행하는' 것은 의를 완전히 이루기 위함이거나 그것을 받을 만하기 때문이 아니라 '주어진' 의를 유지하거나 회복하기 위해서였다.[15] 그러므로 율법을 지키는 것은 결코 그 자체가 목적이 아니라 오히려 인격적인 언약 관계 내에서 '하나님을 아는' 방법이었다. 그런 의미에서 율법은 사실상 '삶'이었다. 그들은 하나님이 명하신 대로의 삶을 살아감으로써 그분이 원하시는 백성이 되고 따라서 이 세상에서 그분의 의와 목적을 수행하게 될 것이었다(출 19:5).[16] 이스라엘과 하나님과의 관계가 지속되는 것은 그들 자신이 율법을 잘 준수하는 데 달려 있는 것이 아니라, 그들이 하나님의 성품을 그들의 삶 속에 신실하고 충성스럽게 나타내는 데 달려 있는 것이었다.

---

13) *ibid.*, p. 61.

14) L.A.Martens., p. 330.

15) Wright, p. 175.

16) *ibid.*, p. 196.

II. 구약의 희년

1. 희년법

레위기 25장은 희년(Jubilee Year)에 대하여 구체적으로 다루고 있다. 희년은 히브리어로 10절에 יובל(Yobel)로 표기되어 있으며, 헬라어 70인역에는 ἄφεσις(aphesis)로 번역되어 있다. 이 ἄφεσις는 나중에 ιωβηλ(Yobel)로 음역되었으며, 이 낱말의 영어 대응 단어 Jubilae(기쁨의 뜻)에서 온 것이다. '요벨'은 '숫양' 혹은 '숫양 뿔로 만든 나팔'이다. 복된 해라는 뜻의 우리 표현인 희년은 히브리어 יובל שנת 즉 '요벨의 해(year of Yobel)'를 번역한 것이다.[17]

희년은 안식년이 일곱 번 지난 때 즉 49년이 지난 7월 10일 곧 속죄일에 전국에서 나팔을 불어 온 땅에 있는 모든 사람에게 선포한다(25:10). 희년은 50년마다 한 번씩 온다. 이집트의 노예 생활에서 벗어나 40여 년의 광야 유랑을 거쳐 약속의 땅 가나안으로 들어간 히브리인들은 땅을 평정한 후 여호수아의 지휘 아래 각 지파별 규모에 따라 각각 토지를 공평하게 분배받았다(수 14:19). 가나안 땅에 들어가서 토지를 분배받은 그 해를 기점으로 7년째 안식년을 보내고 일곱 안식년이 지난 50년째를 희년으로 지키는 것이다.

1) 땅

토지는 하나님의 것이므로 영구히 팔거나 살 수 없다(레 25:23). 사정에 의해서 필사적으로 팔 경우, 즉 빚이나 질병, 재해 혹은 부당한 사회적 압력에 의해 내놓은 경우라도 희년이 되면 자신의 기업 즉 땅을 되찾을 권리가

---

17) 이기문, 『기독교 대백과 사전(12)』(서울: 기독교문사, 1980), pp. 829-830.

주어진다. 이것을 '토지 무르기(redemption)'라고 한다(25절). 땅을 다시 되돌려 사거나 땅을 되찾는 토지 무르기에는 네 가지 방법이 있다.

첫째, 개인의 사정상 토지를 팔 경우 그 후에 능력이 생겨 판 값을 주면 희년이 되기 전에 언제라도 돌려받을 수 있다(24절).

둘째, 어떤 형제가 가난하여 땅을 판 경우 그의 가장 가까운 친척(kinsman)이 그 땅을 산 사람으로부터 다시 사들여 그 이전 소유자인 형제에게 돌려줄 수 있고 친척은 이러한 의무를 다하도록 되어 있다(25절).

셋째, 그 땅을 다시 사서 되찾을 수 있는 친척이 없는 경우에는 나중에 스스로 땅을 살 여유가 생길 그때에 땅을 판 자가 적정한 값을 치르고 자신의 땅을 다시 살 수 있다(26, 27절).

넷째, 땅을 판 사람이 그 땅을 다시 살 능력이 없으면 그 땅은 희년 때까지 산 사람의 소유로 남아 있게 되고, 그 후 희년이 오면 그 땅을 팔았던 사람은 아무런 대가도 치르지 않고 그 땅을 다시 소유할 수 있게 된다(28절).

2) 집

희년법은 주택 문제도 다루고 있다. 집도 땅 문제처럼 모두 다 팔 수 있는 것은 아니라고 규정하면서 일정한 기간 내에 무를 수 있는 권리가 있다고 한다.

첫째, 성곽 도시 안에 있는 집을 팔 경우에는 판 해가 지나면 무를 권리가 상실된다. 판 사람이 다시 살 수 있는 유효 기간은 일년이다(29절).

둘째, 성 밖에 있는 시골집은 담이 없으므로 토지와 같은 의미로 쳐서 언제든지 다시 살 수 있고, 희년이 되면 판 것이 자동 해약된다(31절).

셋째, 레위인들에게는 성 안의 집을 팔았을 경우에라도 언제나 무를 수 있는 권리가 주어진다. 레위인은 자기가 살던 성 안의 집을 팔고 무르지 않더라도 희년이 되면 그 집은 레위인에게 되돌려진다. 레위인의 집은 그들의 영원한 소유가 된다(32절).

3) 몸

토지와 주택을 무를 수 있는 것처럼 사람에 대해서도 이에 상응하는 권리가 보장된다.

이스라엘인의 동족 중 한 형제가 가난하여 스스로 살아갈 수 없을 때는

첫째, 잘 대접하여 그를 데리고 함께 살 것(35절).

둘째, 종으로 부리지 말고 품꾼으로 여길 것(39절).

셋째, 이자를 받지 않음으로 가난한 채무자를 압제하지 말 것을 규정하고 있다(37절).

이스라엘인이 부유한 이방인에게 종으로 팔렸을 경우에는 토지 문제와 마찬가지로 친척이나 그 자신이 몸값을 계산해서 적정한 값을 치르면 언제라도 놓이게 되며, 희년이 되면 몸값을 치르지 않아도 자유의 몸이 될 수 있다(48-49절).

2. 희년법의 의미

1) 안식

레위기 25장에서 희년법을 언급하기 직전에 안식년 제도에 대하여 규정하고 있는데, 이것은 안식년과 희년이 그 내용에 있어서 밀접한 관련이 있다는 것을 의미한다.[18] 희년법과 안식년 제도의 근거와 뿌리는 안식일에 있으며, 안식일을 기억하여 거룩하게 지키라는 제4계명의 정신이 안식년 제도와 희년법을 통하여 더욱 깊고 넓게 확대되고 철저해지면서 그 적용 범위를 넓힌 것이다.

그러므로 안식년 제도를 지키는 일이나 희년법을 준수하는 것은 곧 안식

---

18) 안식은 편의상 단기, 중기, 장기로 나눌 수 있다. 단기로는 하루의 휴식인 밤(시 104:23; 눅 21:37), 7일마다 지키는 안식일 그리고 절기가 있으며, 중기로는 안식년, 장기로는 50년마다 지켜지는 희년이다.

일을 지키는 것과 같은 것이다.[19] 곧 회년의 기본적인 정신은 안식이다. 회년을 통한 토지 반환, 부채 탕감, 노예 해방은 안식을 보장해 주기 위한 전제 조건들이었다. 회년의 선포와 더불어 토지를 반환받아 자기의 본래 기업으로 돌아간다는 것은 단순한 농토 회복이 아니라 안식을 누릴 수 있는 삶의 터전으로써의 기업을 회복하는 것을 의미한다.[20]

회년은 결국 새 하늘과 새 땅에서의 영원한 안식을 예표한다.

2) 사회 변혁

회년이 50년마다 돌아오므로 토지의 반환과 부채의 탕감으로 가난한 사람들에게는 개인의 힘으로 극복하기 어려운 역경과 속박에서 벗어나 새로운 출발을 할 수 있는 기회가 부여된다. 또한 경제적으로 영구적 부익부 빈익빈를 막으시는 하나님의 경제법이며, 더불어 함께 살도록 해방을 선포함으로써 개인주의적 요소로 인한 사회의 구조적 모순을 깨끗이 청산하여 건전한 사회 구조의 유지를 가능하게 한다. 회년 제도는 하나님의 긍휼과 공의에 찬 사회 운영 방식이며 하나님과 사람과의 관계를 정비하여 개인과 함께 공동체의 영성을 회복시켜 준다. 회년 제도는 사회에 일대 영성 변혁을 불러일으켜 하나님의 거룩함과 의가 이 땅에 구현되게 한다.

---

19) 장진광, 「회년의 땅과 안식」, 《빛과 소금》(서울: 두란노서원, 1990년), 10월호, p. 230.

20) *ibid.*, p. 231.

III. 예수의 희년 사역

1. 땅과 그리스도의 구속 사역

1) 구약의 땅과 구속

땅은 이스라엘뿐 아니라 모든 인류에게 선물로 주어진 것이지만, 이스라엘 민족의 번영이나 복의 열매들은 하나님의 구속 사역의 역사적 결과로써 그들에게 땅을 선물로 주신 것과 하나님의 언약의 사랑에 근거하고 있다. 여기에서 또 한 가지 중요한 사항은 구약이 구속 신학이라는 맥락에서 이스라엘이 땅에 대해 말하는 것과, 창조의 맥락에서 땅 전체와 인류에 대해 말하는 것 사이에는 밀접한 일치점이 있다는 사실이다.

이스라엘을 선택하고 구속한 것이 인간의 타락과 온 세상에 퍼진 악에 대한 응답이었으며, 이스라엘의 사회생활이 하나님의 완전한 구속의 수단임과 동시에 구속된 인류의 원형이 되고 있다. 마찬가지로, 이스라엘의 땅은 새로운 창조, 이 땅 전체에 대한 하나님의 구속적 목적의 원형 또는 전조(前兆)가 되었다.[21] 그래서 그 땅은 구속된 공동체의 사회 경제적 모델을 창조해 낼 뿐 아니라, 종말론적으로도 작용하는 새 창조의 전조를 이끌어낸다. 신약과 마찬가지로 구약도 피조계의 완전한 구속 곧 하나님께서 죄의 저주로부터 해방된 세상에서 다시 한 번 인류와 함께 거하실 그때를 고대한다.[22]

2) 신약에서의 땅

그러면 신약에서의 땅에는 어떤 일이 일어나는가 하는 질문이 당연히 생

---

21) Wright, p. 91.

22) ibid., p. 92.

긴다.[23] 신약의 교회는 '그리스도 안에($\epsilon\nu$ $X\rho\iota\sigma\tau\acute{o}s$)' 있는 메시아적 공동체로서 구약 이스라엘과 영적으로 본질적인 연속성을 지니고 있다. 이방인이든 유대인이든 그리스도를 믿는 신자는 아브라함의 영적 씨이며, 언약과 약속의 상속자이다. 그리고 그 약속의 주된 구성 요소를 이루었던 것이 땅이었다. 구약의 믿음과 의식의 모든 위대한 주제들이 예표적으로 그리스도께로 수렴되는데 땅이 설 자리는 어디인가?[24] 살아 계신 그리스도의 영적 임재는 신자들이 있는 곳이면 어느 장소나 신성하게 만든다(요 4:20-24). 이와 같이 땅의 거룩함이 그리스도께 전가된 것에 대하여 W. D. Davies는 다음과 같이 말한다.

"그리스도에 관하여는 그분께 다른 모든 것들과 마찬가지로 모든 장소와 모든 공간이 속한다. 요컨대 기독교는 근본적으로 장소의 거룩함을 인격이신 그리스도의 거룩함으로 대체했다. 곧 기독교는 거룩한 장소를 그리스도라 하였다."[25]

이스라엘이 하나님으로부터 받은 모든 것은 메시아이신 예수님의 인격(person) 속에 집중되고 성취된 것이다.[26] 구약에서는 땅에 삶이 집중되었던 것이 신약에서는 메시아에게 결합됨으로써 모든 국가의 백성들은 하나님의 백성이 갖는 특권과 책임에 참여할 수 있다. 이제 그리스도 자신께서 예전의 땅-친족 자격의 중요성과 기능을 이어받으신다. '그리스도 안에' 있는 것은 '땅 안에' 있는 것과 마찬가지로 하나님에 의해 부여된 관계, 곧 포함되고 안정된 지위 그리고 그 관계를 공유하는 사람들에 대한 실제적

---

23) 신약에서는 마5:5과 히 11:13-16 이외에는 땅에 대한 언급이 거의 없다.

24) Wright, p. 112.

25) D. Davies. *The Gospel and Land*(University of California Press, 1974), p. 368(Wright, p.112에서 재인용).

26) Wright, p. 113.

책임을 이행함으로써 그에 어울리는 삶을 살기로 헌신하는 것을 나타낸다. 땅을 메시아의 인격과 사역에 관련시키고 그분을 통해 '그리스도 안에' 있는 공동체 곧 메시아적 이스라엘의 본질에 관련시킨다는 것은 이스라엘 땅이 뜻하는 바를 예표적으로 이해한다는 것이다.[27] 마르텐스(E. A. Martens)도 땅이 지닌 신학적 의미가 그리스도의 인격 속에서 정확히 나타났다고 하면서 '그 땅에서' 와 '그리스도 안에서' 라는 어법에 유사점이 있으며, 땅은 그리스도를 예표한다고 말한다.[28]

2. 예수의 희년 선포(눅 4:17-19)

"주의 성령이 내게 임하셨으니 이는 가난한 자에게 복음을 전하게 하시려고 내게 기름을 부으시고 나를 보내사 포로 된 자에게 자유를, 눈먼 자에게 다시 보게 함을 전파하며 눌린 자를 자유케 하고 주의 은혜의 해를 전파하게 하려 하심이라 하였더라."

이 구절은 예수님이 갈릴리에서 처음으로 사역하실 때 선포한 첫메시지이다. 예수님은 그의 첫설교 본문을 이사야 61:1-2의 예언을 그대로 인용하여 말씀하시면서 자기가 온 것은 은혜의 해(희년)를 선포하기 위함이라고 분명히 말씀하셨다. 이사야의 이 말들은 레위기 25:10에서 인용해 온 말이다. 레위기 25장의 희년(יובל, Yobel)은 헬라어 70인역에는 해방, 용서, 탕감의 뜻인 ἄφεσις(아페시스, aphesis)로 번역되었으며, 이사야 61-2에서는 희년을 지칭하는 '은혜의 해(שנת יובל)' 에서 '자원의, 받아들일 만한' 의 뜻을 가진 ברצון(라촌, rahtzohn)으로,[29] 70인역에서는 'δεκτός(데크토스,

---

27) Wright, p. 129.

28) E. A. Martens, op. cit., pp. 331-332.

29) G. V. Wigram, the Englishman's Hebrew and Chaldee Concordance of the Old Testament(Baker Book House, 1980)

dektos)' 로 번역되었다.

이 단어는 누가복음 4:19의 원문에 그대로 인용되었다.[30] 그런데 예수님은 그의 사역을 왜 희년을 전파하는 사역이라고 하셨을까? 구약 시대에 이미 폐기된 법인 희년법을 왜 다시 언급하시는가?

예수님이 그 당시 로마 식민지하에서 이스라엘의 희년법을 실시하려면 정치적 군사 쿠데타를 일으켜 자신이 왕이 되어야 가능한 것이었다. 예수님의 이 말을 듣고 어떤 이들은 예수가 기름 부음받은 세상적인 왕으로서 그 율법을 시행하리라고 생각할 수 있었다. 그러나 그는 그렇게 하지 않으셨다.

누가복음 4:19에서 희년을 나타내는 용어는 Jubilee 혹은 'The year of Yobel' 로 쓰이지 않고 'dektos' 란 표현으로 바뀌었다. 'δεκτος' 란 말을 다시 한 번 살펴보면 이 단어의 의미는 '자원의(of one's own voluntary will)' 혹은 하나님이 '받아들일 만한(acceptable)' 의 뜻이다.[31] '은혜의 해' 란 번역은 원뜻을 정확히 살리지 못했다. 이 말은 거저 받는다는 의미의 은혜가(χάρις, charis)가 아니라 '데크토스(δεκτός)' 이다. 원문을 직역하면 '하나님께서 받아들일 만한(열납하실 수 있는) 해' 를 전파하러 오셨다는 말이다. 이사야의 예언에서 'the year of Yobel' 이[32] רצון(라촌, rahtzohn)으로 바뀐 것은 장래에 기름 부음받은 메시아가 선포할 희년은 과거의 희년과는 다른 성질의 것이라는 것을 보여 주고 있다.

레위기 25장은 토지를 영원히 팔지 않을 것과 희년법을 지켜 행하여 땅에 안전히 거하라고[33] 명령하지만 성령에 대한 언급이 없다. 그러나 이사야 61:1-2의 예언은 '주의 신' 이 임함으로 스스로 희년을 지킬 수 있도록 해주

---

30) 눅 4:19 κηρύξαι ἐνιαμτου κυρίον δεκτόν

31) E. Hatch, a Concordance to the Septuagint(Grand Rapids: Baker Book House, 1987)

32) 이사야 61:1-2.

33) 레위기 25:10.

겠다는 '새 약속'의 특성을 보여 준다. 희년법이 지켜지지 않고 땅에 대한
탐욕과 강포, 압제가 횡행하였을 때 엘리야 이후의 선지자들은 한결같이
이방 나라에 의하여 그 약속의 땅을 빼앗기리라는 경고와 동시에 앞으로는
새 영과 새 마음을 주어 법을 마음에 새겨 하나님의 규례를 지킬 수 있게 될
것이라고 예언한다(겔 36:26-27). 이때 그 법을 지키는 것은 율법적으로 일
반적인 명령 아래에서 지키는 것이 아니라 성령에 의해 자원해서(of his
own voluntary will or free will) 지키게 된다는 것이다.[34] 그러므로 레위기
25장의 희년을 '율법적인 희년'이라고 한다면 이사야 61:1-2을 인용한 누
가복음 4:19의 희년은 '자원적인 희년'[35]이 되는 것이다.

	희 년		토지 무르기	
	히브리어 성경	헬라어 70인역	히브리어 성경	헬라어 70인역
레위기 25장	שנת יובל [Shenat Yobel]··· the year of Yobel (양각나팔 부는 해) = 희년(喜年)	→ ἄφεσις[aphesis] = release(해방) = forgiveness(죄의 용서) = cancellation(빚의 탕감)	레위기25:24 גאלה[geulah] = redemption; = 토지를 '무르다'의 뜻.	λύτρωσις[lyutrosis] = redemption(구속) = ransoming(속전) = releasing(해방)
이사야 61장	성령의 역사로 바뀜. שנת רצון[Shenat rahtzohn] 사61:1의 여호와의 '은혜의 해'에서 '은혜'에 해당하는 용어가 רצון(rahtzohn)임.	δεκτός[dektos] the year of the Lord's favour or the acceptable year of the Lord	*구속이란 말은··· 토지를 무르다는 말에서 나온 용어임.	→ 예수님의 구속 사역은 영육의 모든 문제를 포괄하는 차원임.
누가복음 4장 19절		δεκτός[dektos] 눅4:19의 '주의 은혜의 해'의 '은혜'에 해당하는 말임. of one's own free will (of one's own voluntary will) =acceptable; 열납하는, 혹은 하나님이 받아들이실 만한이란 뜻임. 그래서 '자원의'라는 뜻이 도출되었음.		

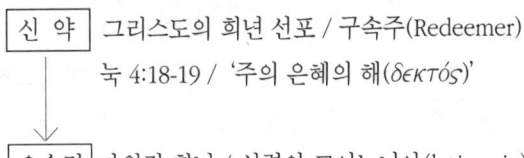

구 약 │ 율법적 회년 / 토지 무르기(Redemption)

레 25:8-28

- 돌문서에 기록
- 의의 문제
- 당위의 차원
- 육의 문제 - 경제 문제, 사회 정의의 문제
- 필요 조건
- 여호수아 시대-아합 왕 전까지 6백여 년간 지켜짐

신 약 │ 그리스도의 회년 선포 / 구속주(Redeemer)

눅 4:18-19 / '주의 은혜의 해(δεκτός)'

오순절 │ 자원적 회년 / 성령의 코이노니아(koinonia)

행 2:37-47

- 마음에 기록
- 자비의 문제
- 서로 사귐, 나눔, 돌봄, 용납의 차원
- 전인적인 구원-영육의 문제 포괄
- 충분 조건
- 성령의 시대에 성령의 사람들을 통하여 계속 지켜짐

---

34) 레 1:3 "그 예물이… 여호와 앞에 열납하시도록 드릴지니라(offer it of his own voluntary will)" 구약 제사에서 법에 정해진 것 이상의 과다한 헌물이나 희생물을 드릴 때는 자원(free will) 해서 드린다. 이렇게 할 때 하나님께서 기뻐이 받으실 만한 것이 된다. 왜냐하면 하나님이 하시는 일은 거저이며 우리에게 값없이 응답하시기 때문이다.

35) 대천덕, 『우리와 하나님』(삼척: 예수원, 1988), p.324.

1) 자원적 회년

그렇다면 이 자원의 회년은 어떻게 실시되는 것인가? 다시 한 번 레위기 25장의 회년법의 정신을 되새겨 보자. 50년마다 회년이 선포되면 부채가 탕감되어 돈을 내지 않고 자기의 땅에 돌아갈 수 있고, 노예 신분에서 해방된다. 부익부 빈익빈 없이 모두 안전하게 살게 되고, 가난한 동포가 있으면 그를 도와 더불어 함께 생활하는 삶을 의미한다. 그러나 이 아름다운 제도가 인간의 탐욕 때문에 파괴되고 말았다.[36]

더 이상 그 법은 지켜지지 않지만 회년법이 시행됨으로써 많은 가난한 자들이 구제되고 성령받은 그리스도인들이 고통당하는 가난한 이웃에게 자원해서 나누고 섬기는 삶을 살아감으로써 구약의 회년이 실현되는 사회와 같은 결과가 나게 되는 것이다. 이것이 새 언약에 의해 예수님이 선포하는 새로운 자원적인 회년의 의미인 것이다. 이와 함께 회년의 의미는 예수님의 회년 메시지에서 다음과 같이 보다 발전적이고 포괄적인 의미를 갖게 된다.

① 구속(redemption)

회년의 기본적 의미는 구속의 개념이다. 앞 장에서 구약의 땅은 신약에서 '그리스도의 인격'으로 대체된 것을 살펴보았다. 레위기 25장의 회년법에서 형제가 가난하여 땅의 일부를 팔았을 경우에는 그 가난한 형제의 근족(kinsman)이 와서 그 형제의 판 것을 무르게 되어 있다. 이 개념이 신약에서는 영화되어 있다. 우리가 죄의 대가로 사탄의 노예가 되어 있을 때 하나님은 자기의 백성이 죄에게 종 노릇 하여 그의 기업을 상실하였음을 보시고 예수님을 기업을 무를 근족으로 보내 주셔서 우리를 당신의 피값으로 사서 우리에게 해방과 자유를 주셨다. 이 구속(redemption)이란 말은 원래 거래시 쓰는 상업 용어로, '속한다'는 것은 사다 혹은 다시 사서 내온다

---

36) 회년법은 아합 왕 때까지 약 6백 년 동안 지켜졌다(대천덕, 『토지와 자유』, p.31)

(buy or buy back)의 의미이다.[37]

예수님의 구속 사역은 죄인들이 사로잡혀 있는 비참한 상태가 그 배경이다. '속전(贖錢, ransom)'이란 용어는 보다 정확한 표현인데, 이 말은 노예를 매매하거나 해방시켜 주는 일에 있어서 고대 세계에서 사용되던 기술적인 용어였다.[38] 우리는 단순히 그리스도에 의하여 '속함을 받고(redeemed)' 혹은 '건짐을 받기(delivered)'만 한 것이 아니라 그리스도께서 우리의 '속전을 지불하신(ransomed)' 것이다. 레위기 25장은 구속과 속전의 개념을 다 포함하고 있다. 예수님이 바로 우리의 기업을 무를 근족(kinsman-redeemer)이 되신 것이다. 예수님을 통하여 자신의 백성을 그들의 본래 기업으로 돌아가도록 풀어 주신 것은 바로 하나님과의 교제이며 하나님의 나라를 유업으로 받는 것이다.[39]

신약의 대부분은 싸움에서 승리한 내용이다. 그런데 '예수(Jesus)'라는 이름은 '여호수아(Joshua)'의 그리스어형이다. 여호수아는 싸움에 이기고 그의 백성을 약속의 땅으로 인도한 사람이다. 이로 말미암아 이 죄 무름(구원)이 가능했던 것이다.[40] 자유(liberty), 해방(liberation), 구속(redemption)이란 낱말들은 신약의 주제들이다. 이 낱말은 모두 구약의 토지법에서 나온 것이다.

이 '구속'의 어원을 살펴보자. 레위기 25장에서 희년을 지칭하는 요벨은 헬라어 70인역에서는 ἄφεσις(아페시스, aphesis)란 말로 번역되었다. 이 말은 해방(release), 죄의 용서(forgiveness), 탕감(cancellation) 등의 뜻으로 쓰인다. 25:10의 토지를 '무르다'에 해당되는 כאלה(게울라, geulah)는 70인역에서는 'λύτρωσις(류트로시스, lyutrosis)'로 번역되었는데 이 말은

---

37) J. Stott, 황영철 역, 『그리스도의 십자가』(서울: IVP, 1986), p. 219.

38) *ibid.*

39) *ibid.*

40) 대천덕, 『토지와 자유』, *op. cit.*, p. 68.

구속(救贖, redemption), 속전(贖錢, ransom), 속량(贖良, ransoming), 해방(解放, releasing)의 뜻으로 사용된다.[41] 그러므로 예수님의 구속 사역은 바로 '토지를 무르는' 용어를 토대로 나온 말이며, 동시에 죄의 용서, 해방, 자유의 개념을 포괄하고 있음을 알 수 있다. 또한 희년이 7월 10일 속죄일에 선포된다는 것은[42] 희년의 '토지 무르기'가 죄를 사함으로 우리를 해방시키는 '구속 사역'과 밀접하게 연관되어 있음을 알 수 있다. 영어로도 'redeem'은 토지를 무른다는 뜻이고, 명사 'redemption'은 구속, 'Redeemer'는 구속주란 의미가 된다(redeem-redemption-Redeemer).

② 해방(releasing, liberation)

해방은 희년의 중요한 주제이다.[43] 희년이 선포되면서 채무자는 부채를 탕감받고 노예 신분에서 해방된다. 성경적 해방의 개념은 희년에 노예를 놓아 주는 것이 근원이다. 예수님은 희년 메시지에서 '포로 된 자에게 자유를'이라고 하셨는데 이 '자유'는 헬라어로 ἄφεσις(aphesis)의 번역이다. 이것은 희년을 맞아 노예 상태에서 벗어나는 의미이므로 '해방'으로 번역하는 것이 더 정확하다.[44] 이 포로는 창으로 잡은 자의 뜻을 가지는데[45] 정복자에 의해 고향에서 타국으로 강제 이주당해 극심한 고난을 많이 겪은 바벨론 포로의 모습으로 죄와 사탄의 노예임을 표상한다.[46]

예수님은 '해방'이라는 중요한 희년의 주제들을 채택하셔서 그것을 자신의 사역과 메시지 전영역에 적용하셨다.[47]

---

41) E. Hatch, a concordance to the septuagint.

42) 레위기 25:9.

43) Mortimer Arias, "Mission and Liberation" (Int'l Review of Mission, 1984.1). p. 38.

44) 표준성경은 해방으로 번역했음, 한국표준성서협회 역(서울: 생명의말씀사, 1962).

45) 이상근, 『신약 주해:누가복음』(총회 교육부, 1971), p. 93.

46) 핸드릭슨, 김유배 역, 『누가복음 주석』(서울: 아가페출판사, 1983), p. 358.

47) Wright, p. 122.

해방을 뜻하는 $\mathring{\alpha}\phi\epsilon\sigma\iota\varsigma$(aphesis)는 70인역에서 50회, 레위기 25장, 27장에서는 22회 쓰였는데 '해방(liberation)'은 예수님이 나사렛에서 선포하신 희년 메시지와 선교 사역에 있어서 핵심적인 용어이다.[48] 해방은 그리스도의 구속 사역을 통하여 이루어지는 것이므로 이는 영육의 모든 문제를 포괄하는 전인적인 해방이다.[49]

③ 자유(liberty)

레위기 25장의 희년법을 "전국 거민에게 자유를 공포하라(proclaim liberty)"고 하며 예수님의 희년 메시지는 '눌린 자를 자유케(set a liberty)' 하기 위함이라고 한다. 이때 '자유'에 해당하는 원어도 역시 $\mathring{\alpha}\phi\epsilon\sigma\iota\varsigma$인데 '해방'의 의미와 해석적인 면에서는 큰 차이가 없다.

해방의 의미가 노예나 포로의 상태에서 벗어남을 의미한다. 그러나 자유는 재난이나 고통 혹은 죄로 인해 마음이 눌려 있는 상태에서 이사야 58:6의 "압제당하는 자를 자유케 한다(to set the oppressed free)"는 부분을 배경으로 하고 있는데, 특히 죄사함을 통해 자유하게 됨을 의미한다.[50] 구속의 목표는 바로 자유이다.[51]

④ 평등(equlity)

희년법은 하나님의 종으로서 구속받은 형제들의 평등함을 레위기 25장 전체에 걸쳐 되풀이하여 강조한다. 하나님 한 분만이 궁극적으로 땅을 소유하고 계시므로 그들의 땅을 소유한 하나님 아래에서 이스라엘인들은 평

---

48) Mortimer Arias, p. 38.

49) 정치 신학은 눅 4:18-19에서 성령을 인간의 역사적 해방 사건 속에서 작용하는 능력으로 파악하는 오류를 범함으로써 구속적인 차원의 해방을 정치 해방을 천명하는 해방 신학의 관련 근거로 사용한다(한국기장청년회 전국연합회 성서연구위원회 편, 해방 공동체, 1990, p. 53).

50) J.A.Fitzmyer, *The Anchor Bible ; The Gospel according to Luke*(Doubleday and company, New York, 1983), p. 532.

51) Wright, p. 139.

등하게 산다.[52] 이스라엘 사회는 사법적 · 경제적 · 종교적 · 군사적인 중요한 기능들을 대부분 자체적으로 수행했다. 그러므로 이스라엘 사회는 '계층적' 이라기보다는 명백히 '평등주의적' 이었다.[53]

땅의 사용에 대한 많은 구약의 율법과 제도들은 땅 위에서 가족들이 비교적 평등하도록 유지하는 일과[54] 땅을 소유하고 있는 소수 귀족 계급의 지위와 부를 지원하는 일이 아니라 보다 가난하고 약하며 경제적으로 위협받는 자를 보호하는 일에 우선적인 관심을 가지고 있음을 나타낸다. 희년법은 인간다운 생활을 위한 경제적인 기회 평등의 규범이다.[55]

성경을 관통하는 중심적인 주제는 '가난한 자의 복음' 이다. 예수님의 생활과 가르침은 가난한 사람들에게 특별한 관심을 갖고 있다는 것을 보여준다. 예수님은 가난한 사람, 약한 사람, 창녀 등 소외된 사람들과 친밀히 지내셨다.[56] 이처럼 예수님의 희년 사역 메시지의 서두는 '가난한 자에게 복음을' 전하기 위함이라고 하면서 시작된다. 누가복음 4:18의 '가난한 자, 눈먼 자, 포로 된 자, 눌린 자' 는 모두 넓게는 가난한 자의 범주에 속한다.

구약 성경에서 가난한 자에 대한 용어가 많이 나오는데, 경제적이고 외형적인 가난을 의미하는 말(ebyon, dal, ani, rash)이 214회 나오며, 겸손을 의미하는 영적인 가난을 지칭하는 말(anaw)은 25회 나온다. 신약에서는 가난한 사람을 의미하는 'πτωχός(프토코스, ptochos)' 가 34회 나오는데, 이 가운데 영적인 가난을 의미하는 경우에는 6번 쓰였다.[57] 희년 선포는 예수

---

52) ibid., p. 71.

53) ibid., p. 45.

54) 수 13-22장에서 제비를 뽑아 각 지파의 땅을 분배하는 사건은 평등 사회를 이룩하시려는 하나님의 의도였다.

55) R. Sider, 「평등에 관한 성서적 관점에 대해서」《기독교사상》, 1989. 8, pp. 153-154.

56) ibid.

57) Orlando E.Costas, The Integrity of Mission(San Francisco: Harper and Row, 1979), pp. 70-71.

님의 가르침의 중요한 주제였다.

그 주제에서 '가난한 자에게 복음'은 영적인 가난뿐만 아니라 토지를 공평히 분배하는 구약의 회년법을 배경으로 하여 경제적인 복음의 메시지이다. 여기서 우리는 실제적인 삶 속에서 경제적인 평등의 메시지를 얻을 수 있는 것이다.

IV. 희년의 신약적 실재

1. 코이노니아

1) 땅과 코이노니아

앞에서 구약의 율법적 회년이 신약에서는 그리스도의 구속 사역을 통하여 자원적인 회년이 된 것을 살펴보았다. 구약 회년법의 의미는 원래 분배받은 기업을 50년마다 정리하여 경제 정의와 평등이 이루어져 더불어 함께 사는 사회가 되도록 하고자 한 것이다. 회년법의 구체적 시행은 '토지 무르기'를 통해서 이루어졌다. 이 '토지 무르기'에 대응하여 신약의 자원적 회년은 어떻게 시행될 수 있는가?

신약적 의미에서 koinonia(교제)를 실행하는 것은 그리스도인들에게 있어 구약 이스라엘인들이 땅을 소유하는 것이 가졌던 기능과 유사한 것이다.[58] 출애굽의 명백한 목적은 하나님의 '풍요의 땅'에서 하나님이 주시는 풍요한 복을 누리는 것이었다. 그리스도를 통한 구속의 목표는 실제적으로 '꾸밈없이 형제를 사랑(벧전 1:22)'하는 것이다. 둘 다 하나님의 아들이라는 지위 및 유업과 약속이라는 주제와 연결되어 있다. 그로 인해 둘 다 하나

---

58) Wright, p. 119.

님의 구속받은 공동체의 일부로서 하나님과 진정한 관계를 맺고 있다는 증거가 된다.

'토지 무르기'와 'koinonia'의 공통점은 무엇보다도 공유하는 체험이다. 이 둘은 신·구약 윤리에 널리 스며 있는 매우 실제적인 상호 책임을 의미하며, 가난한 자와 궁핍한 자에 대해 똑같이 관심을 가지며(요일 3:17), 하나님의 백성간에 경제적으로(고후 8:13-15, 구약 관주) 또 사회적으로(약 2:1-7) 평등을 이룰 것을 똑같이 요구한다. 심지어 하나님의 백성인 동료들에게서 하나님이 모든 백성들에게 누리라고 주신 몫을 빼앗아 가거나 사취해 가는 죄를 범하는 자들에게는 똑같이 선지자적 분노를 발하기까지 한다.

구약 선지자들은 동료 이스라엘인들을 땅에서 쫓아낸 불의한 압제자들을 정죄한다. 그것은 형제의 빚을 탕감해 주기를 거부하는 자들에 대한 예수님의 책망(마 18:21-35), 고린도인들의 당파심과 사랑이 없는 것에 대한 여러 가지 죄의 목록 중 교제를 해치는 죄를 우선으로 꼽은 것(엡 4:25 이하; 빌 2:1-4·14; 골 3:8 이하), 형제를 미워하는 자는 하나님의 자녀가 결코 아니라는 요한의 말(요일 2:9-11, 4:7) 등과 맥락을 같이 하는 것이다.[59]

2) 제자도와 코이노니아

예수께서 부르신 열두 제자는 이스라엘의 열두 지파를 암시하는 것이다. 예레미야 30장, 31장의 서두에서부터 하나님은 새 시대에 다시 열두 지파를 일으키려고 의도하셨다.[60] 하나님은 새 언약을 세우셔서(렘 31:31-33) 이스라엘에게 새 마음과 새 영을 주어 거룩하게 하시려고 했다(겔 36:22-28). 열두 제자들은 새 언약에 의해서 거룩하게 되어 새로운 열두 지파를 형성하는 새 이스라엘의 대표들이었다.[61] 야고보는 '각 민족 가운데 흩어져 있

59) Wright, p. 120.
60) Leonard Goppelt, 최종태 역, 『모형론』 (서울: 새순출판사, 1987), p. 182.

는 열두 지파' 들에게 편지를 쓴다고 하였는데 이는 하나님의 새 백성을 새
이스라엘로 보는 것이다(약 1:1).

새 이스라엘은 새 언약을 맺음으로 창조되는데, 새 언약은 그리스도의
피로 세운 것이었다(눅 22:20). 새 이스라엘은 곧 예수께서 창조하신 하나
님의 새 백성이다. 새 언약은 새 계명이라는 언약의 요구를 동반한다. 새 이
스라엘은 새 계명이 필요하다. 예수께서는 새 이스라엘을 대표하는 열두
제자에게 새 계명을 제자도로 주셨다.

"새 계명을 너희에게 주노니 서로 사랑하라 내가 너희를 사랑한 것같이
너희도 서로 사랑하라(요 13:34)"

새 이스라엘은 그리스도 안에 있는 새로운 공동체로서, 약속의 땅에서
그 땅의 법(희년법)을 지켜야 했듯이 새로운 삶의 방식을 따라야 한다. 그
새로운 삶의 방식이 바로 '코이노니아' 이다. 코이노니아는 물질까지 나누
는 실제적인 생활방식이다.[62] 또한 구약 시대에 이스라엘 백성에게 약속의
땅이 주어졌듯이 새 이스라엘에게 새 하늘과 새 땅이 약속된다(계 21:1).

예수님이 제자들에게 가르치신 기도문에 이미 희년 정신이 용해되어 있
다. "우리가 우리에게 죄 지은 자를 사하여 준 것같이 우리 죄를 사하여 주
옵시고"에서 '죄' 란 말은 헬라어 $\acute{o}\phi\epsilon\acute{\iota}\lambda\eta\mu\alpha$(opheilema)이다. 이 말은 '금
전적인 빚' 으로써 희년을 의미하는 $\acute{a}\phi\epsilon\sigma\iota\varsigma$(aphesis)에서 온 것으로 물질적
인 의미를 가진다. 즉 예수님은 우리에게 고통을 주는 사람을 용서해야 한
다고 애매하게 요구하는 것이 아니라, 우리에게 금전적으로 빚지고 있는
사람들에게 빚을 면제해 주는 희년 정신을 실천할 것을 분명하게 요구하고
있다. 그러므로, 마태복음 6:12의 주기도문은 "우리가 우리에 빚진 자를 탕

---

61) ibid., p. 182.

62) Wright, p. 118.

감하여 준 것 같이, 우리의 빚을 탕감하여 주옵시고"의 내용이다.

주기도문은 회년의 기도이다. 만약 당신들이 형제에 대하여 aphesis를 실천하지 않는다면, 당신에 대한 하나님의 apehsis도 헛되게 된다는 의미이다. 철저한 제자도를 제시한 산상수훈에서 예수님은 우리에게 속옷을 빼앗으려고 하는 사람에게 우리의 겉옷까지 주라고(οφιημ, 동사) 명령한다(마 5:40).

이사야의 회년에 대한 예언(사 61:1-2)은 복음의 법으로 성취된다. 구약의 회년 정신은 신약에서는 코이노니아로 나타나는데, 예수님이 하나님의 새 백성의 대표인 12제자들에게 가르치신 제자도에 이미 '코이노니아'의 정신이 분명히 드러난다.

> "너희(제자들) 소유를 팔아 구제하여…(눅 12:33)"
> "너희 중에 누구든지 자기의 모든 소유를 버리지 아니하면 능히 제자가 되지 못하리라(눅 14:33)"
> "너희가 거저 받았으니 거저 주라(마 10:8)"

한 부자 청년이 예수께 와서 영생에 대한 답을 구했을 때 예수님은 재물에 대한 교훈으로 답하셨다.

> "네게 오히려 한 가지 부족한 것이 있으니 가서 네 있는 것을 다 팔아 가난한 자들을 주라… 그리고 와서 나를 좇으라(막 10:21;눅 18:22)"

또한 제자들에게 주를 위해 집, 가족, 전토를 포기할 것과(막 10:29, 눅 18:29), 재산과 소유뿐 아니라 자기를 철저히 부인하여 목숨까지 내놓는(마 15:24-35) 내용의 제자도를 가르치셨다. 예수님은 누가복음 12장에서 소유를 팔아 구제하는 제자도와 함께 청지기 비유를 들었다(눅 12:22-48). 청지기는 'οιχονομος(oikonomos)'로 하나님께서 맡겨 주신 시간, 재물을 관리하는 자인데, 이것은 구약 희년법에서 하나님께서 이스라엘 백성들에게 땅을 맡긴 개념과 연결된다. 땅과 소유는 다 하나님의 것(레 25:10)이며 우리는 다 청지기로서, 하나님은 우리에게 의롭고 신실한 청지기 노릇할 것을 요구하신다.[63]

신약에서 사랑은 '*ἀγάπη*(agape)'로 표현되는데 그 사랑의 구체적인 실천이 물질적인 koinonia를 통해서 이루어진다는 것을 요한일서 3:17은 언급하고 있다.

"누가 이 세상 재물을 가지고 형제의 궁핍함을 보고도 도와 줄 마음을 막으면 하나님의 사랑이 어찌 그 속에 거할까 보냐"

아가페는 코이노니아를 통하여 구체적으로 이루어지는 것이다. 제자도에는 이러한 코이노니아의 정신이 그대로 나타난다. 예수님은 제자도에 관한 교훈에서 자기를 따르기 위해서는 '소유를 팔아서 구제하고(눅 12:33)', '자기를 부인하고, 소유뿐 아니라 목숨도 내어놓아야(눅 14:26)' 한다고 하셨다. 이것은 절대적 헌신(absolute selfgiving)의 철저한 제자도(radical discipleship)의 내용이다.

진정한 제자도와 '철저(radical)' 함이 바로 소유의 포기와 물질의 나눔(koinonia)에 있다는 것이 예수님이 가르치신 제자도의 교훈인 것이다. 예수님은 자신의 몸과 생명을 속전으로 팔아 우리 죄인을 사탄의 손아귀에서 무른(redeemed) 것이다. 예수님이 '철저한 제자도(radical discipleship)'의 본이 되셨고, 바로 이러한 제자도에 희년 정신이 용해되어 있는 것을 볼 수 있다.

성경에서 가장 중요한 말은 성자의 '*χάρις*(charis)'와 성부의 '*ἀγάπη*(agaphe)', 성령의 '*κοινωνία*(koinonia)'인데(고후 13:13), 성부의 agape

---

63) 경제를 뜻하는 economy는 oikonomos에서 왔다.

는 성자의 charis를 통하여 주어지는 것이고, agaphe는 성령의 역사인 koinonia를 통하여 이루어지는 것이다. 새 이스라엘 백성이 지켜야 할 제자도는 koinonia를 근간으로 하고 있고, koinonia는 죄의 빚을 값없이 탕감해 주는 예수님의 '$\chi\acute{\alpha}\rho\iota\varsigma$(grace)'로부터 비롯되는 것이다.

2. 성령의 공동체

1) 새 언약의 법

구약의 희년은 신약에서는 자원적인 희년으로 발전하고, 자원적인 희년의 본격적이고 구체적인 성취는 초대 교회 공동체에서 나타난다. 구약의 율법적 희년과 신약의 자원적 희년의 차이는 성령의 역사이다. 레위기 25장의 율법적 희년에는 성령에 대한 언급이 없다. 그러나 예수님이 선포하신 새로운 희년의 인용 구절인 이사야 61:1-2의 내용은 "주 여호와의 신이 내게 임하셨으니"라는 표현으로 시작되는데 이것은 성령의 역사가 옛 계약과 달리 새 계약(언약)의 핵심이라는 것을 나타낸다.[64]

누가복음 4:18-19에는 "주의 성령이 내게 임하셨으니"라고 표현되어 있는데 주 여호와의 신은 신약에서의 성령의 역사를 나타낸다. 성령의 역사를 통한 새 언약은 구약 예레미야 31:31-34에 나타난 새 언약의 예언에서 이미 규정되었다.[65] 에스겔서 37:15과 이사야 61:1-9도 예레미야 31장의 새 계약 내용과 동등한 '영원한 계약'이다.[66] 예레미야와 에스겔의 새 계약의 주요 부분은 다음과 같다.

"나 여호와가 말하노라 그러나 그날 후에 내가 이스라엘 집에 세울 언약

---

64) P. 로벗슨, 김의원 역, 『계약 신학과 그리스도』(서울: CLC, 1989), pp.174-280.

65) P. 로벗슨은 구약에서 새 언약의 중심 메시지가 렘 31:31-34에 있다고 강조한다(pp. 274-277).

66) P. 로벗슨, p. 277.

은 이러하니 곧 내가 나의 법을 그들의 속에 두며 그 마음에 기록하여 나
는 그들의 하나님이 되고 그들은 내 백성이 될 것이라(렘 31:33)"

"또 새 영을 너희 속에 두고 새 마음을 너희에게 주되 너희 육신에서 굳
은 마음을 제하고 부드러운 마음을 줄 것이며 또 내 신을 너희 속에 두어
너희로 내 율례를 행하게 하리니 너희가 내 규례를 지켜 행할지라 내가
너희 열조에게 준 땅에 너희가 거하여 내 백성이 되고 나는 너희 하나님
이 되리라(겔 36:26-28)"

이 두 예언은 앞으로 새 이스라엘 백성은 성령의 역사로 희년법을 포함
한 하나님의 의로운 법을 스스로 지킬 수 있게 된다는 내용이다. 에스겔
36:24-28에서는 '그 땅'의 회복을 언급하면서 새 계약이 발전적 희년의 의
미를 포함하고 있음을 보여 준다.

예수님의 나사렛에서의 첫설교는 "주의 성령이 내게 임하셨으니"라고
시작된다. 누가복음 4장의 전후 문맥에서 누가는 예수님이 '성령의 충만함
을 입어' 요단강에서 돌아왔다고 기록하며(4:1), 갈릴리에서의 첫사역도
'성령의 권능으로(4:14)' 이루어지고 있음을 강조하고 있다.[67] 이처럼 성령
의 역사는 새 언약의 핵심적인 내용이며, 희년 선포는 앞으로는 예수님 자
신뿐 아니라 모든 사람들이 성령받아 스스로 희년을 선포하는 삶을 살게
되리라는 것을 나타내고 있다(4:19).

예수님이 주의 성령의 역사로 자원적인 희년을 선포하신 의미는 예레미
야 31:31에 잘 나타나 있다. 즉, 아무리 훌륭한 계약과 법이 있다 하더라도
부패한 인간의 본성이 근본적으로 그것을 지킬 능력이 없음을 아시고 인간
스스로 하나님의 의로운 규례를 행할 수 있도록 새 계약을 선포하시며 그
것을 자신의 피로 성취하셨다(눅 22:20).[68]

이 새 계약은 오순절 성령 강림으로 구체적인 실제를 드러낸다. 사도행

---

67) Orland E. Costas, p. 74.

전에서 유대인들은 성령을 받자마자 스스로 자신들의 땅과 소유를 팔아서 필요에 따라 나누었고 그 중에 핍절한 사람이 하나도 없게 되었다. 이 사건 은 그들이 성령을 받아 전적으로 변화됨으로 가능한 것이었다.[69]

2) 성령의 기본 사역 : 코이노니아

성령의 중심된 사역은 감화, 감동이 아니라 koinonia이다.[70] 감화, 감동 은 개인적인 용어이고 코이노니아는 관계적인 용어이다.[71] 하나님의 의는 관계상의 요구를 충족시켜 주는 차원의 개념인 것을 살펴보았다.[72]

성경에서 코이노니아는 공동체적 교제를 의미하는 어군을 가지고 있다. 코이노니아(κοινωνία, koinonia)는 공동, 협력, 참여, 교제, 교통, 자선, 통 용, 상통, 분배, 사귐의 뜻으로 쓰였고, 코이노노스(κοινωνός koinonos)는 나누는 자, 친구, 동료, 함께하는 자, 동업자의 뜻으로, 코이노네오 (κοινωνέω, koinoneo)는 다른 사람과 함께 나누다, 통용하다, 분배하다, 참여하다의 뜻으로, 코이노니코스(κοινωνικός, koinonikos)는 통용하는, 기꺼이 자원적으로 나누는 등의 뜻으로 사용되었다. 코이노니아는 한국어 개역 성경에 17개의 용어로 표현되어 있다.

koinonia는 사도행전 2:42에 처음 등장하는 낱말이다. 이 낱말로부터 합

---

68) 예를 들어 우리 나라에서 토지 문제가 경제 정의의 원천임을 깨달아 ' 89년 토지 공개념 입 법이 제정되었으나 대재벌의 로비로 인한 정경 유착으로 유야무야되었다. 아무리 좋은 법을 제정 해도 시행 과정에서 용두사미가 된 것이다. 근본적인 개혁은 제도 확립에 있는 것이 아니라 심령 변화로만 가능하다는 것을 예수님은 아셨던 것이다.

69) 행 2:37-47, 4:32-35.

70) 고후 13:13.

71) 성령의 기본 사역인 코이노니아 위에 감동, 감화 등의 개인적인 체험의 차원이 조화를 이룰 때 균형잡힌 영성이 이룩되는 것이다.

72) 코이노니아는 신 · 구약 윤리에 스며 있는 매우 실제적인 상호 책임을 부여한다. 가난한 자 와 궁핍한 자에 대한 관심(요일 3:17), 하나님의 백성간의 경제적 • 사회적 평등(고후 8:13-15, 약 2:1-7)을 요구한다(Wright, p. 120).

성된 단어들 중 상당히 많은 것이 그리스도인들간의 실제적인 사회 경제적인 관계를 의미하며, 실제적으로 희생이 드는 나눔을 나타낸다.[73] 오순절 성령이 부은 바 된 첫결과는 '서로 교제하며(κοινωνία, koinonia), 모든 물건을 공동으로 소유했다(행 2:42 · 44).' 로마서 12:13은 "성도들의 쓸 것을 공급하며(κοινωνοῦτες, koinonutes) 손 대접 하기를 힘쓰라"고 촉구한다. 디모데전서 6:18에서는 부자들에게 "아낌없이 구제하라(κοινωνικούς, koinoikous)"고 명령한다. 히브리서 13:16은 "오직 선을 행함과 서로 나눠 주기(κοινωνίας, koinonias)를 잊지 말라"고 하며, 바울은 로마서 15:26에서 유대의 그리스도인들을 돕기 위해 헬라 교회들에게서 모은 연보를 '구제금(κοινωνίαν τινὰ, koinonian tina)'이라고 불렀으며, 고린도후서 9:13에서는 "저희와 모든 사람을 섬기는 너희의 후한 연보(κοινωνίας, koinonias)를 인하여 하나님께 영광을 돌린다"고 하였다. 바울은 그들이 연보를 실행하는 것은 복음에 순종한다는 증거라고 말함으로써 구체적인 경제적 교제야말로 기독교 신앙 고백의 본질임을 암시한다.[74] 진정한 교제는 영적 · 정신적 교제뿐 아니라 물질적인 교제까지 포함하는 것이다.[75]

더 나아가 성령의 koinonia 사역은 '하나' 되게 하는 사역이다. 예레미야 31:33과 에스겔 36:26-28에서 성령의 역사를 통한 새 언약의 요점은 "나는 너희 하나님이 되고 너희는 나의 백성이 된다"는 하나님과 그의 백성 사이의 하나 됨(oneness)이다. 이것은 새 언약이 지향하는 목표의 핵심이다.[76] 삼위 하나님이 하나이며(창 2:26), 예수님과 아버지가 하나이고(요 10:30), 그리스도 안에서 우리가 서로 하나 되었으며(롬 12:5), 마지막 때 온 천지만물이 하나로 회복될 것이다(엡 1:10). 성령의 사역은 서로 교통케

73) Wright, p. 118.

74) ibid., p. 119.

75) 김현진, 『성령의 공동체(1)』(서울: 전신공연 편, 1990), p. 2.

76) P. 로벗슨, p. 297.

(communication) 하는 것이며, 모든 것이 하나 되게 하는 사귐(fellowship)
의 차원이다(엡 4:2). 성령의 충만, 은사, 열매 등의 성령의 역사는[77] 개인적
인 체험의 차원뿐 아니라 그리스도의 온갖 충만한 것으로 채워져 궁극적으
로 '그가 내 안에, 내가 그 안에'의 일체가 되는 것을 의미한다. 이처럼 성
령의 koinonia하는 역사는 영적 · 정신적 · 물질적인 완전한 교제를 통하여
그리스도의 온전한 한 몸의 공동체를 이루는 것이며, 초대 교회는 그러한
koinonia의 실천을 통한 실제적인 공동체였다.

3) 초대 교회 공동체

예수님은 오순절 성령 강림 이전에 이미 스스로 성령의 충만함을 받아
(눅 4:1) 성령으로 자원적 희년을 선포하였으며, "이 글이 오늘날 너희 귀에
응하였느니라"고 하심으로써 자원적 희년의 성취를 알리셨다(눅 4:21). 그
러나 선포된 자원적 희년의 가시적 실제는 초대 교회 공동체에서 드러난
다. 예수님 자신이 성취하신 희년은 단 3년 이내에 제자들에게까지 확장되
고 성취되었다. 성령이 오시자 그들은 법이나 정부의 지시를 기다릴 것도
없이 희년을 생활 속에서 스스로 선포한 것이다.[78]

예수님의 제자들뿐 아니라 성령받아 변화된 그리스도인들은 자원해서
재산과 소유, 집과 밭을 팔아 가난한 자에게 나누어 주었던 것이다.[79]

사도행전 2:41-42과 4:32-34은 자원적 희년의 보편적인 실제를 보여 주
는 결정체이다.

---

77) 성령의 은사는 상대를 섬기기 위하여 주어지는 것이고, 성령의 열매는 모두 관계 속에서 맺
어지는 것이다.

78) 대천덕, 『토지와 자유』, p. 70.

79) 바나바는 성령 강림 후 자기의 땅 일부를 팔고 제자로서 예수를 따랐으며(행 4:36-37), 바울
의 첫 전도 여행시 여비를 대준 뒤에 남아 있는 재산 전부를 처분해서 전도 사업을 하면서 노동자
로 일했다(고전 9: 6).

"믿는 사람이 다 함께 있어 모든 물건을 서로 통용하고 또 재산과 소유를 팔아 각 사람의 필요를 따라 나눠 주고… 제 재물을 조금이라도 제 것이라 하는 이가 하나도 없더라… 그 중에 핍절한 사람이 없으니 이는 밭과 집 있는 자는 팔아 그 판 것의 값을 가져다가 사도들의 발 앞에 두매 저희가 각 사람의 필요를 따라 나눠 줌이러라"

신학적 의미에서 그리스도인들이 '교제'를 체험하는 것은 구약의 이스라엘인들이 땅을 소유하는 것이 가졌던 기능과 유사한 신학적 기능을 수행한다는 것을 보여 주는 수많은 유사점들이 있다.[80] 구약의 희년법과 초대 교회의 자원적 희년의 공통점은 더불어 함께 사는 '공동체성'에 있다.

레위기 25:35는 "네 동족이 빈한하게 되어 빈손으로 네 곁에 있거든 너는 그를 도와… 너와 함께 생활하게 하되"라고 명하고 있다. 구약의 희년법은 토지와 집을 모두 공평히 사용하여 하나님의 의와 안식을 누리라는 의미이다. 이것은 바로 가난한 형제들과 나누는 신약의 코이노니아의 태도이다. 초대 교회는 희년의 원리를 그 사회 경제생활에 적용하려 애썼다. 실제로 누가는 의도적으로 그 원리가 성취된 것을 하나님께서 순종하는 백성에게 크게 복 주시겠다 하신 신명기 15장의 안식적 약속을 반영하는 듯하다.[81]

"너희 중에 가난한 자가 없으리라(신 15:4)"
"그들 가운데는 가난한 사람이 하나도 없었다(행 4:34)"

이사야 58장은 앞으로 회복될 새 이스라엘의 영광스러운 미래를 선포하면서 거기서 참된 신앙과 금식의 의미는 흉악의 결박과 멍에의 줄을 끌러 주며, 압제당하는 자를 자유케 하며 주린 자에게 양식을 나눠 주며, 유리하

---

80) Wright, p. 119.

81) Wright, p. 122.

는 빈민을 네 집에 들이며 벗은 자를 입히는 것(사 58:6-7)이라고 구체적으로 명시하고 있다. 이것은 이사야 61:1-2의 자원적 희년 정신과 동일한 것이며 새 이스라엘의 삶 즉 초대 교회 공동체의 코이노니아를 예언한 것인데 성령이 강림하자 초대 교회에서 그대로 성취되었다. 사도행전 2:42-47, 4:32-35의 내용은 초대교회의 변증신학자인 아리스티데스(Aristides)의 증언에 의해 다음과 같이 입증된다.

"그들 가운데 거짓이라곤 발견할 수 없다. 그들은 서로 사랑한다. 그리고 과부들에게서 그냥 돌아서는 일이 없다. 고아들을 혹독하게 다루는 사람들로부터 구해 내며, 외인들을 보면 집으로 영접하여 형제처럼 대우한다. 왜냐하면 성령으로 난 형제들이라고 부르기 때문이다. 또한 가난한 자가 죽게 되면 그들은 스스로의 능력 한도 내에서 그의 장례를 부담한다. 그리고 만약에 그들의 메시아 때문에 그들 중 한 사람이 옥에 갇히거나 어려움을 당하게 되면 그들 모두가 그의 필요를 힘을 다해 채워 주고 그를 속량할 수 있으면 그를 자유롭게 해준다. 그리고 그들 중에 가난하고 궁핍한 사람과 양식이 없는 자가 있으면 그들은 그를 돕기 위해 이틀이나 삼일을 금식한다."[82]

이 증언은 이사야 58장의 내용과 놀랄 만큼 합치된다. 이사야 58장 5절은 "그 머리를 갈대같이 숙이고 굵은 베와 재를 펴는 것을 어찌 금식이라 하겠으며 여호와께 열납될 날이라 하겠느냐"고 하는데 여기서 '열납될' 날이란 표현은 바로 'acceptable($\delta\epsilon\kappa\tau\delta\varsigma$)'의 뜻으로 '자원적 희년'의 의미를 가리키는 용어이다. 그러므로 이사야 58:1-7, 61:1-2, 사도행전 2:42-47, 4:32-35, 그리고 아리스티데스의 증언은 모두 자원적 희년의 실체를 보여 주는 내용

---

82) Justin Martyr, "Apology", *The Anti-Nicene Fathers*, 제 15장(Grand Rapids: Eerdman, 1971)

들이다. 그들은 모두 성령의 힘으로 자원의 희년을 실천한 것이다.

사도행전 2, 4장의 부동산 처분 사건들은 아나니아와 삽비라 부부의 이야기인데 전적으로 자발적이었다는 사실을 밝혀 주고 있다(행 5:3-8). 베드로는 아나니아에게 그가 그의 재산을 팔아야 한다거나 교회에 수입을 기증해야 할 의무를 지니고 있지 않다는 것을 상기시켜 주었다. 나눔은 자발적인 것이지 강제적인 것은 아니다. 그러나 형제 자매에 대한 사랑은 강력한 것이어서 많은 사람들은 사유 재산에 대한 정당한 요구를 주장하지 않았다(행 4:32). 본문은 공동체가 모든 사유 재산을 폐기하기로 결정했다거나 혹은 모든 사람이 즉각적으로 모든 것을 다 팔았다는 것을 암시해 주고 있지 않다. 오히려 본문은 시간에 상관없이 도움이 필요할 때는 언제든지 믿는 사람은 가난한 자들을 돕기 위해 땅과 집을 정기적으로 팔았다는 것을 암시해 준다.[83]

성령으로 변화되지 않고 인간의 부패된 생각으로 된 공동체가 공산주의이다. 초대 교회 공동체를 '공산주의'로 보는 것은 시대 착오적인 오해이다. 거기에는 모든 것을 소유한 중요한 권위자가 없고 극적인 경제적 나눔만 있었다. 모든 사람이 기본적인 필수품을 얻을 수 있을 정도로 소득 평등이 규범이었다.[84] 초대 교회 공동체의 나눔의 규범은 '필요에 따라 나누는' 것이었다. 구약의 부패한 왕조와 지주들의 탐학은 '부동산을 투기'한 것이었으나 초대 교회는 '부동산을 처분'한 것이었다. 엘리야가 싸웠던 바알 우상의 요체는 구약의 희년법과 반대되는 바알법에 있다. 바알법은 대토지 소유제를 의미하는 것이고 바알은 '탐욕'의 신으로, 지주의 신이다.[85] 탐욕은 오늘날 서구에서 가장 심각한 죄이다. 골로새서 3:5은 '탐욕'이 곧 우상 숭배라고 한다. 탐욕은 '필요 이상 가지려고 하는 것'인데 초대 교회 공동

83) R. Sider, op.cit., p. 158.

84) ibid.

85) Baal의 원뜻은 '소유, 착취'의 뜻을 갖고 있다(민 25:1-5).

체는 이에 반하여 "필요에 따라 나누었던 것이며(행 2:45)" 분배 정의가 자발적으로 이루어졌다.

초대 교회 공동체는 성령의 역사로 영적 · 정신적 교제뿐 아니라 물질도 나누었던 공동체였으며, 성령의 역사로 자원의 희년을 선포하는 성령의 공동체였다. 자원적 희년을 지키는 초대 교회 공동체의 원리는 지금도 계속되어야 할 복음의 본질이다. 구약에서 여호와의 법은 정부의 규제와 왕들의 직권으로 시행되었거나 폐지되었다. 한편 신약에서는 각자가 하나님의 영원한 왕국이 마지막에 건설될 때까지 잠정적으로 법을 지킬 수 있는 '성령의 힘' 을 가지고 있다.[86] 현 지상 교회는 성령의 능력으로 자원적인 희년을 지속적으로 성취해 가는 그리스도의 몸이다.

이러한 진리에도 불구하고 많은 그리스도인들은 과연 초대 교회 공동체가 지금도 가능하며 그 원리가 현재도 적용될 수 있는가 하는 의문을 가지고 있다. 대부분의 주석가들도 이 의문에 분명한 대답을 내려 주지 못한다. 유무 상통으로 재산을 공유하는 초대 교회 공동체는 "당대의 요구에 의하여 일시적으로 생겨났으며 그러한 생활을 문자적으로 실행한다는 것은 위험한 일이다"[87] 라는 견해가 대두되어 왔다. 그러나 초대 교회 이래로 사도행전 2,4장을 그대로 믿어 초대 교회를 원형으로 한 기독교 공동체들이 교회사적으로 현대까지 끊임없이 등장하는 것을 볼 수 있다. 초대 교회의 재산 공동체의 형태를 그대로 실행해야 한다거나 그것이 초창기의 일시적인 현상이었다고 하는 논란은 초대 교회 공동체가 바로 '자원적인 희년을 성취' 하는 기관이었다는 측면에서 정리되는 것이며 대부분의 논란은 이러한 시각의 결여에서 비롯된 것이다.

하워드 스나이더는 다음과 같이 말한다.

---

86) 대천덕, p. 66.

87) 이상근, 『신약성서 주해』, 「사도행전」(총회 교육부, 1981), p. 61.

"교회는 코이노니아 즉 교제의 공동체이다. 하나님의 계획에 대한 신구약의 연속성을 생각할 때 공동체는 하나님께서 그리스도의 부활과 오순절 때에 성령 세례로 보이신 새로운 일 즉 새 포도주, 새 언약을 주목하게 된다. 여기에서는 교회의 본질을 적극적이고 상호 교류적인 공동 생활에 강조를 두고 있다. 카리스마적 유기체로 보자면 교회는 성령의 공동체이다."[88]

자원적 희년의 실천은 어떤 형태에 구애 받지 않는다. 그것은 유무 상통의 집단적인 생활 공동체로 나타날 수도 있고 일반적인 교회 형태로 구현될 수도 있다. 왜냐하면 공동체 생활이든 제도적 교회이든 간에 모두가 자원의 희년을 선포하며 그리스도의 구속 사역에 동참하는 그의 몸이기 때문이다.[89]

4) 기독교 공동체와 공동체 교회

2천 년 교회사를 통틀어 초대 교회는 모든 교회의 이상적인 목표였다. 초대 교회는 폭발적인 능력 전도, 기사와 표적, 유무 상통의 한 몸된 공동체였다. 제2차 세계대전 이래 유럽과 미국에서는 초대 교회 공동체를 이상으로 한 기독교 공동체와[90] 공동체 교회가 수백여 개에 달한다.[91] 그 중 세계적으로 잘 알려진 공동체는 떼제 공동체(Taize), 라브리 공동체(L' abri), 베다니

---

88) Howard A. Snyder, *The Problem of Wine Skins*,(Downers Grove, Illinois: IVP, 1997), p. 59.

89) 제도적인 교회가 생활 공동체를 분파(sects)라고 해서 무시해서는 안 되고, 활기차고 생명력 있는 생활 공동체가 제도적 교회를 죽었다고 비난해서도 안 된다. 교회사를 통하여 성령은 양쪽을 다 사용하여 교회의 균형을 잡아 온 것이다.

90) Donald. Bloesch, 김현진 역,『세계의 예수 공동체』(서울: 무실, 1991), pp. 21-31.

91) 기독교 공동체란 초대 교회의 본질적인 삶을 지금도 실천해 가고 있는 그리스도인들의 모임이다(김현진,『성령의 공동체』, V. 2)

공동체(Bethany Fellowship), 기독교 마리아 자매회(the Evangelical Sisterhood of Mary), 아이오나 공동체(Iona Community), 미국 레바 플레이스 교회(Reba Place church), 구세주의 교회(the church of the Savior), 구속주의 교회(the church of the Redeemer) 등이 있는데 이러한 기독교 공동체들 중에는 정연한 교회의 형태를 갖춘 데도 있고 혹은 단순한 생활 공동체 형태로[92] 교회 속의 작은 교회 역할을 하기도 하는데, 모두 교회의 본질을 충실히 유지하고 있다. 대부분의 공동체들은 예배의 갱신, 선교, 구제, 일치 등의 사역을 통해 삶으로 복음을 증거하는 목표를 가지고 있다.[93]

그 중 구체적인 예로 베다니 공동체를 들어 보자. 베다니 공동체는 자신들을 다음과 같이 소개하고 있다.

"베다니 공동체는 우리가 어떻게 우리 자신과 가진 모든 것을 하나님께 온전히 드릴 수 있을까 하는 질문의 답을 찾아나가는 가운데서 이루어진 하나님의 사람들의 모임이다. 아직도 지구의 반 정도만 복음화됐다는 사실은 이 시대의 가장 중요한 사명이 선교인 것을 보여 준다. 이 일의 시급함을 깨닫고 우리는 우리의 소유를 모두 팔아서 보다 깊은 삶의 의미를 추구하고자 공동체를 구성했다. 그리고 선교사 후보생을 모집하여 훈련시켰다. 우리의 공동체는 사도행전 2:45-47, 4:32-37의 초대 교회 공동체로의 회복을 의미한다. 그러나 이것은 단순한 모방이 아니라 오늘날 그리스도인의 삶을 사는 우리의 자발적인 믿음의 표현이다. 이 일이 단지 시작에 불과하지만 주께서 시작하신 것을 그가 완성하실 것을 우리는 믿는다."[94]

---

92) 집단을 이루어 유무상통의 공동 생활을 하는 공동체를 의도적인 공동체(intentional community)라고 한다.

93) D. Bloesch, pp. 12-18.

94) A. Brooks (ed), *Message of Cross*(Minneapolis: Bethany Fellowship, 1989).

이 공동체는 1940년 5명의 집사가 모여 시작되었는데, 현재 169명이 공동 생활을 하며 전세계에 234명의 선교사를 파송하고 있는 선교 공동체이다.[95]

베다니 공동체의 특성은 집단적인 공동체 생활, 재산의 100퍼센트 유무 상통, 검소한 생활, 한가족 정신, 성령의 다양한 은사와 기적의 역사, 능력의 찬양, 철저한 제자도, 왕성한 선교 사역 등이다.

이러한 특성은 바로 초대 교회 공동체의 모습과 이 땅에서의 하나님 나라의 실증을 보여 주는 생활이다.[96] 공동체 생활의 이러한 특성은 여타 공동체에서도 보편적으로 나타난다. 1895년 남인디아에 설립된 도나버 공동체(Dohnaver Fellowship)는 주로 독신 여성으로 구성된 선교 공동체인데 국적, 피부색, 노소, 교파, 미혼, 기혼에 따른 차별 대우가 전혀 없이 완전 유무 상통(all things in common)과 한 몸(all one in Christ)의 생활을 영위하는데, 이곳을 방문했던 E. Stanley Jones 박사는 말하기를 "이 세상에서 천국(the kingdom of God)이 있다면 바로 여기 도나버 공동체이다."라고 증언했다.[97]

미국 휴스턴의 구속주의 교회는 교인들이 대부분 도시 공동체 생활을 형성하여 지역 사회를 섬기고 있는데[98] 그들의 생활에 대해 마이클 하퍼 목사는 다음과 같이 말했다. "그들은 점점 더 풍요해 가는 오늘날의 사회 내에서 아주 헌신적이고 좀 다른 그리스도의 삶의 양식을 그리스도인들이 나타내 보이고 구현하는 것을 이 세상이 보게 되면 이 세상은 정색을 하고 교회에 주목하게 될 것이라는 확신을 공유했다."[99]

워싱턴의 구세주의 교회는 공동 생활의 형태는 아니지만 지역 사회 내의 고통당하는 이웃의 필요를 채워 주는 공동체 교회의 모델이다.[100] 이 교회는

---

95) 김현진, 『성령의 공동체 I』, p. 152.

96) R. 웨버, 『기독교 문화관』, p. 108.

97) D. Bloesch. p. 43.

98) 도시 공동체란 도시 속에서 지리적으로 서로 가까이 살면서 공동체를 형성하는 형태임.

교회 주변의 가난하고 어려운 이웃을 섬기기 위해 가난한 환자를 위한 무료 진료소, 걸인들을 위한 그리스도의 집, 저소득층 맞벌이 부부를 위한 탁아소, 무주택자를 위한 희년 아파트 등의 여러 가지 사역들을 교인들이 각각의 은사별로 구성된 그룹을 통해 담당하고 있다. 이 교회의 코스비 목사는 이 모든 사역을 희년 사역(Jubilee Ministries)이라고 부르는데 그 이유는 다음과 같이 말한다.

"희년은 원래 의미상 그 사회의 약하고 의지할 데가 없고 소외된 사람들에게 초점을 맞추고 있는데, 이것은 가난한 사람들이 영원히 빈곤하지 않도록 하고 그 사람들을 사회 속으로 받아들여서 가난한 사람들이 성장해서 자립할 수 있도록 만드는 전인격적인 공동체를 이루어 가는 것이다."

구세주의 교회의 희년 사역은 바로 자원적인 희년을 실천하는 적합한 모델인 것이다.[101]

이상의 실례를 통하여 얻을 수 있는 결론은 첫째, 초대교회 공동체는 지금도 가능하다는 것이고 둘째, 그러한 공동체와 공동체 교회들은 이 땅에서의 하나님 나라의 실증으로서 하나님 나라 운동의 실제적인 방법이며 셋째, 그러한 섬김의 삶은 자원의 희년을 오늘 여기에 선포하고 성취해 나가는 구체적인 삶이라는 것이다. 근래에는 '희년'이란 이름을 붙인 교회들이 많이 등장한다. 필라델피아 저맨 타운의 희년 교회가 그러한 예이다.[102] 그 이름은 자신들의 가진 것을 교회 바깥의 가난한 자들과 기꺼이 나누려는 희년 정신을 가리킨다.[103] 생활 공동체이거나 공동체 교회 혹은 보편적인 교

---

99) Michael Harper, *A New Way of Living*(Plainfield, N. J.: Logos, 1973), p. 8.

100) 방선기, 「사랑의 출발로 썩는 밀알」,《목회와 신학》(서울: 두란노서원, 1989). 9월호

101) R. Sider가 목회하는 교회이다.

102) 전신공연 편저, 『성령의 공동체(II)』, pp. 179-181.

회이든 간에 어떤 형태(style)가 중요한 것이 아니라 진정으로 더불어 함께 사는 '공동체성' 이 확보되어 있느냐 하는 것이다.

공동체성이란 "성령의 역사로 내적으로는 영적 · 정신적인 교제뿐 아니라 물질도 함께 나눔으로써 실제적인 한 몸이 되는 것이며, 외적으로는 고통당하는 이웃의 필요를 채워 주며 더불어 함께 사는 것이다." [104] 이러한 공동체성이야말로 희년의 근본 정신이며 자원적 희년의 구체적인 실천 방안인 것이다. 그리고 그것은 예수님이 가르치신 철저한 제자도의 삶의 실체이며 하나님 나라를 이 땅에 이루는 삶이다. [105]

3. 희년과 하나님 나라

이스라엘 역사에 있어 가장 중요한 두 차원은 구속적인 차원과 종말론적인 차원이다. 그리스도인들은 그리스도의 지상 사역에서 이미 하나님 나라가 역사적으로 시작된 것에 비추어 살며, 다른 한편으로는 그분이 다시 오실 때 그 나라가 완성될 것을 기대하면서 살아간다. [106] 희년의 선포로 자동적으로 자기의 토지(기업)를 반환받아 각자가 자기의 땅으로 돌아가 토지를 경작하는 것은 신약에서 복음의 선포로 말미암아 믿음으로 하나님 나라를 이루어 가는 것을 예표하는 것이다. [107] 이스라엘과 그들의 땅을 통해 시작된 하나님의 구속의 목적은 궁극적으로 모든 것을 변혁하여 완전한 새 창조를 이루는 것이다. [108]

---

103) 김현진, 『성령의 공동체(Ⅰ)』, p. 9.

104) 현대에 기독교 세계관 연구와 이 땅에 이미 하나님 나라가 임했다는 개념의 하나님 나라 운동이 활발하지만 문제는 어떻게 그것을 이루어 갈 것인가에 대한 대안이 제시되지 못한 실정이다. 공동체적인 삶은 바로 하나님 나라 운동의 구체적인 방안인 것이다.

105) Wright, p. 30.

106) 장진광, 「희년의 땅과 안식」, ≪빛과 소금≫(서울: 두란노서원, 1990), 10월호, p. 274.

107) Wright, p. 108.

이러한 관점은 신 · 구약을 통틀어 세밀하게 연결되어 있다. 출애굽한 이
스라엘 백성들이 들어갈 땅은 젖과 꿀이 넘쳐흐르는(출 3:8) 약속의 땅이다.
이 땅은 장래의 회복된 낙원인 새 땅을 예표한다. 가나안 땅에 들어간 이스
라엘 백성은 각 지파대로 땅을 분배받는다(수 13-19장). 이 땅을 분배하는
것은 에스겔서 48장에 다시 나타난다. 이 내용은 에스겔서 36장에서 이스라
엘과 맺은 새 언약을 통하여 새로이 회복될 땅과 "거기에 거주하게 될 백성
의 비전과 종말에 완성될 새 하늘과 새 땅의 비전(계 21장)"을 보여 준다.

희년법은 희년의 선포와 완성이라는 이중 비전의 모형을 보여 주는데,
땅 분배의 이중 비전과 함께 예레미야 32장에는 토지 무르기의 이중 비전
의 모형이 제시된다.[109]

예레미야는 유다가 패망하리라는 예언을 하고 있었다. 그러나 그는 하나
님의 명령에 의해 바벨론에게 빼앗길 토지를 자신의 숙부의 아들 하나멜에
게서 매입한다. 그것도 이미 바벨론의 1차 침공 때 황폐화되어 버린 아나돗
지경의 밭을 엄정한 토지 매매 거래법에 따라 공정하게 값을 지불하고 증
서를 작성하여 증인들을 세우고 문서를 보관시키는 과정을 거쳐 구입했다.
예레미야는 하나님의 계시로 그 땅을 샀는데, 이 토지 구입의 의미는 앞으
로 고토가 회복될 것이라는 비전을 보여 주시는 하나님의 계시이다. 예레
미야는 땅을 산 다음 토지 소유권에 봉인을 하고 바룩에게 넘겨 주었다. 이
권리는 흙그릇에 넣어 땅 속에 오랫동안 감추어 두었다가 이스라엘 민족이
귀향할 때 예레미야의 자손은 누구든지 이 증서를 보이고 그 땅의 소유권

108) 장진광, 「토지 문서의 이중 처리」, ≪빛과 소금≫(서울: 두란노서원, 1990). 11월호, p. 220.
109) 일곱 봉인한 책이 무엇인가에 대한 의견으로; 1. 장차 하나님 나라의 상속에 대한 유서 2.
장차 이 세상에 대한 심판의 내용 3. 구약의 토라의 의미 4. 세계 역사의 점진적인 전개 내용 등으
로 보는데 5. 세이스[J. A. Seiss, The Apocalypse(Grand Rapids: Zondervan, 1975), p. 112]는 이
책을 '매매 증서'로 보고 있다(렘 32:10-14). 이것은 창세기의 죄로 말미암아 상실된 창조물의 '매
매 증서'라는 것이다. 그리스도는 그 구속의 죽음으로 세상을 도로 찾을 권리를 가지셨다(F. E. 게
벨라인, 엑스포스시티스 성경 주해, 계시록, 1987, p. 393)

을 주장할 수 있었다.

1) 토지 무르기의 완성자 - 예수 그리스도

그런데 요한계시록 5:1-5에 일곱 인으로 봉한 책과 함께 최종적인 토지 무르기 행사가 나온다.[110] 예레미야가 토지를 매입함으로 자신의 후손이 그 토지를 소유할 수 있게 한 일은 아담 안에서 죄로 빚진 자 되어 마귀에게 땅을 팔아 버린 상태에 있는 우리에게 근족 되신 그리스도께서 기업 무를 자(kinsman-redeemer)로 오셔서 자신의 몸을 속전으로 주고 땅값을 다 치르고(토지 무르기) 희년을 선포한다는 장래 일을 예표하고 있다. J. A. Seiss는 "계시록 5:1-5에 나오는 일곱 인봉한 두루마리는 그리스도께서 인류의 구속자 신분으로 인수할 수 있는 창조의 특허장으로 이 특허장의 권위에 의해 아담과 그 후손들이 잃어버린 재산에 대한 권리를 주장할 수 있다."라고 한다.[111]

예레미야의 토지 매입 과정에서 매매 증서는 두 장을 써서 하나는 누구에게나 보이도록 하고 다른 하나는 인봉하여 영구 보존한다는 것을 알 수 있다(렘 32:14). 토지 무르기를 하려면 토지 문서를 둘 다 처리해야 한다. 첫단계는 근족을 위해 땅값을 치러 빚문서를 무효화하고, 두 번째는 인봉한 증서를 성전 창고에서 찾아내어 제사장과 증인들 앞에서 인봉을 떼고 확인한 다음 그것을 완전히 '소각' 시켜 버려야 토지 무르기가 완결된다.[112] 예수님은 우리의 기업을 무를 구속자로서 자신의 몸을 속전으로 주고 구속함으로 부채를 탕감 ($\check{\alpha}\phi\epsilon\sigma\iota\varsigma$)하고 빚문서를 무효화시킨 것이다. 골로새서 2:14은 "우리를 거스리고 우리를 대적하는 의문에 쓴 증서를 도말하시고 제하여 버리사(공동 번역:우리의 빚문서를 무효화하시고) 십자가에 못박으

---

110) 메릴 C. 테니, 김근수 역, 『요한계시록 해석』(서울: CLC, 1988), p. 140에서 재인용.

111) 장진광, 「토지 문서의 처리 과정」, p. 222.

112) 요한복음 19:30.

시고"라고 밝힌다. 십자가 상의 칠언 중에서 '다 이루었다($τετέλεσται$)'[113] 동사는 3인칭 단수 완료 수동형으로, 정확히 번역하면 '다 지불되었다(It has been paid fully)'라는 뜻이다.

요한계시록 5장은 일곱 인을 떼는 장면인데 인봉 떼는 작업은 빚문서를 '무효화' 시키는 일차 작업 다음으로 그 문서를 소각하는 결과를 의미한다. 사도 요한은 일곱 인으로 봉한 책(토지 문서)을 펴서 보기에 합당한 자(인봉 뗄 자)가 보이지 않아서 크게 울었는데(5:4) 하늘 위에나 땅 아래에 능히 책을 펴거나 보거나 할 이가 없기 때문이었다. 그 인봉을 뗄 수 있는 자는 인류의 근족이 되어 그 빚문서가 요구하는 빚을 대신 갚아 준 '기업 무를 자' 만이 하나님과 마귀 앞에서 당당히 합법적으로 그 증서의 인봉을 뗄 수 있는 것이다. 이때에 유대 지파의 사자, 다윗의 뿌리인 예수 그리스도가 나와서 첫아담의 실패를 회복하여 토지 문서의 일곱 인을 떼게 된다(5:5).[114] 그래서 기업 무를 자의 사역을 완성하신 그리스도께 성도, 천사, 만물의 찬양(5:8-14)이 울려퍼진다.

2) 영속적 희년

요한계시록에서 일곱 인을 떼는 일은 중심적인 주제이며 본론인데, 일곱째 인을 뗌으로써 일곱 나팔이 울리고 그 일곱째 나팔이 울릴 때 세상 나라가 접수되고 '하나님의 나라'가 완성되게 된다.

"일곱째 천사가 나팔을 불매 하늘에 큰 음성들이 나서 가로되 세상 나라가 우리 주와 그 그리스도의 나라가 되어 그가 세세토록 왕 노릇 하시리로다(계 11:15)"

---

113) 장진광, 「토지 문서의 처리 과정」, p. 222.

114) 대천덕, 『토지와 자유』, pp. 670 - 671.

예수님은 자원의 희년을 선포하시고 성령을 보내 주심으로 성취하셨다. 그렇지만 이것이 최후의 희년은 아니다. 계시록에 기록된 대로 앞으로 한 번 더 희년이 오게 되어 있다. 계시록 18장에는 모든 예언적인 메시지의 요약이 나오는데 사치품의 국제적 무역, 사치로운 생활, 가난한 자에 대한 무자비한 착취, 부정과 피 뿌림, 인간의 영혼의 매매에 대한 철저한 정죄가 있게 된다. 이 마지막 '바벨론'이 패배하는 날에 하나가 아니라 일곱 나팔 소리에 맞춰 새 예루살렘이 하늘로부터 땅에 내려오고 에스겔서의 주제가 다시 펼쳐지는데, 하나님과의 새로운 교제 가운데 에덴 동산이 무색할 땅이 지상 만인에게 재분배되며 새 예루살렘의 영광이 나타난다. 그리하여 하나님의 성령이 충만한 백성 가운데 '영속적인 회년'이 이루어진다.[115]

예수 그리스도의 토지 무르기 사역의 관심은 '새 하늘과 새 땅'의 전개로 이어지는데 이것은 바로 다가올 완성된 '하나님의 나라'인 것이다. 그러므로 희년의 성취는 곧 하나님 나라의 도래이며, 희년의 완성은 곧 하나님 나라의 완성이며, 희년 사역은 곧 이 땅에서의 하나님 나라 운동인 것이다. 하나님 나라가 메시아의 초림과 재림의 두 단계로 이루어졌듯이, 희년의 성취도 역시 하나님 나라의 구속사의 틀 안에서 이해되어야 하며, 초림과 재림의 두 시대 사이에 있는 현재의 하나님 나라는 완성을 위하여 계속 전진하고 있다. 희년은 예수님의 초림시 그 성취가 이미 선포되었지만 예수님의 재림시 영속적인 희년으로 완성되는 것이다.[116]

희년을 통한 구속사의 발전을 도표로 보면 다음과 같다.

---

115) 예수님의 희년 선포 구절인 눅 4:18-19의 병행 구절인 막 1:15은 하나님 나라를 선포하고 있다.

116) Wright, p. 108.

희년의 발전	의미	중심 단어
율법적 희년(레 25:10-55)	희년의 선포	토지 무르기
자원적 희년(눅 4:18-19)	희년의 성취	코이노니아
영속적 희년(계 21:1-27)	희년의 완성	새 하늘과 새 땅

　　C. 라이트도 그의 패러다임을 통하여 구약의 땅 문제가 신약에서는 코이 노니아로 해결되며 종국적으로는 에덴의 낙원인 약속의 땅 가나안은 결국 '새 하늘과 새 땅(벧후 3:13; 계 21:1-3)' 의 조성으로 그 약속이 완전히 실 현된다는 것을 보여 준다.

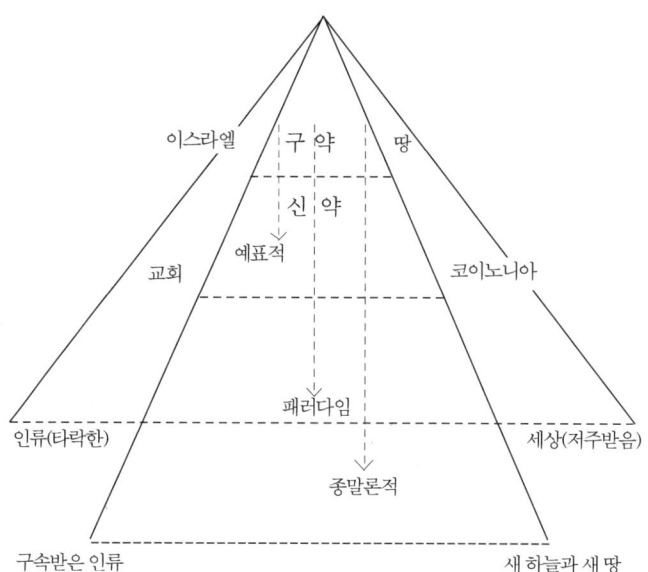

V. 희년의 현대적 적용

구약의 희년법은 구약 시대에 단지 율법으로 지켜지다가 폐기된 법이 아니다. 율법은 삶의 문제이고 인류의 유익을 위한 하나님의 선한 계획이다. 구약의 율법적 희년이 신약의 자원적 희년으로 발전하면서 그 원리는 지금도 유효한 것이며, 우리는 계속해서 자원적 희년을 삶 속에서 선포해야 한다. 그리고 우리에게는 희년을 오늘 여기에서 성취해야 할 과업이 주어져 있다. 레위기 25장의 희년법은 토지 사용에 대한 불변의 원리를 제시한다.

다음에서는 현재의 이스라엘이 희년법을 어떻게 실행하고 있는 지를 먼저 살펴보고 현대에서 희년의 원리를 보편적으로 적용하는 세 가지의 경우를 들고자 한다.

현대 이스라엘의 희년 실천

현재 이스라엘에서는 토지 투기가 원천적으로 금지되어 있다. 이스라엘의 모든 토지는 국가소유이다. 이스라엘은 토지의 국가소유 원칙을 건국 정신의 일부로서 책정하였다. 현재 이스라엘에서는 아랍계 주민들이 소유한 사유토지 일부를 제외하고는 일체의 토지 소유가 금지되어 있다. 토지의 사용 시한은 희년 정신에 따라 49년으로 제한되어 있고 특별한 사유가 없는 한 자동으로 49년이 연장되며 토지 사용권은 상속될 수도 있다.

현재 이스라엘에서는 의료보험과 상호 신용금고, 농사 보험, 긴급 융자 제도 등 부락 내의 모든 금융 재정에 관련한 상부상조의 구호 조직은 철저히 희년 정신에 준하여 실시되고 있다. 이스라엘은 희년 정신을 오늘에 되살려서 민중의 생존과 생활의 필요를 성경적 원칙에 따라 살아갈 수 있도록 하고 있다.[117]

---

117) 「이스라엘의 희년 운동」, ≪크리스챤 신문≫(1992. 9. 26)

이스라엘은 현대에 와서도 희년의 원리대로 토지를 관리하고 있다. 희년 법은 과거에 사라진 한 때의 법이 아니라 지금도 이스라엘의 토지 원리로 계속 시행되고 있다. 민중들을 위한다고 시작되었던 공산주의 이념도 무너 지고 자본주의의 환상도 붕괴되고 있는 요즈음에, 이스라엘은 현대인들에 게 모든 생활 면에서 희년의 성경적 실천을 할 수 있다는 사실을 우리에게 증언해 주고 있다.

1. 토지 단일세(Land Single Tax)

헨리 조지(Henry George, 1839~1897)라는 미국의 경제학자는 19세기 말에 사회를 풍미하던 통설 즉 인구의 증가가 빈곤의 원인이라는 견해를 반박하고, 사회가 고도로 진보하는 가운데 극심한 가난이 존재하는 것은 토지의 사유에 원인이 있다고 간파하고 이를 해소하기 위한 대책으로 지대 의 100퍼센트를 조세로 징수하자는 제안을 했다.[118] 이러한 조세는 일반적 으로 토지 가치세(single tax)라고 불린다.[119] 그는 토지 문제가 성경의 희년 법대로 하면 해결될 수 있다는 것을 깨달았다. 미국 사회에서 희년법의 원 리를 적용하려면 미국 땅 전부를 인디언에게 돌려 주어야 하므로 그는 현 실적으로 적용 가능한 다른 방법을 찾았다. 그래서 결국 토지 가치에[120] 대 한 세금을 받는 방법을 생각해 낸 것이었다.

국가에서 토지를 공개념으로 취급하여 사고 파는 일이 없이 토지를 사용 하고 싶은 만큼 사용 토지를 빌려서 사용하되 토지세를 내도록 하는 것이 다. 즉 토지를 빌려 주고 세를 받고 연수대로 계산하라는 희년법의 원리에

---

118) 헨리 조지, 김윤상 역, 『진보와 빈곤』(서울: 무실, 1989), p. 8.

119) 땅을 사고 파는 '땅값'이 아니라 어떤 땅에 사람들이 살고 있음으로써 생기는 토지 가치 에 대한 과세로서(토지에 대한 과세가 아니라), 즉 일하지 않고 얻은 소득에 대하여(개발 환이익) 세금을 부과하자는 것이다. 토지 사용자가 아닌 토지 소유자에게 돌아가는 부의 증가분에 대한 세 금이다

의하여(레 25:14-16) 매년 땅의 가치대로 세금을 받으면 토지 문제를 해결할 수 있게 된다. 이렇게 하면 희년 제도를 그대로 실행하지 않고도 다른 세금 없이 토지세만 내면(희년이 될 때까지 땅을 빌려 쓰기 위하여 한꺼번에 돈을 다 낼 필요 없이) 땅을 사용할 수 있는 권리를 얻을 수 있고, 희년법을 지키는 것과 똑같은 효과가 나타난다는 사실을 헨리 조지가 발견하였다. 희년법을 그런 식으로 지킬 수 있도록 연구해 본 후 경제의 기초가 바로 토지인 것을 알아내어 그 주제를 가지고『진보와 빈곤(Progress and Poverty)』이라는 책을 썼는데 베스트 셀러가 되어 전세계에 큰 영향을 주었다.[121]

홍콩이 발전한 것은 1999년에 그 땅을 중국에 반환해야 하므로 땅을 살 필요가 없게 된 것이다. 그래서 홍콩 정부는 땅을 필요로 하는만큼 빌려 주고 그 토지 사용료를 받음으로써 생산 이윤이 부동산 투기에 투자되지 않고 기술 설비에 투자되어 홍콩이 그만큼 번영하게 된 것이다. 그들은 하나님의 경제법을 자신들도 모르게 실천하여 그만큼의 혜택을 받은 것이다.

적용 1)

한 나라 전체가 100퍼센트 토지 공개념을 실천하여 토지 단일 세제를 도입하도록 입법 조치하도록 한다. 실제로 오스트레일리아, 뉴질랜드, 아프리카 일부, 서부 캐나다, 자메이카, 덴마크 등의 나라에서는 토지 가치 세제를 실시하여 유익한 결과를 누리고 있다.[122] 우리 나라의 경우 얼마 전부터 토지 공개념에 근거한 토지법을 집행하고 있지만 정경 유착으로 인하여 당초의 계획이 많이 후퇴되어 실효를 거둘 수 없게 되었다(토지분 재산세를 5

---

120) 대천덕,『우리와 하나님』, p. 292.

121) 헨리 조지의 영향은 러시아의 대지주 톨스토이, 중국의 손문, 영국의 처칠 등 수많은 정치가, 사상들에게 영향을 주었다. 손문은 삼민주의(三民主義)를 표방할 때 이 원리를 도입했는데, 대만이 현재 경제적으로 발전한 것은 헨리 조지즘에 기인한다.

122) 현재 우리 나라의 토지분 재산세는 0.025퍼센트로 일본의 0.2퍼센트, 미국의 2퍼센트에 크게 뒤진다. 헨리 조지는 100퍼센트의 토지 재산세를 주장한다.

년 안에 50배 정도로 올려야 한다).

적용 2)

만약 국가적으로 시행되지 않는다면 도시나 마을별로 '단일세 마을' 을 구성하여 부분적으로 시행할 수 있다. 미국 피츠버그의 경우 10년 전 세계 적 철강 산업이 쇠퇴하고 낙후된 도시가 되었지만 토지분 재산세를 무겁게 부과하자 토지를 보유할 이유가 없어진 지주들이 땅을 내놓았고, 토지 시 장은 활성화되고 건설붐이 일어나는 등 일련의 사태로 1989년 피츠버그는 미국에서 제일 살기 좋은 도시로 선발되었다. 그 외에도 캘리포니아 관개 지구, 펜실베이니아, 델라웨어, 뉴저지 등에서 토지 가치세를 적용하여 도 시가 발전하고 있다.

2. 공동체 토지 신탁(Community Land Trust)

이것은 미국에서 약 20년 전부터 실시한 것인데, 여러 사람들이 큰 필지 의 땅을 구입하여 재단 법인이나 사단 법인을 만들 수 있다. 또 땅이 있는 사람 중에 스스로 개발하지 못할 형편에 있지만 그렇다고 땅을 놀릴 수는 없고 유익하게 사용해야 하기 때문에 누구나 토지가 있으면 가난한 사람을 위하여 신탁할 수 있다. 은행에서 돈을 대출해 주는 것과 유사한 방법이다.

개인들이 스스로 모여서 땅을 올바르게 사용하도록 결정하고 사단 법인 을 조직한 후에 누가 쓰기 원하는지 광고를 낸다. 신청자가 있으면 어떤 용 도로 그 땅을 사용할 것인지 조사해 보고 그 중 제일 효과 있게 사용할 사람 에게 땅을 빌려 준다. 일단 임대해 주면 그 비용은 최소한의 운영비 외에는 요구하지 않는데(연 5~2퍼센트) 약간의 운영비만 부담하면 죽을 때까지 그 땅을 쓸 수 있고 본인이 원할 경우에는 자손에게 물려줄 수도 있다. 본인 이나 그 자손이 그만두기로 결정하면 그 땅을 팔 수 없고 다시 광고를 내어 신청자를 물색한다. 그러나 본인이 계속 일하기를 원할 경우에는 자기 땅과 다름없이 일하고 싶은 동안 사용할 수 있다. 만약 그 사람이 땅을 잘못 사용해서 땅의 가치를 떨어뜨리면 그만두게 할 수 있다. 한국 내에서도 현재 추진중에 있다. 의로운 기독교인들이 땅을 내놓고 가난한 이웃들에게 토지를 사용하도록 제공하는 공동체 토지 신탁을 구성할 수 있어서 만성적인 구조 모순에 스스로 대처할 수 있는 것이다.

3. 헤비타트(HABITAT)

희년법에는 가옥을 무르는 법이 나온다. 곧 주택을 보존해 주도록 하는 법인데(레 25:29-34), 이러한 희년 정신에 입각하여 미국에서 1976년 Millard와 Linda Fuller 부부에 의해 헤비타트(Habitat) 사역이 시작되었다. 헤비타트는 초교파적인 기독교 주택 사업으로, 세계에서 빈곤 주택을 제거하고 기독교적 양심과 행위의 표현으로 그에 어울리는 적당한 주택을 만들어 낸다. 빈곤층과 부유층이 동료로 일하도록 함으로써 헤비타트는 새 주거환경뿐 아니라 새로운 인간 관계와 공동체 감각을 회복시키는 것이다. 일하는 방식은 부한 자는 자금이나 현물을 기부할 수 있고 재정적 여유가 없는 자는 노동 봉사를 통하여 장차 거주하도록 도와 준다.

건축된 집들은 이익을 배제하고 거주 예정자에게 매매되며 일정 기간에 걸쳐 무이자 저당을 설정한다. 주택의 비용은 위치나 노동 비용, 땅값, 재료비에 따라 각각 다르다. 미국의 헤비타트에서 지은 집값은 약 3만 불(약 2,400만 원)이며 해외에서는 1불에서 3천 불 정도 한다(약 80만~240만 원). 소액의 월정 저당금 상황과 세금, 보험료가 통상 20년 정도의 기간을 통해 지불되어야 하며, 이 자금은 또 다른 주택 건설 사업을 지원하기 위하여 기금 조성에 쓰인다. 미국의 전 대통령인 카터가 이 사역에 참여하고 있는데 헤비타트 국제협회는 급속히 자라서 미국, 캐나다, 오스트레일리아에 450개의 분회가 조직되었고, 개발 도상국 26개국에 80여 개의 지원 계획을 수행하고 있으며, 우리나라에서도 '사랑의 집짓기 운동'이란 이름으로 이미 그 사역이 1993년 시작되어 활발한 활동을 펼치고 있다.

토지 단일세, 토지 신탁, 헤비타트 등의 사역은 구조적 모순을 타개하는 희년법 정신에 의거한 것이다. 현재 복음주의는 자유주의 신학과 정치 신학의 도전에 영적인 구원의 차원만으로 대처할 수 없고, 사회의 구조적 모순에 대하여 근본적인 대안을 제시하지 못하고 있다. 희년법 정신에 의거한 토지 단일세, 공동체 토지 신탁, 헤비타트 등은 사회의 구조적 모순을 타개하는 성공적이며 근본적인 해결방안이다. 정부가 선하다면 토지 공개념을 토대로 한 토지 단일세 입법을 통하여, 정부가 악할 경우에는 기독교인들 스스로가 공동체 토지 신탁, 헤비타트 등을 통하여 사회 구조적 모순을 해결해 나갈 수 있는 것이다.

희년법은 모든 지상 거민이 풍성히 살 수 있게 하는 하나님의 경제 원리이다. 그러나 탐욕으로 인한 토지의 독점으로 하나님의 법이 손상되고 공동체성이 파괴되어 이를 통한 구조악과 상대적인 빈곤으로 사람들의 심성이 매우 거칠어져 있다. 그러나 위의 방법처럼 하나님과 사람, 사람과 사람, 땅과 사람의 관계가 희년 정신으로 회복될 때 이 사회는 더불어 함께 사는 공동체 사회(共同體 社會)가 될 것이며 세상 사람들의 심성이 부드러워지고 이로써 복음이 더욱 효과적으로 전파될 수 있을 것이다.

구약의 희년법은 신약에서 교회 공동체로 그 기능이 발전, 흡수되었다. 교회는 바로 희년을 자원적으로 실천하는 기관이다. 그러나 현대에서도 희년법을 그대로 실천하고자 한다면 지금도 그 실현은 가능하다는 사실을 우리는 확인하였다. 교회 공동체를 통해서 자원의 희년이 실천되며 동시에 토지 단일세, 토지 신탁, 헤비타트와 같은 희년 운동이 아울러 일어날 때에 하나님 나라는 이 땅에 더욱 힘차게 이루어질 것이다.

맺음말

구약의 희년법은 과거에 폐기된 법이 아니다. 그 법은 예수 그리스도가 선포하신 자원의 희년을 통하여 지금도 성취되고 있으며, 종말에 영속적인 희년으로 하나님의 나라가 완성될 것이다.

희년 사역은 하나님 나라 운동이며 그 나라는 자원의 희년을 통하여 이 땅에 이루어진다. 자원의 희년은 성령의 역사로 공동체성이 회복될 교회 공동체를 통하여 이루어지며 그 원리는 코이노니아이다.

오늘날 교회 내에서 영적·정신적 교제뿐 아니라 물질까지 나눌 수 있는 전인적인 교제가 이루어져서 실제적인 그리스도의 한 몸이 회복되어야 하며, 교회 밖으로는 고통당하는 이웃의 필요에 동참하는 공동체성이 회복되어야 한다.

희년 사회가 곧 공동체 사회이다. 더불어 함께 사는 공동체 사회는 온전한 코이노니아의 실천으로 이루어진다.

예수님이 선포하신 희년은 영적인 구속뿐 아니라 경제와 구조의 기반인 땅을 함께 회복시키는 전인적인 구속 사역이었다. 그의 사역은 영적인 구속 사역에 치중하는 보수 교회와, 혁신적인 구조 개혁을 외치는 진보 교회의 논리와, 탐욕으로 점철된 자본주의의 모순과, 강포로 얼룩진 공산주의의 허구를 모두 극복하는 총체적인 복음인 것이다.

희년을 오늘 여기에!

제 5 장

공동체적 기독교 교육론

설은주

서론

교회는 하나님의 백성이 되기 위하여 부르심을 받은 사람들의 모임이며, 예수 그리스도의 몸이다. 그리고 교회는 성령이 거하시는 곳이며 그것을 믿음으로 고백하는 사람들이 서로 사귐을 갖는 코이노니아(koinonia)이다. 다시 말해서 교회는 건물이나 인간 조직, 제도나 종교적 단체가 아니라 생명을 지닌 하나님 나라의 유기체요, 그리스도의 몸된 성령의 공동체이다.

교회의 참된 표시는 성령 안에서의 성도의 교통(Communio Sanctorum)에 있다. 그러므로 교회의 참된 모습은 그리스도의 빛 안에서 온 성도들이 함께 예배하며 사귀고 증거하며 고백하고 그리고 세상을 섬기며 함께 배우는 포괄적인 신앙의 공동체 안에 있는 것이다.

그러나 오늘날 현대 교회는 이러한 신앙 공동체의 모습으로 존재하기보다는 이익 집단이나 종교적 집합체로서의 모습을 더 많이 지니고 있다. J. C. 호켄다이크의 지적처럼 "오늘의 교회는 그리스도를 주로 고백한 신앙 공동체라기보다는 제도화된 무결단의 조직체로서 모아진 교회(gathered Church)의 모습"[1]을 보여 주고 있어서 하나의 이기적 집단주의(collectivism) 체제로 전락하고 말았다. 더 나아가 교회의 본질인 '성도의 교통'의 상실로 교회의 유기체적 국면이 약화되어, 기독교적 공동체성을 나누는 것이나 교회의 가르침이 삶의 전영역에서 하나님의 임재를 드러내며 코이노니아를 실현하는 것이 매우 힘들게 되었다.

이렇게 교회의 본질과 사명을 잃어버린 교회는 점점 높아 가는 세속의 물결—세속화, 물질주의, 개인주의의 탁류에 휘말려 '교회의 기업화', '개교회적 분파주의', '기복 신앙'에 깊이 빠질 수밖에 없다. 그 동안 한국 교회는 교회의 참된 모습을 세상에 보여 주지 못해 사회의 지탄의 대상이 되

---

1) 호켄다이크, 이계준 역, 『흩어지는 교회』(서울: 대한기독교서회, 1975), p. 24.

어 왔다. 여기에 우리의 냉철한 반성과 자각이 있어야 한다. 우리가 점차 제도화되어 가며 형식화되어 가는 조직적인 교회에서 벗어나 그리스도의 몸된 코이노니아로서의 교회 회복에 주력하지 않는다면 오늘의 교회의 모습은 점점 왜곡되어 버릴 것이다.

교회가 세상의 빛과 소금이 되기 위해서는 교회의 생명을 회복하고 원래의 본질과 사명을 찾아야 한다. 이에 필자는 교회의 본질을 찾으려는 하나의 시도로써 신앙 공동체 교육의 대안을 제시해 보고자 한다.

신앙 공동체 교육은 인격 전체의 성숙한 양육에 관심을 두는 전인교육이기 때문에 예수 그리스도의 인격을 닮은 공동체를 형성하게 하는 데 좋은 대안이 될 수 있다. 그 동안 한국 교회의 교회 교육은 단순한 성경 내용의 주입과 지식의 습득을 도모하는 학교식(schooling instruction paradigm) 교육 형태였다.

그러나 학교식 교육을 가지고는 참된 신앙을 전수할 수가 없다. 기독교 교육은 정보의 제공이나 조직적인 교수 학습 프로그램이나 방법이 아니다. 참된 기독교 교육은 기독교에 대해서(aboutism) 가르치는 것이 아니라 종교로서의 기독교를 넘어선 전인적인 신앙 양육이다. 그것은 기독교적인 삶의 스타일과 가치관을 형성하는 일이다. 이러한 기독교적 삶의 스타일과 가치관과 태도를 갖게 하는 곳이 신앙 공동체이다.

참된 기독교 신앙은 생생하게 움직이는 신앙 공동체 안에서 자연스럽게 일어난다.[2] 신앙 공동체적인 삶은 회중들의 삶에서 중요한 교육적인 힘이 된다. 신앙 공동체는 서로의 삶과 경험이 상호 작용하며 커뮤니케이션이 가능한 신앙 양육의 장이다. 신앙 공동체가 없으면 신앙 안에서 사람들을 양육시킬 터가 없다.

그러므로 교회의 우선적인 과제는 진실로 회복된 신앙 공동체가 되는 일

2) J. H. Westerhoff III(ed), 김재은 역, 『기독교 교육 논총』(서울: 대한기독교출판사, 1978), p. 95.

이다. 웨스터 호프의 지적처럼 "신앙 공동체의 형성과 그 충실화야말로 앞으로의 기독교 교육이 감당해야 할 도전적 과제이며, 함께 예배하고 배우고 증거하는 그리스도인 공동체에 참가함으로써 신앙이 부여되고 신앙을 계승해 나갈 수 있게"[3] 되는 것이다.

그러므로 성숙한 교회 형성을 위한 한국 교회의 교육적 과제는 지금까지의 교회 학교 중심의 극히 제한된 교회 교육 이해에서 탈피하여 교회 회중들로 하여금 배우고 증거하는 교회 공동체로의 자각 속에서 진정으로 회중들에게 교육 공동체로서의 교회의 삶과 사명을 소개할 수 있어야 한다. 이에 필자는 이같은 교육 구조의 전환을 위한 신앙 공동체 교육에 관한 전반적인 내용들을 소개하고자 한다. 특히 교회의 본질과 존재 기능 회복을 위해 코이노니아에 초점을 맞추어 신앙 공동체 교육을 소개하고자 한다. 코이노니아에 대한 이해가 분명히 정립되어야 신앙 공동체 교육이 설 자리가 있게 된다.

그러므로 본 연구 속에서 코이노니아로서의 성경적 교회관과 교회론은 이미 앞에서 다루었으므로 코이노니아의 기초 위에서 교회의 존재 양식과 신앙 공동체 교육의 중요성 및 신앙 공동체 교육의 본질과 특성, 교육 형태, 신앙 공동체 교육의 범위와 교육 과정과 교육 방법 등을 기술했다. 그 다음 코이노니아의 구현을 위해서 교회가 어떻게 갱신되고 변화되어야 하는지 여러 가지 사례와 모형들을 제시했다.

마지막으로 코이노니아적 교회 회복을 위한 신앙 공동체 교육의 모델들 —초대 교회의 교육 모델 및 최근 유럽에서 새롭게 번져 교회에 새로운 희망과 비전을 던져 주는 소그룹 활동의 모델들(가정 소그룹 모임, home cell group)을 소개했고, 그리고 신앙 경험을 위한 공동체 교육의 모델(family cluster)을 소개하였다.

또한 교회의 신앙 공동체 형성을 위한 간세대 교육(intergenerational

---

3) J. H. Westerhoff III, 정웅섭 역, 『교회의 신앙 교육』(서울: 대한기독교교육협회, 1983).

education)의 여러 모델들과 마지막으로 신앙 공동체 교육 프로그램 설정
(settings)을 소개하였다.

끝으로 필자는 한국 교회가 코이노니아를 회복하여 참다운 교회의 본질
과 생명을 세상에 보여 주기를 바라며, 이 연구의 내용들이 미약하나마 교
회의 공동체 회복을 위한 디딤돌이 되기를 희망한다.

Ⅰ. 교회의 존재 양식과 기능

에버리 덜러스는 그의 저서 『교회의 모형들』에서 기독교 교회의 존재 양
식의 다섯 가지 모형들을 이렇게 묘사하고 있다.[4] "교회의 모델은 제도적
교회, 신비적 영적 교제의 교회, 성례전적 교회, 선포적 교회 그리고 종
(servant)의 교회 모델이다." 제도적인 교회는 권위와 공동적 규범 위에서
의 삶에 초점이 있다. 신비적 영적 교제의 교회는 가족적 본질의 공동의 삶
을 나누는 데 초점이 있다.

성례전적인 교회는 그리스도가 임재하게 만드는 제의적(의식적) 삶에 초
점이 있다. 선포적인 교회는 신성한 이야기를 기억시키고 재연하게 하는
데 초점이 있다. 종으로서의 교회는 세계 속에서의 선교와 목회에 초점이
있다. 덜러스는 바람직한 교회는 이 모든 모형들을 통합하는 것이라고 주
장하고 있다.

다시 말해서 교회의 기능은 말씀 선포(kerygma), 가르침(didache,
paidia), 친교(koinonia)이다. 케리그마는 예수 그리스도 그 자체와 기쁜 소
식인 메시지의 선포이다. 초대 기독교 공동체는 메시지를 나누고 선포하는
공동체였다. 레이투르기아는 공동체 예배 생활로 이해된다. 초대 교회는

---

4) A. Dulles, S. J., 김기철 역, 『교회의 모델』(서울: 조명문화사, 1993), pp. 58-71.

예배, 기도, 찬송, 성례전을 행하였으며, 초대 교회 당시 기독교 공동체는 하나님의 백성으로 불림을 받았고, 사람들은 나누고 봉사하고 선포하고 예배드리는 일에 참여하였다.

또한 교회를 구조론적으로 이해할 때 가장 중요한 것은 교회 기능의 올바른 발견과 활성화의 과제라 할 것이다. 교회의 본질 구조를 바로 회복하는 과제는 교회의 기능화에 달려 있기 때문이다. 다시 말해서 교회의 목적을 충분히 이행하여 교회로 하여금 교회 되게 하는 개혁의 과제가 곧 교회 기능을 개혁하는 일이라고 할 수 있다. 성경적 용어로 교회의 기능과 존재 양식을 가리키는 것은 케리그마(kerygma), 코이노니아(koinonia), 디아코니아(diakonia), 디다케(didake), 레이투르기아(leitourgia) 등의 용어이다. 그리고 현대적 교회의 기능으로는 목회적 기능과 선교적 기능을 들 수 있다.[5]

목회적 기능은 말씀의 선포, 성례전의 집행, 성도의 훈련이며, 선교적 기능은 그리스도의 주권을 생업과 사회개혁을 통해서 넓혀 가는 일이다. 위의 기능을 더 자세히 설명하면 다음과 같다.

1. 그리스도의 몸으로서의 친교적 기능(koinonia)

이것은 교회의 구속적 사랑의 친교로써의 본질을 실현하는 기능인데, 교회의 코이노니아는 먼저 하나님과의 화해의 코이노니아에 근거하여 수평적으로 사람들과의 화해의 코이노니아를 이루는 과제를 갖는데 그 기본적 과제는 다음과 같다.

첫째, 하나님의 가족의 표지(標識)로서 통일성을 이루어야 하는데 이는 그리스도에 대한 동일한 신앙 고백, 한 성령의 감동, 말씀과 성찬식을 중심으로 한 교제를 통하여 한 가족, 한 형제가 되는 경험을 해야 한다. 교제와

---

5) 박근원, 『오늘의 선교론』, pp. 17-22.

공동체 생활은 그리스도인들이 여러 가지 증거와 봉사를 할 수 있도록 준비시키기 위해 교회 안에 필요한 것이다. 어떻게든 모든 그리스도인은 세상에서 증인이 되며 자신의 믿음을 나누어 주어야 한다. 그리스도인은 능력을 주는 교회 공동 생활을 경험한 후에 더 효과적인 증인이 될 수 있다.[6]

둘째, 교회는 용납의 자리로써 서로 치유, 지원, 격려를 나누는 공동체를 이루어야 한다. 세상의 약한 자, 죄인, 낙심한 자들에게 사랑과 격려를 제공하여 하나님의 가족의 생활을 체험하도록 하여야 한다.

셋째, 코이노니아 공동체는 모든 신자들이 그리스도 안에서 성숙해 가도록 훈련하는 교육 공동체를 이루어야 한다.

2. 섬기는 자로서의 봉사적 기능(diakonia)

디아코니아는 섬김을 의미한다. 교회는 인간을 위한 그리스도의 사랑을 행동으로 옮기기 위한 손과 발의 역할을 하는 종(servant)의 구체화이다. 이 디아코니아의 기능에는 세 가지 과제가 있다. 그 과제는 아래와 같다.

첫째, 타인을 위한 섬김의 기능을 수행해야 한다. 정신적·육체적 불구자, 노동자, 실업자, 가난한 자, 소외된 자, 억눌린 자 등 모든 연약한 사람들을 하나님의 말씀으로 격려하여 스스로 말씀에 의지하여 설 수 있도록 자발적으로 돕는 일이다. 하나님이 주신 각종 은사와 물질을 전체의 유익을 위하여 필요한 지체들과 나눈다는 것은 참으로 고귀한 기능이라 할 것이다.

둘째, 선지자적 사명을 수행해야 한다. 구약 시대의 선지자들은 죄에 대한 책망과 미래의 삶에 대한 희망의 선포를 그 예언의 내용으로 하고 있다. 마찬가지로 오늘의 교회도 자기 기만에 빠져 있는 하나님의 백성들의 죄를 폭로하고 책망하여 회개하게 하는 일을 해야 한다. 그리고 동시에 고난의

---

6) 하워드 스나이더, 김영국 역, 『그리스도의 공동체』(서울: 생명의 말씀사), p. 96.

상황에서도 희망을 잃지 않도록 격려하는 일도 해야 한다.

셋째, 교회는 이 세상의 정사와 권세에 대면하여 사회의 구조적 불의와 부정, 불법에 도전함으로써 이를 개선하도록 노력해야 한다. 그러면서도 이 땅에 악의 존재가 계속된다 하여도 하나님은 반드시 승리하시고 하나님의 나라가 도래할 것이라는 희망의 선포를 확신 있고 용기 있게 해야 한다.

3. 말씀의 선포자로서의 구속적 기능(kerygma)

교회의 선포적 기능은 하나님의 말씀에 대한 책임으로써 복음의 증인이 되는 일이다. 신자들은 하나님의 말씀을 듣고 구속적인 삶의 변화를 경험하게 되는데 동시에 코이노니아와 디아코니아의 경험도 같이 하게 된다. 그 다음에는 이 경험들을 근거로 하여 하나님의 말씀을 다른 사람들에게 나누어 줌으로써 그들을 구속적 삶에 참여하게 해야 한다.

이것이 곧 선포자로서의 구속의 기능인 것이다. 먼저 말씀의 선포는 부단히 교회 안의 신자들에게 설교되어 계속적으로 성령 안에서 회개와 죄의 용서와 성화의 역사로 변화되게 해야 한다. 그 다음에는 "가서 온 백성에게 복음을 전하여 제자로 삼으라"는 그리스도의 지상 명령(Great Commission)에 의하여 교회는 선교적 기능을 수행하여야 한다.

이러한 선교를 통한 선포의 기능은 하나님의 사랑을 사람들에게 증거하는 일로, 그리스도의 아들 되심과 주 되심, 왕 되심을 선언하는 일이다.[7]

4. 교회의 예배적 기능(leitourgia)

교회는 예배의 공동체이다. 예배는 회중이 그 자신들을 하나님 앞에 드리는 행동이다. 예배는 그리스도의 몸으로 부름받은 믿음을 가진 사람들이

---

7) John A. Mackay, 민경배 역, 『에큐메닉스』(서울: 대한기독교서회), pp. 201- 208.

'공동'으로 하나님의 말씀과 구속적 사랑의 은사에 대하여 기쁨으로 응답하고 복종하며 헌신하는 행위인 것이다. 현대 교회에 있어서 예배의 부흥(liturgical renaissance), 예배의 갱신(liturgical renewal) 그리고 예배의 개혁(liturgical reform)은 중요한 관심사이다.

교회의 본질적 기능으로서의 예배는 공동적 의식과 말씀을 통하여 그 공중성, 성례전성 그리고 신학적 균형을 지향하는 갱신의 과제를 이루어야 한다. 예배는 신앙의 행동화이며 그리스도의 주 되심을 확인하고 성령의 임재를 체험하는 행위로써 하나님과의 영적이고 수직적인 은혜와 응답의 관계이다. 또한 모든 친교, 봉사, 선포의 흩어진 삶의 수평적 기능들을 함께 모으는 작용을 하여 '모이는 교회'의 통합적 기능을 수행하게 하는 것이다.

5. 교회의 교육적 기능

교회는 선교를 해야 하는 것처럼 교육에도 주력해야 한다. 그렇지 않으면 교회가 교회일 수가 없다.[8] 교육(didache)은 교회의 본질에 속하는 일이다. 따라서 그 기능을 소홀히 하는 교회는 교회로서의 본질에 반드시 갖추어져 있어야 할 불가결한 요소를 잃어버린 것이다. 교회 교육은 하나님과 인간, 자연 세계와 역사에 대한 지각을 심화시키고 확대시키기 때문에 그들로 하여금 신앙의 응답을 스스로 할 수 있도록 도와 준다.

교육은 오늘날 교회의 신앙 유산의 의미와 함께 회중의 삶과 목회를 발전시키도록 도와 준다. 교육은 선교를 위하여 성도들을 무장시킨다. 교회가 모두 함께 배우고 증거하는 교육 공동체로서의 자각과 함께 교회 전체의 삶 속에서 다양한 교육의 기회를 제공할 때, 또한 회중들에게 교육 공동체로서의 교회의 삶과 사명을 소개할 때 건강한 교회의 모습을 보여 줄 수

---

8) J. D. Smart, *The Teaching Ministry of the Church*, pp. 9-11.

있게 된다. 그러기에 교회 교육은 교회의 액세서리가 아니라 교회 공동체의 생명적 표현이어야 한다.

Ⅱ. 신앙 공동체 교육에 관한 이론적 기초

1. 기독교 교육의 장으로써의 신앙 공동체의 중요성

신앙 공동체는 '신앙과 삶의 스타일'이 형성되고 양육되고 성장하며 그 의미를 부여하는 장이다. 신앙 공동체는 서로의 삶과 경험이 상호 작용하며 커뮤니케이션이 가능한 신앙 양육의 터이다.[9] 신앙 공동체가 없으면 신앙 안에서 사람들을 양육시킬 터가 없다.[10]

신앙 공동체는 '기독교의 초대 교회관'을 통하여 그 본질을 찾아야 한다. 초대 교회가 보여 준 대로 말씀 선포와 교육(didache), 교제와 나눔인 코이노니아(koinonia) 그리고 세상을 향한 봉사(diakonia), 이 모두는 교회의 존재 이유이며 역사 속에서 책임 있게 실행되어야 하는 교회의 존재 양식인 것이다. 이 양식들은 공동체의 본질을 보여 준다. 따라서 신앙 공동체 안에서의 교육은 분리된 기능이 아니라 설교, 교제, 봉사와 모두 연결되어야 한다.

그러므로 신앙 공동체의 본질로서 가정, 교회, 봉사 그룹 등은 신앙 공동체의 장으로서 교육의 사명을 다하여야 한다. 교회는 한 사람의 신앙의 양

9) J. H. Westerhoff Ⅲ, 김재은 역, 『기독교 교육 논총』, p. 63.

10) 기독교인이 된다고 하는 것은 교회라 불리는 역사적인 신앙 공동체와 교제함으로 기독교 신앙을 경험하고 이해하며 현재의 신앙 공동체의 삶에 참여함으로써 가능하게 되며 이것이 교육의 내용이 된다는 것이다.

육과 성장을 유지하고 발전시켜야 한다.[11] 신앙 양육은 승인된 신조를 긍정
하거나 단편적인 교리 습득으로 되는 것이 아니다. 교회 안에서의 신앙 양
육은 하나님에 대한 책임과 이웃에 대한 이중적인 책임을 다하도록 훈련시
키는 카테케시스 차원으로 이루어져야 한다.

교육은 모든 형태의 교화(indoctrination), 주입, 습관화, 강요된 반응 또
는 정신의 통제, 습관형성에 의해 되어지는 훈련이 아니다.[12] 교육이란 경
험 많은 안내자들이나 공동체 전체에 의해 도움을 받아 진실한 것에 보다
완전한 인식을 갖게 되는 자발적이고 계속적이며 의도적이고 상호적인 과
정이다. 다시 말해 관계와 만남이 이루어지는 것이 교육인데, 이것은 인간
과 하나님과의 관계, 성도의 교제가 일어나는 신앙 공동체 안에서만 가능
하다[13]고 볼 수 있다.

웨스터호프도 신앙은 어떤 교수법을 통해서 가르쳐질 수 있는 것이 아니
고 신앙이 생생하게 맥박치는 공동체 안에서 신앙의 전통을 담당하는 공동
체와 연결되어, 지금 여기에서 그같은 믿음을 서로 나누는 사람들에 의해
단적으로 표명되며 개혁되어 새로운 의미를 획득해 간다고 주장한다.[14] 그
러므로 기독교 교육은 신앙 공동체의 생활을 통해 자연스럽게 상호 영향을
받으면서 그들의 세계관과 가치관이 형성되도록 돕는 것이다. 따라서 기독
교 교육은 신앙 공동체의 모든 생활에다 초점을 확장시킬 필요가 있다. 다
시 말하면 기독교 교육의 중요한 교육의 장은 바로 신앙 공동체라는 것이
다.

11) 신앙은 신앙 공동체(a community of believers)에 의하여 전달되며, 신앙의 의미는 그 구성
원들의 역사로부터 그들에 의하여 다른 이들과의 상호 작용에 의하여 그리고 그들 삶 속에서 발생
한 사건들과 관련하여 발전된다. C. E Nelson, Where Faith Begins , p. 1.

12) D. E. Miller, 고용수 · 장종철 역, 『기독교 교육 개론』, pp. 30-34.

13) L. J. Sherill, 김재은 역, 『만남의 기독교 교육』, p. 82.

14) J. H. Westerhoff Ⅲ. Will our Children Have Faith?, p. 54.

2. 신앙 공동체의 본질과 특성

1) 신앙 공동체의 본질

신앙 공동체는 하나님이 주신 선물이며 성례전 속에서 축하하고 예찬하며 복음의 심판과 격려 속에서 살아가는 생활을 통해서 느껴지는 신비(mystery)이며 말씀과 행동을 가지고 하나님의 의지와 계획을 친교로써 증언하도록 소명받은 공동체이다. 또한 교회는 그리스도의 몸으로서 하나님의 성령의 감추어진 예언자적 피조물이며, 변화시키는 힘을 가진 하나님의 도구이며, 역사 안에서 끊임없는 하나님의 계시를 증거하는 그리스도의 몸이다.

교회의 생명력은 예수 그리스도이다. 그러므로 교회는 예수 그리스도 안에 있는 그들의 믿음을 말과 행동으로 고백하는 사람들의 공동체이다. 교회는 하나님의 자녀로 부름받은 사람들의 공동체로, 그리스도인은 온 세상에 구원의 복음을 증거해야 할 사명자이다. 교회를 통해서 하나님은 인간과 집단을 예속시키고 억압하는 조직 및 제도와 그 권력 및 운영이 주는 속박을 극복하고 모든 인간이 해방되어 창조적 비전으로 사는 역사적 행위자가 될 수 있게 하신다. 따라서 교회는 증인 공동체(witnessing community)로 이해되어야 한다. 교회의 목표는 교회 자체를 영속시키는 데 있지 않고 세상을 구원하는 데 있다.

교회는 세상 속에서 그의 사명을 감당함에 있어서 상호 수용적 일치와 역동적 협력으로 교회 즉 신앙 공동체를 움직여 간다. 교회는 본질상 하나님 나라의 대행자이다.[15] 교회는 이 세계에 속량을 위한 하나님의 뜻을 수행하기 위하여 보냄을 받은 하나님의 대리자(the agent of God)이다. 교회는 스스로 존재하는 기관이거나 그 자신을 위하여 존재하는 기관이 아니라, 세계 안에서 그리스도의 선교를 수행하기 위하여 존재한다. 그리스도

15) 하워드 스나이더, p. 92.

인은 하나님의 공동체 속에서 이 세계를 예수 그리스도의 공동체로 변혁시키는 하나님의 활동에 참여하며 살아갈 것을 요청받고 있다. 공동체는 남을 섬기는 종의 공동체이며, 사적인 이윤을 추구하는 일에 항거하고, 오히려 교제 안에서 사는 삶을 추구한다. 교회는 하나님의 공동체 건설을 위해 말씀과 행동으로 증언하는 역사적 사명에 자기를 헌신한 신자의 유기체로서 존재해야 한다.

2) 신앙 공동체의 특성

첫째, 신앙 공동체란 신앙인이 공통적 사건과 공동 관심을 함께 나누고 책임 수용하는 가운데 발생하는 형식이다. 따라서 신앙 공동체란 항상 사건 - 관심 - 참여의 자세에서 강화되며 이런 과정을 거쳐 신앙 공동체는 더욱 강하게 연결된다. 그리스도인에게 있어서 공통적 사건과 공동 관심이란 말할 것도 없이 예수 그리스도의 사건을 말한다. 예수 그리스도는 그리스도인의 신앙의 대상일 뿐만 아니라 예수 그리스도의 성육신 사건은 인간의 구원과 관계된 획기적인 사건이기도 하다. 그러므로 신앙 공동체 의식은 예수 그리스도 사건에 의한 구속사적 의미와 사건사적 의미가 함께 내재된 매우 본질적인 것이다.

둘째, 신앙 공동체란 하나님과 인간간의 수직적인 관계에 의해서 강하게 의식될 수 있는 집단의 실체이기도 하지만 더 근본적으로 이해한다면 그것은 오히려 공동의 신앙 형태를 그들의 삶의 형태로 주형한 집단 안에서의 수평적 관계로 이어져 나가는 형식이다. 그러므로 신앙 공동체 의식은 항상 인간과 인간간의 수평적 인간 관계에서 신앙에로의 몰입이 가능한 상태를 말한다.

셋째, 신앙 공동체란 인간의 신앙 의존적 본능에서 형성되는 공동체를 말한다. 그것은 초대 교회 당시의 교회 형태에서나 본회퍼(Dietrich Bonhoeffer)가 역설하는 성도의 교통(Communio Sanctorum)에서 구현되었고, 구현될 수 있는 현실성과 가능성이 항상 병존하는 신앙 형태의 역동적 실체이다.

넷째, 신앙 공동체는 결속 본능을 유발하는 역동적 힘에 의해서 추진되므로 신앙의 내용과 형식으로부터 목적과 결과에 이르기까지 한 가지 신앙에 함께 결속된 본능적 형태를 가지고 있는 제도적 집단이다.

웨스터호프(J. H. Westerhoff III)는 바람직한 신앙 공동체의 기본적인 특성을 아래와 같이 지적한다.[16]

첫째, 의미 있는 공동체에 있어서는 사람들이 공동적인 기억(memory) 혹은 전승(tradition) 곧 삶에 관한 공통의 이해와 삶의 방식, 공통의 목적과 의지를 공유해야 한다. 공동체는 본질적인 요소에 있어서의 일치, 곧 그 공동체가 지니는 이해, 가치관, 삶의 방침에 있어서의 통일이 불가결하다. 신앙 공동체는 명확한 자기 동질성(identity)을 가지고 있으면서 스스로 믿는 내용에 관해 일치해야 하는 것이다. 만일 교회가 분명한 정체성을 상실하면 신앙은 전달될 수도 유지될 수도 없게 된다.

둘째, 신앙 공동체는 그 구성원들이 의미와 목적을 지닌 상호 작용을 유지할 수 있을 정도로 소규모적이어야 한다. 신앙 공동체가 현실성과 의미를 지니기 위해서는 친숙한 교제와 서로의 배려를 경험할 수 있어야 하고 또한 신앙과 생활의 교류를 서로 나눌 수 있는 강한 유대로 맺어진 공동체의 친밀한 관계 속에서 상호 작용하는 일이 필요하다. 대규모적인 교회라면 그 대단위 속에 보다 작은 공동체들의 생활을 확보할 필요가 있는 것이다.

셋째, 참다운 공동체는 세 개의 세대(three generation) 사람들이 함께 존재하고 그 사이에 상호 작용이 일어나야 한다. 제3의 세대는 과거의 기억에 사는 세대이다. 제1세대는 미래를 향한 환상과 꿈에 사는 세대이다. 제2세대인 현재 세대가 기억의 세대 및 환상의 세대와 연합될 때 이 세대는 공동체를 현실 앞에 바르게 자리잡게 하는 기능을 다한다.

---

16) J. H. Westerhoff III, 정웅섭 역, 『교회의 신앙 교육』, pp. 102-103.

넷째, 진정한 공동체는 모든 사람의 역할을 통합하여야 한다. 신앙 공동체는 사도, 선지자, 교사 등 다양한 은사를 지닌 사람들로 구성되며, 이러한 은사들은 서로 협력되어야 하는 것이다. 신앙 공동체는 그 초점을 삶의 모든 분야에 두어야 하며, 교회의 삶은 공통적으로 경험되어야 하고, 그 참여가 인간의 삶을 온전하게 만들도록 해야 한다.[17]

다섯째, 공동체는 공통된 헌신, 행동규범, 상징적 문화 그리고 공유하고 있는 환경 속에서의 삶을 나누고 있는 개인들로 구성된 집단이다. 모든 공동체와 마찬가지로 신앙 공동체도 공유하고 있는 장소 안에서의 규범들과 상징들에 대한 충성을 공유하면서 상호 작용하는 개인들로 이루어진 집단이다.[18] 그렇다면 신앙 공동체가 다른 공동체와 구별되는 것은 무엇일까?

그것은 그 공동체의 헌신, 규범, 상징들이 가장 폭넓은 궁극적인 관심, 절대 의존의 감정 등 한마디로 말해서 하나님께 대한 신앙에 의해 영향을 받으며 그것과 관련되어 있다는 데에 있다.

모든 공동체는 어느 정도 공통된 이야기, 공통된 정신(ethos) 그리고 공통된 충성을 지니고 있다. 기독교 공동체에 있어서 공통된 이야기는 물론 하나님에 대한 이야기이다. 공통된 정신은 하나님과 서로에 대한 신앙 공동체의 적극적인 사랑이며, 신앙 공동체에서의 공통된 헌신은 예수 그리스도 안에서 나타난 하나님의 용서해 주시고 인도해 주시는 섭리에 대한 신앙 공동체의 충성과 그 경험에 구심점을 두고 있다.

교회 공동체가 궁극적으로 하나님의 선물이라고 볼 때, 그 신앙 공동체는 네 가지 특성을 가지고 있다.

첫째, 공동의 기억(common memory)이다. 생의 의미와 목적을 설명하

---

17)John H. Westerhoff Ⅲ, "The Church and The family" Religious Education(Vol. 78. No. 2), 1983, p. 262.

18) D. E. Miller, Story and Context -An Introduction to Christian Education, p. 24.

는 공동의 거룩한 이야기를 함께 나누는 것과 그것이 우리들 가운데서 전해지지 않는다면 공동체의 선물이 우리에게서 사라지고 신앙 가정은 불가능하게 될 것이다. 교회는 그리스도의 사건 이야기를 가지고 있다. 이 사건이 우리들 자신의 이야기가 될 때, 우리들은 그리스도인이라고 하는 이름의 의미를 알게 된다. 교육은 그 이야기가 바르게 인식되고 구체적으로 획득되고 삶으로 변화되는 일과 연결된다.

둘째, 공동의 비전(common vision)이다. 기독교 신앙 공동체는 비전을 가지고 살도록 부름받았고 교회 교육의 중심 과제 중의 하나는 하나님 나라의 비전을 가지고 살도록 돕는 일이다. 이 비전은 공상이 아니고 실제적인 힘이다. 이것은 우리의 희망이고 인생을 순례하는 데 있어서의 방향이다.

셋째, 공동의 권위(common authority)이다. 권위라는 말이 뜻하는 것은 공동체의 행동을 판단하고 고무하는 이야기와 삶의 방식에 관한 공동체의 확인을 말한다.[19] 공동체에는 공동 생활의 다른 국면에서처럼 도덕 결단과 행동을 위해 필요한 원칙과 윤리적 규범의 기초에 공동의 권위가 존재하고 있다.[20]

넷째, 공동의 의식(common ceremony)이다. 이 공동의 의식은 공동체의 기억과 비전을 표현하는 것으로 되풀이 되는 상징 행위이다. 의식은 우리들의 이해와 삶의 방식의 집약이며 생활에 의미를 부여한다. 무엇보다도 교회는 삶의 특수한 지각과 생활로써 이해된 그리스도 신앙을 습득하고 유지하고 깊어지도록 어떤 상황을 제공함으로써 교회의 예배 의식을 개혁할 필요가 있다. 그리고 공동의 기억, 비전, 권위를 알리는 의미 있는 의식과 함께 나누는 신실한 삶을 제공함으로써 교회의 예배 의식을 개혁할 필요가 있다.

---

19) J. H. Westerhoff Ⅲ, 정웅섭 역, 『교회의 신앙 교육』, p. 166.

20) J. H. Westerhoff Ⅲ, *The Church and the family*, p. 263.

3. 신앙 공동체 교육의 본질

교회 교육을 잘못하면 교파 교육이 되고 이기적이고 독선적이며 길들임의 교육이 될 수도 있다. 교육을 일종의 구조 형성의 과정이라고 볼 때, 한국 교회 교육의 갱신을 위해 보다 시급한 과제는 신학적으로, 교육학적으로 건전한 교회 교육 구조의 확립이다.

최근 기독교 교육 이론의 지도적 모형으로 소개하는 신앙 공동체(the faith community)로서 접근하는 공동체 중심의 교육 이론[21]은 교회 교육의 바람직한 가능성을 제시해 주고 있다.

로렌스 리차드(L. O. Richards)는 교회의 교육적 사역을 교회론에 기초해서 전개하고 있는데, 그에 의하면 교회가 세상의 기관(organization)과 구별되는 것은 생명을 지닌 유기체(organism)란 점이다. 즉 교회는 머리 되신 그리스도의 정신이 지체를 이루는 신자들과 유기적으로 연결된 가운데 신앙 생활을 공유하면서 그리스도의 몸을 형성하는 공동체를 의미한다.

따라서 교회 교육이란 전통적 학교식 교육에서 강조되는 지식(내용) 전달보다 전인(全人), 전(全)교인을 위한 양육에 초점을 두게 된다. 교육은 단순한 지식의 산출이나 정보의 습득이 아니라 하나의 몸(organism) 곧 이 세상에서 예수 그리스도의 인격을 닮은 공동체를 산출한다.[22] 따라서 생명을 지닌 유기체로서의 교회의 동력은 관계성(relationship)에 있다. 교육은 항상 이 유기체의 '관계성'에 유의해야 한다.

생명의 교류가 상호 인격적인 관계에서 이루어진다면 기독교 교육의 방법 역시 상호 인격적(interpersonal)이어야 한다. 몸으로서의 교회의 존재 양식은 사랑과 친교에 있다. 따라서 사랑을 발전시키는 것이 교회 교육의

---

21) C. R. Foster "The Faith Community as a Guiding Image for Christian Education" Contemporary Approaches to Christian Eduction, (Nashville: Abingdon Press), pp. 53-71.

22) L. O. Richards, A Theology of Christian Education (Michigan: Zondervan), p. 117.

일차적 관심사가 되어야 한다. 이를 위한 교육의 기본 전략은 학교식 교육에만 의존할 수 없고, 대신 교회의 생활 전체, 신자 상호간의 행동 전체를 교회의 교육적 사역으로 보아야 한다. 따라서 교회가 모일 때마다 그 교회의 관심은 양육(nurture)에 두어야 한다.[23]

넬슨(C. E. Nelson)은 교육의 사회화 과정(socializing process)을 사회 과학적 이론으로부터 끌어내어 교회 공동체 전체를 하나의 커뮤니케이션의 모델로 설정하고 그가 쓴 『Where Faith Beings』에서 그의 교육 이론을 전개한다.

그는 기독교의 중심 과제를 사람이 어떻게 성경에, 특별히 예수 그리스도 안에 계시하신 하나님을 믿을 수 있는가, 또 그 신앙이 그 자신의 삶 속에 주는 의미가 무엇인가를 질문한다. 그리고 그 질문에 대한 해답을 실천적 영역인 교육으로 이해하고, 신앙은 믿는 자의 공동체에 의해 커뮤니케이션이 가능하고 그 신앙의 의미는 믿는 자들의 상호 작용(interaction)에 의해 발전되고 또 그들의 삶 속에서 일어나는 사건들과의 관련 속에서 발전된다고 답하면서, 이를 위한 교회 교육 이론은 보다 회중(congregation) 중심이요, 공동체 중심이 되어야 함을 강조하고 있다.[24]

웨스터호프도 그의 책 『Will our Children have Faith?』에서 교회 교육의 학교화 현상을 교회 교육의 위기로 진단하고 있다.[25] 그는 학교 교육과 같은 모형인 교회 학교 중심 교육이 기독교 교육을 희생시켰고 세속적 교육 안에 기독교 교육을 감금시켰다고 주장하면서, 문제 해결을 위해서 신앙 공동체(the faith community)를 기독교 교육의 이론과 실천을 위한 맥락과 내용과 방법으로 내세우고 있다.

---

23) 고용수, 『교회 교육론』, p. 327참조. 오인탁 외 4인, 『기독교 교육론』 (서울: 대한기독교교육협회), pp. 153 - 155.

24) C. E. Nelson, *Where Faith Begins* (Atlanta: John Knox Press, 1971).

25) John Westerhoff Ⅲ, *Will our Children have Faith?* (N.Y. : The Seabury Press), pp. 1-25.

웨스터호프는 지식 전달에만 치중했던 과거의 교회 교육(the schooling instructional paradigm)을 비판하면서 행동화된 신앙 안에서 그리스도인의 정체성을 찾고 신앙 공동체의 삶 속에서 기독교적 삶의 스타일을 배우는 사회화 과정을 중요시한다. 교육은 신앙 공동체의 생활을 통해 자연스럽게 상호 영향을 받으면서 세계관과 가치관이 형성되도록 돕는 것이라고 이해한다. 그러므로 그의 교육론에 있어서 신앙 공동체의 역할은 대단히 중요하다.

신앙 공동체 중심의 교육 이론에 의하면 공동체의 모든 생활이 가르치는 기능을 갖게 되고 공동체 멤버 전체가 가르치는 책임을 가지고 있다고 말한다. 동시에 연령, 성별, 사회적, 문화적, 경제적 차이에 관계 없이 모두가 학습자로 가정한다. 학습은 일생 중 특정 기간에 국한된 것이 아니고 일평생의 과정이 곧 학습이다. 이런 의미에서 포스터(C. R. Foster)는 학습자의 이미지를 순례자(pilgrim)에 비교 설명한다.[26]

기독교 신앙 공동체에 있어 그 내용은 필연적으로 하나님과 모든 사람과의 상호 작용을 포함한다. 따라서 공동체의 생활이 곧 기독교 교육의 내용이다. 공동체가 지닌 사상, 가치, 제도는 물론 그 공동체가 지닌 전통과 종교 의식 속에 삶의 스타일이 자연히 드러나고 이 삶의 참여 속에서 교사와 학생 사이의 상호 작용을 통해 그 내용을 다같이 알게 된다. 따라서 배움의 자리(setting)가 중요한 것이 아니고 교사와 학생간의 상호 작용이 중요시된다.

순례자와 안내자가 만날 수 있는 곳이면 어느 곳이나 교육 장소가 될 수 있다. 신앙 공동체 중심의 교육 이론은 기독교 교육자들에게 교회의 '참모습 형성'이 곧 교육을 위한 일차적 자원이란 것을 상기시킨다. 동시에 공동체 안의 신앙적 사귐의 지속은 자연적이지만, 기독교 교육자로 하여금 '의도적인 과정'을 존중하도록 주위를 환기시킨다.

---

26) C. R. Foster, p. 63.

4. 신앙 공동체 교육 이론의 배경과 교육 형태

1) 배경

신앙 공동체는 하나님과 예수 그리스도를 중심으로 이루어진 공동체이다. 이 공동체의 상호 역학적 관계의 특이성과 중심은 하나님과 예수 그리스도 그리고 그를 믿고 따르는 행위로서의 신앙이기 때문에 이 공동체를 신앙 공동체라 한다. 웨스터호프는 "신앙 공동체의 형성과 그 충실화야말로 앞으로의 기독교 교육이 감당해 나가야만 하는 도전적 과제이다. 그리고 우리도 어린이와 모든 사람이 손에 손을 잡고 함께 예배하고 배우고 증거하는 그리스도인 신앙 공동체에 참가함으로써 신앙이 부여되고 이것을 계승해 나갈 수 있게 된다."고 말했다. 이처럼 신앙 공동체 형성이 기독교 교육의 과제로 내세워진 이유는 무엇일까?

첫째, 학교형의 교회 교육 때문이다. 과거 1900년대에 발전된 일반 교육학의 대두와 발전으로 교회 교육에 일반 교육학의 학교형 구조를 그대로 받아들인 데서 기인한 것으로, 이 틀은 작금에도 불식되지 않은 채 고정되어 남아 있다. 교육의 주체는 인간 공동체 그 자체로, 자연스럽고 비조직적인 힘이 움직여서 사람을 감화시키는 것이 본래적인 교육인데, 오늘의 기독교 교육은 학교형 교육 형태로 협소화하고 고정화하여 지식 전달에 머무르고 있다는 것이다.

둘째, 종교는 가르칠 수 있을지라도 신앙은 가르쳐질 수 없다는 것이다. 교회에서는 기독교에 관해서(about) 가르치는 것이 중요한 일이 아니고 종교로서의 기독교를 넘어선 '신앙'이 기독교 교육의 지향점이다.

그런데 교회 교육의 문제는 학교형 교육 범례가 성행해서 종교로서의 기독교에 '관해서' 가르쳐 주는 일을 능사로 여기는 풍조가 강하다는 점이다. 그러나 신앙은 어떠한 교수법을 사용해서도 완전히 가르쳐질 수 없는 것으로, 마음을 열고 그것으로 행동하고 살아가는 방법이 아니고는 파악될 수 없다. 신앙은 생생하게 맥박치는 공동체 안에서 자연스럽게 불러일으켜

지고 자각되는 일이지 전수되는 것이 아니라는 것이다. 계속되는 공동체적인 삶은 모든 성원의 삶에서 중요한 교육적인 힘이 된다.

이러한 관점에서 신앙 공동체의 교육이 요청되는 것이다. 공동체는 인간의 삶의 틀을 제공해 줄 만한 역동적인 힘을 지니고 있다. 공동체가 지닌 관계의 구조와 내용은 순례자로서 나아갈 인생 여정의 방향을 제시해 주고, 순례 여행에 필요한 여러 자원을 제공해 준다.[27]

신앙 공동체는 인간에 의해서가 아닌 하나님의 주권에 응답한 사람들로 구성된 공동체이며, 신앙 공동체가 지닌 역사적, 관계적, 자발적, 경험의 자원들은 모두 성경의 유산 속에 깊이 뿌리박고 있기 때문에 교육을 하는 데 가장 유력한 장이 될 수 있다.

2) 신앙 공동체의 교육 형태

신앙 공동체 생활에 참여함으로 신앙과 삶의 스타일이 형성되는 교육의 형태는 무엇인가? 그리고 신앙 공동체에서의 교육적인 책임은 무엇을 의미하는가?

잭 세이모어(Jack L. Seymour)는 그의 책 『Contemporary Approaches Christian Education』에서 기독교 교육의 접근 방법을 다섯 부분으로 나누며 그 가운데 한 부분인 '신앙 공동체'의 접근 방법이 나오게 된 동기를 다음과 같이 말한다.

"교회의 교육 목회가 학교 교육(public education) 형태로 발전함에 따라 많은 목적과 과정이 왜곡되어 왔음을 비난하였다…. 웨스터호프는 학교화-지식 전달 패러다임(schooling-instructional paradigm)의 교육은 기독교 교육을 조난시켰고 세속 교육 형태(pedagogy)로 꼼짝없이 몰아넣었다고 비판한다. 그러므로 그는 신앙-문화화 패러다임(faith-enculturation paradigm)의 공동체 교육을 대안으로 내놓았다."[28]

---

27) Charles R. Foster, *Teaching in the Community of Faith* (Nashville: Abingdon Press).

또 신앙 공동체 교육의 접근 방법으로 '기독교 교육의 지도적 이미지로서의 신앙 공동체'를 제시한 포스터(Charles R. Foster)는 넬슨과 웨스터호프의 사회학과 인류학적인 통찰은 종교 사회화의 모형인 신앙 공동체를 제시하였다고 말한다. 그는 이들의 회중 생활(Life of Congregation)의 문화적 환경이 일반 교육 프로그램보다도 신앙의 내용에 더 큰 영향을 끼친다고 하여 '숨겨진 커리큘럼(hidden curriculum)'의 중요성과 예배 의식, 제의(ritual), 전통을 통한 신앙 공동체의 배움이 오늘의 기독교 교육의 큰 과정을 지도한다고 이해하였다.[29]

이와 같은 점에서 신앙 공동체의 교육 형태는 '학교화-지식 전달 패러다임(schooling-instructional paradigm)'의 교육에서 '신앙 공동체-문화화 패러다임의 교육(community of faith-enculturation paradigm)'으로 탈바꿈해야 한다.

'학교화-지식 전달형'의 교육은 내용 중심(content or goal orientation) 학교화 중심의 제도, 어린이-청년만을 위한 교육, 교실 안에서 교과서와 교사에 의해서 전달(instruction)되는 교육 방법, 교회 학교 중심으로 교회 생활과 분리된 형태 등으로 나타난다. 이 '학교화-지식 전달형'은 가르침의 기술과 신앙에 관한 지식을 강조하여 쓰고, 기억하고, 암송하는 것이기에 기독교적 신앙의 삶의 스타일, 헌신, 자세에 관한 기독교 신앙의 본질은 약화되고 있다.[30]

이것은 종교에 관한(about) 가르침이지 종교 안에서 삶의 스타일과 가치와 태도를 갖는 일이 아니다.[31] 그러나 '신앙 공동체-문화화 패러다임'의

---

28) Jack L. Seymour & P. Miller(ed) *Comtemporary Approaches Christian Education* (Nashville: Abingdon), p. 20.

29) *Ibid.*, pp. 53-71.

30) Sara Littel, "Theology and Religious Education", *Foundations for Christian Education in an Era of Change*, Marvin J. Taylor(ed) (Nashville: Abingdon Press), p. 39.

31) R. C. Miller, "Continuity and Contrast in the Future of R. E.", *The Religious Education We need*, Michael J. Lee(Birmingham: R. E. P.), p. 44.

교육은 공동체가 그 신앙을 구체화하고 신앙과 삶의 스타일이 한 세대에서
다음 세대로 지속시키고 전수되는 종교 사회화 과정과 신앙 공동체를 통해
교육이 공식적 혹은 비공식적인 체계로 일생 동안 되어지는 과정을 중요시
한다.

신앙 공동체 안에서의 교육은 문화화(enculturation)라는 교육 형태를 사
용하는데, '문화화'는 모든 연령층의 사람들이 상호 작용하는 과정에 강조
점을 둔다. 문화화는 사람들이 그들의 삶과 신앙의 이해와 스타일을 배우
고 지속적으로 변화시키고 전달하고 행동하는 환경과 상호 작용하는 경험
에 초점을 두며, 한 사람이 다른 사람에게 무엇인가를 가져오는 것과 동등
한 사람들 사이의 대화적인 관계에 강조점을 둔다.[32]

그러면 이 '신앙 공동체-문화화 패러다임'의 교육이 신앙 공동체 안에
서 이루어지려면 실제적으로 기독교 교육은 어떻게 응용되어야 하는가가
문제된다. 먼저 공동체 교육을 위한 다섯 가지의 교육적 차원을 고려해야
하는데,[33] 첫째, 신앙 공동체에 참여함으로 생활의 관계적인 면에서 이루어
지는 전인교육적인 양육(nurture)이다. 둘째, 양육과 가장 가까운 가치 태
도를 위한 전수(initiation)로써의 교육 개념이다. 공동체 안에서 가치 교육
은 과거에 나타난 가치를 연구하여 미래에 의해 새로운 통찰이 주어지는
역사적 관점에서 접근되어야 한다. 셋째, 훈련(discipline)으로써의 교육이
다. 이것은 이론과 실제 사이의 관계를 취급하고, 오류된 논리를 분석함으
로 배우고, 신념 체계를 인식하며 사고하는 훈련 과정의 교육적 차원이다.
넷째, 기술(skills)의 차원이다. 이것은 위의 세 차원이 보다 효과적이 되기
위해 필요하다. 다섯째, 통찰(insight)로서의 교육이다. 성장의 과정에서 통
찰의 동기와 노출은 모든 사물이 새로운 관점에서 보여졌을 때 일어난다.
통찰은 또한 깊은 헌신을 가져오기 때문에 그 과정에 교육은 책임을 다해

32) J. H. Westerhoff III, *Values for Tomorrow's Children* (Philadelphia: Pilgrim Press), p. 80.

33) J. C. Miller, *Christian Nurture and the Church* (New York: Chalres), pp. 35 - 37.

야 한다. 이러한 교육적 차원들은 과정을 통하여 배움을 일으키는 것이므로 신앙 공동체의 교육적 차원을 암시한다.

5. 신앙 공동체 교육 내용의 범위

그리스도인은 역사의 주관자이신 하나님의 자녀 됨의 확신의 기초 위에서 그리스도를 머리로 한 신앙 공동체와의 유기적인 관계성 안에서 현실적 자아를 인식하고 일상 생활 속에서 하나님과 이웃과 세상을 향해 섬기며 책임 있게 살도록 부름받았다. 따라서 신앙 공동체 속에서 교육이라는 행위 과정에서 고려되어야 할 내용의 영역은 최소한 다음의 세 가지 차원에서 계속 물음이 제기되어야 할 것이다.[34]

첫째, 교회는 어떻게 회중들로 하여금 그리스도인 됨의 의미를 자각하게 할 것인가, 또 교회의 머리 되신 주님과의 계속적인 인격적 관계 속에서 영적 생활을 지속할 수 있도록 어떻게 도울 것인가? (개인의 자의식 개발의 관계)

둘째, 교회는 어떻게 회중들로 하여금 그리스도의 몸인 교회의 지체 됨을 자각하게 하고, 공동 운명체로서 그리스도의 몸을 형성하고 개인에게 주어진 은사를 최대한 개발하고 발전시켜서 계속 참여할 수 있도록 도울 것인가? (공동체 의식의 개발)

셋째, 교회는 어떻게 회중으로 하여금 그들의 삶을 현실 속에서 역사 형성을 위한 자각과 함께 책임적 존재로서의 삶을 살 수 있도록 도울 것인가? (역사 의식의 개발)위의 교육 내용을 자세히 살펴보면 다음과 같다.

---

34) 고용수, 『기독교 교육론』(서울: 대한기독교교육협회), pp. 161-166

1) 개인의 자의식 개발

하나님과 이웃과 세계 속에서 자신의 존재와 위치에 대한 분명한 자각에서 비로소 인간은 역사의 주체로서 창조적 삶을 살 수 있다. 웨스터호프는 오늘날 교육 전문가들이 인간을 이성만 지닌 존재로 생각하고 있는 것을 비판한다. 현대 심리학과 교육학에 강조점을 두고 있는 기독교 교육자들은 인간의 인지 능력과 사고 능력만을 중요시해 왔고 따라서 그들은 신앙을 지식과 동일시하여 그 외의 차원은 거의 도외시해 버렸다. 지식도 사고도 중요하지만 신앙 공동체의 삶은 그것만으로는 불충분하다.

왜냐하면 그리스도인은 본질적으로 하나님의 대행자(agent)이며, 역사적 행동자이기에 그의 삶은 사고(thinking), 감정(feeling) 그리고 의지(willing)가 함께 연결되어 표현되는 까닭이다. 다시 말해서 그리스도인은 영적 존재로서 살아 있는 신앙 체험을 요구한다. 따라서 종교적 영성(spirituality)의 회복이 신앙 공동체 교육의 최우선적 책임이다. 교회 교육은 구성원들의 종교적 체험을 강조할 필요가 있다. 여기서 말하는 종교적 체험이란 곧 복음화의 영역이요, 그리스도를 통한 하나님과의 관계성 회복을 의미한다.

이 목표를 달성하기 위해 교육 과정에서 고려해야 할 내용의 영역으로서는 첫째, 인격적 접촉과 사귐을 통해 기독교 복음에 대한 명백하고도 이성적인 이해와 직면하게 해서 각 개인이 예수 그리스도의 구주 되심을 확신하게 되는 기회를 제공한다. 둘째, 개인으로 하여금 명상과 기독교의 삶을 소개하고 그리스도 안에서 하나님과 계속적인 영적 관계를 맺도록 해서 하나님의 계속적인 계시에 대한 인식을 갖도록 한다. 셋째, 성경 연구의 기회를 제공함으로 성경에서 보여 주시는 하나님의 계시에 대한 지식과 이해를 촉진시켜 주고, 개인의 일상 생활 속에서 하나님과의 계속적인 교제의 기본 원리를 터득하도록 한다.

2) 공동체 의식

그리스도인은 본질상 홀로 존재할 수도 성장할 수도 없다. 그리스도인이란 존재는 곧 그리스도의 몸의 지체로서, 신앙 공동체의 멤버 됨의 자각과 함께 이웃과 더불어 함께 살아야 할 공동 운명체적 삶의 성격을 전제로 한다. 따라서 공동체(가정, 교회, 사회 안에서) 속의 자신의 책임을 인식하고 '자기보다 남을 낫게 여기며(빌 2:3)', '섬김을 받기보다 섬기는 자(Christian servanthood)'로서의 그리스도인의 삶의 스타일을 배우게 된다.

공동체 의식의 개발을 위해 교육 과정에서 고려되어야 할 영역은 첫째로, 성경 연구의 기회를 통해 역사 속에 나타난 하나님의 활동에 대한 성경 이야기를 우리의 이야기로 해석하도록 돕는다. 둘째로, 교회사 공부의 기회를 제공해서 우리 선조들의 신앙을 이해하도록 돕는다. 셋째로, 역사적으로 교회의 신조, 요리 문답, 신학 이론에 표현된 기독교 신앙에 대한 지식과 이해 속에 하나님의 백성들이 그들의 신앙 표현에 대해 공감을 가질 수 있도록 기회를 제공한다.

웨스터호프는 신앙 공동체적 삶 속에서 역동적으로 상호 작용하는 삶의 스타일을 중심으로 기독교 교육의 사회화 모델을 발전시킨다. 그리고 신앙 공동체의 살아 있는 전통 속에 간직된 요소들 가운데 특히 교회의 종교 의식(ritual)을 중요시한다. 그에 의하면 이 종교 의식은 신앙을 구체화하고 신앙의 의미와 비전을 지속시키고 전달하는 의미 있는 예전을 창조한다.

3) 역사 의식

살아 있는 교회라면 교회가 지닌 존재 의미와 현실에 대한 분명한 자각이 있어야 한다. 세상의 빛이요, 의의 등대로서 역사적 책임을 지닌 교회라면 그리스도인들 삶의 현실과 역사의 방향을 객관적으로 볼 수 있도록 역사 의식을 개발해야 한다. 그리스도인은 역사를 긍정하고 형성할 책임이 있기 때문이다. 그러면 그리스도인의 역사 의식 내지 현실 참여 의식을 어떻게 개발할 것인가? 그것은 개인의 차원에서 현실의 다양성과 변화를 보며 그리스도인의 소명을 알도록 지도하고, 복음의 빛 안에서 비판적 사고 (critical thinking), 적절한 선택(effective choice) 그리고 책임적 행동 (responsible activity)의 능력이 계속 개발되도록 해야 할 것이다. 그리스도 인의 역사 의식은 개인으로 하여금 도덕적인 결단을 하는 데 기본적 경험 을 제공해 줄 것이고, 그리스도인의 삶의 모델을 제시하고, 나아가 그것을 개인적 삶과 사회 생활에 적용할 수 있는 기회를 제공해 줄 것이다. 다음으 로 교회 공동체적 차원에서 교육의 방향은 '원심적인 선교 구조'의 빛 안 에서 창조적 선교의 역군을 훈련하도록 모든 교육 이론과 프로그램을 확대 해서 개발해야 할 것이다.

6. 신앙 공동체 교육의 과정 및 방법

웨스터호프는 '교육이란 삶을 보는 눈, 그리고 삶의 스타일이 목적을 가 지고 전달되고 양육되고 발전되는 거룩한 사회화 과정'[35]이라고 정의한다. 이는 신앙 공동체 안에서 가졌던 경험들과 그 경험을 나눈 사람들이 더불 어 그 경험 가운데에서 얻었던 느낌을 공동체 안에서 자신의 것으로 발전 시킨다는 것이다.[36]

웨스터호프는 신앙을 형체화하고 그 의미를 유지하고 전달하는 면에서 '종교 의식'을, 공동체 안에서 경험을 나누고 신앙을 반사함으로 자신과 세계가 갖는 물음과 답을 통합하는 기회로써의 '경험'을, 그리고 개인과 사회 문제를 계획한 행동으로 옮겨서 신앙과 삶의 가치를 실현하는 기회로 서의 '행동'을 모델로 삼았다.[37] 이 세 가지는 신앙 공동체의 전체적인 삶 안에서 역동적으로 상호 작용하는 거룩한 조직에 의해 연합된다.

---

35) John H. Westerhoff III, 김재은 역, 『기독교 교육 논총』, p. 82.

36) ibid., pp. 81-82.

37) ibid., p. 84.

이 모델은 자연스러우면서도 계획적인 일생의 과정을 통한 기독교 신앙의 전달과 양육의 형태로써, 사람들은 공동체 안에서 그들의 세계관과 삶의 스타일을 얻을 수 있게 된다. 이를 더 자세히 살펴보면 다음과 같다.

1) 교육의 과정
① 종교 의식(ritual)
종교 의식이란 사람들의 세계관과 삶의 스타일, 즉 그들의 신앙을 전달하고 보강하는 데 초점을 두는 공동체들의 신중한 노력이다.[38]

그리스도인은 종교 의식을 통하여 그리스도인의 유산과 전통 신앙의 기억과 소망을 축하한다. 그래서 종교 의식적 행동, 움직임, 찬송과 춤에 적극적으로 참여함으로써 삶의 의미와 가치, 사는 목적, 행동의 동기들을 깨닫게 되는 것이다. 따라서 종교 의식은 기독교 신앙의 표현을 위한 형식과 기회 모두를 제공해 준다. 종교 의식들과 예배는 항상 교회 생활의 중심이 되어 왔다. 만일 예배의 생활이 기독교인 생활의 초점이라면 그것은 기독교 교육의 초점이 되어야 함을 의미한다. 그러므로 종교 의식은 기독교 교육의 위한 가장 중요한 현장이라 할 수 있다.

교회 교육자는 참여를 위한 적합한 나이와 단계, 또는 그것들 사이의 연속성과 관계성을 신학적 · 예배적 · 교육적 문제로 이해해야 하며, 신앙 공동체가 신앙의 의미와 소망에 대해 현재 전달하고 있는 것이 무엇인지 끊임없이 복음에 의해 삶을 평가해야 한다.[39]

② 경험
학습의 가장 기본적인 형태는 경험이다. 사고와 감정 그리고 행동 양식

---

38) *ibid.*, p. 97.

39) John H. Westerhoff III & William, *Liturgy and Learning through the Life cycle*(N.Y.: Seabury Press, 1980), p. 60.

은 한 세대에서 다음 세대로 사회적 컨텍스트 안에서의 경험을 통해 전달
된다.[40]

신앙은 공동체 안에서 전달되며 양육된다. 그런데 만약 개인이 신앙 공
동체의 삶에 참여하는 동안 기독교의 삶의 특징인 사랑과 정의를 경험하지
못하고 또 그 경험 가운데에서 그 의미를 찾는 기회를 갖지 못한다면 그는
기독교 교육의 한 부분을 잃어버린 결과가 된다. 경험이 신앙 공동체 안에
서 중요한 이유는 신앙 공동체 안에서의 상호 작용을 통해서 경험을 얻기
때문이다.

모든 행동이나 경험은 각 사람에게 특별한 무엇인가를 의미한다. 즉 다
른 사람과 더불어 의미 있는 경험을 나누어 가지는 것은 인생관을 형성하
는 좋은 방법이 된다는 것이다. 기독교 신앙은 신앙의 빛 안에서 그들의 경
험을 재평가하는 사람들과 그룹들이 그들의 경험들을 제공해 주는 공동체
안에서 가장 잘 전달될 수 있기 때문에 교회 교육자들은 교회 안에서 모든
사람들을 위하여 진행되어 가고 있는 경험들을 평가해야 하며 교인들에게
참신앙적 삶과 증거하는 공동체를 경험할 수 있는 계기를 마련해 주어야
한다.

③ 행동

하나님의 자녀로서 우리는 이 세상 안에서 하나님의 자유케 하시려는 역
사적 행동에 참여하도록 부르심을 받았다.[41] 즉 하나님의 뜻이 이루어지고
하나님 나라가 오고 있다는 목표에 이를 때까지 복음의 영감과 심판 아래
서 행동할 때 우리는 신앙 공동체가 되며, 교회는 계속적으로 모든 악에 대
항하여 투쟁하도록 요구하는 복음의 근본적인 성격에 의해 신앙 공동체가

---

40) J. H. Westerhoff III & Gwen Kennedy Neville, *Generation to Generation* (Philadelphia: United Church, 1974).

41) J. H. Westerhoff III, 정웅섭 역, 『교회의 신앙 교육』, 1976, p. 64.

되도록 부름을 받았다. 신앙을 말로만 이야기한다면 우리의 신앙이 될 수 없다. 그러므로 교회 교육자들은 어린이, 청소년, 장년들이 의식적이고 떳떳하게 그들의 신앙을 행동으로 옮길 수 있는 터전을 제공해 주어야 한다.

2) 신앙 공동체 교육의 방법

교회 공동체 교육자인 리차드는 신앙 공동체의 교육 방법을 다음과 같이 소개하고 있다. 교회는 생명을 공유한 유기체로서 그리스도를 머리로 하는 긴밀한 몸이다. 이러한 생명을 지닌 유기체로서의 교회의 동력은 바로 긴밀한 관계성(relationship)에 있는 것이다.

공동체 형성, 즉 몸의 개발을 목표로 삼는 기독교 교육은 그 교육 방법에 있어서 긴밀한 상호 작용을 가장 기본으로 삼는다. 리차드는 이 상호 작용을 사회화 과정(socializing progress)으로 표현한다.[42] 리차드는 사회화 과정의 방법으로 세 가지 교육 방법을 소개하고 있다. 첫째, 모범을 통한 방법(modeling method), 둘째, 은사(gifts)의 발굴 및 활용이고 셋째, 각양 은사로써 몸된 교회를 위해 섬기는 기회를 제공함으로써 몸의 개발과 함께 지도성을 개발하는 것이다.

그 방법을 구체적으로 살펴보면 다음과 같다.

모범을 통한 방법(modeling method)은 사회화가 발생하는 주요 과정이다. 아동은 어버이와 함께 살면서 어버이의 문화 속으로 성장해 들어가 어버이들처럼 된다. 아동이 더욱 성장함에 따라 다른 모형들이 제시되고 그 모형에 자기 인격과 행동을 맞추게 된다. 이러한 면에서 리차드는 기독교 신앙의 성격과 교회 자체의 성격을 볼 때 모범을 통한 방법이 가장 적절하다고 주장한다.[43]

에베소서 1-5장까지의 교회의 성격을 보면 하나님의 제자 훈련 방식은

42) L. O. Richards, 문창수 역, 『교육 신학과 실제』, p. 97.

43) *ibid.*, p. 97.

주입식이 아니라 모범 방식이라는 사실을 인식하게 된다. 신자는 회심하는 순간 몸의 관계 안에서 타신자와 결합하게 된다. 신자는 홀로 살아가게 되어 있지 않다. 몸의 각 지체는 성령의 은사를 받아 서로의 성장에 기여하게 된다.

리차드는 효과적인 모범 닮기를 위해 다음과 같은 몇 가지 방법을 소개하고 있다.

① 모범들과 빈번하고 장기적인 접촉을 가질 필요가 있다.

② 모범들과 따뜻하고 사랑스런 관계를 가질 필요가 있다.

③ 모범들의 내면 상태에 노출되어야 할 필요가 있다.

④ 모범들은 각 생활환경과 상황에서 관찰될 필요가 있다.

⑤ 모범들은 행동, 가치 등에 있어서 일관성과 명료성을 보여야 한다.

⑥ 모범들의 행동과 공동체의 신념은 일치될 필요가 있다.

모범을 통한 방법은 다음 두 개의 장에서 가장 잘 일어날 수 있는데, 하나는 소그룹이고, 다른 하나는 가정이다. 소그룹을 통한 구성(setting)은 그룹원 각자가 충실히 참여할 수 있도록 소수가 개입하게 되는데 많은 이점을 가진 구성이다. 이 구성에서의 비형식성은 개개인으로 하여금 성경에 대한 인지와 진리에 대한 의미를 공유할 수 있게 된다. 이 구성은 상호 사역과 본받기와 동일시 체험을 위한 가장 강력한 구성이 될 수 있다.

동시에 성장이 다른 사람들 속에 나타나 보이므로 성장의 동인(動因)을 위한 강력한 원천이 되고, 하나님을 의지하고 하나님을 향해 생활을 개방하는 노력에서 개개인을 뒷받침하는 강력한 원천의 하나가 된다.[44] 소그룹 활동의 종류로는 활동그룹(work group), 기도그룹(prayer group), 학습그룹(study group), 양육그룹(nurture group), 행동그룹(action group), 치유그룹(healing group) 등이 있다.

---

44) ibid., pp. 300-303.

리차드는 생활로써의 신앙 전달과 성장을 촉진시키기 위해 가정에서의 모범 교육을 강조하고 아래와 같이 교육 목회적 관심을 나타내고 있다.

① 생활로써의 신앙 전달을 위한 제일의 초점을 교회 교육기관에서 '가정'으로 옮겨야 한다.

② 생활로써의 신앙의 효과적 전달을 위해 아동의 제일의 모델인 그들의 부모에게 감당할 능력을 갖춰 주어야 한다.

③ 어린이를 위한 교회 학교 교육은 신앙 교육의 일부이지 전체가 아님을 항상 명심해야 한다. 교회 학교 교육의 역할은 가정에서 실시되는 교육을 뒷받침하고 있는 데 불과하다.

④ 믿음의 내용을 믿어야 할 지식으로만 전달하기보다는 유기적이고 의미를 부여하는 패턴으로 연결지어야 한다.

⑤ 아동과 성인으로 하여금 여러 관계(어버이-자녀, 지도자-아동, 아동-아동들)에게 인지적(cognitive) 자료는 물론 정의적(affective) 자료를 표현하도록 기회를 자유롭게 제공해 주어야 한다.

2) 은사(gift)의 발견 및 활용

몸의 성장을 교육의 기본적인 목표로 삼고 있는 리차드의 교육 이론에서 은사의 개발은 교육 방법으로 매우 중요한 위치를 차지한다.

은사를 통해 각 신자는 다른 개인과 그룹의 성장 사역에 기여하기 때문이다. 몸의 성장은 각 지체의 기여를 통해서 이루어진다. 그러므로 각 신자는 그에게 주어진 은사를 활용해야 한다. 리차드는 은사 발견의 원리를 다음과 같이 제시하고 있다.

① 성령의 살아 계신 임재를 의식하는 것, 그리고 우리와 성령과의 관계를 의식하는 것이다. 이것은 은사받은 것이 나타나도록 함에 있어서 몸이 필요로 하는 기초적인 이해이다.

② 성령의 인도하심을 감지하고 그의 음성을 순종하는 것이다. 이것은 은사 받은 것이 나타나도록 함에 있어서 몸이 필요로 하는 기초적인 훈련

이다.

③ 하나님께서 살아 있는 교회를 통하여 달성하시고자 하시는 많은 목적들에 대하여 관심을 가지는 것은 은사받은 것이 나타나도록 함에 있어서 몸이 필요로 하는 것이요, 사역에 대한 기초적 방향 정립(basic orientation)이다.

④ 성령께서 우리를 통하여 다른 사람들을 섬기고 계신다는 것을 깨닫는 것, 즉 우리가 그것을 알게 되고 그들을 섬기도록 부르심을 받았다는 것을 감지하는 것이다. 이것은 은사받은 것이 나타나도록 함에 있어서 몸이 필요로 하는 기초적·관계적 위탁이다.

이상은 은사가 드러날 수 있도록 인도하는 원리이다. 은사를 활용하는 면에 있어서 주된 바탕은 관계(context)적인 것이며 상호 작용(interaction)적인 것이다. 은사는 사람 대 사람의 직접적인 접촉에서 발휘되기 때문이다. 따라서 은사 중 그 어느 것도 관계적인 바탕을 떠나서는 기능을 발휘하지 못한다.

3) 지도성의 개발

교회가 살아 있는 몸으로 이해될 때 몸으로서의 교회는 생명을 지닌 개체와 개체들이 모인 연합체로 구성된다. 이러한 유기체로서의 교회는 서로 친밀하고 조화 있는 관계에 있을 때에만 원활하게 제 기능을 발휘할 수 있다. 각 지체가 제 구실을 다할 때 그리스도의 몸은 자라며 사랑 안에서 스스로를 세워 나가는 것이다.

그러므로 여기에서 몸의 각 지체가 각자의 은사를 발휘하여 몸의 성장에 기여하게 하고, 지체들을 돌봄으로써 건강한 몸을 형성하게 하는 지도성의 개발은 매우 중요한 의미를 갖는다. 지도성의 개발은 두 가지 면에서 생각해 볼 수 있는데, 사역자의 지도성 개발과 평신도의 지도성 개발이다.

사역자는 교인들을 무장시키고(equipping) 몸에 속한 지체들을 돌봄으로써 건강한 몸을 형성하고 몸의 성장에 기여한다. 사역자는 다른 교인들

에게 개인적인 사역을 할 뿐 아니라 몸의 지체들 상호간의 관계 및 몸의 지
체들과 하나님과의 관계를 아울러 담당한다. 그는 몸의 건강을 위해 인간
상호간의 관계에 있어서 사랑을 증진시킨다.

사역자는 몸의 지체들 가운데 그리스도의 몸 안에서 사랑의 관계가 발달
하도록 이끌어 감으로써 몸의 건강을 도모한다.[45]

III. 코이노니아 구현을 위한 교회의 모델

1. 코이노니아적 교회로의 전환

교회는 '하나님의 백성' 이 되기 위하여 '부르심을 받은' 사람들의 모임
이며 예수님의 죽음과 부활의 힘으로 사는 사람들의 공동체(community)이
다.[46] 따라서 교회는 부활하신 그리스도께서 성령을 주신 사람들로 구성되
며, 살아 계신 그리스도를 현실로 받아들이며 주로 고백하는 사람들의 코
이노니아를 통하여 유지된다.[47]

그런데 오늘날 흔히 교회를 세움에 있어서 사람, 장소, 돈만 있으면 모든
요소를 갖추었다고 생각하여 교회를 인간의 의지대로 이끌어 가려는 경향
이 있는데 이는 심히 우려할 일이다.[48] 왜냐하면 교회는 인간의 노력으로

---

45) L. O. Richards & Clyde Hodldtke, 남철수 역, 『교회 지도자 신학』(서울: 정경사) p. 244.

46) Donald Miller, 박상증 역, 『교회의 본질과 사명』(서울: 대한기독교서회, 1980), p. 180.

47) 성령은 그리스도 코이노니아와 교회론적 코이노니아를 비로소 가능하게 하는 내적인 동력
이다. 고후 13:13의 성령의 코이노니아가 바로 이를 의미한다.

48) 한국 교회는 그리스도를 주로 고백한 신앙 공동체라기보다는 제도화한 무결단의 조직체로
서 모아진 교회(gathered Church)의 모습을 보여 주고 있으며 하나의 이기적 집단주의
(collectivism) 체제로 전락해 버려서 성도들은 공동체성이 결여되어 무관계성, 소외, 고립을 경험
할 수밖에 없다.

만들어지는 것이 아니라 어디까지나 하나님으로부터 선물로 받은 것이기 때문이다. 다시 말하면 교회는 신적인 것이지 인간적인 것이 아니며, 예수 그리스도의 부활을 통하여 하나님께서 창조하신 것임을 분명히 알아야 한다. 하나님과 사람 사이의 코이노니아는 하나님의 선물이지, 서로 좋아하는 사람들의 모임의 결과가 아니다.

교회는 그리스도의 몸 안에 그리스도의 영이 거하시는 곳이며, 그것을 믿음으로 고백하는 사람들이 서로 교제를 나누는 코이노니아(koinonia)이다. 이러한 교회는 성령에 의하여 존재하고 활동하며, 성령은 신자들을 부르셨고 신자들은 이를 받아들임으로써 세례를 받았다. 이처럼 교회는 성령의 활동 장소가 되며, 하나님과의 교제는 오직 교회 안에 현존하는 성령을 통해서만 가능하다. 그리하여 성도들의 사귐으로 이루어지는 교회는 성령의 활동을 통하여 유지되고 발전되는 것이다.[49]

결국 교회는 하나님께 택함받은 자들의 코이노니아이며 하나님이 그리스도를 통하여 전개하신 구원 활동의 총괄이다. 이러한 코이노니아(koinonia) 공동체로서의 교회를 통하여, 첫째로 죄인은 회개하고 새사람이 되어 하나님과 더불어 코이노니아를 누리게 되고, 둘째로 성도들은 구원의 은혜를 함께 소유한 동료로서 자신의 모든 것을 서로에게 나누어 주는 코이노니아를 체험하며, 셋째로 교제의 결과로서 이제는 세상이 하나님과의 코이노니아를 회복할 수 있도록 코이노니아의 공동체 안으로 세상을 초청하는 것이다. 코이노니아 공동체로서의 교회는 한 죄인이 거듭나고 성도의 교제를 통해 성숙하며 나아가 선교의 사명을 감당함으로써 또 다른 죄인을 하나님 앞으로 초청하기까지 그를 성숙시키는 구원의 공동체가 되는 것이다. 이러한 일련의 과정 속에서 인간은 하나님을 만나 태초의 코이노니아를 회복하고 성도들과 함께 코이노니아를 나누며, 세상 또한 이러한 코이노니아의 회복에 참여시키게 되므로 교회는 이 모든 코이노니아

---

49) 박봉랑,『기독교의 비종교화』(서울: 범문사), p. 22

(koinonia)에 의해 유지되고 발전되는 '코이노니아적 공동체' 라 할 수 있는 것이다.

1) 친교와 사랑의 공동체로의 전환

교회의 목적에 대한 정의가 사람들 가운데 하나님 사랑과 이웃 사랑을 증가시키는 것이 아니면 그 밖에 아무것도 있을 수 없다.[50] 그러므로 교회는 친교의 공동체(koinonia community)로서의 기능을 충실히 수행하여 ① 서로서로 돕고 사랑하여 믿음을 굳게 하는 일, ② 이웃과 세상을 섬기는 일, ③ 일상의 삶을 통하여 그리스도의 증인으로 성장하고 살아가는 일의 3중 교역(triple ministry)을 잘 감당하여야 할 것이다.[51] 또한 그리스도의 몸으로서의 코이노니아 기능을 감당하기 위해 기본적인 과제를 수행해야 한다.[52]

2) 하나님의 가족 공동체로의 전환

① 하나님의 가족의 표지로서 통일성을 이루어야 한다. 교회는 그리스도에 대한 동일한 신앙 고백과 성령의 감동, 말씀과 성찬식을 중심으로 한 교제를 통하여 한 가족, 한 형제가 되는 경험을 해야 한다.

② 용납의 자리로서 서로 치유, 지원, 격려를 나누는 공동체를 이루어야 한다. 세상의 약한 자, 죄인, 낙심한 자들에게 사랑과 격려를 제공하여 하나님의 가족(the family of God)의 생활을 체험하도록 하여야 한다.

---

50) Richard Niebuhr, *The Purpose of the Church and Its Ministry* (New York: Hasrper Press), p. 31.

51) Albin J, Lindgren, *Foundations for Purposeful Church Administration* (Nashville: Abingdon Press), p. 57.

52) George Webber, 「산업 사회에 있어서의 목회의 전문화와 영성」(서울: 연신원 신학세미나, 1984).

3) 교육과 훈련 공동체로의 전환

코이노니아 공동체는 모든 신자들이 그리스도 안에서 성숙해 가도록 훈련받는 '교육 공동체(teaching community)'를 이루어야 한다. 모든 신자는 가르침을 받는 의무와 가르친 결과로 오는 고백, 회심, 훈련을 통해서 그리스도의 성숙에 이르도록 서로 돕고 협력하는 공동체가 되어야 한다. 그리하여 모든 사람이 그리스도의 제자(disciples)가 되어 신앙의 의미를 찾고 성숙한 삶을 배워서 교회에 참여할 뿐 아니라 증인으로, 봉사자로, 희생자로서 다른 사람을 섬기도록 도와야 한다.

4) 세상을 위한 섬김과 나눔의 공동체로의 전환

그리고 코이노니아로서의 교회는 세상을 위한 섬김과 나눔의 삶을 실천해야 한다. 코이노니아로서의 교회는 세상의 고통에 참여하도록 부름을 받았다. 그 고통에의 참여란 가난한 자와 도움을 필요로 한 자, 또 한계 상황에 있는 자들을 변호하고 돕는 것이며 인류의 심령에 산 희망을 유지하는 데서 오는 것이다. 세상을 위한 섬김과 나눔의 실천은 코이노니아로서의 교회가 반드시 해야 할 과제인 것이다. 교회가 섬김과 나눔의 삶을 실천할 때 다음과 같은 원리들을 명심해야 한다.

① 자기 비움의 원칙(principle of kenosis)이다.[53]

섬김과 나눔은 예수 그리스도와 같이 자기를 비우는 신앙을 기반으로 해야 한다. 서구의 교회들은 원조를 통하여 자기의 목표를 추구하는 일반적 형태를 가져왔다. 받는 자의 정체성과 사회적 비전과 목표를 무시하고 주는 자들의 가치를 은근히 기준으로 삼을 것을 요구하였다. 한국 교회의 섬김과 나눔은 이 구조를 극복하여야 한다. 한국 교회에서 이루어지는 섬김

---

53) 김용복, 「코이노니아로서의 교회」, 한국기독교학회 편, 『교회와 코이노니아』(서울: 대한기독교서회, 1993), p. 32.

과 나눔은 한국 교회의 자기 실현이라는 목표에 급급하여 상대방의 정체성
과 미래를 훼손하는 결과를 가져와서는 안 된다.

② 나눔과 섬김의 상대를 주인으로 일으켜 세우는 종(diakonos)의 원칙
이다.

주는 자가 받는 자 위에 군림하는 현실을 극복하여야 진정한 나눔과 섬
김이 이루어질 수 있다. 이것이 진정한 자립의 원칙이다. 섬기는 자와 나누
는 자는 상대방을 주역으로 인정하고 섬김과 나눔의 관계를 상존하게 하며
이 주역의 정체성과 자립성을 담보하는 관계를 이룩하여야 한다. 아무리
섬기는 자가 나누는 일을 잘하고 선하게 한다 하더라도 상대방이 스스로
서지 못하고 주체성을 상실하며 독자적인 사회 실현의 주역이 되지 못한다
면 섬김과 나눔의 행위는 상대에게 파괴적인 결과를 가져올 수밖에 없다.
섬김이란 상대를 온전히 주체로 주역으로 일으켜 세우고 나눔의 관계를 수
립하는 것이다.

③ 호혜의 원칙(principle of mutual solidarity)이다.

쌍방이 서로 주고받는 관계를 통하여 진정한 사랑과 정의의 연대를 이룩
할 수 있다. 섬김과 나눔은 동어(同語)의 관계요 상호성의 관계이다. 주는
자도 받는 것이 있으며 받는 자도 자기의 것을 주는 자이다. 섬김도 서로가
서로를 일으켜 세워서 손에 손을 맞잡고 함께 서는 것을 의미한다. 이것이
사회 정의의 근간이다.

④ 온전성의 원칙(principle of wholeness)이다.

나눔과 섬김은 선교와 분리될 수 없으며, 물질적인 것과 정신적인 것이
분리될 수 없다. 나눔과 섬김은 마음과 정성과 모든 것을 다하여 심지어는
자기의 목숨을 바쳐 온전히 이웃을 사랑하는 것이다. 섬김과 나눔의 관계
는 사회 질서의 근간을 이룰 뿐 아니라 인간과 자연 질서의 상호적 관계를
이루는 통전적인 생명의 연대 관계를 수립하고 완성하는 것이다. 결국 섬
김과 나눔의 관계는 온전한 생명의 질서를 보전하는 것이다. 여기서 우리
는 물질적인 차원에서만 섬김과 나눔을 논의하여서는 안 된다. 인간의 경

험과 삶의 전체적인 차원에서 섬김과 나눔을 논의하고 실천하여야만 위의 원칙들이 이루어질 수 있고 진정한 섬김과 나눔의 도를 실현할 수 있다.

2. 한국 교회 목회 형태의 갱신 모델

오늘날 한국 교회가 진정한 공동체 구실을 하려면 모임의 성격을 '양적인 부흥'에서 '코이노니아 공동체적인 부흥'으로 회복시켜야 한다.[54] 그리고 이처럼 되기 위해서는 자기 중심의 교회 확장, 교인, 건물, 재정 확장의 노력을 가난한 도시 교회와 농어촌 교회 돕기로 전환하여야 한다. 신앙 공동체 교육을 위한 목회 형태의 갱신을 위해서는 다음의 것들이 요구된다.

1) 영적인 목회 형태의 갱신

한국 교회의 경직된 기구주의(rigid institutionalism)를 뛰어넘어 성령의 친교(the fellowship of the Holy Spirit)로 말미암은 '영적인 목회 형태'로 갱신하는 것이다.[55] 이는 값싼 은혜나 인간적인 교제를 지양하고, 성령의 자유하심과 교통하심에 힘입은 성도의 교제를 통하여 교회를 보다 친밀하고 생동적인 공동체로 성숙시키는 것이다.

2) 개방적인 목회

개인의 신앙적 혹은 종교적 욕구 충족을 목적으로 하는 폐쇄적 목회 형태를 뛰어넘어 교회를 그리스도의 몸된 공동체로 이해하고 성도들을 향해 모든 것을 열어 두는 '개방적인 목회 형태'[56]로 갱신하는 것이다. 물론 이 때 몸 안에서는 지체의 다양성으로 말미암아 불안과 긴장이 존재하게 되지

---

54) 김병서, 「공동체의 사회학적 이해」, 《기독교 사상》(1984. 1월호), p. 26.

55) 하워드 스나이더, 이강천 역, 『새 포도주는 새 부대에』, pp. 114-161.

56) 박근원, 『현대 교회와 개방적 목회』

만 오히려 그러한 공동체의 특성을 서로의 관련성 속에서 상호 의존적으로 해결하도록 분위기를 이끌며 그들의 잠재된 힘이 세상을 섬기는 것으로 집결되도록 이끌어야 할 것이다.

3) 화해의 목회

갈등과 반목과 증오를 뛰어넘어 사랑과 정의와 평화를 실현하는 '화해의 목회 형태'로 갱신하는 것이다. 이것은 최초의 인간 아담이 깨뜨린 하나님과의 코이노니아를 그리스도께서 십자가를 통하여 회복시키셨음을 믿는 것이며, 이를 신앙으로 고백하는 성도들이 미움으로 가득 찬 세상을 향해 실천해야 할 것이다.

4) 인간 돌봄 중심의 목회

일 중심에서 '인간 돌봄 중심의 목회 형태'로 갱신하는 것이다. 인간을 일을 성취하기 위한 도구로 여길 것이 아니라 한 영혼 그 자체를 가장 소중히 여기는 목회 스타일로 변형되어야 할 것이다. 그러므로 조직에서 코이노니아로 바뀌어야 한다.

다음 도표는 코이노니아와 조직의 대조표이다.

코이노니아와 조직의 대조[57]

코이노니아의 특징	조직의 특징
성막으로 예표된다.	성전으로 예표된다.
특히 다윗이 시온산에 세운 성막	특히 솔로몬이나 헤롯의 성전
작은 단위들로 구성됨.	융통성이 없음.

---

57) 론 투르딩거, 장동수 역, 『가정 소그룹 모임』(서울: 기독교문서선교회), pp. 142-143.

융통성이 있음.	융통성이 없음.
개인적으로나 작은 모임으로나 모두 언제나 계속적인 변화에 열려 있고 준비되어 있음.	변화를 거부하고 특별히 단체적인 프로그램의 유형에 의하여 운영됨.
유동적임: 적절한 곳이면 어디에서나 자유롭게 일어날 수 있음.	고정되어 있음:일반적으로 건물이나 조직에 의하여 제한.
성령이 인도하는 유형의 구조임.	강요된 유형의 구조임.
그때에 성령께서 인도하는 예배 찬양 모임임.	전통적인 예배의 유형임. 자주 인쇄되어 있음.
계시가 중요한 역할을 함.	전통에 이끌림.
하나님이 다스림(하나님의 통치)	독재(한 사람의 통치), 민주주의 (여러 사람의 통치) 혹은 과두 정치(소수의 독재)임.
비전문적인 인도자	전문적인 인도자
성직자와 평신도간의 구별을 거의 강조하지 않음.	일반적으로 성직자와 평신도를 구별함.
은사적으로 성령께서 주신 은사가 중요하게 인정되고 사용됨.	자연적인 재능이 일차적으로 인정되고 사용됨.
'몸의 사역임' - 즉 모든 지체가 예배와 나눔에 참여함.	'사역자들' 만 혹은 특별한 평신도 조력자들에 의해 주로 행해지는 사역임.
새로이 구원받은 사람들을 통하여 성장-기존 지체들의 삶의 방식에 매력을 느껴서.	주로 무슨 운동과 조직에 의하여 성장함.
단순함	정교함
분가함으로 증식됨.	건물이나 새로운 사역자, 지역, 계획에 의해 증식됨.

5) 갱신과 개혁의 목회

또한 신앙 공동체 교육을 위해서는 교회 자체가 새롭게 갱신되어야 한다. 존 웨슬리는 교회 갱신의 모델을 다음과 같이 말하고 있다.[58]

① 갱신 운동은 작은 교회(ecclesiola)로서 존재한다. 즉 그것은 교회 안에 있는 보다 작고 보다 친밀한 교회를 말한다. 그 자체는 배타적인 의미에서가 아니라 오히려 보다 큰 교회의 생명력을 위해 필요한 교회의 형태로서 참교회이다.

② 갱신 운동은 소그룹 구조의 형태를 활용한다. 교회 안에 그룹으로서뿐만 아니라 엄밀한 의미에서 한 지역 교회 안에 있는 특수한 작은 공동체로서의 운동체를 말하는 것이다.

③ 교회 갱신 운동은 전체 교회로서가 아니라 교회의 필요한 부분으로 간주하기 때문에 갱신 운동의 구조는 큰 교회와의 통일성과 활력과 전체성에 관련되어 있다.

④ 교회 갱신 구조는 선교 지향적이어야 한다.

⑤ 갱신 운동은 특별히 확실한 언약에 근거를 둔 공동체임을 의식해야 한다.

⑥ 갱신 운동은 새로운 형태의 교역과 지도자를 일으키고 훈련시키고 단련하는 광장을 마련해 준다.

⑦ 갱신 운동의 구조는 권위의 기초로서 성령과 하나님의 말씀을 강조하지만 극히 제한적이고 제도적 교회의 권위와 전통도 인정한다고 존 웨슬리는 말하고 있다. 이런 형태의 갱신뿐 아니라 다음의 갱신 모델들도 참고로 하는 것이 좋다.

호킹(D. L. Hocking)은 그의 저서 『The World's Greatest Church』에서 성숙한 교회 공동체의 공통된 특징들을 아래와 같이 제시하고 있다.[59] ① 올바른 목표들과 목적들, ② 경건한 지도력, ③ 제자 됨과 훈련, ④ 성경적 가르침과 설교, ⑤ 사역하는 교인, ⑥ 성장하려는 열망, ⑦ 사랑의 정신, ⑧ 가

---

58) H. A. 스나이더, 조종남 역, 『혁신적 교회갱신과 웨슬리』

59) Hocking, *The World's Greatest Church.*

족에 대한 강력한 지원 ⑨ 변화에 대한 수용자세 ⑩ 신앙과 비전 ⑪ 기쁘게
주는 정신 ⑫ 하나님 찬양에 대한 강조 ⑬ 사람들과 접촉을 가지려는 열망
⑭ 하나님에 대한 계속적 의존 ⑮ 그리스도 몸의 일치성에 대한 강력한 강
조 ⑯ 조직의 단순성 ⑰ 계속적인 배움의 정신 ⑱ 죄에 대한 저항이다.

그리고 블뢰쉬(Bloesch)는 갱신된 교회 모델의 특색을 아래와 같이 말하
고 있다.[60]

① 그것은 복음에 전념하고 성경으로부터 가장 중요한 영감을 끌어내는
복음주의적 공동체여야 한다. ② 그것은 교회를 나타내는 소규모의 모형이
되어 그리스도의 공동체의 실체를 명백히 보여 주어야 한다. ③ 그것은 복
음주의적일 뿐 아니라 진정한 의미에서의 포용성을 갖춤으로써 교회간에
화해의 매개체가 되어야 한다. ④ 그것은 복음을 전하려는 열정을 가지고
널리 그 힘을 미칠 수 있어야 한다. ⑤ 그것은 주변 문화의 중요 가치와 정
신과 충돌함으로써 교회와 세상 사이에 놓인 어떤 한계를 드러낼 수도 있
다. ⑥ 그것은 그리스도의 주 되심(Lordship)을 철저히 증거함으로써 다가
올 하나님 나라의 종말론적인 표적이 되어야 한다. ⑦ 그것은 기도와 전도
를 위해서뿐 아니라 연구와 가르침을 위해서도 시간을 할애해야 한다고 서
술하고 있다.

6) 공동체 교회 형태의 목회
막스 델레스페스(Max Delespesse)는 그의 책 『교회 공동체(The Ch
urch Community)』에서 교회의 공동체로서의 성격을 다음과 같이 진술하
고 있다.[61]

① 교회는 완전한 공동체(a perfect community)이다. 그러나 그 안에 완

60) Donald G. Bloesch, 김현진 역, 『세계의 예수 공동체』(서울: 무실, 1991), pp. 183-189.

61) 로버트 웨버, 이승구 역, 『기독교 문화관』(서울: 엠마오), pp. 103-107.

전성이 있는 것이 아니고 완전성은 주어진 것이다.

첫째로 기독교 공동체는 '그리스도의 몸'이라는 것과, 둘째로 그 안에는 성령의 능력이 거하신다는 신학적인 이해는 교회가 완전한 공동체란 결론을 내리게 한다.

② 교회는 모든 것을 포괄하는 공동체(An allembracing community)이다. 그리스도의 공동체는 영적인 것만 실제인 양 생각하는 '영적인 공동체(spiritual community)'이기만 한 것은 아니다. 그것은 전생활을 포괄한다. 그러므로 그리스도의 신성은 교회 내에서의 인간 관계를 통해 드러나고 그 빛을 중시하게 된다. 이는 물질의 나눔을 포함하여 기독교 공동체의 전생활에까지 미치는 것이다.

③ 공동체로서의 교회(the church as community)가 목표이다.

교회란 종말론적 희망의 현실적인 실재(the present reality)이다. 그것은 구원 공동체이기 때문이다. 교회가 이미 구속된 백성들의 최종적 모임(the final assembly of redeemed people)이므로 구원은 교회 안에 존재한다. 그러므로 교회가 성령의 열매를 인식하게 되면 그럴수록 교회는 이 세상에서의 하나님의 종국적인 사역(the final consummation of God's work)을 표현하게 되는 것이다.

④ 공동체로서의 교회는 세상의 구원을 위한 것이다(The church as community is for the salvation of the world). 구원 공동체는 그 안에 있는 사람의 구원을 위해 존재한다. 즉 그 공동체는 다른 사람들에게 그리스도로 인해 온 세상에 주어진 구원을 선포하며 이를 위해 준비시키고 이 구원으로 불러들이는 일을 해야 한다고 말하고 있다. 더 나아가 앞으로 한국 교회가 진정한 공동체 구실을 하려면, 또한 새롭게 갱신된 모델을 가지려면 아래와 같은 요소들을 그 구조 속에 포함해야 할 것이다.[62]

---

62) 하워드 스나이더, op. cit, p. 172.

정상적인 교회 성장의 4요소

	복음 선포	모임의 증가	공동체 건설	은사의 사용
그리스도의 말씀	너희는 온 천하에 다니며 만민에게 복음을 전파하라 (막 16:15) 너희가… 내 증인이 되리라(행 1:8)	모든 족속으로 제자를 삼아(마 28:19) 예루살렘과 온 유대와 사마리아와 땅끝까지 이르러 (행 1:8)	이는 우리가 하나가 된 것같이 저희도 하나가 되게 하려 함이니이다 (요 17:22)	저가 내 안에… 있으면 이 사람은 과실을 많이 맺나니(요 15:5)
그리스도의 모본	복음의 전파	이 임무를 위해 제자를 예비하심.	제자들과의 공동 생활	예수님의 설교, 치유, 권고, 가르침 등.
생활 원칙	씨를 뿌림	재생, 세포 분열	신진 대사	포도나무와 가지 단일체에서의 변화
기능	교제, 개종자를 얻음.	새 교회를 세움. 열매를 보호	영적 성숙 예비함. 온전케 함. 훈련	내적·외적 임무. 복음 전도 이행. 자기 표현
관련운동	대중 복음 전도와 개인적인 복음 전도 운동	교회 성장 몇몇 선교 운동	신생 운동 소그룹 운동	카리스마적 운동
편파적인 강조의 위험성	열매를 상실 영적 기아 기술적 복음 전도	지나친 교파주의 성공주의 세상과의 영합	지나친 주관주의 자기 중심적 세상으로부터 멀어짐.	지나친 개인주의 교리를 무시 인위적임.

IV. 코이노니아적 교회 회복을 위한 신앙 공동체 교육의 모델

1. 초대 교회를 기초로 한 공동체 교육의 모델

초대 교회가 보여 준 코이노니아는 예수 그리스도의 전생애 사건에 참여하는 것인데 그것은 상호 공동체를 확립하고 예수 그리스도 안에서의 공동적 결합을 강조한다. 이처럼 신약의 공동체는 인간 공동체일 뿐 아니라 하나님이 현존하시고 하나님이 참여하시는 공동체로서 친교, 성도의 교제, 나눔, 참여, 의사 소통이 이루어지는 상황으로 양면적으로 표현이 된다. 그래서 공동체 교육의 가능성이 성령의 주체적인 역할로 이루어진다.

초대 교회가 계속 모였던 것(congregation)은 공동체의 고백하는 일과 그들의 생활 속에서 예수 그리스도와의 만남을 위함이었고, 동시에 그 교회는 온 세계를 향하여 복음을 선포하는 흩어짐(missiodiaspora)으로 세계 속에서 그리스도의 몸이 되어 갔다.[63]

이처럼 신약의 공동체는 종말론적인 성격과 살아 있는 사람들의 신실한 공동체라는 독특한 위치에 있으면서 동시에 자신을 초월할 수 있으며 미래와 영원의 관점에서 자신을 관찰할 수 있는 독특한 위치에 있다. 그래서 교회는 인간의 공동체였으나 복음에 의해 이루어진 공동체였고 아울러 신앙을 경험하는 성령의 공동체로서, 그 공동체가 존재하기 위해 표현한 존재 양식은 여러 가지이고 또 다양했다.

그래서 신약의 공동체 교육은 전생애를 통해 하나님 나라의 열망을 다져 가는 포괄적이며 비형식적인 교육이었다. 그래서 초대 교회를 통한 공동체 교육은 오순절 경험 이후에 시작된 그리스도인들의 신앙 생활 지도, 사도들의 가르침, 성도의 교제, 기도 그리고 떡을 함께 떼는 일이 모든 전체 생활 속에서 이루어져 왔다.

이와 같은 초대 교회 신앙 공동체 교육의 모델은 다음과 같다.

1) 신앙 공동체의 형성과 보존

예수와 하나님 나라의 복음 안에서 철저한 변화와 거듭남을 체험한 예수의 제자들과 초대 교회 교인들은 변화된 실존 의식을 가지고 받은 바 사랑을 실천하고 나누며 하나님의 사랑의 공동체를 이루는 꿈을 꾸며 이 땅에

---

63) 은준관, 『기독교 교육 현장론』(서울: 대한기독교출판사), p. 101.

서 살아 가는 자들이었다.

바울의 표현을 빌리자면 그들은 그리스도 안에서 죄와 죽음의 법으로부터 해방되어서 생명의 성령의 법(롬 8:2) 안에 사는 존재요, 하나님의 절대적인 사랑의 의지 안에서(롬 8:39) 그리스도와 연결된 그의 지체로서(롬 12:5) 영생의 소망을 안고(롬 6:23) 하나님과 그리스도를 위해 살아간다(롬 6:11). 또한 참자유함을 얻은(갈 2:4) 하나님의 자녀로서의(갈 3:26) 변화된 실존의 자아 의식을 가지고 자기의 삶의 자리에서 하나님을 예배하기 위해 모이기를 힘쓸 뿐만 아니라 가르침에 전념하면서 신앙 공동체를 형성해 갔던 것이다.[64]

초대 교회는 후기로 접어들면서, 개종해 오는 이방인뿐만 아니라, 제2~3세대의 교육 및 사회·문화·정치·종교적인 이교 문화의 도전에 접하게 되었다. 이때에 예수와 직접 만남을 통하여 새로운 삶을 산 사도들의 최초의 경험과 신앙 및 그들의 가르침을 중요하게 생각하고 계속 용서와 화해의 복음을 선포할 뿐만 아니라 도덕적인 재훈련을 강조하여 가르치게 되었다. 그렇게 함으로써 거짓 교리들로부터 초대 교회를 보호하고 하나님의 사역을 계승하는 사도적 교회로 양육하며 그 공동체를 유지하였다.

2) 가정에서의 교육 강화

가정은 초대 교회 그리스도인들의 예배와 교제를 위한 모임의 현장이었을 뿐만 아니라 교육이 일어났던 중요한 장이었다. 그래서 가정은 새 신자를 획득하는 요람이었으며, 새 신자가 새로운 신앙 가족의 일원으로 교육되는 곳이기도 하였다.

에베소서의 교육적인 교훈을 보면 "부모들아 자녀를 노엽게 하지 말고 주의 교양과 훈계로 양육하라(엡 6:4)"고 하였다. 여기에서 강조하고 있는 말은 paideia로, 이 말은 자녀들을 향한 부모들의 교육적 책임을 의미하는

---

64) 성종현, 「엔크리스트-바울의 윤리」, 《기독교사상》 373호(1990.1), p. 235.

용어로서 '사랑' 그리고 '상호적인 존경'으로 맺어진 관계 안에서 곧 그리스도 안에서의 교육을 강조하는 것이다. 이러한 교육이 각 가정에서 이루어졌다.

초대 교회의 가정은 교육과 예배에 있어서 말씀을 듣기 위한 모임과 함께 중심적인 삶의 자리에 있으면서 신앙의 구체적 실천과 경험의 자리가 되었으며, 결국 공통의 가치관 확립뿐만 아니라 신앙 공동체의 형성과 성장에도 중요한 역할을 하였음을 알 수 있다.

3) 복음 중심의 교육

초대 교회는 예배와 삶이 분리되지 않고 지속되었으며, 삶 자체가 항상 하나님의 임재를 느끼며 감사와 기쁨이 충만하였고 살아 계신 그리스도를 증거하는 모습이었다. 저들이 처해 있던 정치·사회·문화·종교적인 여건은 불의와 절망과 어둠의 그림자가 있었음에도 불구하고 동터 오는 새벽의 찬란한 햇빛처럼 모든 것을 극복하고 승리의 노래, 사랑의 노래, 용서와 화해의 노래를 부를 수 있었다.

예수의 제자들은 예수의 사역에 동참하면서 용서와 화해의 메시지를 체험했다. 부활 사건 후 십자가 앞에서의 그들의 실패를 용서받고 새롭게 하나님의 이신 칭의의 의를 확신하면서 하나님 나라의 확장을 위하여 신앙 공동체를 형성하며 예수 역사의 무대에 주역으로 나서서 예수님의 사역을 계승하였던 것이다.

그래서 그들은 교육과 예배의 중심에 예수 그리스도의 죽음과 부활의 사건을 두고 예수 그리스도 안에서 예수 그리스도의 눈으로 모든 것을 해석하고 예수 그리스도를 증거하며, 무리들로 하여금 삶 속에서 하나님의 임재를 항상 느끼며 예수 그리스도의 다스림을 받는 하나님의 사람들로 살아갈 수 있도록 돕고자 노력하였다. 이러한 사역은 사도들과 교사 및 공동체 지도자들에 의하여 지속되었다.

그들의 가르침은 예수 그리스도의 화해와 용서의 복음에 근거한 것이었으며, 그들 자신도 복음의 전승자로서 그 복음과 가르침들을 배우고 지켜 행하기를 힘쓰고, 그 복음 안에서 살면서 살아 있는 전승으로 생생한 삶을 통하여 사역을 수행했다.

초대 교회의 교육은 새로운 삶으로의 온전한 변화(transformation)가 가능했다. 그 이유는 초대 교회의 교육과 예배의 중심에 복음 그 자체이시며 삶을 통해 직접 말씀과 가르침의 본을 보여 주신 예수 그리스도를 모셨기 때문이다. 또한 그러한 복음을 먼저 자신들이 철저하게 배우고 실천하기를 노력하며 그 복음 안에서 살아가는 예수의 제자들과 사도들 및 교사와 공동체 지도자들의 삶을 통한 하나님 나라의 복음 선포와 가르침이 있었기 때문이다.

2. 신앙 공동체 형성을 위한 소그룹 활동의 모델

1) 가정 소그룹 형태의 교육

이 소그룹 공동체는 단순한 기도회나 토의 그룹, 과제 성취 그룹 그리고 위원회 같은 것이 아니라 그러한 성격을 포함하면서 그 이상의 의미를 지니는 소그룹 모임이다. 7~8명에서 20여 가정으로 구성될 수 있으며 모든 가정이 모여 서로 격려하고 예배드리며 중보기도 하고 말씀을 공부한다. 그리고 지체 상호간의 교제와 친밀함, 소속감을 가지고 그리스도 안에 있는 생명을 함께 소유한다. 치밀한 준비로 음악회나 성극회를 가질 수도 있다. 한 가지 특징은 이 모임 자체가 바로 주님의 교회라는 의식을 가지는 것이다.

이 소그룹은 교회 내의 더 큰 그룹으로부터 지원을 받아야 한다. 이 모임은 부모들만 모이기도 하나 대개 자녀들까지 함께 모인다. 자녀 양육법, 공부, 자녀 격려법, 결혼 준비를 돕는 일 등 다양한 주제들이 토의되고 상호 지원할 수 있다. 음식을 나누며 교제하고, 공동적 모임 후에는 세대들의 관심에 따라서 자유로운 주제로 활동할 수 있다. 이러한 그룹은 대가족의 성

격과 기능을 담당한다. 성원들은 모두가 그리스도 안에서 '하나님의 가족'
이라는 소속감을 가지게 된다.

특히 결손 가정과 독신자들에 대한 세심한 배려가 있어야 하며 그들의
필요에 민감해야 한다. 이러한 프로그램은 선택적으로 또는 일정 기간을
설정하여 운용될 수 있을 것이다.

교회의 정기 프로그램에 편입시키는 것도 좋을 것이다. 단 분명한 목표
와 가장 효율적인 방법을 모색함으로써 창조적이며 생산적인 것이 되어 관
계들을 밀접하게 촉진시켜 줄 수 있을 뿐 아니라 하나님의 말씀과 진리에
반응할 수 있도록 고안되어야 할 것이다.

가정 소그룹을 통해서 실시할 수 있는 세부적인 프로그램으로는 다음과
같은 것들이 있다.

① 인도자나 방문 강사가 인도하는 성경 공부 : 모든 이에게 적어 두도록
격려해서 끝난 다음에 약간의 토론 시간을 갖는다.

② 지체들 중에서 한 사람이나 몇 사람을 선발해서 성경 공부를 인도하
게 한다.

③ 주일 설교의 연장으로 미리 계획하여 그 내용에 대해서 질의 응답 시
간을 갖는다.

④ 예를 들면 연말에 간증의 밤을 갖는다. 모든 참석자들에게 미리 알려
서 준비하게 한다. 그러나 강요하지 말라! 20년 전에 하나님이 해주신 것에
대한 것이 아니라 최근에 일어난 일을 간증하도록 한다.

⑤ 치유와 같은 특별한 필요를 위하여 특별 기도회를 갖는다(이 말은 매
번 모일 때마다 기도하는 것이 알맞지 않다거나 자연스럽지 못하다는 말이
아니다).

⑥ 하루나 이틀 각자가 금식하고 함께 모여 어떤 계시를 나눈다든지 함
께 기도함으로써 금식을 유발했던 문제에 대해서 사탄을 대적할 수 있다.

⑦ 성경 퀴즈나 교제 퀴즈 : 후자는 가정 모임의 '가족'인 지체들을 좀더
잘 알기 위한 것을 의미한다.

⑧ 함께 식사하고 교제한다. "식후에 또한 이와 같이 잔을 가지시고…(고전 11:25)"

⑨ 찬양의 밤 : 교회에 있는 전문가를 데려다가 모든 지체들에게 중창을 몇 곡 더 소개해 준다.

⑩ 찬양 음반이나 테이프의 밤을 갖는다. 목적을 가지고 계획을 세워야 하며 간간이 조언의 말을 삽입한다.

⑪ 공작하는 모임(솜씨 자랑 : 모든 사람이 함께 일하고 배운다. 새로운 것으로 너무 어렵지 않은 것. 예를 들면, 단순한 도자기 만들기 같은 것이 좋다.

⑫ 조심스럽게 계획된 오락 시간을 갖는다. 그 목적은 지체들을 서로 좀 더 잘 알고자 하는 특별한 목적을 위한 것일 수도 있고 혹은 단순히 즐기기 위한 것일 수도 있다.

⑬ 두 사람씩 혹은 몇 사람씩 나누어서 토론, 중보 기도, 계획 등을 한 다음 마지막에는 각각 발견한 내용들을 수집한다.

⑭ 주말에 함께 야외로 나간다.

⑮ 특별한 복음 전파 모임을 계획하기 위한 모임. 예를 들면 그 지방의 홀(hall)을 빌려서 주로 전도를 목적으로 부활절 발표회를 갖는 것 등을 말한다.

⑯ 복음 전파의 밤. 예를 들면, 연극이나 간증을 통하여 함께 살고 관계를 맺어 온 것을 나타내는 좋은 기회가 될 것이다.

⑰ 성령의 은사들이 가끔 모임에서 나타나는 것이 확실한 경우에는 이런 은사들에 대해서 특별히 설명하고 사용하도록 격려하는 모임을 갖는 것이 좋다. 예를 들면, 방언이나 예언의 은사들이 그러하다.

⑱ 글을 쓰는 저녁을 갖는다. 꼭 미리 알릴 필요는 없다. 종이와 연필을 나눠 주고 형제 자매들이 모두 자기 자신을 자유롭게 표현하도록 격려한다. 산문이나 기도문, 시 혹은 찬양문을 쓰게 한다. 시는 꼭 운율이나 리듬이 맞아야만 하는 것은 아니다.

⑲ 발췌문, 발표문의 밤 : 각 사람이 미리 준비한다. 자기가 도움을 받았던(혹은 경고를 받았던!) 책이나 혹은 잡지들에서 발췌한 것을 가지고 온다.

⑳ 봉사의 밤을 갖는다. 각자가 나가서 서로 혹은 다른 사람들을 섬기고 돕고 사랑을 표시하고 칭찬해 준다.

㉑ 다른 가정 모임을 방문하여 서로를 격려한다. 단순히 사귀기 위한 목적일 수도 있고 사귐이나 연합 예배, 사역을 위한 목적을 함께 할 수도 있다.

㉒ 사귀기 위하여 함께 야외로 나간다. 정기적으로 저녁에 나가든지 토요일마다 나가도 좋다. 즉 보트 타기, 스케이트 타기, 야외 스포츠나 산보 등이 좋다.

㉓ 이웃 사람들을 초청하여 비공식적인 하루나 저녁을 보낸다.

㉔ '찬양시' 의 밤 : 지체들이 성경의 시편이나 자기 자신들이 지은 시들을 읽는다.

㉕ 특별한 선교사의 밤. 방문해 온 사람과 시간을 갖든지 선교에 대해서 알고 기도하는 시간을 갖는다.

㉖ 신앙 서적의 밤 : 신앙 서점의 주인이나 판매원이 책을 많이 가지고 와서 설명하는 시간을 갖는다.

㉗ 연극의 밤 : 교회의 생활을 연출해 낸다. 하나님 나라의 진리들을 나타내 주는 짤막한 촌극들을 준비한다.

㉘ 성경 합창곡(성경 교독문)을 무언극이나 동작으로 해석하는 모임. 아마 교회의 정규 모임 때에 많은 청중 앞에서 할 수도 있을 것이다.

㉙ 도움이 필요한 사람이나 가족 혹은 무리들을 실내 장식, 요리, 수선 혹은 심지어는 야외에 함께 데리고 가는 것 등으로 도와 주는 저녁 시간이나 오후 혹은 하루를 보낼 수 있다.

㉚ 지체들이나 방문객이 어떤 종류를 나누는 밤을 가질 수 있다. 하나님이 이번 주에 나에게 하신 일이나 나에게 어떤 분이셨나를 나눌 수 있다. 그

리스도인으로서 중요한 어려운 점 등도 나눌 수 있다.

2) home cell-group 중심의 모델

교회의 조직 갱신은 교회 전체의 유기적인 구조 안에서 다양한 소그룹이 활성화되어 교회의 본질을 회복하고 교회 본연의 임무를 다할 때 오는 것이다. 이를 위해 cell-group 형태의 교회 구조를 통한 교육적 전환이 필요하다고 본다. home cell-group으로 불리는 이 모임은 다음과 같은 구조적 기능을 가지고 있다.

① 셀 그룹(cell-group)

셀 그룹(cell-group)은 다음과 같은 정의를 내포하고 있는데, 교회 생활의 비전통적 형태로서 그리스도인들로 구성된 세포 그룹들이 가정에서 특별한 방법으로 모여 불신자들을 위한 전도, 신자들의 결속, 양육, 서로에 대한 사역을 실시한다. 그것은 세포 그룹을 교회 생활의 기초 단위인 '기독교 기초 공동체'로 정의하는 교회이다. 지역별로 셀 그룹들이 하나의 단위를 이루어 회중(congregation)이라 부르며 모든 회중들 전체의 종합을 축하 예배 모임(celebration)이라 부른다.[65]

세포는 모든 생명체의 기초 단위이다. 이와 마찬가지로 셀 그룹은 생명력 넘치는 교회의 기초 단위이다. 그것은 기독교 기초 공동체(basic christian community)로서, 교회는 그것들로 구성되며 그것들의 결집체이다.

셀 그룹은 두 가지 형태를 지니는데 그 첫번째는 목양 그룹(shepherd-group)으로서 구성원 서로가 영적 은사와 상호 지원 체제를 활용함으로써 서로를 돌보는 가운데 교육과 훈련이 이루어진다. 이 형태의 그룹은 끊임없이 불신자들을 접촉하여 그들을 향한 사역을 수행한다.

---

65) Ralph Neighbour, *Where Do We go from Here?* (Houston: Touch Publications, 1990), p. 194.

두 번째 형태의 그룹은 사실상 첫번째 형태의 그룹 속에서 생겨나는데 주로 3~4명의 그룹원들이 불신자들과 친숙해지며 그들에게 복음을 전할 수 있을 만큼 가까운 교제를 형성하는 데 주된 목적이 있다. 이 그룹을 '교제 그룹(share group)'이라 부르며 '목양 그룹'에 종속된다. 이 그룹에서 그리스도를 믿게 된 새 신자들은 '목양 그룹'인 cell의 구성원으로 받아들여진다.

랄프 니버(Ralph Neighbour, Jr.)가 제시하는 셀 그룹 구성은 그 그룹 구성원 모두에 대한 목회적 차원의 돌봄을 책임지는 목자 그리고 거의 모든 경우 목자와 함께 사역하며 목자로 성장해 가는 예비 목자(인턴)가 지도적 위치에 있다. 그리고 5~7명의 구성원들과 말씀의 초보부터 배워야 할 영적 어린아이 상태의 사람들과 성장에 앞서 치유받아야 할 상처받은 사람들, 다른 사람들을 도울 수 있을 만큼 기초가 준비되었으나 개발되지 않은 사람들 그리고 교제 그룹을 형성하고 이끌어 갈 수 있는 헌신된 사람 등으로 구성된다.[66]

② 지역 사역자 그룹

약 5개의 셀 그룹이 하나의 단위를 이루어 보수를 받지 않는 한 지역 사역자(zone servant)에 의해 지도되고 관리된다. 이러한 책임을 맡을 수 있는 사람은 목자로서의 사역을 성공적으로 수행한 경험이 있는 자로서, 때로는 이 사람이 책임맡은 셀 그룹들의 실질적인 목회자 역할을 감당하기도 한다.

지역 사역자 그룹은 주로 지역적으로 모이기 때문에 붙여진 명칭이며, 작은 규모의 교회인 경우 이 지역 사역자 모임이 '회중(congregation)'으로 불리기도 한다. 회중은 매주 또는 매월 1회씩 모이는데 성경 공부, 훈련,

---

66) Ralph Neighbour, Jr. *The Shepherd's Guide Book* (Houston: Touch Publications, 1992), pp. 7-8.

해당 지역을 위한 전도 활동 또는 특정 영역에 대한 사역을 위해 모인다.

③ 축하 예배 모임(celebration)

셀 그룹 교회 구조의 세 번째 조직은 축하 예배 모임이다. 이 모임은 하나의 교회 이름 아래 있는 모든 셀 그룹들이 공적인 전도, 찬양, 설교, 교육 등을 위해 갖는 대중 집회이다. 이 교회적 모임은 찬양과 예배, 확고한 성경 교육, 복음 전도를 목적으로 하며, 하나님 백성의 공적 전도의 결정적 부분이다.

이 모임은 예배라기보다는 축제로 부르는 것이 더 적절한 표현이며, 최소 2~3시간에 걸쳐 진행된다.

그리고 셀 그룹(cell-group) 안에서 사역의 형태를 살펴보면 먼저 목자의 사역은 주로 개개인의 영적 은사를 발견하여 사용하도록 돕는 일과 개개인으로 하여금 종의 마음을 가지고 그리스도의 사랑으로 돌아보게 하는 일을 한다. 이러한 사역은 교사나 상담가로서 목자의 역할조차도 결국 개개인의 잠재력이나 영적 은사를 활용하도록 촉진시키는 촉진자(facilitator)로서의 역할을 강조한다.

목자의 사역은 사람들을 안내하고 인도하는 역할도 하는데, 이는 양육 사역을 의미하는 것이다. 양육 사역은 끊임없이 셀 그룹 구성원 각자의 영적 성장 상태를 평가하고 개별화된 커리큘럼으로 자신에게 위임된 사람들을 성숙으로 도달하도록 가르치고 훈련시킨다. 양육 사역은 가르친 내용대로 사람들이 살도록 지키게 하는 일을 포함한다. 그렇기 때문에 목자는 사람들의 필요를 매우 면밀히 파악하고 그 필요를 돌봄으로써 성장을 위한 장애물 제거에 도움을 주어야 한다.

목자의 직임은 하나님의 백성들을 사역자로 훈련시키는 것이다. 이 사역은 연속적인 돌봄과 나눔에 의해 이루어진다. 그리고 그 그룹 성원간의 영적 교제가 활발히 이루어져야 한다. 이와 같은 교제는 다음과 같은 몇 가지 전제 조건을 충족시킬 수 있어야 한다.

첫째, 하나님의 말씀을 적용하고 순종하는 일이 있어야 한다. 구성원들이 공통으로 가지는 가치관, 사상, 행동, 태도 등의 기초는 하나님의 말씀이어야 한다. 이 그룹에서의 교제가 깊지 못하고 피상적이라면 아마도 하나님의 말씀이 그 그룹 활동에서 중심 위치를 차지하지 못하고 있기 때문일 것이다.

둘째, 각 구성원에 대한 무조건적 용납을 필요로 한다. 각자의 영적 현주소에 대해 정죄없이 있는 그대로 받아 주는 용납은 자유롭게 자신을 표현하며 나누는 교제를 위해 절대적으로 요청되는 요건이다. 그것은 "그리스도께서 우리를 사랑하신 것같이 우리가 서로 사랑하는 것"을 의미한다.

셋째, 각 구성원에 대한 절대적 용서를 필요로 한다. 성령께서 역사하실 수 있는 그리스도인의 모임은 구성원 상호간의 절대적 용서가 있는 곳이다.

넷째, 진정한 지원과 전폭적 신뢰감이 있어야 한다. 의미 있는 모임은 구성원 개개인에게 안정감과 지원을 제공한다. 이것이 가능하려면 우선적으로 정직한 나눔과 전폭적이며 완전한 신뢰감이 있어야 한다. 이러한 신뢰감이 있을 때 구성원들은 자신의 상처, 문제, 필요 등을 정직히 나눌 수 있게 된다.

3. 신앙 경험을 위한 공동체 교육의 모델

신앙 경험과 신앙 공동체는 매우 밀접한 관계이다. 우리의 신앙은 삶의 스타일로 표현된다. 우리는 삶의 스타일을 습득하고 그것을 이해하는 그와 같은 경험을 필요로 한다. 기독교 신앙은 신앙으로 살려고 노력하는 신앙 공동체 안에서 양육되고 발전된다.[67]

이 말은 경험이 신앙에 있어서 기초가 되며 그 신앙은 경험을 가져다 주는 신앙 공동체 안에서 이루어진다는 사실을 내포하고 있다. 이와 같은 말

---

67) Westerhoff Ⅲ. (ed) 김재은 역, 『기독교 교육 논총』(서울: 대한기독교서회), p. 101.

은 또 엘리스 넬슨에게서도 찾아볼 수 있다. 신앙은 신앙 공동체에 의해서 전달되며, 그 신앙의 의미는 공동체의 회중 사이에서 일어나는 상호 작용에 의해서 또 생활 속에서 여러 가지 사건과 관련하여 밝혀지며 발전된다.[68]

이와 같이 신앙 공동체 안에서 신앙과 삶의 스타일을 형성하는 경험을 제공한다면 오늘의 교회는 그 안에서 의미를 찾아 경험하는 공동체라는 정체성을 등한시해서는 안 될 것이다. 그런데 만약 개인이 신앙 공동체의 삶에 참여하는 동안 의미를 찾는 기회를 가져 보지 못한다면 그는 기독교 교육의 중요한 부분을 잃어버린 결과가 된다. 그러므로 신앙 공동체는 신앙으로 살아가려고 애쓰고 신앙의 빛에서 그들의 경험을 재평가하는 사람들과 그룹들의 경험을 제공하고 전달하여야 하며, 참신앙적 삶과 증거하는 공동체를 경험하도록 기회를 제공하여야 할 것이다.

경험은 신앙에 있어서 기초적이다. 살아 있는 신앙은 경험을 요구한다. 그러므로 종교적 경험을 회복하는 것은 신앙 공동체의 과제이다. 그러면 경험이 신앙 공동체 안에서 왜 중요시되는가? 그것은 신앙 공동체 안에서 상호 작용을 통하여 경험을 얻기 때문이다. 경험이 신앙에 있어서 기초가 되며 그 신앙은 신앙 공동체 안에서 상호 작용의 경험으로 이루어진다고 하면 앞으로 우리의 관심은 신앙으로 사는 사람들이 함께 서로 나누며 상호 작용하는 신앙 공동체의 환경을 준비하는 일에 쏠려야 할 것이다. 여기서는 타인과 함께 신앙과 삶을 나누는 상호 세대적 경험을 위하여 부모의 역할과 가족 집단(family clusters)의 프로그램을 소개하고자 한다.

가족이 가지는 교육 역할의 근본은 상호 세대적 경험을 나눌 수 있는 장이라는 데 그 강점을 둔다. 가족과 함께 경험하는 관계는 어린이의 신앙과 성장에 큰 영향을 준다. 상호 세대적 사랑의 분위기는 경험하는 이에게 인격적·사회적·영적 성장을 얻게 하는 가족 세대(familihood)의 본질이다.[69] 가족의 상호 세대 경험은 가치관, 세계관, 자아상의 형성을 갖게 한다.

---

68) C. Ellis Nelson, *Where Faith Begins* (Atlanta: Knox Press), 1971, p. 10.

그러므로 상호 접촉하며 나누며 보이는 가족은 서로에게 신앙과 삶의 스타일의 역할 모델(role model)이 된다.

교회도 부모 자신도 분명히 숙고할 점은 자녀를 그리스도인으로 성장시키고 양육하는 것은 부모의 할 일이라는 것이다. 부모는 가치관, 세계관, 자아상을 형성하는 모든 것을 지녔기 때문이다. 그러므로 교회는 부모로서의 역할을 위하여 성인 교육을 제공하여야 하며, 부모는 부모 자신의 역할을 위하여 훈련받고 가정에서 부모로서 또 교사로서의 역할을 다하여야 한다. 왜냐하면 가정은 상호 세대적 경험이 주어지는 사회화 과정으로서의 특성 있는 교육의 터가 되어야 하기 때문이다. 이에 대하여 웨스터호프는 부모와 자녀 사이의 경험을 위하여 다음과 같이 부모의 역할을 제시한다.

"부모는 먼저 어린이처럼 다시 태어나야 하며, 하나님께 대한 새로운 경험으로 자신을 열도록 용기를 가질 필요가 있다. 부모는 자녀와 더불어 신앙의 삶을 함께 나누며, 부모와 자녀는 함께 신앙의 순례의 길에 서 있는 자이다. 자녀도 부모와 같이 신앙의 순례의 길에 그들과 함께 동행하여 줄 사람이 필요하다. 그리고 부모와 자녀는 함께 그리스도인이 어떻게 되어야 하나를 물어야 한다."

그러므로 기독교 부모들의 역할은 자기 자녀들과 함께 참다운 그리스도인이 되는 노력을 하는 일이며, 또한 그리스도인들은 다른 사람들과 함께 그리스도인이 되려는 노력을 해야 한다. 이것은 자신의 가정을 통하여 또 다른 가정과 함께 상호 세대적 경험을 나누는 일에 용기를 가져야 함을 의미한다. 부모들과 가족들은 이 문제에 대해 진지하게 대처하고 대응하여야 할 것이다.

가족 안에서의 신앙의 나눔을 위한 방법으로는 다음과 같은 것들이 있다. 웨스터호프 III는 가정에서 부모와 자녀가 함께 기독교적 삶을 나누는 다섯 가지 지침을 소개한다.

---

69) Wesner Fallow, "The Role of the home in Religious Nurture", *Religious Education*.

1) 성경 이야기 함께 나누기[70]

성경은 다양한 내용이 기록된 책이다. 독특한 기능을 지닌 다양한 종류의 이야기들—변증, 설화, 비유가 있고 선지자의 심판과 삶을 축하하는 노래와 기도와 말씀이 있다. 그러나 이렇게 다양함에도 불구하고 그 중심은 하나님 사랑의 이야기이다. 이것은 기독교인이 되려면 알아야 하고, 소유해야 하고, 그대로 살아야 하는 기독교의 이야기이다. 부모는 성경 이야기를 평생의 과제로 배워야 하고 자신의 이야기인 것처럼 말하기를 배워야 한다.

2) 신앙과 삶에 대한 축하[71]

부모는 자녀들과 함께 축하를 나누는 일로 말미암아 하나님에 대한 경험을 상징적으로 알게 되고, 축하에 함께 참여함으로 삶의 의미와 신비를 확증하고, 축하를 나눌 때 신앙과 삶도 나누는 것이 된다. 여기에는 종교 의식의 축하가 중심이 되어야 한다.

3) 함께 기도하기[72]

기도는 하나님과의 교제이며 그리스도인 생활의 중심이다. 기도는 하나님의 현존에 대한 인식과 자각이며 인격적 응답이다. 기도는 하나님 앞에서 자신을 열어 놓고 감사와 찬양과 참회와 간구와 중재를 통한 하나님과의 의식적 관계이다. 그러므로 하나님과의 관계 안에서 함께 삶을 나누는 것은 기도하는 것이며 기도하기를 배우는 것이다.

---

70) John H. Westerhoff III, *Bringing up Children in the Christian Faith* (Minnesota: Winston Press), pp. 36-40.

71) *Ibid.*, pp. 40-44.

72) *Ibid.*, pp. 44-49.

4) 함께 듣고 말하기

자녀들은 항상 종교적인 질문들을 제기하고 있다. 그러나 신앙의 관점에서 볼 때 그 모든 질문들은 해답을 가지고 있다. 부모의 책임은 자녀들에게 지식, 충고의 제공이 아니라 질문에 대한 반응, 그들의 탐구에 대한 확증을 주는 것이다. 자녀들이 원하는 것은 함께 신앙을 공유하는 것이지, 교리적 해답이 아니다. 부모는 먼저 듣기를 배워야 한다. 말로 된 질문이 아니라 말하는 자녀에 대해 배워야 하는 것이다.

5) 봉사와 증거의 신실한 행동의 수행

기독교인의 신앙은 삶의 방법을 의미한다. 신앙은 하나님 나라에 대한 비전을 바라보고 하나님의 현존 안에서 친밀히 사귀며 사는 것이고 세계 안에서 하나님과 함께 행동하는 것이다. 예수의 제자들이 예수를 본받음으로 배운 것같이 자녀는 부모를 통해 배운다. 그러므로 신앙을 나누는 것은 삶을 나누는 것이며 본보기가 되는 것이다. 부모는 봉사와 증거의 신실한 행동을 보여 주어야 한다. 이와 같은 타인과 함께 신앙과 삶을 나누는 상호 세대적 경험을 위한 교육 모델로서 가장 유력한 것으로 가족 집단(family cluster)을 들 수 있다.

이 가족 집단(family cluster) 운동은 마가렛 새윈(Margaret Sawin)에 의하여 실험 시도된 것[73]으로 상호 세대적 경험을 나누기 위한 교육으로 많은 교회들이 폭넓게 시행하고 있다. 이 프로그램은 4~5가족이 일정한 기간 동안 정기적으로 교회에 모여 경험하는 모임이다. 이때 가족의 참가수는 25~30명이 되며, 기간은 10~12주간 동안 매주 1회씩 모인다. 이 가족 집단은 개방적인 경험에 참여하는 것으로, 같이 먹고 게임도 하고 촌극도 하고 토의하며 서로 묻고 대답이 행하여진다. 이 프로그램은 그들의 삶의 물음, 관심사, 문제들에 관련된 학습 경험들을 나누기 위하여 마련된다.

---

73) Margaret M. Sawin, *Family Enrichment with Family Cluster* (Valley Forge: Judson Press).

이 가족 집단의 출발은 현대 가정과 연결된 문제 속에서 교회가 가족들을 위하여 우선적으로 무엇인가를 해주어야 한다는 점에서 시작되었다. 교회는 모든 세대가 다 모여 상호 세대적 경험을 나눌 수 있는 공동체이기에 '학교화-지식 전달형' 이상의 것을 할 수 있다.

가족들-교육-교회는 서로가 해야 할 일이 많이 있다. 그러나 이것들은 '상호 작용(interaction)'에 의해서 연결된다. 서로가 어떻게 이해하고(감사하며 사랑하는 것) 어떻게 사는가를 배운다는 것은 가정 교육이나 기독교 교육을 위해서 모두 가치 있는 목표이다. 상호 세대적인 참여는 타인의 존재를 인식하며 불성실을 배제한 신앙 안에서의 겸손한 모임이다. 새윈(M. Sawin)의 "두 시간 동안의 만남에서 236가지의 첫단계 상호 작용이 가능하다"는 말은 가족 집단이 지닌 상호 세대적 경험의 가능성을 암시한다.[74]

가족 집단의 기본 목적은 세대적 상호 작용을 통한 성장이다. 이 성장은 가족 체제의 일들을 삶으로 배우고 보면서 용기를 얻는 것이다. 그리고 가족들 가운데 자신의 역할을 발견하고 인정하는 것이다. 이 상호 작용을 통하여 상호 세대는 어른부터 어린이까지 각 개인은 독특한 가치를 지녔다는 사실과 각 개인은 연령의 제한 없이 모두 힘을 지니고 있어서 가족 체제에 공헌할 수 있다는 점을 깨닫게 된다.[75]

가족들의 상호 세대적인 모임은 서로의 역할 모델(role model)을 통하여 배우게 되며, 신앙과 삶의 스타일을 위하여 상호 세대적 경험이 주어지는 신앙 공동체 안에서의 배움이다.

4. 간세대 교육의 모델

간세대 교육(intergenerational education)이란 다른 연령 그룹의 사람들

---

74) *ibid.*, p. 178.

75) Jane Hilyard, "Family and Intergenerational Education", *Homegrown Christian Education*, D. W. Perry(ed), (New York: The Seabury Press), p. 106.

이 관계성을 이루어 서로 함께 하는 방식들을 통해 진리, 생명, 믿음, 가치들을 나누면서 배우는 교육을 말한다. 간세대 기독교 교육에서는 믿음으로 또는 믿음 안에서 함께 배우고 함께 살아감으로 함께 성장한다는 의미를 내포하고 있다. 여기서 배움, 삶, 성장은 각각 분리되는 것이 아니라 서로 깊이 연관되어 각 요소는 다른 요소를 필요로 한다. 배움만이 강조될 때 그것은 철저하게 지식의 인지적 결과에 머무르게 될 것이며, 삶만이 강조될 때 그것은 개인의 내면만의 강조로 그쳐 주관적인 것에 머무를 수밖에 없기 때문이다.

따라서 진정한 배움은 성장적 요소와 상합할 때 비로소 올바르고 건전한 행위, 즉 삶의 스타일 형성에 이바지하게 되는 것이다. 간세대 교육에서 이루어지는 인지적 · 정의적 · 삶의 형식적 형성은 네 가지 관계의 형태를 통해서 진행되는데 그것은 ① 공동 경험에의 교류와 참여 ② 평행적 학습 ③ 공헌적 기회 ④ 상호 작용적 나눔이다.

이와 같은 기초 위에서 간세대 기독교 교육을 다음과 같이 정의해 볼 수 있다.

"간세대 기독교 교육은 기독교적 신앙 공동체 안에서 다른 연령의 그룹 사람들이 공동 경험의 교류, 평행적 학습, 공헌적 기회들, 상호 작용적 나눔을 통하여 믿음 안에서 배우고 성장하고 살도록 돕는 교육이다."[76]

간세대 기독교 교육의 모델은 다음과 같은 것들이 있다. 조지 퀼러 (George Köehler)는 '여섯 가지 학습 모델들'에서 학습 스타일에 초점을 두어 ① 경험-반성 모델 ② 개별화 모델 ③ 대화적 모델 ④ 발표-평가 모델 ⑤ 공동 작업 모델 ⑥ 행동화 모델로 분류하였다.

더 나아가 퀼러는 다시 이것을 간세대 기독교 교육의 차원에서 ① 간세대 계절 단원 학습반 ② 간세대 휴가 학교 ③ 단일 단원 간세대 교회 학교 교실 ④ 간세대 선택 학습반 ⑤ 가족 교육 프로그램 ⑥ 간세대 견신례 교육반 ⑦

---

76) 정웅섭, 「공동체 형성을 위한 간세대적 교육 접근법」, 『기독교 교육』, p. 68.

간세대 친교 및 학습의 반 ⑧ 간세대 특별 학습 행사 등으로 분류했다.

마가렛 새윈은 보다 조직적이고 철저하게 간세대 교육 모델을 분류하였다.
① 가족 성장 그룹, ② 가족 운영 기술 모델, ③ 종교 교수를 위한 가족 기초 모델, ④ 친교와 사회화를 위한 기초 모델

새윈(M. Sawin)의 모델은 신앙 공동체인 교회가 주축이 되어 계획, 실천하는 것이지만 가족 및 가정의 상호 교류를 통한 신앙 및 생활 형성이 그 주요 목적이 된다.

벤슨(Jeanette Benson)과 힐야드(Jack Hilyard)는 ① 계약-언약 그룹 ② 가족 캠프 또는 가족 주말 모임 ③ 가족의 날 행사 ④ 목자의 그룹 모임 등으로 분류했다.

이상과 같은 다양한 여러 교육 모델들을 정리해 보면 다음과 같은 모델들이 나올 수 있다.

1) 확대 가족 그룹 모델

친교, 소창, 예배, 사회적 · 심리적 성장, 가정의 성숙, 종교 학습 등의 목적을 위해 가족 성원들 사이에서 또는 가족과 가족이 교류, 화합하는 모델이다. 여러 가족들이 그룹으로 나뉘어 다른 가족 성원들과 함께 확대 가족을 형성하여 활동하는 모델이다.

이와 같은 그룹 형성이 연령층 사이의 나눔과 배움을 증진시키는 가능성을 넓혀 주며 깊게 해준다. 이 모델은 일반적으로 3단계로 그 형태와 깊이가 확대되는데 그것은 곧 ① 단일 가정에서 ② 교류 가정으로 이것이 다시 ③ 확대 가정으로 확산된다. 이 가족 그룹 모델은 다음과 같은 형태와 특성이 있다.

첫째, 가족 성원의 심리적 발달을 위한 가족 집단 모임이다. 가족들이 함께 모여 보다 새롭고 생산적인 학습과 상호 교류의 방도를 개발하기 위해

모이는 활동 그룹이다. 가족 집단은 4~5개의 완전 가족 단위가 함께 모여 적절한 기간 동안, 일정 시기마다 화합하기로 서로 계약을 맺어 그들의 삶과 가정에 연결된 경험들을 서로 나누는 활동 형식이다. 여기서 '완전 가족 단위' 라는 것은 부모, 자식의 핵가족 뿐만 아니라 편부모 가정, 독신자, 노인 부부 등도 모두 포함한다.

둘째, 사회적 발달을 위한 가족 집단이 있다. 이 모델은 가족의 적극적 속성과 장점들을 강화하는 데 궁극적인 목적을 둔다. 가족 사회학자 오토 (Herbert Otto)가 창시한 것으로 구조화된 간세대 기독교 교육적 활동들을 내포한 이 모델은 보통 동일 회중에 속한 사람들이 15~20명씩 그룹을 형성하여 10~12주간의 프로그램들을 설정하고 있다.

셋째, 치유 목적의 가족 집단이다. 4~5개의 가족이 하나의 치유 공동체를 형성하여 장기간 동안 여러 차례의 그룹 모임을 계속해 나가는 모델이다. 교육적이고도 심리학적인 차원과 내용이 매우 강렬한 그룹 활동이기 때문에 전문가의 지도가 필수적이다.

넷째, 종교적 학습 - 신앙적 성장을 위한 가족 집단이다. 3세대 이상의 가족 성원으로 이루어진 몇 개의 가정들이 함께 모여 신앙적 삶의 스타일에 관하여 배우고 함께 성장하기 위한 목적으로 형성된 활동 집단이다. 주로 신앙 공동체인 교회와 연관된 신도들의 보다 넓은 구역 내의 가족들로 이루어지며, 또는 보다 분명한 종교적이고 신앙적인 문제의 학습만을 위해 단기적으로 모이는 형식들이 있다.

2) 공동 작업 또는 특별 행사 모델

연령을 초월하여 다양한 연령층의 사람들이 함께 모여 공동 작업이나 또는 특별 행사를 진행시켜 나간다. 첫째로, 공동 작업에는 여러 다원적인 물질적 자료와 인간적 자원들이 활용되어야 하므로 그 특성과 효과에 있어 바람직한 간세대 기독교 교육의 모델이 된다. 이 워크숍 활동의 초점은 특수한 주제, 문제, 일거리에 모아진다.

이 초점 속에서 여러 연령층의 사람들이 혼성으로 참여하여 다양한 방법으로 상호 연결된다. 식사를 나누고 함께 무엇을 만들고 예술적 표현을 함께 하는 등의 다양한 활동을 통해 작업이 진행된다.

공동 작업의 주제로는 ① 성경의 일반적 내용, 인물, 사건, 교훈 ② 예배를 개발하고 증진시켜 나가는 방법 ③ 예술 활동을 통한 진리의 표현과 나눔 ④ 미래에 대한 인생 설계 등이 있다.

둘째로, 특별 행사는 몇몇 연령층의 사람들이 함께 모여 지속적 시간 단위 속에서 2~3시간 동안 무엇인가 함께 경험하고 배우는 교육적 행사이다. 신앙 공동체인 교회 안에서의 간세대적 행사의 예로는 야유회, 절기 행사, 노인의 밤, 생의 주기에 따른 유아 세례, 성인식, 세례식, 결혼식, 장례식 등을 계기로 행하는 행사들이 있다.

3) 예배-교육의 통합 프로그램

비교적 짧은 시간 안에 보다 큰 간세대적 효과를 올릴 수 있는 프로그램 모델로서 예배와 교육의 통합 프로그램을 들 수 있다. 이 모델은 세 가지 단계를 거쳐 순서적으로 진행된다.

1 단계는 경험의 단계로, 모든 연령층의 학습자들이 함께 모여 예배와 학습을 통해 공동의 경험을 나누는 단계이다.

2 단계는 가르침의 단계로, 노소가 분리되어 각각 다른 학습 상황에서 연령적 특성을 중심으로 활동을 심화한다.

3 단계는 다시 모든 참여자가 함께 모여 연령층별로 정리한 것을 함께 나누고 그 의미를 축하하는 축제를 갖는다.

4) 전 회중의 공동 캠프

경험적인 요소가 가장 풍부한 간세대적 기독교 교육의 학습 모델은 '전 회중 캠프'라 할 수 있다. 이것은 모든 교인이 남녀노소 불문하고 동일한 시간, 동일한 장소, 동일한 목적으로 시행하는 캠프에 참여하는 모델이다.

전회중 캠프는 교회나 가정에서 서로에게 부분적으로 노출하는 것과는 달리 삶을 완전히 함께 나누며 생활하는 것이다.

전회중 캠프의 교육적 효과는

① 함께 재미있고 보람된 경험을 통해서 서로의 연합과 사랑의 증진을 도울 수 있고, ② 인간 관계의 역학 관계를 배우게 되는데 가족 사이의 상호 관계를 통해 진지한 반성과 새로운 통찰력을 얻을 수 있고, ③ 다른 세대들과 깊은 교제를 나누게 되는데, 이를 통해 청소년과 어린이들은 성숙한 그리스도인의 모범에 접할 수 있고 그리고 피상적인 관계에서 벗어나 진정한 사랑의 관계를 맺게 된다.

전 회중 캠프 프로그램을 세울 때는,

① 세대간의 상호 관심

② 연령을 초월한 참여자들의 갖가지 탤런트 개발

③ 함께 나누며 배우는 정신과 진지한 분위기의 교육 활동

④ 공동체 의식을 진작시키는 인격 중심적인 교육으로 진행하도록 한다.

5. 신앙 공동체 교육 프로그램 설정의 모델

실제 프로그램의 설정들(settings)

구분	기본적 - 지속적	기본적 - 단속적	선택적 - 지속적	선택적 - 단속적
모든 세대	• 의미 있는 각종 예배 의식 • 의미 있는 성찬식 • 의미 있는 절기 예배 의식 • 은사 개발을 위한 프로그램 • 지도력 개발을 위한 프로그램	• 총동원 주일 • 전교인 야유회 • 가족의 밤 • 특별 예배 • 가족 캠핑 • 인간 관계 훈련 • 묵상 훈련 • 사경회 • 연합 체육대회	• 제자화 교육 • 그룹 다이내믹스 • 그룹 토의 • 기초 공동체 훈련 • 커뮤니케이션 훈련 • 대화법 강의 • 성경 인물 중심	• 가족의 밤 • 가족 축제 • 특별 봉사대 • 비형식적 모임들 • 평신도 아카데미 • 오찬 또는 조찬 집단 • 특별 수련회 • 전도 여행

모든 세대	• 구역 그룹 활동 • 주간 교회 학교 심방 • 주간 성경 탐구반 • 선교와 친교 활동 • 연구 집단 활동 • 친교 집단 활동 • 평신도 훈련 집단들 • 봉사 활동 • 상담 • 가족 자체 • 공동 식사	• 개인적 변화(출생, 질병, 성년식,입학, 입대, 졸업, 결혼, 새 가정, 새 직업)에 대한 축하나 위로 • 공동체 전체의 변화 (신년 축하, 교회 공동체 창립, 각종 임직식에 대한 축하)	지도자론 • 봉사대 • 성가대 • 철야 기도회, 퇴수 회 • 가족 성경 공부	• 야외 경험 • 개인적 갱신 퇴수회 • 가정 주간 행사 • 봉사 활동
성 인	• 의미 있는 각종 예배 의식 • 성경 탐구 • 제자 훈련 • 선교와 친교 활동 • 심방 • 연구 집단 활동 • 친교 집단 활동 • 평신도 훈련 집단들 • 사회 봉사 활동	• 수련회 (당회원, 제직, 교사, 전교인) • 각종 세미나 • 가정 주부를 위한 목회 훈련 사경회 • 성경 통신 • 체육 대회 • 부부-부모 집단들 • 지도력 개발 집단	• 소그룹 활동 (취미별,직업별, 봉사별) • 교사 학교 • 주부 학교 • 신학 강좌 • 경로 학교 • 성가대 • 공동체 훈련	• 특별 수련회 • 전도 여행 • 부모 교육 세미나 • 부부 교육 세미나 • 회중 예술잔치 • 야외 경험 • 절기 프로그램 • 개인적 갱신 • 퇴수원 • 집중적 연구 학습 • 특별 위원회
청 소 년	• 의미 있는 각종 예배 의식 • 성경 탐구 • 선교와 친교 활동 • 심방 • 연구 집단 활동	• 직장 • 청소년반 • 각종 발표회 • 수련회, 캠핑 • 계절 학교, 봉사 • 부모 초청 • 간담회 • 심방	• 소그룹 활동 (취미별, 봉사별) • 주간 성경 학교 • 성가대 • 연극 집단	• 특별 수련회 • 특별 흥미 집단 • 봉사 활동 • 절기 교육
아 동	• 의미 있는 각종 예배 의식 • 성경 배우기 • 친구와 놀이 • 주간 교회 학교 • 어린이 구역 활동 • 매주 연구 학습 • 야외 경험 • 봉사 집단 • 가정 중심의 기독교 교육 • 에큐메니컬 센터	• 캠핑 • 계절 학교 • 가정 방문 • 부모 초청 간담회 • 봉사 활동 • 예능 발표회 • 교회 위원 준비반 • 비형식적 프로그램	• 예능 교실 • 유치원 • 음악과 찬양 활동 • 주간 찬양 활동 • 주간 영아 학교 • 소년 소녀 집단	• 현장 여행 • 취미 집단 • 연극 집단 • 이야기 시간 • 미술 집단 • 절기 프로그램

공동체 교육 목회의 단면도(profile)

	교육 목회의 단면도(회중의 교육적 활동을 평가하기 위한)
1	보살핌의 공동체를 통한 목회
2	교수(instruction), 연구를 통한 목회
3	축하를 통한 목회
4	목회에 있어서의 훈련과 지도
5	아동 목회의 개발
6	성인 교육의 개발
7	멤버십 배양
8	전인(全人)으로 간주되는 학습자
9	배우자와 부모로서의 생활을 위한 목회
10	선교를 위한 준비 교육
11	청년 문화를 향한 선교
12	가족 선교
13	모든 회원들이 '가르치는' 공동체
14	청소년 목회의 개발
15	가족 목회의 개발
16	특별한 요구를 위한 봉사
17	유아들과 부모들을 위한 목회
18	노동 생활을 위한 목회
19	은퇴한 자, 노인을 위한 목회
20	실제로 선교를 위하여 준비하는 교육
21	젊은 성인들을 위한 선교
22	봉사 행위 집단
23	평신도와 교역자의 합동 목회
24	많은, 좋은 연구 자원들
25	성인들에 의한 체계적 학습
26	전체 목회를 위한 범교회적 계획

V. 맺음말

교회는 기관이나 하나의 제도 또는 종교적 집합체나 사업체가 아니라 하나님 나라의 유기체요, 성령의 공동체이며 그리스도의 몸이다. 이러한 하나님 백성의 공동체인 교회는 자신을 위해서가 아니라 세상을 위해서 존재한다. 또한 교회는 지상에서 하나님 나라의 대행자이며, 하나님께서 자기를 세상에 표현하시는 매체이며, 메시아적 공동체이다.

참된 교회는 하나님의 말씀의 씨앗을 세상의 밭에 뿌리는 사명으로 말미암아 자신의 모든 우월성을 부숴 버린다. 하나님의 우주적인 계획(세상의 구원과 화해의 사역)은 새로운 삶을 살고 있는 하나님의 백성 공동체를 통해서 이루어진다. 다시 말해서 교회는 이 세상 속에서 하나님 나라를 확장해 가는 거룩한 도구이다. 오늘날 하나님 나라를 위하여 효과적으로 일하는 길은 성령의 공동체 즉 성도의 교통이 회복된 교회의 재발견을 통해서이다.

하나님께서 규정하신 서로 섬김과 교제 공동체의 참모습을 회복한 교회는 현대의 불신 세계를 향하여 커다란 설득력과 영적인 능력을 가지고 복음을 효과있게 전할 수 있다. 여기에서 우리는 효과적인 복음 전도와 증거를 위해서는 진정한 공동체가 반드시 필요하다는 기본적인 사실을 발견하게 된다.

그러나 공동체가 결핍되어 있고 또 이를 양육할 사역의 구조가 되어 있지 않은 곳에서는 교회가 제 구실을 감당하지 못하고 교회의 본질을 잃게되므로 신앙 공동체의 구조는 필요 불가결한 것이다.

특히 오늘날의 교회가 처하고 있는 세계적으로 다원적인 상황 속에서 교회의 본질은 기관이 아닌 하나님의 백성(people of God)이며, 제도가 아닌 공동체라는 사실을 명백히 하는 것이 매우 중요하다. 교회사적으로 볼 때에 하나님 나라의 가시적이고 지상적 표현인 그리스도의 공동체의 참모습과 분리된 복음 전도나 사회 활동, 그 밖의 교회 활동 그 어느 것도 온전한 의미를 갖지 못함을 발견할 수 있다.

현대 기독교의 많은 문제점들은 교회를 본질적으로 정적(static), 조직적, 제도적으로 보는 데서 유래한다고 하는 자각이 점점 뚜렷해지고 있다. 교회의 참된 표지는 성령 안에서의 성도의 교통(communion of the Saints)에 있다. 교회의 참된 모습은 그리스도의 빛 안에서 온 성도들이 함께 예배하며, 사귀고, 사랑하며, 증거하며, 고백하고, 섬기는 포괄적인 신앙 공동체 안에 있는 것이다. 코이노니아가 없는 교회는 더 이상 교회가 아니다. 다시 말해서 코이노니아 속에서 교회는 자기의 정체성(identity)을 발견할 수 있다. 교회의 우선적 과제는 진실로 회복된 신앙 공동체가 되는 일이다. 코이노니아로서의 교회는 교회를 살아 있게 하며 교회의 목적과 본질을 분명히 해주는 원동력이라고 볼 수 있다.

위와 같은 전제에서 필자는 본고를 통해 교회의 생명을 회복하고 교회의 본질을 찾으려는 하나의 대안으로써 신앙 공동체 교육의 모델을 제시하였다. 특히 코이노니아에 초점을 맞추어 교회의 공동체성 회복을 위한 기독교 교육의 새로운 방향과 모델을 시도해 보았다. 코이노니아에 대한 이해가 분명히 정립되어야 신앙 공동체 교육이 설 자리가 있게 된다.

교회의 코이노니아의 본질을 회복한다는 것은 매우 포괄적이고 광대한 작업임에 틀림없다. 본고에서 필자는 코이노니아 형성을 위한 여러 가지 대안 중 하나의 대안책으로 신앙 공동체 교육의 모델을 연구했음을 밝혀 둔다. 본 연구를 마감하면서 온전한 코이노니아 회복을 위한 신앙 공동체 교육에 관한 필자의 제언과 전망을 다음과 같이 제시해 보고자 한다. 앞으로 신앙 공동체 안에서의 기독교 교육의 과제는 다음과 같은 것을 내포해야 한다.

첫째, 이 시대를 위한 기독교의 능력과 의미를 발견하는 것이다.

즉, 예수 그리스도 안에서 주어지는 하나님의 은혜에 대한 탐구와 축하가 결합되는 것이다. 성경에 대한 해석은 회개, 헌신, 축제, 봉사와 분리될 수 없다.

둘째, 그리스도의 몸에 결합되어 있다는 것에 대한 경험이다.

이는 사람들이 날마다 그리스도의 정신을 추구할 때에 서로에 대하여 주어지는 공동체의 지원이다. 그러한 공동체는 서로를 지원해 주고, 공감해 주며, 시정해 주고, 화해할 수 있도록 서로를 보살펴 준다.

셋째, 세계적인 인식 즉 공동체의 삶의 방식이 세계적인 삶의 유형들과 상호 연관되어 있다는 인식이다. 이러한 인식은 삶의 전영역과 피조물들에 대한 분석과 성찰에서 비롯되는 것이다.

넷째, 선교에의 참여이다.

하나님은 사람들을 불러 하나님 나라를 현실화시키신다. 교회는 이를 위하여 부름받았다. 선교는 교회의 모든 활동을 평가하고 측정하는 기준이 되며, 교회의 존재 이유 그 자체이다.

다섯째, 복음적 역사 의식을 소유하는 것이다.

교회는 복음의 전통을 바로 증거하고 하나님의 명령에 책임을 다하고 교회의 역사적 상황을 파악하여 교회가 처한 곳에서 예언자적 행동을 보여야 한다. 능력 있는 교회가 되기 위하여 교회는 역사 의식과 함께 깊은 영성을 가지고 십자가를 지는 생활, 구원의 감격, 성령의 인도를 끊임없이 따라야 한다.

여섯째, 기독교 교육이 교수—학습이 아니라 전인적 신앙 양육이 되기 위해서 교회의 교육 구조 자체가 전환되어야 한다.

오늘날 한국 교회 교육의 혼란은 교회의 교육 구조부터 문제 삼아야 한다. 교회 교육이 전(全)교회라고 말하면서도 실제로는 주일 학교 교육에 제한시켜서 주일날 어린이와 청소년 중심의 프로그램이 교회 교육의 전부인 양 협소한 생각을 해왔다.

이제 성숙한 교회 형성을 위한 한국 교회의 교육적 과제는 지금까지의 교회 학교 중심의 극히 제한된 교회 교육 이해에서 탈피하여, 교회 회중들로 하여금 배우고 증거하는 교회 공동체로의 자각 속에 그들의 교회를 평

가하고 또 교회 전체의 삶 속에서 다양한 교육의 기회를 계획하고 참여하
도록 도움으로써 진정으로 교회 회중들에게 교육 공동체로서의 교회의 삶
과 사명을 소개할 수 있어야 할 것이다.

사실상 교회는 이미 초대 교회 시대부터 학교식 교육의 잘못된 학습 형
식을 거부하여 왔다. 교회는 어린이와 청소년과 어른들로 함께 구성된 공
동체로서, 언제나 동시에 학습과 생활과 신앙의 공동체로 존재해 왔다. 이
제 교회는 진정한 공동체성을 회복해야만 한다. 연령의 구분 없이 성인과
함께 공유하며 사귈 수 있는 상호 세대간(intergenerational) 교육, 가족 교
육, 신앙 공동체 전체가 절기나 종교 의식에 함께 참여하는 공동체적 코이
노니아의 경험도 적절하게 제공되어야 할 것이다.

일곱째, 가정 공동체 교육 회복의 과제이다.

신앙은 신앙 공동체에 의해서 전달되며 그 신앙의 의미는 신앙 공동체
안에서의 상호 작용에 의해서 또 생활 속에서 여러 가지 사건과 관련하여
밝혀지며 발전된다. 그리고 경험은 신앙에 있어서 기초적이다. 살아 있는
신앙은 경험을 요구한다. 그러므로 종교적 경험을 회복하며 그러한 환경을
준비하는 일은 신앙 공동체의 과제이다. 그런데 이 신앙 경험이 가장 잘 이
루어지는 곳이 가정이다. 신앙의 양육과 성장이 가능한 창조적 분위기가
있는 곳이 가정이다. 가족과 함께 경험하는 관계는 어린이의 신앙과 성장
에 큰 영향을 준다.

상호 세대적 사랑의 분위기는 경험하는 이에게 인격적 · 사회적 · 영적
성장을 얻게 해준다. 가족에서의 상호 세대 경험은 가치관, 세계관, 자아상
의 형성을 갖게 한다. 그러므로 상호 접촉하며 나누며 보이는 가족은 신앙
과 삶의 스타일의 역할 모델(role model)이 된다. 그리고 신앙 공동체로서
의 가정이 회복될 때 신앙 유산이 잘 전달되고 해석되고 보존될 수 있다.

따라서 앞으로 기독교 교육의 과제는 기독교 가정 교육을 살아 있는 신
앙 공동체 교육의 현장으로 회복하는 것이다. 가정에서 온전한 예배가 드
려질 뿐만 아니라 교제가 이루어지며 신앙 양육이 활기있게 일어날 수 있

도록 해야 한다. 더 나아가 적극적인 교육적 접근으로 각 가정에서 그룹으로 모여서 실시하는 가정 소그룹 모임, home cell-group 모임, 상호 세대적 교육, 가족 집단 교육 등과 같은 프로그램을 마련해 주어야 한다.

여덟째 과제는 교육과 예배를 분리시키지 않는 것이다.

오늘의 교회의 교육적 사명은 신앙 공동체가 의식을 중심으로 한 생활의 의미를 이해하고 현재의 예전(ritual)을 평가하고, 필요한 새로운 표현을 탐구하고, 의미 깊은 참여를 가능하게 하기 위해서 적절한 준비를 할 수 있도록 조력하는 책임을 지는 것이다. 그리스도인은 종교 의식을 통하여 그리스도인의 유산과 전통 신앙의 기억과 소망을 축하한다. 종교 의식과 예배는 항상 교회 생활의 중심이 되어 왔다. 예배는 신앙 공동체의 이야기와 비전을 우리 자신의 이야기와 비전으로 바꾸는 경험을 가져다 준다. 예배는 기독교 교육의 핵심적 위치에 있다.

따라서 예배와 교육이 긴밀한 상호 작용을 할 때 교회 회중은 예수 그리스도를 더욱 깊이 알 수 있게 되고, 또한 그러한 교육이 삶 속에서 계속적으로 이루어질 때 체험하고 깨달은 바가 마음 속 깊이 우러나와 감사와 감격의 예배를 드릴 수 있게 된다.

아홉째 과제는 회중 교육(congregation education)의 강화이다.

회중 교육이란 유아에서 노년에 이르기까지 전회중의, 교회 전체의 관계 안에서 전인에게(whole person), 전체 세대에 걸쳐서, 전체의 생의 과정을 통해 기독교 공동체 안에서 그리스도인의 삶의 스타일로 사는 사람들을 개발·발전시키며, 공동체 자체를 확장시키고, 교회 안에서 더 나아가 세계 속에서 신앙으로 살아가도록 시도되는 교육을 말한다.

교회의 회중에 대한 교육적 활동은 영적 생활만의 교육도 아니며 종교적 사람으로의 교육만도 아니다. 오히려 교육 활동은 복음이 삶의 전반에 걸쳐 영향을 줄 수 있도록 하는 노력이다. 교회는 회중들로 하여금 그리스도인 됨의 의미를 자각하게 하고, 교회의 머리 되신 주님과의 지속적인 인격적 관계 속에서 영적 생활을 하도록 도와야 하며, 그리스도의 지체 됨을 자각하고, 그리스도의 몸의 형성과 개발을 위해 개인의 은사를 활용하게 하는 것이 중요하다.

열 번째 과제는 코이노니아 교육의 강화이다.

코이노니아는 교회의 본질이며, 교회의 일치를 지키는 원리이고 동력이다. 코이노니아의 의미는 보통 친교, 공동체, 성도들의 교제, 사귐과 사랑의 관계로 대변되고 있지만 더 포괄적인 의미를 내포하고 있다.

그것은 그리스도인이 공통된 유산인 복음과 복, 믿음과 구원을 공유하는 것이고, 서로 자기의 모든 것을 나누어 줄 뿐 아니라 공동으로 봉사하는 것이다. 함께 모이고 사랑하고 삶을 나누고 성찬을 나누고, 더 나아가 함께 공동 생활을 하는 것을 가리킨다.

교회는 사람들이 신앙 안에서 한 가족, 한 형제가 되는 경험을 하도록 해 주어야 한다. 유기체를 강조하여 서로 친밀하고 조화 있는 관계를 가지도록 도와 주어야 한다. 교회의 구조를 사역중심(task-oriented)에서 사람중심(person-oriented)의 구조로 바꾸어야 한다. 진정한 섬김과 나눔을 통해서 온전한 생명의 질서를 보존해야 한다. 그리고 모든 그리스도인이 그리스도 안에서 성숙해 가도록 훈련과 교육을 강화해야 한다. 그리하여 모든 그리스도인이 그리스도의 제자(disciples)가 되어 신앙의 의미를 찾고 성숙한 삶을 배워 증인으로, 봉사자로, 희생자로서 섬기도록 도와 주어야 한다.

제 6 장

공동체적 교회 회복의 실천과 모델

초대 교회는 모든 교회의 원형이며 목표이다. 초대 교회 공동체를 공동체적 교회의 원형으로 삼아 공동체적 교회의 유형과 회복의 대안을 정리해 보고자 한다. 공동체의 유형들이 구체적인 대안이 될 것이다.

공동체적인 교회는 내적 성숙을 위한 철저한 제자 훈련 과정을 거쳐 이루어질 수 있다. 다음에 소개하고자 하는 공동체의 유형은 제자 훈련의 단계를 넘어 교회가 추구해야 할 교회의 결론적인 모습이다.

I. 대안적 공동체의 유형

1. 공동 생활의 공동체 교회

〈사례〉 초대 교회의 이상에 충실하고자 하여 사도행전 2장의 초대 교회 형태를 실천하여 공동 생활을 추구하고 물질을 완전 공유한다. 미국의 베다니 공동체는 바로 이런 형태인데 그들은 선교회보 〈The Message of Cross〉에서 자신들을 다음과 같이 소개하고 있다.

"베다니 공동체는 우리가 어떻게 우리 자신과 가진 모든 것을 하나님께 온전히 드릴 수 있을까 하는 질문의 답을 찾아나가는 가운데 이루어진 하나님의 사람들의 모임이다. 아직도 지구의 반 정도만 복음화되었다는 사실은 이 시대의 가장 중요한 사명이 선교인 것을 보여 준다. 이 일의 시급함을 깨닫고 우리는 우리의 소유를 모두 팔아 모아서 보다 깊은 삶의 의미를 추구하고자 공동체를 구성했다. 그리고 선교사 후보생을 모집하여 훈련시켰다. 이 공동체는 사도행전 2:43-47, 4:32-37에 나오는 초대 교회 공동체로의 회복을 의미한다. 그러나 이것은 단순한 모방이 아니라 오늘의 그리스도인의 삶을 사는 우리의 자발적인 믿음의 표현이다. 이 일이 단지 시작에 불과하지만 주께서 시작하신 것을, 그가 완성하실 것을 우리는 믿는다."

1940년 미니애폴리스의 한 교회의 평신도 다섯 명이 시작한 이 모임은 현재 공동체 식구가 169명, 신학교 학생이 150여 명, 해외 파송 선교사가 현재 3백여 명에 이른다. 즉 2명당 3명의 선교사를 보내는 권위 있는 선교 공동체로 성장하였다. 베다니 공동체는 선교 재정원으로 세계적인 기독교 서적 출판사를 자체 경영한다. 이 공동체 안에 약 1천여 명 정도 수용하는 교회가 있는데 공동체 식구들뿐 아니라 미니애폴리스 시내에 있는 사람들도 참석하는 지역 교회 구실도 하였다. 후터 형제회, 미국의 코이노니아 동역회도 이러한 모델이다.

〈원리〉 초대 교회 공동체를 원형으로 볼 때 그 원형에 가장 근접한 형태로는 일차적으로 집단적 공동 생활을 들 수 있다. 한 울타리 안에서 연립 주택, 아파트의 형태를 취하여 공동 소유, 공동 식사 그리고 규칙적인 생활을 한다.

이러한 공동체는 제자 훈련을 통한 헌신적인 그룹이 그 기초가 되어야 하며 사도행전 4:32-37의 내용처럼 100퍼센트까지 물질을 공유하는 공동체를 지향한다. 시작할 때는 적어도 네 가족 이상이 핵심이 되어 약 7년 정도 제자 훈련과 공동체 훈련을 통해 성숙한 기초를 마련해야 한다. 나중에 성장하여 회원이 늘어나면 보편적인 교회 형태를 가질 수 있다.

1차 그룹은 공동 생활 회원, 2차 그룹은 공동 생활은 하지 아니하되 공동체 안의 교회를 섬기는 교인, 3차 그룹은 공동체가 실시하고 있는 선교와 구제 사역을 후원하는 그룹으로 둔다. 공동 생활 공동체는 모두 자체 교회를 갖는다.

이 공동체의 장점은 사역이 매우 효과적이고, 관계 훈련이 잘 이루어지며, 자체적인 공동체 기업이 가능하다. 반면에 이러한 공동체를 이루기 위

해서는 사전에 상당한 훈련이 필요하다. 넓은 땅이 필요하므로 대도시에서
는 용이하지 않다.

〈적용〉우리나라에는 아직 이러한 형태가 없다. 그러나 강원도 예수원,
목포의 디아코니아 자매회는 제도적인 교회 형태는 띠고 있지 않지만 공동
생활 공동체를 이루고 있는 좋은 예이다.

〈도표 6-1〉

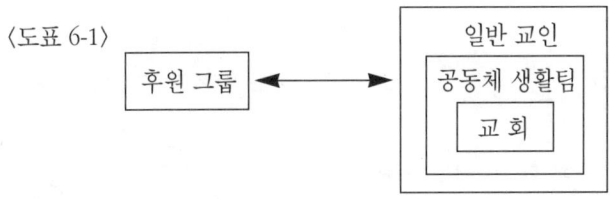

2. 도시 공동체 교회 : 모델 A

〈원리〉도시에서는 집단적 공동 생활이 용이하지 않으므로 공동체 가족
들이 한 지역 안에서 본부격이 되는 집을 중심으로 하여 근처에 가깝게 살
면서 공동체를 이룬다. 재산은 50-70퍼센트 정도 공유하며 나머지는 각 가
정의 필요를 위해 분배한다. 사실 엄밀히 말한다면 초대 교회 공동체는 성
도들이 한 울타리 속에 있었던 것이 아니라 각 가정을 이루면서 전체적으
로 공동체를 이루고 있었다. 즉 도시 공동체형이었다.
 • 장점 : 도시나 농촌, 어디서나 땅이 충분치 않더라도 가능하다. 비전
있는 그리스도인들은 어떤 형태로든지 시도가 가능하다. 평신도들이 시작
할 수 있다.
 • 단점 : 규칙 생활의 완화로 공동체 정신이 해이해 질 가능성이 많다.

〈사례〉영국의 포스트 그린 공동체, 미국의 레바 플레이스 공동체 등이
이러한 유형이다. 도시 공동체는 자체 교회를 가질 수도 있고, 교회를 갖지

않고 지역 교회를 섬길 수도 있다. 영국의 공동체는 공동체 식구들이 모두 한 지역 교회에 출석하여 그리스도의 몸 된 교회를 섬기는 아름다운 모습을 보이고 있다. 우리나라에는 본격적인 도시 공동체는 없으나, 기초적 그룹들이 활발하게 일어나고 있다.

〈적용〉 우리에서 권장할 만한 유형이다. 목회자나 평신도 모두에게 적용 가능하다. 우리 나라의 도시에서 많이 시도되고 있다.

〈도표 6-2〉

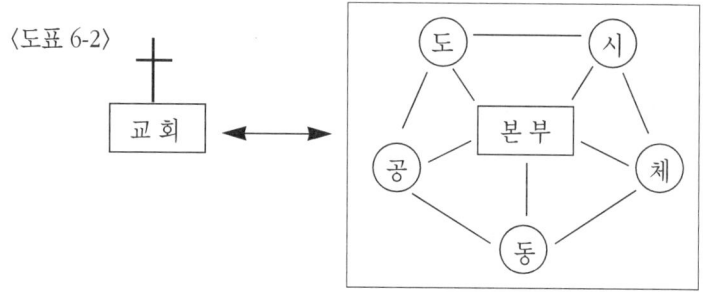

3. 도시 공동체 교회 : 모델 B

〈원리〉 실제적으로 공동체성을 생활로 나타내 보이는 공동체 교회를 뜻한다. 교회 구성원 중 일부가 공동체 생활을 하며 나머지는 보편적인 생활을 하는 형태를 가진다.

〈사례〉 미국 구속주의 교회(the Church of the Redeemer)

이 교회는 1960년대 초반 텍사스 주 휴스턴 시의 작은 공동 생활팀으로부터 시작되었다. 이들은 도시 공동체를 이루면서 근처 교회에 나가게 되었다. 그 교회는 멕시코인과 흑인들을 인종 차별하는 백인 중심의 교회였는데, 자연히 교회가 쇠퇴하게 되었다. 그러한 가운데 교회 회원들이 점점 줄어들어 공동체 회원들만 교인으로 남게 되었다. 그래서 그들이 교회의 중요 제직들이 되어 그 교회를 이끌어 가게 되었는데, 그 공동체의 지도자인 Graham Pullkingham이라는 성공회 신부가 그 교회 목회자가 되어 구속주의 교회를 맡게 되었다.

이 소그룹 공동체들의 사역이 점점 확장되어서 계속 많은 소그룹 도시 공동체들이 늘어났으며, 그 결과 1970년 당시 교회 내에 50구역의 도시 공동체를 이루게 되었다. 목회자와 중요 제직이 거의 공동 생활을 하면서 교회 공동체를 이루었다. 이 교회는 1969년 ≪Time≫지에 바람직한 교회상으로 소개되었고, 1970년에는 미국 CBS-TV에 '70년대 교회상으로 선정되어 한 시간짜리 다큐멘터리로 그들의 생활상이 미국 전역에 방영된 바 있다.

미국 시카고의 레바 플레이스 교회도 교회를 중심으로 하여 유사한 도시 공동체 형태를 취하고 있다. 레바 플레이스 교회 주위에는 한 집에 두세 가정이 함께 살면서 확대 가정의 소공동체를 이룬 팀들이 여러 그룹이 있다. 이 작은 공동체들은 교회의 공동체성을 가시적으로 보여 주며 공동체 교회를 이끌어 가는 견인차 역할을 감당하고 있다. 미국 피츠버그의 올 세인츠 교회(경축의 공동체)도 동일한 모델이다.

〈적용〉 우리나라 도시에서도 적용이 가능한 모델이다. 목회자가 교회 개척시부터 헌신적인 교인들과 도시 공동체를 이루어, 작은 공동체 생활로 함께 살면서 기초를 다지면, 나중에는 보편적인 교회 형태와 작은 생활 공동체의 병행 형태를 취할 수 있다.

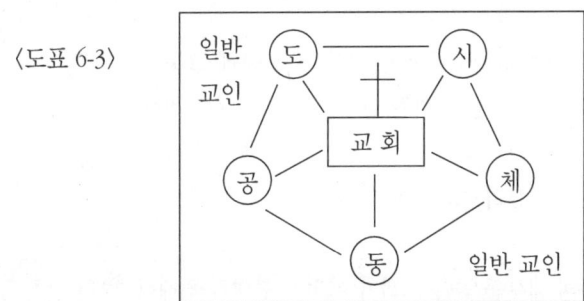

〈도표 6-3〉

4. 농촌 공동체 교회

〈원리〉 농촌 사람들이 농촌 교회를 중심으로 하는 생활 공동체를 의미한다. 이 경우에는 주로 농촌 교회가 지역의 생활 센터가 되며 마을 전체가 교회 중심의 공동체적인 마을로 형성된다.

- 농촌 공동체가 되려면 ;

① 목회자에게 농촌 사역지에서 생명을 바치겠다고 하는 평생 헌신의 태도가 있어야 한다.

② 목회자가 함께 일하면서 사역해야 한다.

③ 교회가 생활 센터가 되어서 농민들의 필요를 채워 줄 수 있어야 한다.

④ 성경 원리에 입각한 생명 공법 즉 유기 농법을 통한 무공해 식물을 생산하여 경제적 기반을 확충해야 한다.

- 도시 · 농촌 교회간의 공동체적 유대가 필요하다.

① 도시 교회와 농촌 교회간의 직거래 유통 구조를 통한 계약 재배로써 농촌 교회에 도움만 주는 것이 아니라 스스로 일어날 수 있도록 기반을 마련해 주어야 하며, 교인뿐만 아니라 이웃 농민들의 농산물도 교회를 통해 해결해 준다.

② 농촌 교회에 땅 사주기 운동을 통하여 경제적 자립 기반을 마련해 준다.

1차 그룹은 공동 생활.

2차 그룹은 교인들로 구성된 공동 생산, 공동 분배 그룹.

3차 그룹은 1,2차 그룹을 제외한 일반 생활의 형태를 취한다.

〈사례〉 제천 송학감리교회, 남양만 두레마을

〈적용〉 한국의 대부분 농촌 교회가 이러한 형태를 취해야 할 것이다. 공

동 생활하는 농촌 공동체의 형태(두레마을)를 취할 수 도 있고, 보편적인
가정 생활을 하면서 교회를 중심으로 공동체적인 마을을 형성해 나가는 형
태(제천 송학감리교회)를 가질 수도 있다.

〈도표 6-4〉

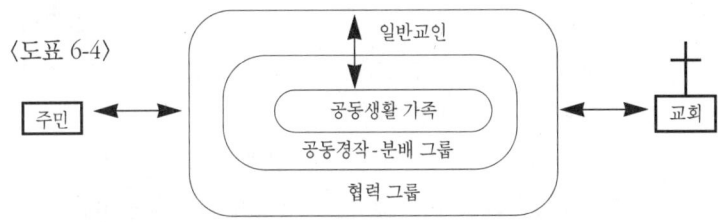

5. 공동체성을 갖는 교회

앞에서 살펴본 공동체나 공동체 교회들은 공동 생활을 기반으로 한 모델
인데, 다음은 공동 생활 형태는 가지지 않지만 공동체성을 가진 교회를 살
펴보자.

공동체성이란 성령의 역사로 교회 내적으로는 영적 · 정신적인 교제뿐 아
니라 물질까지도 나누어 실제적인 한몸이 되고, 교회 외적으로는 고통당하
는 이웃의 필요와 요구에 동참하여 그들과 더불어 함께 하는 삶을 말한다.

[형태 1] 이웃의 필요와 고통에 동참하는 교회

〈원리〉 교회가 개인의 영적 구원만 다루는 것이 아니라 교회의 사회성
을 살려 세상의 구원을 위한 백성의 공동체로서 이웃의 필요와 고통에 동
참하는 교회를 추구한다.

〈사례〉 미국 워싱턴 구세주의 교회(the Church of the Savior)
이 교회는 교회 안의 다양한 직종을 가진 성도들을 직종이나 기능별로
분류하여 각 그룹의 은사를 활용하여 이웃의 필요를 채워 주도록 봉사하게

한다. 그들의 활동범위는 교회를 중심으로 15블록 이내로 제한한다. 예를 들어 의사, 간호사 그룹을 형성하여 '컬럼비아의 보건소'를 운영한다. 교대로 자원 봉사하여 치료비가 없어 치료를 못 받는 자들을 무료나 저렴한 비용으로 치료해 준다. 노동자 그룹은 낡은 아파트를 구입, 수리하여 무주택자들에게 저렴한 비용으로 임대하여 그들의 필요를 채워 준다. 이러한 모임이 교회 안에 약 9그룹 정도 된다.

〈적용〉구세주의 교회 형태는 공동 생활 형태를 가지지 않지만 기존 교회가 체제를 바꾸지 않고도 무리 없이 잘 적용할 수 있는 모델이다.

[형태 2] 교회 헌금의 50퍼센트 이상을 교회 밖으로 쓰는 교회(구제, 선교)

〈원리〉영적 변화의 실태는 물질의 나눔으로 보여진다. 일단 교회가 공동체성을 회복하기 위해서는 헌금 수입의 50퍼센트 이상을 지역 사회의 구제와 선교에 써야 한다. 교회 헌금의 25퍼센트는 교회 운영, 25퍼센트는 목회자 사례비, 25퍼센트는 지역사회 구제, 25퍼센트는 선교에 사용되어야 한다.

〈사례〉남서울교회, 전주 안디옥교회(선교 중심), 영동교회(구제 중심)는 헌금의 50퍼센트 이상을 선교와 구제에 할당하고 있다. 이러한 교회들은 공동체라는 용어를 쓰지 않더라도 이미 교회의 본질을 추구하면서 공동체성을 가지고 있다.

〈적용〉기존 교회가 가져야 할 공동체적 영성의 문제이다. 전국의 교회가 적어도 헌금 수입의 20퍼센트 이상은 반드시 지역 사회의 구제와 선교에 사용해야 한다. 이것은 반드시 실시해야 할 당면 과제이다. 헌금 수입의 20퍼센트부터 시작하여 50퍼센트 이상을 목표로 해 나가면 될 것이다. 각 교회를 중심으로 수용 가능한 일정한 범위를 정하여 지역 사회 내의 극빈자, 고아, 돈이 없어 치료받지 못하는 자 등을 조사하여 조금씩 구제해 나가면서 지역 사회 속에서 교회의 공동체성을 확보해 나갈 수 있다.

II. 왜 공동체로 살아야 하는가

교회는 그 자체가 공동체이다. 이 공동체는 관념적인 공동체가 아니라 실제적인 공동체이다. 기독교 공동체에는 물질을 완전히 공유하고 한 곳에 사는 공동생활의 공동체부터, 부분적으로 물질을 공유하며 도시에 사는 도시 공동체, 공동생활의 형태는 없지만 공동체성이 뛰어난 공동체적인 교회까지 다양한 형태가 있다. 문제는 공동체의 형태도 중요하지만 공동체성을 철저하게 시행하는 것이 더 중요한 것이다. 그리스도인들이 왜 공동체로 혹은 공동체적인 삶을 살아야 하는 지 그 필요성과 의의를 살펴보자.

첫째, 공동체는 그리스도인의 존재 방식이기 때문이다.

그리스도인은 혼자서는 살 수 없다. 하나님은 '우리'를 교회로 부르셨다. 우리를 부르실 때 개개인으로 부르신 것이 아니라 처음부터 한 몸의 지체로 부르신 것이다(고전12:27). 그리스도인은 따로 떨어진 개체가 아니라 그리스도의 몸의 지체이다. 그러므로 그리스도인은 그리스도의 몸된 삶, 즉 공동체로 살아야 한다. 공동체는 그리스도인들이 살아야 할 새로운 생활 방식이다(new way of life).

둘째, 공동체는 철저한 제자도의 실천 방식이기 때문이다.

원수까지 사랑하는 산상수훈은 제자도의 핵심이다(마5 :44). 산상수훈은 개인 윤리가 아니라 공동체 윤리이다. 즉 개인적으로 지키고자 할 때는 거의 불가능한 윤리 같지만 그리스도인들이 서로 선행을 격려하고 힘을 합하여 한몸 안에서 공동체로 지키고자 할 때는 실천 가능한 윤리이다. 그러므로 제자도는 지체들과 함께 공동체로 실천할 때 지켜질 수 있다. 공동체 삶은 제자도를 실천할 수 있는 삶의 방식이다.

셋째, 공동체는 개인주의, 물질주의, 세속주의 사회 속에서 그리스도인이 신앙을 지킬 수 있는 방식이기 때문이다.

개인주의, 물질주의, 성적 부도덕은 현대의 정신이다. 그리스도인이 홀로 있으면 범죄 하기가 쉽다. 혼자서는 엄청난 세속적인 사회의 영향을 감당할 수가 없다. 현대 문명과 사탄은 사람들을 갈수록 고립되게 하고 자폐적으로 살게 한다. 그러나 성경은 "서로 돌아보아 사랑과 선행을 격려하며 모이기를 폐하는 사람들의 습관과 같이 하지 말고 오직 권하여 그 날이 가까움을 볼수록 더욱 그리하자"고 권고한다(히 10:24-25).

또한 공동체 생활은 기독교가 세속사회에 대항하여 기독교 문화관과 세계관의 비전을 실현할 수 있는 방법이다. 세속사회를 변화시키기 위하여 그리스도인이 개인적으로 할 수 있는 일은 아무것도 없다. 세속사회에게 영향을 주고 그 속에서 하나님 나라를 확장해 나가기 위한 가장 유효한 방법은 믿음과 생활 체험을 공유한 공동체 생활이다.

넷째, 공동체는 하나님이 역사하시는 삶이기 때문이다.

최고의 계명은 "서로 사랑하는 것"이다. 이 최고의 계명을 지키고 순종하는 삶이 하나님이 기뻐하시는 삶이다(요15:10-12). 하나님은 사랑의 계명을 지키는 그의 하나 된 몸을 통해 역사 하시기를 기뻐하신다. 하나님께서 함께 하시지 않으면 우리는 아무것도 할 수 없다. 하나님께서 함께 하시면 안될 일이 없다. 사랑의 공동체는 하나님이 역사 하시기를 기뻐하는 통로이다. 공동체는 지체 사랑의 실천 양식이다.

다섯째, 공동체는 마지막 때의 생활 방식이기 때문이다.

현대 세속주의의 핵심은 '돈'이다. 기독교 세속화의 문제도 역시 돈 문제이다. 현대 사회에서 신실한 그리스도인들이 타협하지 않고 신앙을 지키려고 하나, 경제 문제에 걸려 신앙을 지키지 못하고 타협하는 경우가 많다. 마지막 때 사탄은 경제를 통하여 그리스도인들을 공략한다.

그리스도인들은 세속적인 방식과 결탁하지 않고 경제 문제를 해결할 수 있는 자구책을 가지고 있어야 한다. 그리스도인들이 공동체로 살 경우, 공동체 기업의 형태를 통해서 경제 문제를 해결하고, 공동체 기업을 하지 않는 경우이더라도 적어도 헌신된 네 가정이 힘을 합치면 한 가정의 생계 문제를 가족적 유대관계 가운데서 해결할 수 있다. 코이노니아는 '평생 책임지는 관계'를 말한다. 최소한 네 가정이 상호 긴밀한 헌신을 통해 작은 공동체로 살아간다면 신실한 신앙을 유지하면서 성령의 기름이 풍족한 생활을 할 수 있다(시 133: 2). 공동체 생활은 마지막 때를 대비한 그리스도인의 종말론적인 생활 양식이다.

공동체 생활의 의의

1. 공동체 생활은 그리스도의 생명이 우리에게 전달되는 생명력 있는 삶이다.

그리스도는 교회의 머리이다. 우리는 그의 몸이요, 지체의 각 부분이다. 우리는 그리스도를 머리로 하는 몸에 참여하고 있다(고전 12:27 ; 엡 1:22-23). 우리 몸의 머리 되신 그리스도는 세상에서 가장 능력 있고 아름다운 분이시다. 그의 능력과 아름다움이 우리에게 전달되려면 우리는 그의 몸을 형성하여 그 머리에 붙어 있어야 한다. 우리가 지체 서로에게 교통이 되는 실제적인 한 몸의 삶, 즉 공동체를 이루고 있을 때 머리되신 그리스도의 생명이 우리의 삶에 전달될 수 있는 것이다. 지구상의 많은 기독교 공동체들이 성도의 참다운 교제 속에서 생명력 있는 삶을 누리고 있다.

2. 공동체 생활은 '존재의 충만'을 누리는 삶이다.

많은 기독교 단체와 교회들이 사역은 활발하나 진정한 누림의 삶이 없는 경우가 많다. 이런 경우, 아무리 귀한 사역이지만 사역에 지쳐 종국에 가서는 사역 자체가 쓰러지는 경우가 많다. 사역 이전에 먼저 존재가 있어야 한다. 공동체 생활은 매일의 삶 속에서 존재의 공급이 있는 삶이다. 도시 선교 사역(urban mission)을 하는 경우에는 공동체 생활의 기반이 없이는 가난한 자, 부랑자들을 돌보는 사역은 너무 힘하여 대개 6개월 이상 지탱하기 힘든 실정이다. 하루 종일의 사역 후 형제들과의 깊은 교제 속에서 매일 회복될 수 있는 구조가 되어 있어야 한다. 공동체 생활은 집중적인 헌신을 통해 매우 효과적인 사역을 이루어 내고 동시에 공동체에서 회원 서로가 공급해 주는 따뜻한 위로와 형제애적인 분위기에서 오는 안식 속에서 매일 '존재의 충만함'을 누릴 수 있게 해준다(시 133:1). 개인의 존재는 관계 속에서 그 정체성이 규명이 되고 채워질 수 있다.

3. 공동체 생활은 매일의 즐거움과 안식을 누릴 수 있는 삶이다.

공동체 생활은 공동체의 지체들과 삶을 위탁한 가운데 늘 함께 교제하면서 성령 안에서 의와 평강과 희락(롬14:17)을 누리는 삶이다. 공동체 생활은 이 땅위에서 하나님 나라를 사는 삶의 장이다. 즉 인간 회복의 장이다. 참다운 인간의 존재는 참된 관계 속에서만이 규명될 수 있다. 그 두 관계는 하나님과의 관계와 인간의 관계이다. 인간은 두 관계, 즉 하나님과 나의 관계, 너와 나의 관계 가운데서 자신의 존재가 온전히 규명될 수 있는 것이다. 공동체는 인간과 인간이 참되게 만날 수 있는 곳이며 사람 자체를 소중히 여기는 곳이다.

현대인의 삶은 인간과 기계, 인간과 돈, 인간과 텔레비전의 관계가 주종을 이룬다. 그러나 공동체 삶은 그 안에서 서로를 알고 서로가 깊이 만날 수 있는 곳이므로 서로가 신뢰하고 격려하며 자신들의 삶을 의탁할 수 있는 둥지이기에 관계 속에서 서로가 세워질 수 있다. 공동체는 착한 그리스도

인이 살 수 있는 삶의 방식이다. 현대 교회에서는 하나님을 사랑하고 순수
한 마음으로 교회를 섬기고자 하는 순박한 그리스도인이라 할지라도 그가
학벌이 없고 재물이 없으면 그를 업신여기고 냉대하는 경향이 있다. 그렇
기 때문에 어떤 신자는 곧 상처를 받고 세속적인 기독교인으로 전락해 버
리거나, 혹은 이단으로 빠져 버리는 경우도 있다. 순박한 그리스도인이 교
회에 와서 성경이 말하는 아름다운 성도의 교제를 기대하고 왔지만 모두
피상적인 만남뿐이고 진실한 형제애적 만남이 없을 때에, 그들은 기독교에
대하여 체념하게 되며 그들도 역시 체념적인 기독교인, 피상적인 기독교인
이 되고만다. 지체와의 관계 속에서 나타나는 그리스도를 만나지 못하고서
하나님의 사랑을 체험할 수 없는 것이다.

참다운 공동체는 서로가 서로에게 깊은 관심을 가져 주고 따뜻한 만남을
통해서 존재의 의미를 느끼며 살 수 있는 삶이다. 자신이 깊이 사랑 받고 참
으로 존재를 느낄 수 있는 참 만남의 곳, 사랑의 공동체가 사람들에게는 필
요하다.

4. 공동체 생활은 제자 훈련의 장이다.

요즈음의 제자 훈련은 주로 책과 교재를 가지고 하는 지적 훈련의 범주
에 머무는 경향이 있다. 삶 전체를 통한 전인적인 제자 훈련이 이루어져야
한다. 흔히 제자 훈련은 대학 청년부 때부터 하는 경향이 있는데 어린이들
이 사랑의 공동체 생활의 환경 속에서 함께 살아가면서 기독교 교육을 받
는 것이 가장 효율적인 제자 훈련이다. 공동체 생활은 삶 자체가 제자 훈련
의 과정이다.

공동체 생활은 윗사람을 섬기고 남을 생각하게 해주며 더불어 함께 사는
지혜를 갖게 해준다. 예수님의 제자들은 3년 동안 제자 공동체의 삶을 살면
서 제자 훈련을 받았다. 제자 훈련은 바로 관계 훈련이다. 제자 훈련과 공동
체는 서로 분리할 수 없는 것이다. 가장 바람직한 제자 훈련은 공동체의 장
을 가지고 하는 훈련이다. 공동체 생활은 인격 훈련의 장이다. 왜냐하면 공

동체 생활은 생활의 모든 면에 있어서 관계 훈련을 하는 장이기 때문이다.

인격은 관계 속에서 다져진다. 사랑, 인내, 화평, 자비, 온유, 절제와 같은 성령의 열매들이 없이는 함께 살아가기가 힘든 것이다. 개인적으로 살 때에 필요를 느끼지 못하는 성령의 열매와 성품이 함께 살 때에는 필요 한 것이다. 함께 살면 자신이 얼마나 부족한지, 더 갖추어야 할 미덕이 무엇인지 절감하게 된다. 그러므로 부족한 자아가 공동체의 관계 속에서 깨어지면서 성숙케 되는 것이다. 함께 공동체로 사는 바로 옆집의 지체가 한 밤중에 급작스러운 병으로 고통스러워 신음하면서 방바닥에 쓰러져 있다면, 우리는 자신의 방에서 편히 잠잘 수 없을 것이다. 공동체 생활은 억지로라도 성령의 열매를 맺는 장이다. 성령의 열매는 관계 가운데서 맺어진다. 이러한 전인격적인 자아를 기르는 공동체 삶은 바로 온전한 제자 훈련이다. 예수님은 제자들을 데리고 다니시면서 3년동안 공동체의 삶 속에서 제자 훈련을 시키셨다(막3 :13-19). 공동체 생활은 전인적인 제자 훈련의 장이다.

5. 공동체는 흡인력 있는 선교의 장이다.

선교에는 두 가지의 선교방식이 있다. 첫째는 '구심력적 선교 방식(centripetal mission)' 이고 둘째는 '원심력적 선교 방식(centrifugal mission)' 이다. 원심력적 선교는 복음을 모르는 먼 나라에 선교사를 파송하여 그리스도를 증거하는 선교 방식이다. 이에 비하여 구심력적 선교는 그리스도인들의 성숙한 삶을 통하여 사람들을 흡인력 있게 끌어들여서 그리스도를 믿게 만드는 방식이다. 공동체 생활은 그 자체가 선교 훈련이며 선교의 장이다. 현대 선교의 문제는 선교사를 많이 파송하는 일에는 활발하지만 선교사를 훈련하고 파송하는 몸체(sending body)의 기능이 약하다는 것이다.

선교란 무엇인가? 선교란 그리스도의 사랑을 전하는 행위이다. 그리스도의 사랑을 전하는 선교를 한다고 하면서 그것을 전하는 우리에게 사랑이 없다면 세계 선교를 위해서 우리가 무엇을 할 수 있겠는가? 진실한 사랑이 없는 선교는 종교적인 사역에 불과하다. 성숙한 삶은 성숙한 사역을 낳는다. 예수께서는 "너희가 서로 사랑하면 이로써 모든 사람들이 너희가 내 제자인 줄 알리라(요 13:35)", "저희도 다 하나가 되어 우리 안에 있게 하사 세상으로 아버지께서 나를 보내신 것을 믿게 하옵소서(요 17:21)"라고 말씀하시면서 그리스도인들이 서로 진정으로 하나 된 사랑의 공동체가 될 때에 그 삶을 보고 세상 사람들이 예수를 알게 되고 믿게 된다고 말씀하셨다.

공동체 생활은 사람들을 공동체의 성숙한 삶으로 끌어들여 그리스도를 믿게 하는 선교의 장이며, 서로 사랑하는 삶의 방식을 훈련을 하는 선교 훈련의 장이며, 공동체 삶의 훈련을 통하여 갖추어진 선교사를 세계에 파송하는 선교센터이다. 이러한 선교 방식을 '공동체 선교(community mission)'라고 부른다.

공동체 선교는 네 단계를 갖는다. 첫째 단계는 공동체 생활을 통하여 많은 사람들에게 온전한 그리스도의 사랑을 나타내어 많은 이들을 그리스도께로 이끄는 단계이다. 둘째 단계는 사랑의 공동체 생활을 통하여 그들을 성숙한 그리스도인으로 훈련시켜 선교사로 파송하는 단계이다. 셋째 단계는 선교사를 파송할 때에 개인 단위로 보내는 것이 아니라 작은 공동체 팀으로 선교지에 파송하여 현지에서 공동체 생활을 하면서 그들의 한 몸된 아름다운 생활로 원주민들에게 복음을 증거하는 것이다. 마지막 단계는 이 팀들이 선교 사역을 마치면 다시 공동체로 돌아와서 그들의 실제적인 경험을 통하여 후진을 양성하는 과정이다.

이처럼 공동체 생활은 그 자체가 흡인력 있는 선교의 장이며 동시에 효과적인 선교 훈련의 장이며 선교사 파송기관이다.

6. 공동체는 효과적인 자녀(어린이) 교육의 장이다.

부모들은 요즈음 자녀들을 일반 초 · 중 · 고등학교에 맡기기를 못 미더워하는 경향이 있다. 현실의 교과 내용과 교육 환경이 자녀들을 그르칠까 봐 염려한다. 현대의 아이들은 텔레비전과 같은 사회 매개체에 너무 방치되어 있어서 그리스도인의 가치관을 가지고 아이들을 교육시키는 것과 바람직한 교육 환경을 갖기가 쉽지 않다. 요즈음 우리 자녀들은 세속화된 환경과 매우 이기적이고 개인주의적인 가치관에 둘러 쌓여 있다.

그래서 요즈음에는 아이들을 학교에 보내지 않고 홈 스쿨(Home School) 제도로 가정에서 직접 교육시키려고 하는 움직임이 일고 있다. 공동체에서 아이들을 교육시키면 우선 아이들이 남을 생각할 줄 알고 어른을 공경하고 순종하는 가치관을 가지게 된다. 또한 공동체 내에서 여러 가족들이 하나 된 한 가족적인 분위기 가운데서 아이들은 아름다운 교육적 환경 속에서 교육받게 된다. 그러한 곳에는 내 아이, 당신 아이가 아니라 '우리의 아이들' 이 있는 것이다. 요즈음 우리 나라에서도 자녀 교육을 위해 좀 여유 있는 사람들이 공동 주택을 지어 함께 사는 경우가 늘고 있다. 그 이유는 자녀들에게 남과 더불어 함께 사는 인성 교육을 통하여 보다 효과적인 교육을 하기 위해서이다. 아이들이 개별적으로 양육되면 자기밖에 모르는 이기적인 인간으로 자라게 되지만 부모들이 돌아가면서 아이들을 돌봐 주고 공동 양육을 하게 되면 아이들도 형제처럼 함께 지냄으로써 남과 더불어 함께 살고, 나누고, 섬길 줄 아는 가치관을 어릴 때부터 몸에 지니게 된다. 이로서 어린이들에게 참된 인성 교육을 시킬 수 있다.

공동체는 어린이들의 천국이다. 공동체에서 가장 큰 혜택을 받는 것은 어린이들이다. 서로를 위하는 사랑의 공동체 속에서 어른들의 보호와 지원 속에서 자란 어린이들은 공동체 생활을 자연스럽게 여기고 포용성 있는 가치관으로 역시 남을 위하는 삶을 살아갈 수 있게 된다. 동시에 공동체는 노인들의 천국이다. 그것은 부모와 어른을 섬길 줄 아는 후세대들이 있는 곳이기 때문이다.

공동체의 삶 속에서 양육된 어린이들은 총명하다. 그것은 부모들과 함께 있는 시간이 많고 세속적인 가치관과 문화에 오염되지 않고, 부모를 순종할 줄 알고 섬기며 부모와 함께 있는 시간을 많이 가짐으로써 부모와 어른들의 지혜를 그대로 전수 받을 수 있기 때문이다(엡 6:1-3). 세계의 유수한

기독교 공동체들을 방문해 보면 공통적으로 아이들이 참으로 행복하게 지
내며 또한 공동체 자체가 축복된 어린 시절을 보낼 수 있도록 그들에게 아
름다운 교육 환경 마련해 주는 자리임을 알 수 있다. 공동체 삶은 축복된 자
녀 교육의 장이다.

7. 공동체 생활은 최고의 계명을 실천할 수 있는 삶의 방식이다.

예수님은 서로 사랑하는 것이 최고의 계명이라고 하셨다(요15:14). 함께
살 때에 서로 사랑하지 않고는 살 수 없다. 공동체 생활은 그냥 함께 모여
사는 것이 아니라 서로 사랑하기 위한 삶이다(not living together, but
loving together). 개인적으로 생활하면서도 지체 사랑과 이웃 사랑의 명령
을 실천할 수는 있다. 그러나 인간의 연약한 한계 때문에 지체 사랑의 결심
이 무너지기 쉽다. 그러므로 물질을 함께 공유하면서 한 곳에서 한 가족으
로 살아간다는 것은 억지로라도 지체를 돌보고 변함없이 사랑하는 책임을
다하겠다는 표시이다. 공동체 생활은 서로를 평생 책임지는 삶이다. 공동
체 생활은 '지체 사랑'을 담는 소중한 그릇이다.

8. 공동체는 화해와 일치의 장이다.

공동체는 갈라진 교회와 교파간의 화해와 일치를 도모하는 촉매의 역할
을 한다. 기성 교단에 속하지 않은 공동체와 공동체 교회들은 이미 '하나'
된 삶의 양식을 가지기 때문에 자신들의 교리를 가지고 타 교단과 교파를
비판하기 보다는 포용하고 받아 주는 지혜와 여유가 있다. 그것은 공동체
삶이 이미 그리스도 안에서 '일치'를 지향하는 삶이기 때문이다(엡 2:14-
15). 교파의 신학과 신학자들에 의해 생긴 높은 담들은 이러한 기독교 공동
체들을 통해서 쉽게 허물어진다. 사실 함께 살아보고 인격적인 관계 속에
서 대화해 보면 각 교파간의 신학적인 견해가 그렇게 큰 문제가 아님을 알
수 있게 된다.

공동체는 교리와 신학적인 차이로 갈라진 그리스도의 지체들이 쉽게 만

나 대화할 수 있는 열린 만남의 장이다. 기독교계에서 기성 교회와 교단들이 서로 만나 열린 마음으로 대화하고 하나 됨을 추구할 수 있는 장을 찾아보기가 힘들다. 공동체 생활의 열린 분위기를 통하여 서로의 만남의 장이 열리고 대화가 진행된다. 기독교 공동체는 교단의 제도적인 틀에 얽매이지 않고 서로 대화할 수 있는 가교 역할을 감당하고 있다. 공동체는 보수와 진보, 성령 운동과 사회 운동이 만나 함께 통합될 수 있는 통로이며, 이를 통하여 총체적 복음(whole gospel)을 실천할 수 있는 방안이다.

9. 공동체는 사회구조 모순의 성경적인 해결책이다.

현대 사회는 자본주의(capitalism)와 공산주의(communism)의 양 체제를 다 시도해 보았으나 어느 체제도 사회 구조적 모순의 문제를 해결 해주지 못하였다. 그 대안은 현대 사회의 구조적 모순에서 양산된 가난한 자들의 문제를 그리스도인들의 자원적 나눔과 섬김으로 해결하는 '공동체주의(communalism)' 이다.

공동체적 삶은 희년을 실천하는 삶의 방식이다. 구약의 희년법은 매 50년마다 희년을 선포하여 땅과 집과 사람에게 해방과 자유를 주어 사회의 영구적인 부익부 빈익빈을 막는 하나님의 경제법이었다(레 25:8-55). 희년의 요체는 토지 사유화의 제도적인 방지를 통하여 모든 이가 더불어 함께 잘 살 수 있도록 한 탁월한 공동체적 사회의 구조였다. 그러나 인간의 탐심의 발로로 하나님의 이 아름다운 경제법은 무너져 버렸다. 그러나 신약에서 성령의 힘으로 가난한 자의 문제를 해결하게 하는 예수 그리스도의 희년 선포(눅4:17-19)와 오순절 성령의 강림을 통하여 이루어진 코이노니아의 역사를 통하여 성령을 받아 속사람이 변화된 그리스도인들이 공동체적인 나눔의 삶을 살게 되었다. 이러한 성령의 공동체를 바탕으로 하여 그리스도인들은 '자원적인 나눔과 섬김' 으로 가난한 자의 문제를 스스로 해결하였다. 그들은 사회 문제를 정부나 사회 기관에게 돌리지 않고 그들 스스로 고통 당하는 이웃의 필요를 채우는 삶을 살았다(행 4: 32-37).

공동체 생활은 공동체 구성원들만의 효과적인 삶을 위한 것이 아니라 내적으로 헌신되고 절제된 삶의 응집을 통해서 공동체 밖의 사람들에게도 나누고 베풀 수 있는 여력을 가질 수 있게 된다. 공동체 삶은 타인을 위한 여력을 가질 수 있는 삶이며 지역 사회와 더불어 함께 하는 삶이다. 그리스도인의 공동체적 삶은 사회 문제의 성경적 해결책이다.

10. 공동체는 통일을 대비하는 삶이다.

각 동네의 동사무소에 가보면 그 동네의 어려운 이웃들의 명단이 나와 있다. 그래서 각 교회를 중심으로 하여 50미터 이내에 고아, 장애자, 소년 소녀 가장, 가난한 병약자, 무의탁 노인들을 찾아내어 각 교회의 십일조 수입의 1/3 로 그들을 보살펴 주고 섬긴다면 교회를 통하여 더불어 함께 사는 공동체적인 사회가 확장될 수 있다.

교회의 이러한 공동체성의 실천은 앞으로 한반도 공동체 실현의 대안이 될 수 있다. 우선 전국의 각 교회가 교회마다 해외 선교비와 같은 비중으로 통일 기금(통일 선교헌금)을 마련하여 이 기금으로 현재 북한이 겪고 있는 기아 문제를 남한의 교회 공동체가 스스로가 담당해 나갈 수 있다. 북한의 어려움을 남한의 교회가 돕는 일은 쌍방간의 우호적인 분위기를 창출하여 통일의 촉진제가 될 수 있다. 통일의 큰 문제는 통일 이후의 북한 난민 수용의 문제이다. 이 문제는 통일을 지연시키는 장애 요소 중에 하나이다. 통일의 여건이 되어도 경제적 문제로 정부가 선뜻 통일을 추진 할 수 없는 이유이기도 하다. 그러나 남한의 교회가 지금부터 미리 통일 기금을 각 교회별로 준비하여 통일이 될 경우 교회가 준비한 기금으로 전국의 각 교회가 자원하여 북한 동포들을 수용하여 맡는다면 남북한 통일의 큰 장애물을 해결할 수 있는 것이다.

예루살렘 교회와 유대인 동포들이 기근으로 어려움을 당하고 있었을 때에 마케도니아 교회들은 자신들도 가난한 가운데서 분에 넘치는 자원의 연보(코이노니아)를 하여 예루살렘 형제들을 도왔다(고후 8:1-5). 이와 같이

남한의 교회도 북한의 동포들의 기아 문제와 통일을 '코이노니아'의 실천
으로 해결할 수 있는 것이다. 우리의 교회가 온전한 공동체로 회복되고 그
공동체성(코이노니아)을 발휘한다면 통일의 문제도 스스로 대비할 수 있는
것이다.

11. 공동체는 환경문제에 대처하는 대안적 삶이다.

현대의 정신은 개인주의와 물질주의이다. 모든 면에서 자기중심적 사고
는 남을 생각해 주고 배려하는 삶을 앗아간다. 그러나 공동체의 삶은 나만
아니라 다른 사람도 생각하는 삶이다. 더불어 함께 사는 공동체적 사고를
가지기 때문이다. 공동체 삶은 우리의 환경도 소중하게 여기는 삶이다. 왜
냐하면 환경은 우리 모두가 함께 인간답게 살 수 있는 삶의 자리이기 때문
이다.

성경은 예수께서 다시 오실 때에는 하늘과 땅과 사람(天, 地, 人)이 하나
가 되도록 할 것이라고 말한다(엡 1:10). 그가 만물을 회복하실 때에는 하나
님과 사람, 사람과 사람과의 관계만 회복되는 것이 아니라, 사람과 자연의
관계도 회복된다. 인간의 타락한 죄의 본성 때문에 자연 환경도 역시 고통
당하며 신음하고 있다(롬 8: 22). 그러므로 환경을 보존하는 것은 하나님의
선하신 창조와 구속의 목적을 지켜 나가는 일이다. 공동체 삶은 하나님과
인간, 인간과 인간, 인간과 자연이 하나 되어 온전히 회복되는 통합적 삶을
지향하는 존재 방식이다.

세계의 모든 기독교 공동체와 공동체적 교회들은 자연 환경과 생태계를
보전하기 위한 의식과 이에 따른 구체적인 프로젝트를 시행하고 있으며 인
간과 자연이 더불어 함께 공존, 공생하는 공동체를 이루어 나가고 있다. 자
연과 인간이 더불어 사는 공동체 삶은 환경 문제의 대안이다.

III. 공동체성 회복의 몇 가지 대안

교회 공동체성 회복의 방안을 모색하기 이전에 먼저 교회 공동체성이 깨어진 원인을 살펴보자.

1. 교회 공동체성이 깨어진 원인[1]

1) 개인 구원에 대한 상대적인 강조
2) 기독교인들의 개인주의 삶의 성향
3) 개인 중심의 기복주의적 신앙
4) 중생 이후 성화의 삶에 대한 훈련 소홀
5) 성령의 역사의 개인적인 면을 강조
6) 신학교에서의 공동체신학의 가르침과 공동체 생활 훈련의 부재
7) 목회자들의 공동체적 교회관 결여
8) 목회자들의 지나친 교단 신학화 경향에 따른 타 교파와 대화의 단절
9) 목회자들의 모범적 삶의 결여
10) 성경의 진리를 지나치게 영해하려는 경향
11) 성령의 능력과 은사의 다양한 실천 부족
12) 교회의 양적 성장 지상주의
13) 노동을 경시하는 태도
14) 교회에서 가난한 이웃과 함께하는 나눔의 삶의 부족
15) 산업사회의 가속화에 따른 도시화 현상
16) 개인주의와 물질주의적인 사회 구조

---

1) '교회 공동체성이 깨어진 원인과 대안'은 1994. 11. 26-28 전국 신학교 공동체 모임 연합회 (전신공연)가 주최한 공동체 훈련학교에 참여한 목회자와 평신도들의 공통조사 결과임

2. 교회 공동체성 회복의 대안

1) 한국은 신학교 체질, 교회 체질이다. 목회자를 배출하는 신학교에서부터 공동체 생활 훈련이 되어야 한다. 신학교에서 코이노니아의 신학을 가르쳐야 한다. 동시에 신학교 기숙사를 활용하여 영성 훈련, 타인과 더불어 함께 사는 공동체 훈련이 이루어져야 한다.

2) 구역 헌금은 모두 해당 구역 지역의 구제 헌금으로 쓰고 그 결과를 구역장이 교회에 보고하도록 한다. 또한 각 구역에서 부교역자와 구역장 책임 아래 성찬식을 베풀 수 있도록 하여 각 구역별로 작은 교회로서의 공동체성을 살릴 수 있도록 한다.

3) 담임 교역자와 부교역자(전도사) 간의 생활비 격차를 줄이는 것이다. 가족의 수와 필요에 따라 사례비를 나누는 것이 필요하다.

4) 예배시 매주, 혹은 매달 성찬식을 거행하여 성만찬을 통한 '성도의 교통'의 의미와 공동체적 교제가 활성화 되도록 할 필요가 있다.

5) 교회에서 예배와 함께 성도간에 교제가 활발히 이루어지는 구조가 되도록 해야 한다, 이를 위해서 교회 안에 다양한 소그룹 공동체를 두어 성도간에 공동체성을 함양할 수 있는 공동체적 삶을 회복할 수 있는 생활훈련 프로그램이 실시되어야 한다.

6) 공동목회가 이루어져야 한다. 교회가 담임 목회자 한 사람의 생계유지 차원의 전유물이 아니라 목회자들이 공동 목회의 비전을 가지고 작은 공동체로 함께 살면서 그리스도의 몸을 섬기기 위해서 본이되는 공동목회

가 이루어져야 한다. 이를 위해서는 신학교 시절부터 뜻을 같이하여 공동 목회 비전을 가지고 공동체 생활훈련 과정을 가지는 것이 필요하다.

7) 교회가 교회 유지와 외형적인 성장만을 위해서 투자하지 말고 교회 예산의 50퍼센트 이상을 지역 사회의 구제와 세계선교를 위해 사용해야 한다. 구약에서는 십일조의 1/3을 나그네, 과부, 고아와 같은 가난한 이웃을 위해서 사용하므로써 하나님의 백성들이 공동체성을 발휘하였다. 성경적 인 십일조를 엄격히 강조하는 교회는 십일조 수입을 사용하는데 있어서도 성경적으로 철저해야 할 것이다. 우리의 교회도 십일조 수입을 교회 주변 의 지역 사회에 있는 고통 당하는 이웃을 위하여 사용하여 공동체성을 발 휘해야 한다.

8) 교회 건물과 시설, 주차장을 지역사회의 행사와 봉사를 위한 공간으 로 활용하도록 해야 한다. 교회는 지역사회를 위해서 항상 열려있어 그들 과 더불어 함께 하고 섬기는 교회가 되어야 한다. 특히 현대 사회에서 맞벌 이 부부가 늘어가는 현실 속에서 교회가 교회의 건물을 활용하여 그들의 자녀를 위한 탁아소를 운영하여 그들의 필요를 채워주는 사역이 필요하다.

9) 이미 교회가 있는 곳은 주변 300미터 이내에는 다른 교회를 짓지않는 배려가 필요하다. 또한 같은 지역 내에 가까이 있는 작은 교회들이 교파를 초월하여 연합하고 연중에 공동예배를 드림으로써 그리스도 안에서 한 지 체로서 공동체성을 확장해 나가며, 지역사회를 위하여 청소년 교육 환경의 조성, 환경 보호 등과 같은 사역을 공동으로 펼쳐 나가야 한다.

10) 목회자들이 공동체로서의 교회론과 공동체적 성령론에 대한 인식이 필요하다. 이를 위해 목회자를 위한 공동체 훈련 프로그램과 전문적인 기 관이 있어야 하며, 전교회적이고 지속적인 공동체로서의 교회 갱신을 위해

서는 전국적으로 공동체적 교회를 추구하는 교회들의 네트워크와 계속적
인 중보기도 사역의 연결망이 있어야 한다.

11) 교역자들이 연립 주택이나 교회 건물의 일부를 개조한 공동 생활집
을 마련하여 공동 생활을 통한 나눔의 삶을 실천할 수 있다. 이것은 공동체
성을 회복할 수 있는 직접적인 방안이며, 목회자들이 몸소 본을 보임으로
써 평신도들에게 가장 효과적으로 영향을 줄 수 있는 생활이다.

12) 개척 교회를 공동체로 시작하라. 개척 교회 초창기에는 목회자가 바
울식으로 직업을 갖든지 혹은 파트 타임으로 일을 해서 생활비의 전액 혹
은 일부분을 마련하여, 교회의 헌금 수입이 교회 성숙에 꼭 필요한 곳에 사
용될 수 있도록 해야 한다.

13) 각 기도원을 공동 생활의 터전으로 변화시켜야 한다. 공동체에 관심
있는 교역자를 중심으로 하여 집 없는 가난한 교인, 무직자들과 함께 생활
공동체를 이루어 농사, 기업, 관리 등의 일을 해나가도록 한다.

14) 자매 공동체의 설립이 필요하다. 각 교회마다 수많은 독신여성의 자
원들이 있는데 교회에서는 아무런 대책도 마련하지 못하고 있다. 전국적으
로 여러 특색 있는 자매 공동체들이 교회의 지원으로 많이 세워져야 한다.

15) 열린 가정 공동체 운동이 기독교인의 가정에 일어나야 한다. 가정을
개방하여 주 1~2회 정도 이웃 가정과 그 동네에서 특별히 외롭고 어려운 이
웃을 식사에 초대하여 함께 교제를 나눔으로써 기독교인의 공동체성 영역
을 넓혀 나간다.

16) 전세방 제값 받기 운동이 일어나야 한다. 주택난이 심각한 가운데 전

세 놓는 그리스도인들이 일반 시세보다 싸게 받음으로써 이웃의 고통을 덜어 주고 좁은 국토 안에서 더불어 함께 사는 삶을 실천해야 한다. 혐오의 대상에서 호감받는 그리스도인으로 바뀌어져야 한다.

17) 혁신적인 개인의 삶은 공동체성 회복의 기초이다. 검소하고 절약하는 삶을 통한 나눔의 삶을 실천하는 것이 한국 교회 공동체성 회복의 씨앗이다. 다른 사람과 제도를 개조시키려고 하기 이전에 자신의 혁신적인 삶(radical life)이야말로 사회 변혁의 씨앗이다.

현대 기독교인들의 공동체성 회복에 대해서 영국의 저명한 영적 지도자인 마이클 하퍼(Michael Harper) 목사는 다음과 같이 말하였다.

"점점 더 풍요해 가는 오늘날 사회 속에서 아주 혁신적이고 좀 다른 그리스도인의 삶의 양식을 그리스도인들이 나타내 보이며 구현하는 것을 이 세상은 정색을 하고 교회를 주목하게 될 것이다."

3. 공동체(교회) 어떻게 시작할 것인가

1)소그룹으로 시작하는 경우

① 성경 공부 그룹으로 시작하라

공동체는 성경 공부반에서 시작하는 것이 순서다. 10명 이내 그룹으로 성경 공부를 해 나가면 사모하는 마음을 가진 형제, 자매들이 형성된다. 1년 정도 성경 공부 모임을 계속하면 10명의 그룹 멤버 중에서 헌신적인 멤버 4~5명이 남게 된다.

② 제자 훈련을 실시하라

2년째부터는 약 2년간 성경 공부반 멤버 4~5명에게 제자 훈련을 시작한다. 이 기간 동안에 제자로서의 삶을 강조하는 제자 훈련의 기초를 닦아 나간다. 네비게이토 선교회나 일반 선교 단체의 훈련 과정, 사랑의 교회 제자 훈련 등 좋은 훈련이 많은데, 이 중 알맞은 형태를 선택해서 제자 훈련을 하도록 한다. 공동체의 기초 멤버는 반드시 제자로서의 희생과 충성된 삶의 훈련이 철저히 된 자만 가능하다.

③공동체 생활의 비전을 제시하라

2년 정도 제자 훈련 과정을 거친 후 제자 훈련의 기초가 확실히 되어 있는 '충성된 자' 들에게 사도행전 2장에 근거한 더불어 함께 사는 기독교 공동체에 대한 비전을 소개한다. 이 비전을 자신의 것으로 하는 사람들과 이제는 공동체 훈련을 해 나간다. 공동체가 구성되려면 적어도 4명 이상의 멤버가 있어야 한다. 공동체 훈련의 내용은 제자 훈련의 커리큘럼을 계속 실시해 나가되 그와 함께 공동체적 삶에 대한 훈련을 겸한다. 매주 1회 정도 모여 훈련을 계속하면서 1년에 2주 정도 공동체 기초 멤버들이 합숙 생활을 통하여 서로의 장단점을 알고 서로를 체험하는 훈련이 꼭 필요하다. 1년에 2회 정도 국내의 기독교 공동체들을 방문하여 그들의 삶을 보고 배우는 기회를 갖도록 한다.

④ 공동체 기금을 마련하라

성경 공부와 제자 훈련을 통하여 영적 · 정신적인 교제가 이루어졌다면 물질을 나누는 훈련이 꼭 필요하다. 제자 훈련을 마친 후 공동체 훈련 때부터 각자 수입의 일부를 공동체 기금으로 조성한다. 구체적으로 각자 월수입이나 용돈의 5퍼센트에서 출발하여 두 번째 해는 10퍼센트, 세 번째 해는 20퍼센트 등의 비율로 공동 통장을 마련하여 공동체 기금을 적립해 나간다. 매달 모아지는 공동체 기금의 50퍼센트 이상은 지역 사회 구제와 세계 선교에 쓸 것을 약속한다. 나머지는 계속 적립하여 공동체의 부지나 집을 살 기금으로 사용한다. 공동체 멤버가 결혼하기 전에 미리 배우자에게 공동체 비전을 주지시키고, 동의를 받은 후 결혼하여 가족 회원으로 받아 함께 훈련하도록 한다.

⑤ 작은 공동 생활집을 마련하라

3~4년 과정의 공동체적 제자 훈련이 끝나면 가족 정신, 유무 상통의 교제가 더욱 활발해진다. 도시에서 살 경우 이때쯤 두세 가정이 힘을 합쳐서 함께 살 수 있는 집을 전세로 얻거나 사서 부분적인 공동 생활에 들어간다. 이 집을 중심으로 점차 근처에 집을 얻어 도시 공동체를 형성해 나간다.

성경 공부 과정 1년, 제자 훈련 과정 2년, 공동체 훈련 과정 4년, 모두 7년 정도의 훈련을 거쳐 때가 되면 성령의 인도를 받아 완전한 형태의 공동체 생활에 들어갈 수 있다. 이렇게 훈련받은 그리스도인들이 4~5가정이 함께 살면서 한 가족 정신으로 유무 상통을 이루며, 지역 사회 구제와 선교 등 그리스도의 의를 이루는 생활을 해 나가면 성령께서 역사하셔서 그 공동체는 흡인력 있는 작은 가정 교회가 될 것이다. 이 헌신적인 구성원들의 작은 공동체가 생각 이상의 역사를 일으키는 것이다.

2)개척 교회를 공동체로

교회를 개척해서 시작할 때 처음부터 건물을 짓지 말고 앞에서 소개한 것처럼 성경 공부반을 운영하여 충성된 사람들을 중심으로 가정집에서 모인다. 목회자는 2~3년간 생활비를 받으려고 하지 말고 파트 타임으로 일을 하여 바울식으로 생활비를 해결해 가면서 공동체의 일원으로서 참여한다. 제자 훈련을 통한 가정 교회를 추구하며 헌금의 반 이상은 지역 구제와 전도에 사용해 나간다. 이렇게 먼저 복음의 본질에 충실한 교회를 실천해 나가면 자연스럽게 공동체적인 교회가 형성되는 것이다.

개척 교회의 기초 멤버들은 제자 훈련, 공동체 훈련을 거쳐서 목회자와 부분적인 도시 공동체 생활을 하도록 한다. 가정 교회가 웬만큼 성숙, 성장하면 그때 유형 교회의 형태를 갖추도록 하고, 건축할 때 교회 건물의 한 부분을 공동 생활 공간으로 지어 목회자, 부교역자, 교인 중 공동체 생활에 관심이 있는 사람들이 함께 살도록 한다. 이러한 목회자들의 보여 주는 복음의 삶과 헌신적인 교인들의 생활은 교회 내에 엄청난 영향력을 끼치게 된다.

3)기존 교회 내에서 시작하는 경우

목회자 자신이 공동체적인 교회에 관심이 있다면, 교회 사택이나 교회의 2,3층 건물에 부속 아파트 내지 연립 주택을 지어 부교역자들과 함께 공동체적인 삶을 실천하면서 목회한다. 일반 교인들에게 나눔과 섬김의 더불어 함께하는 공동체 삶의 비전을 소개하면서 한 그룹에 대상으로 공동체적 제자 훈련을 시켜 교역자들과 함께 공동체 생활을 하도록 한다.

또 구역별로 제자 훈련을 실시하여 헌신적인 그룹을 통하여 도시 공동체를 이루게 할 수 있다. 미국 텍사스 휴스턴의 '구속주의 교회(the Church of the Redeemer)'는 목회자가 직접 일부 교인들과 교회 가까이에서 공동체 생활을 하는데, 이에 영향을 받아 교회의 약 50구역이 각 지역별로 도시 공동체를 이루어 전교회적으로 공동체 생활을 하는 교회가 되었다.

공동체적 교회의 비전이 있는 리더가 목회자의 이해 아래 소그룹을 운영하여 교회 내에서(교회를 떠나지 말고) 혁신적인 공동체 삶을 살아 나간다. 이 5~6명이 되는 작은 공동체가 교회 내의 기성 교인들에게 상당한 영향과 쇄신을 불러일으키게 된다.

IV. 공동체 교회의 모델

다음은 세계에서 가장 잘 알려진 공동체와 공동체 교회의 대표적 모델 일곱 가지를 선정하여 실었다. 다음에 소개되는 모델들은 온전한 코이노니아를 실천하는 공동체 교회의 모델들을 찾기 위해서 필자가 수년간 직접 탐방하여 연구한 기독교 공동체의 모델들이다. 세계의 대부분의 공동체와 공동체 교회들은 대개 이 일곱 가지 범주 안에 포함된다. 다음에 소개되는 모델들은 공동체로서의 교회가 어떠한 모습인지 그 실상을 보여 준다. 하나님께서는 보다 다양한 방법으로 당신의 사람들을 통하여 보다 새롭고 창의적인 사역을 이루어 나가신다. 다음의 각기 다양한 형태의 교회들은 교회의 본질과 공동체성을 회복하려고 하는 우리들에게 새로운 통찰을 던져주고 희망과 용기를 불어넣어 주는 사례들이다.

첫째, 후터 형제회는 사도행전 2장의 초대 교회 공동체를 오늘에 그대로 재현한 공동체의 원초적인 모델이다.

둘째, 떼제 공동체는 수도적인 공동체로서, 그리스도 안에서 하나 됨의 가능성의 범위가 어느 정도까지이며 하나 됨의 의미가 얼마나 큰 것인가를 보여 주는 공동체이다.

셋째, 베다니 공동체는 선교 공동체 모델로서, 서로 사랑하는 한몸의 헌신적인 공동체를 하나님이 어떻게 사용하시고 그러한 공동체가 세계 선교를 위하여 얼마나 강력하고 효과적으로 사역할 수 있는지를 보여 주는 좋은 모델이다.

넷째, 코이노니아 동역회는 농촌 공동체의 모델로서, 농촌의 가난하고 소외된 이웃들을 위해서 공동체가 어떠한 사역을 감당할 수 있는가를 보여 주는 농촌 공동체의 모델이다.

다섯째, 라브리 공동체는 성경적 진리를 추구하는 공동체로서 '앎' 을 중시하는 보수 복음주의적 전통과 '삶' 이 어떻게 조화될 수 있는 지를 보여 주는 지성 사역 공동체의 모델이다.

여섯째, 레바 플레이스 교회는 기성 교회의 형태와 함께 부분적인 공동 생활 형태를 가지면서, 도시 공동체 교회가 지역 사회 속에서 어떠한 역할을 감당할 수 있는지를 보여 주는 실제적인 모델이다.

일곱째, 구세주의 교회는 일반 교회 형태로 공동 생활의 형태는 가지고 있지 않으나 공동체성이 확보되어 있으며, 지역 사회 속에서 고통당하는 이웃과 더불어 함께 할 수 있는 다양한 사역을 보여 주는 도시 공동체 교회의 모델이다.

1. 초대 교회처럼 오늘 여기에 사는 공동체[2]
후터 형제회(Hutterian Brethren)

16세기에 루터와 칼빈, 츠빙글리에 의해서 주도적으로 종교 개혁이 진행
되고 있었을 때 이와 함께 개신교 안에서는 또 한 갈래의 종교 개혁의 흐름
이 추진되고 있었다. 보다 철저한 종교 개혁을 이루고자 했던 이 개혁 세력
은 교회사에서 '재세례파' 라고 불린다. '참된 교회를 회복' 하고자 했던 목
적을 가졌던 이들은 제도화된 교회가 바로 기독교의 적이라는 사상을 가지
고 있었다. 4세기 때 콘스탄티누스 황제의 기독교 공인은 기독교를 제도
화·세속화되게 했던 요인이었는데, 그 후 천 년에 걸친 제도화된 교회의 행
보는 16세기에 이르러서는 급기야 종교 개혁을 불러일으키게 된 것이다.

당시 재세례파는 종교 개혁의 보편적인 내용에 대해서는 동의하였으나
개혁 주도 세력이 편의상 기성 정치권과 결탁하여 종교 개혁을 효과적으로
수행하려는 의도에 대해서는 매우 비판적이었다. 이들은 맨 처음 스위스
형제단(Swiss Brethren)이란 이름으로 출발하였는데, 초기에 그들과 일부
뜻을 같이 했던 츠빙글리가 시 의회의 정치적인 힘을 빌려 종교 개혁을 시
도하려는 의도에 반대하였으며, 독일에서도 정치권의 힘을 개혁에 활용하
려고 했던 루터의 의도에 대해서도 반대하였다. 이들은 정치적 편의를 위
해서 타협하기보다는 성경 말씀을 그대로 철저히 실천함으로써 종교 개혁
을 이루어 나가야 한다고 생각했으며 믿는 그대로 행동에 옮겼다.

이들은 가톨릭 교회의 세례, 즉 그리스도를 믿음으로 구주로 영접하는
신앙이 없이 단지 가톨릭 교회의 형식적인 세례를 받음으로써 신자가 되고
천국의 백성으로 보장받는다고 하는 당시 교회의 관행을 반대하였다. 그래
서 이러한 믿음을 고백하는 형제들이 모여 구주를 믿는 확실한 신앙 위에
서 진정한 의미의 세례를 다시 받았다. 이러한 의미에서 그들은 유아 세례

---

2)김현진, 「초대교회를 오늘 여기에 사는 공동체」, ≪빛과 소금≫(서울:두란노, 1992), 9월호

를 반대했으며 그래서 이들은 다시 세례받는 모임이라는 뜻으로 당시 종교 개혁의 주류 세력에 의해 '재세례파(Anabaptist)'라는 경멸적인 이름으로 불리게 되었다.

다시 세례를 받는다는 것은 이들의 사역에 있어서 교리의 일부에 지나지 않을 뿐 재세례파라는 이름은 이들의 본질을 오해하게 만드는 오명이었다. 이들의 주 의도는 '참된 교회의 회복(restoration of the true Church)'에 있었으며, 그러한 참된 교회는 '철저한 제자도(radical discipleship)'의 구현 없이는 불가능하다고 보았다. 이 철저한 제자도의 핵심은 예수님이 제자들에게 새 이스라엘 백성으로서 지켜야 할 새 계명으로 주신 '산상수훈'에 있으며, 이 산상수훈을 구체적으로 이루는 삶의 방식이 바로 '초대 교회의 공동체적인 삶'이라고 보았다. 그들은 사도행전 2장과 4장의 초대 교회가 유무 상통하는 완전한 공동체였다는 사실에 유의하여 초대 교회 공동체의 생활방식으로 그리스도인의 삶을 사는 것을 전제로 하였다. 그러므로 현재 전세계에 퍼져 있는 재세례파는 거의 대부분이 공동체 생활을 하고 있다.

당시 재세례파의 철저한 공동체적인 삶, 즉 서로 물질을 나누며 그리스도의 형제애적인 사랑을 실제 그들의 삶 속에 실천하는 삶은 기성 교회에 큰 충격을 주었으며 많은 호응자를 낳았다. 이들은 동시에 기성 교회로부터 많은 질시를 받았는데 교회의 질서를 흐트린다는 이유로 박해를 받아 16세기 종교 개혁 시대에는 수많은 재세례파 교인들이 순교를 당하기도 했다. 이 순교는 그 동안 가톨릭으로부터 핍박받아 순교당하던 개신교가 만들어 낸 최초의 순교였다. 그 후 이들은 박해를 피하고 신앙의 자유를 얻기 위해 청교도처럼 대다수가 미국과 캐나다 쪽으로 이주하여 초대 교회 공동체의 삶을 그대로 계승하여 살고 있으며, 현재 유럽과 러시아 지역에도 일부가 있다.

재세례파에는 크게 메노나이트(Mennonite)와 후터라이트(Hutterite)라는 두 그룹의 공동체가 있다. 메노나이트 공동체는 16세기 당시 개신교로 개종한 가톨릭 신부였던 네덜란드의 메노 시몬즈(Menno Simeons)로부터 시작된 네덜란드의 재세례파인데 메노의 이름을 따서 메노나이트라고 부르며, 이들은 현재 북미 개신교 내에서 정식 메노나이트 교단을 형성하고 있으며, 선교 활동과 특히 활발한 사회 봉사를 통하여 북미 사회에서 매우 영향력 있고, 발전하는 교단으로 자리잡고 있다.

후터라이트 공동체는 16세기 독일의 야콥 후터(Jakob Hutter)를 지도자로 하는 재세례파인데 역시 그의 이름을 딴 것이다. 메노나이트가 대개 일반 사회 내에서 공동체 사역을 하는 스타일인 데 비해 후터라이트는 모두 전원 지역에 위치해 있으며 초대 교회 공동체처럼 유무 상통하는 완벽한 공동체적 환경을 갖추어 살고 있다. 필자는 초대 교회 공동체의 역사적 계승의 의미를 더듬어 보고자 후터라이트 계열의 한 공동체를 찾아가 보았다.

모든 물건을 서로 통용하고

런던에서 기차를 타고 남동쪽으로 약 2시간쯤 달리면 로버트브리지라는 아름다운 시골 마을이 나온다. 그곳에서 약 20분 정도 남동쪽으로 걸어가면 숲 속에 포근히 잠긴 목장과 물결치는 푸른 잔디 사이로 잘 정돈된 여러 채의 아름다운 주택들이 여기저기 널찍하게 들어서 있다. 후테리언 브레드린(Hutterian Brethren) 즉 후터 형제단, 일명 브루더호프(Bruderhof, 독일어로 형제들의 집)라고 불리는 이 공동체는 약 2만여 평의 대지 위에 60여 가족 약 250명이 함께 살고 있다. 이들은 사도행전 2장의 초대 교회의 공동체 생활 방식에 따라 100퍼센트 공동 재산제로 살고 있다. 일체의 사유재산 없이 모든 소유를 완전히 나누면서 사랑의 공동체 삶을 사는 것이다. 공동체 안에는 학교, 공장, 공동 식당, 교회 등 모든 시설이 갖추어져 있다.

브루더호프에 도착했을 때 손님 접대 담당인 마크 해리슨(Mark Harrison) 형제가 따뜻이 맞아 주었다. 티모시 힌들리(Timothy Hindly) 형제 집에서 머무르게 되었는데 필자가 머무를 방의 문에는 'Welcome to Darvell, Mr. kim'이라고 적힌 아름다운 수채화가 붙어 있었고, 자그마한 목조 책상에는 손님을 환영하기 위해 예쁜 들꽃들이 병에 소담스럽게 꽂혀 있었다.

이 집에 닷새 동안 머물면서 이들의 아름다운 삶에 젖어들어 보았다.

아름다운 공동 식사

여장을 풀고 난 뒤 얼마 되지 않아 곧 저녁식사 시간이 되었다. 브루더호프의 생활은 어떤 것일까 하는 새로운 공동체에 대한 기대에 설레는 마음으로 소들이 풀을 뜯는 목가적인 풍경의 목장길을 따라 식당으로 들어섰다. 식당에 들어선 필자는 하마터면 "앗" 하고 소리칠 뻔했다. 약 200여 명이 넘는 공동체 식구들이 가족별로 각각 식탁에 앉아 질서정연하게 공동식사를 하려고 모여 있었다. 그 많은 사람들이 품위 있고 경건한 모습으로 식당에 모여 있는 광경은 너무나도 놀라운 것이었다.

식사 시간 10분 전에 모든 멤버들이 다 와 있었다. 10분 정도 조용히 있다가 정각 6시가 되니 일제히 자신들의 찬송가를 두 곡씩 부른다. 간략한 식사 기도 후 식사가 진행되는 동안에 후테리언 공동체의 중견 지도자는 항상 경건 문학의 단편이나 아름다운 시, 혹은 수필을 낭송하거나 그들의 역사 이야기와 간증을 들려 주기도 한다. 의미 있는 손님이 왔을 경우는 모셔서 이야기를 듣는 시간도 갖는다. 이러한 식탁 순서는 식사가 끝날 때까지 이어진다. 식사가 끝나기 전에 미리 일어서는 사람은 없다. 이윽고 식탁 낭송이 다 끝나면 그들의 찬송을 한 번 더 부르고 모두 일어선다. 세련되고 아름다운 식탁 문화였다. 2백여 명이 모여서 함께 식사하지만 마치 한 가족이 모여서 식사하듯이 포근하고 정겨운 광경이었다. 여기에서는 그들의 지도자였던 에버하르트 아놀드의 가르침에 따라 "매일의 식사가 공동체의 거룩한 축제가 되도록 한다."고 한다. 이들의 공동 식사를 보고 '대단한 공동체구나' 라는 생각이 내심 들면서 다음날 전개될 이들의 삶이 자못 기대가 되었다.

브루더호프의 하루

이 공동체의 아침식사는 각 가정별로 가족끼리 한다. 방문객들은 매일 아침마다 번갈아 여러 가정으로 초대되어 식탁의 교제를 나눈다. 아침식사 후 8시에 오전 작업이 시작된다. 성인 남자들은 모두 공동 작업장과 그 외 여러 분야에서 일을 한다. 자매들은 함께 아이들을 돌보며 가사일에 참여한다. 아이들은 공동체 안에 있는 학교에서 교육을 받는다. 오전 작업 후 12시에 공동 식사가 있으며 오후 1시부터 4시까지 오후 작업이 계속된다. 그 이후부터 저녁의 공동 식사 후 취침 전까지는 즐거운 휴식이 이어지며, 주일에는 풍성한 대안식을 누린다.

2백여 명이나 되는 이 공동체는 경제적으로 어떻게 유지되는가? 말하자면 이들의 방식은 바울식(tent-making)이다. 외부에서 헌금이나 지원을 받지 않고 자체 내의 노동으로 해결한다. 브루더호프는 완벽한 생산 라인을 갖춘 훌륭한 시설의 작업장을 갖추고 장애자용 전문 가구 및 일부 일반 가구와 어린이용 놀이기구들을 생산한다. 이러한 제품들은 세계적으로 정평이 나 있다. 이 제품들은 모두 나무 제품이다. 어린이들의 놀이 기구(community play things)들은 플라스틱 제품이 어린이 정서에 유해하다는 점을 들어 모두 나무로 제작되며, 공동체성을 불러일으키도록 고안된 것이다. 특히 뇌성마비자와 같은 장애자용 기구들은 매우 우수한 제품들로서, 거의 외부로부터 주문받아 생산되며 수익성이 상당히 높다고 한다.

현재 전세계에 유럽, 캐나다, 미국 남미, 일본 등지에 12개의 후터라이트 공동체가 있는데, 이 중 3분의 1은 원목 재료를 공급하는 데 종사하고, 3분의 1은 생산에만 주력하며, 3분의 1은 제품을 판매하는 일을 담당한다. 이렇게 전문적인 생산판매 라인을 갖고 있으며 거기서 나온 수익은 각 지부 공동체별로 균등히 분배되어 각 공동체의 가족들이 생활하는데, 경제적으로 여유 있는 수준이었다. 필자도 이곳에 머무는 닷새 동안 낮에는 그들과 같이 작업장에서 일을 하면서 더 깊은 교제를 나눌 수 있었다.

해리슨 형제는 "공동체 형제들과 함께 일하면서 지내는 것이 공동체를 가장 잘 아는 길입니다"라고 말했다. 여러 가지 목조 제품을 만드는 작업장은 모든 시설들이 잘 구비되어 있었으며 젊은이로부터 80세 된 노인들까지 함께 일하고 있었다. 작업은 매우 전문화되어 있는데, 이들은 한 제품을 만드는 데 대단히 성실한 노력을 기울인다. 할아버지들은 "우리는 여기서 일하는 것이 매우 즐겁습니다. 일할 수 있는 데까지 일할 겁니다."고 말한다. 이들의 작업 모습은 예배하는 자세였다. 모든 사람들이 미소를 띠면서 즐겁게 일하는 모습을 보자, 살기 위해서 일하는 것이 아니라 일을 통하여 그리스도 안에서 통합된 삶을 사는 존재 양식을 보여 주는 것 같았다.

진정한 안식과 쉼이 넘치는 곳

브루더호프에 처음 발을 들여놓았을 때 받은 강한 느낌은 이곳에 진정한 '안식'이 존재한다는 것이다. 하루의 작업이 끝나면 네다섯 시경부터는 그야말로 잔잔한 안식이 밀려 온다. 기쁨, 평화, 사랑, 안식 등과 같은 말이 여기서는 더 이상 추상적인 단어가 아니라 일상 생활 속에서 실제로 누리는 것들이다. 하루의 일을 마치면 부모는 아이들을 작은 수레에 태우고 공동체 안에 잘 가꾸어진 자연을 이리저리 산책한다. 그리고 동료들끼리 모여 벤치와 잔디밭에 삼삼오오 앉아서 이야기도 나눈다. 백발이 성성한 할아버지들도 잔잔한 미소를 띠면서 도란도란 이야기를 나눈다. 저녁 공동 식사 후부터 취침 때까지도 역시 그렇다.

아이들은 이집 저집 방문하며 놀러 다닌다. 저녁식사 후 한 집에서 아름다운 노랫소리가 들려 와 가까이 가 보니 그 집의 부모와 그 집에 놀러 온 아이들이 함께 어른의 기타 반주에 맞추어 즐겁게 노래 부르고 있었다. 여기에서는 어른과 아이들이 격의 없이 다정한 친구처럼 지낸다. 그만큼 공동체 안에서 사는 사람들의 품성이 어린이같이 깨끗하다. 또 저쪽 뜰 한쪽에서는 젊은 남녀들이 모여 앉아 노래를 부르면서 자기들대로 재미있는 시간을 보내고 있다. 나이가 지긋한 중년들은 화톳불을 피워 놓고 자신들의 이야기를 주고 받고 있다. 저녁식사 후의 시간은 온통 대화와 교제로 가득 메워진다. 스위스 라브리 간사 엘리스 포터는 영성을 '타락 이전의 인간의 원래적 상태로 회복되는 것'이라고 정의했는데, 이곳에는 바로 그러한 의미

의 영성이 자리잡고 있다. 하나님, 이웃, 자연과의 관계가 회복된 가운데 전
인이 회복된 삶을 살아가는 이들은 현대인들이 잃어버린 '존재의 충만함'
을 누리고 있었다. 현대의 사탄의 어두운 문화에 오염되지 않은 땅이었다.

아름다운 대화 문화

이렇듯 여기에는 '대화 문화'가 훌륭히 정착되어 있다. 그러나 이들은 이
야기할 때 결코 큰 소리로 떠들면서 이야기하지 않는 것을 불문율로 지키고
있다. 단정하고 나지막한 소리로 도란도란 이야기한다. 그렇다고 규율에 주
눅이 들어 기가 죽은 것이 아니라 매사에 조용한 어조로 대화하는 것이 평
소에 삶을 사는 방식이다. 이 대화 속에는 결코 남을 험담하는 법이 없다.

금세기 초에 이 공동체의 지도자였던 에버하르트 아놀드(Eberhard
Arnold)는 공동체를 깨는 첫째 요인은 험담이라고 했다. 그는 "어떠한 경우
에 있어서도 본인이 없는 데에서 상대에 대하여 공개적으로 발언하거나 어
떤 암시를 줌으로써 형제나 자매를 대적하며 그들의 성격을 비난하는 어떠
한 대화도 해서는 안 된다. 가족끼리 이야기하는 것도 예외가 될 수는 없
다."면서 공동체 회원들에게 사석에서 어떤 가벼운 농담조의 험담도 해서
는 안 된다고 강하게 권면한다. 서로에게 문제가 있을 때 최선의 방법은 서
로에게 '직접 솔직히 말하는 것'이라고 한다. 그래서 이 지도자의 글은 브
루더호프에서 가장 귀하게 여기는 규칙 중에 하나로 각 가정에 액자로 비
치되어 있다. 이들의 얼굴에서 어두운 그림자는 거의 볼 수 없었다. 모두 맑
은 얼굴에 잔잔한 기쁨이 서려 있었다. 그것은 이들이 빛 가운데 거하여 살
고 있기 때문이다.

아이들의 천국

이곳은 그야말로 어린이들의 천국이다. 어른들은 하루의 일과를 마치면
늘 아이들과 함께 놀고 대화하며 지낸다. 보다 더 중요한 것은 브루더호프
의 교육이다. 이 공동체 안에는 탁아소, 유치원, 초등학교, 중학교까지 있다

(미국의 브루더호프에는 고등 학교까지 있다). 어린아이들은 공동체 안에
있는 탁아소와 유치원에서 교육을 받으며 자체 초등학교에 다닌다. 교사들
은 모두 공동체 회원들이며 유자격 교사들이다. 고등 학교는 지역에 있는
학교에 다니는데 일반적으로 이 아이들의 성적은 매우 뛰어나다고 한다.
여기서는 텔레비전을 금하는데 그만큼 아이들의 지능이 뛰어나다고 한다.
그것은 아이들이 늘 부모와 다른 어른들과 대화하는 시간이 많으므로 어른
들의 지혜를 그대로 전수받기 때문이라는 것이다. 여기의 아이들은 영국의
일류 대학에도 많이 진학한다고 한다.

이곳의 젊은이들은 성인이 되면 사회에 나가서 2년간 완전히 자유롭게
사회 생활을 경험하게 한 후 그가 이 공동체에 정식 회원으로 들어와 살 것
인지, 어떻게 할 것인지를 스스로 결정하게 하는데 이곳 젊은이들의 95퍼
센트 정도가 그대로 브루더호프에서 살기로 작정한다고 한다. 이들의 한결
같은 결론은 밖에서 살아 보았지만 자신들보다 더 아름다운 삶을 결코 경
험해 보지 못했다는 것이다. 그래서 이들은 그대로 이 공동체의 헌신적인
멤버가 되는 것이다.

한 공동체의 장래는 그들의 아이들의 교육에 달려 있다. 최상의 제자 훈
련은 자녀를 공동체의 삶 속에서 양육하는 것이다. 여기서 아이들은 부모
의 서로 나누고 섬기는 아름다운 공동체 생활을 자연스럽게 이어받는다.
이곳의 아이들은 사랑의 공동체에서 공급되는 자양분을 먹으면서 부모와
자연 속에서 티없이 맑고 아름다운 어린 시절을 보내고 있다. 이러한 생활
속에서 자녀들은 어른을 공경하고 특히 '순종'하는 생활방식을 익힌다. 유
명한 트라피스트 수도회의 지도자였던 토마스 머튼(Thomas Merton)조차
"이곳의 아이들은 놀라울 만큼 완전한 기쁨을 누리고 있다. 진정 성공적인
교육이다."라고 평했다. 정말 이곳의 아이들은 예수 안에서 회복된 하나님
의 형상을 그대로 나타내 보여 주고 있었다.

이렇게 자란 아이들은 공동 재산제를 실시하면서 자신의 소유 없이 사는
것을 응당 자연스럽게 생각하고 또 부모를 따라 자연스럽게 살고 있다. 사

실 여기에 이 공동체의 핵심이 있다고 해도 과언이 아니다. 기독교 공동체의 삶은 교육적인 효과가 대단히 크다는 것이 기독교 교육학자 존 웨스트호프 3세나, 섬머 힐 등과 같은 학교를 통해서 주창되었지만 이 브루더호프는 그러한 기독교 교육학의 이론을 완전히 구현하는 현장을 생생히 보여주고 있다.

풍부한 예술성

브루더호프를 이야기할 때 빼놓을 수 없는 것은 이 공동체의 신선한 예술이다. 이미 소개된 세계의 기독교 공동체들이 아름다운 찬양을 가지고 있는데 이곳도 역시 마찬가지다. 이들은 찬양이 생활화되어 있다. 모이면 대화하고 노래한다. 아름다운 자연 속에서 욕심 없이 모든 것을 나누고 하나 되어 사는 삶에서 향기로운 찬양이 나올 것은 자명하다. 이들의 찬양은 신선하고 풀 냄새가 배어 있는 목가적인 찬양이다. 떼제의 찬양이 깊은 영성이 있는 신비로운 찬양이라면 브루더호프의 찬양은 맑고 투명하며 단순 소박한 찬양이다. 여기에는 약 30여 명으로 구성된 오케스트라도 있다. 필자가 방문했을 때 이들은 멘델스존의 오라토리오 '바울'을 연습하고 있었다. 이와 함께 수채화 문화와 댄싱, 드라마와 같은 축제 문화도 매우 훌륭한 수준이다. 이들은 모여서 예배드리거나 식사시에 찬양할 때 전통에 따라서 아카펠라(무반주)로 부르지만 전체 멤버들의 화음감은 매우 부드럽고 아름다운 하모니를 이루어 낸다. 그것은 이들이 그리스도 안에서 이미 온전한 일치를 이루고 있기 때문이 아니겠는가?

삶 자체로 그리스도를 증거한다

브루더호프에는 카리스마적인 지도자가 없다. 여기에서는 3~4명의 장로들이 모든 중요한 문제들을 처리해 나간다. 세계의 대부분의 공동체는 특출한 리더의 비전과 능력으로 공동체가 탄생되고 유지되는 경우가 많은데, 이 공동체는 공동 리더십을 발휘하며 공동체가 지도자를 세운다. 브루더호프는 재세례파로서 하나의 교단을 형성하고 있으며, 말씀을 가르치고 예배를 주관하는 장로와 행정과 치리를 담당하는 장로가 공동체를 이끌어 간다. 브루더호프는 공동체 자체가 바로 교회이며 모든 구성원이 교인이다. 장로 중의 한 사람인 데이비드 존슨(David Johnson)은 브루더호프의 목적을 "예수님의 가르침대로 하나 되어 서로 사랑하는 삶을 실천하여 그리스도를 우리의 삶 자체를 통하여 증거(witniss by life)하는 것이다."고 한다. 외부를 위한 사역으로는 지역 사회의 집 없는 사람들을 위한 피난처 사역과 교도소를 방문하여 죄수들을 교화하고 돌봐 주는 일, 도시에 젊은이들을 파견하여 마약 중독자들을 위한 사역을 하는 등 이웃을 위한 봉사도 펼치고 있다.

이들은 그들의 삶 자체에 충실하여 외부와 단절되어 있다는 비판을 받기도 한다. 그러나 이들의 이같이 완벽한 공동체 생활 자체가 이 땅에 구현된 하나님 나라를 보여 주는 실증이며, 하나님의 살아 계심을 증거하는 사역이 된다. 수많은 사람들이 브루더호프를 방문하여 깊은 감명과 통찰을 받았으며 이들의 삶은 전세계에 지대한 영향을 끼쳐 왔다. 독일의 유명한 신학자 크리스토프 블룸하르트(Christophe Blumhart)는 이들의 삶을 가리켜 말하기를 브루더호프 공동체와 같이 "하나님은 항상 자신의 전 존재가 거할 수 있는 참된 공동체를 원하신다. 이 지구상에는 하나님 나라의 빛을 비출 교두보가 있어야 한다."고 말했다.

초대 교회 공동체는 지금도 가능하다

많은 신학자들은 초대 교회 공동체의 연속성에 대해서 대개 회의적인 입장이다. 즉 초대 교회 공동체를 오늘날 시도하려는 것은 시대 착오적인 생각이라느니 그것은 성령이 최초로 강력하게 임함으로 가능했던 일시적인 현상으로 그 후로는 성경에서 사라졌다는 등의 학설이 구구하다. 그러나 우리가 지금까지의 연재를 통해서 보았듯이 초대 교회 공동체는 지금도 이 땅 위에 엄연히 존재한다. 그것은 2천 년 교회사를 통해서 교회가 부패하여 제 역할을 감당하지 못할 때 매세기마다 나타나서 그리스도의 몸인 교회의 균형을 잡아 주는 일을 해왔다.

브루더호프의 가장 큰 신학적인 의미는 사도행전에 나오는 초대 교회 공동체와 같이 유무 상통하는, 완전한 공동체를 현재 우리에게 그대로 재현해서 보여 주고 있다는 것이며, 우리가 실천하려고 하기만 한다면 초대 교회 공동체와 같은 생활을 지금도 그대로 이룰 수 있다는 것을 입증해 주는 모델이라는 것이다. 브루더호프의 지도자 중 하나인 메릴 모우(Merrill Mow)는 "우리의 원천은 예수님의 가르침대로 바로 사도행전 2장에 나오는 초대 교회 공동체를 그대로 실천하여 사는 삶이다."고 말한다.

실제로 그러한 공동체가 엄연히 존재하고 있음에도 불구하고 많은 신학자들은 실제로 그렇게 살아 보지 않고, 그러한 현장을 찾아보지도 않고, 단순히 탁상에서 이론적으로만 추론함으로써 성경의 진리를 바르게 입증하지 못하는 것이다. 대천덕 신부는 "신학은 과학과 같다. 하나님의 말씀이 실제로 가능한지 아닌지를 실험해 보아야 한다."고 말한다. 실천 없는 지성과 학문은 진리를 더욱 영해시키고 추상적으로 만들어 성경을 더 공허하게 한다. 재세례파는 신학적인 논쟁보다 제자로서의 삶을 사는 방식에 더 관심이 있으며, 이미 주어진 성경의 기본적인 가르침을 실천해 나감으로써 성경 진리를 더욱 깊이 깨달아 아는 즉 '실천함으로써 체득하는 진리(kinoske)'를 견지한다.

교회 갱신의 원초적 모델

물론 여기서 필자는 모든 기독교인들이 브루더호프와 같이 초대 교회 생활 방식 그대로 살아야 된다고 말하는 것은 결코 아니다. 교회론이 현대 신학의 이슈로 등장하는 것은 더욱 혼탁해 가고 있는 세상에서 교회의 역할과 사명이 재고되고 있으며 보다 본질적이고 능력 있는 교회상이 절실히 요구되고 있기 때문이다. 필자는 초대 교회 공동체의 삶을 구현하는 다양한 모델들을 제시하고 있다. 교회가 부패할 때마다 "초대 교회로 돌아가

자."라는 구호가 연발된다. 브루더호프 공동체는 바로 초대 교회 공동체를 우리에게 완전히 구현해 줌으로써 초대 교회 공동체를 교회 갱신의 원초적인 모델로 제시해 주며, 이것을 기점으로 삼아 교회 갱신에 대한 희망과 자신감을 우리에게 불어넣어 주고 있다.

필자는 지난 3년 동안 공동체 사역을 하면서 약 3백여 교회와 선교 단체로부터 요청을 받고 '공동체적인 교회의 회복'에 대한 강의를 해 왔는데 초대 교회 공동체를 실제로 구현하는 다양한 모델을 본 대부분의 사람들은 "그래, 내가 생각하고 있었던 것이 바로 저것이었어. 그런데 어떤 주석이나 신학 서적을 통해서도 이러한 생각을 확인받을 길이 없어서 고민해 왔는데 이제 이 의문이 풀렸다."고 하는 반응을 보였었다. 브루더호프는 바로 성경 말씀은 시대를 초월하는 불변의 진리라는 사실을 우리에게 확인시켜 주는 역사적 증거이다.

가장 오래된 개신교 공동체

가톨릭의 수도원 공동체를 제외하고 종교 개혁 이래로 기독교 역사상 5백여 년 동안 지속된 공동체는 재세례파 공동체와 브루더호프뿐이다. 이 공동체가 지속되고 발전될 수 있었던 요인은 예수님의 산상수훈과 사도행전에 나오는 초대 교회의 생활방식대로 사는 공동체 삶에 전적으로 헌신하는 자세와 공동체 생활 속에서 이루어지는 자녀 교육에 있다. 아름다운 생활 속에서 훈련된 자녀들이 계속 헌신하게 됨으로 공동체가 훌륭히 보존되고 지속된 것이다.

이러한 브루더호프의 공동체 삶은 우리가 보기에는 매우 어려운 삶일 것 같으나 사실 살아 보면 누구나 살 수 있는 것이다. 벤저민 자블록키(Benjamin Zablocky)라는 신학자는 "이러한 생활방식은 사실 모든 사람들에게 가능한 것이다."라고 한다. 함께 살 때 강력한 영성이 나오는 법이다. 공동체 안에는 우리를 감싸는 깊은 영성과 잔잔한 기쁨이 내밀하게 존재한다. 그러한 기쁨이 있으므로 공동체 삶을 살아갈 수 있는 것이다

21세기 교회의 대안

브루더호프는 우리에게 하나님 나라의 아름다움과 그리스도의 한몸 됨을 실제로 보여 주는 '가시적 실재(visible reality)'이다. 이들의 삶은 로마 가톨릭 신학자들에게도 깊은 감명을 주었다. 마이클 노박(Michael Novak) 같은 가톨릭 신학자는 재세례파 공동체는 "역사상 성 프란체스코의 수도적 영성에 견줄 수 있는 유일한 개신교 공동체"라고 말한다. 『하나님 나라를 이루는 제자도』(두란노서원)의 저자 톰 사인(Tom Sine)은 "사회의 세속적 가치와 타협한 미국 교회에게 갱신의 경종을 울려 주고, 한 가족 된 교회의 공동체성을 일깨워 주는 놀라운 모델"이라고 말한다. 또한 하버드대학교 신학부 교수였던 조지 윌리엄스(George Williams)는 재세례파의 개혁은 정통 주류의 종교 개혁과 함께 제3의 종교 개혁으로, 보다 '철저한 종교 개혁(radical reformation)'이었다고 하면서 21세기 교회의 희망은 재세례파와 같이 성경을 성경대로 사는 "철저한 '제자도'를 구축하는 공동체적 교회에 있다."고 한다.

현재 한국의 신학계에서도 재세례파의 공동체적인 삶에 대한 관심이 고조되고 있으며 이에 대한 연구가 활발히 진행되고 있다. 이 브루더호프 공동체가 한국 교회에 주는 메시지는 역시 마찬가지이다. 이미 교회가 공동체이지만 참된 기쁨과 감격과 생명력 있는 삶으로 세상에 하나님 나라를 보여 주려면 철저한 제자도(radical discipleship)를 실천하여 보다 실제적인 '공동체로서의 교회'가 되어야 한다는 메시지를 우리에게 던져 주고 있다.

필자는 마치 베드로가 변화산에서 "여기가 좋사오니"라고 고백한 것처럼 닷새 동안의 방문을 마치고 브루더호프를 떠나면서 발길이 떨어지지 않았다.그것은 거기에 내 본향에 온 것 같은 원초적인 기쁨과 즐거움이 있었으며, 성도들이 철저히 하나 되어 이루어진 그리스도의 몸이 실제로 그곳에 존재하고 있었기 때문이었다. 이것이 바로 우리를 하나님의 백성의 공동체로 부르신 하나님의 새로운 사회(God's New Society)가 아닌가?

"형제가 연합하여 동거함이 어찌 그리 선하고 아름다운고…거기서 여호와께서 복을 명하셨나니 곧 영생이로다(시편 133편)"

2. 화해와 일치의 산 누룩
프랑스 떼제 공동체(Ecumenical Community of Taize)[3]

교회는 그리스도의 하나 된 몸이다. 그러나 오늘날의 기독교는 가톨릭과 수많은 개신교 교파로 갈라져 있다. 그리스도인이라면 누구나 분열에 대한 근본적인 의문과 상처를 지니고 있다. 성경은 모든 그리스도인이 그리스도 안에서 이미 한몸이라고 역설하지만, 과연 모든 교파가 현실적으로 하나 될 수 있을까? 또 그러한 교회가 실제적으로 존재하는가 하는 의문을 가지면서 모든 교파가 하나 된 모습으로 더불어 함께 주님 앞으로 나아가는 이상을 우리 모두 그리고 있다. 떼제 공동체는 이러한 의문을 배경으로 하여 시작되었다.

창시자 로제의 어린 시절
떼제 공동체의 창시자 로제 슈츠(Roger Shutz)는 1915년 프랑스 프로방스의 한 작은 마을에서 태어났다. 그의 아버지(샤를르 슈츠)는 스위스 사람으로 칼빈주의 전통에 충실한 개혁 교회 목사였고, 어머니(아멜리 마르소 슈)는 프랑스 사람이었다. 그의 어머니 가정도 같은 목사 집안이었다. 로제 형제는 아버지의 고향인 스위스에서 자라났다.

그의 부친은 이른 새벽에 기도하러 혼자 교회에 가곤 했다. 로제는 열두 살 때 그의 아버지가 인근 가톨릭 성당에 들어가 동네 아이들과 함께 묵묵히 기도하는 것을 보았는데, 그는 그 일로 큰 감명을 받았다. 그의 아버지는 로제가 어렸을 때 가톨릭에 대해서 자주 공평하게 이야기해 주었다. 어린

3) 김현진, 「화해와 일치의 산 누룩」,《빛과 소금》(서울:두란노, 1992), 5월호

로제는 개신교 목사이면서 가톨릭과 그리스도 안의 한 형제로서 우호적인 관계를 맺어 온 아버지의 태도에 영향을 받았다.

공동체를 시작하게 된 동기를 물어 보면 로제 형제는 흔히 자신의 외할머니 이야기를 들려 준다. 제1차 세계대전 당시 과부였던 그의 할머니는 세 아들을 전장에 내보낸 채 북부 프랑스에 살고 있었다. 공습이 계속되는 상황에서도 할머니는 피난을 가지 않고 집에 남아서 도망병들과 노인들, 어린이와 임산부들을 맞아 그들을 보살폈다. 그녀는 모두 떠나지 않을 수 없었던 최후의 순간까지 남아 있었다. 그때부터 어느 누구도 자신이 겪었던 것과 같은 아픔을 당하게 해서는 안 된다는 열정이 할머니의 삶을 움직였다.

할머니는 갈라진 그리스도인들이 유럽에서 서로를 죽이고 있으며 새로운 전쟁을 막기 위해서는 최소한 그리스도인들만이라도 서로 화해해야 한다고 말하곤 했다. 뼈대 있는 개신교 집안에서 태어난 할머니는 자신의 신앙을 부정하지 않으면서도 자기 자신부터 지체없이 화해를 실천하기 위해 어려운 처지에 있던 가톨릭 교도들을 받아 주곤 하였다.

당대의 가장 불행한 사람들을 위해 위험을 감수하는 것과 자신의 신앙의 뿌리를 지키면서 남과 화해하는 것, 할머니의 이 두 가지 점은 젊은 로제의 삶에 깊은 흔적을 남기게 된다.

화해를 위해 분열의 현장으로 가다

1940년 제2차 세계대전이 다시 유럽을 강타하고 있을 때 로제의 나이 스물다섯이었다. 스위스 로잔의 개신교 신학교를 졸업한 후 젊은 로제는 앞으로 일반 기성 교회에서의 목회와 보다 본질적인 복음의 사역을 두고 어떠한 사역을 할 것인가에 대하여 오랫동안 고민하였다. 오래 전부터 절대적인 가치에 대한 열정에 불타 온 로제는 그리스도인의 일치와 화해를 위해 헌신하는 공동체를 세울 계획을 가지고 전쟁과 고통으로 얼룩진 어머니의 나라 프랑스로 들어갔다. 그가 태어난 스위스는 그의 눈에 너무나 고요하게 보였던 것이다. 후에 그는 이런 글을 남겼다.

"신앙인이 하나님의 절대적인 소명을 따라 살기를 원하면 원할수록 이
가치를 고통받는 인간 상황과 결부시키는 것이 요청된다."

자신이 정착할 집을 찾다가 부르고뉴 지방의 작은 마을 떼제에 도착한
로제는 나이 많은 한 부인을 만났다. 그의 계획을 들은 이 부인은 "여기 머
무르게 젊은이, 우린 몹시 외롭다네"라고 말했다. 그것은 로제에게 한 가난
한 노인의 말을 통해 당신의 뜻을 전하시는 하나님의 목소리로 들렸다.

떼제는 그 당시 프랑스를 둘로 가르는 경계선에서 2킬로미터 밖에 위치
해 있었다. 로제 형제는 독일 점령지를 탈출한 정치 망명자들, 특히 유대인
들을 그의 집에 숨겨 주면서 1942년까지 떼제에 머물렀다. 그는 혼자 조그
만 기도실에서 하루 세 번 기도 시간을 가졌다. 그 기도는 구상 중에 있던
미래의 공동체가 드리게 될 기도의 전형이 되었다. 나치의 비밀 경찰인 게
슈타포가 여러 번 가택 수색을 벌이자 로제는 일단 1942년 말에서 1944년
말까지 프랑스를 떠나 있었다.

1944년 로제 형제는 그 사이에 만난 세 명의 형제들을 동반하고 떼제로
돌아왔다. 그 뒤 1949년에 일곱 명의 형제들이 독신 생활, 영적 지도자의
리더십 인정, 물질적 · 영적 재산의 공유 등 세 가지 서약을 하고 평생 함께
공동체로 살 것을 약속하였다. 1952년에 로제 형제는 떼제의 규칙을 작성
했다.

현재 90여 명의 떼제 형제 중 20여 명은 세계 여러 나라에 파송되어 있으
며, 나머지 70여 명은 프랑스 떼제 공동체 안에서 산다. 1940년 로제 형제
가 구입한 큰 구식 건물에서 형제들은 진솔한 공동 생활을 시작했다. 이들
의 일과는 매일의 삶의 중심이 되는 하루 세 번의 예배(기도), 노동, 방문객
지도 및 상담 등이다.

떼제 공동체의 경제 문제는 철저한 공동 소유와 자급 자족을 원칙으로 삼
고 있다. 초창기에는 농장 일을 했으며, 얼마 후에는 주민들과 협동 농장을

만들어 공동 경작하였다. 요즈음엔 주로 도서 출판, 찬양 테이프, 도자기, 성화 제작 등에 종사하며 거기에서 나온 수익으로 재정을 운용하고, 그 중 일부는 방문객 접대와 각국에 나가 있는 떼제 지부를 후원하는 데 쓰인다.

떼제 공동체의 정회원으로 들어오려면 그 형제가 공동체에서 과연 함께 살 수 있는지 약 3년에서 5년 정도 서로 살펴본다. 회원이 되고자 하는 형제가 아직 확신이 없다면 더 기다린다. 결혼하기 위해서도 서로 깊은 이해와 서약이 필요하듯이, 공동체의 삶을 깊숙이 받아들이고 정말 그 안에서 살아 보고 싶다는 확신이 서면 결단하고 종신 서원을 하게 된다.

떼제 공동체는 회원이 되는 조건으로 학력, 신분, 인종 등을 묻지 않고 용서하는 삶, 용서를 서로 나눌 수 있는 내적인 준비를 수용하는 삶을 살 수 있겠는가 하는 것을 유일한 조건으로 삼는다.

청빈한 공동체가 받은 독일 교회의 화해의 선물

해마다 떼제 공동체와 함께 기도하려고 오는 방문객들이 조금씩 늘어 갔다. 1950년대 말, 어떤 주일에는 기도하러 모인 사람들이 동네의 교회에 다 들어갈 수 없었다. 현재는 약 1천여 명 정도 수용할 수 있는 큰 교회당이 있지만 당시에는 그러한 건물을 지을 수 있는 기금이 하나도 없었다. 헌금을 일체 받지 않는 청빈한 수도 공동체가 어떻게 그렇게 넓고 큰 교회를 지을 수 있었겠는가. 그 가능성은 독일에 있었다.

어느 날 독일의 한 기관에서 떼제로 대표자들을 보냈다. '쉬넨차이헨(화해의 표징이라는 뜻)' 이란 기관은 제2차 세계대전 후 독일의 기독교인들이 설립한 것으로, 전쟁 중에 타격과 상처를 받은 지역들에 치유의 표징을 세우는 것이 목적이었는데, 그들이 기금과 젊은이들의 지원 노동력을 모집할 수 있도록 주선했다. 이미 그들은 세계 각국 여러 지역에 병원, 교회, 회당, 센터 등을 설립했었다. 떼제가 화해의 장소였으니만큼 쉬넨차이헨은 그곳에 교회를 세우려는 의향이 있었다. 그리하여 1961년 초에 50여 명의 젊은 지원자들로 구성된 제1차 그룹이 도착했고, 1년 반 후에는 마을 밖의 들판에 교회가 완공되었다. 이 교회당은 모든 사람들이 함께 모여서 화해하여 하나 된 그리스도의 몸으로 기도할 수 있는 공간을 제공하는 것 외에는 다른 의도가 없었다. 이 교회당은 1962년 떼제의 정신을 따라 '화해의 교회(The Church of Reconciliation)' 라는 이름이 붙여졌고, 초교파적 의식으로 헌당되었다.

다양성 속의 화해와 일치

이 공동체의 시작 때부터 '화해와 일치(reconciliation and unity)' 는 떼제의 중심 되는 서약이었고, 형제들은 갈라진 그리스도인들의 화해를 통해서 지상의 인간 가족의 화해를 도모해 왔다. 초창기 멤버들은 모두 칼빈주의자들이었으나 나중에는 성공회, 가톨릭, 그리이스 정교회 회원들을 모두 받아들여 일치를 모색하고 있다.

떼제의 일치는 떼제라는 어떤 고유한 틀 안에서 통일된 규격품이 되어 하나 되는 것이 아니다. 이들은 특정한 종파를 형성하지 않고 끝까지 자신의 출신 교파 신자로 그대로 남아 있으면서 그리스도 안에서 일치를 모색한다. 즉 떼제의 화해와 일치는 신앙 노선을 인정하면서 있는 그대로를 포용하는 '다양성 속에서의 일치(unity in diversity)' 인 것이다.

1950년대에 로제 형제는 가톨릭이 비가톨릭 신자들을 무시하여 배척하는 태도를 지양하도록 촉구하였다. 로제 형제는 가톨릭을 향해서 "가톨릭이 그리스도인의 일치를 위해 가톨릭 교회로 '돌아오라' 든가 교회에 '순종하라' 는 식으로 표현하면 안 된다. 양쪽의 전체적인 일치를 향한 '공동 진전' 또는 '함께 성취' 한다는 용어를 써야 한다. 그렇지 않으면 진정한 대화는 즉시 불가능해진다." 라고 하였다.

로제 형제의 이러한 일치의 노력으로 개신교에 문을 연 역사적인 제2차 바티칸 공의회(1962년 10월 10일)에 로제와 막스 형제는 초교파적인 제2차 바티칸 공의회에 자격의 참관자로 초대되었다. 당시 교황 요한 23세는 교회 일치에 관심이 많은 교황이었으며 역사적인 제2차 바티칸 공의회를 주도한 주역이었다.

로제 형제는 성공회 대주교, 그리스 정교회 총대주교를 만나 일치 사역을 정진해 나갔으며, 1962년 스웨덴에서의 WCC(세계 교회 협의회) 대회와 1975년 케냐에서의 WCC 대회에 떼제 형제들과 참석하여 화해와 일치를 도모하는 연설을 했다. 이렇듯 떼제의 일치는 제도적인 교회의 통합이 아니라 복음과 성령 안에서 하나를 이루어 세계의 모든 교파와 그리스도인이 하나 되어 '그리스도의 공동체'를 이루는 가능성을 보여 주고 있으며, 실제로 떼제 공동체 안에서 그대로 이루어지고 있다.

떼제 언덕을 찾아오는 젊은이들

독일 다름슈타트에서 약 8시간 동안 기차를 타고 국경을 넘어 떼제에 도착한 필자는 젊은 지원 수련생들의 환영을 받았다. 지원 수련생 중에 현재는 정회원이 된 신한열 형제가 반갑게 맞아 주었고, 벨기에에서 방문한 한국인 유학생 부부와 함께 한국인의 밤을 갖기도 하였다. 원장인 로제 형제도 한국에서 찾아온 젊은 순례자를 기꺼이 맞아 주어서 환담할 수 있었다.

떼제의 아름다운 영성을 사모하여 전세계에서 방문객이 몰려온다. 여름에는 매주 5천여 명, 그 외에는 5백 명에서 1천여 명 정도의 인원이 늘 북적댄다. 연중 '선교 한국'과 같은 규모의 대회가 거의 매주 열리고 있는 셈이다. 방문객들을 위해서는 일주일간의 프로그램이 마련되어 있는데, 매일 세 차례의 공동 기도(예배)와 함께 오전에는 성경 공부, 오후에는 찬양 연습과 노동을 한다.

수많은 젊은이들이 매일 배낭을 메고 떼제의 동산을 올라온다. 떼제에 오는 젊은이들은 소문을 듣고 설레는 가슴, 기대감, 신선감을 갖고 이곳을 찾아온다. 인종과 언어가 다른 사람들이지만 떼제에 와서는 열린 마음을 갖게 되고 신뢰하는 분위기 속으로 들어간다(Trust is at hand).

이탈리아에서 온 마리(Marie)라는 수녀는 "떼제 언덕에서는 사람을 하나님이 창조하신 선한 피조물로 보려고 한다."고 덧붙였다. 한국인 박광성 목사는 "이곳에서의 단순한 기도와 침묵이 매우 좋았다. 떼제 공동체의 삶을 통해서 모든 교파 사람들은 열린 가슴으로 포용하는 마음을 갖게 되었다"고 말했다. 이처럼 떼제 언덕에는 날마다 경이로운 모험과 만남의 축제가 계속된다.

1975년 이래로 해마다 점점 더 많은 수의 유럽의 젊은이들이 떼제를 찾아왔다. 1987년부터는 아시아와 아프리카의 젊은이들이 대거 참여하여 큰 규모의 범대륙적 모임을 이루게 되었다. 이제 유럽의 젊은이들만이 아니라 연중 멕시코, 한국, 자이레, 인도, 하이티, 남아프리카에 이르기까지 백여 개 나라에서 젊은이들이 이 모임에 참석한다. 동구권 젊은이들도 점점 늘어갔다.

여러 해 동안 수십만 명의 젊은이들이 자신들의 삶의 의미를 찾기 위해 떼제를 다녀가면서 한 가지 중심 테마를 부각시키게 되었다. 그것은 어떻게 신앙과 생활을 연결시키고 내적 생활과 인류의 연대를 하나로 결합할 것인가 하는 문제였다. 떼제를 거쳐간 많은 세대의 사람들이 떼제 언덕에서 기도의 맛과 보다 보편적인 교회관을 얻었을 뿐만 아니라 인권, 국제적인 양심, 외국인들에 대한 신뢰 그리고 평화와 문화교류에 대한 제반 문제들에 대해서도 깊은 관심을 갖게 되었다.

하루 세 번의 공동 기도(예배)

하루 세 번 드리는 공동 기도(예배)는 떼제의 중심이다. 식사 준비를 하다가도 기도 시간이 되면 일손을 놓고 모두 화해의 교회로 모인다. 화해의 교회당은 화해와 일치를 그대로 연상케 해주는 둥그런 장방형으로 건축되어 있다.

화해의 교회당 바깥에는 네 가지 언어로 이렇게 씌어 있다. "여기 들어오는 모든 이가 화해하게 하소서. 아버지와 아들이, 남편과 아내가, 신자와 불신자가, 갈라진 그리스도인 형제들이 서로 화목하게 하소서."

아침 기도는 8시 반, 낮 기도는 12시 20분, 저녁 기도회는 8시 반에 갖는

데, 기도회에는 떼제의 형제들이 흰 기도복을 입고 교회당 중간에 4열로 줄 지어 앉아 있으며, 그 좌우로 방문객들이 자리한다.

일치를 모색하는 초교파 공동체는 예배를 어떤 방식으로 드릴까? 이것은 필자가 떼제를 방문했을 때 가장 궁금하게 여겼던 부분이다. 가톨릭과 여러 개신교 교파에서 온 신자들도 거부감 없이 하나로 묶어 주는 것은 바로 찬양이었다. 예배시에는 가톨릭의 미사곡도, 성공회의 앤섬(anthem)도, 개신교의 찬송가도 아닌 '떼제의 찬양'을 부른다. 떼제의 찬양은 아주 특이하다. 이 노래들은 신앙의 핵심적인 내용이 몇 안 되는 짧은 가사에 담겨 있어 금세 배우고 이해할 수 있으며, 거듭 반복해 부름으로써 그 뜻이 인간 영혼의 모든 존재 안으로 스며들도록 되어 있다. 비록 서로 교파가 다르고 언어와 피부색이 다르더라도 떼제의 노래를 부르면 곧 일체감을 느끼면서 함께 그리스도께로 나아간다. 약 40분 동안 계속되는 기도회는 다음과 같이 진행된다.

- 떼제 찬양 : 개회송 몇 곡과 시편송 몇 곡(계속 반복함)
- 성경 낭독 : 각 나라 말로
- 침묵(기도) : 약 10여 분간 침묵(혹은 성경 묵상)
- 중보 기도 : 세계의 평화와 고통당하는 이들을 위해(매번 짤막한 간구 뒤에 후렴구의 응답송이 곁들여짐)
- 마침 기도 : 주기도문 혹은 원장의 기도(마침 기도 후 찬양이 계속 이어짐. 자유로이 기도도 계속됨)

매기도회 때 침묵 기도는 특히 한국의 개신교 신자들에게는 익숙하지 않지만 모든 교파 신자들이 서로 거치지 않고 함께 기도할 수 있는 기도 방법이다. 말씀의 공부는 예배시의 성경 묵상, 매일 오전의 성경공부 모임이 있고 그리고 매주 토요일 낮 기도회 시간에 있는 로제 원장의 메시지로 보충한다. 이외에 매주 금요일 저녁에는 '십자가 주위의 기도' 형식을 통하여 시련 중에 있는 사람들을 위하여 고통받고 계시는 주님께 의탁하는 기도를 드린다. 매주 토요일 저녁 기도 시간에는 부활 전야처럼 모두 촛불을 밝히고 그리스도의 부활을 찬양하는 빛의 축제가 거행된다.

떼제의 찬양들은 떼제의 깊은 영성적 아름다움의 외적인 표출이다. 화해의 교회에서 세계 각국에서 온 수백 명의 참석자들과 찬양을 드리면서 필자는 찬양의 해탈이라고나 할까, 찬양이란 문제에서 완전히 해방되는 느낌을 받았다.

가톨릭 미사곡은 중후하지만 너무 엄정하여 한쪽으로 치우친 감이 있고, 개신교 찬송은 자유스럽지만 좀 경박하고 무절제된 느낌이 있다. 떼제의 찬송은 이러한 난점을 극복하여 영적인 고결성과 간결한 아름다움을 지니고 있다. 떼제의 찬송은 주로 프랑스 교회 음악가 자크 베르티에(Jaque Berthier)의 곡들인데, 떼제 공동체에서 불려진 뒤 조정을 거쳐 나온다. 떼제의 노래는 미국적인 당김음을 결코 쓰지 않는 것이 그 형식의 특징이다. 그 선율은 서양의 이지적 선율도 아니며 동양의 구슬픈 가락도 아니다. 고도의 절제된 균형미와 축제적인 기쁨이 배합된 찬송으로, 감성적 파토스(pathos)를 잠재우고 우리의 영혼을 해방시켜 영성의 깊은 경지로 이끌어 준다.

현재 두란노 경배와 찬양에서 많이 불려지고 있는데(오, 주를 찬미하나이다, 내 영혼이 주님을 찬양합니다), 주로 미국에서 온 감성적인 찬양이 지배적인 한국 교회에 조금은 러시아 정교회적인 깊은 영성의 찬양도 많이 불려져서 찬양 생활에 바람직한 균형이 잡혀야 할 것이다.

세상의 갈등을 찾아가는 신뢰의 순례

그리스도인들의 화해가 떼제의 핵심적 사명이지만 떼제는 거기서 그치지 않고 나아가 민족들 사이에 신뢰를, 지상에 평화와 누룩이 되도록 돕는 데에 더 큰 뜻이 있다. 형제들의 숫자가 10여 명에 불과하던 1950년대부터 그들 중 몇 사람이 평화의 증인으로서 고통받는 사람들 곁에 있기 위하여 세상의 문제 지역에 나가 살기 시작했다. 오늘날 떼제 형제들은 뉴욕과 브라질 동북부, 케냐와 방글라데시의 가난한 지역에서 형제들의 작은 우애 공동체를 이루며 산다. 이들은 주변 이웃들과 똑같은 삶의 조건들을 나누면서 그들과 더불어 함께 당면한 문제의 해결책을 찾는 데 힘이 되어 준다.

로제 형제는 시련을 겪고 있는 사람들과 가깝게 되기 위해 특수한 어려움에 처해 있는 곳에서 일정 기간을 지낸다. 그는 형제들이 살고 있는 뉴욕의 푸에르토리코 구역과, 쿠데타가 일어난 직후의 칠레, 캘커타 빈민가, 남아공화국, 이탈리아 남부의 지진이 발생했던 지역, 레바논, 하이티, 극심한 가뭄에 시달리는 모리타니아의 사헬, 인도 마드라스의 빈민가, 에티오피아, 홍콩 슬럼가 등지를 방문했다. 또한 그는 1962년 이래 해마다 동유럽을 방문했다.

1982년 로제 형제는 레바논에서 범세계적인 신뢰의 순례(pilgrim of trust)를 제창하였다. 이 순례는 떼제를 중심으로 어떤 운동을 조직하는 것이 아니라 참가하는 젊은이들이 각자 사는 곳에서 서로가 신뢰하고 평화의 누룩이 되도록 마을과 지역 교회, 도시에서 어린이들로부터 노인에 이르기까지 열심히 활동하도록 격려하는 것이다.

떼제는 몬트리올, 뉴욕, 워싱턴, 마드리드, 더블린, 리스본 등의 대도시에서 큰 규모의 '유럽 젊은이들의 모임(European Meeting)'을 개최한다. 이 모임은 매년 12월 말에서 1월 초 연휴 기간에 모이는데, 유럽의 큰 교회나 성당 혹은 체육관 등을 빌려 모인다. 파리, 런던, 로마, 바르셀로나, 쾰른, 브로츠와프(폴란드) 등지에서 모였다. 참가자들은 며칠 동안 각 교회나 성당 혹은 떼제와 연결된 가정에서 묵으면서 서로 대화를 통한 지구촌 가족의 신뢰를 구축하며, 매일 하루 세 번 지정된 장소에서 기도회를 가지며, 그리스도인들은 사회 안에서 복음을 증거하였다.

지난 1990년 체코 모임에서는 8만 명의 젊은이들이 모였다고 한다. 한국에서도 체코 모임에 서울 신학대학 학생 15명이 참가하였다. 아시아권에서는 1988년 인도 마드리스에서, 1991년 필리핀에서 모임이 있었다. 이처럼 떼제는 흡인력 있는 선교의 장으로서 세계의 젊은이들을 복음으로 이끌고 있다.

1988년 떼제는 러시아 선교 1천 주년 기념으로 모금된 돈으로 러시아어 신약 성경 1백만 부를 인쇄하여 구소련으로 보냈다. 인간 생명의 존엄성을 지키려는 노력으로 로제 형제는 간혹 세계의 분쟁과 갈등의 상황에 조용히 개입한다. 그는 세계 여러 나라의 대사를 만났고, 전 유엔 사무총장 케야르 씨도 만났다. 그는 케야르 총장에게 유엔이 민족들간에 신뢰를 창조하는 기구가 되어야 한다는 젊은이들의 제안을 전달했다. 케야르 사무총장은 떼제가 젊은이들과 진행하고 있는 범세계적인 신뢰의 순례는 우리 모두가 열망하는 평화의 이상에 다가서도록 도와주고 있다고 하였다.

떼제 공동체는 1979년에 한국에도 그 지부를 설립했다. 현재 다니엘(Daniel, 프랑스), 마크(Mark, 스위스), 장 폴(Jean Paul, 네덜란드), 실반(Sylvan, 프랑스), 안토니(Anthony, 영국) 등 다섯 형제가 서울 화곡동에서 작은 공동체 생활을 하고 있다. 이들은 각자 직업을 가지고 있으며, 한국 교회의 일치와 소외당한 자들과 함께 하는 사역에 힘쓰고 있다. 이들은 각 교회의 예배나 각종 모임에 초청되어 화해와 일치, 신뢰를 돕는 떼제 기도회를 인도한다.

화곡동 떼제 지부에서는 매주 금요일 오후 7시 반에 떼제 기도 모임을 공개적으로 갖는다. 특히 1990년에는 필자가 속해 있는 전국 신학교 공동체 모임 연합회(전신공연)가 주최한 제1회 전국 신학생을 위한 공동체 세미나(온누리교회에서 개최)에서 각 교파간의 일치를 위한 기도회를 인도한 바있다. 프랑스 떼제 본부에는 현재 한국인으로 장경선 형제와 신한열 형제가 사역하고 있다.

매년 전신공연 세미나 때 본부의 길렝 형제외 다른 형제들이 와서 기도회를 인도해 주고 있고, 대구, 부산, 서울 등지의 교회에서 작은 신뢰의 순례를 가진다. 전신공연에서는 1989년부터 계속해서 유럽 공동체 탐방 프로젝트의 일환으로 매년 신학생들이 떼제를 방문하고 있다.

떼제가 전해 주는 교회의 봄소식

떼제란 무엇인가? "떼제는 이것이다."라고 구체적으로 표현하기 힘든 추상적이며 초월적인 공동체이다. 그러나 역설적으로는 어느 교파에도 속해 있지 않아 초월적이므로 보편적으로 모든 교회를 포용한다. 떼제는 수도 공동체로서 사회와 구별된 특이한 삶의 형태 같지만 더 많은 사람들을 그리스도교의 본질로 끌어들인다.

필자뿐 아니라 떼제를 찾는 지구촌의 가족은 누구나, 아니 떼제의 형제들조차도 도대체 떼제가 무엇이기에 수많은 사람들을 끌어들여 매료시키는가 하는 의문을 가진다. 떼제 공동체의 로제 원장도 역시 같은 질문을 던지고 있다.

"작은 공동체여, 그대는 과연 누구인가? 효율적으로 일하기 위한 도구인가? 우리끼리 평안히 살기 위해서, 우리들의 계획을 실현하려고, 인간적으로 더 강해지기 위해 모인 남자들의 단체인가? 아니다. 우리는 일치의 비유이다. 우리는 그리스도의 몸인 그분의 교회의 독특한 일치의 한 소박한 반영이다. 이 일치의 비유를 통하여 우리는 인류 가족 안에서 누룩이 된다. 우리는 공동체 생활 안에서 오로지 매일의 용서와 신뢰하는 마음을 통하여 그리고 우리에게 맡겨진 사람들에게 평화를 가져다 주려는 노력을 통하여 사랑의 기적을 새로이 발견하고자 한다."

한국인으로 떼제의 정회원인 장경선 형제는 떼제가 성공적일 수 있었던 이유를 "복음의 본질에 충실하고 현대인의 요구에 민감하기 때문이다"라고 말한다. 가장 복음적인 것이 가장 급진적이라는 말이 있듯이, 가장 본질적인 것이 가장 세계적이라는 사실을 느낄 수 있다. 필자는 세계성을 발산하는 본질은 바로 '공동체성'에 있다고 본다. 그 공동체는 바로 그리스도의 몸이다. 그 몸은 개신교, 가톨릭, 빈부 귀천, 언어, 인종에 관계없이 모든 이들이 모여 이루는 그리스도의 완전한 한몸이다. 진실로 그리스도께서는 살아서 그러한 몸에 거하신다. 그러므로 온 세계에서 그리스도의 살아 있는 몸된 교회를 보기 위해서 떼제로 모이는 것이다. 로제 형제는 이것을 '부활하신 그리스도의 현존'이라고 표현한다.

떼제는 우리에게 교회의 하나 됨이 분명히 가능한 과업임을 보여 주고 있다. 미국의 유명한 복음주의 신학자 도널드 블뢰쉬(Donald Bloesch) 교수는 기독교 공동체는 교회의 본질이 무엇인가를 보여 주고 그러한 공동체는 갈라진 교회와 교파간의 화해와 일치의 사역을 감당한다고 말한 바 있는데, 떼제는 분명히 기독교 공동체 사역이 교회를 일치시키는 데 효과적인 촉매 구실을 한다는 사실을 보여 주고 있다.

떼제는 우리에게 공동체의 이상은 꿈이 아니라 현실이며 이 땅에서 하나님 나라의 실현이 가능하다는 것을 보여 준다. 한국에 1천만이 넘는 그리스도인들이 있다고 하지만 사분오열되어서 빛과 소금의 역할을 감당하지 못하고 있다. 정녕 한국 교회는 떼제의 화해와 일치의 정신을 본받아 '성령의 하나 되게 하신 것을 힘써 지키는 데에' 노력을 다해야 할 것이다. 떼제는 또한 개신교도 수도적인 영성 회복이 필요하다는 것을 깨우쳐 주고 있다. 한국 교회는 교회 안에 작은 공동체를 두어, 세속성으로 치닫는 교회를 영속적으로 갱신할 수 있도록 해야 할 것이다.

요한복음 17장에서 고난을 앞둔 겟세마네 동산에서 주님의 마지막 기도는 네 번이나 "하나 되게 하소서"였다. 분열과 불신이 난무하는 한국 교회에게 떼제는 커다란 충격과 함께 일치의 가능성과 희망의 봄소식으로 우리에게 다가오고 있다. 떼제는 겟세마네 동산의 열매이며 부활하신 예수님의 의미이다. 로제 형제는 말한다.

"만일 그리스도께서 부활하시지 않았다면 우리는 여기에 함께 있을 수 없을 것이다(If Christ were not rizen, we would not be here)."

3. 세계 선교를 위한 현대 속의 초대 교회[4)]
베다니 공동체(Bethany Fellowship)

2천 년 교회사의 흐름 속에서 초대 교회는 모든 교인의 목표였다. 초대 교회는 폭발적인 능력 전도와 기사와 표적, 유무 상통의 공동체였다(행 2:23-45, 4:32-37). 문제는 그러한 초대 교회 공동체가 과연 지금도 가능한 가 하는 문제였다. 어떤 신약 주석은 초대 교회의 이상을 이 시대에 적용하려고 하는 것은 시대 착오적인 생각이며 그것은 교회 초창기의 구원 역사적인 특수한 상황이었다고 말한다.

그러나 베다니 공동체는 사도행전 2장의 초대 교회의 이상에 충실하고자 하여 물질을 완전히 공유하며 권능 있는 선교 공동체를 이루고 있다. 베다니 공동체는 그들의 선교 회보 ≪십자가의 메시지(The Message of Cross)≫에서 자신들을 다음과 같이 소개하고 있다.

"베다니 공동체는 우리가 어떻게 우리 자신과 가진 모든 것을 하나님께 온전히 드릴 수 있을까 하는 질문의 답을 찾아나가는 가운데 이루어진 하나님의 사람들의 모임이다. 아직도 세계의 반 정도만 복음화되었다는 사실은 이 시대의 가장 중요한 사명이 선교인 것을 보여 준다. 따라서 이 일의 시급함을 깨닫고 우리는 우리의 소유를 모두 팔아서 보다 의미 있는 삶을 추구하고자 공동체를 구성하였다. 그리고 선교사 후보생을 모집하여 훈련을 시켰다. 우리의 공동체는 사도행전 2:43-47과 4:32-37에 나오는 초대 교회를 이 시대에 회복함을 의미한다. 그러나 이것은 단순한 모방이 아니라 오늘날 그리스도인의 삶을 사는 우리의 자발적인 믿음의 표현이다. 이 일이 단지 시작에 불과하지만 주께서 시작하신 것을 그가 완성하실 줄 우리는 믿는다."

---

4) 김현진, 「세계 선교를 위한 현대 속의 초대교회」, ≪빛과 소금≫(서울:두란노, 1992), 5월호

초대 교회의 현대적 부활

베다니 공동체는 1940년 미국 미네소타 주 미니애폴리스에 있는 '성 누가 교회'에 다니던 다섯 명의 집사들이 가정에서 자발적인 성경 공부 모임을 가지면서 시작되었다. 그들이 모임 가운데서 받은 비전은 '선교'였다. 그들 스스로 선교사로 나가고자 했으나 전문적인 신학 교육과 선교사 훈련을 받지 못했으므로 '보내는 선교사'가 되기로 하고 선교사를 보내자고 본 교회에 요청하였다.

그러나 그들이 다니던 교회가 선교에 대한 그들의 요청을 받아들이지 않자 세계 선교에 열정을 가졌던 성경 공부반 멤버들은 세계 선교에 헌신하는 개척교회를 세우기로 결정하였다. 그들은 '베다니 선교 교회'라는 초교파적인 개척 교회를 세우고 곧 해외에 선교사들을 파송하기 시작했으며, 그 개척 교회를 세운 2년간의 짧은 기간에도 불구하고 자체 교회당을 건축했으며, 교회는 날로 생명력 있게 성장해 갔다. 그들이 초창기에 가진 세계 선교의 목표는 백 명의 선교사를 파송하는 것이었다.

그들은 베다니 선교 교회를 통하여 더 많은 선교사를 파송하게 되었으나 이에 따르는 재정적인 부담이 과중하게 되었다. 이 문제를 해결하기 위하여 한 집사가 제의하기를, 다섯 집사 가족이 모여 모두 함께 산다면 생활비가 많이 절약되어 그 돈을 선교비에 충당할 수 있을 것이라고 하자, 나머지 집사들이 이 제의에 모두 찬성하고 그들의 재산과 월수입 모두를 100퍼센트 공유하기로 하고 매달 수입의 50퍼센트 이상을 해외 선교비로 보냈다.

그들은 연립주택을 한동 구입하여 공동생활을 시작하였다. 1층을 개조한 공동 식당에서 매일 함께 식사를 했고, 방과 승용차도 줄여서 사용했을 뿐 아니라 모든 생활 면에서 절약하며 검소하게 생활했다. 남자들은 직장에 나가고 부인들은 함께 집안 일을 했다. 매일 아침 저녁으로 기도회, 성경 공부 등의 모임을 가지면서 이상적이고 아름다운 생활이 얼마간 지속되었다.

그러나 얼마 후 가족들간에 인간 관계의 문제로 점차 불화가 생겼으며, 나중에는 그 모임이 와해될 위기에 봉착하게 됐다. 그들은 문제해결의 모색을 위해서 어느 목사님을 초청해서 자체 가족들만의 수련회를 가졌다. 그 강사는 초대 교회 공동체 생활은 성령이 각 사람의 마음 속에 오셔서 각 사람들이 변화된 결과로 가능한 생활인데 모든 멤버가 성령 세례를 받지 않고서는 전혀 불가능한 생활이라고 지적하였다. 이 말씀대로 그들은 모두 회개하고 합심으로 기도하는 가운데 온 가족이 성령 세례를 받고 그때부터 진정한 의미의 공동체 생활을 시작하게 되었다.

그 후 그들의 공동 생활이 성숙해 감에 따라 공동 생활을 하는 사람들이 늘어나서 더 큰 집이 필요했으므로 30여 개의 방을 가진 큰 저택을 아주 헐 값에 구입하게 되었다. 그 집에서 공동 생활과 함께 베다니 선교 훈련원 (Bethany Missionary Training Center)을 시작해 선교사 후보생들을 모집 해서 훈련시켰다. 계속 회원들이 늘어나자 다시 그 집을 팔고 미니애폴리 스 교외로 이사해서 약 57에이커의 농장을 산 다음 2년 정도 농사와 목축을 하였다. 그 후 한 회원의 제의로 자체 내에 공장을 지어서 기업을 경영하기 로 하고 목각, 가구, 장난감, 스피커 시스템을 제조하였으며, 1950~1981년 까지는 캠핑 트레일러를 만들어 팔아서 큰 수익을 보았다. 그래서 더 많은 선교사를 보내게 되었고, 자체 내에 더 많은 아파트와 시설을 확충하게 되 었다.

1981년의 오일 파동으로 캠핑 트레일러 제작을 중단하고 그들은 하나님 의 인도로 기독교 서적 출판 사역을 하게 되었다. 이 출판물을 판매한 이익 은 베다니 공동체 수익의 약 90퍼센트를 충당하고 있다.

눈물과 희생과 헌신으로 이루어진 베다니 공동체

미니애폴리스 교외 블루밍턴에 있는 베다니 공동체에 느지막한 오후에 필자가 도착했을 때 바깥 공기는 영하 15도의 강추위였지만 은백색의 흰 눈이 대지를 온통 뒤덮고 있었다. 하쎄(Hasse) 목사님의 안내로 여장을 푼 뒤 공동체 식구들을 소개받자 베다니 공동체 특유의 친절하고 따뜻한 분위 기가 강추위에 떨던 방문객을 이내 포근하게 감싸 주었다. 하쎄 목사님이 공동체 초창기 멤버들을 만나게 해주어 그들과 깊은 교제를 나누면서 그들의 삶을 진지하게 지켜볼 수 있었다.

베다니 공동체의 하루는 아침 6시 아침 기도로 시작된다. 아침 7시부터 7시 40분까지 식사 시간에 이어 8시부터는 선교 신학생들의 오전 수업이 12시까지 이어진다. 일반 멤버들은 각자의 일터로 향한다. 베다니 공동체는 텐트 메이킹(Tent making: 자비량) 방식을 통하여 선교를 해온 관계로 지도자를 비롯한 간부들로부터 일반 멤버에 이르기까지 모두 매우 열심히 일하고 있으며, 그들의 작업에서 철저히 전문적인 면모를 엿볼 수 있었다.

공동체 회원들의 자녀는 자체 내의 공동체 학교(community school)에 다닌다. 이곳에는 유치원, 초등학교 과정이 있어서 공동체 가족 중 아이들의 교육을 효율적으로 감당하고 있다. 오후 작업은 오후 1시부터 5시까지 이어진다. 그리고 아침에는 각자의 아파트에서 따로 식사를 할 수 있으며, 점심과 저녁은 반드시 다 함께 공동 식당에서 해야 한다. 가족 회원의 경우 주 1회 가족끼리 식사를 한다. 선교 신학교 학생들은 전원이 기숙사 생활을 하며, 일반 공동체 회원들은 7개 동의 아파트에서 생활한다. 매주 월요일 저녁에는 정회원 모임이 있고, 수요일에는 수요 예배, 주일에는 11시 대예배와 저녁 7시 찬양 예배가 있다.

이 공동체는 웬만한 단과대학 캠퍼스 넓이의 면적에 선교 신학교를 비롯하여 학생 기숙사, 회원들의 아파트, 공동 식당, 체육관, 대규모 인쇄소, 1천여 명을 수용하는 교회 등 완벽한 시설을 갖추고 있다. 그 안에 공동체 가족 160여 명과 선교 신학교 학생 150여 명을 합해 모두 3백여 명이 더불어 함께 사는 상당히 규모가 큰 공동체이다.

그런데 얼핏 보기에는 매우 훌륭한 시설을 갖추어 자신들만의 풍족한 생활을 하는 것처럼 보일 수 있겠지만, 실제 이곳 공동체의 삶은 단순히 모여 사는 것이 아니라 세계 선교를 위해 힘을 기르고 훈련하는 강력한 전진 기지로서, 선교를 위한 선교 공동체인 것이다.

초창기 멤버인 에스더 칠슨(Esther Chilson) 할머니는 다음과 같이 증언했다.

"초창기에 우리는 세계에 백 명의 선교사를 보낸다는 목표를 세웠습니다. 우리가 파송한 선교사들을 지원하기 위해 매달 수입의 50퍼센트를 우선해서 보내곤 했지요. 어떤 경우에는 그 달에 필요한 해외 선교비를 보내고 나니 그 다음날 아침에 먹을 양식조차 없어 일용할 양식을 위해 매일 저녁 때마다 하나님께 기도한 적이 한두 번이 아니었습니다. 그럴 때마다 하나님께서 기적적으로 우리의 필요를 채워 주셨지요."

오늘의 베다니는 이렇듯 초창기 멤버들의 눈물과 희생과 헌신으로 이룩된 것이다. 베다니 공동체의 목표는—공동체로서 사는 그 자체가 훌륭한 것이지만—오로지 '선교사 후보생을 모집하고 훈련시키고 파송하는 것'이라고 이미 고인이 된 초대 지도자 헤그리(T. A. Hagre)의 미망인 헤그리 여사가 말했다.

선교 신학교 교장인 브라키(Harold J. Brokke) 목사님[5]과 대담하던 중 한국 예수원의 대천덕 신부 부부가 60년대 말에 베다니 공동체를 방문한 적이 있었다고 하면서 안부를 전해 줄 것을 부탁했다. 대천덕 신부의 말에 따르면 예수원 설립 정신의 모범이 된 공동체는 영국의 리 애비(Lee Abbey) 공동체와 베다니 공동체였다고 한다.

방문을 통하여 알게 된 놀라운 사실 한 가지는, 이 공동체가 한국에 선교사를 파송했다는 점이다. 데일 존슨(Dale Johnson) 씨는 1970~1975년 대구에서 선교 사역을 하셨던 분이었다. 그의 부인은 김일선이라는 이름을 가진 한국인으로 존슨 선교사의 사역을 돕다 결혼하게 되었다고 한다. 이 사실을 알게 된 뒤 나는 더욱 깊이 감사하는 마음을 가지고 이 단체를 대하

---

5) 헤롤드 브로크 목사는 1994년 8월 전국신학교 공동체모임 연합회가 주최하는 신학생들과 목회자를 위한 제5회 공동체 세미나에 주강사로 내한하여 세미나를 인도한 바 있다.

게 되었다. 이 분들이 한국을 위해서도 눈물의 밥을 먹었으므로…

신학교 갱신의 모델

이 공동체 안에는 선교 훈련원에서 발전된 선교 신학교(Bethany College of Missions)가 있다. 학생들은 오전 네 시간 동안 신학과 선교학을 공부하며, 오후 네 시간은 노동을 하는데 노동은 노동 학점으로 가산된다. 또한 학생들은 공동체 안에서 출판, 건축, 자동차 정비, 환경 정리 등의 일을 한다.

캔사스에서 온 존 밀러라는 학생은 "우리는 노동을 통해서 학과 시간에 배울 수 없는 많은 것을 배웁니다."라고 하면서, 이 선교 신학교의 실제적인 커리큘럼이 매우 마음에 든다고 했다.

이 선교 신학교는 4학년 과정으로 되어 있는데, 2학년을 마치면 3학년 때에는 1년간의 인턴십(Internship)으로 선교 실습 과정을 가진다. 이때 학생들은 베다니 선교회에서 파송한 세계의 선교 지부나 베다니 선교회와 연결된 선교 단체 프로젝트에 참여하여 선교 현장 실습 훈련을 받는다. 이 기간 동안에는 베다니의 재정 후원 없이 믿음의 선교 방식이든지 지교회의 후원이든지 간에 학생 스스로 선교비 문제를 해결해 가면서 훈련에 임하게 되어 있다. 이 선교 실습 훈련을 마친 학생만이 베다니 선교회의 정식 선교사 후보로 인정받아 세계 선교지로 파송되는 것이다.

우리나라 용산에서 미군 헌병으로 근무한 적이 있는 프레드 위거라는 학생은 선교 실습 훈련으로 알코올·마약 중독, 폭력이 난무하는 뉴욕 할렘가에서 불량 청소년을 위한 인턴십 사역을 할 것이라고 하였다. 사실 그는 예수를 알기 전에 전직 깡패였기 때문이다. 그는 지금 뉴욕에서 데이비드 윌커슨 미니스트리(David Wilkerson Ministry)와 함께 사역하고 있다.

위의 경우는 좀 특수한 예이지만, 대부분의 학생들은 해외로 선교 실습을 나간다. 선교 실습 훈련은 주로 베다니 선교회 해외 선교 지부로 나가지만 학생의 희망에 따라 WEC(World Evangelization Crusade), YWAM, OM, OMF 등과 같이 기존 선교 단체들의 단기 선교 훈련 프로젝트에서 훈런받을 수도 있다.

베다니 공동체 대표 폴 스트랜드(Paul Strand) 목사는 "신학생들이 이곳에서 신학과 노동을 겸한 매우 실제적인 생활훈련과 노동훈련에 익숙한 관계로 많은 전문 선교 단체에서는 어떤 다른 신학생보다 우리 신학교 학생들을 보내 줄 것을 요청한답니다."라고 했다. 필자는 이들의 삶을 보고 신학교에 대한 새로운 희망을 가지게 되었다.

요즘 한국에서 신학교 문제가 사회에 큰 물의를 일으키고 있는데 그 문제의 핵심은 '학'은 있지만 '삶'이 없다는 것이다. 지식 중심의 신학 교육과 교리 논쟁은 신학교의 생명력을 상실케 하고 신학생들은 체념적인 상태에 있다. 이러한 신학교의 현상은 한국 교회 지도자들을 이기적이고 개인주의적으로 만들고 있으며, 나아가 그것은 교회와 사회 문제로 직결된다. 필자는 베다니 선교 신학교의 생활을 보면서 신학교 갱신의 새로운 희망과 비전을 가질 수 있게 되었다.

베다니 선교 신학교의 학생들은 모두 공동체 생활을 하게 되어 있으며, 기혼자일 경우에는 반드시 부부가 함께 지원해야만 입학이 가능하다. 이곳에서는 학생들과 교수 그리고 공동체 가족들이 모두 기숙사와 아파트에서 함께 공동체 생활을 한다. 필자도 오전에 선교 신학교 수업에 참가해 보고, 오후에는 서적 창고에서 함께 일도 해보았다. 이러한 과정 속에서 느낀 것은 그들의 생활이 건강하고 활기에 차 있으며 신학교라는 말에서 오는 중압감이나 그늘진 면을 거의 찾아볼 수 없었다는 것이다.

한편 이들의 신학교 교육 현장을 보면서 한국의 신학교도 주 1회 혹은 매일 1시간 정도 노동시간을 갖도록 하여 노동 학점을 이수하게 하고, 졸업 후에도 2년 동안 해외 선교 실습이나 국내 오지 선교 혹은 빈민 선교 실습 과정을 두어서 총체적인 복음을 훈련하는 과정을 가진다면 얼마나 바람직할까 하는 생각이 들었다.

베다니 선교 신학교는 함께 공부하고 ,함께 일하고, 함께 먹고, 함께 예배드리는, 기쁨이 가득 차 있고, 능력 있는 초대 교회 공동체의 삶과 신학

교육의 병존이 가능한 삶의 배움터였다.

'공동체 선교'의 장

베다니의 목표는 선교이다. 이들의 선교를 이야기할 때 빠뜨릴 수 없는 것은 '공동체 선교 방식'이다. 요즈음 '공동체 선교'라는 새로운 선교 방식의 개념이 대두되고 있다. 즉 개인이나 한 가족으로 선교사를 파송하는 선교 방식과는 달리 공동체 선교는 다음의 4단계를 갖는다.

첫째 단계는 공동체에서 선교사를 파송하는 것이며, 둘째 단계는 10~20여 명의 공동체 생활팀을 구성하여 파송하는 것을 말한다. 셋째 단계로는 파송된 현지에서 공동체 생활을 하면서 그들이 한몸 된 아름다운 생활로 원주민들에게 복음을 증거하는 것이며, 경제 문제는 공동체적 생산을 통하여 자비량 방식으로 자립하는 것을 원칙으로 한다. 넷째 단계는 이 팀들이 사역을 마치면 공동체 본부로 돌아와 후진을 양성하는 것이다.

베다니 공동체는 현재 32개국에 2백여 명의 선교사들을 파송하고 있는데, 브라질과 싱가포르 그리고 인도네시아, 필리핀, 일본, 프랑스 등 대부분의 선교지에서 공동체 생활을 통한 선교 방식을 견지한다.

현재 베다니에는 이미 3세대까지 형성되어 함께 살고 있다. 이곳 선교 신학교의 대표겸 교수인 폴 스트랜드는 13년 동안 인도네시아 선교사로 파송되어 사역하였으며, 지금은 다시 본부로 돌아와 그 풍부한 경험을 바탕으로 후진들을 양성하고 있다. 베다니의 1세대는 초창기의 설립 멤버들로, 지도자 헤그리는 이미 고인이 되었고 대부분 나이 들어 일선에서 물러났으며, 2세대는 3세대와 함께 세계 선교 현지에서 공동체로 선교 사역에 임하고 있다.

유명한 선교 신학자 스티븐 닐(Steven Niel)은 그의 명저 『선교의 역사(History of Missions)』에서 초대 교회 이래로 가장 효과적이고 강력한 선교 방식은 공동체 선교 방식이었다고 기술하고 있다.

예수 전도단(YWAM)과 오엠(OM)의 총재 로렌 커닝햄과 조지 버위는 한

결같이 입을 모아 "베다니 공동체의 선교 방식은 우리 시대에서 볼 수 있는 가장 효과적이고 놀라운 업적을 이루었으며 선교의 새로운 장을 열었다."고 극찬하고 있다.

베스트 셀러를 내는 출판 사역

베다니 공동체 안에는 대규모의 출판사가 있다. 공동체 멤버들과 학생들의 주노동 현장은 인쇄소이다. 1970년대 후반부터 베다니는 미국에서 가장 뛰어난 출판사 중의 하나로 성장했다.

인쇄 공장의 현장을 안내하던 모리스 존슨(Morris Johnson) 장로에게 책을 팔아서 베다니의 재정을 충당할 수 있는지 물어 보자 "형제님, 저기 왼쪽 벽의 도표를 보십시오. 저 도표는 미국의 기독교 서적 베스트 10(Best 10)을 선정해 놓은 1월의 도표인데, 노란 줄을 그어 놓은 것이 우리가 발행한 책이지요."라고 대답하는 것이었다. 가까이 가서 보니 2위, 3위, 9위였다. 존슨 장로는 "우리가 책을 내면 보통 한달에 세 권 정도는 베스트 셀러에 들어갑니다. 그 비결은 하나님의 복이지요."라고 했다.

오늘날 베다니 출판사는 신학 서적과 평신도 서적 그리고 제자 훈련 교재, 청소년 서적, 소설류 등 수많은 베스트 셀러를 내놓았으며, 매년 30만 부 이상의 책을 출판하고 있다. 여기에서 나오는 수익으로 세계 선교와 공동체 운영 경비의 95퍼센트를 감당하고 있다.

이들은 그 해 회계 연도에 재정이 남으면 다음 해로 넘기지 않고 선교비와 구제비로 다 써 버린다고 한다. 그것은 물질을 의지하지 않고 하나님을 더 의지하기 위함이라고 한다.

인간의 힘 아닌 성령의 힘 의존하는 공동체

이러한 공동체의 삶이라고 해서 항상 아름답게 사는 것만은 아니다. 여기에도 보통의 인간 사회와 마찬가지로 고통과 갈등이 잔존해 있다. 이들은 모든 물질과 재산을 사도행전 2장의 방식대로 100퍼센트 공유한다. 승용차가 약 30여 대 있는데, 모두 공동 소유이다. 직위와 직책에 따른 문제점도 있을 수 있다. 그런데 이렇게 완전히 공유하는 삶이 얼마나 힘겹고 스트레스가 쌓일까라는 생각이 들었다. 이러한 여러 가지의 의문들은 주일 예배에 참석하면서 하나씩 풀려 갔다.

베다니 공동체 안에 있는 베다니 선교 교회(Bethany Missionary Church)에는 약 1천여 명이 매주 참석한다. 공동체 가족 약 3백여 명과, 공동체 생활에는 참여하지 않지만 세계 선교의 비전에 합력 동참하는 일반 교인이 약 7백여 명이 된다. 목사님은 네 분이 있는데 일주일씩 윤번제로 설교한다. 베다니 선교 교회는 미국의 보편적 청교도식의 장로교와 비슷한 예배 스타일을 지닌 온건한 교회였다. 그래서 각종 악기가 동원되고 자유로운 영의 찬양이 드려졌다. 젊은이와 노인 할 것 없이 매우 깊은 신앙 고백적 찬양과 기도가 이어졌는데, 찬양은 주로 경배와 찬양 스타일의 찬양이 주류를 이루었다.

특히 예배 시간에는 병자를 위해 장로들이 기도해 주는 안수의 시간도 있었다. 베다니 공동체에는 처음부터 성령의 강한 역사가 있었다. 성령 세례를 받음으로 진정한 의미의 공동체를 형성하게 되었으며, 그 후로 공동체에서 방언, 신유, 예언 등 강력한 성령의 외적 역사들이 많이 일어났다고 한다. 베다니 공동체는 공동체 안에서 일어나는 은사가 남에게 보이고 자신과 집단의 능력을 자랑하기 위한 보석이 아니라 집안에서 늘 사용하는 공구 상자와 같다고 한다.

그들 공동체가 드리는 저녁 예배는 사뭇 달랐다. 시종 일관 찬양으로 드려지는 저녁 예배는 여러 가지 문제들을 성령의 역사를 통하여 해결한다. 즉 '성령의 능력에 의해서 통제되는 삶' 이라고 말한다.

레바 플레이스 공동체 교회의 버질 보트(Virgil Vogt) 목사는 "성령 세례를 받게 되면 자연히 공동체를 이루게 되고, 만일 성령 세례를 모르는 공동체는 의도적으로 형성했다 하더라도 나중에는 결국 성령 세례를 통한 성령의 역사 없이는 인간의 힘으로 공동체가 불가능한 것인 줄 깨닫게 되므로 성령 세례를 받게 된다."고 한다.

이곳에서는 초자연적인 기적과 신유, 방언, 예언 같은 은사들의 역사가 강하게 일어나지만 그것들이 자신들의 공동체만 위한 것이 되었을 때는 신비주의적인 집단이 될 수 있을 것이다. 그러나 베다니 공동체는 그러한 신비한 능력들을 세계 선교를 위해 바깥을 향해 펼침으로써 균형 잡힌 영성을 유지하고 있다.

세계 선교 비전의 통로, 베다니

베다니 공동체의 전 대표인 알렉 브룩스(Alec Brooks) 목사는 "우리는 남에게 어떤 모델이 되기 위하여, 공동체를 위한 공동체를 시작하지 않았습니다. 공동체는 바로 하나님께서 우리에게 주신 세계 선교의 비전을 성취하게 하는 효과적인 통로 역할을 했습니다"라고 했다.

베다니 공동체는 1996년 현재 공동체 회원 160여 명에 3백여 명의 선교사를 파송하고 있는데, 이것은 공동체 멤버 2명당 선교사 3명을 보내는 셈이다. 이로써 베다니 선교회는 세계에서 단일 교회당 가장 많은 선교사를 파송하는 교회가 되었다. 그 비결은 바로 공동체에 있는 것이다. 베다니 공동체는 18세기에 이미 선교 역사상 놀라운 사역을 감당한 진젠도르프의 헤른후트 공동체(모라비아 형제단) 이래로 가장 큰 선교 공동체이다. 베다니 공동체의 정신은 "선교사를 훈련하고 보내고 후원한다(training missionary, sending missionary, supporting missionary)."는 모토에 잘 요약이 되어 있다.

폭발적인 능력 전도, 표적과 기사, 유무 상통의 공동체가 초대 교회에서만 있었던 것이 아니라 성령의 역사와 참된 헌신을 통하여 오늘 여기에서도 가능하다는 것을 이 공동체를 통해 볼 수 있었다. 베다니를 방문해서 강하게 느낀 것은 이곳에서 기독교의 원초적인 기쁨을 맛볼 수 있다는 것과 하나님 나라의 아름다움이 이곳에 존재하고 있다는 것이다.

사역은 있는데 존재는 없고, 공동체로서의 본질을 상실한 한국 교회에게 베다니 공동체는 새로운 가능성을 제시해 주고 있다.

"형제가 연합하여 동거함이 어찌 그리 선하고 아름다운고…기기서 여호
와께서 복을 명하셨나니 곧 영생이로다(시 133편)"

4. 섬김과 헌신의 공동체
코이노니아 동역회(Koinonia Partners)[6]

미국 조지아(Georgia) 주에 아메리쿠스(Americus)라고 하는 조그마한
읍이 있다. 그 곳에서 약 20분 정도 남쪽으로 내려가면 '코이노니아 동역회
(Koinonia Partners)' 라는 표지판이 도로변에 나타난다.

코이노니아 동역회는 1942년 클래런스 조단(Clarence Jordan)과 마틴 잉
글랜드(Martin England)에 의해서 시작된 기독교 공동체이다. 원래 이 공
동체의 이름은 코이노니아 농장(Koinonia Farm)이었다.

켄터키 루이빌의 남침례교 신학교에서 헬라어 연구로 신약학 부문에서
박사 학위를 받아 교수로 있던 클래런스 조단은 그의 신학을 삶의 현장에
서 실천하면서 검증해 보기를 원했다. 그의 생각으로는 화해와 사랑의 십
자가와 믿음의 실천이 가장 절실한 곳은 남부 흑인 지역이었다. 교수직을
그만둔 그는 흑인들만이 사는 농촌 지역인 조지아 주 섬터 카운티(Sumter
County)를 택하여 그의 몇몇 동료들과 공동체를 형성하였다.

더불어 화평하고 사랑을 실천하는 공동체

초창기에 세웠던 목적은 두 가지였다. 첫째, 모든 이들로 더불어 화평케
하며, 인종 차별 없이 사랑을 실천하고, 모든 것을 함께 나누는 기독교 공동
체의 삶을 통하여 하나님 나라를 증거하는 것이고, 둘째, 가난한 흑인들의

---

6) 김현진, 「섬김과 헌신의 공동체 코이노니아 동역회」, ≪빛과 소금≫(서울: 서울두란노
1991), 8월호

농촌을 돕는 것이었다. 그래서 그들은 복음을 실험해 볼 사역지로 백인이 전혀 살지 않는 가난한 농촌 지역을 택하였던 것이다.

처음에는 4백에이커의 땅을 사서 흑인들과 함께 살고 예배하며 일하는 사랑의 공동체를 시작하였다. 초창기에는 그들과 뜻을 같이하여 농장에서 함께 살고자 하는 사람들이 점점 늘어나기 시작하였다. 주일 학교, 여름 성경 학교, 청소년을 위한 캠프 등 인근 지역의 어린이들과 청소년들을 위한 행사들을 열었다.

1950년대 중반에 들어서서 코이노니아 농장에 대한 많은 오해들로 인해 주위로부터 여러 차례의 핍박이 있었다. 그것은 인종 차별에 반대하여 흑인들과 함께 사는 것과 평화를 위해 전쟁을 반대하는 코이노니아의 태도에서 비롯된 것이다. '검둥이를 사랑하는 공산주의자들의 집단' 이라고 코이노니아 농장을 비난하는 백인 우월주의자들의 단체인 KKK(Kyu Klax Klan)단과 지역 주민들로부터 코이노니아 농장은 여러 차례 방화와 물리적 공격을 받기도 했다.

문화적으로 매우 보수적인 지역에서 흑인과 백인들이 함께 사는 코이노니아 농장의 삶의 방식은 인근 지역 백인들의 반감을 사기에 당연한 것이었다. 더욱이 주위의 지역 교회에서도 십자가 복음을 초대 교회의 공동체적인 삶을 통하여 순수하게 실천하려는 코이노니아 농장의 노력을 의심하여, 이들을 지원하던 교역자들이 교단으로부터 해임되는 경우도 있었다.

1960년대에 들어와서 이러한 여러 가지 오해와 심리적 · 물질적 핍박으로 인해 코이노니아 농장의 회원들이 점차로 농장을 떠나게 되었으며, 코이노니아는 결국 존폐의 위기를 맞게 되었다. 그때에 남은 회원은 창립자 클래런스 조단과 캠퍼라는 회원의 두 가족뿐이었다. 이때 조단은 코이노니아 농장을 시카고에 있는 '레바 플레이스 공동체' 에 팔려고까지 했다.

그러나 그들은 코이노니아 농장을 통한 복음의 본질적인 사역을 위해 믿음으로 기도하는 데 힘을 모아 나갔다. 비록 적대적인 환경 속에서도 전세계적으로 뜻을 같이하는 후원자들이 재정적으로 도왔으며, 특히 수많은 편지를 통한 정신적인 후원과 동역자 정신은 코이노니아가 일어설 수 있는 영적인 토대를 마련하는 데 큰 힘이 되었다.

1965년에서 1968년 사이 회원들이 공동체의 새로운 방향을 함께 모색하던 중, 훗날 헤비타트(Habitat Humanity)의 창설자가 된 밀라드 풀러(Millard Fuller)라는 회원을 받아들이면서, 코이노니아 농장은 코이노니아 파트너즈(Koinonia Partners)라고 개명하면서 그들의 목적을 재다짐하였다. 즉, 하나님의 생명을 떠남으로 인류애를 상실하여 서로 경쟁하는 사회 속에서 코이노니아는 하나님 나라를 증거하는 대안이 되는 삶(Alternative Life style)을 계속 살아가기로 하였다. 그들은 이러한 삶을 구체적으로 '자선을 베푸는 삶(compassionate living)' 이라고 표현한다.

코이노니아 농장의 24시

후두둑 내리는 남부의 훈훈한 겨울 소나기를 맞으면서 코이노니아 농장에 도착한 것은 밤 늦은 때였다. 빗물에 젖어 풍기는 구수한 흙냄새와 신선한 풀냄새는 겨울을 초여름으로 착각하게 만들었다. 그곳의 온도는 1월에도 평균 섭씨 20~40도를 웃돌고 있었다. 필자는 방문객 숙소에서 여장을 풀고 이내 잠이 들었다.

밤새 비가 온 뒤라 다음날 아침은 쾌청했다. 궁금했던 코이노니아 농장의 전모가 아침 햇살 속에 드러났다. 방문객 숙소에서 아침 식사를 할 생각도 잊은 채 풀밭에 나 있는 길을 따라 이곳 저곳 발길이 닿는 대로 둘러보았다. 참으로 오랜만에 때묻지 않은 목가적인 초원의 구수한 아름다움에 접할 수 있었다. 아득히 펼쳐진 초장에서 문득 신약의 새 이스라엘 백성들이 누리는 약속의 땅이 바로 이러한 곳이구나 하는 생각이 강하게 스쳐 지나갔다.

코이노니아 농장을 감싸고 있는 포근한 영적 분위기와 하나님 나라의 아름다움은 어디서 오는 것일까? 필자는 그것이 클래런스 조단 목사님과 그의 동역자들이 복음의 본질을 이루기 위해서 심어 놓았던 희생을 통한 믿음의 열매에서 맛볼 수 있는 것이라고 내심 확신했다.

코이노니아 농장의 하루는 아침 기도회로 시작된다. 기도회는 아침 6~7시에 모이는데, 강제적이지 않고 자율적으로 참석한다. 오전 9시에서 11시 40분까지 오전 작업을 하고, 점심 식사는 공동체 식구들이 모두 공동으로 한다. 정회원, 자원 봉사자, 방문객, 유급 노동자 등 모두가 공동 식사를 한다. 공동체 회원들은 아침과 저녁 식사는 각자의 집에서 하고 점심만 함께 한다. 이들은 모두 한 집에서 사는 것이 아니라 농장 안에 지어진 여러 채의 집에서 각기 따로 생활하고 있으며, 독신자들과 자원 봉사를 위한 지원생들과 방을 나누어 사용한다.

점심을 모두 함께 하는 하루 한 번의 공동 식사는 코이노니아 농장의 공동체 됨을 볼 수 있는 좋은 기회이다. 식사 후 세계를 위한 중보 기도, 방문객 소개, 그날의 광고 사항을 나눈다. 식사 후 설거지를 할 때는 남녀 노소, 지위 고하를 막론하고 당번제로 담당한다. 오후 2시 30분에서 4시까지는 오후 작업을 한다. 주중의 공식적인 모임은 목요일 저녁의 성경 공부 시간, 금요일 친교 모임 등과 함께 각종 소그룹 모임들이 있다. 식탁에 올라오는 음식들은 대개 직접 생산한 무공해 자연 식품들로 맛있고 영양가 높은 음식들이다. 이들은 하루 다섯 시간 반 동안 노동하여 안정된 생활을 유지하고 이웃을 도울 수 있는 여유도 가진다.

물론 여기도 보통 사회처럼 또 다른 차원의 갈등과 심리적 압박과 논쟁이 존재하지만, 분명한 것은 예수 안에서 서로가 하나 되고 자연과 하나 된 이곳의 하루 하루 삶 속에 평안과 안식이 자리잡고 있다는 것이다. 매일의 바쁜 일과에 매여 질주하면서 '존재의 충만함'을 상실해 버린 현대인들에게 코이노니아 농장은 우리에게 삶의 양태를 되돌아보게 해준다.

일하는 공동체의 여러 지체들

코이노니아 동역회의 멤버십은 네 가지로서 정회원, 수련 회원, 장기 지원수련 회원, 단기 수련 지원자 등으로 되어 있다. 단기 지원자(volunteer)

는 3개월간 공동체 생활과 농장 일에 참여한다. 그 후 더 봉사할 마음이 있으면 장기 지원 봉사자(extended volunteer)로 3개월을 더 지낼 수 있으며, 그 후 이러한 생활에 대하여 주님의 이끄심이 있다고 생각되면 1~2년 정도 수련 회원(novice)으로서의 생활 훈련을 거쳐 정회원(resident partners)이 될 수 있다.

단기 지원자들은 직접 노동 현장에 참여하여 노력 봉사를 하는데, 이들은 사회 각계 각층에서 온 젊은이들로서 흑인과 백인을 비롯한 다양한 사람들을 섬기는 공동체적인 삶을 경험한다. 소그룹의 일원으로 같이 먹고 일하고 이야기하는 사랑을 나누고 함께 예배하는 가운데 진정한 그리스도인의 삶이 무엇인가를 몸으로 느끼며 변화되면서 삶의 원초적인 에너지를 재충전 받아 활기찬 모습으로 그들의 삶의 현장으로 돌아간다.

코이노니아 동역회의 정회원은 공동 재산제를 원칙으로 한다. 사도행전 2장의 초대 교회의 생활 원리에 따라 생활비는 '필요에 따라 나누어' 가진다. 주택과 식량 등 생활의 기반이 갖추어진 상태에서 각자의 생활비와 자녀 교육비 등 필요한 만큼의 액수를 청구해서 사용하며 남은 것은 다시 되돌려 준다. 서로를 신뢰하는 가운데 자신이 덜 씀으로 다른 식구들이 더 쓸 수 있도록 하는 진솔한 나눔의 공동체(sharing community)의 모습이 자리 잡고 있다.

공동체의 주소득은 주로 농장 경영을 통해 들어온다. 코이노니아 농장의 전체 면적은 1천5백에이커인데 그 중 7백에이커를 농장으로 사용하고 나머지는 주택지, 공장 건물, 정원 등으로 활용한다. 주소득 작물로는 땅콩, 피캔(peacan, 호도의 일종), 콩 등이 있다. 이러한 작물들은 그대로 팔기도 하고 자체 식품 가공 공장에서 캔으로 만들어 팔기도 하는데, 이것은 미국에서 매우 인기 있는 건강식품으로 작년 한 해에 60만 불의 소득을 올렸다고 한다.

이들은 유기 농법으로 이러한 작물들을 재배한다. 그들의 특이한 유기 농법 중의 하나는 땅콩 껍질을 활용하는 것인데, 땅콩을 수확한 후 그 껍질들을 농장에 다시 두껍게 뿌려 두면 잡초가 자라지 않으며 그 껍질은 유용한 퇴비로 활용되고 있다. 내수용으로는 암소, 닭, 돼지 등의 가축들을 기르고 있으며 딸기, 당근, 상추, 토마토를 무공해 작물로 재배한다.

코이노니아 동역회는 예수 안에서 한몸을 이루는 단순한 공동체일 뿐 아니라 자연과 사람이 일체가 되어 사는 삶을 창출하고자 한다. 그러므로 환경을 보존하고자 하는 철저한 의식이 생활화되어 있다. 이를 위해 그들은 샴푸와 화학 세제 등은 사용하지 않고 연성 세제 등을 사용하고 있으며, 비닐 봉지와 화학 제품 등 여러 가지 화학 제품을 철저히 분리 수거한다. 또한 매주 토요일 오후 1시에서 4시까지는 농장 주위에 흑인들이 버린 빈 깡통, 유리병, 비닐 봉지 등을 남녀 노소 가리지 않고 모든 회원이 나서서 수거하며 환경보존을 위한 정화 작업에 힘쓴다. 그 후에는 저녁 때까지 전체 공동체 가족 파티를 열어서 일체감을 다진다.

고통당하는 이웃과 더불어

작년에 코이노니아 동역회는 농장 경영을 통하여 약 백만 달러에 이르는 소득을 올렸지만, 이 소득 중 공동체 식구들의 생활비와 기본 운영비를 제외한 나머지는 주위의 어려운 이웃을 위해 사용되었다.

코이노니아 동역회의 생활 원칙은 세 가지로, 검소한 생활(simple life), 화해의 생활(reconciliation), 섬김의 생활(service)이다. 회원들의 평균 생활비는 미국 빈곤층의 평균 생활비 수준이며(제3세계의 수준보다는 높지만) 이들은 개인과 공동체의 사적인 이익을 위한 재산 축적은 하지 않는다. 이들은 검소한 생활을 실천하기 위해 이미 사용한 종이들을 분류 수거해 재생 용지로 사용하고 있다. 물론 이것은 나무를 아끼자는 환경보존의 의미도 포함된 것이다. 남부의 여름은 섭씨 40도를 웃도는데, 이들은 여름에도 에어컨 없이 지낸다. 코이노니아 농장에서의 여름은 무척 불편한 시기인데 그들은 제3세계와 가난한 이들의 삶을 생각하면서 "좀 불편하게 삽시다."라고 말한다.

코이노니아 농장이 코이노니아 동역회로 방향을 바꾸면서 고통당하는 이웃을 위한 기금을 제정하였다. 그것이 '자선을 위한 기금(Fund for Humanity)'이다. 클래런스 조단은 이 기금의 목적을 다음과 같이 말한다. "첫째로 가지지 못한 자에게 가질 수 있도록 하는 것이며, 가진 자가 가지지 못한 자에게 나누고 투자할 수 있는 통로를 제공해 주는 것이다."

이 기금이 활용되는 사역은 다음과 같다.

① 저소득층을 위한 주택 사역(Low Cost Housing)

1969년 코이노니아가 동역회로 새롭게 시작하면서 농장 주위에 있는 가난한 흑인들에게 집을 지어 주는 사역을 시작했는데, 지난 20여 년 동안 170여 채의 집을 인근 지역인 섬터 카운티에 지어 주었다.

② 인근 주민을 위한 고용 사역

코이노니아 농장의 일은 많은 노동력을 필요로 한다. 이때 드는 노동력은 정회원과 단기 수련생인 자원 봉사자들과 농장 주위에 사는 흑인들에 의해서 해결된다. 코이노니아 동역회는 이들에게 집을 지어 준다든지 그들에게 막연한 자선을 베풂으로써 그들을 수동적인 수납자가 되도록 내버려 두지 않고, 임시 노동자(case worker)가 아니라 협력하여 파트너십(partnership)을 가지고 일하는 동역자로서 그들을 정당하게 대우하여 정당한 이익을 나눔으로써 그들이 자립해서 살아갈 수 있도록 배려한다. 필자가 농장 주위의 흑인 마을인 코이노니아 마을(Koinonia Village), 서니 에이커(Sunny Acer) 등에 가 보았는데 그들은 생기 넘치는 행복한 삶을 구가하고 있었다.

③ 어린이 양육 센터(Child Development Center)

30년 전 코이노니아 동역회의 회원인 위트 캠퍼에 의해서 시작되었다. 섬터 카운티의 아이들, 특히 학교에 가지 못해 교육 혜택을 거의 받지 못하고 가정에 내버려진 흑인 아이들을 돌보고 올바르게 양육하기 위해서 설립되었다. 이 사역은 탁아소의 기능도 포함하여 생후 6개월에서 여섯 살까지의 아이들 35명을 맡고 있다. 주로 활동과 나눔을 통한 학습으로 숫자 개념 갖기와 흑백 인간의 동질성 확립하기 및 비폭력과 협동 등의 내용을 가르 치고, 아이들이 다음 단계의 생활에 대비할 수 있도록 교육한다.

아이들과 함께 부모와도 끈끈한 관계를 유지하는데, 그들로 하여금 얼마 되지 않는 교육비를 내게 함으로써 아이들을 위해 서로가 동역하는 차원을 유지한다. 이 프로그램을 거친 아이들이 초등학교에서 뛰어난 성과를 보여 줌으로써 지역 사회에서 호응을 얻고 있다.

④ 청소년 사역(Youth Ministry)

초등학교와 중 · 고등학교 학생들을 대상으로 하는 사역으로, 방과후 오후 3시경에서 5시까지 여러 프로그램을 진행한다. 아이들은 청소년 사역 센터(Youth Ministry Center)에서 간식을 먹으면서 함께 놀고 선생님과 공부도 한다. 이 사역의 목적은 그들에게 오후 시간을 유익하게 보낼 수 있는 놀이와 교육 공간을 제공해 주며, 인근 지역 청소년들에게 필요한 리더십과 더불어 함께 사는 법을 교육하는 것이다. 여름에는 특별히 농장 주위에 있는 젊은이들을 위한 6주의 특별 프로그램이 있는데, 성경 공부와 드라마, 캠프, 운동회, 공예, 음악 등의 다채로운 행사가 있으며, 읍내의 도서관과 수영장을 방문하는 소규모의 여행 프로그램도 있다.

필자는 농장 내에 있는 청소년 사역 센터를 방문하여 이들의 사역을 보고 코이노니아 농장 안의 백인 어린이와 농장 밖의 주민인 흑인 아이들이 아무 스스럼 없이 어울리는 것에 놀랐으며, 동역회 멤버들이 인내하면서 꾸준히 농장 밖의 일반 흑인 주민을 섬김으로써 흑인들이 진심으로 호응하고 있는 것을 분명히 보게 되었다.

이외에도 중앙 아메리카 난민을 위한 사역(레바 플레이스 공동체와 연결하여 사역함), 죄수들을 돌보는 사역, 주민 상담 등 다양한 지역 봉사 프로그램에 참여하며 지역 교회와 매우 우호적인 협력 관계를 맺고 공동 사역에 참여한다.

⑤ 목화판 성경(The Cotton Patch Version)

클래런스 조단과 코이노니아 농장을 이야기할 때 빼놓을 수 없는 것은 목화판 성경이다. 남침례교 신학교(Southern Baptist Theological Seminary)에서 신약 성경의 헬라어 연구로 신학 박사 학위를 받은 클래런스 조단은 촉망받는 교수직을 그만두고 코이노니아 농장으로 내려갔다. 그는 농장에서 흑인들과 함께 생활하면서 남부 흑인들의 정황에 맞는 새로운 성경 번역본을 써야 할 필요성을 느꼈다. 그는 복음의 본질과 신약 성경의 본래 의도를 벗어나지 않는 범위 내에서 신약 성경의 지명과 당시의 정황을 미국 남부의 흑인들, 즉 고통당하는 소외층들의 용어로 표현하고 있다. 그래서 이 번역본의 이름을 미국 남부와 흑인들의 고통을 상징하는 목화로 붙인 것이다.

그는 신약의 마태, 누가, 요한복음, 사도행전과 히브리서를 포함한 서신서 전체를 번역하였다. 예를 들어 로마서는 워싱턴에 있는 그리스도인들에게 보내는 편지로, 고린도전후서는 애틀란타의 그리스도인들에게 보내는 편지로, 갈라디아서는 조지아 노회의 교회들에게 보내는 편지 등으로 이름을 붙였다. 목화판역 에베소서 2장 11-13절은 다음과 같이 역동적으로 번역되어 있다.

"그러므로 전에 경박한 백인 그리스도인들로부터 검둥이로 불리던 흑인 여러분은 한때 그리스도의 공동체에서 제외되어 같은 신자로서의 권리를 포기하게 되었습니다"

이러한 번역은 여러 입장에서 표명한 찬반의 평가와 함께 당대에 대단한 선풍을 일으켰다. 그러나 그는 이 번역이 정경의 권위를 침해하기 위한 것이 아니라 복음의 본질을 미국의 상황 속에서 그대로 전달하기 위한 것이라고 번역서 서문에서 말하고 있다.

다양성 속에 일치를

코이노니아 동역회의 회원들은 여러 교파의 사람들로 구성되어 있다(장로교, 감리교, 침례교, 퀘이커, 메노나이트, 미 연합 교회). 여기에는 목사님 일곱 분과 은퇴 선교사 세 분이 계시는데, 매주 번갈아 가며 예배를 인도한다. 성령 안에서 다양성을 받아들이고, 큰 어려움 없이 일치를 이루어 나간다. 교파가 다르다는 것을 다양하게 아이디어와 창조력을 제공할 수 있다는 궁극적인 차원에서 이해하며, 이 점을 큰 재산으로 여기고 있었다.

1968년 코이노니아 농장이 매우 어려운 상황에 있었을 때 밀라드 풀러 가족이 코이노니아 농장에 와서 살게 되고 자선 기금을 만들어 인근의 빈곤층에게 집을 지어 주는 사역을 시작하면서 농장은 새로운 전환기를 맞게 되었다. 그 당시 밀라드 풀러는 자선 기금을 통한 저소득층 주택 공급 사역에 동참하면서 큰 이상을 갖게 되었다. 그것은 이러한 주택 사역이 코이노니아 농장 주위에만 있을 것이 아니라 주변 읍내인 아메리쿠스의 빈곤층을 비롯하여 미국 전역에도 확대되어야 한다는 생각이었다.

그는 1976년 코이노니아 동역회에서 나와서 별도로 '자선을 위한 헤비타트(Habitat for Humanity, 이하 헤비타트로 표기)'라는 캐치 프레이즈를 내걸고 빈곤층을 위한 주택 공급 사역을 코이노니아 농장에서 15분 거리인 아메리쿠스에 본부를 두고 본격적으로 시작했다. 이 사역은 1980년대에 들어서 미국 전역으로 확산되었으며, 80년대 후반에는 전세계로 확산되어 국제 헤비타트 협회(Habitat International)로 급성장하게 되었다. 현재 미국, 캐나다, 오스트레일리아에 450개 지회가 있으며, 개발 도상국 26개국에서 80여 개의 지회 계획을 수행하고 있다. 미국의 전 대통령 지미 카터도 이 사역에 동참하고 있는데, 그의 집도 코이노니아 농장에서 약 20분 거리에 있다.

사실 '인류를 위한 처소 혹은 거처'라는 뜻으로 불리는 헤비타트 운동은 코이노니아의 '자선을 위한 기금(Fund for Humanity)'에서 나온 것이다. 코이노니아 농장의 창립자 클래런스 조단은 동역회로 전환한 지 1년 후인 1969년에 급작스럽게 죽게 되었다. 신학 박사였던 그가 약 30여 년 동안 공동체의 기초를 닦느라 겪은 온갖 고생은 이루 말할 수 없는 것이었다. 조단은 열매를 보기도 전에 죽은 것이다.

그러나 그가 코이노니아 농장을 통하여 시작한 저소득층을 위한 섬티 카운티의 주택 사역은 오늘날 헤비타트 사역으로 발전되어 전세계로 확장되었으며, 필자도 한국 헤비타트 사역 본부(한국 이름: 사랑의 집짓기 운동)에서 사역하고 있다. 필자는 코이노니아 동역회를 방문하고서야 해비타트 사역이 진정한 코이노니아(교제)를 실천하고자 하는 코이노니아 동역회에서 나온 것을 알게 되었다.

클래런스 조단이 복음의 본질을 실천하기 위해 희생과 헌신을 통해 한 알의 썩어지는 밀알이 되었을 때 그 믿음의 열매는 생전에 그가 감히 상상도 할 수 없는 30배, 60배, 100배의 결실을 맺고 있는 것이다.

코이노니아 동역회가 시작된 지 50년이 지난 지금은 초창기 멤버가 그곳에 한 사람도 남아 있지 않지만, 이 공동체는 건강하게 잘 유지되고 있으며, 필자도 그 열매를 먹고 이 글을 쓰고 있다. 핵심 멤버들 없이 공동체가 어떻게 무슨 힘으로 계속 지탱될 수 있을까 하는 질문을 던져 보면서 필자는 그것이 고통당하는 흑인과 더불어 사는 공동체 사역을 통한 복음의 본질적인 사역을 이루기 위한 클래런스 조단의 세상이 감당할 수 없는 엄청난 믿음과 희생과 헌신이라고 자랑한다. 그의 사랑의 사상은 너무 컸기에 지금도 코이노니아 동역회는 진정한 코이노니아를 이루어 나가고 있는 것이고, 애초에 제정한 자선의 기금(Fund for Humanity)이 정말 '인류를 위한 기금(Fund for Human)'이 된 것이다.

"한 알의 밀이 땅에 떨어져 죽지 아니하면 한 알 그대로 있고 죽으면 많은 열매를 맺느니라(요 12:24)"

5. 살아 있는 진리의 오두막 라브리 공동체[7]
(L' Abri Fellowship)

라브리의 이야기는 그 유명한 프랜시스 쉐퍼(Francis Schaeffer)박사의 개인적인 소명으로 시작된다. 쉐퍼는 1912년 미국 펜실베이니아에서 독일계 미국인으로 태어났다. 그의 집안은 완전히 노동자 계층의 집안이었다. 소년 프랜시스는 아버지를 도와 목수 일을 하였고 11살 때는 루즈벨트 중학교에서 부모님을 기쁘게 해드리려고 목공일과 공예제도 두 과목을 선택하였다. 17세에 그는 생선을 나르는 화물차에서 시간제로 일했다. 고등학교 시절에 이미 그는 삶에 불만을 품었다. "나는 삶의 의미를 발견하기 위해서 시의 쓰레기 하치장을 배회하며 수마일 씩 걷곤 했다. 비록 소년이었지만 나는 거기에서 사람들이 무엇을 위해 그들의 돈을 소비하는지 생생히 실감했다."고 고백했다. 그는 가난하게 자랐기 때문에 삶을 거칠지만 바르게 바라볼 수 있는 안목을 지니게 되었다.

불신자인 부모님 아래서 그는 자유주의 계열의 교회에 다녔었는데 그 교회의 설교는 불가지론(不可知論)적이어서 쉐퍼가 제기했던 삶에 대한 의문들을 만족스럽게 대답해 주지 못했다. 고등학교 시절 그는 철학에 깊은 흥미를 갖고 있었다. 또한 미국 문화가 기독교 사상에 기반을 두고 있다는 사실을 알고 18세 때 성경을 공부하기로 결심했다. 그는 진리에 대하여 갈급했었다. 창세기부터 시작하여 성경과 철학을 비교하여 읽으면서 "모든 문제들이 성경 안에서 통일된 사상 체계로 연결되어 마치 실타래가 풀려지듯이 다 해결되는 것을 발견했다."고 나중에 술회했다. 크리스천이 되고 난후 그는 복음주의 교회에 다녔다. 그가 성경을 통해 받은 진리에 대한 체험은 그의 일생을 가늠하는 중요한 체험이었고 후에 라브리 공동체 사역의 기본

---

7) 김현진, 「살아있는 진리의 오두막, 라브리 공동체」《빛과 소금》(서울: 두란노서원, 1992), 7월호

방향이 되었다.

버지니아에 있는 햄프든 시드니 대학을 우등으로 졸업한 쉐퍼는 1935년 전 중국 선교사의 딸이었던 이디스 세빌(Edith Sevile)과 결혼한다. 노동자 계층의 환경 속에서 자란 프랜시스의 신선한 통찰력과 이디스의 섬세한 교양이 어우러져 그들의 결혼은 하나님의 계획 속에서 독특한 능력을 발휘하였으며 20년 후 라브리 사역의 기초가 된다. 웨스트민스터 신학교를 거쳐 페이스 신학교를 졸업한 쉐퍼는 장로교회 세 곳에서 주로 노동자들을 대상으로 하는 목회를 하였다.

쉐퍼는 1947년 유럽 교회를 둘러보았으며 그 이듬해에 교단으로부터 유럽 선교사로 파송을 받았다. 1951년 쉐퍼 가족은 스위스 샹뻬리 지역으로 이사해서 산 속의 조그만 산장에서 새로운 사역을 준비하였다. 그는 거기서 중대한 영적 갈등을 겪으면서 자신의 사역 방향을 정립하고 유럽의 신학적, 사상적, 문화적 공허의 심각성을 안타까워하며 역사적 기독교의 입장과 교회의 순수성을 지켜야 할 사명감을 가진다. 그는 미국 정통 장로교단의 선교사직을 사임했고 재정적 후원도 끊었다. 1954년 그는 오늘도 살아 계셔서 인격적으로 역사하시는 하나님과 성경의 진리를 증거하기 위하여 자신의 집을 개방하여 모든 사람들을 위한 '진리의 피난처'로 바꿀 것을 결심한다.

그는 기도를 생활화했으며 다음의 네 가지 원칙을 세워 준수하였다. "첫째, 기부금을 요청하지 않고 우리의 필요를 하나님께만 아뢴다. 둘째, 간사를 모집하지 않고 하나님께서 택하신 사람들을 보내 주시기를 기도한다. 셋째, 우리를 인도하시는 하나님의 주권을 인정하기 위하여 계획을 미리 세우지 않고 그날 그날 성령의 인도를 받는다. 넷째, 우리의 사역을 알리지 않으며 무엇인가를 매우 필요로 하는 사람들을 하나님께서 우리에게 보내실 것을 믿는다."

쉐퍼 부부는 엄청난 위험을 각오하였다. 1954년 경에는 벌써 아시아와 중남미에서도 학생들이 몰려왔다. 1955년 2월에 그들은 스위스 연방 정부로부터 가톨릭 지역에서 개신교 활동을 한다는 이유로 6주 이내에 스위스를 떠나라는 통지를 받는다. 그러나 그들은 "여호와의 전은 모든 산꼭대기에 서리라(사 2: 3)"는 말씀의 약속 아래, 기적적으로 그들을 도운 많은 사람들의 손길과 150여 명이 보내 준 헌금으로 현재의 라브리 공동체의 모체가 된 웨이모의 멜레즈 산장을 구입하여 스위스 체류 허가를 받을 수 있게 된다. 그리하여 1955년 6월 4일 불어로 '피난처(L'abri)'를 뜻하는 라브리 공동체 사역이 시작되었던 것이다.

라브리 공동체의 생활

쉐퍼가 세운 운영 원칙은 라브리에서 지금도 그대로 운영된다. 라브리의 생활은 규율에 얽매이지 않는 융통성 있게 흘러가는 편이다. 강제적인 규칙이라든지 강요 조항 같은 것이 없다. 예를 들어 새벽기도회나 아침기도회가 없다. 그 이유는 라브리에 오는 사람들의 반 이상이 불신자이기 때문이다. 오전에는 개인 공부를 하고 오후에는 노동을 한다. 현재 세계 7개국에 라브리가 있는데 어느 곳이든지 라브리에 가면 간사 중 한사람이 학생의 개인 교수가 되어 모든 문제를 도와준다. 개인 교수는 학생의 개인적인 필요와 문제에 따라 연구 과정을 정하여 준다. 공부는 도서관에서 개인적인 연구를 하거나 담당 간사와 개인 공부를 한다. 라브리에는 미리 짜여진 교과 과정이 없기 때문에 학생 개인의 관심과 고민하고 있는 문제를 해결할 수 있는 방향으로 연구 과정을 정한다. 라브리 도서관에는 50여 권에 이르는 라브리 서적과 라브리 강연을 녹음한 2천여 개의 카세트 테이프 혹은 기타 여러 가지 라브리 자료를 중심으로 공부하게 되며 필요하면 언제든지 담당 간사와 공부나 그 밖에 어떤 문제라도 이야기할 수 있다.

오후 노동 시간에는 라브리 생활 운영에 필요한 노동을 한다. 스위스 라브리의 경우 겨울에는 매일 눈 치우기를 하며 그 외에 장작 패기, 채소밭 가꾸기 청소, 요리, 잡초 뽑기 등이 있다. 필자가 영국 라브리에 갔을 때 학생들은 건물 보수공사를 돕고 있었다. 일한다는 것은 결코 쉬운 일이 아니지만 일하면서 개인적인 대화의 시간을 나누고 철학적인 문제와 성경의 기본 진리, 결혼 생활이나 이혼, 동성연애와 같은 실생활에서 일어나는 문제들을 가지고 자유롭게 토론하는 기회가 된다. 매주 목요일은 쉼의 날로 스키도 타고(스위스의 경우) 여행도 하면서 자유롭게 활동한다. 저녁에는 주로 간사들이 인도하는 강좌가 주 2회씩 있는데 전문적인 주제에 대한 강의, 성경 공부 등이 있고 이외에 영화나 음악 세미나 등에 참석하여 함께 공부하고 대화를 나눈다. 주1회 기도의 날로 정하여 중요한 문제를 두고 각자 자유로이 시간을 정해서 기도한다.

라브리에서는 어떤 공동체의 어떤 규칙이나 제도, 건물과 같은 것보다 사람을 더 중요시하고 있다는 느낌이 마음에 깊이 와 닿았다. 물론 대부분의 공동체가 보다 사람을 귀중히 여기는 곳이며 공동체의 규율은 오히려 공동체를 건강하게 하고 공동체 특유의 원숙미를 낳지만 라브리의 경우 쉐퍼 박사의 개인 가족이 영적 필요에 갈급한 사람들을 만나주는 사역으로 시작된 터이라 공동체를 위한 규칙 이전에 우선적으로 사람이 중요시된다는 점이다. 특히 학생들과 방문객들에게 교양있고 친절히 대하는 라브리 간사들의 평소에 훈련된 섬김의 태도는 매우 아름다웠다.

라브리는 일과 공부 그리고 삶이 서로 분리되지 않는 곳으로 예수 그리스도 안에서 삶의 전 영역이 하나로 회복되었고 치유된 것을 믿고 그렇게 살려고 노력하는 곳이다. 스위스 라브리 간사 엘리스 포터(Ellis Potter)는 "라브리 공동체는 예수 안에서 삶의 실재가 하나로 통합된 것을 실험하는 곳이다"라고 말한다.

간사 가족들은 공동체 내에서 살거나 동네에서 가까이 지내면서 함께 일한다. 결혼한 간사이든지 미혼의 간사이든지 모두 공동체 내에서 각자의 공간을 가지고 산다. 라브리의 매력은 개인생활과 공동생활이 훌륭히 조화를 이루고 있다는 데 있다. 재정 운용에 있어서 라브리는 결코 외부에 기부금을 요청하지 않고 하나님께 그들의 필요를 아뢰면서 하나님께서 보내 주시는 재정으로 각 라브리 지부를 운영한다. 방문객이 머물거나 학생들이 공부하는 비용은 개인당 하루에 8파운드이다. 이 액수는 최소한의 하루 식비에 해당하는 돈이다. 라브리는 초창기에는 돈을 받지 않았지만 방문객이 너무 많이 온 이후부터는 식비만 받기로 하였다.

영국 라브리에서

필자는 '84년 쉐퍼박사가 소천한 이후 그의 사위가 간사로 있는 영국 라브리를 찾아보았다. 영국 라브리는 런던에서 서남쪽으로 약 두 시간정도 달리면 그레탐(Greatham)이라는 아름다운 시골 동네에 있다. 영국 라브리는 18세기에 포도원을 경영하던 한 영주가 살았던 붉은 벽돌과 나무로 지은 마노아 하우스(Manor House)라고 불리는 대저택과 간사들이 사는 세채의 부속 건물과 약 사만 평방미터에 이르는 넓은 정원과 채소밭이 있다. 이곳에서 다섯 간사들과 그의 가족들은 각자의 집과 정원을 갖고 함께 살면서 찾아오는 학생들을 돕고 있다. 영국 라브리 사역은 1971년 시작되었는데 전에 이 고풍스런 대저택에 살던 분이 그의 집을 라브리 사역에 기증하였다.

마노아 하우스에 들어섰을 때는 약 10여 명의 라브리 학생들이 막 식사를 하려던 참이었다. 스위스 라브리에서는 주로 저녁 식사시간이 주로 대화와 토론의 시간으로 이어지는 데 영국 라브리에서는 점심시간이 대화의 시간을 사용되고 있다. 얼굴이 넓고 구레나룻이 썩 잘 어울리는 간사 한 분이 식사 시중을 들고 있었다. "식사 안하셨으면 같이 식사합시다."라고 친절히 권하여 그렇지 않아도 시장하던 터라 그들과 합석하여 그들의 대화에 끼어들었다. 학생들은 깔깔거리며 자신들의 사생활 얘기와 함께 그 주간 토론되는 주제에 대해서 조금씩 의견을 나누고 있었으며 담당 간사는 식사 중 여러 사람들의 이야기에 세심한 주의를 기울이면서도 그 이야기들을 균형 잡힌 토론의 장으로 인도하려는 듯 하였다.

식사 후 학생들과 간사들이 어울려 간편한 반바지를 입고 어린이처럼 신나게 배구 시합하는 모습은 라브리의 자유스러운 분위기를 잘 나타내주고 있다. 곧이어 반나절 공부, 반나절 노동하는 규칙에 따라 남학생 서넛은 건물 수리를 위해 시멘트를 비비고 있고 두 여학생은 정원을 손질하고 있다. 그 속에서 일하면서 그들은 계속해서 대화를 해 나간다. 또 한 여학생은 장미꽃이 소담스럽게 만발한 꽃밭 가의 벤치에 앉아 두툼한 책을 진지하게 읽고 있다. 다가가서 몇 가지 질문을 했다 "지금 뭐 하는 시간이죠?", "이번 주간의 독서 과제를 읽고 있죠, 그런데 이 책이 참 마음에 들어요!" 알고 보니 그 자매는 독일에서 온 대학생인데 불신자였다. 도서관에 가보니 한 남학생이 열심히 라브리 강의 테이프를 듣고 있다. 이렇듯 라브리 생활은 일과 공부가 함께 흘러간다.

영국 라브리 대표인 레널드 맥컬리(Ranald Macaulay) 간사를 만나 라브리 공동체 사역에 관해 장시간 대화할 수 있었다. 그는 지난 90년 한국 라브리 수양회 강사로 왔을 때 필자가 다녔던 총신대학원에 와서 채플을 인도한 적이 있었다. 그때 필자는 레널드 맥컬리와 잠시 얘기할 수 있었는데 그는 그때의 필자를 기억하며 매우 반가워했다. 영국 캠브릿지 대학 출신으로 1958년 쉐퍼 박사 부부가 영국 방문시 캠브릿지 대학으로 초대되어 학생들과 대화를 한 적이 있었는데 맥컬리 간사는 그때 참석한 학생들 중의 한 사람이었고 후에 쉐퍼 박사의 둘째 딸 수잔(Susan)과 결혼하여 라브리 간사가 되었다. 그날 맥컬리 간사는 배구시합 때에 허리를 다쳐 통증으로 고생하고 있어서 필자가 허리를 주물러 주면서 좋은 교제를 나누었다. 이 조용하고 품위 있는 영국 신사는 지난 84년 작고한 쉐퍼 박사를 대신하여 필자에게 라브리의 은은한 향기를 한껏 안겨 주었다.

쉐퍼의 기독교 사상

쉐퍼 박사가 유럽 선교사로 파송되어 스위스에 머무르면서 그는 당시의 비관적인 신앙과 현실 앞에서 기독교의 신앙에 대하여 심각한 재고를 하게 되었다. 제2차 세계대전 이후로 신학은 성경의 진리를 그대로 믿지 않는 자

유주의 신학으로 팽배해 있었으며, 사상적 문화적으로 공허해 있는 당시 유
럽의 상태를 보면서 기독교 신앙이란 도대체 무엇인가, 하나님이 살아 계시
고 성경이 진리라면 어째서 기독교인들은 실천이 부족하며 교회는 생명력
이 없고 교회가 분열되며 대사회적으로 무기력하여 이 땅에서 하나님 나라
의 교두보 역할을 해 내지 못하는가 하는 문제들을 깊이 생각해 보았다.

쉐퍼는 그러한 문제들은 바로 기독교인들이 올바른 영성을 가지고 있지
못하기 때문이며 이러한 기독교 신앙에 대한 왜곡된 이해와 그릇된 세계관
으로부터 왜곡된 정치 · 사회 · 문화가 나온다고 지적한다. 그는 "사고가 행
동을 규정한다."고 하면서, "무엇을 믿느냐에 따라서 삶과 행동이 달라진
다."고 한다. 그 바른 믿음의 대상은 바로 "무한하시고 인격적이신 하나님
과 그의 말씀"에 기초해야 한다는 것이다. 즉 오늘도 살아 계셔서 역사하시
는 하나님을 믿음으로 영접하고 하나님의 말씀인 성경을 정확무오한 진리
의 말씀으로 믿는 것을 기초로 삼을 때 비로소 바른 영성(true spirituality)
을 가질 수 있다는 것이다.

제2차 세계대전 직후 기독교의 권위가 땅에 떨어져 가치관이 혼돈되고
허무주의가 유럽을 강타하고 있었을 때 기독교가 제 기능을 발휘 못하게
하는 기독교 내적인 장애 요소로서 쉐퍼는 자유주의 신학 사조와 맹목적인
신앙 두 가지를 들었다. 미국 웨스트민스터 신학교와 페이스 신학교에서
공부한 프랜시스 쉐퍼의 신학적 배경은 그레샴 메이첸, 커넬리우스 반틸
같은 성경무오와 성경의 권위를 믿는 복음주의 전통 위에 서 있다. 쉐퍼는
성경에 오류가 있다는 자유주의 신학과 성경에는 오류가 있지만 그럼에도
불구하고 성경에는 기독교의 진리가 존재할 수 있다는 칼 바르트(Karl
Barth)의 신정통주의 신학을 날카롭게 비판하였다. 쉐퍼는 성경의 권위를
뒤흔드는 이러한 자유주의 신학이야말로 바른 영성을 추구하는데 큰 해악
이 된다고 하였다.

그는 또 맹목적인 신앙을 비판했다. 예를 들어 웨슬리의 부흥운동이 영
적 열정으로 당시에는 놀라운 변화를 일으켰지만 가치관에 대한 재고가 없

었으므로 현재 그 영향은 영국에서 3퍼센트 정도밖에 남아 있지 않다는 것이다. 교회가 기독교 사상과 세계관과 문화, 사회적 전 영역에 대한 총체적인 연구와 투자가 없었으므로 교회는 세속적인 가치관과 사고방식에 밀려 압도당하고 있다는 것이다. 가치관과 세계관에 대한 깊은 재고가 없이 영적 열정으로만 타오른 경건주의 운동은 반지성주의로 흐르고 지속성이 없는 극히 편협한 영역의 한 때의 운동으로 축소되어 간다는 것이다. 이러한 관점에서 쉐퍼는 로이드 존스와 연대하여 총체적인 복음주의 운동을 모색하였던 것이다.

쉐퍼는 '지성'이 겸비된 신앙을 강조하면서 "참된 싸움은 외적인 그 어떤 것에 있지 않고 사상계(world of idea)에 있다. 하나님께서 성경을 통해 계시하셔서 우리에게 전달해 주시는 것은 내용 없는 경험이 아니라 내적으로 역사 하시는 불꽃같은 사상"이라고 한다. 그러나 라브리의 사역은 단지 사상에 관한 것이 아니라 '변화된 삶'에 관한 것이고 지성의 참된 기능은 예수 그리스도의 주되심과 전체성 하에서만 가능하다는 것을 명백히 한다.

쉐퍼의 강조점을 세 가지로 요약하면, 첫째, 영적 실재성(spiritual reality)이다. 살아 계셔서 인격적으로 역사 하시는 하나님과 성경의 무오를 믿어야 한다는 것이다. 둘째, 기독교인의 지성(Christian mind)이다. 정신 사고의 변화 없이 어떠한 영적 영역도 지키기 힘들다는 것이다. 셋째, 사회적 실천성(social responsibility)이다. 교회의 영역 안에만 머물지 말고 정치·경제·사회적인 구조 환경, 낙태, 교육 등과 같은 사회 문제에 과감히 대처하여 하나님 나라를 이루는 총체적인 복음을 살아야 한다는 것이다.

확장되는 라브리 사역

쉐퍼 박사의 사후 라브리는 축소되지 않고 계속 확장되어 갔다. 현재 스위스를 필두로 하여 영국, 네덜란드, 스웨덴, 미국(2)등 5개국에 6개의 라브리 공동체(L 'Abri Fellowship) 지부가 있다. 또한 인디아, 오스트레일리아, 한국에서는 라브리 센터(L 'Abri Center)를 통하여 사역이 계속되고 있다. 라브리 센터는 기존 라브리 공동체와 같은 운영 원칙은 그대로 따르지 않으나 그에 준하는 다양한 사역을 펼치는 새로운 형태의 사역체이다.

라브리 사역의 국제 조직은 국제위원(members), 간사(workers), 기도 가족(prayer family)으로 되어 있다. 위원은 전세계에 25명정도로 라브리 사역의 주요 정책을 결정하는 책임 그룹으로 항존직이다. 간사는 각 지부에서 전임 사역하는 일꾼으로 학생들을 맡아 섬긴다. 간사들은 지적 능력이 아니라 올바른 성경관을 가진 사람으로서 매우 조심스럽게 선발된다. 기도 가족은 라브리 사역을 위해 기도로 후원하는 그룹으로 전세계에 분포되어 있다.

1990년에는 프랜시스 쉐퍼 재단(The Francis A. Schaeffer Foundation)이 미국 뉴욕에 설립되었다. 쉐퍼 박사의 사역과 그의 사상이 보다 광범위하게 영향을 미치게 하고 그의 통찰력에 힙입어 많은 사람들이 새로운 연구와 공헌을 할 수 있도록 하는 것을 목적으로 세워졌다. 쉐퍼에 대한 모든 자료를 갖추어 공급하고 있으며 현대 사회의 중요한 문제들에 대한 주간, 월간 세미나를 개최한다. 또한 기독교 지도자 훈련을 위한 특별훈련 과정도 운용한다. 스위스 라브리 간사였고 현재 뉴욕의 킹스 칼리지에서 철학을 강의하고 있는 우도 미들만(Udo Middelmann)교수가 이 재단 회장으로 있다. 또한 미국 커버넌트 신학교(Covenant Theological Seminary) 내에 부설 쉐퍼 연구소(The Francis A. Schaeffer Institute)가 설립되어 신학교 차원에서 쉐퍼 사상에 대한 연구가 계속되고 있다. 한국에서도 라브리센터 사역이 이어지고 있다.

국제 장로교회 사역

"라브리는 교회가 아니며 궁극적으로 하나님의 나라를 이루는 통로인 교회를 위해서 존재한다."고 쉐퍼 박사의 말처럼 라브리는 교회를 섬기는 공동체이다. 그러나 스위스에서 라브리 사역이 시작되면서 전세계에서 몰려온 수많은 사람들이 주일날 라브리 근처 지역에 있는 교회에 가서 예배드리는 것이 언어상 쉽지 않았다. 이러한 이유로 라브리의 국제인들이 모여 자연스럽게 영어로 예배드리는 일종의 국제적인 교회가 형성되었다. 장로교 선교사였던 쉐퍼를 따라 라브리는 장로교 전통을 가지고 있다. 영국 라브리의 경우도 장로교는 런던에 있고 마을에는 성공회가 있어서 이들은 마을에 교회를 개척했다.

이러한 현상은 세계 각 지부에서도 마찬가지였다. 현재 전세계에 라브리가 개척한 교회가 일곱 군데가 되는데 이들은 편의상 '국제 장로교회(International Presbytarian Church)'라고 불리는 조그마한 교단을 형성하여 매년 총회도 연다. 영국 라브리가 개척한 인근의 리푹 장로교회에는 현재 약 3백여 명이 모이고 있다. 이들은 건강한 교회가 있는 지역에는 결코 교회를 세우지 않는 것을 원칙으로 한다. 그러나 라브리는 그 성격상 자신들의 교단에 머무르지 않고 전세계의 교회를 섬기고자 한다.

삶 속에서 용해된 진리의 공동체

라브리가 유명해지면서 라브리가 지적인 단체로 맹목적으로 선호되는 경향이 있다. 라브리는 지식을 중요시하는 것이 아니라 라브리가 추구하고 있는 것은 사물을 판단, 분석하고 세상을 통찰할 수 있는 '지혜'이다. 그러한 지혜는 쉐퍼가 현실과 분리된 신학교나 대학 연구소에서 연구하고 강의한데서 나온 것이 아니라, 자신의 가정을 개방하는 희생을 치르면서 손님을 받아들이고 기독교인이든, 무신론자이든, 개신교인이든, 가톨릭이든, 보수주의자이든, 진보주의자이든, 배운 사람이든, 무식자이든 간에 마약중독자, 히피와 함께 대화하고 토론하는 열린 공동체적인 삶을 통하여 실험되고 실천된 삶의 열매였다는 사실이다. 라브리는 단순한 지식을 배우는 곳이 아니라 진정한 삶의 배움터이다. 삶 속에서 실험되는 않은 지식은 공허한 것이다.

라브리 사역이 전세계적인 영향을 끼칠 수 있는 요인은 무엇일까? 첫째로 명확한 가르침이다. 라브리는 살아 계신 하나님을 증거하고자 하는 명확한 목표를 갖고 있다. 라브리는 지성 사역이 영적 전쟁의 최전선에 있다고 본다. 둘째로 라브리의 가정 사역을 든다. 제2차 세계대전 이후 유럽 사회의 가정이 파괴되어가고 있을 때, 쉐퍼 박사의 부인 이디스 여사의 내조에 힘입어 가정을 개방하여 아름다운 가정 생활을 보여 준 열린 가정사역에 라브리는 그 기초를 두고 있다. "이디스 여사는 쉐퍼의 비밀이었다."고 한다. 셋째로는 공동체 사역이다. 한 개인에 의해서만 사역이 이루어져 나가는 것이 아니라 헌신되고 잘 훈련된 많은 간사들과 함께 라브리 사역이 수행되며 더불어 함께 사는 아름다운 공동체적 삶의 환경이 있기 때문이다.

쉐퍼는 성경의 무오를 주장하는 메이첸(G. Machan)의 복음주의 신학을 배경으로 하고 있으며 장로교 합동측의 중심인물인 고 박형용 박사는 쉐퍼와 같이 메이첸의 훌륭한 제자였다. 메이첸의 영향은 박형용 박사를 통하여 지금도 한국의 정통 보수를 견지하는 장로교 교단에게 지대한 영양을 주고 있다. 문제는 바로 삶 속에서 실험되지 않고 실천되지 않은 신학이라는 것이다. 쉐퍼와 라브리 공동체의 의미는 하나님을 살아 계신 인격체로 믿고 성경을 성경대로 믿는 메이첸의 정통보수 신학을 삶 속에서 실천하여 하나님의 살아 계심을 입증한 것이다. 실천되지 않은 정통은 죽은 정통이다. 한국에도 신학이 삶의 전 영역에서 실험되는 라브리 공동체와 같은 신학교, 몸으로 신학을 사는 쉐퍼와 같은 신학교 교수들이 있으면 얼마나 좋을까?

라브리는 세계에서 유일한 장로교 배경을 가진 공동체이다. 장로교는 교회의 정치구조 생리상 공동체적인 분위기를 갖기에 매우 힘든 구조이다. 전통적으로 정통 개혁신학의 유산과 교리를 가르치고 배우기를 좋아하는 즉 '학(學)'을 매우 중시하는 장로교 체질의 한국 교회에게 라브리 공동체야말로 가르침과 삶이 조화된 교회 갱신의 자연스러운 모델로 어울리지 않겠는가 생각된다.

한 사람의 헌신되고 유능한 사고 체계가 얼마나 큰 열매를 맺는가 하는 것을 우리는 라브리 사역을 통해 보게 된다. 보다 값진 것은 지난 84년 쉐퍼는 갔으나 그의 사상과 삶을 이어 받은 그의 자녀들과 후예 간사들에 의해 라브리의 공동체 사역은 계속 확장되고 있다는 것이다. 라브리(L 'Abri) 공동체의 삶 속에서 용해되는 올바른 지성이야말로 정말 러브리(lovely)한 것이 아닌가!

"오라 우리가 여호와의 산에 올라가서 야곱의 하나님의 전에 이르자. 그가 그 도로 우리에게 가르치실 것이라 우리가 그 길로 행하리라(미가4: 2)"

6. 온몸으로 복음을 증거하는 공동체[8)
 레바 플레이스 교회(Reba Place Church)

무디 선생의 부흥 운동의 터전 시카고, 미시간 호를 끼고 북부 에반스톤에 레바 플레이스 교회(Reba Place Church)가 있다.

이 교회는 1957년 구약학 분야에서 박사 학위를 받은 존 밀러(John Miller) 목사의 지도 아래 시작되었다. 존 밀러 목사와 일단의 젊은이들은 예수의 가르침과 사도행전의 철저한 제자도(Radical Discipleship)의 의미와 교회의 참된 의미를 추구하려고 했었다. 그들은 교회를 통하여 제자도를 진정으로 실천하고자 한 사람들은 대개 공동체(共同體)를 이루어 왔다는 사실을 알게 되었고, 그러한 진정한 의미의 교회인 사랑의 공동체는 고독과 소외 의식이 만연한 대도시의 사회 한가운데 세워져야 한다고 생각했다.

1959년 시카고 북부 에반스톤 레바 플레이스 727번지에 집을 구입해서 두 가족과 한 독신 남성이 함께 공동 생활을 시작했다. 이렇게 해서 레바 플레이스 공동체가 탄생되었다. 그것은 가정 교회 형태였고, 모든 멤버들은 물질을 완전히 공유하면서 보다 본질적인 교회의 의미를 회복하고자 했다.

---

8)김현진, 「온몸으로 복음을 증거하는 공동체, 레바 플레이스 교회」, ≪빛과 소금≫(서울: 두란 노서원, 1991), 7월호

이 공동체 교회의 목적은 그리스도를 생활로써 증거하는 것이다(Witness by Life). 1962년부터 공동체는 점점 많은 사람들이 모이기 시작했다. 전성기인 1960년대부터 1970년대 초반까지는 적어도 250여 명이 공동 생활을 하게 되었다. 이들의 공동 생활은 확대가족(extended family households)이라고 하는 생활을 하는데, 한 집에 보통 10~20여 명이 함께 사는데 가족과 독신자, 젊은이들이 함께 생활한다. 그 당시 이들의 생활은 많은 이들에게 도전을 주어 텔레비전과 신문으로 소개되기도 했는데 그 후로 더욱 많은 방문객들이 찾아왔으며 그 중 상당수가 현재 회원으로 함께 생활하고 있다.

한몸 된 생활은 성장의 밑거름이었다. 그 성장 과정에서 결정적으로 중요한 사건은 그래함 풀킹햄(Graham Pullkingham) 목사를 강사로 한 집회에서 전회원들이 성령 세례를 체험한 것이었다. 그래함 풀킹햄 목사는 당시 텍사스 휴스턴에서 유명한 공동체 교회인 구속주의 교회(the Church of Redeemer)를 담임하고 있었다. 그들의 헌신적인 삶의 자세와 함께 성령의 역사는 공동체를 더욱 성장하게 만들었다.

그러나 확대 가족을 통한 공동체가 늘어남에 따라 더욱 엄격한 규칙과 통제로 사람들을 짜맞추려는 시도는 많은 갈등과 실수를 초래했으며 지도자들은 상당 기간 동안의 냉각기를 가지고 자신들의 삶의 스타일을 반성, 점검하고 자신들의 잘못을 회개하면서 수정하였다. 그 뒤 상당수의 확대 가족이 해체되고 몇몇 멤버들은 공동체를 떠났다.

1980년대부터 공동 생활을 하는 회원뿐 아니라 레바 플레이스 공동체에 동참하기를 원하는 사람들은 모두 다 받아들이기로 그들이 결정하면서부터 공동체는 일반 교회 형태를 띠게 되었다. 그들은 공동체 개념을 확대하여 공동 재산에 참여하는 회원(communal membership)과 공동체 교회의 구성원(noncommunal membership)의 두 그룹의 멤버십을 갖게 되었다.

두 가족으로 시작하여 이룩된 이 교회는 현재 공동체 멤버와 독신 여성이 85명, 일반 교인은 2백여 명으로 총 285명 정도의 재적을 갖고 있다.

벨서 장로 댁의 사람들

벨서(Julius Belser) 장로 댁은 확대 가족으로 사는 집 중의 하나이다. 1970년대에는 한 집에 2~3가족이 함께 사는 확대 가족 형태가 15가구 이상 되었지만 지금은 3가구만 남았다 한다. 벨서 장로 가족은 이 집에서 약 30년 동안 살아왔다. 이 집에는 벨서 부부, 벨서 장로 부모와 오갈 데 없는 할머니 한 분, 전신 근육 마비 장애인 밥(Bob), 행려자 숙소 사역을 감당하고 있는 60세가 다 된 독신 여성 힐다 카퍼(Hilda Carper), 중남미 난민을 위한 사역을 하고 있는 글렌(Glenn), 이 집에서 일종의 하숙을 하면서 직장에 다니는 마크(Mark), 노스웨스턴 음대 학생인 아이린(Iryne) 등 10명이 지하 1층 지상 3층의 구식 건물에서 함께 살고 있다. 그리고 매주 오는 방문객까지 합치면 보통 12명이 함께 산다. 이것을 확대 가족의 공동 생활이라 한다.

하루 세 끼의 식사는 식탁을 함께 하면서 나누는 교제와 함께 천국의 잔치를 연상시키는 날마다의 축제이다. 벨서 장로는 글렌과 함께 중남미 난민을 위한 사역을 시작한 분으로 현재 레바 플레이스 교회의 네 분 장로 중의 한 사람으로, 교회를 운영하며 에반스톤 지역 교육 자문 위원이기도 하다. 그의 부인 페기 벨서(Peggy Belser)는 이 교회 방문객을 접대(hospitality)하는 일을 맡고 있다 .

이 집에서 나흘간의 생활을 하면서 느낄 수 있었던 것은 이곳 사람들이 매우 상냥하면서도 신중한 생활 태도를 가졌으며 또 매우 검소한 생활을 실천하고 있다는 것이다. 가구나 의자 등은 60년대에 쓰던 것들을 잘 손질, 수리해서 계속 쓰고 있으며, 전화기도 요즘 미국에선 골동품이 된 다이얼식 전화기를 아직도 쓰고 있었다. 또한 지하실을 잘 손질해서 각종 사역의 사무실로 쓰고 있는데, 벨서 장로의 집 지하실은 중남미 난민을 위한 사역 센터로 사용되고 있었다. 현재 미국의 큰 문제가 개인주의(individualism)와 물질주의(materialism)인 것을 생각할 때 이들의 삶은 세속 사회와 동떨어져 수도원처럼 살고 있지 않으면서도 세속 사회 속에서 일종의 대조 사회를 이루고 있음을 강력히 느낄 수 있었다.

검소한 생활이지만 이들은 예술성이 풍부한 삶을 구가하고 있었다. 식사 때 솔가지와 꽃송이를 식탁에 던져 놓는다든지, 손으로 수놓은 성경 말씀 액자, 달력을 오려서 모자이크한 성화 벽걸이 등 큰돈을 들이지 않고 정성 껏 마련한 작품 등을 통해서 영원한 나라의 아름다움을 생활을 통해 이루 어 나가고자 하는 것 같았다.

필자가 머문 나흘 동안 방문객이 끊임없이 오는 것을 보면서 이들의 사 역 수준을 감지할 수 있었다. 프랑스와 독일에서 두 자매와 미국 남부 지역 에서 사역하는 감리교 목사와 두 분의 집사가 방문객으로 와서 그들과 교 제를 나눌 수 있었다.

주위의 필요를 채우는 사역

이들의 사역을 보면 이웃을 섬기고 그들의 고통에 동참하는 삶을 살고 있음을 알 수 있다.

①레바 플레이스 탁아소(Reba Place Day Nursery)

1966년에 시작된 이 탁아소는 지역 사회의 어린이들을 사랑으로 양육하 고 나아가 부모들의 필요까지도 채워 주는 섬김의 기관으로 자리잡고 있 다. 두 살 반에서 다섯 살까지의 어린이 30여 명을 수용하되 백인, 흑인, 캄 보디아 어린이 등 여러 인종의 어린이를 수용한다. 양육비는 가정이 어려 운 경우 받지 않기도 하며 형편에 따라 받는다. 이 탁아소는 레바 플레이스 교회가 운영하며 에반스톤 어린이 교육 위원회의 후원을 받고 있다. 아들 을 이 탁아소에 맡겼던 소토(Soto)라는 이름을 가진 한 이민자는 "미국에서 처음 느끼는 보호와 우정이었다"고 고마워했다. 이처럼 아이들을 통한 부 모와의 접촉과 상담을 통하여 부모들의 필요도 채워 주는 사역도 감당하고 있다.

② 에반스톤 행려자 숙소(Evanston Shelter for the Homeless)

도시마다 오갈 데 없는 행려객은 항상 북적댄다. 시카고 에반스톤 지역의 행려객들을 위해 그들이 일거리를 찾아 자리를 잡을 때까지 2주간 잠자리와 식사를 제공한다. 숙소는 밤 9시부터 아침 7시까지 사용할 수 있으며, 9시 15분에서 9시 40분 사이에 저녁식사가 제공된다. 낮시간에는 반드시 나가서 일을 하고 능동적으로 생활하도록 권장한다. 남자 숙소에는 침대가 20개, 여자 숙소에 10개로 모두 30명이 사용할 수 있으며 샤워 시설과 함께 창고에는 겉옷, 내의, 양말, 신발 등 상당량의 일용 잡화가 가지런히 정돈되어 있었다. 이것들은 주 1회씩 누구나 필요한 사람은 가져갈 수 있게 되어 있다. 이 숙소는 시카고 시내 제일침례교회 지하실을 빌려서 운영하고 있으며, 식사 제공 등 운영비는 레바 플레이스 교회와 함께 시내 9개 교회가 교대로 후원하고 있다.

③ 레바 플레이스 아파트(Reba Place Apartment)

도심지에서 주택 문제는 항상 심각하다. 이 지역도 예외는 아니다. 레바 플레이스 교회는 주위의 낡은 아파트를 값싸게 사서 이 아파트를 자원 봉사자들의 지원으로 수리한다. 전문적인 부분은 레바 플레이스 교회 내의 건축팀인 '의로운 건축가(Just Builder)' 라는 팀이 맡는다. 이렇게 새 단장된 아파트는 시중 가격보다 싸게 적절한 시세로 임대된다. 현재 백여 개의 아파트를 임대하고 있는데, 이중 50퍼센트 이상은 교인 이외의 주민들에게 할당하고 있다(시카고는 매우 오래된 도시이므로 낡은 건물이 많다. 아파트는 4~5층의 작은 규모들이 주종인데, 레바 아파트에는 3채의 큰 빌딩과 4채의 작은 빌딩을 합쳐 모두 99개의 아파트가 있다).

④ 중남미 난민을 위한 기구

(Overground Railroad for Central American Refugees)

1982년 이 교회 장로 중의 한 사람인 벨서에 의해서 시작된 이 기구는 중남미의 엘살바도르, 니카라과 등의 난민들을 돌보는 사역이다. 중남미의 난민들이 사회 · 정치적인 문제로 인해 미국으로 이주해 오려고 하나 미국 정부에서 이들을 막을 경우 이 기구에서 파송한 요원들이 현지와 텍사스에서 이들과 접촉하여 미국으로 들어오게 하거나 캐나다로 이주할 수 있도록 제반 사무적인 문제를 해결해 준다. 또한 이들의 영어 교육과 국내 체류를 위해 미국내 백여 교회와 공동체들과 연관을 맺고 난민들을 돕고 있다. 본 사무실은 필자가 머물렀던 벨서 장로의 집 지하실에 있는데 이런 정치적인 행위에 왜 참여하는가 하는 질문에 담당자인 글렌 씨는 "이 일은 정치적인 문제이기도 하지만 어려움에 처한 사람을 돌보고 정의를 따르고 순종하는 자발적인 것"이라고 말했다. 1990년 한 해 동안 2백여 명의 난민들을 도와 캐나다로 연결해 주었다고 한다.

⑤ 캄보디아인을 위한 사역(Cambodian Ministry)

캄보디아 난민들을 수용하여 이들에게 직장을 알선하고 아파트를 제공하여 미국 생활에 적응하도록 도와 주며 영어 교육도 담당하고 있다. 이들은 거의 레바 플레이스 교회에 출석하고 있으며, 주일에는 대예배 후에는 자국어로 예배드리도록 배려되고 있다.

⑥ 이웃을 위한 사역(Neighborhood Ministry)

이 사역은 크게 두 가지로, 상담 사역과 나눔의 사역이 있다. 1960년대부터 레바 플레이스 공동체가 시작한 사역은 주민과 상담하는 것이었는데, 그들의 신실한 생활이 흡인력 있는 생활이 되고 있다는 증거이다. 주로 사회의 병폐에서 오는 가정의 경제적·정신적 문제들을 상담하는 사역이다. 나눔의 사역으로는 주 1회 레바 플레이스 교인들이 쓰던 물건을 모아 가난한 자들에게 전달하는 일을 한다.

이외에도 전과자를 위한 사역(EvanstonPrison After Care), 신체·정신 장애자들을 위한 사역(Sunshine Group for Handicapped), 낙태 문제에 대처하기 위한 사역(Crisis Pregnancy Center) 등이 있는데 요즈음에는 에이즈(AIDS) 환자 두 명이 전용으로 사용할 수 있도록 엘리베이터가 설치되어 있음을 보고 이들에 대한 레바 플레이스 교회의 세심한 배려와 사랑을 확인할 수 있었다.

창고 교회의 주일

레바 플레이스 교회의 예배는 한마디로 경축(celebration)하는 예배였다. 생활 속에서 주님을 드러내고 신뢰하는 가운데 그분의 기름 부으심과 교회에 복 주심에 대해 3백여 명의 어른과 어린이가 함께 드리는 공동 예배였다.

공동체 됨의 특징은 생명력 있는 찬양에 있다. 트럼펫, 기타, 베이스 기타, 바이올린, 피아노 등의 악기로 구성된 찬양 그룹의 인도로 오버헤드 프로젝트(OHP)를 사용하여 전교인이 함께 신선한 찬양과 경배를 드린다. 대예배시 함께 춤추면서 찬양하기도 한다. 이들의 예배의 특징 중 하나는 드라마다. 예배시 매주 15분 정도의 드라마를 공연한다. 이것은 함께 예배드리는 어린이들에게 성경 말씀을 보다 쉽게 전달하려는 의도로 시작되었는데 지금은 오히려 성인들이 더 은혜받는 것 같았다. 1월 첫주 필자가 예배에 참석했을 때는 동방 박사의 이야기가 드라마로 연출되었다.

레바 플레이스 교회는 근처의 낡은 창고를 사서 개조한 교회이다. 밖에서 보면 거무튀튀한 갈색 벽돌 건물로 누가 보아도 교회라고 여겨지지 않는데, 교회 내부는 원형극장식으로 강단 쪽은 낮고 회중석은 높게 되어 있다. 모두 접어 옮길 수 있는 철제 의자를 사용하여 오히려 검소하면서도 자유스러운 분위기의 아름다운 내부 장식을 갖추고 있다.

예배는 주일 오전 9시 반에서 11시 30분까지 약 두 시간 정도 진행된다. 예배 참석자들 중에서 12명의 신체 장애자들이 휠체어를 타고 진지하게 찬양드리고 예배드리는 모습은 레바 플레이스 교회에 썩 어울리는 광경이었다. 아울러 캄보디아인 약 20여 명도 함께 예배드리고 있었다. 흑인도 상당수 눈에 띄었다. 어른, 아이, 백인, 흑인, 유색 인종, 일반인, 장애인이 모두 하나 되어 그리스도의 몸 안에서 예배드리는 감격을 실감할 수 있었다. 예배 후 주일 학교가 계속되며, 캄보디아인들은 따로 모임을 갖고 자국어로 예배와 성경 공부시간을 가진다.

교회적인 사역으로는 예배를 돕는 춤, 드라마, 음악 사역(dance, drama,

music ministry) 등이 있고, 신체 장애자들과 시각 · 청각 장애자들이 예배나 그 외 다른 행사를 할 때 그들의 눈과 귀가 되어 주면서 돕는 'Sound and Lighting', 신체적 · 정신적 질병의 치유를 위해서 기도하는 모임인 치유 사역 팀, 그리고 젊은이로 구성된 전도단 등이 있다. 또한 해외 선교사 6명을 파송하기도 했다.

레바 플레이스 교회는 크게 다섯 구역으로 되어 있다. 다섯 구역 중 새소망(Living Hope) 구역과 임마누엘 구역은 공동 재산에 참여한 사람들로 구성되어 있고, 베들레헴, 갈릴리, 엘레이존 구역은 일반 교인들로 구성되어 있다.

각 구역 안에는 12명 이내로 구성된 소그룹들이 4~5개 있다. 이 소그룹 활동을 통하여 구성원들은 서로 깊은 지체 의식을 느끼고 '공동체'를 체험한다. 초신자가 입회할 때는 성령 세례와 산상수훈의 삶에 대한 교육이 실시된다. 성령에 이끌리는 삶과 말씀대로 실천하는 헌신적인 삶이 이 교회의 기반인 것이다. 또한 소그룹별로 그리스도인의 성숙에 대한 단계별 제자 훈련이 실시된다.

이 소그룹들은 주 1회 함께 저녁 식사를 하고, 함께 적은 양의 일을 하기도 하며, 레크리에이션 시간도 갖는다. 또한 교회의 결혼 행사, 장례, 손님 맞이, 이사 등 제반사에 교대로 일을 맡는다. 이 교회 교인들은 레바 플레이스 교인으로서의 긍지와 함께 강한 소속감과 책임감을 갖고 있었다.

바람직한 공동체 교회의 모델

레바 플레이스 교회는 처음에 주님의 말씀대로 증거하는 급진적인 제자도를 실천하기 위해 공동 생활로부터 나온 교회이다. 그 후 얼마간의 갈등과 시험을 통해 교회 형태를 갖추었고, 마침내 세상 속에서 그리스도를 증거하면서 하나님 나라를 이루어 가고 있다. 이 교회의 성숙 과정을 다음과 같이 도표로 그려 보았다.

(도표 6-5) 레바 플레이스 교회의 성숙 과정

 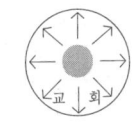 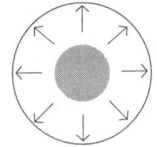

① 초장기 공동생활의 단계　② 공동체 교회를 확장　③ 세상 속에서의 증거 사역

　공동체 교회의 성숙과 성장을 위해서는 적어도 한 그룹의 소규모 공동 생활 팀이 꼭 필요하다. 레바 플레이스 교회도 공동 생활을 통하여 하나님의 기름 부으심과 그리스도의 장성한 분량에 접근할 수 있었던 것이었다. 현재 레바 플레이스 교회의 구조를 다시 도표로 나타내 보자.

(도표 6-6) 레바 플레이스 공동체 교회의 형태

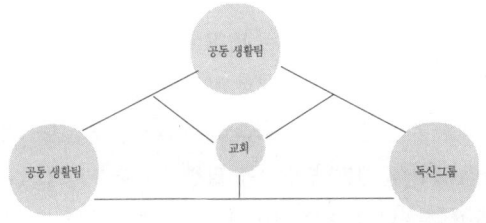

　이 교회의 중요한 것 중 하나는 독신 여성들이 사역에 중요한 위치를 차지하고 있다는 것이다. 미국의 저명한 공동체신학자인 블뢰쉬(Donald Bloesch)는 그의 저서 『교회의 개혁』에서 오늘날 교회의 숨겨진 잠재력에 대해 언급하며 개신교 교회에서 사용되지 않는 자원들 중에 가장 중요한 것은 '독신 여성' 들이라고 했다. 사실 오늘날 개신교 교회에는 독신 여성들이 설 자리가 없다. 그런데 레바 플레이스 교회에서는 독신 여성들이 함께 모여 살지는 않지만 공동 재산을 운용하는 회원의 집에 배치되어 회원 가족들과 함께 살면서 사역에 매우 중요한 역할을 감당하고 있는 것을 보았다.

공동체 교회의 확장—세상의 빛과 소금 되어

대부분의 공동체는 어떤 테두리를 가지고 집단 공동 생활을 함으로써 유익한 점도 있지만 많은 비판과 문제를 가지고 있는 것도 사실이다. 이 모델의 장점은 큰 땅이나 건물 등의 제한 요소가 없다는 점이다. 일반 사회 속에 살면서 삶을 통한 증거 생활로 점점 많은 사람들이 그들 곁으로 이사해 와서 살고 있으며, 낡은 아파트와 공장을 사서 회원의 집과 교회로 사용하는 등 레바 플레이스 동네 자체가 공동체가 된 것이나 다름이 없게 되었다. 결국 레바 플레이스 공동체 교회가 그 동네의 중심지가 되고 정신적 지주가 된 것이다. 그들의 생활을 통하여 정신적 · 물질적 필요를 채워 주면서 그들과 더불어 함께 살아 왔기 때문인 것이다.

총체적인 복음을 증거하는 공동체

이들은 가난한 자들을 돌보고 정치적인 일에도 참여하면서 소위 사회 정의를 몸소 추구하지만 결코 큰 소리 내지 않고 조용히 삶 속에서 실천한다. 흔히 사회 정의를 추구하는 그룹들의 약점이 말씀과 영성이 약한 것인데, 이들은 소위 균형잡힌 영성을 가지고 있다고 말할 수 있다. 전교인들 중 60퍼센트가 성령 체험을 했거나 방언을 말한다. 그러나 어느 쪽에도 치우치지 않고 조용히 복음의 삶으로 나아간다. '예수의 작은 형제회'의 창시자인 샤를르 드 후코가 "우리는 복음을 외치기 전에 먼저 복음을 살아야 한다(We should live the Gospel before we preach it)"고 했던 말이 바로 이들의 삶을 두고 한 말이 아닌가 생각된다.

레바 플레이스 교회 목사님인 버질 보트(Virgil Vogt)는 이 교회가 이러한 놀라운 증거를 할 수 있는 비결이 무엇인가 하는 필자의 질문에 그는 '하나님의 말씀을 전적으로 실천하려고 하는 헌신(total dedication of Word of God)'에 그 비결이 있다고 말했다.[9]

이 공동체 교회의 목적이 생활로 그리스도를 증거하는 것인데(Witness by Life), 행려객을 위한 사역을 20년째 감당하고 있는 힐다 카퍼 할머니는 이렇게 자신 있게 말했다. "와서 우리 가운데 있는 예수 그리스도의 삶을 보십시오. 그리고 우리와 함께 예수의 삶을 사십시다(Come and see the life of Jesus among us, and come and live the life of Jesus with us)."

1970년대에 대중 전도로 양적 성장을 가져온 한국 교회는 1980년대 제자 훈련으로 질적인 성장을 추구해 왔다. 이제 1990년대에 들어서서는 공동체적인 교회를 지향해야 하리라. 레바 플레이스 교회와 같이 총체적인 복음으로 살아감으로써 한국 교회는 정말 참다운 교회 공동체성을 회복해야 하겠다.

6. 사랑의 출발로 썩는 밀알
구세주의 교회(The Church of the Savior)[10]

밤이 되면 대통령 내외밖에는 백인이 없다고 하는 워싱턴 시내는 정말 흑인 동네이다. 그곳에 들어와 북서쪽으로 뻗어 있는 매사추세츠 애비뉴를 타고 가다가 오른쪽으로 우중충한 건물을 하나 보게 된다. 이 건물 앞에 'Head-quarter the Church of Savior' 라는 동으로 된 팻말이 붙어 있다. 개인 집이라고 하기에는 좀 크게 느껴지고 사무실이라고 하기에는 좀 작게 느껴지는 이 건물의 문을 열면서 적어도 전통적인 교회 건물 같은 느낌은 전혀 들지 않았다.

들어가니 이미 1부 예배가 진행 중이었다. 조용히 들어가서 눈총을 약간 받으면서 자리를 잡았다. 예배당이라는 곳이 보통 교회의 교육관의 방 하나 정도 되는 것 같았다. 앞에 나무 십자가가 자리잡고 있는 것 외에는 예배당으로 느낄 만한 것이 없었다. 앞에 나와서 사회 보는 이가 알록달록한 조

---

9) 레바 플레이스 교회의 버질 보트 목사는 1991년 8월 전신공연 주최 제2회 전국 신학생과 목회자를 위한 '공동체 세미나' 에 주강사로 참여하여 공동체 교회에 대한 강의를 진행하였다.

10) 방선기, 「워싱턴 구세주의 교회 탐방기」, 《목회와 신학》(서울: 두란노서원, 1989년), 9월호.

끼를 입고 있는 등 예배 분위기가 전체적으로 자유스러웠다. 알고 보니 이 예배는 주로 초신자들을 대상으로 하는 예배였다. 참석 인원은 기껏해야 40명 정도였다.

예배가 끝난 후에 조금 기다렸다가 2부 예배에 참석했다. 나는 2부 예배로 생각했지만 사실상 1부, 2부가 아니라 완전히 다른 예배였다. 예배 분위기나 순서, 설교자가 완전히 달랐다. 이 예배에서는 고든 코스비 목사님이 설교를 했다. 이 예배는 전통적인 교회 예배와 별로 다를 것이 없었다. 다만 명성에 비해 참석 인원이 너무 적었다. 기껏해야 60명 정도였다. 또한 성가대가 없고 피아노와 녹음된 성가대의 찬양 테이프가 도왔다.

예배 후에 응접실에서 커피를 들면서 이야기를 나누는 모습은 자그마한 미국의 다른 교회와 다를 것이 없었다. 주일에 볼 수 있었던 이 교회의 인상은 42년이란 역사에 비해서 숫자로 보나 건물로 보나 별볼일 없어 보였다. 그저 오래된 자그마한 교회일 뿐이었다. 다음날 목사님과 만날 약속을 하고 헤어졌다.

월요일 아침 목사님을 만났다. 남부 악센트가 정감을 전해 주는 일흔이 넘은 노목사님의 얼굴을 보면서 42년간 한 곳에서 확신을 가지고 작은 교회를 유지하면서 큰 일을 해 온 하나님의 사람임을 느낄 수 있었다.

제일 처음 하는 말들이 그의 목회 철학의 원리라고 생각한다면 그의 목회 철학은 세 가지로 요약할 수 있다. 첫째, 예수님을 닮아 가는 목회이다. 그는 보수주의 교회가 사회 정의에 무관심한 것을 지적하는 한편 사회 정의를 부르짖는 사람들이 예수 그리스도와 무관하게 여러 가지 일을 하는 것을 안타깝게 생각한다고 했다. 그러면서 교회는 예수 그리스도와 관계를 깊이 하며 그의 사역을 본받아야 한다고 했다. 예수 그리스도를 본받으려니 결국 교회 주위에 있는 지역 사회의 아픔을 같이하면서 그 아픔을 덜어 주는 일을 하지 않을 수 없다고 했다.

둘째로, 그리스도의 공동체를 서로 친밀하게 나눌 수 있도록 작게 유지하는 목회이다. 40명만 넘어가도 벌써 친밀한 관계를 유지하기 어렵기 때문에 그 사람들을 유지하기 위한 조직이 필요하게 된다. 그러면 조직을 유지하는 데에 에너지를 쏟게 된다. 그런데 그의 생각으로는 교회의 에너지는 조직을 유지하는 데 사용하기보다 하나님이 맡기신 사명을 이루는 데 사용되어야 한다는 것이다. 그래서 그는 숫자가 많아지기 시작하면 이미 훈련된 사람들로 하여금 특별한 사명을 따라 새로운 모임을 구성하도록 해서 독립된 공동체를 형성하게 했다. 그래서 이루어진 독립된 공동체가 여덟 개나 된다. 이들 공동체는 각각 특수한 사명을 가지고 구성되었으며 각자가 별도로 예배를 드린다.

이 공동체들이 'The Church of the Savior' 속의 공동체이기는 하나 이들이 함께 모이는 일종의 대예배는 따로 없다. 일년에 한 번 정도 축하하는 모임이 있을 뿐이다. 공동체간의 결속 문제는 온전히 성령님께 맡긴다고 한다.

각각의 공동체에는 정해진 일의 지도자가 없다. 그리스도의 공동체는 은사 공동체이므로 누구나가 다 은사를 가지고 있다. 그러므로 공동체 안에서의 역할에 따라 지도자가 변하게 된다.

셋째로, 권세(power)를 의지하지 않는 목회이다. 그리스도의 교회가 하나님의 일을 해 나가는 데 무엇을 의지하는가가 중요하다. 돈을 의지하거나 명예를 의지하는 교회는 십자가의 정신과 위배된다. 물론 현대 사회가 이런 힘에 의해 움직여지므로 이에 대한 유혹을 이기기가 무척 어렵다. 그러나 하나님의 교회는 그 유혹을 이겨야 한다.

이상의 목회 철학을 듣고는 사무실을 나와 이 교회의 사역이 이루어지는 여러 공동체를 돌아보았다. 이 교회가 영향을 미칠 수 있는 지역을 사방 15 블록의 아담스-모간(Adams-Morgan) 구역으로 한정해서 그 지역에 사는 사람들에게 필요한 일들을 하는 것이다. 각각의 공동체는 원래의 공동체로부터 미션 그룹으로 따로 떨어져 나와 처음에는 본공동체의 도움을 받아 사업을 시작하지만 점차로 법적인 기구를 조직해서 비영리 단체로 만들고 여러 곳으로부터 도움을 받아 운영해 나간다.

코스비 목사는 이 모든 사역을 주빌레 사역(Jubilee Ministries)이라고 부르는데 그 이유는 요약하면 다음과 같다. "희년(주빌레)은 성경 원래의 의미상 그 사회에서 약하고 의지할 데 없고 소외된 사람들에게 초점을 맞추고 있다. 이것은 가난한 사람들이 영원히 빈곤층으로 살지 않도록 하기 위한 사회적인 비전이었다. 경제적인 불행으로 잃어버린 땅을 50년마다 희년이 되면 본 주인에게 돌려 주어서 다시 시작할 수 있게 해주었다. 희년의 목적은 가난한 사람들을 다시 사회 속으로 받아들이려는 데 있다. 이것은 난리가 발생했을 때 구제하는 것과 성격이 좀 다르다. 이것은 가난한 사람들이 성장해서 자립할 수 있도록 만드는 전인격적인 공동체를 이루어 가는 것이다."

포터스 하우스(The Potter's House, 토기장이의 집)

예레미야 18장에서 하나님이 예레미야에게 토기장이 집으로 가라고 했을 때 하나님은 그에게 말로 가르치기보다 토기장이가 토기를 만들다 망가진 것을 다시 만드는 과정을 봄으로써 하나님의 뜻을 알도록 했다. 마찬가지로 이 평범한 커피 하우스는 설교가 아닌 다른 방법으로 하나님의 뜻을 전하는 것을 목적으로 하고 있다.

우선 음식부터가 다른 음식점과 달리 집에서 만든 음식이며, 천장에는 연극을 위한 스포트 라이트가 있고, 벽에는 그 주변에 사는 미술가들이 그린 그림이 붙어 있고, 한쪽 구석에는 책방이 있다. 이 책방에는 다양한 책과 함께 가정에서 만든 예쁜 토기들을 팔고 있다. 평범하나 다양한 이 커피 하우스는 주일 아침과 월요일, 수요일 저녁에는 예배 장소로 사용된다. 이 교회에 소속된 세 개의 공동체(Faith Community)가 각각 주변에 사는 사람들의 영적인 필요를 채우기 위해 예배를 드린다.

책방에서 자원 봉사하는 86세 된 할머니를 만났는데 그는 벌써 28년째 이 일을 하고 있다고 했다. 그녀가 들려 준 이야기는 그녀의 일을 그대로 반영하는 듯했다. "딱따구리가 나무를 열심히 파고 있었다. 그날도 다른 날과 다름없이 계속 파고 있는데 갑자기 하늘에서 벼락이 치더니 그 나무를 반으로 쪼개었다. 이것을 보고 놀란 짐승들이 그 딱따구리에게 와서 네가 무슨 힘으로 이 큰 나무를 쪼겠느냐고 물었다. 그때 이 딱따구리는 매일 나의 일에 성실히 임했을 뿐이라고 대답했다." 이 이야기를 끝낸 할머니는 맡은 일에 꾸준히 충성하면 큰 일은 하나님이 이루신다고 결론을 맺었다. 할머니와 교회를 보면서 이 이야기가 정말 실감이 되었다.

컬럼비아 가의 보건소(Columbia Road Health Service)

이 커피 하우스 바로 옆에 우리나라의 보건소와 같은 작은 병원이 하나 있었다. 교인 가운데 몇몇 의사들이 미션 그룹으로 시작하여 이제는 그 지역의 가난한 사람을 돌보는 지역 병원으로 성장했다. 전문의사 외에도 자원 봉사자들이 매년 7천 시간을 봉사하고 있다. 환자를 치료하는 일 외에도 고혈압을 위한 캠페인이나 알코올 중독자를 위한 프로그램을 운영하고 있다. 시설이나 건물이 최신식은 아니지만 웬만한 질병들은 다 치료할 수 있으며, 무엇보다도 중요한 특징은 이 병원에서는 돈이 없어서 치료를 받지 못하는 사람이 없다는 것이다.

그리스도의 집(Christ House)

1985년도에 개원한 이 집은 길에서 자는 집없는 사람들을 데려다가 건강도 점검하고 정상적으로 생활할 수 있도록 도와 주는 곳이다. 집 앞에는 상징적으로 예수님의 조각상이 무릎을 꿇은 채 많은 사람들을 섬기는 모습을 하고 있었다. 이 집 역시 몇 사람이 이 사명을 위해 그룹을 형성했다가 이제는 이와 같은 단체로 성장한 것이다.

특기할 만한 것은 이곳에서 섬기는 의사나 상담자, 봉사자들과 그들의 가족들이 이 건물의 맨 위층에서 함께 산다는 것이다. 단순히 어려운 사람들을 돕는다는 차원을 넘어서서 그들과 함께 산다는 것이다. 여기서 일하고 있는 수녀 한 사람을 만났는데, 그녀가 예수 그리스도의 삶을 그대로 실

천하는 모습을 보면서 교파를 초월하여 그리스도 안에서의 일체감을 느낄
수 있다.

주빌리 하우징(Jubilee Housing, 희년 주택)

허물어져 가는 아파트 두 채를 사서 그것을 수리하여 집이 없는 가난한
사람들이 싼 임대료로 살 수 있도록 하는 데서부터 이 사역이 시작되었다.
우선 자원 봉사자들이 5백 시간을 봉사해서 이 낡은 건물을 수리하다가 재
정 후원을 받게 되면서 정식 건축업자들에 의해 완전히 수리되었다. 입주
자들은 싼 값으로 살면서 그 대신 아파트의 운영, 집세 수거, 건물 유지, 수
리 등은 자체에서 해결하도록 한다. 그리고 건축이나 법에 관계되는 문제
는 전문인들이 자원 봉사로 해결해 준다. 그리고 이곳에서 사는 입주자들
이 당하는 여러 가지 문제들--직업, 자녀 교육 등--을 해결해 주는 노력도 하
고 있다.

주빌리 직업 소개소(Jubilee Jobs)

주빌리 아파트에 사는 사람들 가운데 일을 하고 싶어도 일자리를 구하지
못하는 사람들을 위해서 그리스도의 사랑과 전문적인 직업소개 기술을 가
진 사람들이 도와 주고 있다. 이곳에서 신청자의 수준에 따라 직업을 소개
해 줄 뿐 아니라 약 일 년 동안 전화나 부정기적인 모임을 통해 계속적으로
모임을 갖고 있다. 수혜 대상자는 주로 주빌리 아파트에 사는 사람이나 그
리스도의 집에 있던 사람들이지만 밖에서 오는 사람도 환영하고 있다. 이
직업 소개소와 함께, 직업을 구하지만 정신적이거나 신체적인 장애로 직장
을 구하기 힘든 사람들이 일을 배우도록 하는 가나 산업(Cana Industries)
이 있다. 여기는 대량 우편물을 보내는 서비스를 하는데, 이 일을 통해 돈을
벌면서 일하는 환경에 적응하는 훈련을 시킨다. 이 훈련을 거친 사람들을
정식 직장에 소개해 준다.

그리스도인의 생활을 위한 학교(The School of Christian Living)

이 교회의 초창기부터 시작해 온 평신도 훈련 프로그램이다. 이 프로그램을 위해서 교인들이 사용되는 것이 아니라 그야말로 사람을 키우기 위한 프로그램이다. 이 학교에는 모든 등록 교인이 되기 위한 필수 과정으로 구약, 신약, 교리, 성장, 윤리, 청지기 직분의 여섯 과목이 있고, 기타 교회사, 상담, 기독교 고전, 기도, 그룹 다이내믹스 등의 선택 과목이 있다.

지도자 훈련 학교(The Servant Leadership School)

앞에서 말한 학교가 등록 교인들을 위한 프로그램이라면 이 학교는 교회의 42년간의 실제 체험을 바탕으로 이와 같은 사역을 꿈꾸는 그리스도인들을 훈련시키기 위해 좀더 확장된 학교인 셈이다. 전통적인 목회자의 이미지를 지향하고 성경이 가르치는 종으로서 일하는 지도자를 세우고 훈련시키기 위해서 생겼다. 이곳에서는 성경 공부를 통해서 예수 그리스도에게서 나타난 종의 모습과 종으로서의 지도자상을 배우는데, 이것을 현대 사회와 문화 속에서 이루어 나가는 것을 배우게 된다.

이 교회와 비전을 같이하는 학자들의 강의와 교회의 40년 이상의 사역 경험이 중요한 커리큘럼이 된다. 22개의 과목 중 필수 과목 다섯 개는 다음과 같다.

① 종으로서의 지도자(Servant Leadership)
② 종으로서의 지도자를 위한 영적인 기초
③ 가능성과 고통 가운데서 발견하는 소명
④ 지역 사회 개발
⑤ 압제당하는 사람들에 대한 나의 자세

침묵의 수양관 (Silent Retreat Center at Dayspring)

엄청나게 많은 사역을 하고 있는 이 공동체에서 특별히 강조하고 있는 것은 하나님과 깊은 교제를 갖는 일이다. 일종의 기도원이나 수양관의 성

격을 띠고 있으나 그 이름이 말하듯이 침묵, 묵상의 시간을 중요하게 생각
한다.

광범위한 지역 사회 기관

이외에도 가족의 수입에 따라 수업료가 조정되는 탁아소가 있고, 선한
목자(Good Shepherd)라는 이름의 청소년 교육 기관도 있다. 이 기구는 전
통적인 주일 학교의 역할뿐 아니라 방과후에 공부를 도와 주는 일과 보이
스카우트와 걸 스카우트의 역할까지 담당하는 아주 광범위한 지역 사회 교
육 기관이다.

가난한 임산부를 위한 보건소(The Family Place), 나이 든 분을 위한 양
로원(Sarah's Circle), 집없는 사람들의 문제를 해결해 주는 봉사 기관
(Samaritan Inns), 공부를 제대로 하지 못한 사람들에게 기초를 가르치는
교육 기관(Academy of Hope), 장애자 특히 정신 박약아를 돌보는 곳
(Community of the Ark) 등 가난한 사람들이 필요하다고 생각되는 모든 문
제에 대해 사랑으로 섬기고 있다.

이 교회와 사역을 보면서 이 교회는 교회 자체의 존속을 위해서 존재하
는 것이 아니라 철저히 이웃과 이 세상을 위해서 존재한다는 느낌을 받았
다. 예수님이 한 알의 밀이 땅에 떨어져 죽지 아니하면 한 알 그대로 있고
죽으면 많은 열매를 맺는다고 했는데(요 12:24) 바로 그 밀알과 같은 교회
라는 생각이 든다.

얼핏보면 전통적인 의미의 전도를 무시하는 것같이 보이지만, 사실 전도
란 프로그램이 없고 교인 배가 운동이 없을 뿐 사도행전적인 전도는 계속
일어나고 있었다. 한마디로 주위로부터 칭찬을 받는 교회(행 2:47)이므로
하나님이 구원받는 사람을 더하게 하시고 있다. 한꺼번에 모인 숫자는 많
지 않아 보이지만 이곳 저곳에서 모여 예배드리는 숫자도 적지는 않다. 숫
자를 알 수 없는 이유는 도무지 그런 통계에 관심이 없기 때문이다. 이렇게

철저히 자기를 죽이는 공동체는 결국 많은 열매를 맺을 수밖에 없는 것이다. 교회의 힘이나 이름을 과시하기 위해서 사업을 벌이는 것이 아니라 주위의 필요를 채우려는 사랑에서 출발했으므로 하나님이 여러 가지 방법으로 열매맺게 하셨음을 볼 수 있었다.

오늘날 날로 성장한다는 한국 교회의 이미지와 이 교회의 모습을 오버랩(overlap)시켜 보면서 바로 이 교회의 모습이 오늘 우리 한국 교회가 추구해야 할 공동체상이 아닌가 생각해 본다.

제 7 장

코이노니아 신학

우리는 지금까지 공동체신학의 제 분야를 통해서 공동체신학의 일관된 흐름을 살펴보았다.

제1부 공동체 교회론에서는 성경적인 교회상과 교회의 본질이 무엇인가를 다루었다. 교회의 본질을 나타내 주는 코이노니아의 신학적 의미를 바탕으로 하여 교회를 교회 되게 하는 교회의 특성과 현대 교회 속에서 구현해야 할 교회의 실존적인 모습은 어떠해야 하는 것인지를 조명하였다. 교회의 본질은 코이노니아임을 살펴보았다.

제2부에서는 교회사에 나타났던 공동체들을 교회사적으로 조명해 보았다. 초대 교회 공동체와 같은 교회들이 초대 교회 당시에만 있었던 것이 아니라 지금도 계속 된다는 사실을 초대 교회의 연속성과 그 생명력을 통한 교회 갱신성의 의미 위에서 교회사적 관점을 다루었다. 즉 초대 교회 공동체의 코이노니아를 실천하는 공동체들이 2천년 교회사를 통틀어 지속되어 왔음을 확인하였다.

제3부 공동체적 성령론에서는 성령 세례의 논쟁들을 다루었으며 또한 성령의 역사가 개인의 성화나 능력을 받는 차원만 아니라 공동체를 이루는 성령의 코이노니아라는 관점에서 성령론을 조명해 보았다. 성령의 기본 역사는 능력이 아니라 '코이노니아'이며 이 성령의 코이노니아가 교회를 온전한 공동체로 되게 하는 것임을 살펴보았다.

제4부 공동체 사회론-희년과 공동체에서는 성령의 공동체인 교회가 어떻게 대사회적인 기능을 감당할 수 있으며 그 구체적인 사역은 무엇인지를 희년과 코이노니아의 관점에서 구체적으로 살펴보았다. 즉 코이노니아가 교회 내에서만 존재하는 것이 아니라 사회적인 차원까지 뻗치는 것임을 살펴보았다. 교회를 통하여 온전한 코이노니아를 실천하는 사회가 곧 희년

사회이다.

제5부 공동체적 기독교 교육론에서는 기존 교회 내의 공동체성을 회복하기 위해서는 어떠한 기독교 교육적인 커리큘럼으로 운영해야 하는 지 그 구체적인 방안들을 제시하였다. 기독교 교육은 그 자체가 공동체 교육이며 공동체적 삶의 환경 속에서 이루어질 때 그리스도인을 성숙케하는 가장 효과적인 기독교 교육이 됨을 살펴보았다.

제6부 공동체 실천론에서는 지금까지 제시된 공동체의 신학이 구체적으로 어떻게 적용될 수 있으며 그 실천적 모습은 어떠한 것인지 실천적 대안과 모델을 소개하였다. 초대 교회 공동체와 같은 공동체 내지 공동체 교회들이 현 세기에도 엄연히 존재하고 있으며 지금도 실현될 수 있음을 확인하였다.

공동체를 거론할 때 우리는 대개 편협한 교리를 고집하는 특별한 게토 그룹이나 사회 공동체 혹은 인류 공동체와 같은 실체가 손에 잡히지 않는 추상적 공동체를 생각하기 쉽다. 공동체란 무엇인가?

공동체는 교회 본질의 구현 양식이다.
교회는 성도들의 하나 된 공동체로서 그 본질은 코이노니아이다. 교회의 본질은 온전한 코이노니아를 실천하는 실제적인 공동체이다. 공동체는 참된 교회는 어떠해야 하며 어떤 모습이어야 하는가를 보여 준다.

공동체는 이웃 사랑의 실천 양식이다.
공동체신학은 "이웃을 사랑하는 것이 율법의 완성" 이라는 지체 사랑에서 출발한다. 지체 사랑이라는 최고의 계명을 완성하려면 '철저한' 실행이 요구된다.

공동체는 철저한 기독교의 실천 양식이다.

기독교의 최대의 적은 적당한 기독교이다. 철저한 기독교는 적당한 기독교의 미움을 받으며 사탄이 가장 혐오하는 것이다. 사탄은 그리스도인들이 서로 사랑하고 하나 되어 공동체로 사는 것을 극히 싫어한다. 사탄은 성령의 능력이 교회 안에서 발휘되는 것을 극히 꺼려하여 성령이 단지 개인적으로만 역사하도록 만든다. 즉 성령의 코이노니아는 감추고 개인적인 능력과 신비한 영역에만 우리의 관심을 돌리게 한다. 그래서 성령의 '교제' 케하는 사역을 가리려고 한다. 또한 성경을 지나치게 영해(靈解)하게 함으로써 우리가 말씀을 그대로 실천하지 못하게 한다. 이것들은 모두 기독교를 무력화시켜서 적당한 기독교, 세속적인 기독교를 만들고자 하는 사탄의 계략이다.

공동체는 온전한 복음의 표현 양식이다.

교회 본질의 회복, 성령의 능력, 영성의 회복, 가난한 자들을 위한 지역 사회 구제, 세계 선교 등은 복음의 온전성을 이루는 제 요소들이다. 온전한 공동체는 이러한 복음의 제요소들을 각각 나타내고 있다. 온전한 공동체로서의 교회 회복은 온전한 복음의 기초이다.

공동체는 온전한 영성의 생성 기반이다.

기독교의 영성은 홀로 이루어지는 것이 아니다. 영성은 반드시 하나님과의 관계, 사람과의 관계라는 일정한 두 '관계' 속에서 이루어진다. 이러한 의미에서 기독교 영성사(靈性史)는 곧 공동체사(共同體史)이다. 영성은 공동체의 관계라는 상황속에서 이루어진다. 그러므로 공동체는 온전한 영성의 생성 기반이다.

현대의 기독교는 희망이 보일 것 같지 않다. 그러나 세계의 2천 년 교회사와 현대 교회의 모습들 속에서 희망의 봄소식 같은 신선하고 생명력 있는 그리스도의 몸들이 있음을 볼 수 있다. 정말 초대 교회 공동체처럼 사랑이 넘쳐 모든 것을 공유하면서 살아 계신 하나님을 증거하고 있는 교회 공동체들은 아직도 면면히 살아 있다.

우리가 본서에서 거론해 왔던 '공동체'란 막연히 관념적인 공동체가 아니라 초대 교회 공동체처럼 성령의 역사로 예수 안에서 혈연을 뛰어 넘어 영적, 정신적인 교제와 함께 물질까지 완전히 나눌 수 있는 실제적인 공동체를 의미한다. 실제적인 공동체가 되려면 초대 교회처럼 성령의 세례를 받아 먼저 속사람이 변화되고 그 결과 물질까지도 완전히 나눌 수 있는 수준까지 내려갈 수 있어야 한다. 원래 초대 교회는 그러한 분명한 공동체였다. 그러나 교회 내에 세속주의의 침투로 본래의 '코이노니아'가 퇴색되면서 교회 안에서 실제적인 공동체는 점차 사라지고 사랑의 공동체의 실체가 없는 명목상의 공동체만 남게 되었다.

그러나 우리는 '공동체 운동의 교회사적 조명'에서 초대 교회의 공동체를 회복하고자 하는 시도가 매 세기마다 일어나서 교회를 갱신해 왔던 것을 살펴보았다. 온전한 공동체가 되려면 초대 교회와 같이 성령의 역사로 물질을 완전히 나누는 공동생활의 공동체가 되던지 혹은 지역교회 형태 안에서 공동체성을 분명히 구현하는 교회가 되어야 한다. 공동 생활의 공동체가 되든 혹은 지역교회 형태 안에서 공동체성을 분명히 구현하는 교회가 되든 간에, 모두 '철저히' 실천해야만 진정한 공동체가 될 수 있다. 중요한 것은 공동체의 형태보다 실천의 철저성이다. 공동체성이란 성령의 역사로 교회 내에서 영적, 정신적 교제만 아니라 물질까지 나눌 수 있는 자원적인 교제가 회복되고 교회 밖으로는 고통 당하는 이웃의 필요를 채워 주고 그들과 더불어 함께 하는 삶을 말한다. 그리스도를 전인적인 삶으로 증거하는 이러한 공동체 혹은 공동체적 교회는 그 자체가 곧 선교적 삶이다.

공동체신학(theology of community)은 '코이노니아의 신학(theology of koinonia)'이다.

코이노니아의 신학은 '일치의 신학'이다. 일치는 먼저 하나님과 일치이다. 종래의 보수적 신학은 하나님과 사람과의 수직적인 관계의 범주를 보다 중시하여 개인의 구원에 치중하는 경향이 있었다. 공동체신학의 기본적인 기조는 그리스도인들이 서로 교제하므로써 하나님과 사람과의 수직적 관계만 아니라 그 기반 위에서 사람과 사람 사이에서 온전한 공동체를 이루는 수평적인 교제를 상대적으로 강조하는 데에 있었다. 온전한 공동체를 이루기 위해서 수평적인 교제가 필수적이기는 하지만 성경의 보다 기본 사상은 하나님께서 우리와 함께 거하셔서 교제하시기를 원하시는 수직적 코이노니아이다.

구약에서 하나님은 성막, 성전을 지어 거기 거하셔서 자신의 백성들과 교제하기를 원하셨고 신약에서는 우리를 성전 삼으셔서 거기에 집을 짓고 우리와 함께 거하여 교제하기를 원하셨다. 장차 구속사가 완성되는 새 하늘과 새 땅에서는 새 예루살렘이 하나님께로부터 하늘에서 내려와서 하나님의 장막이 사람들과 함께 있게 되고, 하나님은 자신의 백성과 함께 거하여 그들은 하나님의 백성이 되고 하나님은 그들의 하나님이 되신다(계 21:1-7). 구속사의 최종 목적은 하나님이 우리와 함께 거하셔서 우리와 '교제(koinonia)' 하여 '하나' 가 되는 것이다. 이처럼 성경은 하나님과 자신의 백성이 '하나' 되는 이미지로 가득차 있다.

하나님은 성령으로 자신의 백성과 함께 거하면서 교제 하기를 원하셨다. 하나님이 우리 가운데 성령으로 거하시는 교제의 목적은 우리와 '일치(oneness)' 하기를 위한 것이다. 하나님과 우리와의 코이노니아는 모든 코이노니아의 출발점이다 모든 차원의 코이노니아는 이 하나님과의 수직적인 코이노니아에 기초하고 있다. 이러한 코이노니아 없이 어떤 코이노니아도 불가능하다. 모든 사역은 하나님과 코이노니아, 하나님과의 친밀함에서 시작된다.

성령이 오심으로 하나님과 우리 사이에 코이노니아가 이루어진 사건은 '그가 내 안에 내가 그 안에', '그리스도가 내 안에 내가 그리스도 안에' 들어가서 서로 일치하는 역사였다. 이 일치를 가능하게 해주는 것이 바로 성

령의 '코이노니아'의 역사이다. 하나님과 그의 백성간의 코이노니아가 없
이 우리 서로간의 코이노니아는 불가능한 것이다. 하나님과 사람 사이의
근본적인 코이노니아의 기초 위에서 그리스도인들이 서로 하나 될 수 있게
되는 수평적인 코이노니아가 가능한 것이다. 하나님과의 일치는 타인과의
일치의 기반이다. 또한 코이노니아는 그리스도인들의 범주를 뛰어넘어서
비신자들과도 하나 되게 한다. 이처럼 코이노니아는 일치의 비유로 가득
차있다. 코이노니아의 신학은 '일치의 신학(theology of unity)'이다.

코이노니아의 신학은 '교회 갱신의 신학이다(theology of Church
renewal).'

코이노니아는 교회의 본질이 무엇인가를 보여 주어 교회를 교회되게 하
며 교회의 본질을 회복시켜 주는 '회복의 신학'이다. 코이노니아는 바로
본질적인 교회의 표현이다. 공동체로서의 교회를 강조하는 것은 조직체적
교회를 부정하는 것이 아니라 교회의 유기체성을 회복하고자 하는 것이며
제도적 교회가 온전한 공동체로서의 교회로 회복되기를 원하는 것이다. 코
이노니아의 신학은 만인제사장직이 명목상으로만 아니라 실제로 실천될
수 있는 가능성을 보여 주며 참다운 평신도 신학의 기반을 마련해 준다.

초대 교회 공동체는 지금도 전세계에 엄연히 존재한다.

비록 이러한 공동체교회들의 사례가 많지 않다고 해서 보편적인 실제가
아닌 것은 아니다. 산상수훈의 철저한 제자도는 좁은 문으로 가는 길이다.
가장 복음적인 것은 가장 급진적인 것이고, 가장 급진적인 것은 가장 복음
적인 것이다. 산상수훈은 제자도의 핵심이다. 산상수훈은 개인적으로 지킬
수 있는 것이 아니라 공동체를 통해서 실천이 가능한 제자도이다. 산상수
훈은 공동체로 지킬 수 있는 공동체 윤리이다. 공동체 생활은 철저한 제자
도의 삶을 계속 유지하고 보편생활 속에서 끊임없이 확대해 나가는 그리스
도인의 삶의 양식이다. 코이노니아의 신학은 철저한 제자도의 신학이다.

교회사는 표면적으로는 기독교 확장의 역사이지만 그 이면은 본질적 교회와 비본질적 교회간의 갈등의 역사이다.

2천 년 교회사를 통틀어 초대 교회 공동체와 같이 코이노니아로서의 교회의 본질을 계승, 유지, 발전시켰던 기독교 공동체와 교회들이 매 세기마다 끊임없이 지속되어 왔다. 그러므로 초대 교회 공동체는 초대 교회에서만 가능했던 것이 아니라 우리도 실현할 수 있는 것이다. 유무상통의 공동체는 지금도 가능하며 그 다양한 실례들을 충분히 찾아 볼 수 있다. 그렇다고 해서 모든 교회가 반드시 100퍼센트 유무상통하는 공동체와 같이 되어야 한다는 것만은 아니다. 초대 교회 공동체는 100퍼센트 유무상통의 공동체, 부분적인 생활 공동체, 공동체 교회 등 다양한 형태로 구현될 수 있다. 초대 교회의 원형적인 모델을 그대로 실천하는 모델들도 있고 합리적인 형태로 공동체를 이루는 모델들도 있다.

코이노니아는 균형잡힌 성령론(balanced pneumatology)' 을 가능하게 해준다.

코이노니아는 교파간의 성령론에 대한 이견을 넘어서 서로 대화를 가능케 해주는 징검다리이다. 교회사를 통하여 한 쪽은 성령의 능력을 강조하였고 한 쪽은 성령의 열매를 강조하였다. 또 다른 한 쪽은 성령을 통한 봉사를 강조하였다. 이것은 삼차원의 코이노니아를 각각 부분적으로 강조한 현상이다. 이 모든 개별적 흐름은 성령의 코이노니아 안에서 통합된다. 수직적 코이노니아, 수평적 코이노니아, 대사회적 코이노니아의 삼 차원의 코이노니아는 교회에서 균형있게 실천되어져야 한다. 초대 교회의 이적과 기사, 성령의 능력은 지금도 나타난다. 동시에 초대 교회의 공동체도 역시 지금도 계속된다. 초대 교회의 복음이 전세계에 전파될 수 있었던 기반은 '성령의 능력' 과 '성령의 공동체' 였다. 초대 교회를 이루는 입력의 단계는 성령의 능력이었지만 그 출력은 성령의 공동체였다. 사도행전의 성령의 능력과 성령의 공동체는 지금도 계속 나타나고 있다. 성령의 능력과 성령의 공동체는 함께 가야한다. 코이노니아는 개인적인 성령론에서 벗어나 '공동체적 성령론'을 지향한다.

코이노니아는 '온전한 복음(whole gospel)'의 명제이다.

온전한 복음은 복음의 한 부분만을 강조하지 않는다. 거기에는 성령의 능력과 성화와 영성, 사회구원, 세계 선교 등 복음의 제 요소들을 모두 포함한다. 성령의 코이노니아는 이러한 복음의 제요소들과 모두 연결되어 있다. 즉 복음의 제 요소들은 성령의 코이노니아 사역의 다른 표현이다. 성령의 능력을 강조하는 오순절 운동과 성화의 삶을 강조하는 개혁주의와 사회개혁을 주장하는 해방신학은 성령의 코이노니아에서 모두 만나 통합된다.

이 코이노니아는 보수신학과 민중, 해방신학과 보수와 진보의 이론을 다 포괄한다. 코이노니아의 신학은 교파 교리적 갈등을 넘어 서로 대화하게 해주고 중재하는 '화해의 신학'이다. 코이노니아의 신학은 교회가 미래 사회에 대처할 수 있는 희망이며 대안이다. 온전한 코이노니아로서의 교회는 보수와 진보를 모두 포괄할 수 있으며 교파간에 화해와 일치를 가져온다.

코이노니아는 하나님나라 운동의 주제어(keyword of the kingdom of God)'이다.

교회는 사회의 주체이며 구속사는 세속사의 중심이다. 구속사의 진행은 그리스도의 친히 사신 몸인 교회를 통해서 이루어진다. 그 교회의 본질은 코이노니아이다. 그러므로 사회변혁을 위해서는 교회가 본질적인 공동체로 변화되어야 한다. 그 동안 하나님 나라 운동은 하나님의 나라가 무엇이고 어떠해야 한다는 이론적 제시는 많았으나 하나님의 나라를 구체적으로 어떻게 이루어야 하는가에 대한 실천 방법론에 있어서는 매우 취약하였다. 하나님의 나라는 삼차원의 코이노니아를 온전히 실천하는 철저한 공동체를 통하여 이 땅에 임한다. 이 땅에 임하는 하나님의 나라는 코이노니아를 통해서 실현된다. 코이노니아는 하나님 나라 운동의 실제적인 실천 방법이다.

코이노니아의 신학은 '관계의 신학(theology of relation)' 이다.

코이노니아는 조직보다 관계를, 일보다 사람을 중시하는 관계의 신학이다. 그러므로 가장 바람직한 기독교 교육은 공동체적 삶의 관계와 공동체적 환경 속에서 이루어질 때 가능하다. 코이노니아를 통한 교회의 공동체성 회복은 기독교 교육의 새로운 방향을 제시해 준다. 코이노니아에 대한 분명한 이해가 정립되어야만 기독교 교육이 설 자리가 있게 된다. 즉 참된 인간은 온전한 공동체에서 성숙해진다. 이것이 공동체적인 기독교 교육이 의미하는 바이다.

코이노니아의 신학은 사변적 신학이 아니라 '실천의 신학(theology of practice)' 이다.

코이노니아의 신학은 이 땅위에 있는 하나님 나라의 실재를 이론화한 것이다. 교회 역사상 히브리즘(Hebraism)과 헬레니즘(Hellenism)은 끊임없이 서로 투쟁하고 반목해 왔다. 그러나 불행하게도 삶과 실천을 강조하는 히브리즘보다는 지식을 중시하는 아카데미즘인 헬레니즘이 교회의 주류를 지배해왔다. 헬레니즘은 교회를 세속화하는데 막강한 영향력을 행사해 왔으며 지금도 그러한 아카데미즘은 여전히 맹위를 떨치고 있다. 코이노니아의 신학은 지식보다는 삶과 실천을 중시하는 히브리즘적인 실존에 대한 추적이다. 모든 참된 신학은 신학을 사변화하며 추상화하며 이론화하는 것과 싸워야 하며 철학적 변형으로 참된 성경적 동기를 대신하려는 어떤 시도와도 싸워야 한다. 공동체신학은 우리의 머리를 복잡하게 하고 어지럽히는 또 하나의 새로운 아카데미즘의 이론이 결코 아니라 실천의 결과에서 나온 것이며 또 우리도 그대로 실천할 수 있는 '실천 지향적 신학' 이다.

공동체 삶은 그리스도를 증거 하는데 있어서 가장 '효과적인 선교구조(effective Mission structure) 중에 하나이다.

선교는 우리를 구원하시기 위해서 십자가에서 대속의 죽음을 죽으신 그리스도의 사랑을 전하는 것이다. 선교는 사랑의 사역이다. 그런데 그리스도의 사랑을 전달하고자 하는 자에게 그 사랑이 없으면 어떻게 그 사랑을 전달할 수 있겠는가? 형제 사랑 없는 선교는 종교적 행위일 뿐이다. 지체 사랑 없이 교인은 될 수 있으나 그리스도의 제자는 될 수 없다. 공동체는 성숙한 그리스도인을 만들고 성숙한 그리스도인은 많은 열매를 맺게 된다. 성숙은 성장의 기초이다. 지체 사랑은 공동체적 삶을 통하여 체득된다.

지체를 섬기고, 소유욕을 버리고 주님과 지체에게 순종하는 헌신의 공동체 생활은 철저한 제자도를 연마하는 제자 훈련의 장이며, 성령의 열매를 맺는 장이다. 이러한 공동체 삶은 곧 선교사가 갖추어야 할 가장 중요한 덕목이며 선교의 교과목이다. 공동체는 교회의 본질이면서 동시에 선교구조이다. 공동체는 효과적인 선교의 장이다.

그리스도의 구속 사건은 하나님께서 우리와 함께 하셔서 우리 가운데 거하시기를 원하시는 '코이노니아의 사건'이다. 교회의 본질이 코이노니아이다. 성령의 기본 역사가 코이노니아이다. 구약의 희년은 신약의 코이노니아이며 토지 문제와 사회 문제는 코이노니아로 해결된다. 나아가서 이 땅에서의 하나님 나라는 코이노니아의 실천으로 구현된다. 코이노니아는 하나님과 사람, 사람과 사람, 사람과 자연 사이의 사귐이다. 코이노니아는 우리를 그리스도의 인격으로 성숙케하는 기독교 교육의 바탕이다. 복음 전파와 선교는 예수 그리스도를 코이노니아 하는 사건이다. 복음은 온전한 코이노니아를 실천하는 공동체를 통해서 권능있게 증거된다.

코이노니아는 이렇듯 총체적인 복음의 제 의미와 영역을 모두 포함하고 있다. 코이노니아는 본질적 복음의 표현이다.

우리는 그것을 이름하여 '코이노니아의 신학(theology of koinonia)'이라고 부른다. 코이노니아의 신학을 통하여 우리의 교회가 온전한 '성령의 공동체'로 회복되어야 할 것이다!